B.A.C.

(1980)

Vol. 3 in 2 parts

£12
6e
(twelve)

22123

Historia de la Iglesia en España

BIBLIOTECA
DE
AUTORES CRISTIANOS
Declarada de interés nacional
————————————MAIOR 18————————————

LA EDITORIAL CATOLICA, S.A. — APARTADO 466

MADRID • MCMLXXX

Historia de la Iglesia en España

DIRIGIDA POR

RICARDO GARCIA-VILLOSLADA

COMITE DE DIRECCION

VICENTE CARCEL ORTI
JAVIER FERNANDEZ CONDE
JOSE LUIS GONZALEZ NOVALIN
ANTONIO MESTRE SANCHIS

Historia de la Iglesia en España

III-1.º

La Iglesia en la España de los siglos XV y XVI

DIRIGIDO POR

JOSE LUIS GONZALEZ NOVALIN

COLABORADORES:

Tarsicio de Azcona ● José García Oro ● José Luis
González Novalín ● José Goñi Gaztambide ● Bernardino Llorca ● Mons. Demetrio Mansilla

BIBLIOTECA DE AUTORES CRISTIANOS

MADRID ● MCMLXXX

© Biblioteca de Autores Cristianos, de La Editorial Católica, S.A. Madrid 1979
Mateo Inurria, 15. Madrid
Depósito legal M-14.416-1979 (III-1.º)
ISBN 84-220-0906-4 Obra completa
ISBN 84-220-0960-9 Tomo III-1.º
Impreso en España. Printed in Spain

DATOS BIOGRAFICOS DE LOS COLABORADORES

Tarsicio de Azcona

Religioso capuchino, nacido en Azcona (Navarra) en 1923. Estudió Historia de la Iglesia en la Pontificia Universidad Gregoriana (Roma) y Archivística en el Archivo Vaticano. Se licenció y escuchó los cursos de doctorado en la Universidad de Zaragoza. Ha dedicado su actividad tanto a la enseñanza como a la investigación. Leyó su tesis doctoral en 1952 sobre *La elección y reforma del episcopado español en tiempos de los Reyes Católicos* (Madrid 1960), tema que sigue cultivando para el reinado de Carlos I. Entre sus obras destacamos *Isabel la Católica. Estudio crítico de su vida y su reinado* (Madrid, BAC, 1964). Ha escrito libros menores sobre Juan de Castilla, guerra de las comunidades en Guipúzcoa y San Telmo de San Sebastián; así como numerosos artículos sobre la reforma de religiosas, Inquisición, asambleas del clero.

José García Oro

Nació en Lalín (Pontevedra) en 1931. Franciscano. Doctor en Teología (Antonianum, 1960), en Historia Eclesiástica (Gregoriana, 1962) y Filosofía y Letras, Sección de Historia (Complutense, 1965). Autor de los libros: *La reforma de los religiosos en tiempo de los Reyes Católicos* (Valladolid 1969), *Cisneros y la reforma del clero español en tiempo de los Reyes Católicos* (Madrid 1971), *Diego de Muros III y la cultura gallega del siglo XV* (Vigo 1975) y *Galicia en la baja Edad Media* (Santiago 1977), y de una veintena de estudios monográficos sobre el período de los Reyes Católicos. Profesor de la Facultad de Geografía e Historia de la Universidad Compostelana y del Centro de Estudios de la Iglesia de Santiago. Dirige las revistas científicas *Liceo Franciscano* y *Compostellanum*, editadas en Santiago.

José Luis González Novalín

Nació en Tresali (Oviedo) en 1929. Ordenado sacerdote en 1952. Doctor en Historia de la Iglesia por la Pontificia Universidad Gregoriana de Roma (1965). Canónigo Archivero de Oviedo (1963) y Vicerrector de la Iglesia Nacional Española de Santiago y Montserrat en Roma, y de su anejo Centro de Estudios (1974). Profesor en el Seminario Metropolitano de Oviedo (1954) y de las Facultades Teológicas del Norte de España (1972) y «Teresianum» de Roma (1979). Su obra principal, *El Inquisidor General Fernando de Valdés*, vol. I: *Su vida y su obra*, vol. II: *Cartas y documentos* (Oviedo 1968-71), comprende en realidad la historia de la Inquisición Española en su período más floreciente. Otros estudios sobre el mismo argumento y la vida religiosa del pueblo durante el tiempo de la Reforma figuran en revistas especializadas, como *Anthologica Annua, Hispania Sacra, Archivum Historiae Pontificiae, Anuario de Estudios Atlánticos...* Sus aportaciones a la *Historia religiosa de Asturias durante la Edad Moderna* se encuentran en obras y revistas peculiares de la región.

José Goñi Gaztambide

Nació en Arizaleta (Navarra) en 1914. Sacerdote. Es doctor en Historia Eclesiástica y licenciado en Teología por la Universidad Gregoriana de Roma. Ha sido profesor de Historia de la Iglesia en el Seminario de Pamplona. Actualmente es canónigo archivero de la catedral de Pamplona, profesor de Historia Moderna de la Iglesia en la Universidad de Navarra e Investigador Científico del C.S.I.C. Entre sus obras destacan: *Historia de la Bula de la Cruzada en España* (Vitoria 1958), *Los españoles en el concilio de Constanza. Notas biográficas* (Madrid 1966), e *Historia de los obispos de Pamplona. Siglos IV-XV* (Pamplona 1979), 2 vols.

Bernardino Llorca Vives

Nació en Oliva (Valencia) en 1898. Es doctor en Filosofía y Teología por la Facultad Filosófico-Teológica de los Jesuitas alemanes de Valkenburg (Holanda), y de Ciencias Históricas en la Universidad de Munich. Ha sido profesor de Historia Eclesiástica, Patrología y Arqueología Cristiana en el Colegio o Facultad de Teología de la Compañía de Jesús en Sarriá-Barcelona y en la Universidad Pontificia de Salamanca. Ha publicado las siguientes obras: *Bulario Pontificio de la Inquisición Española (1478-1525)* (Roma 1949), *La Inquisición española y los Alumbrados* (Salamanca 1980), *Manual de Historia Eclesiástica* (Barcelona 1966), *Nueva visión de la Historia del Cristianismo*, 2 vols. (Barcelona 1956), *Historia de la Iglesia Católica*, Tomo I: *Edad Antigua* (Madrid 1976). En numerosos artículos ha expuesto temas fundamentales sobre la Historia de la Iglesia en la España del siglo XVI.

Demetrio Mansilla Reoyo

Nació en Los Ausines (Burgos) en 1910. Doctor en Historia Eclesiástica por la Universidad Pontificia Gregoriana (Roma). Estudios de Paleografía y Archivística en la Escuela del Vaticano. Durante veinte años profesor de Historia de la Iglesia, Patrología, Liturgia doctrinal y Arte Sacro en el Seminario Metropolitano de Burgos. Canónigo Archivero de la catedral de Burgos (1947-1958). Obispo Auxiliar de Burgos (1958-1963). Obispo de Ciudad Rodrigo (1964). Entre sus publicaciones: *Iglesia castellano-leonesa y Curia Romana en tiempos del rey San Fernando* (Madrid 1945), *La documentación pontificia hasta Inocencio III (965-1216)*, *La documentación pontificia de Honorio III (1216-1227)*, *Catálogo documental del archivo catedral de Burgos (804-1416)* (Madrid 1971). Numerosos artículos de carácter histórico eclesiástico en las revistas *Hispania Sacra* y *Anthologica Annua*, así como diversas colaboraciones en Diccionarios y Enciclopedias, destacando la colaboración en el «Diccionario de Historia Eclesiástica de España», publicado por el Instituto E. Flórez del C.S.I.C. (Madrid).

INDICE GENERAL

TERCERA PARTE

REFORMA DEL EPISCOPADO Y DEL CLERO DE ESPAÑA EN TIEMPO DE LOS REYES CATOLICOS Y DE CARLOS V (1475-1558)

Por **Tarsicio de Azcona**

CUARTA PARTE

CONVENTUALISMO Y OBSERVANCIA

La reforma de las órdenes religiosas en los siglos XV y XVI

Por **José García Oro**

QUINTA PARTE

RELIGIOSIDAD Y REFORMA DEL PUEBLO CRISTIANO

Por **José Luis González Novalín**

SEXTA PARTE

PARTICIPACION DE ESPAÑA EN EL CONCILIO DE TRENTO

Por **Bernardino Llorca**

(Etapas I y II: 15 diciembre 1545-28 abril 1552)

PRESENTACION

EL proyecto inicial de la HISTORIA DE LA IGLESIA EN ESPAÑA no comprendía la división del volumen III en dos partes, porque, al establecer la periodización, un tanto nueva, de las edades moderna y contemporánea, ya se había tenido en cuenta la amplitud que convenía dar a cada una de ellas. Diferentes factores de carácter técnico y temático influyeron en esta opción, que esperamos que los lectores encuentren justificada como la hemos encontrado nosotros.

Los siglos XV y XVI están preñados de acontecimientos decisivos para la historia de España. Cada uno de ellos registra un cambio de dinastía que altera profundamente la vida de nuestro país. Las antiguas casas de Aragón y de Trastamara se funden en el matrimonio de Isabel y Fernando (1469), que centran su juvenil ilusión en el logro de un heredero y en los parentescos que habrían de adquirir a través de sus muchas hijas con las principales cortes de Europa. España buscaba un centralismo continental a conseguir por encima de todas las previsiones.

El primer plan de los Reyes Católicos quedó —como se sabe— fallido; pero el segundo iba a marcar definitivamente los destinos de la Península: El año de 1516 significa, con la llegada a España de Carlos V, la caída de fronteras entre su historia y la historia de aquella Europa en trance de ser sacudida desde sus fundamentos por la aparición del protestantismo.

La política de estas casas (sólo impropiamente se las puede llamar dinastías) fue lo bastante diversa como para mantener al ciudadano español en una situación continua de cambio. Las relaciones de los Reyes Católicos con la nobleza, a la que pertenecían por diferentes títulos los principales prelados del reino, eran distintas de las que habían mantenido sus padres, los Juanes segundos de Aragón y Castilla. Evidentemente, quienes salían beneficiados en el nuevo sistema eran precisamente los reyes o, si se quiere, la administración unificada de sus coronas. Asimismo se parecía poco al programa de sus abuelos el que adoptó Carlos V en los primeros lustros de su reinado, siendo ya en época bastante tardía cuando pasó a aquella actitud de saneamiento eclesiástico que se abría camino hacia Europa en el concilio de Trento y se consolidaba en España a la sombra de Felipe II.

Las diferentes posturas estaban determinadas, en parte, por el espíritu religioso de los soberanos, que alcanzaba mayor o menor tensión según personas y circunstancias. Mas, por encima de estos factores, los siglos XV y XVI contemplaron acontecimientos más objetivos, de índole nacional y continental, que reçayeron sobre la Iglesia de España con la violencia que era de prever en un pueblo donde seguía vigente el sistema de la cristiandad medieval. Y así, la reconquista de nuestra unidad geográfica agudizó el problema, desde antiguo difícil, de la convivencia entre los viejos cristianos y las minorías étnicas existentes en nuestro suelo; el descubrimiento del Nuevo Mundo brindaba ocasión de establecer entre gentes no maleadas una Iglesia idéntica y, a la vez, diferente de aquella que la engendraba y nutría; por fin, la implantación de la soberanía nacional en puntos neurálgicos de la vieja Europa abría las puertas de España al radicalismo cristiano que se respiraba en amplios sectores del continente y en algunos de nuestros reducidos cenáculos. El comercio ideológico que España tenía con Alemania y con Nápoles encontraba aquí su respaldo.

Si la Iglesia española no estuviera atravesando entonces aquel período de desarrollo precoz que en otras naciones ni siquiera se presentía, no hubiera podido hacer frente a cuanto estaba exigiendo de ella la subitánea grandeza de nuestras instituciones políticas. Si es lícito hacer hipótesis en historia, se puede pensar que habría acabado por convertirse en una religión sometida a un imperio borracho de hegemonía.

Las cosas sucedieron exactamente al revés: la Iglesia española, que había levantado su voz para defender las atribuciones del papa en los concilios de siglo XV, la que protegía su presencia en la curia con una serie ininterrumpida de auditores rotales, la que había escalado la cátedra de San Pedro en la persona de dos Borjas, cuya capacidad oficial compensaba notorias culpas privadas, no solamente logró mantener su personalidad en aquel trance de mutación epocal, sino que alcanzó por añadidura que todos los organismos del reino cooperaran en la transformación interior en que ella se había empeñado.

La historia de la Iglesia española se interpreta tendenciosa y apriorísticamente cuando se presenta a sus personas e instituciones al servicio de una política, como si ésta constituyera por necesidad el interés prevalente en los comportamientos de sus personajes e incluso del mismo pueblo. Es verdad que en el siglo XVI aún no había entre el orden civil y eclesiástico los límites que se impusieron a partir de las Cortes de Cádiz; pero eso sólo quiere decir que se incurre en el mismo error al presentar a la Iglesia desposeída de toda razón de Estado que al verla como instrumento de una concreta casa reinante.

A la Iglesia española de los siglos XV y XVI le sobra entidad para merecer ser historiada en sí misma, como sociedad plena y perfecta, en colateral desarrollo con el orden político; pero marcando a la vez las actitudes de aquellos que, no por ser señores del reino, dejaban de estarle sometidos como cristianos. Es cierto que, desde Isabel la Católica hasta Felipe II, la Iglesia en España cayó a veces en las trampas del regalismo; pero no fueron menos las ocasiones en que se estrelló contra su independencia y libertad de doctrina el poder absoluto de aquellos reyes. En algún sentido se podría invertir la pregunta sobre el carácter político de algunas instituciones, para inquirir, más bien, si no eran muchos los organismos del reino que funcionaban en beneficio de la sociedad eclesiástica.

El volumen que presentamos estudia la Iglesia española en sus más variados aspectos: desde el reajuste geográfico al que se vio sometida hasta el impacto que ella misma causó en todas las manifestaciones del espíritu humano: la literatura, el arte, la música... No nos propusimos destacar en primer plano una idea que diera unidad al conjunto. Lo habríamos considerado como un prejuicio nocivo a la objetividad de la historia y al criterio de cada autor. Mas emergió por sí mismo el concepto de la *Reforma,* en su versión menos polémica de *restauración desde dentro,* desde las entrañas y el corazón de todo el cuerpo eclesiástico. La reforma del clero y de las órdenes religiosas es argumento específico de dos largos capítulos, a los que se añadieron, como complemento de última hora, algunos *test* sobre la vida religiosa del pueblo y la actividad empleada en tan primordial y escurridiza labor. De verdadera restauración es el saldo que arroja el estudio sobre los centros de formación y las escuelas de teología; y, en constante dialéctica con las reformas heterodoxas, se compuso el capítulo sobre la Inquisición española, que es seguramente el único en el que la *restauración* se confunde con el viejo concepto de *contrarreforma.*

Al exponer estos temas, una cosa no se pudo ni se quiso evitar: la condición de creyentes y de presbíteros que corresponde, sin excepción, al cuerpo redaccional, uno de cuyos componentes es el obispo de Ciudad-Rodrigo. «Los católicos escribís bien, pero lo hacéis todos igual», decía acerca de nuestra manera de hacer historia un colega que se cree liberado del «fideísmo» de escuela. Es evidente que la pertenencia a la Iglesia y la cooperación en su ministerio condiciona, aunque también facilita la comprensión de su historia. Los materiales de este libro, puestos en otras manos, ¿habrían dado idénticos resultados a los que hemos obtenido nosotros?

En algunas secciones saltan al primer plano los Reyes Católicos, Carlos V, Felipe II. En ningún caso se trata de invadir, ni siquiera de acoger con el mismo derecho de ciudadanía, la esfera de lo político en la historia eclesiástica. Pero había que reconocer y, sobre todo, examinar las aportaciones de los monarcas a la empresa de la *Reforma,* que ellos pusieron en curso y cuyas riendas llevaron en ciertos períodos con más tenacidad y destreza que los mismos romanos pontífices.

La contribución de la Iglesia española al conjunto de la «christianitas» queda, por fin, destacada en los capítulos sobre las misiones de América y la presencia de España en la obra de los concilios. El primero está reducido a un panorama sintético por el motivo que expuso el padre Villoslada en la introducción general de esta obra, que no es sino la actualidad que conserva la *Historia de la Iglesia en la América Española* (2 vols., BAC, 1965-66), aunque hace quince años que se ha publicado. Lo segundo se desarrolla aquí analíticamente, según el método predominante a lo largo del libro.

Este conjunto de temas se puso en manos de una docena larga de autores, avalado cada uno por las monografías publicadas sobre el asunto de su incumbencia; y, aunque también aquí existía el riesgo, denunciado por el director de la obra, del edificio con pisos de diferente arquitecto y decorador, creemos haber logrado una manifiesta unidad. A nuestro juicio, el crecido número de autores y temas no indujo en este volumen otra disparidad que la inherente al estilo literario de cada autor, y aun ésta bastante contrarrestada por el hecho de haber salido la mayoría de idéntica escuela y de pertenecer, con excepciones ennoblecedoras y magistrales, casi a la misma generación.

El atractivo que hace algunos decenios ejercía el siglo XVI (no tanto el XV) sobre los estudiosos de la historia eclesiástica tuvo su reflejo en la abundancia de especialistas que hoy tenemos sobre esta época, la cual facilitó enormemente la formación del equipo redaccional, en el que podrían figurar otros nombres con parecido derecho. Deseamos de veras que, cuando llegue la hora de realizar proyectos semejantes al nuestro, los futuros planificadores no encuentren, al ocuparse de este período, mayores dificultades de las que hemos encontrado nosotros. Hay síntomas, sin embargo, para temer que pueda ocurrir de otro modo.

La abundancia de colaboradores es un factor que, pese a sus evidentes ventajas, puede tener contraindicaciones, sobre todo cuando se añade el conocimiento especializado de las materias; porque entonces predomina el análisis sobre la síntesis, que se considera ideal en esta clase de libros. Nosotros hemos tropezado con esta dificultad; los lectores dirán si ha sido superada debidamente. El análisis hace inevitables ciertas repeticiones en las partes que se ocupan de argumentos similares y a veces dificulta el engarce en una visión de conjunto de temas nuevos o no estudiados con igual competencia a lo largo de todo un período. Ejemplo de las primeras es, en nuestro caso, el fenómeno alumbradista, que se aborda al tratar de la espiritualidad y de la Inquisición española; y, aunque en ninguno de los dos lugares se estudia desde el mismo punto de vista formal, el lector puede tener la impresión de un *bis in idem* superfluo. Hay, asimismo, temas fronterizos con los desarrollados en el volumen IV, que precedió al tercero en su aparición: son los referentes a la expulsión de los moriscos y a las corrientes bíblicas posteriores al concilio de Trento, acontecimientos que alcanzaron el culmen de su evolución en el siglo XVII, pero que había que tocar aquí a causa de su incidencia en la sociedad y en la Iglesia del XVI. Primicias de una investigación sobre fuentes documentales es el capítulo sobre los aspectos económicos referentes al episcopado y al clero en la época de los Reyes Católicos y del emperador Carlos V. Tales aportaciones, a la vez que enriquecen nuestros conocimientos en torno a los dos reinados, abren camino para que se pueda hacer una evaluación semejante sobre las fuentes de otros períodos. Nuestra historia se convertirá así en guía hacia el estudio de nuevos temas y fondos.

En este recuento de las características del presente volumen es necesario advertir, por fin, que esta HISTORIA DE LA IGLESIA EN ES-

PAÑA es en realidad la historia de la Iglesia peninsular, si bien con aquellas islas que integran el suelo patrio. Se hubiera podido hacer un excurso hacia las Iglesias de nuestros dominios en los Países Bajos e Italia; mas entre los historiadores eclesiásticos españoles ninguno se dedicó a estos temas con el detenimiento que habría sido necesario para ofrecer una panorámica concordante con el estilo de nuestro libro. Por otra parte, los Países Bajos cuentan desde antiguo con historiadores nativos que no sólo tomaron a su cargo la integración en su historia de los períodos de la hegemonía hispana, sino que, además, pusieron en nuestras manos colecciones documentales imprescindibles para el conocimiento del gobierno que España ejercía en ellos. De igual modo, la historia de la dominación española en Italia constituye desde principios de siglo uno de los puntos más atrayentes para los eruditos de esta nación. A ellos habrá que acudir cuando se programen obras parecidas a la presente.

Nuestro objetivo queda, por lo tanto, cumplido si nuestra Historia responde a la andadura de la Iglesia dentro de la península Ibérica y a las peculiaridades con que aquella se presentaba en sus principales regiones, que entonces coincidían en general con los reinos unificados por obra y gracia de los Reyes Católicos.

Roma, 31 de mayo de 1980.

JOSÉ LUIS GONZÁLEZ NOVALÍN

INTRODUCCION BIBLIOGRAFICA

Por José Luis González Novalín

La bibliografía que se refiere específicamente a los temas tratados en este libro aparece incorporada a cada uno de sus capítulos. Asimismo, los manuales y colecciones de carácter general están recogidos en la *Nota bibliográfica* que figura en el volumen primero de esta obra.

Los títulos que siguen proporcionan materiales que, procedentes de la historia civil española y de la universal eclesiástica, pueden completar la HISTORIA DE LA IGLESIA EN ESPAÑA, situando en un panorama más amplio sus acontecimientos e instituciones principales.

La mayoría de las obras que recogemos tienen carácter de fuente, bien por su inmediatez al asunto de que se ocupan, bien por haber sido elaboradas sobre bases documentales directas. Ejemplo del primer caso son las crónicas; del segundo, los títulos referentes a la reforma eclesiástica.

I. Reinados y crónicas

a) Trastamaras

ALVAR GARCÍA DE SANTA MARÍA, *Crónica de don Juan II (1420-1434).* CODOIN 99 (Madrid 1891) 79-464 (largo índice hasta p.495).

Crónica del Halconero de Juan II, Pedro Carrillo de Huete. Ed. y est. de J. DE MATA CARRIAZO (Madrid 1946).

Historiographie du règne de Jean II de Castille. Annuaire de l'École practique des Hautes Études (1895) p.111-122.

LOPE BARRIENTOS, *Refundición de la crónica del Halconero.* Ed. y est. CARRIAZO (Madrid 1946).

Crónica de don Alvaro de Luna, condestable de Castilla, maestre de Santiago. Ed. y est. CARRIAZO (Madrid 1940).

ENRÍQUEZ DEL CASTILLO, *Historia del quarto rey don Enrique, de gloriosa memoria:* Bibl. de Aut. Esp. 70 (Madrid 1878) p.99-228.

Memorial de diversas hazañas. Crónica de Enrique IV, ordenada por mosén Diego de Valera. Ed. y est. CARRIAZO (Madrid 1941).

Memorias de don Enrique IV de Castilla... compilada y ordenada por la Real Academia de la Historia II (Madrid 1913).

Crónica de Enrique IV, escrita en latín por Alonso de Palencia. Trad. castellana de A. PAZ Y MELIA, 4 vols. (Madrid 1904-1908) (sobre su relación con el *Memorial de diversas hazañas,* cf. CARRIAZO, *Memorial* XIss).

PAZ Y MELIA, A., *El Cronista Alonso de Palencia. Ilustraciones a las Décadas* (Madrid 1914).

Peticiones originales hechas al señor rey don Enrique IV por diferentes arzobispos, obispos, caballeros y grandes de estos reinos, 1464: CODOIN 14 p.369-395.

b) Reyes Católicos

BERNÁLDEZ, A., *Memorias del reinado de los Reyes Católicos.* Ed. y est. M. GÓMEZ MORENO y J. DE MATA CARRIAZO (Madrid 1962).

Documentos relativos a los Reyes Católicos en la época de sus conquistas en Andalucía: CODOIN 9 (Madrid 1847) 461-571; 10 (Madrid 1851) 462-504.

GALÍNDEZ DE CARVAJAL, L., *Anales breves del reinado de los Reyes Católicos:* Bibl. de Aut. Esp. 70 (Madrid 1878).

MARINEO SÍCULO, L., *Vida y hechos de los Reyes Católicos* (Madrid 1943).

MÁRTIR DE ANGLERÍA, P., *Opus epistolarum* (Alcalá 1530). *Epistolario:* Est. y trad. J. LÓPEZ DE TORO, 4 vols. (Madrid 1953-1957).

PULGAR, F. DEL, *Crónica de los Reyes Católicos.* Ed. y Est. CARRIAZO, 2 vols. (Madrid 1943).

SANTA CRUZ, A. DE, *Crónica de los Reyes Católicos.* Ed. y est. CARRIAZO (Sevilla 1951).

SUÁREZ FERNÁNDEZ, L., *Documentos acerca de la expulsión de los judíos* (Valladolid 1964).

— *Política internacional de la Reina Católica,* 5 vols. (Valladolid 1965-1972).

TORRE, A. DE LA, *Documentos sobre relaciones internacionales de los Reyes Católicos,* 6 vols. (Madrid 1949-1966).

VALERA, D. DE, *Crónica de los Reyes Católicos.* Ed. y est. CARRIAZO (Madrid 1957).

Documentos relativos al gobierno de estos reinos, muerta la Reina Católica, doña Isabel, entre Fernando V, su hija doña Juana y el marido de ésta, Felipe el Hermoso: CODOIN 14 (Madrid 1849) 285-365.

PADILLA, L. DE, *Crónica de Felipe I, llamado el Hermoso:* CODOIN 8 (Madrid 1846) 5-267.

Cartas de los secretarios de fray Francisco Jiménez de Cisneros. Ed. V. DE LA FUENTE (Madrid 1867).

GÓMEZ DE CASTRO, A., *De rebus gestis a Francisco Ximenio Cisnerio, archiepiscopo toletano* (Alcalá 1569).

QUINTANILLA Y MENDOZA, FRAY P. DE, *Arquetipo de virtudes y espejo de prelados, el venerable padre Francisco Ximénez de Cisneros* (Palermo 1653).

VALLEJO, J. DE, *Memorial de la vida de fray Francisco Jiménez de Cisneros* (Madrid 1913).

ZURITA, J., *Anales de la corona de Aragón,* 6 vols. (Zaragoza 1561-1580).

c) Carlos V

Relación de algunas cosas que pasaron en estos reinos desde que murió la reina católica doña Isabel hasta que se acabaron las comunidades en la ciudad de Toledo. Edit. A. MARTÍN GAMERO (Sevilla 1872).

Calendar of letters, despatches and State papers... preserved in the Archives at Simancas... and elsewhere... Edit. A. BERGENROTH, P. DE GAYANGOS y OTROS, vols. I-XIII (Londres 1862-1954).

DANVILA Y COLLADO, M. *Historia crítica y documentada de las Comunidades de Castilla,* 6 vols. (Madrid 1897-1900).

FERNÁNDEZ ÁLVAREZ, M., *Corpus documental de Carlos V,* 4 vols. (Salamanca 1973-79).

HEINE, G., *Briefe am Kaiser Karl V geschriebene von seinem Beichtvater in den Iahren 1530-32* (Berlín 1848).

Correspondencia del cardenal de Osma con Carlos V y con su secretario Francisco de los Cobos: CODOIN 14 (Madrid 1849).

GACHARD, L. P. *Correspondance de Charles-Quint et d'Adrian VI* (Bruselas 1859).

— *Retraite et mort de Charles-Quint au monastère de Yuste*, 3 vols. (Bruselas 1854-55).

GIRÓN, P., *Crónica del emperador Carlos V*. Ed. J. SÁNCHEZ MONTES (Madrid 1964).

LA IGLESIA, F. DE, *Estudios históricos 1515-1555*, 3 vols. (Madrid 1918-19).

LANZ, K. F. W., *Correspondenz des Kaisers Karl V 1513-1556*, 3 vols. (Leipzig 1513-1556); reimpresión anastát.: Frankfurt/Main 1966.

Letter and Papers, foreing and domestic of the reign of Henri VIII. Edit. J. S. BREWER, vol. III, 1519-1523 (Londres 1867).

MALDONADO, J., *El movimiento de España, o sea historia de la revolución conocida con el nombre de las Comunidades de Castilla*. Trad. esp. J. QUEVEDO (Madrid 1840).

MEJÍA, P., *Historia del Emperador Carlos V*. Ed. CARRIAZO (Madrid 1945).

SANDOVAL, P. DE, *Historia de la vida y hechos del emperador Carlos V:* Bibl. Aut. Esp. 80 (Madrid 1955).

SANTA CRUZ, A. DE, *Crónica del emperador Carlos V*. Ed. BELTRÁN-RÓZPIDE, 5 vols. (Madrid 1920-25).

SEPÚLVEDA, J. G. DE, *De rebus gestis Caroli Quinti* (Madrid 1780).

d) Felipe II

CABRERA DE CÓRDOBA, L., *Felipe II, rey de España*, 4 vols. (Madrid 1876-1877).

Calendar of State Papers relating to English affairs exist. in the Archives and collections of Venice, etc. Ed. R. BROWN, vol.7, 1558-1580 (Londres 1890).

DOELLINGER, J. I., *Beiträge zur politische, kirchliche und Kultur-Geschichte*, vol.1 (Ratisbona 1862): *Dokumente zur Gesehichte Karls V. Philipps II und ihrez Zeit aus spanischen Archiven.*

GACHARD, L. P., *Correspondance de Philippe II sur les affaires des Pays-Bas*, 5 vols. (Bruselas 1848-79).

— *Correspondance de Marguerite d'Autriche avec Philippe II*, 3 vols. (Bruselas 1867-81).

— *Lettres de Philippe II à ses filles les Infantes Isabelle et Caterine* (París 1884).

LEFÈVRE, J., *Correspondance de Philippe II sur les affaires des Pays-Bas*, 4 vols. (Bruselas 1940-60).

MORALES, A. DE, *La Crónica general de España*, 3 vols. (Alcalá de Henares 1574-1586).

MARCH, J. M., *Niñez y juventud de Felipe II*, 2 vols. (Madrid 1941).

Relazioni degli Ambasciatori Veneti al Senato nel secolo XVI. Ed. E. ALBERI, 15 vols. (Florencia 1839-63).

RODRÍGUEZ RASO, R., *Maximiliano de Austria, gobernador de Carlos V en España. Cartas al Emperador*. Est. prel. y edic. crit. (Madrid 1963).

SORIANO, M. *Relazione inedita della corte e del regno di Filippo II scritta nel 1559* (Roma 1864).

WEISS, CH., *Papiers d'état du cardinal de Granvelle*, 9 vols. (París 1841-1852).
POULLET, E.-PLOT, M. C., *Correspondance du cardinal de Granvelle, 1565-1586* (continuación de la obra anterior en «Collection de croniques belges»), 12 vols. (Bruselas 1877-1896).

II. Leyes y Consejos del Reino

Actas de las cortes de Castilla, publ. por acuerdo del Congreso de los Diputados, I-XVIII (1563-1610) (Madrid 1877-1893).
BENEITO PÉREZ, J., *Textos de la baja Edad Media* (Madrid 1945).
Colección de cédulas, cartas-patentes, provisiones, reales órdenes y otros documentos concernientes a las provincias vascongadas, 4 vols. (Madrid 1829-30) (siguen dos vols. de privilegios referentes a Castilla).
COLMEIRO, M., *Cortes de los antiguos reinos de León y Castilla*, 8 vols. (Madrid 1861-1903).
Corpo diplomático portuguez contendo os actos e relaçoes politicas e diplomaticas, 15 vols. (Lisboa 1862-1936).
Cortes de los antiguos reinos de Aragón y de Valencia, publ. por la Real Academia de la Historia, *Cortes de Cataluña* IV (1401-1479) (Madrid 1901-1922).
DANVILA Y COLLADO, M., *El poder civil en España*, 6 vols. (Madrid 1885-1886).
GUIBERT, R., *El antiguo Consejo de Castilla* (Madrid 1964).
GIL AYUSO, F., *Noticia bibliográfica de los textos y disposiciones legales de los reinos de Castilla, impresos en los siglos XVI y XVII* (Madrid 1935).
LÓPEZ OLIVÁN, J., *Repertorio diplomático español. Indice de los tratados ajustados por España (1125-1935) y de otros documentos internacionales* (Madrid 1944).
Libro de las bulas y pragmáticas de los Reyes Católicos, publ. por el Instituto de España, 2 vols. (Madrid 1973).
Novísima recopilación de las leyes de España, 6 vols. (Madrid 1805-7).
RICARD, R., *Études et documents pour l'histoire de l'Espagne et de Portugal* (Lovaina 1931).
SCHAEFER, E., *El Consejo real y supremo de las Indias*, 2 vols. (Sevilla 1935).
WALSER, F., *Die spanische Zentralbehörden und der Staatsrat Karls V* (Götingen 1959).

III. Romanos pontífices

La personalidad de los romanos pontífices rara vez se estudia en la historia eclesiástica española. Es, sin embargo, importante para entender las relaciones entre España y la Santa Sede, sobre las que existe escasa literatura.

a) Obras generales

CIACCONIUS, A., *Vitae et res gestae Pontificum Romanorum et S.R.E. cardinalium... ab* A. OLDOINO *recognitae*, 4 vols. (Roma 1677-87).

ILLESCAS, G. DE, *Historia Pontifical y católica*, 2 vols. (Zaragoza 1583) (hasta el pont. de Gregorio XIII).

PLATINA (B. Sacchi), *Liber de vita Christi et vitis Summorum Pontificum Romanorum* (Venecia 1479). Ed. MURATORI, *Rerum Italicarum scriptores* 3/1 (Città di Castello 1733). (Importante para los papas del Renacimiento.)

PASTOR, L. VON, *Geschichte der Päpste seit dem Ausgang des Mittelalters* (Friburgo 1906-29). Trad. española R. RUIZ AMADO, *Historia de los Papas desde fines de la Edad Media*, 39 vols. (Barcelona 1910-61).

— *Ungedruckte Akten zur Geschichte der Päpste* (Roma 1904).

RANKE, L. VON, *Fürsten und Völker von Süd-Europa im sechzehten und siebzebnten Jahrhundert*, 4 vols. (Berlín 1837-45). El primer volumen, que principalmente interesa para los asuntos españoles, fue traducido por G. ERAUSO, de la versión inglesa de W. K. KELLY, con el título *Los imperios otomano y español en los siglos XVI y XVII* (Madrid 1857).

— *Die Römische Päpste in den Letzten Jahrhunderten*, 3 vols. (München-Leipzig 1915). También hay traducción española.

b) Obras particulares

MANETTI, G., *Vita Nicolai V Summi Pontificis*, en MURATORI, *Rerum Italicarum scriptores* III/2 (Città di Castello 1734) p.905-960.

PLEYER, K., *Die Politidk Nicolaus V* (Stuttgart 1927).

CAMPANO, J. A., *Vita Pii II*, en MURATORI, III/3 p.1-88.

VOIGT, G., *Enea Silvio de Picolomini als Papst Pius der Zweite und sein Zeitalter*, 3 vols. (Berlín 1856-1863). Noticias sobre personajes españoles en la curia romana).

ZIPPEL, G. *Le Vite di Paolo II, di Gáspare di Verona e Michaele Carpensi*, en MURATORI, III/16 (Città di Castello 1804).

RIUS SERRA, J., *Regesto Ibérico de Calixto III* (Barcelona 1948).

— *Catalanes y aragoneses en la corte de Calixto III* (Barcelona 1948).

BATLLORI, M., *Alejandro VI y la Casa Real de Aragón, 1492-1498* (Madrid 1958).

MONETTI, M., *Documenti inediti sulla famiglia e la corte di Alessandro VI* (Roma 1917).

ROO, P. DE, *Material for a History of pope Alexander VI, his relatives and his times*, 5 vols. (Brujas 1924). Noticias sobre su política y actividad en España.

SCHUELLER, S., *Die Zörsterung einer Legende. Die Geschichte einer Dynastie* (Olten-Freibur i. B. 1963).

GIOVIO, *De vita Leonis X libri quattuor* (Florencia 1549).

GRASSIS, P. DE, *Il diario di Leone X*. Edit. DELICATI-ARMELLINI (Roma 1884).

ORTIZ, B., *Descrizione del viaggio di Adriano VI, Pont. Mas. dalla Spagna fino a Roma* (trad. ital. de N. DE LAGUNA) (Roma 1970). Contiene abundantes referencias de personajes españoles.

GACHARD, L. P., *Correspondance de Charles-Quint et d'Adrien VI* (Bruselas 1859).

HOEFLER, C. VON, *Papst Adrien VI* (Viena 1880).

POSNER, L., *Der deutsche Papst Adrian VI*. (Recklinghausen 1962).

ORDANI, C., *Della venuta e dimora in Bologna del S.P. Clemente VII per l'incoronazione di Carlo V imperatore, cronaca* (Bolonia 1892).

MUELLER, G., *Die Römische Kurie und die Reformation 1523-1534. Kirche und Politik wärend des Pontificates Clemens VII* (Güterloh 1969).

CAPASSO, C., *Paolo III, 1534-1549*, 2 vols. (Mesina 1924-1923, sic). (Amplio y documentado estudio sobre la política de Paulo III en todos los aspectos).

FRIEDENSBURG, W., *Karl V und der Papst Paul III (1534-1549)* (Leipzig 1932).

LUIZ, H., *Christianitas afflicta. Europa, das Reich und die päpstliche Politik in Niedergans der Hegemonie Kaiser Karls V (1552-1556)* (Gotinga 1964).

HERRE, P., *Papstum und Papstwahl im Zeitalter Philipps II* (Leipzig 1907).

JEDIN, H., *Analekten zur Reformtätigkeit der Päpste Iulius III und Paul IV:* Römisch. Quartalschr. 72 (1934) 302-22; 73 (1935) 87-56.

ANCEL, R., *L'activite reformatrice de Paul IV* (París 1909).

CARACCIOLO, A., *Vita et gesta G. P. Carafa* (Colonia 1642).

NORES, P., *La guerra carafesca, ossia guerra degli spagnoli contro il papa Paolo IV.* Archivio Storico Italiano, prima serie, t.12,1.

HINOJOSA, R., *Felipe II y el cónclave de 1559 según los documentos originales* (Madrid 1888).

TELLECHEA IDÍGORAS, J. I., *Cartas españolas y portuguesas dirigidas a Antonio Carafa, Pío IV y Pío V.* Anth. Ann. 9 (1961) 475-494.

SALA, A., *Documenti circa la vita e le gesta di S. Carlo Borromeo*, 4 vols. (Milán 1857-62).

CATENA, *Vita Pii V, Summi Pontificis* (Roma 1582) (en apéndice, correspondencia con Felipe II y otros españoles).

FUENMAYOR, A. DE, *Vida y hechos de Pío V, pontífice romano* (Madrid 1639).

LETURIA, P. DE, *El papa Pío V y los orígenes de la «restauración católica»* (Comillas 1944).

CATALANO, G., *Controversie giurisdizionali tra Chiesa e Stato nell'età di Gregorio XIII e Filippo II* (Palermo 1955).

PRODI, P., *San Carlo Borromeo e le trattative tra Gregorio XIII e Filippo II sulla giurisdizione ecclesiastica* (Roma 1957).

MAFFEI, G. P., *Degli annali di Gregorio XIII, Pont. Max...* dati in luce da C. COCQUELINES, 2 vols. (Roma 1742).

HUEBNER, A. VON, *Sixte-Quint d'après de correspondances diplomatiques inédites... des archives d'état du Vatican.* Simancas, etc., 3 vols. (París 1870).

FACINI, M., *Il pontificato di Gregorio XIV su documenti inediti* (Roma 1911).

WADDING, L., *Vita Clementis VIII* (Roma 1723).

IV. Correspondencia diplomática

E. CARUSI, *La legazione del cardinale Capranica ad Alfonso di Aragona:* Arch. soc. rom. di storia patria 28 (1906) 473-481.

J. FERNÁNDEZ ALONSO, *Legaciones y nunciaturas en España de 1466 a 1521* I: 1466-1486 (Roma 1963).

— *Los enviados pontificios y la Colecturía en España de 1466 a 1475:* Anth. Ann. 2 (1954) 51-121.

ID, *Nuncios, colectores y legados pontificios en España de 1474 a 1492:* Hispania Sacra 10 (1957) 33-90.

PIEPER, A., *Zur Entstehungsgeschichte der ständigen Nunziaturen* (Freiburg B. 1894).

—*Die Päpstlichen Legaten und Nunzien in Deutschland, Frankreich und Spanien* I (Münster 1897).

SANCHIS SIVERA, J., *El cardenal Rodrigo de Borja en Valencia:* BRAH 84 (1924) 120-164.

MUCETA, E., *Contribución al estudio de la diplomacia de los Reyes Católicos. La embajada de López de Haro a Roma en 1493:* Hist. del der. esp. 6 (1929) 145-196).

MEISTER, A., *Zur spanischen Nunziatur im XVI und XVII Jahrhunderten:* Römisch. Quartalschr. 7 (1893) 447-81.

TERRATEIG, D., *Política en Italia del Rey Católico, 1507-1516. Correspondencia inédita con el embajador Vich,* 2 vols. (Madrid 1963).

ADRIANI, G. B., *Della vita e delle varie nunziature del cardinale Prospero Santacroce* (Turín 1869).

CIAN, V., *Un ilustre nunzio pontificio del Rinascimento: Baldassar Castiglione* (Roma, Ciudad del Vaticano, 1951).

HINOJOSA, R., *Los despachos de la diplomacia pontificia en España. Memoria de una misión oficial en el archivo secreto de la Santa Sede* I (Madrid 1896).

—*Felipe II y el cónclave de 1559* (Madrid 1889).

OLARRA, J.-GARMENDIA DE OLARRA, M. L., *Indices de la correspondencia entre la nunciatura en España y la Santa Sede durante el reinado de Felipe II,* 2 vols. (Madrid 1948-49).

Pío IV y Felipe II. Primeros diez meses de la embajada de don Luis de Requessens en Roma, 1563-64 (Madrid 1891): Colec. de Libros esp. raros y curiosos t.20.

SERRANO, L., *Correspondencia diplomática entre España y la Santa Sede durante el pontificado de San Pío V,* 4 vols. (Madrid 1914).

CARINI, M., *Monsignor Niccoló Ormaneto, veronese, vescovo di Padova, nunzio apostolico alla corte di Filippo II, Re di Spagna, 1572-77* (Roma 1894).

MOSCONI, N., *La nunziatura di Spagna di Cesare Speciano, 1586-88* (Brescia 1961).

Noticias referentes a España se encuentran también en las relaciones de nunciaturas de otros países, especialmente en «Nunziaturberichte aus Deutshland» (1533-54), 14 vols. (Gotha 1892-1912).

V. Concilios y sínodos

a) Concilios ecuménicos y universales

VINCKE, J., *Acta Concilii Pisani:* Römische Quartalschrift 46 (1938) 81-331.

HARDT, H. VON DER, *Magnum oecumenicum Constantiense concilium,* 7 vols. (Frankfurt-Leipzig 1696-1742).

FINKE, H., *Acta concilii Constanciensis* (Münster 1896-1928).

Monumenta conciliorum generalium saec. XV, 4 vols. (Viena-Basilea 1857-1935).

HALLER, J., *Concilium Basiliense,* 8 vols. (Basilea 1896-1936).

Concilium Florentinum. Documenta et scriptores, 11 vols. (Roma, Pont. Inst. Oriental, 1940-1976).

GAZTAMBIDE, J., *España y el concilio V de Letrán:* AHC (1974) 154-222.

RENAUDET, A., *Le concile gallican de Pise-Milan. Documentes florentins (1510-1512)* (París 1922).
DOUSSINAGUE, J. M., *Fernando el Católico y el cisma de Pisa* (Madrid 1946).
Concilium Tridentinum. Diariorum, actorum, epistolarum, tractatuum nova collectio, 12 vols. Ed. SOCIETAS GOERRESIANA (1901-76).
LE PLAT, J., *Monumentorum ad concilium Tridentinum amplissima collectio*, 7 vols. (Lovaina 1781).
SUSTA, J., *Die römische Kurie und das Konzil von Trient unter Pius IV*, 4 vols. (Viena 1904-14).
SICKEL, T., *Zur Geschichte des Konzils von Trient* (Viena 1870-72).
LE VASSOR, M., *Lettres et mémoires de François de Vargas, de Pierre de Malvenda et de quelques éveques d'Espagne, touchant le Concile de Trente, traduits de l'espagnol, avec remarques* (Amsterdam 1699).

b)   **Concilios y sínodos españoles**

Las colecciones más importantes (AGUIRRE, TEJADA, etc.) figuran en la nota bibliográfica del volumen I. Aquí recogemos ediciones y estudios de los concilios y sínodos principales.

FITA, F., *Concilios españoles inéditos... [El] nacional de Sevilla de 1478:* BRAH 22 (1893) 213-57.
Constituciones sinodales del obispado de Astorga... Siendo obispo don Pedro de Acuña y Avellaneda... (Valladolid 1553).
Sínodos burgaleses del siglo XV. Edit. LÓPEZ MARTÍNEZ, N.: Burgense 7 (1966) 211-406.
Constituciones sinodales del obispado de Calahorra... agora nuevamente compiladas (Lyón 1555).
Synodo diocesano que el... señor Christobal de Rojas de Sandoval, obispo de Córdoba... celebró en su iglesia... el año 1566 (Córdoba 1566).
Constituciones sinodales del arzobispo de Granada (Granada 1573).
Synodo de la diócesis de Guadix y de Baza, celebrado por... don Martín de Ayala, año de 1554 (Alcalá de Henares 1556).
SÁNCHEZ HERRERO, J., *Los sínodos de la diócesis de León en los siglos XIII al XV. León y su historia* III (León 1975) p.165-262. (Sólo los dos últimos pertenecen al siglo XV, desde p.247.)
Synodus diocesana Maioricensis celebrata per illmo. dom. D. Iohannem Vich et Manrique (Palma 1589).
Constituciones y estatutos hechos e ordenados por el muy reverendo y magnífico señor D. Fray Diego Deza, obispo de Palencia, etc. (Salamanca 1501).
Constituciones sinodales del obispado de Palencia, compiladas conforme al santo concilio de Trento por... don Alvaro de Mendoza... 1582 (Burgos 1585).
Constituciones sinodales de Salamanca (Salamanca 1497).
Constituciones synodales de Salamanca... 1570 (Salamanca 1573).
Constituciones establecidas por el ill... don Francisco Blanco, arzobispo de Santiago (Santiago 1578).
Constituciones del arzobispado y provincia de Sevilla. Diego Deza, arzobispo... [mandó] imprimir (Sevilla 1512).
Sínodo diocesano que el... señor don Cristóbal de Roxas y Sandoval, arzobispo de Sevilla... celebró en su iglesia... año 1572 (Sevilla 1572).
ANTONIO AGUSTÍN, *Constituciones provinciales Tarraconenses,* en *Ope̱ nia* III (Luca 1767) p.505-515.

MADURELL MARIMÓN, J. M.ª, *Concilios Tarraconenses (1455-1569):* Analecta Sacra Tarraconen. 20 (1947) 103-149.

SÁNCHEZ HERRERO, J., *Concilios provinciales y sínodos toledanos de los siglos XIV y XV. La religiosidad cristiana del clero y del pueblo* (La Laguna 1976).

Constituciones del arzobispado de Toledo (Salamanca 1948).

Concilium provinciale Valentinum, coelebratum... anno Domini 1565 (Valencia 1566).

Sínodo Valentino, a 1584 (s.i.t.).

Synodus dioecesana Valentiae coelebrata preside... Io. de Ribera... anno 1578 (Valencia 1594).

VI. Reforma eclesiástica

La obra de los concilios y de los sínodos inspiró, especialmente después del concilio de Trento, movimientos reformatorios en casi todas las diócesis españolas. Siendo éste un campo apenas investigado, ofrecemos algunos títulos que pueden abrir camino a otros estudios.

BADA, J., *Situació religiosa de Barcelona en el segle XVI* (Barcelona 1970).

GARCÍA-VILLOSLADA, R., *La Reforma española en Trento:* Estudios Eclesiásticos 39 (1964) 6-92.147-173.319.340.

— *La Contrarreforma. Su nombre y su concepto histórico:* Miscellanea Historiae Pontificiae XXI 189-142.

GONZÁLEZ NOVALÍN, J. L., *Historia de la reforma tridentina en la diócesis de Oviedo:* Hispania Sacra 16 (1963) 323-346.

GOÑI GAZTAMBIDE, J., *Los navarros en el concilio de Trento y la reforma tridentina en la diócesis de Pamplona* (Pamplona 1947).

LÓPEZ MARTÍNEZ, N., *El cardenal Mendoza y la reforma tridentina en Burgos:* Hispania Sacra 16 (1963) 61-138.

ID., *Don Luis de Acuña, el cabildo de Burgos y la reforma (1456-59):* Burgense 2 (1961) 185-317.

LLORCA, B., *Aceptación en España de los decretos del concilio de Trento:* Est. Eccos. 39 (1964) 341-360,459-482.

MARÍN OCETE, A., *El concilio provincial de Granada en 1562:* Arch. Teol. Granad. 25 (1962) 23-178.

ROBRES, R.-CASTELL, V., *La visita «ad limina» durante el pontificado de Sixto V (1585-1590). Datos para una estadística general. Su cumplimiento en Iberoamérica:* Anth. Ann. 7 (1959) 147-214.

SANABRE, A., *Los sínodos diocesanos de Barcelona* (Barcelona 1930).

SAN PEDRO GARCÍA, F., *La reforma del concilio de Trento en la diócesis de Coria:* Hisp. Sacra 10 (1957) 273-299.

SANTOS DÍEZ, J. L., *Política conciliar postridentina en España. El concilio provincial de Toledo de 1565* (Roma, Instituto Español de Historia Eclesiástica, 1969).

TELLECHEA IDÍGORAS, J. I., *La reforma tridentina en San Sebastián* (San Sebastián 1972).

— *El formulario de la visita pastoral de B. Carranza, arzobispo de Toledo:* Anth. Ann. 4 (1956) 385-347.

VII.   Ordenes religiosas

Seleccionamos de la nota bibliográfica los títulos más importantes para nuestro período y los completamos con otros referentes a España.

GUTIÉRREZ, D., *Los agustinos en la Edad Media, 1357-1517* (Roma 1977).
— *Los agustinos desde el Protestantismo hasta la Restauración Católica, 1518-1648* (Roma 1971).
HERRERA, T. DE, *Alphabetum Augustinianum*, 2 vols. (Madrid 1644).
LANTERI, J., *Postrema saecula sex religionis Augustinianae*, 3 vols. (Tolentino 1858-59; Roma 1860).
— *Eremi sacrae Augustinianae*, 2 vols. (Roma 1874-74).
VELA, S., *Ensayo de una bilbioteca iberoamericana de escritores de la orden de San Agustín* (Madrid 1913).
ÁLAMO, M. DEL, *Valladolid (Congregación de)*, en *Enciclop. Espasa* 66 (1930) p.987.
ZARAGOZA PASCUAL, E., *Los generales de la Congregación de San Benito de Valladolid*. I: *Los priores (1390-1499)* (Silos 1973); II: *Los abades trienales (1499-1568)* (Silos 1976).
COLOMBÁS, G. M., *Corrientes espirituales entre los benedictinos observantes españoles del siglo XVI* (Barcelona 1963).
Bullarium Ordinis Fratrum Minorum Capuccinorum, 10 vols. (I-VII, Roma 1740-52; VIII-X, Insbruck 1883-84).
Monumenta ad Constitutiones Ordinis Fratrum Minorum Capuccinorum (Roma 1916).
POBLADURA, M. DE, *Historia generalis ordinis capuccinorum*, 2 vols. (Roma 1947-48).
MONSIGNANI, E., *Bullarium Carmelitanum*, 4 vols. (Roma 1715-68).
VILLIERS, C. DE, *Bibliotheca Carmelitana*, 2 vols. (Roma 1927).
S. DE SANTA TERESA, *Historia del Carmen descalzo en España, Portugal y América*, 15 vols. (Burgos 1935-52).
CANIVET, J. M., *Statuta capitulorum generalium ordinis Cisterciensis 1117-1786*, 9 vols. (Lovaina 1933).
MANRIQUE, A., *Annales cistercienses*, 4 vols. (Lyón 1642).
Monumenta OP historica, 14 vols. (Roma 1896-1904; continúa en París, 1931).
ALONSO GETINO, L. G., *Capítulos provinciales y priores generales de la orden de Santo Domingo en España:* La Ciencia Tomista 11 (1916) 67-96.210-44.
BELTRÁN DE HEREDIA, V., *Historia de la reforma de la provincia de España (1450-1550)* (Roma 1939).
WADDING, L., *Annales Ordinis Minorum*, 30 vols. (Quaracchi 1931).
SIGÜENZA, J. DE, *Historia de la orden de San Jerónimo*, 2 vols. (Madrid 1907-9).
Monumenta historica Societatis Iesu, 117 vols. (Madrid 1894-1928; continúa en Roma, desde 1932).
ASTRÁIN, A., *Historia de la Compañía de Jesús en la asistencia de España*, 7 vols. (Madrid 1902-25).
GARCÍA-VILLOSLADA, R., *Manual de historia de la Compañía de Jesús* (Madrid 1954).
SCADUTO, M., *L'epoca di Giacomo Laínez* (Roma 1964).
GOÑI GAZTAMBIDE, J., *La reforma de los premonstratenses españoles del siglo XVI:* Hispania Sacra 13 (1960) 5-96.

SIGLAS Y ABREVIATURAS

ACA	*Archivo de la Corona de Aragón.*
AEESS	*Archivo de la Embajada de España ante la Santa Sede.*
AFH	*Archivum Franciscanum Historicum.*
AFP	*Archivum Fratrum Praedicatorum.*
AIA	*Archivo Ibero-Americano.*
AnalGreg	*Analecta Gregoriana.*
Angel	*Angelicum.*
ApSac	*Apostolado Sacerdotal.*
ArchTeolGran	*Archivo Teológico Granadino.*
ASV	*Archivo Secreto Vaticano. Series: Regesta Vaticana, Regesta Lateranensia, Armario 38, etc.*
BAC	Biblioteca Autores Cristianos.
Ba	Barcelona.
BF	*Bullarium Franciscanum.*
BR	*Bullarium Romanum.*
BRAH	*Boletín de la Real Academia de la Historia.*
Brus	Bruselas.
BuHiE	*Bulletin d'Histoire Ecclésiastique.*
CiDi	*Ciudad de Dios.*
CiTo	*Ciencia Tomista.*
CODOIN	*Colección de documentos inéditos para la Historia de España.*
CT	Concilium Tridentinum, ed. Goerresiana.
CuadHistGall	*Cuadernos de Historia Gallega.*
DDC	*Dictionnaire de Droit Canonique.*
DHEE	*Diccionario de historia eclesiástica de España.*
DHGE	*Dictionnaire d'Histoire et Géographie Ecclésiastique.*
DHiEclEsp	*Diccionario de Historia Eclesiástica Española.*
DHiGéEccl	*Dictionnaire d'Histoire et de Géographie Ecclésiastique.*
DiakPist	*Diakonia Pisteos.*
DiTh	*Divus Thomas.*
DThC	*Dictionnaire de Théologie Catholique.*
EF	*Estudios Franciscanos.*
EstEcl	*Estudios Eclesiásticos.*
EstOn	*Estudios Onienses.*
Fr	Friburgo de Brisgovia (Herder).
HispS	*Hispania Sacra.*
Lo	Londres.
LThK	*Lexikon für Theologie und Kirche.*

Ma	Madrid.
MHSI	*Monumenta Historia Societatis Iesu.* Con los subtítulos:

EpistInstr	= *Epistolae et Instructiones*
EpistNat	= *Epistolae Natalis.*
MonJaji	= *Monumenta Jajï.*
MonLain	= *Monumenta Lainii.*
MonSalm	= *Monumenta Salmeronis.*

MiscCom	*Miscelánea Comillas.*
NewCaEnc	*New Catholic Enzyclopedia.*
Pa	*París.*
RArchBM	*Revista de Archivos, Bibliotecas y Museos.*
RBén	*Revue Bénédictine.*
REspTe	*Revista Española de Teología*
RMa	*Revista de Madrid.*
RHE	*Revue d'Histoire Ecclésiastique.*
Ro	Roma.
RyF	*Razón y Fe.*
Schol	*Scholastik.*
Simancas	*Archivo general de Simancas. Secciones más usadas: Registro General del Sello, Cédulas de la Cámara, Cámara-Pueblos, Patronato Real.*
StZeit	*Stimmen der Zeit.*
ThQu	*Theologische Quartalschrift.*
UnitIt	*Unità Italiana.*
VyV	*Verdad y Vida.*
Wadding	L. WADDING, *Annales Minorum.*
Weimar LW	*Obras de Lutero,* ed. de Weimar.
ZkathTh	*Zeitschrift für katholische Theologie.*

HISTORIA DE LA IGLESIA EN ESPAÑA

III-1.º

La Iglesia en la España de los siglos XV y XVI

PRIMERA PARTE

PANORAMA HISTORICO-GEOGRAFICO DE LA IGLESIA ESPAÑOLA EN LOS SIGLOS XV Y XVI

Por Mons. DEMETRIO MANSILLA

CAPÍTULO I

SIGLO XV

1. EL OBISPADO DE CANARIAS

La geografía eclesiástica española, que sufrió profundos cambios con motivo de la Reconquista, llegó a su punto culminante cuando las armas victoriosas de Fernando III el Santo (1117-52) y Jaime I de Aragón (1213-1276) limitaron la geografía del Al-Andalus al diminuto reino granadino [1]. Con esta misma fecha podemos dar también por terminada la reorganización eclesiástica medieval. Desde finales del siglo XIII al XV no registramos hechos notables sobre este particular, si exceptuamos la creación de la provincia eclesiástica de Zaragoza (1318), la fundación de la diócesis de Algeciras (1318), unida a Cádiz (de pasajera existencia) [2], y del obispado de Canarias (1351).

Las expediciones a Canarias, que fueron el puente para el descubrimiento de América, se hicieron cada vez más frecuentes a lo largo del siglo XIV, y una de las más importantes, sin duda, fue la del año 1341, compuesta por florentinos, genoveses y españoles al amparo del pabellón portugués [3]. Esta expedición marca el punto de partida para la evangelización de Canarias [4], que da por resultado la creación de un

---

[1] D. MANSILLA, *Iglesia castellano-leonesa y curia romana en tiempos del rey San Fernando* (Madrid 1945) p.91-139; P. AGUADO BLEYE, *Manual de historia de España* 1 (Madrid 1947) p.676 y 719ss.

[2] D. MANSILLA, *Creación de los obispados de Cádiz y Algeciras:* Hispania Sacra 10 (1957) 243-71.

[3] B. BONNET REVERÓN, *Las expediciones a las Canarias en el siglo XIV:* Revista de Indias 5 (1944) 577-610 y 6 (1945) 7-31.188-220.389-438; DE LA RONCIÈRE, *La découverte de l'Afrique au moyen âge. Carthograpes et exploratores* (Au Caire 1924) p.2.4.ss.

[4] J. ZUNZUNEGUI, *Los orígenes de las misiones en las islas Canarias:* Revista Española de Teología 1 (1940-41) 361-408; J. VINCKE, *Primeras tentativas misionales en Canarias (siglo XIV):* Analecta Sacra Tarraconensia 15 (1942) 291-301.

obispado (1351), aunque no se consolidó propiamente hasta el siglo XV.

Los portugueses y españoles, estimulados por genoveses y venecianos, comienzan en el siglo XV la gran cruzada marítima, apoyada y ben-
decida por los papas, con objeto de restablecer el comercio oriental por
mar y destruir la supremacía de los turcos. Así se da comienzo al descubrimiento de las costas occidentales de Africa por el infante portugués
don Enrique (1394-1460), llamado *el Navegante*. Fue entonces cuando
las islas Canarias adquieren una importancia extraordinaria y se planteó
la lucha entre Castilla y Portugal sobre su posesión.

Cuando Clemente VI, en solemne consistorio y por la bula *Tuae devotionis sinceritas* (15-11-1344), concedió en feudo las islas Canarias a
don Luis de España, infante de la Cerda, otorgándole plena jurisdicción
y el derecho de patronato sobre las mismas [5], protestaron los monarcas
de Castilla y Portugal. Aunque aceptaron la decisión tomada por la primera autoridad de la cristiandad, quieren dejar bien sentado que sobre
las islas Canarias, lo mismo que sobre los territorios africanos, les asiste
un derecho inalienable, y al que nunca podrán renunciar [6]. Más aún, el
rey de Portugal se siente ofendido, porque se trataba de una empresa
ya comenzada por los hombres de su tierra, si bien hubo de abandonar-
se circunstancialmente por las guerras contra los musulmanes y contra
Castilla [7].

Por las respuestas dadas a Clemente VI, se veía claramente que el
problema de las Canarias estaba planteado entre Portugal y Castilla.
Este reino sintió en todo momento la responsabilidad de la lucha antiis-
lámica y consideraba la conquista de tierras africanas como una prolongación de su mismo territorio. La disputa entre Portugal y Castilla sobre las Islas Afortunadas terminó cuando Sixto IV confirmó el tratado
de Alcaçovas (1479), por el que dichas islas quedaban definitivamente
incorporadas a Castilla.

Aunque la empresa del príncipe don Luis de la Cerda no llegó a
realizarse, sin embargo, los preparativos de la misma despertaron un
gran movimiento misionero, que afectó también a los súbditos del rey
aragonés [8]. Fue Mallorca, patria de Ramón Lulio, la que inició los primeros contactos misionales con Canarias. Después de algunas explora-
ciones, se organizó el año 1346 una importante expedición misionera,
que dio por resultado la fundación de un obispado. Clemente VI designó para obispo al carmelita fray Bernardo Gil (7-11-1351), quien fijó su
residencia en Telde (Gran Canaria). El obispado aparece como exento,
quedando sujeto inmediatamente al romano pontífice [9].

A pesar de estas y otras expediciones, impulsados por mallorquines y

[5] J. ZUNZUNEGUI, *Los orígenes de las misiones* p.385-87.
[6] RAYNALDI, *Annales ecclesiastici* ad a.1344 n.50.
[7] Ibid., ad a.1344 n.48.
[8] J. VINCKE, *Primeras tentativas misionales en Canarias:* Analecta Sacra Tarraconensia 15
(1942) 291ss.
[9] C. EUBEL, *Der erste Bischof der Canarischen Inseln:* Roemische Quartalschrift 6 (1872)
238-40; A. RUMEU DE ARMAS, *El obispado de Telde* (Madrid-Las Palmas 1960) p.49-54. La
bula de Urbano V (2-7-1369) dice expresamente que la iglesia de Telde estaba «Romanae
ecclesiae immediate subiecta» (ibid., p.159).

catalanes al amparo del monarca aragonés, y a pesar de que no les faltó tampoco el apoyo de los papas, la vida del obispado de Telde fue muy accidentada a juzgar por las frecuentes ausencias de sus prelados.

Al finalizar el siglo XIV, hemos de reconocer que el obispado de Canarias, más que una realidad estable, ha sido una aspiración y un deseo constante por implantar la Iglesia en Canarias. Cuando tratamos de averiguar las causas de tan escaso éxito y las dificultades que encuentra el asentamiento definitivo de la sede episcopal en las Islas Afortunadas, no es difícil encontrarnos con el hecho de que la empresa era hasta ahora impulsada principalmente por elementos catalanes y mallorquines.

El reino aragonés no era, ciertamente, el más indicado para anexionarse las Islas Afortunadas. Aparte de que las mencionadas islas se hallaban geográficamente fuera de la órbita de la Corona de Aragón, estaba muy viva la conciencia en Castilla de que estas islas, como parte integrante del continente africano, pertenecían con todo derecho al reino castellano [10]. Tal vez, los monarcas aragoneses no descartaron una posible anexión, y vieron que las expediciones de sus súbditos eran el camino más rápido para ello. Tampoco los papas se inclinaron a favor de Aragón; solamente se limitaron a estimular las expediciones misionales.

En el siglo XV llegó definitivamente para Canarias la hora de su cristianización y organización religiosa, que sirvió de modelo para las iglesias de América. Cierto que la iniciativa conquistadora no partió de Castilla, pero ésta acogió favorablemente la idea brindada por dos aventureros franceses; el normando Juan Béthencourt y el pictavino Gadiffier de la Salle [11]. La expedición, cuidadosamente preparada, tuvo un rotundo éxito, apoderándose de Lanzarote (1402), conquista que abrió la esperanza de someter y apoderarse pronto de las demás islas del archipiélago canario.

La empresa conquistadora y misionera es apoyada desde el primer momento por el papa Benedicto XIII, quien por bula del 7 de julio de 1404 se decidió a la fundación del obispado de Rubicón (Rubiscensis), que era la mayor fortaleza de la isla. Su población fue elevada a categoría de ciudad, la iglesia de San Marcial fue convertida en catedral y como obispo fue nombrado fray Alonso de Sanlúcar de Barrameda, franciscano [12]. La jurisdicción del nuevo obispado se extiende a todas las islas del archipiélago canario (*ac ei reliquas partes predictae insulae et alias insulas et circumvicinas pro dioecesi deputamus*»), y, como sufragánea, queda sometida a la metrópoli de Sevilla [13]. Con el establecimiento de la sede

---

[10] RAYNALDI, *Annales* ad a.1344 n.48 y J. ZUNZUNEGUI, *Los orígenes de las misiones* ap. n.15.

[11] J. VIERA Y CLAVIJO, *Historia de Canarias* 1 (Santa Cruz de la Palma 1950) p.260ss; P. BONTIER et S. LE VERRIER, *Traité de la navigation et des voyages et descouverte et conquête modernes et principalment des français* (París 1929) p.268ss; ID., *Histoire de la première descouverte et conquête de Canarias faite des l'anné 1402 par J. de Béthencourt* (París 1630).

[12] C. EUBEL, *Bullarium franciscanum* 7,300 y 328; J. ZUNZUNEGUI, *Los orígenes de las misiones* p.400-401.

[13] Ibid.

rubicense (Lanzarote) se había logrado fortalecer y vigorizar un nuevo centro de irradiación misionera en Canarias.

A este centro vino a añadirse pronto el de Fuerteventura, impulsado por los franciscanos, que fundaron allí un convento. El papa Martín V prestó un apoyo decidido a Fuerteventura, creando un nuevo obispado por bula del 20-11-1423. La iglesia de Santa María de Béthencourt, de Fuerteventura, es elevada a categoría de catedral, y se le asignan como territorios las islas de Fuerteventura, Gran Canaria, Infierno, Gomera, Hierro y Palma, es decir, todas menos Lanzarote. Asimismo quedaba sometida a la metrópoli de Sevilla [14]. Tuvo muy corta duración, ya que su obispo, fray Martín de las Casas, fue trasladado a la sede de Málaga (12-12-1433). Con el traslado del mencionado obispo fue anulado el obispado por el mismo Martín V, y así se ponía fin al viejo pleito entablado con el obispado de Rubicón, que se consideraba muy perjudicado en sus derechos [15].

Los obispos de San Marcial y Rubicón realizaron una extraordinaria obra de evangelización no sólo en Lanzarote, sino también en las otras islas, y de una manera particular en Gran Canaria, que podía considerarse totalmente cristiana el año 1433 [16]. Esta circunstancia y la de estar la isla de Lanzarote muy expuesta a la piratería, aparte de su pequeña población, fueron las causas que más movieron al obispo fray Fernando de Talmonte (Calvetos) a pedir al papa el traslado de Rubicón a Gran Canaria. Eugenio IV por la bula (25-8-1435) accedió a sus deseos, autorizando la traslación solicitada, con la condición de que el obispado se denominara «Canariensis et Rubicensis», fijando la sede en Las Palmas de Gran Canaria y continuando incorporada a la metrópoli de Sevilla. El traslado no fue realidad hasta el pontificado de don Juan de Frías (1479-86), siendo el papa Inocencio VIII el que lo confirmó (20-11-1485) [17].

El afianzamiento del obispado canario ha sido una realidad a lo largo del siglo XV, y lo ha sido, en primer lugar, merced a la obra misionera y evangelizadora, impulsada por los papas [18]. En segundo lugar, al celo incansable de misioneros y religiosos principalmente, y, por último, jugó un papel decisivo el reino de Castilla, que defendió y mantuvo siempre el derecho sobre estos territorios y logró asentar su pleno dominio frente a las aspiraciones y pretensiones del reino portugués [19].

A partir del traslado definitivo a Las Palmas de Gran Canaria, la

[14] C. COCQUELLINES, *Bullarium* III 3,342; L. WADDING, *Annales,* 10,343-46; J. VIERA Y CLAVIJO, *Noticias de la historia general de las islas Canarias* 3,45ss.

[15] J. VIERA Y CLAVIJO, *Noticias* 3,46-48.

[16] Ibid., 3,176-78.

[17] C. EUBEL, *Hierarchia* 2,226.

[18] CH. M. DE WITTE, *Les bulles pontificales et l'expansion portugaise au. XVᵉ siécle:* Revue d'histoire ecclésiastique 48 (1953) 683-715; 49 (1954) 435-61; 51 (1956) 413-53 y 809-36.

[19] E. PÉREZ EMBID, *Los descubrimientos en el Atlántico y la rivalidad hispano-portuguesa hasta el tratado de Tordesillas* (Madrid-Sevilla 1958); ID., *La política descubridora de los Reyes Católicos en el espacio africano-atlántico:* Curso de conferencias sobre la política africana de los Reyes Católicos 3 (Madrid 1951) 9ss; A. RUMEU DE ARMAS, *La política de los Reyes Católicos en el Africa occidental:* Curso de conferencias sobre la política de los Reyes Católicos 3 (Madrid 1951) 25ss.

iglesia canaria se organiza a base de los estatutos que regían en otras iglesias de Castilla y se regula por el derecho del real patronato concedido a los Reyes Católicos (1486).

2. LA METRÓPOLI DE VALENCIA (9-8-1492)

Cuando se creó la metrópoli de Zaragoza (18-7-1318), ya se barajó el nombre de Valencia como posible capital del nuevo arzobispado, pero prevaleció la ciudad de Zaragoza por su importancia histórica, como capital del reino aragonés, y su posición geográfica [20]. A principios del siglo XIV no estaban maduras las cosas a favor de la metrópoli de Valencia; otra cosa era ya en el siglo XV.

Efectivamente, hubo factores muy decisivos los que a lo largo de la decimoquinta centuria abrieron el camino a la creación de la metrópoli valentina. Unos fueron políticos y sociales, y otros religiosos. Los primeros afianzaron la personalidad jurídica del reino valenciano, que se hace ya irreversible desde el reinado de Pedro IV el Ceremonioso (1336-87). Por otra parte, Valencia consigue, en el siglo XV, un auge demográfico y una hegemonía comercial que la ponen a la cabeza de las ciudades mediterráneas españolas. Fomenta también el Humanismo y el Renacimiento, que surgen vigorosos en esa centuria, hasta hacer del siglo XV su primer siglo de oro [21].

Desde el punto de vista religioso, la vitalidad de la diócesis era grande, debido a la labor de sus prelados, a la vigorosa vitalidad de sus instituciones y al papel destacado de varias personalidades eclesiásticas, como fueron San Vicente Ferrer, los obispos Jaime de Aragón (1369-96; cardenal 1387), Alfonso de Borja (1429-58) Calixto III) y Rodrigo de Borja (1458-92) (Alejandro VI).

Si Valencia había conseguido la hegemonía en la Corona de Aragón y era ya su reino extenso y opulento, fácilmente podía aspirar a rango de metrópoli en el orden eclesiástico. Pero no consta que Valencia solicitara la dignidad metropolitana por mediación de sus reyes o de sus representantes. A juzgar por la documentación que conocemos, el verdadero promotor fue su obispo Rodrigo de Borja, cardenal y vicecanciller de la iglesia romana.

Un paso para ello se dio al conceder Pablo II, por propia iniciativa, la exención de la sede valentina (11-10-1470), eximiéndole de la jurisdicción de Zaragoza y quedando directamente sometida a la Santa Sede [22]. Cierto que la exención está hecha a título de privilegio personal, ya que sólo había de durar mientras el cardenal Rodrigo de Borja ocupara la sede valentina, pero se había dado un paso importante.

---

[20] Cf. D. MANSILLA, *Formación de la provincia eclesiástica de Zaragoza:* Hispania Sacra 18 (1965) 254ss.
[21] V. CASTELL MAIQUES, *La provincia eclesiástica valentina. Precedentes y justificación histórica.* Discurso pronunciado en su recepción como director de número del Centro de Cultura Valenciana (25-11-1969). Separata de «Anales del Centro de Cultura Valenciana» (Valencia 1970) p.60ss.
[22] El documento de exención en Arch. Vat. Reg. Vat. 536 144-44v.

Creemos que esta decisión, al mismo tiempo que prestigiaba a la sede valentina, preparaba el camino para la elevación definitiva a rango de metrópoli. El hecho no se hizo esperar. Inocencio VIII, a instancia del cardenal Rodrigo de Borja, creó la nueva metrópoli, asignándole las sufragáneas de Cartagena y Mallorca, hasta ahora obispados exentos. Más tarde se le asignaron Orihuela (14-7-1564) y Segorbe (21-7-1577), pero perdió Cartagena, que pasó a depender de Toledo (14-7-1564) al crearse el obispado de Orihuela. Así, pues, la metrópoli valentina quedó compuesta de la forma siguiente: *Metrópoli:* Valencia; *sufragáneas:* Cartagena y Mallorca. En el siglo XVI se la agregaron Orihuela (1564) y Segorbe (1577), pero perdió Cartagena (1564) [23].

3. CREACIÓN DE LA METRÓPOLI DE GRANADA (10-12-1492)

El antiguo obispado de Ilíberis (Granada) había pertenecido a la metrópoli de Sevilla en la época romana y visigoda. Desde finales del siglo X, ya no se hace mención de sus obispos, pero aparecen de nuevo desde el año 1437, aunque su residencia no estaba vinculada a un lugar determinado [24].

Al plantearse su restauración con motivo de la toma de Granada (2-1-1492), que tanta repercusión tuvo no sólo en España, sino también en Europa, y particularmente en Roma [25], se pensó desde el primer momento en elevar dicho obispado a categoría de metrópoli. La iniciativa partió de los Reyes Católicos, que con tanto empeño y tantos sacrificios económicos y humanos habían promovido y llevado a cabo felizmente la reconquista de Granada.

Alejandro VI, teniendo en cuenta la importancia del reino granadino, sus monumentos, su población, la fertilidad de su suelo, accedió gustoso a la petición de los monarcas españoles. Por la bula *In eminenti specula* (10-12-1492), la iglesia de Granada fue elevada a la dignidad metropolitana, asignándole las sufragáneas de Guadix y Almería [26], que formaban también parte del reino granadino, pero que antiguamente habían pertenecido a la provincia cartaginense (toletana).

La decisión, tomada en consistorio, puntualiza que, si las mencionadas diócesis pertenecieron en otro tiempo a otras metrópolis, quedan desvinculadas de aquéllas e integradas plenamente a la nueva metrópoli.

Conviene notar que parte de estas dos últimas sedes estaban ya libres del poder musulmán un siglo antes de la restauración definitiva, y por eso vemos figurar obispos al frente de las sedes de Almería y Gua-

[23] E. OLMOS Y CANALDA, *Pergaminos de la catedral de Valencia* (Valencia 1961) n.5989-93 p.671; ID., *Los prelados valentinos* (Madrid 1959) p.128ss.
[24] C. EUBEL, *Hierarchia catholica medii aevi* 2 (Monasteri 1914) 160-61. Cf. también C. RAMÓN FORT, *España Sagrada* 51,153 y 367.
[25] A. DE LA TORRE, *Los Reyes Católicos y Granada* (Madrid 1946) y en Hispania 4 (1944) 244-307 y 339-82; J. GOÑI GAZTAMBIDE, *Historia de la bula de la Cruzada en España* (Vitoria 1958) p.371.
[26] Arch. Vat., Reg. Vat. 774 fol.321-24.

dix desde principios del siglo XV [27], aunque ordinariamente no residen en sus diócesis, sino en Toledo o Sevilla [28]. Más aún, por lo que a Almería se refiere, hubo intento de restaurar su obispado a principios del siglo XIV, y Clemente V lo declaró obispado exento (11-9-1309), aunque el proyecto no se convirtió en realidad [29].

Diócesis de Málaga.—También la restauración definitiva de la diócesis de Málaga tuvo lugar a finales del siglo XV (1487), pero parte de su territorio estaba ya recuperado en la segunda mitad del siglo XIII. Marbella era la población cristiana libre más importante, pero la diócesis malagueña se hallaba entonces unida canónicamente a la de Medina Sidonia (Cádiz) [30]. En los comienzos del siglo XV ya figuran obispos de Málaga [31], aunque, como los de Almería y Guadix, no residían normalmente en la diócesis.

Málaga cayó en poder de los cristianos el 18 de agosto de 1487; al día siguiente se reconcilió la mezquita, y quedó transformada en iglesia, bajo la advocación de Santa María de la Encarnación, y sometida al metropolitano de Sevilla [32].

La restauración religiosa de las diócesis no era más que el comienzo de una gran tarea pastoral posterior que llevaba consigo la creación de colegiatas en las poblaciones más destacadas de la diócesis, construcción de iglesias, nombramiento de canónigos, beneficiados y curatos, encargados de evangelizar, fomentar el culto divino, procurar la formación cristiana de los fieles y obras de caridad a través de creación de hospitales. Los primeros documentos puntualizan con gran precisión todos estos aspectos de la vida pastoral tanto en las ciudades como en los pueblos [33].

4. OTROS PROYECTOS EN EL SIGLO XV

A principios del siglo XV (1405), y en el deseo de que los límites eclesiásticos coincidieran con las fronteras del reino, el monarca navarro Carlos III el Noble solicitó de Benedicto XIII el rango de metrópoli para la diócesis de Pamplona. Esta había de estar integrada por los nuevos obispados siguientes: Irache, Tudela y Roncesvalles, a los que habían de incorporar todos los pueblos navarros que pertenecían a las diócesis de Zaragoza, Tarazona, Calahorra y Bayona. Al arzobispo de Zara-

[27] (4) C. EUBEL, *Hierarchia catholica* 2,86 y 162.
[28] D. MANSILLA, *Geografía eclesiástica:* Diccionario de Historia Eclesiástica de España, Instituto Enrique Flórez, 2 (Madrid 1972) 982ss.
[29] Ibid., 2,999.
[30] A. POTHAST, *Regesta* n.20.020.
[31] C. EUBEL, *Hierarchia catholica* 1,323 y 2,184.
[32] F. GUILLÉN ROBLES, *Málaga musulmana* (Málaga 1880): ID., *Erectio sanctae ecclesiae Cathedralis Malacitanae facta et disposita ad instantiam regiamque petitionem dominorum nostrorum regum catholicarum domini Ferdinandi et Elisabeth 1790.*
[33] *Erección de la iglesia metropolitana de la ciudad de Granada, dignidades y prebendas de ella y de todas las demás iglesias colegiales y parroquiales de su arzobispado, abadías, beneficios y sacristías del. Hecha en virtud de las bulas de la santidad de Inocencio VIII* (Granada 1803).

goza y al obispo de Tarazona se les compensaría dándoles el arciprestazgo de Valdonsella, que era muy rico; al de Calahorra se le daría la provincia de Guipúzcoa, dejando a Bayona sin compensación.

Aunque Benedicto XIII se mostró dispuesto a complacer al rey de
Navarra y encargó hacer una detallada información sobre el asunto
(30-6-1405), el proyecto no prosperó. Tal vez porque fue difícil poner
de acuerdo a los prelados que se sentían perjudicados y porque faltaría
el apoyo de los reyes de Aragón y de Castilla [34]. La petición se repitió a
principios del siglo XVI, como veremos.

Al siglo XV corresponde la revocación de la exención del obispado
de Pamplona, concedida por Clemente VII (23-9-1385) en unos momentos de favoritismo, y que Martín V anuló (17-2-1420) a petición del
arzobispo de Zaragoza [35].

Un cuadro de la organización eclesiástica española al finalizar el siglo XV es el siguiente:

Provincias eclesiásticas:

1. *Metrópoli:* **Compostela.** Sufragáneas: Astorga, Avila, Badajoz, Ciudad Rodrigo, Coria, Lugo, Mondoñedo, Plasencia, Orense, Salamanca, Tuy y Zamora.
2. *Metrópoli:* **Granada.** *Sufragáneas:* Almería y Guadix.
3. *Metrópoli:* **Sevilla.** *Sufragáneas:* Cádiz, Málaga, Rubicón (Lanzarote)
   (1404-85), Fuerteventura (1428-33), Las Palmas de Gran Canaria
   (1485), continuación de Rubicón, que desaparece por traslado a Las
   Palmas.
4. *Metrópoli:* **Tarragona.** *Sufragáneas:* Barcelona, Gerona, Lérida, Tortosa, Urgel y Vich.
5. *Metrópoli:* **Toledo.** *Sufragáneas:* Córdoba, Cuenca, Jaén, Palencia,
   Osma, Segovia y Sigüenza.
6. *Metrópoli:* **Valencia.** *Sufragáneas:* Cartagena y Mallorca.
7. *Metrópoli:* **Zaragoza.** *Sufragáneas:* Albarracín-Segorbe, Calahorra-La
   Calzada, Huesca, Pamplona y Tarazona.

Obispados exentos: Burgos, León, Oviedo y Marruecos.

Como complemento damos también relación de las metrópolis de
Portugal con sus sufragáneas.

Metrópoli: **Braga.** Sufragáneas: Coímbra, Oporto y Viseo.

Metrópoli: **Lisboa.** *Sufragáneas:* Evora, La Guarda (Idanha), Lamego y
Silves. (Cf. mapa de la página 11.)

---

[34] J. GOÑI GAZTAMBIDE, *Los obispos de Pamplona en el siglo XV y los navarros en los concilios de Constanza y Basilea:* Estudios de la Edad Media de la Corona de Aragón 7 (1962)
362-63 y 8 (1963) 340-44.
[35] Ibid., 8 (1963) 363-64.

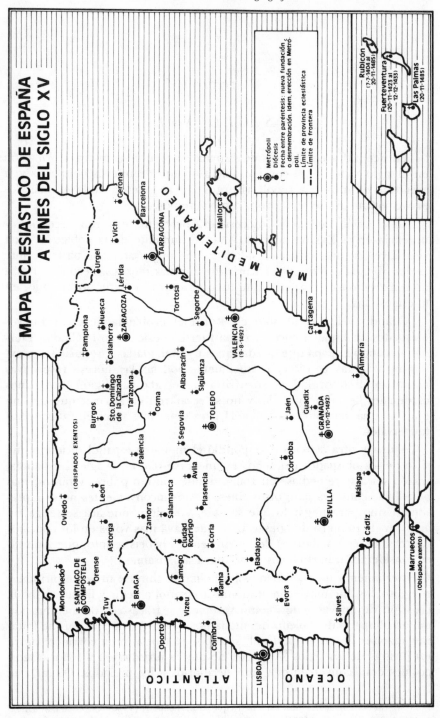

MAPA ECLESIASTICO DE ESPAÑA
A FINES DEL SIGLO XV

CAPÍTULO II

SIGLO XVI

La geografía eclesiástica de España sufre una gran transformación en el siglo XVI ante el considerable aumento de nuevos obispados y la creación de una metrópoli (Burgos), pero fueron todavía más los proyectos que no se realizaron, como veremos.

La creación de nuevas diócesis era problema de gran necesidad y urgencia en la España del siglo XVI. Al aumento de la población cada vez mayor, se añadía la necesidad de una mejor atención pastoral ante la desorbitada extensión territorial de algunas diócesis. Pero esta razón no tenía entonces la fuerza que tuvo más tarde y tiene, sobre todo, en nuestros días.

Cuando Felipe II planteó en Roma el problema de crear nuevos obispados en España, encontró una fuerte oposición en la Ciudad Eterna, alegando el papa que quedarían muy menguadas y reducidas en extensión y rentas, con lo cual difícilmente podrían las diócesis respectivas mantener su autoridad, y así sufriría menoscabo la religión [36]. Algunos cardenales llegaron más allá, y no se recataron en afirmar que esto no era sino una maniobra de Felipe II para tener más votos en los concilios universales.

A una y otra acusación respondió el monarca español diciendo que si lo de los obispados pequeños es un grave mal en la iglesia española, «razón sería se remediase en Italia, donde son tan pobres y tantos; mas aquello se conserva para otros fines, y estos inconvenientes no se representan sino para negar lo que se pide, y el dezir que acá se tenga fin acrescer de número de iglesias para que haya más votos en los concilios universales, como algunos de los cardenales habéis scripto, que a punto es consideración harto lexos de lo que acá pensamos» [37].

Ciertamente no fueron móviles políticos, sino de orden espiritual y religioso, los que movieron al monarca español a pedir y llevar a cabo la creación de nuevas sedes, como veremos. Si fracasó la desmembración del arzobispado de Toledo intentada por Carlos V, no fue porque faltaran razones de orden pastoral, sino por la teoría, muy corriente entre los juristas de los siglos XV y XVI, de que la jurisdicción y señorío temporales eran convenientes y aun necesarios a los prelados. Quitar este

---

[36] Carta del embajador don Luis de Requesens a Felipe II (1566). Cf. D. MANSILLA, *La reorganización eclesiástica española del siglo XVI. II. Navarra-Castilla:* Anthologica Annua 5 (1957) 85-86.
[37] Ibid., p.86.

señorío temporal a Toledo desmembrando su diócesis, era asestar un duro golpe a la misma iglesia española [38].

En el reinado de Carlos V (1516-56) ya se siente la preocupación de crear nuevos obispados en Castilla. Felipe II (1556-98) recoge esta misma idea y la hace realidad en gran parte. Otros proyectos que cristalizaron más tarde, como Santander, Vitoria, etc., también pasaron por la mente del Rey Prudente, formando así la creación de nuevas sedes una parte muy importante de su política religiosa.

A) Castilla

1. Desmembración del arzobispado de Toledo

La desmembración del arzobispado de Toledo se planteó ya en tiempo de los Reyes Católicos y fue objeto de estudio por parte del Consejo de Castilla, pero el proyecto no prosperó, por ser adverso el dictamen del mencionado Consejo [39].

No obstante, a la muerte del cardenal Cisneros (1517) lo intentó de nuevo Carlos V, y pensó que un candidato idóneo para ello podría ser don Guillermo de Croy, que, además de cardenal, era obispo de Cambrai (Francia) y administrador de Coria, y a quien deseaba proponer ahora para la mitra de la primada de España.

Pero la novedad del monarca español no estaba solamente en presentar para la primera dignidad eclesiástica de España a este joven candidato extranjero, repentinamente nacionalizado y con pocas letras, sino en pedir al papa, al mismo tiempo, la desmembración del arzobispado [40]. León X, en carta dirigida al emperador (24-12-1517), se apresuró a manifestarle plenamente su conformidad y complacencia [41].

Las gestiones fueron llevadas a cabo con gran rapidez. Al nombramiento del nuevo arzobispo (31-12-1517) siguen los informes pedidos al cardenal Adriano, obispo de Tortosa, y a don Juan Rufo Teodolí, nuncio en España, que están ya en Roma en febrero de 1518. La bula de desmembración se expidió, probablemente, el 3 de marzo de 1518, creando dos nuevas diócesis: Alcalá de Henares y Talavera de la Reina [42].

[38] A. Fernández de Madrid, *Silva palentina* 1 (Palencia 1932) p.509ss.
[39] Ibid.
[40] Bula dirigida por León X (31-12-1517) al cardenal Croy (Reg. Vat. 1.196 fol.175v.).
[41] P. Bembo, *Epistolae Leonis X* l.16,4 (Lugduni 1540) 412-13.
[42] La bula de desmembración no se conserva ni en el archivo de la catedral de Toledo ni en el Archivo Vaticano; pero hay una pista bastante segura para conocer la fecha, y es el breve pontificio dirigido al cabildo (3-2-1518), en el que se alude a la bula de desmembración. Cf. A. Poschmann, *El cardenal Guillermo de Croy y el arzobispado de Toledo:* BAH 75 (1919) 201-21 y D. Mansilla, *La reorganización...* II. *Navarra-Castilla* p.57 nt.37.
  Una de las diócesis era ciertamente Alcalá de Henares. La otra hay duda entre Madrid y Talavera, pero las razones están más por esta última, ya que en el Arch. Vat. (Indice 353) hay una referencia de apelación hecha por Talavera, correspondiente al pontificado de León X. (Cf. D. Mansilla, *La reorganización* p.66).

A pesar de todas las precauciones tomadas por Carlos V, no pudo conseguir que los procuradores del cardenal Croy tomaran posesión del arzobispado. El cabildo de Toledo se opuso resueltamente y estaba dispuesto a no ceder mientras no se revocara la bula de León X sobre la desmembración. La consideraban un verdadero atentado contra la autoridad y prestigio de la sede toledana, según lo hacían saber en un amplio memorial [43]. El rey don Carlos intentó por dos veces reducir la resuelta oposición del cabildo, pero no lo consiguió ni con amenazas.

El césar español, dándose cuenta de la grave situación creada, pensó que lo más prudente era pedir a León X la revocación de la desmembración, y así lo hizo. La bula (23-7-1518) no se hizo esperar, y con ella llegó la calma a Toledo, quedando de nuevo incorporados a la sede primada los territorios desmembrados [44]. El intento de Carlos V hizo profunda impresión y dejó largo recuerdo no sólo en Toledo, sino también en otras diócesis de España, pero no encontró el clima preparado para su realización, por considerarse la división como un atentado a la silla primada de España.

2.   La vicaría de Orán

La poderosa y extensa archidiócesis de Toledo acrecentó sus territorios en el norte de Africa con ocasión de la conquista de Orán (Argelia), realizada por el cardenal Cisneros (1509). La vinculación y sujeción de la iglesia de Orán a la sede primada decretada por León X (5-4-1514) hizo que aquel lejano lugar se considerara como una prolongación territorial de la diócesis de Toledo.

Se pensó incluso en establecer allí un obispado [45], pero el proyecto no prosperó. Después de varias discusiones y tractativas, la iglesia de Orán vino a ser una vicaría de la sede de Toledo, similar a las que tenía en otras poblaciones de la diócesis [46].

3.   Creación de la metrópoli de Burgos (22-10-1572)

La formación de la metrópoli de Burgos formaba parte del amplio plan general de reorganización y reajuste de obispados del siglo XVI. Por otra parte, pocas sedes como la de Burgos podían presentar tantos títulos para obtener la dignidad metropolitana.

La grandeza y poderío logrados por Burgos desde finales del siglo XV; el aumento de su población; su preeminente posición política como

---

[43] D. Mansilla, *La reorganización* p.61-63.
[44] La bula anulando la división del arzobispado de Toledo se encuentra en el Arch. Vat., Reg. Vat. 1.203 fol.126v-129v. D. Mansilla, *La reorganización* p.176-80.
[45] A. Gometius, *De rebus gestis a Francisco Ximenio Cisnerio,* ed. Schottus: Hispania Ilustrata 1,1040.
[46] D. Mansilla, *La reorganización... Navarra-Castilla* p.67-68. L. Fernández de Retana, *Cisneros y su siglo* 1 (Madrid 1929) p.512-59.

cabeza de Castilla; su categoría de plaza fuerte; su prosperidad y bienestar económicos; el desarrollo del arte, expresión genuina de una época determinada, nos hablan con gran elocuencia de la grandeza burgalesa en los siglos XV y XVI [47].

Desde el punto de vista eclesiástico, la sede burgense pasaba por ser una de las más poderosas e importantes de Castilla. Su gran extensión territorial, su categoría de sede exenta (1096), sus prestigiosos prelados, como Pablo de Santa María, Alfonso de Cartagena, Pascual de Ampudia, F. de Mendoza y Bobadilla, etc., todo ello había contribuido a prestigiar la sede burgalesa [48].

Felipe II manifestó al papa sus deseos por primera vez a finales del año 1566 o principios del 1567 por medio de su embajador, don Luis de Requesens. A la vez que la erección de Burgos en metrópoli, el monarca español proponía la creación de los obispados de Jaca y Barbastro. Aparte de las razones que existían para la creación de estas diócesis, como veremos más adelante, había que buscar a Burgos sufragáneas y compensar a Zaragoza.

La propuesta de Felipe II no fue recibida en Roma con agrado, principalmente por lo que se refería a la creación de nuevas sedes; pero Pío V dio luz verde a la petición del Rey Prudente. La dificultad, sin embargo, estaba en encontrar sufragáneas para Burgos. Parecía natural buscarlas entre las más próximas: Palencia, Osma y Calahorra; pero incorporar Osma y Palencia a la metrópoli de Burgos suponía reñir una gran batalla con el poderoso arzobispo de Toledo, lo que Felipe II quería evitar a toda costa.

Por eso pensó en buscar sufragáneas por la parte oriental, es decir, en Pamplona y Calahorra. La oposición no se hizo esperar tanto en Pamplona como en Zaragoza, y el camino no quedó despejado hasta que consiguió la creación de los obispados de Jaca y Barbastro (1571). Después de ocho años de largas y dificultosas negociaciones, Gregorio XIII otorgaba la dignidad metropolitana a la sede burgense, asignándole las sufragáneas de Pamplona y Calahorra-La Calzada (22-10-1572) [49].

En el deseo de buscar más sufragáneas a la metrópoli burgense, se pensó en incorporar las sedes exentas de León y Oviedo con ocasión de la creación del obispado de Valladolid. La petición fue apoyada por el cabildo, y más todavía por el municipio de la ciudad, que tenía sumo interés en que el obispado de Valladolid se agregara a la metrópoli de Burgos. Pero sólo pudo conseguirse que Palencia pasara a ser sufragánea de Burgos, mientras Valladolid se incorporó a Toledo (1595).

---

[47] L. Serrano, *Los Reyes Católicos y la ciudad de Burgos desde 1451-1492* (Madrid 1943) p.10ss.

[48] L. Serrano, *Los conversos don Pablo de Santa María y don Alfonso de Cartagena* (Madrid 1942); J. L. Ortega, *Un reformador pretridentino: Don Pascual de Ampudia, obispo de Burgos (1496-1512)*. Publicaciones del Instituto Español de Historia Eclesiástica 20 (Madrid-Roma 1973); N. López Martínez, *Don Luis de Acuña, el cabildo de Burgos y la reforma:* Burgense 2 (1961) 185-317.

[49] Flórez, ES vol.26-27; M. Martínez Sanz, *Episcopologio de Burgos:* Bol. Ofic. Obispado 17 (1874) 183-84; D. Mansilla, *La reorganización* p.78-104 y 209.

4. ERECCIÓN DEL OBISPADO DE VALLADOLID (15-9-1595)

La iglesia colegial de Santa María de Valladolid, una de las más importantes de España, fue la cuna de la futura diócesis vallisoletana. El afán de independencia y liberación de la jurisdicción episcopal palentina por parte de sus abades, dio origen a numerosos pleitos entre la abadía vallisoletana y los prelados palentinos [50].

Ya los Reyes Católicos vieron que el remedio más adecuado para poner fin a estos interminables pleitos era elevar la iglesia colegial de Valladolid a categoría de catedral, pero unida a Palencia, de tal suerte que en realidad fuera un solo obispado con el doble título: Valladolid-Palencia.

Así lo solicitaron de Alejandro VI, quien accedió a la propuesta de los monarcas españoles. La decisión del papa Borgia, tomada poco antes de su muerte y confirmada por Julio II (26-11-1503), no logró resolver el problema ante la oposición de la colegiata de Valladolid, quedando restablecida su abadía (1509). Una nueva tentativa en este sentido se repitió en el pontificado de don Pedro de la Gasca (1551-61). Aunque apoyado por el Consejo Real, también fracasó por la oposición de los cabildos de Valladolid y Palencia.

A Felipe II le preocupaban extraordinariamente los pleitos existentes entre cabildos y prelados por las graves consecuencias que tenían en el orden religioso y, a veces, también político. Por eso pensó que los mencionados pleitos sólo terminarían con la erección del obispado de Valladolid, totalmente independiente de Palencia.

Las gestiones iniciadas el año 1592 culminaron, después de laboriosas negociaciones, con la erección del nuevo obispado vallisoletano (25-9-1595). La nueva diócesis queda incorporada a Toledo, mientras Palencia, hasta ahora sufragánea de Toledo, pasa a depender de Burgos.

Cierto que Valladolid, por ser una de las poblaciones más prósperas y destacadas de Castilla, por los concilios allí celebrados (s. XII-XIV) y por su floreciente Universidad, tenía sobrados títulos para ser elevada a categoría episcopal, pero la razón más influyente en el ánimo de Felipe II fueron los interminables pleitos entre Valladolid y Palencia y entre Salamanca y Medina del Campo.

5. PROYECTO DE OBISPADO EN SORIA

Dentro de Castilla, otra ciudad que aspiró a rango de obispado fue Soria. Sus pretensiones se remontan al siglo XIII, aunque compartiendo

---

[50] M. DE CASTRO, *Episcopologio vallisoletano* (Valladolid 1904) p.123ss y 163ss; V. M. SANGRADOR, *Historia de Valladolid desde su más remota antigüedad hasta la muerte de Fernando VII* (Valladolid 1851); A. FERNÁNDEZ DE MADRID, *Silva palentina*. Nueva ed. preparada por J. SAN MARTÍN PAYO (Palencia 1976) p.605ss; D. MANSILLA, *La reorganización* p.104-41.

con Osma el título de concatedral. En el siglo XVI, sus pretensiones eran más ambiciosas, al querer ser obispado independiente, pero no prosperaron [51].

B) *Navarra*

1. ANEXIÓN A LA DIÓCESIS DE PAMPLONA DE LOS PUEBLOS DEPENDIENTES DE BAYONA (FRANCIA)

En Navarra, al igual que en otras regiones de España, se nota por este tiempo una fuerte corriente a que los límites eclesiásticos y civiles coincidan.

La diócesis de Bayona (Francia) se internaba desde muy antiguo en las actuales provincias de Guipúzcoa y Navarra [52]. Se trataba del arcedianato de Baztán (Pamplona) y del arciprestazgo de Fuenterrabía (Guipúzcoa) [53]. El monarca navarro Carlos III el Noble (1387-1425) pensó ya incorporar dichos territorios a la diócesis de Pamplona, proponiendo al papa Luna la creación de los obispados de Irache, Roncesvalles y Tudela [54]; pero su proyecto no prosperó.

Otras tentativas más serias se hicieron en tiempo de Fernando el Católico y Carlos V, que tampoco tuvieron éxito, pero abrieron camino a posteriores negociaciones [55]. Fue Felipe II, apoyándose, una vez más, en razones de orden religioso, como era el peligro calvinista, el que logró, después de laboriosas negociaciones, incorporar todos esos pueblos a la diócesis de Pamplona. Fue una lucha muy larga y dura; pero, apoyado en un breve de Pío V (30-4-1566), confirmado por Gregorio XIII (20-8-1582), se realizó la anexión con resistencia por parte de Francia [56].

2. PROYECTO DE OBISPADO EN LAS PROVINCIAS VASCONGADAS Y DEL OBISPADO DE TUDELA

La anexión a Pamplona de los pueblos dependientes de Bayona y ubicados en territorio español planteó el problema de crear un obispado en las provincias vascongadas, y apuntó como lugar más apropiado Tolosa [57]; pero el proyecto no prosperó.

Asimismo, el viejo proyecto de crear la diócesis de Tudela a base de territorios exclusivamente navarros recobró gran interés en tiempos de

[51] D. MANSILLA, *La reorganización... Navarra-Castilla* p.141.
[52] S. MÚGICA, *El obispado de Bayona con relación a los pueblos de Guipúzcoa adscritos a dicha diócesis:* Rev. Inter. de Estud. Vascos 8 (1914-1917) p.185-229; D. MANSILLA, *La reorganización* p.13-36.
[53] Una relación detallada, en D. MANSILLA, *La reorganización* p.13-14.
[54] Ibid., p.15.
[55] Ibid., p.17-20.
[56] Ibid., p.20-36.
[57] Ibid., p.37.

Felipe II. Las luchas entre Tarazona y el deanato de Tudela se hacían
interminables, y el monarca español juzgó que, para cortar tan prolongadas controversias, nada mejor que elevar el deanato de Tudela a rango de obispado. El proyecto del Rey Prudente, muy avanzado, no se
realizó por sorprenderle la muerte (1598) [58], y Tudela no fue obispado
hasta dos siglos después [59].

3.   Proyecto de creación de la metrópoli de Pamplona

A principios del siglo XVI (1500), los reyes de Navarra intentaron
dar vida de nuevo al proyecto de Carlos III del 1405, recabando de
Alejandro VI la erección de la metrópoli de Pamplona, con la creación
de los obispados de Sangüesa, Roncesvalles y Tudela, a los que se unirían también los de Lescar y Olerón (Francia); pero dicho proyecto, ca-
rente de sentido pastoral, ya que pretendía crear una especie de principado eclesiástico en favor de Amadeo de Labrit, hermano del rey navarro, no prosperó [60].

C)   *Aragón-Cataluña*

1.   Creación de la diócesis de Orihuela (14-7-1564)

Los orígenes de la diócesis de Orihuela hay que buscarlos en el
constante deseo, por parte de los monarcas aragoneses, de que coincidieran los límites políticos con los eclesiásticos [61].

Dentro del reino de Valencia había un territorio al sur del Júcar
que pertenecía eclesiásticamente a Cartagena, la cual, a su vez, dependía
políticamente de Castilla. Ya Jaime II de Aragón (1291-1327) propuso
al papa Juan XXII (22-9-1317) la creación de la diócesis de Játiva a base
de esos territorios [62]; pero en adelante ya no va a ser Játiva, sino Orihuela, el punto escogido para capital de la nueva sede.

La empresa, por las implicaciones políticas que entrañaba, no era de
fácil solución, pero se intentó, porque los pleitos entre Orihuela y Cartagena eran cada vez más frecuentes. El monarca aragonés Alfonso V
pensó que dichos pleitos sólo podrían encontrar solución con la creación
de un nuevo obispado en Orihuela.

El asunto fue presentado por el rey aragonés a los Padres del concilio de Basilea, quienes después de largas deliberaciones optan por la

---

[58] Ibid., p.42-44.
[59] Flórez, ES, 50,491.
[60] J. Goñi Gaztambide, *Los obispos de Pamplona del siglo XV y los navarros en los Concilios
de Constanza y Basilea,* en *Estudios de la Edad Media de la Corona de Aragón* 8 (1963) 340-344.
[61] J. Vincke, *Staat und Kirche in Katalonien und Aragon Während des Mittelalters* (Münster in W., 1931) p.373ss.
[62] J. Vincke, *Documenta selecta mutuas civitatis Aragocathalaunicae et Ecclesiae relationes
illustrantia* (Barcinone 1936) p.216-217.

creación de la nueva sede (1442). Eugenio IV anuló la erección (11-10-1443) por considerarla ilegítima y atentatoria contra los derechos de Cartagena [63].

A pesar de este grave contratiempo, los partidarios de la erección no se desanimaron, y lograron de Julio II una nueva erección (13-4-1510), que fue anulada poco después por el mismo papa (1512) y confirmada por León X (1-14-1518) y Clemente VII (14-10-1524) [64].

Con Felipe II llegó el momento oportuno, que Orihuela supo aprovechar. No había ya que temer rivalidades políticas; la conversión de los moriscos, muy numerosos en esa zona, era preocupación preferente del monarca español, quien, por otra parte, estaba siempre dispuesto a cortar toda fuente de discordias, que tanto perjudicaban los intereses espirituales y temporales de sus súbditos.

Por todas estas razones, la petición del monarca español se abrió pronto paso en Roma, y Pío IV concedió definitivamente la erección del obispado de Orihuela (14-7-1564), que quedaba sometido a la metrópoli de Valencia, mientras que Cartagena, obispado exento, pasaba a depender de Toledo [65].

2. Creación de los obispados de Barbastro y Jaca (18-6-1571)

La creación de los obispados de Barbastro y Jaca siguió una trayectoria distinta hasta el siglo XVI. Por lo que a Barbastro se refiere, tal vez ninguna población de España realizó los esfuerzos que Barbastro para conseguir el rango de sede episcopal. Desde principios del siglo XIII se había formado entre sus habitantes una fuerte convicción de que su ciudad había tenido rango episcopal en los siglos XI y XII. La confusión provenía de que los obispos de Roda-Lérida y Huesca habían residido frecuentemente en Barbastro durante las mencionadas centurias; pero Barbastro jamás había sido obispado, según el minucioso proceso hecho por el papa Juan XXII (27-2-1323) [66].

A pesar de no tener razones históricas a su favor, Barbastro jamás renunció a sus pretensiones. Después de una prolongada lucha consiguió su intento en tiempo de Felipe II, quien para poner fin a los interminables pleitos con la diócesis de Huesca obtuvo del papa San Pío V la bula de erección (18-6-1571). En ella se puntualizan sus límites y detallan los pueblos [67].

Por lo que a Jaca se refiere, se ha de tener en cuenta que esta ciudad había sido residencia habitual de los obispos de Huesca a lo largo

[63] D. Mansilla, *La reorganización...* I. *Aragón y Castilla* p.108ss.
[64] Ibid., p.116ss.
[65] D. Mansilla, *La reorganización* I. *Aragón-Cataluña* p.122-32. Los documentos de erección en *La reorganización*. II. *Navarra-Castilla* p.182-90.
[66] D. Mansilla, *La reorganización... Aragón-Cataluña* p.145-48 y 200; A. Durán Gudiol, *De la Marca superior de Al-Andalus al reino de Aragón, Sobrarbe, Ribagorza* (Zaragoza 1975).
[67] R. de Huesca, *Teatro histórico de las iglesias del reino de Aragón* 6,467 n.9ss.

del siglo XI, hasta que, conquistada Huesca (1096), se trasladó aquí el obispado. Cierto que compartió con Huesca la dignidad catedralicia, titulándose «Oscensis et Iacensis», pero nunca llegó a ser obispado independiente. Al intentar Felipe II la erección de las diócesis de Barbastro y Jaca, la razón que más influyó en su ánimo, por lo que a Jaca se refiere, fue el peligro de la herejía protestante, que se filtraba por la parte montañosa del Pirineo aragonés. Depués de prolongadas negociaciones para vencer la resistencia de Huesca, Jaca consiguió sus aspiraciones por bula de Pío V (18-6-1571) [68].

3. DESMEMBRACIÓN DE SEGORBE Y ALBARRACÍN (21-7-1577)

El obispado de Albarracín, creado el año 1172, fue unido al de Segorbe al ser reconquistada esta ciudad (1245) y restaurada su sede (1247) [69]. Así continuaron las cosas hasta el año 1577. Cuando Felipe II pensó en una nueva reorganización de los obispados de Aragón, se decidió por la separación del obispado Segorbe-Albarracín.

La razón más poderosa para tomar esta decisión fue, una vez más, de carácter religioso: la nueva y numerosa población morisca existente en esta región, y por la que Felipe II sentían verdadera obsesión [70]. Por otra parte, también agradaba al monarca español que Segorbe, como territorio valenciano, fuese obispado distinto de Albarracín, que era territorio aragonés.

Atendidas estas razones, Gregorio XIII se decidió por la división de las dos iglesias, quedando constituidas en sedes totalmente independientes, pasando Segorbe, como sufragánea, a depender de Valencia, mientras Albarracín quedaba dependiente de Zaragoza (21-7-1577) [71].

4. ERECCIÓN DE LA DIÓCESIS DE TERUEL (15-7-1577)

Con motivo de la erección de la metrópoli de Zaragoza (1318), ya se pensó en la creación del obispado de Teruel, pero ni el proyecto de Jaime II de Aragón ni otras tentativas posteriores de Pedro IV (1336-87) prosperaron [72]. Felipe II consideró momento oportuno presentar en Roma el proyecto de obispado para Teruel, al mismo tiempo que la división de las iglesias de Albarracín y Segorbe.

Aparte de la gran extensión territorial de la diócesis cesaraugustana y de que Teruel se hallaba en un extremo de la mencionada diócesis,

[68] Ibid., 6,500 n.23; D. MANSILLA, *La reorganización* p.163-68.
[69] J. VILLANUEVA, *Viaje literario* 3ss; P. KEHR, *Papsturkunden in Spanien. Navarra und Aragón* p.247-48. Más bibliografía en D. MANSILLA, *La reorganización*. I. *Aragón-Cataluña* p.169.
[70] J. REGLA, *La expulsión de los moriscos y sus consecuencias. Contribución a su estudio:* Hispania 13 (1953) 226-50.
[71] J. VILLANUEVA, *Viaje* 3,247-55; D. MANSILLA, *La reorganización*. I. *Aragón-Cataluña* p.169-80.
[72] D. MANSILLA, *La reorganización* p.180-81.

existía la poderosa razón de los moriscos o cristianos nuevos, cuyo problema tanto preocupaba a Felipe II. Las razones de orden espiritual y pastoral allanaron el camino en Roma, y, vencidas algunas dificultades provenientes de Zaragoza, se creó el nuevo obispado de Teruel por bula del papa Gregorio XIII (15-7-1577) [73]. La división fue confirmada por Sixto V (5-10-1587), en cuyo documento se precisaban, al mismo tiempo, otras cuestiones referentes a límites, asignación de rentas, determinación de dignidades, prebendas, etc. [74].

5. Creación de la diócesis de Solsona (19-7-1593)

Felipe II no encontró dificultades para la creación del obispado de Solsona. El Consejo Supremo de Aragón dio pronto su beneplácito. Por otra parte, el peligro de herejía protestante y la gran extensión territorial de la diócesis de Urgel aconsejaban dicha erección. ·

Aunque fueron tres las villas que solicitaron de Felipe II la gracia de tener obispado: Manresa, Balaguer y Solsona, no fue difícil la elección a favor de Solsona, por disponer de una célebre abadía de canónigos regulares de San Agustín, que, al secularizarse, era coyuntura favorable para elevarla a rango de categoría episcopal.

En efecto, atendidas todas las circunstancias y previo el informe favorable de los cardenales, Clemente VIII accedió a la creación del obispado de Solsona en el consistorio del 19 de julio de 1593. La nueva diócesis, formada a base de pueblos en su mayoría de la diócesis de Urgel y con algunos de la de Vich, quedaba, como sufragánea, sometida a Tarragona [75].

6. Otras cuestiones

A los tiempos de Felipe II corresponde también la anexión a la diócesis de Urgel de los pueblos del valle de Arán, pertenecientes al obispado de Cominges (Francia). La petición formulada por el monarca español fue atendida favorablemente por San Pío V, que permitió al obispo de Urgel poner un vicario en el valle de Arán [76].

A principios del siglo XVI, el obispo de Barcelona, don Guillermo Raimundo de Vich (1519-25), intentó separarse de la metrópoli de Tarragona, obteniendo del papa León X un breve por el que la sede barcelonesa quedaba inmediatamente sometida a la Santa Sede. Ante la

[73] Ibid., p.180-90; J. Villanueva, *Viaje literario* 3,247.
[74] D. Mansilla, *La reorganización* p.189-90.
[75] D. Costa y Bofarull, *Memorias de la ciudad de Solsona y su iglesia* (Barcelona 1959) 1,344-48; J. Villanueva, *La diócesis de Solsona* 5,193-94; D. Mansilla, *La reorganización* p.190-94.
[76] J. Regla, *El valle de Arán en la Edad Media:* Anal. Sac. Tarrrac. 21 (1948) p.35-47; D. Mansilla, *La reorganización. I. Aragón-Cataluña* p.196.

protesta formulada por Tarragona y secundada por Barcelona, que prefería tener más cerca el tribunal para las causas de apelación, parece que León X revocó dicho breve [77].

También la diócesis de Elna (Francia) pasó a depender de la metrópoli de Tarragona por bula de Gregorio XIII (18-5-1573) [78], y así continuó hasta el tratado de los Pirineos (1659).

Conclusión.—La creación de nuevas diócesis era una exigencia en la España del siglo XVI. En un tiempo relativamente breve, Felipe II llegó a cambiar sensiblemente la geografía eclesiástica española. Es verdad que algunos proyectos eran anteriores a su reinado; pero no pasaron de proyectos. El Rey Prudente supo darles realidad, debido a que puso en primer plano razones de orden religioso y pastoral. También fue muy deferente con las regiones de diversas lenguas y costumbres, a las que siempre procuró tener muy en cuenta, porque sabía que con ello contribuía a una total integración nacional.

Cuadro de las provincias eclesiásticas españolas, a las que añadimos también las de Portugal, al finalizar el siglo XVI

1. *Metrópoli:* **Burgos.** *Sufragáneas:* Calahorra-La Calzada, Pamplona y Palencia.
2. *Metrópoli:* **Compostela.** *Sufragáneas:* Astorga, Avila, Badajoz, Ciudad Rodrigo, Coria, Lugo, Mondoñedo, Orense, Plasencia, Salamanca, Tuy y Zamora.
3. *Metrópoli:* **Granada.** *Sufragáneas:* Almería y Guadix.
4. *Metrópoli:* **Sevilla.** *Sufragáneas:* Cádiz, Málaga, Canarias y Marruecos.
5. *Metrópoli:* **Tarragona.** *Sufragáneas:* Barcelona, Elna (Francia), Gerona, Lérida, Solsona, Urgel y Vich.
6. *Metrópoli:* **Toledo.** *Sufragáneas:* Cartagena, Córdoba, Cuenca, Osma, Segovia, Sigüenza y Valladolid.
7. *Metrópoli:* **Valencia.** *Sufragáneas:* Mallorca, Orihuela y Segorbe.
8. *Metrópoli:* **Zaragoza.** *Sufragáneas:* Albarracín, Barbastro, Jaca, Tarazona y Teruel.
9. *Obispados exentos:* León y Oviedo.

PORTUGAL

1. *Metrópoli:* **Braga.** *Sufragáneas:* Coímbra, Miranda, Porto y Vizeu.
2. *Metrópoli:* **Evora.** *Sufragáneas.* Elvas, Silves y Ceuta (Africa).
3. *Metrópoli:* **Lisboa.** *Sufragáneas:* Idanha (Guarda), Lamego, Leiria y Portalegre. (Cf. mapa de la página 23.)

[77] Ibid., p.197.
[78] Ibid., p.195-96.

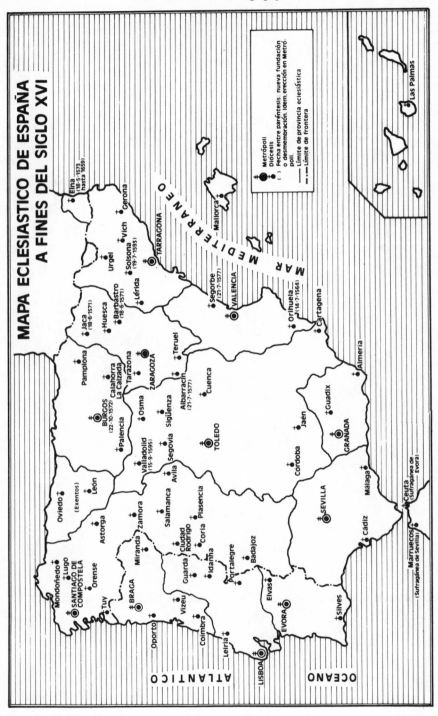

MAPA ECLESIASTICO DE ESPAÑA A FINES DEL SIGLO XVI

SEGUNDA PARTE

PRESENCIA DE ESPAÑA EN LOS CONCILIOS GENERALES DEL SIGLO XV

Por José Goñi Gaztambide

INTRODUCCION

En la primera mitad del siglo XV se desplegó una actividad conciliar jamás conocida. En el espacio de cuarenta años se reunieron nada menos que siete concilios con pretensiones de ecuménicos. De ellos sólo dos han sido reconocidos como tales, aunque tardíamente y con ciertas reservas: el de Constanza y el de Basilea-Ferrara-Florencia. Las asambleas de Perpiñán (1408-1409), Cividale (1409) y Roma (1413) no tienen ninguna probabilidad de que sean inscritas en la lista de concilios generales. No nos atreveríamos a formular una afirmación tan categórica respecto de los concilios de Pisa y Pavía-Siena. Algunos historiadores actuales han reivindicado para ellos, aunque sin éxito, el título de concilios generales [1]. Su historia es inseparable de los concilios de Constanza y Basilea, respectivamente. Por eso no podemos prescindir de ellos. Así, pues, los concilios que van a retener nuestra atención son los de Pisa, Constanza, Pavía-Siena y Basilea-Ferrara-Florencia. En conexión directa con ellos se encuentra el concilio V de Letrán (1512-17). Parece obvio que nos ocupemos también de él, aunque cronológicamente rebase el siglo XV. La unidad temática así lo exige. Nuestro ángulo de mira es muy preciso: la participación española en cada una de las cinco asambleas.

---

[1] M. Fois, *I concili del secolo XV:* Autori vari, *Problemi di storia della Chiesa* (Milano 1976) 162.

CAPÍTULO I

EL CONCILIO DE PISA (1409) [2]

LA VÍA DEL CONCILIO

A lo largo de treinta años habían fracasado, una tras otra, todas las soluciones propuestas para poner fin al cisma: el recurso a la fuerza, o vía de hecho; la cesión, o abdicación; la convención, o entrevista personal; la sustracción de la obediencia, el compromiso, o arbitraje, y la vía de la justicia, o de la discusión. Quedaba por probar la vía del concilio general. La idea de recurrir a la decisión de un concilio, lanzada por el cardenal Orsini ya en julio de 1378, nunca cayó en el olvido. A los ojos de Juan I de Castilla, el concilio aparecía como el único puerto de salvación (20-9-1379). No es el colegio cardenalicio, sino la Iglesia universal, representada en el concilio, la única competente para decidir sobre el problema del cisma, escribió el arzobispo de Toledo, Pedro Tenorio. Tesis diametralmente opuesta a la defendida por dos polemistas aragoneses: Nicolás Aymerich y San Vicente Ferrer.

Pero ¿quién convocará el concilio? ¿Los dos papas rivales? Nunca se pondrán de acuerdo. ¿Uno de los dos? La obediencia del otro no acudirá. ¿Los cardenales? ¿El emperador? No tienen autoridad para hacerlo.

Dos profesores de la Universidad de París, Conrado de Gelnhausen y Enrique de Langenstein, formularon esta solución: No es de la esencia del concilio el que sea convocado por el papa. En caso de necesidad, el concilio puede reunirse sin el papa y contra el papa. La ley canónica, que reserva al papa la convocación del concilio, no obliga cuando está en juego el interés general de la Iglesia.

El concepto de epiqueia, aplicado a nuestro caso, hacía viable la cele-

---

[2] J. GOÑI GAZTAMBIDE, *España y el concilio de Pisa:* Diccionario de historia eclesiástica de España (= DHEE) Suplemento (de próxima aparición); W. BRANDMÜLLER, *Die Gesandtschaft Benedikts XIII. an das Konzil von Pisa:* Konzil und Papst. Festgabe f. H. Tüchle, hrsg. G. Schwaige (München 1975) 169-205; H. IMMENKÖTTER, *Ein avignonesischer Bericht zur Unionspolitik Benedikts XIII.*: Annuarium Historiae Conciliorum (= AHC) 8 (1976) 200-49; N. VALOIS, *La France et le Grand Schisme d'Occident* t.4 (París 1902) p.3-174, M. FOIS, *I concili* 164-70; J. VINCKE, *Acta concilii Pisani:* Römische Quartalschrift 46 (1938) 81-331; ID., *Briefe zum Pisaner Konzil* (Bonn 1940); ID., *Schriftstücke zum Pisaner Konzil* (Bonn 1942); GRAZIANO DI S. TERESA, *Un nuovo elenco dei partecipanti al concilio di Pisa:* Ephemerides carmeliticae 16 (1965) 384-411; J. LEINWEBER, *Ein neues Verzeichnis der Teilnehmer am Konzil von Pisa:* Konzil u. Papst 207-46; S. PUIG Y PUIG, *Pedro de Luna, último papa de Aviñón* (Barcelona 1920) 509-14.161-63.165 y 223; F. EHRLE, *Neue Materialien zur Geschichte Peters von Luna (Benedikt XIII.):* Archiv f. Literatur u. Kirchengeschichte des MA. 7 (1900) 515-75; I. M. GÓMEZ, *Perpiñán-Pisa-Constanza y los cartujos de la Confederación catalano-aragonesa:* I Colloqui d'Historia del monaquisme t.2 (Santes Creus 1969) 59-107.

bración del concilio general. A partir de este momento (1380-81), la vía conciliar gana terreno rápidamente. Al mismo tiempo va tomando cuerpo la idea de la superioridad del concilio sobre el papa, facilitada por la concepción corporativa de la Iglesia. La Universidad de París patrocina el conciliarismo ya desde el año 1402. Su canciller Gersón lo desarrolla en vísperas del concilio de Pisa, basándose en la filosofía política de Aristóteles (1408), al paso que Zabarella, canonista de Padua, llega a la misma conclusión apoyándose en el derecho romano [3].

EL CONCILIO DE PISA

Así se explica que, cuando el 25 de junio de 1408, quince cardenales de las dos obediencias convocaron un concilio general en Pisa para el 25 de marzo del siguiente año, encontraran una amplia resonancia en casi toda la cristiandad. Según Jedin, «la base jurídica del concilio de Pisa era de lo más insegura, porque por lo menos los cardenales convocantes de una obediencia no podían ser legítimos» [4]. Pero otros piensan que la salud de la Iglesia está por encima de la legalidad.

El concilio de Pisa puede considerarse como un concilio francés. La idea de su celebración partió del patriarca de Alejandría, Simón de Cramaud, y, tanto en su preparación como en su desarrollo, Francia desempeñó un papel preponderante. No en vano era la primera potencia política e intelectual de Europa. El concilio de Pisa fue obra de los doctores parisienses. La tercera parte de los mil asistentes eran franceses, y francés fue el protagonista principal, Simón de Cramaud.

El programa del concilio abarcaba dos puntos: el cisma y la reforma. De hecho, el primero absorbió toda la atención de los Padres. No hubo debates teológicos. Todo se redujo a un proceso jurídico, que al cabo de setenta días terminó en la deposición de los dos papas. La sentencia se situaba en la línea canónica tradicional, no en la teoría conciliarista. Es verdad que el concilio se declaró representante de la Iglesia universal, pero no sacó de ahí ninguna afirmación dogmática sobre la supremacía conciliar en el gobierno de la Iglesia. El fracaso de esta tentativa dio un fuerte impulso al conciliarismo integral. El 26 de junio de 1409, los cardenales eligieron como papa único al cardenal de Milán, Pedro Filargi, que tomó el nombre de Alejandro V. En adelante hubo tres papas y tres obediencias en lugar de dos. El tema de la reforma de la Iglesia, apenas esbozado, fue dejado para más tarde.

[3] M. SEIDlMAYER, *Die Anfänge des Grossen Abendländischen Schismas* (Münster 1940) 34-36.155-71; L. SALEMBIER, *Le Grand Schisme d'Occident* (París 1900) 134; J. LECLER, *Le Pape ou le Concile* (Lyon 1973) 74-81; B. TIERNEY, *Foundations of the conciliar theory* (Londres 1955).
[4] H. JEDIN, *Breve historia de los concilios* (Barcelona 1960) 78.

ACTITUD DE LOS REINOS ESPAÑOLES

¿Cuál fue la actitud de los reinos españoles en presencia del concilio de Pisa? Carlos III el Noble de Navarra parece que, siquiera por gratitud a Benedicto XIII, debería de estar poco dispuesto a secundar la política francesa. Al pasar por Perpiñán camino de París, obtuvo del papa Luna para su hijo bastardo, Lancelot, los títulos de vicario general y administrador perpetuo de la diócesis de Pamplona y de nuncio y colector apostólico con exclusión de todos los demás (5 septiembre 1408). El rey consiguió otras gracias para sus amigos. Sin embargo, bajo la influencia del ambiente cortesano de París, se declaró personalmente neutral y prometió influir para que su reino adoptase la misma postura. Prometió también reconocer al candidato que eligiesen los cardenales y no tolerar que ninguno de los contendientes cobrasen rentas en su reino ni procediesen a la colación, suspensión o privación de beneficios. Además, enviaría una notable y solemne embajada a Pisa y haría todo lo posible para que los reyes de Castilla y Aragón siguiesen la vía de la neutralidad y estuviesen representados en el concilio pisano. De todas estas promesas, no cumplió más que una a medias. Escribió a Martín de Aragón y al infante Fernando, regente de Castilla, en el sentido deseado por su colega Carlos VI. Su reino continuó obediente a Benedicto XIII, y él, al renovar su declaración de neutralidad, tuvo buen cuidado de puntualizar que obraba no como rey de Navarra, sino como duque de Nemours y vasallo del rey de Francia (23 septiembre 1409).

Castilla ya no era la aliada incondicional de Francia de otros tiempos. La presión que sobre ella ejerció Carlos VI sólo condujo a un semiéxito: el regente Fernando prometió que dejaría de obedecer a Benedicto XIII si este papa no abdicase ante el concilio. Los titulares de las sedes de Toledo, Compostela, Burgos, Cartagena, Cuenca, Jaén, León, Mondoñedo, Palencia, Plasencia, Segovia y Sigüenza juraron permanecer fieles a Pedro de Luna. Con esta declaración, el Gobierno castellano podía negarse a secundar la política francesa de neutralidad, alegando que la medida resultaría impopular y contraria a los deseos de la Iglesia. De hecho, ante la invitación de los cardenales para el envío de una embajada a Pisa, Castilla no quiso comprometerse.

Aragón se vio sometido a mayores presiones por parte de Francia. No obstante, acogió en sus Estados al fugitivo Pedro de Luna y significó su propósito de participar no en el concilio de Pisa, sino en el de Perpiñán, a pesar de que Benedicto XIII en aquellos días se mostraba muy liberal en las promociones de los obispos de Castilla y rechazaba todas las súplicas presentadas por Martín I.

PRESENCIA ESPAÑOLA EN PISA

De hecho, ninguno de los tres reinos españoles estuvo representado oficialmente en el concilio pisano. La ausencia de Navarra fue completa. La presencia de Castilla fue mínima y poco representativa. El cardenal castellano Pedro Fernández de Frías asistió a título personal. Benedicto XIII le había privado del obispado de Osma. Con él tomaron parte en la asamblea Alvaro, obispo de Oviedo, y los procuradores de los obispos de Badajoz y Oviedo, del cabildo de Burgos y de la Universidad de Toulouse. Ni el obispo de Oviedo ni el de Badajoz, de la obediencia romana, llegaron a tomar posesión de sus sedes, ocupadas por candidatos de la obediencia aviñonesa. El obispo de Tuy fue reconocido por las parroquias que la diócesis tudense poseía en Portugal, y, como ellas, reconocía al papa de Roma. Fray Juan García, O.F.M., procurador de la Universidad de Toulouse, ejerció la enseñanza en aquella academia durante más de cuarenta años. Adversario constante de Benedicto XIII, abrazó la causa del papa pisano, convirtiéndose en uno de sus más firmes puntales en el Midi francés. A los anteriores miembros hay que añadir dos subalternos: Gonzalo Martínez, capellán del cardenal Frías, y Rodrigo Menéndez, clérigo de Córdoba, escudero del noble Poncello de Orsini, mariscal de la curia.

Si se prescinde de la fugaz estancia de las embajadas de Martín I y de Benedicto XIII, que no se incorporaron al concilio, la presencia aragonesa fue todavía más exigua, pues se redujo a los obispos de Vich y de Huesca, Guillermo y Francisco; al procurador del cabildo de Valencia y a fray Nicolás Sacosta, O.F.M., obispo de Sisteron (Francia). Los dos primeros son enteramente desconocidos. Forzoso es pensar en obispos de la obediencia romana, impotentes para hacer valer sus nombramientos. El obispo de Sisteron, aragonés, se hizo famoso por un discurso insultante que pronunció en la iglesia de San Martín contra los dos papas (19 mayo 1409). Y vengamos ya a las embajadas.

EMBAJADAS DE BENEDICTO XIII Y MARTÍN I

El impulso decisivo para el envío partió del concilio de Perpiñán, en el que se juntaron los prelados de la mermada obediencia aviñonesa. En él, Benedicto XIII, después de justificar su conducta a lo largo del cisma por medio de su *Informatio seriosa,* pidió consejo a los presentes en orden a la terminación del cisma. Tras violentos altercados, el concilio le recomendó que enviara a Pisa y a Gregorio XII una solemne embajada, provista de plenos poderes incluso para la renuncia (1.º febrero 1409). Benedicto XIII, inclinándose ante el parecer del concilio, formó su embajada con personalidades escogidas en las diversas naciones de su obediencia: Pedro Zagarriga, arzobispo de Tarragona: Juan de la Costa, obispo de Mende (Francia); Juan, obispo de Sigüenza; Aviñón Nicolai, obispo de Sénez (Francia); Bonifacio Ferrer, general de los cartujos; Domingo Ram, referendario de Benedicto XIII, y Diego de Badán o de Mayorga, provincial de los franciscanos. Completaban la embajada dos notarios, un arcediano y otros clérigos, nobles y criados, de nombre desconocido. Por el número y calidad de los componentes, la embajada de Benedicto XIII podía presentarse en cualquier parte con la frente alta. Sus poderes, fechados el 26 de marzo de 1409, estaban redactados en tres formas distintas, de acuerdo con las posibilidades que podían preverse. Sus instrucciones secretas se desconocen.

Martín el Humano organizó su propia embajada, que sirviera de cobertura a los nuncios de Benedicto XIII. La componían personalidades de primera fila: Geraldo de Cervellón, gobernador de Cataluña; Speraindeo Cardona, vicecanciller real; Vidal de Blanes, camarlengo, y Pedro Basset, doctor en leyes. Sus credenciales eran de carácter general, no dirigidas al concilio de Pisa. Llevaban también credenciales para ante Gregorio XII y los Gobiernos de Florencia y Venecia (30 abril 1409).

Cabe preguntarse si Benedicto XIII fue sincero al enviar su embajada a Pisa. Pese a las tergiversaciones de Valois, hoy la respuesta no puede ofrecer dudas. Alpartil tenía razón. La nueva relación del viaje de la embajada, descubierta y publicada por el profesor Brandmüller, lo confirma. La *Summaria narratio,* dada a conocer por el doctor Immenkötter, viene a remachar el clavo. Los salvoconductos se pidieron a tiempo. Carlos VI los concedió tarde para que la embajada de Benedicto XIII llegase tarde, cuando la deposición de los dos papas fuese un hecho consumado. En Nimes, los nuncios fueron arrestados durante algún tiempo. Una orden del capitán de Pisa retrasó todavía más la entrada en la ciudad. Los cardenales pisanos estaban perfectamente informados de la salida y de las distintas etapas de la misión pontificia; pero, en lugar de esperar a que llegase, aceleraron el proceso contra los dos papas.

La embajada pontificia hizo su entrada en Pisa el 12 de junio, casi al mismo tiempo que la embajada del rey. Siete días antes, los dos papas habían sido depuestos. Quedaba la posibilidad de retrasar o de impedir la elección de un nuevo papa. Los embajadores pontificios quisieron aprovecharla introduciendo el tema de la abdicación de Benedicto XIII. Pero justamente esto es lo que los pisanos trataron de evitar a cualquier precio, negándoles audiencia. A costa de mil dificultades, se les concedió un simulacro de audiencia el 14 de junio. Doce cardenales los recibieron en la iglesia de San Martín. Cuando el arzobispo de Tarragona comenzó a decir: «Somos los embajadores del santísimo padre el papa Benedicto XIII», se levantó un espantoso tumulto entre el público, llamándoles «nuncios de un hereje y de un cismático». Quisieron hablar libremente, pero les amenazaron con severas penas si se permitían criticar las decisiones del concilio. Cuando la multitud se dispersó, se retiraron protegidos por la fuerza pública, sin haber expuesto el objeto de su misión. Como su vida corría peligro, desaparecieron sin despedirse. Intentaron presentarse ante Gregorio XII y pidieron un salvoconducto a Baltasar Cossa, gobernador de Bolonia. Este les contestó que, con salvoconducto o sin él, si caían en sus manos, los haría quemar vivos. Ellos estaban resueltos a no volver a España hasta que se hubiera restaurado la unidad. Gregorio XII también se hallaba en disposición de presentar la renuncia. Nunca se había estado tan cerca de la unidad. ¿Por qué los cardenales pisanos no cogieron las manos que se les tendían de uno y otro lado?

Durante el conclave, los embajadores de Martín I entregaron a Simón de Cramaud un documento que les autorizaba a ofrecer la abdicación pura y simple aun cuando no renunciara Gregorio XII. En el último minuto llegó un embajador castellano con cartas de Juan II para los cardenales. Antes de que este emisario hubiera obtenido audiencia, se divulgó la noticia de la elección de Alejandro V. Los embajadores aragoneses y, al parecer, también el castellano, protestaron contra el nombramiento de un tercer papa. La embajada aragonesa llegó a Barcelona el 3 de agosto de 1409.

REACCIÓN ANTE LA OBRA DE PISA

La mala acogida dispensada a la representación pontificia produjo un efecto contraproducente en el propio papa, en Castilla y en Aragón. Benedicto XIII se endureció en su disposición a la renuncia y adoptó diversas represalias contra los autores del nuevo cisma y sus cómplices; pero no se encerró en una actitud puramente negativa. Nunca perdió la esperanza de reconquistar el terreno perdido, sobre todo en Francia. Consciente del valor de la persuasión, encargó a los mejores canonistas de su corte que demostraran la ilegitimidad del concilio de Pisa. Y él mismo refutó los motivos alegados por los cardenales rebeldes, puso al desnudo la debilidad de las bases del concilio pisano y organizó la propaganda a través de los púlpitos. Si Benedicto XIII se mantuvo, en líneas generales, en el terreno de los principios, impugnando el concilio de Pisa desde el punto de vista teológico y jurídico, Bonifacio Ferrer se metió con sus actores, especialmente con Pedro d'Ailly, atacando su integridad moral, y con Alejandro V, denunciando en él al ídolo erigido por Nabucodonosor.

De Castilla sabemos que rechazó la obra de Pisa, pero carecemos de detalles. Martín el Humano se mantuvo fiel hasta su muerte a Benedicto XIII y rechazó las exhortaciones del cardenal Frías para que reconociese al papa pisano. Navarra perseveró en la obediencia del papa Luna hasta el 18 de junio de 1416. La obediencia prestada por Carlos III al papa Alejandro V se limitó a su persona por razón de las tierras que poseía en Francia. El único príncipe español que entabló relaciones con Juan XXIII, sucesor de Alejandro V, fue Jaime, conde de Urgel, gobernador de Cataluña, uno de los pretendientes a la Corona de Aragón a la muerte de Martín el Humano. Antes del 5 de diciembre de 1410, sus embajadores llegaron a la corte del papa pisano. ¿Qué esperaba de él?

Francia no estaba en disposición de ejercer una fuerte presión diplomática en favor de los papas de Pisa. La situación cambiará cuando la iniciativa pase a Segismundo, rey de romanos. El logrará en poco tiempo que los reinos españoles rompan con su papa y se unan al concilio de Constanza.

¿ECUMENICIDAD DEL PISANO?

El concilio de Pisa, ¿fue ecuménico? ¿Merece el título de concilio general? Karl A. Fink cree que sí, porque en el número de representantes y, sobre todo, en la representación de la *ecclesia universalis* sobrepasa a los concilios de Letrán (a excepción del IV), Vienne y hasta a las dos primeras etapas del concilio de Trento. Pero aquí el caso era diferente. Una parte notable de la cristiandad, reinos enteros, no sólo no estuvieron representados, sino que rechazaron como ilegítimo y anticanónico el concilio pisano. En cambio, los concilios alegados por Fink fueron aceptados por toda la Iglesia sin oposición alguna. Por otra parte, el concilio de Constanza no consideró válida la obra de Pisa, ya que depuso a Benedicto XIII y aceptó la renuncia de Gregorio XII como si no hubieran sido depuestos por el concilio pisano.

CAPÍTULO II

EL CONCILIO DE CONSTANZA (1414-18) [5]

A) Aragón

ELIMINACIÓN DE LOS PAPAS

La celebración del concilio de Constanza, que restableció la unidad de la Iglesia, se debió, en buena parte, a la habilidad y tenacidad de Segismundo, rey de romanos. El fue el protagonista principal del mismo. Por medio de un edicto (30 octubre 1413) anunció el concilio para un año más tarde. Presionado por él, Juan XXIII despachó de mala gana sus bulas de indicción para el 1.º de noviembre de 1414.

El emperador comprendió desde un principio que para acabar con el cisma había que hacer tabla rasa de los tres papas y elegir uno nuevo reconocido por todos. La dificultad estribaba en eliminar al papa pisano, sostenido por numerosos Padres italianos, que representaban la mitad del concilio. La dificultad se superó determinándose, primero, que tuviesen voto no sólo los obispos presentes, sino también los ausentes, los abades, los cabildos, las universidades, los doctores y los embajadores de los príncipes, aunque fuesen laicos (fines de enero de 1415); y, segundo, que en las sesiones solemnes y definitivas se votase no por cabezas, sino por naciones (7-2-1415). Al principio se organizaron cuatro naciones: Inglaterra, Alemania, Francia e Italia. Más tarde, los cuatro reinos españoles formaron la quinta nación.

Estas medidas fueron un golpe sensible para Juan XXIII, que estaba cada vez más nervioso. Pero su nerviosismo se transformó en terror cuando se enteró de que un autor anónimo publicó un libelo presentándolo como un monstruo de corrupción. No había crimen que no le achacase. El autor pedía que se abriese una investigación para compro-

---

[5] H. VON DER HARDT, *Magnum oecumenicum Constantiense concilium* (Frankfurt-Leipzig 1696-1742), 7 vols.; H. FINKE, *Acta concilii Constanciensis* (Münster 1896-1928); V. BELTRÁN DE HEREDIA, *Bulario de la Universidad de Salamanca* (Salamanca 1966) t.1 p.108-10; t.2 p.85-123; B. FROMME, *Die spanische Nation und das Konstanzer Konzil* (Münster 1896); V. BELTRÁN DE HEREDIA, *Cartulario de la Universidad de Salamanca* t.1 (Salamanca 1970) 250-85; J. GOÑI GAZTAMBIDE, *Los españoles en el concilio de Constanza. Notas biográficas* (Madrid 1966); ID., *Los obispos de Pamplona del siglo XV y los navarros en los concilios de Constanza y Basilea:* Estudios Edad Media Cor. Aragón 7 (1962) 381-423; P. DE BOFARULL, *Felipe de Malla y el concilio de Constanza* (Gerona 1882); J. M.ª MADURELL, *Mestre Felip de Malla:* Bol. de la R.Ac. de Buenas Letras de Barcelona n.30 (1963-64) 488-625; L. SUÁREZ FERNÁNDEZ, *Castilla, el cisma y la crisis conciliar* (Madrid 1960) 73-100; J. A. RUBIO, *La política de Benedicto XIII desde la substracción de Aragón a su obediencia hasta su destitución en el concilio de Constanza* (Zamora 1926); G. PILLEMENT, *Pedro de Luna, le dernier pape d'Avignon* (París 1955) 199-209 y 235-46.

bar la veracidad de las acusaciones. Juan XXIII, por consejo de sus cardenales, decidió cortar por lo sano presentando una promesa forzada de abdicación, que fue formalizada el 1.º de marzo de 1415. Sin embargo, arrepentido del paso que había dado, la noche del 20 al 21 del mismo mes huyó disfrazado sin que nadie lo reconociera, esperando que el concilio se disolvería. El concilio replicó proclamando el conciliarismo en la sesión V por el decreto *Haec Sancta* (6 abril 1415) y deponiendo a Juan XXIII (29 mayo 1415). Gregorio XII, el papa de la obediencia romana, que se había quedado casi sin clientela, renunció espontáneamente un mes más tarde (4 julio 1415).

CAPITULACIÓN DE NARBONA

Faltaba desembarazarse de Benedicto XIII, que todavía era sostenido por Castilla, Aragón, Navarra y Escocia y por los condados de Foix y Armañac. De ello se cuidó Segismundo, procurando que la obediencia aviñonesa no quedara marginada, como en el concilio de Pisa. Por medio de un embajador especial, Ottobono de Bellonis, invitó a Benedicto XIII y a Fernando de Antequera, rey de Aragón, a reunirse con él en Marsella, Niza o Saboya para tratar de la unión de la Iglesia. Antes de darle una respuesta definitiva, el monarca aragonés y Pedro de Luna se reunieron en Morella por espacio de cincuenta días (julio-agosto de 1414). Allí, Fernando, secundado por San Vicente Ferrer, hizo vanos esfuerzos por llevar a Benedicto a la cesión. Tras interminables discusiones, se acordó que tanto el rey como el papa enviasen a Constanza sendas embajadas para concertar con el emperador el lugar y la fecha de una conferencia tripartita. Los reinos de Castilla y Navarra fueron informados de las vistas de Morella.

Fernando I designó como representantes suyos a Diego Gómez de Fuensalida, obispo de Zamora; Juan Fernández, señor de Híjar, y Pere Falchs, doctor en decretos. Benedicto XIII delegó sus poderes en Aviñón Nicolai, obispo de Sénez (Francia), y en Jaime Belleroni, doctor en ambos derechos. Oficialmente sólo fueron acreditados ante el emperador, e incluso Benedicto XIII prohibió a sus embajadores participar en la asamblea, que él consideraba cismática; pero se vieron obligados a negociar también con el concilio y a seguir de cerca su desarrollo.

Carlos III, aunque, como rey de Navarra, reconocía la jurisdicción del papa Luna, presionado por Francia, envió dos observadores a Constanza: fray Martín de Guetaria, O.F.M., maestro en teología, y Juan de Liédena, doctor en leyes y alcalde de la corte mayor del reino.

Castilla tampoco pudo sustraerse al viento que soplaba hacia Constanza, y así estuvo presente por medio de Fernando Vegil, canónigo de Oviedo, y tal vez algún otro. Se les anticipó a todos fray Diego de Moxena, O.F.M., natural de Castilla, pero probablemente acudió al concilio como emisario del rey de Aragón.

Los embajadores de Fernando de Antequera y de Benedicto XIII llegaron a Constanza el 8 de enero de 1415 en unas sesenta cabalgaduras. Cuatro días más tarde fueron recibidos por el emperador los representantes del papa y al día siguiente los de Fernando I. Sin embargo, Segismundo, que había tomado la iniciativa, sacaba hoy un pretexto y mañana otro para ganar tiempo hasta que Juan XXIII se comprometió formalmente a renunciar. Con esta promesa en las manos, el emperador convocó el 3 de marzo de 1415 a los cinco embajadores para darles la respuesta, y al día siguiente se firmó el convenio en presencia de todo el concilio, fijando la conferencia tripartita para el mes de junio en Niza-Villafranca. Pero luego, con el fin de evitar gastos, el emperador señaló Perpiñán y Narbona como lugares más accesibles a todos. Segismundo declaró que no quería hacer el viaje solo; deseaba que le acompañasen algunos cardenales y representantes de las naciones en calidad de asesores. De hecho le acompañaron doce delegados de la asamblea, que se autoconsideraban como las doce columnas que sostenían la Iglesia de Dios.

Segismundo salió de Constanza el 18 de julio y se presentó en Narbona el 15 de agosto. El rey de Aragón, casi moribundo, no llegó a Perpiñán hasta el 31 del mismo mes. El primero en arribar fue Benedicto XIII, que acudió a Perpiñán en junio. El emperador hizo su entrada en esta ciudad el 17 de septiembre y al día siguiente comenzaron las negociaciones.

El rey de romanos dijo a Benedicto XIII que, puesto que habían renunciado Juan XXIII y Gregorio XII, sólo restaba que abdicase él. Benedicto puso tres condiciones para la renuncia: que se anulasen todas las sentencias dictadas contra él por el concilio de Pisa, que el nuevo papa fuese aceptado por todos los príncipes y fieles y que la elección fuese conforme al derecho canónico. Al poner esta última condición quería decir que él solo elegiría al nuevo papa, porque era el único cardenal nombrado antes del cisma.

El emperador rechazó estas condiciones como inaceptables. Entonces el pontífice propuso el siguiente compromiso: los cardenales de su obediencia escogerían seis árbitros; los cardenales reunidos en la asamblea de Constanza elegirían de ocho a doce árbitros, y todos ellos formarían el conclave, del que saldría el nuevo papa. Segismundo y los delegados del concilio rechazaron todas estas propuestas y le pidieron que abdicara pura y simplemente.

Benedicto XIII les contestó con un discurso que duró siete horas, en el que declaró: «Vosotros decís que yo soy un papa dudoso. Admitámoslo. Pero, antes de ser papa, yo era cardenal, y un cardenal indiscutible de la Iglesia de Dios, porque yo recibí la investidura antes de comenzar el cisma. Yo soy el único de los cardenales anteriores al cisma que vive todavía. Si, para vosotros, todos los papas elegidos después del cisma son dudosos, todos los cardenales que han sido nombrados por ellos son igualmente dudosos. Y como los cardenales son los que nombran a los papas, yo solo, cardenal auténtico, soy el único que puede designar un papa auténtico.

»Yo soy igualmente el único que puede conocer las cuestiones de legitimidad en este asunto del cisma, el único que estuvo presente en el conclave que fue el origen del mismo. Yo solo puedo aplicar legítimamente la solución a los males presentes de la Iglesia; la dignidad de la Iglesia y mi propia dignidad lo exigen. Suponiendo que yo no sea el único papa legítimo, yo soy el único cardenal legítimo y yo me puedo nombrar a mí mismo por segunda vez. Y, si no queréis que sea papa, no evitaréis que yo sea el único que pueda nombrar papa, y ningún papa legítimo será designado sin mi aquiescencia, puesto que yo soy, indiscutiblemente, el único cardenal legítimo».

Pero el emperador estaba resuelto a hacer tabla rasa de los tres papas; de Pedro de Luna como de los otros. No había ido a Perpiñán más que para obtener la renuncia de Benedicto XIII. No podía volverse atrás sobre este punto decidido por todos. Por fin, cansado de la terquedad de Pedro de Luna, a comienzos de noviembre partió bruscamente de Perpiñán sin despedirse de nadie. A media legua de la ciudad le alcanzaron unos caballeros y le suplicaron en nombre de Fernando I que se detuviese en Salsas. Allí el rey le notificó que, si se detenía unos días, obtendría la renuncia de Benedicto XIII o le retiraría la obediencia.

Segismundo accedió a esperar en Narbona. El monarca aragonés reunió un consejo extraordinario bajo la presidencia de su hijo el príncipe Alfonso para deliberar sobre la conducta a seguir. Tomaron parte en la reunión los embajadores de los reinos de Aragón, Castilla y Navarra y el conde de Foix. Acordaron hacer tres requerimientos a Benedicto XIII para que abdicase; en caso negativo, le sustraerían la obediencia. El 9 de noviembre, Lancelot, en nombre de su padre Carlos III de Navarra, le hizo el primer requerimiento. Los representantes de Aragón y Castilla le dirigieron el mismo ultimátum. Tres días después, Benedicto XIII rechazó la propuesta, y al día siguiente se fugó a Collioure (13 noviembre 1415). Allí le intimaron el segundo y tercer requerimiento, suplicándole al mismo tiempo que volviese a Perpiñán. El papa Luna contestó que la renuncia no era conveniente para la unión que se pretendía, y encargó que dijeran a Fernando I: «Yo te hice rey, y tú me envías al desierto».

Ante la obstinación, los reinos españoles, los condes de Foix y de Armañac y los delegados de Escocia entablaron negociaciones con Segismundo, que cristalizaron en la llamada «capitulación de Narbona» (13 de diciembre 1415). Los tres reinos hispánicos y el conde de Foix (no el de Armañac ni Escocia) se comprometieron a romper con Benedicto XIII en el plazo de sesenta días en el caso de que rehusase la abdicación y a unirse al concilio de Constanza. El 21 del mismo mes llegó la respuesta negativa. En consecuencia, Fernando I de Aragón firmó su apartamiento definitivo de Benedicto XIII. El edicto fue publicado por San Vicente Ferrer en Perpiñán el día de la Epifanía (6 enero 1416). El emperador, que se hallaba en Aviñón, al enterarse del paso dado, no cabía en sí de alegría; hizo que se le leyera más de seis veces la carta del rey y el edicto de sustracción, y ordenó una jubilosa procesión de acción de gracias.

SUSTRACCIÓN DE LA OBEDIENCIA ARAGONESA

El monarca aragonés encomendó a Felipe de Malla, doctor en teología y canónigo de Barcelona, la difícil misión de publicar en sus reinos la sustracción de la obediencia, dándole plenos poderes y cartas en blanco para prender y castigar a todo el que se le opusiera en el ejercicio de su misión. El ambiente era francamente hostil. Benedicto XIII contaba con numerosos partidarios en todas las clases sociales. En Barcelona, el cabildo se resistía a publicar en la catedral la sustracción de la obediencia, temeroso de incurrir en las censuras contenidas en la llamada «bula de Marsella», de Benedicto XIII. El gobernador de Cataluña allanó el camino, conminando con la pena de muerte y confiscación de todos los bienes a los laicos, y con pena de destierro a los clérigos que obedeciesen o propagasen la referida bula (29 enero 1416). Esta medida inclinó la balanza del lado del rey.

Malla, el orador más elocuente de su tiempo después de San Vicente Ferrer, inauguró su campaña en la catedral de Barcelona el día de la Purificación. Su discurso, según él, convenció a los oyentes. No a todos. Algunos lo trataron de cismático y mal cristiano. Malas lenguas atribuían su sermón a despecho por no haber conseguido de Benedicto XIII la mitra de Barcelona. Hubo un momento en que su vida corrió peligro. Más fácil resultó su labor en Valencia, Játiva, Alcira y Segorbe. El 2 de marzo de 1416, Fernando I dio por terminada su misión y le comunicó que podía regresar. Gracias a él, la opinión pública había dado vuelta, poniéndose de parte del monarca. En adelante, la resistencia a la postura del rey se limita a los círculos clericales. La inquietud popular se ha ido calmando.

Al mismo tiempo, Fernando I publicó un bando en Benicarló ordenando a cuantos se encontraban en compañía del papa que lo abandonasen en el plazo de tres días (10 febrero 1416). Los obispos de Barcelona, Oviedo, Elna y otros se separaron de Benedicto XIII. El 23 del mismo mes, el cardenal de Montearagón, Juan Martínez de Murillo, manifestó su deseo de abandonar Peñíscola, como lo efectuó a los pocos días. En adelante sólo tres cardenales permanecieron al lado del papa: Carlos de Urriés, Alfonso Carrillo y Pedro Fonseca, junto con unos pocos funcionarios de la curia y servidores del pontífice. Este, al verse aislado, sintió un momento el desfallecimiento. Su estado de ánimo le impulsó a buscar una aproximación a Constanza; pero con tales reservas y cautelas, que no condujeron a ningún resultado positivo.

LA EMBAJADA ARAGONESA

En Narbona se acordó también que el concilio de Constanza invitaría oficialmente a los reinos hispánicos a hacerse representar en el plazo de tres meses, que comenzarían a correr desde el día en que se recibieran las invitaciones en Perpiñán o Barcelona. Para sufragar los gastos de la unión se adjudicaron a Fernando I los ingresos de la Cámara Apostólica en sus reinos. Sin esperar a las cartas convocatorias, el monarca aragonés comenzó los preparativos de la embajada y envió por delante a fray Antonio Caxal, general de los mercedarios, uno de los miembros de la futura delegación. La muerte de Fernando I, ocurrida el 2 de abril de 1416, no le permitió llevar a cabo sus planes.

Los partidarios de Benedicto XIII creyeron llegado el momento de provocar un cambio en la situación. Una comisión de prelados de la más alta categoría le expuso cómo su padre había efectuado la sustracción de la obediencia contra el consejo de todos los obispos. Le pedían, por tanto, que la revocara y restituyese la obediencia a Pedro de Luna. Alfonso V les contestó que todo lo que había hecho su padre estaba bien hecho, y él, según sus posibilidades, lo llevaría a la práctica. Los obispos comprobaron con sorpresa que el joven monarca estaba firmemente decidido a continuar la línea de la política eclesiástica emprendida por su padre y que mostraba una entereza impropia de sus años.

El 4 de abril se completó la entrega de la documentación conciliar. Los embajadores tenían tres meses para comparecer en Constanza. Aun cuando no se conocen los nombres seleccionados por Fernando I, consta que su hijo introdujo cambios en la lista, la cual quedó redactada de esta manera: Juan Ramón Folch, conde de Cardona y almirante del mar; fray Antonio Caxal, maestro en teología y general de los mercedarios; Ramón Xatmar, caballero; Speraindeu Cardona, jurisperito; Felipe de Malla, maestro en teología; Gonzalo García de Santa María, doctor en decretos, y Miguel de Navés, doctor en ambos derechos (10 julio 1416). Más tarde se les agregó fray Juan de Puy-de-Noix, maestro en teología y general de los dominicos de la obediencia aviñonesa. A los embajadores permanentes deben sumarse los ocasionales: Macià des Puig, Jorge de Ornos y Leonardo de Sos. Hay que añadir el nombre de Pere de Margall, secretario de Alfonso V, quien intervino activamente desde el primer momento como secretario de la embajada, auxiliado posteriormente por Nicolás Eymerich, también secretario, y por Antonio de Casadevall, notario de la nación española. El referido orden constituía una jerarquía de prelaciones fijada por el propio monarca, que a los embajadores no les era lícito alterar por ningún motivo. El jefe de la embajada era el conde de Cardona; el mejor diplomático, Speraindeu Cardona, y el mejor orador, Malla.

OPOSICIÓN DEL CLERO ARAGONÉS

Es digno de notarse que ningún obispo formaba parte de la embajada. Por tanto, la delegación representaba exclusivamente al rey. La iglesia aragonesa no tomó parte en las tareas conciliares. No es que no fuera invitada. Ya el 23 de diciembre de 1415, el príncipe Alfonso invitó a los prelados y cabildos a hacer sus preparativos para trasladarse a Constanza. Quizá no previó la reacción de la jerarquía eclesiástica, totalmente adicta a Pedro de Luna. El 20 de enero del siguiente año, el arzobispo de Tarragona convocó a concilio a los prelados de su provincia para adoptar medidas contra el rey. El concilio provincial tardó unos meses en celebrarse y el orden del día fue modificado. Por otra parte, el concilio de Constanza envió sus letras convocatorias a todos los obispos y cabildos de Aragón, Cataluña y Valencia, que se recibieron el 4 de abril de 1416. Los cardenales rehusaron enérgicamente abandonar al que para ellos continuaba siendo el único papa legítimo (3 mayo). Los cabildos de Valencia y Barcelona ni siquiera se dignaron admitir la invitación. Otros, como los de Gerona y Tortosa, mostraron alguna veleidad de enviar procuradores; pero Benedicto XIII la cortó radicalmente prohibiéndoles asistir al conciliábulo de Constanza sin su licencia, alegando que estaba negociando el envío de embajadores a Constanza juntamente con los de Aragón y Castilla (14 mayo).

Alfonso V, por medio de una circular a todos los obispos y cabildos, les manifestó la indignación sentida al saber que habían recibido las bulas de Benedicto, encaminadas a torpedear la obra de la unión. En caso de reincidencia, los trataría como a enemigos capitales suyos. Los obispos celebraron un concilio a mediados de junio de 1416 —el concilio convocado el 20 de enero— para estudiar el problema. Gil Sánchez Muñoz, canónigo de Valencia y futuro sucesor de Benedicto XIII, les preguntó si pensaban ir personalmente o transmitir procuradores. Le contestaron que aún no había decidido nada en firme. La opinión personal de Gil era que nadie iría ni enviaría procuradores. El obispo de Barcelona le dijo clarísimamente que ni él ni su cabildo pensaban acudir ni destinar representantes. Unos días más tarde (15 julio), los obispos, que todavía continuaban reunidos en concilio, intentaron otra vez mover a don Alfonso V a un viraje en su política eclesiástica; pero el efecto fue contraproducente, puesto que recibieron de nuevo la orden de enviar una embajada al concilio. Juan de Opiz, auditor de la Rota y emisario del concilio de Constanza, creía que así lo harían. Fray Antonio Caxal no era tan optimista. El 4 de julio, cuando anunció al concilio la próxima llegada de los embajadores aragoneses, preguntó si acudían también los cardenales, obispos y prelados, respondió que no le constaba. Pedro de Luna les había puesto el veto, y probablemente no asistirían al concilio, a menos que fueran compelidos seriamente, por temor de las represalias si Pedro de Luna quedase en la cátedra de San Pedro. El 13 de noviembre del mismo año, varios obispos y prelados de Aragón rogaron de nuevo a don Alfonso que restituyese la obediencia a Benedicto XIII. En Constanza circuló el rumor contrario, a saber, que los obispos aragoneses habían sustraído la obediencia a Pedro de Luna. Los arzobispos de Tarragona y Zaragoza y otros obispos desmintieron el infundio (6 diciembre). Los ermitaños de San Agustín de la provincia de Cataluña rehusaron la obediencia a su maestro general y protestaron de su fidelidad a Benedicto XIII.

La situación se habría modificado si el papa de Peñíscola hubiera deseado sinceramente estar representado en la magna asamblea. El obispo de Barcelona y el maestre de Montesa, con licencia del monarca, conferenciaron con Benedicto XIII de parte de los obispos del principado, y a su regreso refirieron que el pontífice iba a transmitir sus mensajeros a Constanza. Alfonso V notificó el hecho a sus embajadores (25 agosto 1416). La noticia produjo un fuerte revuelo entre los conciliares. Pronto corrió el rumor de que los prelados se hallaban dispuestos a imitar el ejemplo del papa. Los embajadores aragoneses temieron por la capitulación de Narbona, que, sin duda, sería combatida por los obispos lunáticos, y se preguntaban, ansiosos, si los mensajeros de los prelados del reino de Aragón deberían ser admitidos en el concilio, toda vez que el tiempo hábil había caducado, y, en caso afirmativo, si se les podría reconocer el voto como a procuradores de los obispos ausentes. Se preguntaban también dónde se habrían de colocar los mensajeros en el concilio. ¿En medio de los embajadores del monarca? (fines de 1416). Como los obispos se abstuvieron, no se realizó ninguna de las hipótesis. Benedicto XIII tampoco envió delegados permanentes. Decimos permanentes porque Eximinus Dahe, auditor de la Cámara Apostólica, apareció tal vez en Constanza, en unión de otros embajadores que no se especifican, quizá como espía de Pedro de Luna.

SAN VICENTE FERRER Y EL CONCILIO [6]

San Vicente Ferrer era la máxima autoridad espiritual que sostenía a Benedicto XIII, pero al fin comprendió que había llegado la hora de la renuncia. En las conferencias de Morella trató en vano de inducirle a este sacrificio. Fernando I quiso contar nuevamente con la eficaz colaboración del Santo en las conferencias de Perpiñán. A tal fin le dirigió una apremiante invitación. El 29 de agosto de 1415 hizo su entrada en Narbona, escoltado, como de costumbre, por una compañía de flagelantes, que entonaban cánticos. Fue acogido fríamente por la gente de la ciudad, que tomó el espectáculo a chirigota. Pere de Falchs se consolaba pensando que, cuando oyesen a su paisano y viesen las cosas que hacían el Santo y su compañía, mudarían su perversa intención. En Perpiñán fue tratado peor por dos judíos, Jacobo y Vidal Struch, que se permitieron proferir palabras injuriosas contra el apóstol mientras predicaba a los cristianos. El delito era grave. Ambos judíos se libraron de severos castigos mediante la entrega de 1.200 florines (12 octubre 1415).

Los hagiógrafos del Santo aseguran que el emperador se detuvo en Narbona, sin querer moverse de allí, y que el maestro Vicente, a fuerza

[6] J. E. MARTÍNEZ FERRANDO, *San Vicente Ferrer y la casa real de Aragón:* Analecta Sacra Tarraconensia 26 (1953) 1-143; FINKE, *Acta conc. Constanciensis* t.2 p.259.262 y 274-75; t.3 p.444-45 y 449; J. M.ª GARGANTA y V. FORCADA, *Biografía y escritos de San Vicente Ferrer:* Biblioteca de Autores Cristianos 153 (Madrid 1966); S. BRETTLE, *San Vicente Ferrer und sein literarischer Nachlass* (Münster 1924); M. M. GORCE, *Saint-Vincent Ferrier* (París 1923) 215.226-27.

de ruegos y de idas y venidas, logró que se trasladase a Perpiñán, lugar de la cita. Las fuentes inmediatas nada saben de este hecho. En cambio, refieren otro, que callan los panegiristas, incluso los modernos. En presencia de los embajadores del concilio, de muchos arzobispos, obispos y prelados de Francia, San Vicente Ferrer afirmó rotundamente que, tan pronto como se reuniesen los reyes, Pedro de Luna daría la unión a la Iglesia mediante la abdicación. Una ola de optimismo llenó la ciudad y llegó hasta Constanza. Benedicto XIII no tardó en desmentir con los hechos la solemne afirmación del predicador de penitencia, dejándolo en mal lugar.

Se comprende la actitud del Santo. En presencia de unas diez mil personas leyó en Perpiñán el edicto de sustracción de la obediencia de parte de Aragón y declaró en el sermón que, aunque Benedicto XIII era el verdadero vicario de Cristo, había que obedecer a Dios antes que al papa. Alabó el edicto y censuró la fuga y otros actos de Pedro de Luna. Fue su última intervención. Desde entonces no quiso saber nada ni del cisma ni del concilio de Constanza. Fernando I tenía sumo interés en que el maestro Vicente formase parte de la embajada aragonesa que iba a dirigirse al concilio. Le habló sobre ello, pero lo encontró tan duro, que desconfió de hacerle cambiar de parecer. Tal vez, el Santo se decidiría si el emperador y el concilio le exhortasen. A una sugerencia suya, tanto el emperador como el concilio le escribieron instándole a dirigirse a Constanza. Alfonso V le invitó por dos veces, le asignó un salario de 540 florines para seis meses y ordenó a sus embajadores que en todos los asuntos consultasen con el maestro Vicente (10 julio 1416). El Santo no interrumpió sus correrías apostólicas.

Pero si él no fue al concilio, el concilio vino a él. Al menos así lo afirman sus biógrafos, que se basan en el proceso de canonización. Un cardenal, dos teólogos y dos canonistas se presentaron ante él para pedirle luz sobre un punto que se discutía en el concilio. Conocida la respuesta, aumentó en los conciliares el deseo de tener junto así al célebre predicador. Su amigo Juan Gersón le transmitió estos deseos y le felicitó por su intervención en las vistas de Perpiñán-Narbona. «En el reino de Aragón... nunca se atreviera nadie a quitar la obediencia... a Pedro de Luna... si no fuera por vuestra autoridad y porque disteis vuestro parecer en ello. Por este vuestro favor tan señalado, nosotros... esperamos coger el fruto muy deseado de la paz y unión de la Iglesia». Al mismo tiempo le envió las críticas de algunos Padres conciliares contra la compañía de los flagelantes. El Santo le contestó que en sus sermones recomendaba siempre la sumisión en todo al concilio de Constanza. Pero, una vez más, rechazó la invitación a participar personalmente en las tareas de la asamblea.

LOS ARAGONESES EN EL CONCILIO

Los enviados aragoneses emprendieron el viaje el 10 de julio de 1416 y llegaron a su punto de destino el 5 de septiembre. A cierta distancia de la ciudad les esperaban una muchedumbre de obispos, príncipes, señores, caballeros, servidores, doctores y burgomaestres, pero no los cardenales, e hicieron su solemne entrada al son alegre de las campanas. La recepción oficial tuvo lugar cinco días más tarde. En ella, Speraindeu Cardona expuso el programa de su legación, que coincidía exactamente con el del concilio; pero rechazó la invitación a unirse inmediatamente hasta que llegasen los castellanos, porque el rey de Castilla era el principal de España y el principal de la obediencia de Pedro de Luna, y, si se procediese sin él, podría irritarse y no unirse al concilio.

No era más que un pretexto. En realidad, los aragoneses querían conseguir, entre otras ventajas, el derecho a formar una nación ellos solos y a tomar asiento alternando con los ingleses y el privilegio de que sus votos tuvieran tanto valor dentro de la nación española como si estuviesen presentes todos los prelados de los reinos y señoríos de la Corona de Aragón, incluso los de Sicilia y Cerdeña.

La pretensión de formar una sola nación pareció absurda. Los castellanos querrían hacer lo mismo, y entonces las Españas constituirán la tercera parte del concilio, siendo así que sólo son la séptima parte de la Iglesia. Contra la pretensión relativa al asiento protestaron los ingleses, diciendo que los aragoneses querían toda la embajada inglesa. Esta dificultad se salvó con la oferta que hicieron los franceses de acogerlos en su banco alternando con ellos. La oferta fue aceptada inmediatamente, y así los aragoneses obtuvieron una victoria provisional: la precedencia sobre los ingleses, ya que los franceses ocupaban el primer lugar de la parte derecha. Contra el privilegio de los votos se alzaron los portugueses, que estaban en el concilio desde el mes de junio de 1416, afirmando que ello cedía en grave perjuicio de su país y convertía a los aragoneses en omnipotentes en el seno de la nación hispánica. Pero justamente eso era lo que buscaban los embajadores de Alfonso V. Después de grandes altercados y debates, se les concedió el privilegio, extensivo a los navarros, castellanos y portugueses. El 15 de octubre de 1416 se unieron al concilio. Los portugueses quedaron indignados y elevaron una aparatosa protesta.

En los círculos dirigentes de Castilla, el privilegio causó un amargor más profundo que en Portugal. Era natural que desearan conocer el alcance exacto de la prerrogativa. No tardaron en averiguarlo. Alguien les facilitó la lista de las sedes existentes en los reinos y dominios de la Corona de Aragón, que sumaban en total cuarenta, de las cuales catorce correspondían a Cataluña, Aragón y Valencia. El privilegio constituyó un germen de discordias. Por de pronto, los portugueses se retiraron en son de protesta.

La victoria conseguida por los aragoneses no trajo la paz con los ingleses. En seguida estalló la controversia con nueva violencia. El cardenal de Cambrai, Pedro d'Ailly, tomó la defensa de los aragoneses. En nombre del rey de Francia se había propuesto protestar en la sesión XXIII (5 noviembre 1416) contra el derecho de Inglaterra de formar nación; pero, ante las amenazas de los ingleses, se abstuvo de ello y leyó su protesta en presencia del colegio cardenalicio. Lo que no hizo el cardenal, lo hizo Speraindeu, repitiendo, una vez más, que su delegación no reconocía a la nación inglesa como tal. Los embajadores ingleses se pusieron de pie, y, en nombre de ellos, Agustín de Pisa, abogado del sacro consistorio, se disponía a replicarle, cuando su voz fue ahogada por los silbidos y el griterío de los subalternos de la embajada aragonesa. Los representantes de Alfonso V abandonaron el local de las sesiones y se restableció la calma, con lo que Agustín de Pisa pudo terminar su protesta. Los ánimos estaban muy excitados. Por la noche, los ingleses se armaron con espadas, maquinando una conspiración contra los aragoneses y el cardenal de Cambrai, que fue impedida.

La solución vino de la nación alemana, que cedió a los aragoneses su propio lugar, el tercero, y ella ocupó el último. Este orden sólo era válido para las dos sesiones siguientes. Entretanto había que encontrar una solución definitiva a esta cuestión de la precedencia. A tal fin se celebraron varias congregaciones tempestuosas, como la del 23 de diciembre, en que las discusiones se prolongaron hasta muy avanzada la noche, y fueron tan violentas, que para calmarlas acudieron el protector del concilio y otros príncipes. Los ánimos sólo se calmaron ante la promesa de que en la sesión del siguiente día (24 diciembre 1416) se arreglaría completamente el asunto. En la anunciada sesión se leyó un decreto haciendo constar que el orden en que se habían sentado los representantes de las naciones no constituiría derecho ni privilegio alguno que pudiera alegarse en lo futuro por ninguna de ellas en perjuicio de las demás.

Los aragoneses parece que quedaron contentos con este decreto. En el concilio, según el deseo del rey, se mantuvieron neutrales. Por eso fueron muy alabados. Pero en el concilio ya no están en el primer plano hasta la llegada de los castellanos. Toman parte en los asuntos, pero sin mordiente alguno. A este neutralismo se debió, en buena parte, el hecho de que nada consiguieran en el concilio y de que al fin lo perdieran todo.

B) Navarra

La embajada navarra

El 14 de noviembre de 1414, el rey de Navarra Carlos III prometió enviar una delegación al concilio de Constanza para complacer al rey de Francia. El Soberano cumplió su palabra. Sus embajadores fray Martín de Guetaria, O.F.M., maestro en teología, y Juan de Liédena, doctor en leyes, consejeros reales, llegaron a la ciudad de Constanza en los primeros meses del año 1415 y asistieron a algunas sesiones en calidad de observadores. Esto no significaba la ruptura con Benedicto XIII. Carlos III no se decidía a dar este paso ni aun después de la firma de la capitulación de Narbona. Fue preciso que el emperador, el concilio y el rey de Aragón le presionaran fuertemente para que al fin publicara la sustracción de la obediencia de Navarra el 16 de junio de 1416.

En seguida comenzó los preparativos de la embajada que le había de representar en el concilio. Como medida previa, se hizo otorgar un subsidio eclesiástico por el clero navarro. En un principio parece que no pensó enviar ningún obispo al concilio. La diócesis carecía de titular y estaba administrada por un vicario general debidamente autorizado por Benedicto XIII. Recurrir a obispos extranjeros debió de parecer algo anormal. De hecho, las primeras cartas de procuración, las del monasterio de Fitero (23 julio 1416) y cabildo colegial de Tudela (4 agosto) solamente contienen los nombres de Simeno de Aibar, arcediano de la tabla de la catedral de Pamplona; Martín de Lacarra, merino de la Ribera; fray Martín de Guetaria y Juan de Liédena.

Pero el 16 de agosto parece que estaba formada la lista, integrada por fray Guillén Arnalt de la Borde, O.F.M., obispo de Bayona; fray Nicolás de Riche, O.P., obispo de Dax; Simeno de Aibar, doctor en teología y arcediano de la tabla de Pamplona, y Juan de Liédena, doctor en leyes y alcalde de la corte mayor del reino. Esta lista fue aprobada en días sucesivos por Lancelot, vicario general, y el cabildo de Pamplona, el cabildo de Roncesvalles, el deán de Tudela, los monasterios de Iranzu, Irache y la Oliva. Las cartas de poder de los monasterios de Urdax y Leire sólo contienen los dos últimos nombres: Aibar y Liédena; pero parece que la omisión de los obispos de Bayona y Dax se debe a culpa de los copistas o editores. El 4 de octubre de 1416, el rey entregó a Martín de Lacarra, merino de la Ribera, 145 libras para los preparativos de su viaje a Constanza. Pero ¿fue realmente? Aunque parezca extraño, ni el rey, ni las Cortes, ni la mayoría de los cabildos y monasterios lo designaron como procurador suyo. Sólo contó con los votos del monasterio de Fitero y del cabildo de Tudela. Al parecer, no llegó a efectuar el proyectado viaje, ni existe prueba alguna de que participara en el concilio. Fray Martín de Guetaria tampoco parece que estuvo por segunda vez en Constanza, a pesar de que el rey le entregó 72 libras y 10 sueldos para que se aparejase para volver nuevamente al concilio. Según Filastre, los embajadores navarros eran sólo cuatro: dos obispos y dos doctores.

En la lista se echa de menos el nombre de Lancelot, administrador de la diócesis de Pamplona e hijo bastardo del propio monarca. ¿Por qué intervino en las vistas de Perpiñán-Narbona y no en Constanza? ¿Carecería de talla intelectual?

La embajada navarra era la única española que ostentaba un carácter nacional, en cuanto que encarnaba la representación de la Iglesia y del Estado: del rey, de las Cortes, del clero y de todos los cabildos y monasterios del antiguo reino navarro. Los embajadores navarros se unieron al concilio el 24 de diciembre de 1416. Simeno de Aibar fue el portavoz de la embajada en la ceremonia y pronunció un magnífico elogio de Carlos III. Los embajadores navarros se incorporaron a la asamblea sin poner condición alguna ni exigir nada. Durante el desarrollo de las sesiones y congregaciones dieron la impresión de andar un poco a la deriva, sin política propia, si no es la de secundar dócilmente a los castellanos.

C) Castilla

LA EMBAJADA CASTELLANA

A raíz de la capitulación de Narbona pareció que Castilla iba a seguir una política paralela a la de Aragón. Juan II envió una embajada secreta a Benedicto XIII invitándole a renunciar, y, ante la negativa, firmó un edicto retirándole la obediencia (15 enero 1416). Unos emisarios comunicaron la feliz nueva a Fernando I de Aragón, que se hallaba en Perpiñán, y éste, a su vez, se apresuró a retransmitirla al emperador. Sin embargo, la alegría del soberano aragonés era prematura. El edicto de sustracción chocó con la resistencia de la reina madre, Catalina de Láncaster; de Sancho de Rojas, arzobispo de Toledo; de Alfonso de Ejea, arzobispo de Sevilla, y de otros prelados que eran hechura de Benedicto XIII, como Diego de Anaya, obispo de Cuenca. La muerte de Fernando I de Aragón (2 de abril 1416) acabó por convertir el edicto de sustracción en papel mojado. Fue preciso el esfuerzo combinado de Navarra, Aragón, el emperador y el concilio para que Castilla se desprendiera gradualmente de Benedicto XIII.

El 19 de junio de 1416, el Gobierno de Juan II tomó el acuerdo de enviar al concilio una embajada con poderes plenísimos en orden a la unión de la Iglesia. Los delegados del concilio, que estaban en Valladolid, a quienes se comunicó esta decisión, no quedaron del todo tranquilos. Se les dijo que se enviarían al concilio personas no sospechosas y bien dispuestas hacia la unión; pero ellos creían saber que la verdad era precisamente todo lo contrario. Por lo menos la mayor parte de los embajadores estaban totalmente a favor de Luna y eran intimísimos suyos. Algunos de ellos, juntamente con varios magnates, se habían esforzado por torpedear la unión de Castilla.

Los delegados imperial-conciliares estaban convencidos de que, si Alfonso V no intervenía eficazmente ante la embajada castellana cuando ésta se presentase en su corte camino del concilio, no haría nada en Constanza por la extirpación del cisma. La representación iba a ser bastante numerosa, pues había de constar de dos obispos, dos nobles, tres doctores en derecho y dos en teología.

Después hubo cambios, y por fin la lista quedó constituida definitivamente el 24 de octubre de 1416 de la siguiente manera: Diego de Anaya y Maldonado, obispo de Cuenca, muy adicto hasta entonces a Benedicto XIII; Fernán Pérez de Ayala, merino mayor de Guipúzcoa; Juan Rodríguez de Villalón, obispo de Badajoz; Martín Fernández de Córdoba, alcaide de los donceles; fray Fernando de Illescas, O.F.M., confesor de Juan I; Fernando Martínez de Avalos, doctor en decretos y deán de Segovia; Diego Fernández de Valladolid, doctor en decretos y deán de Palencia; fray Luis de Valladolid, O.P., maestro en teología y confesor del rey, quien llevó consigo a Juan de Torquemada, compañero de hábito; Juan Fernández de Peñaflor, doctor en decretos, y Pedro Fernández de Laguardia, arcediano de Grado y secretario real. O sea, dos obispos, dos nobles, tres juristas y dos teólogos. La representación de la Universidad de Valladolid predominó numéricamente sobre la de Salamanca. La primera era menos favorable a Benedicto XIII que la segunda. Por eso, los delegados del concilio y del emperador trabajaron para que el elemento salmantino fuera menos numeroso que el de Valladolid. Sin embargo, el número quedó compensado con la calidad. Diego de Anaya, salmantino, superó en influjo a todos los demás miembros de la embajada.

En estos cambios y vacilaciones transcurrieron cinco meses antes de que la embajada se pusiera en movimiento. El viaje fue lento. Hicieron escala en Peñíscola, provistos de un pase de Alfonso V, firmado el 30 de noviembre de 1416, y dirigieron un ultimátum a Benedicto y a sus cardenales. Al primero le exhortaron, una vez más, a que depusiera la tiara. Ante su esperada negativa, le notificaron que se iban a Constanza, donde le retirarían la obediencia, se unirían al concilio y procederían a la elección de un nuevo papa. El rey no estaba dispuesto a impedir la unión obedeciéndole a él. A los cardenales les suplicaron que fueran en seguida a Constanza o al menos enviasen sus delegados. Juan II se lo había pedido otras veces. Ahora renovaba la petición por última vez. Si no hacían caso de ella acudiendo al concilio personalmente o por medio de procuradores, estaba dispuesto a recurrir a todos los remedios del derecho. Estas amenazadoras palabras no hicieron mella en los cardenales, los cuales contestaron que ni podían ni debían abandonar a Benedicto XIII, legítimo pontífice; ni trasladarse a Constanza. Intervinieron en estas gestiones los obispos de Cuenca y Badajoz, los deanes de Segovia y Palencia y Juan Fernández de Peñaflor. Según Lamberto de Stock, entraron en Peñíscola los dos obispos, pero no los caballeros. El obispo de Cuenca estuvo con Pedro de Luna cinco días y salió bien catequizado. Los embajadores se entrevistaron con Alfonso V y le expusieron el fracaso de sus gestiones. En Perpiñán se encontraron el día 5 de enero con los embajadores del concilio, que venían a intimar una citación a Benedicto XIII. Si hemos de creer a Lamberto de Stock, dos caballeros y el obispo de Cuenca no disimulaban sus simpatías por el solitario de Peñíscola.

Entretanto, en Constanza se seguía con interés el viaje de la embajada castellana. En una congregación celebrada el 4 de enero de 1417 se leyeron cartas de Castilla y Escocia, que hacían esperar pronto embajadas solemnes. El 16 de febrero, los embajadores de la Universidad de Colonia escriben que «los embajadores del reino de Castilla, aunque hace algún tiempo andan en camino, no han llegado todavía, retrasados por la enfermedad de uno de sus obispos. De su unión con nosotros no se duda, aunque aquella astutísima serpiente, Pedro de Luna, se ha esforzado por retraer a éstos [los escoceses] y a aquéllos [los castellanos] con sus venenosísimos silbidos».

La embajada oficial enviada por Juan II sólo le representaba a él, no a la iglesia castellana. Junto a ella hubo otras pequeñas embajadas. Así, el infante de Aragón, Enrique, maestre de la Orden Militar de Santiago, se hizo representar por cuatro embajadores: Vidal de Soto, comendador de Caravaca; fray Juan de Santiago, O.F.M., provincial de Castilla; García de Vergara, comendador de Murres y Benazura, y Juan Alfonso, bachiller en decretos. La Orden de Alcántara envió como procurador a Pedro González, bachiller en decretos. La Universidad de Salamanca se hizo escuchar por medio de fray Lope de San Román, O.F.M., catedrático de prima de teología. Por los frailes reformadores de la Orden franciscana acudió fray Pedro de Villacreces, acompañado de Lope de Salinas, de la misma Orden, más interesados en consolidar su reforma que en los problemas del concilio.

Finalmente, son dignos de mención otros personajes que intervinieron de una manera más o menos activa en el desarrollo del concilio. Hemos aludido a fray Juan de Torquemada, futuro cardenal. Hay que añadir Pedro Fernández de Frías, el único cardenal español que tomó asiento en el concilio de Constanza, si bien no desempeñó ningún papel importante; Francisco Alfonso, obispo de Orense; Juan López, maestrescuela de Astorga; Pedro Sánchez de Baeza, clérigo de Jaén; Fernando García de Peñaranda, canónigo de Toledo, y Fernando Sánchez de Balvás, familiar del cardenal Frías, ambos conclavistas suyos en el conclave del 8 noviembre 1417.

EXIGENCIAS CASTELLANAS

Los embajadores de Juan II llegaron a Constanza el 30 de marzo de 1417. Su actitud inicial pareció confirmar todos los siniestros pronósticos que se habían fantaseado sobre ellos. De hecho, Lenfant, historiador protestante del concilio de Constanza (1714), los acusa de haber favorecido en secreto a Benedicto XIII. El 2 de abril fueron recibidos por el emperador, y al día siguiente el obispo de Cuenca presentó sus credenciales y pronunció un discurso de saludo sobre el tema *Unum est necessarium*, en el que no dijo más que vaguedades. Invitados a incorporarse al concilio, se negaron hasta asegurarse previamente de la libertad del concilio e informarse del procedimiento que se había de seguir en la elección del futuro papa, así como en la destitución de Benedicto XIII, en el supuesto que haya de ser removido, palabras que dejan traslucir el escaso entusiasmo de los castellanos por la obra del concilio. Antes y después de su incorporación a las tareas conciliares, Anaya fue el personaje más destacado e intransigente de la embajada castellana. Al principio se mostró optimista. En una carta al cardenal de Peñíscola, Pedro de Fonseca, le escribía: «La ciudad y la patria toda está en gran seguridad y abunda en las cosas necesarias. El emperador trabaja día y noche para que se proceda en los negocios y se dé fin, el cual creemos que se obtendrá en breve» (11 abril 1417). Pronto cambió de opinión. El mismo contribuyó al alargamiento al plantear condiciones para la incorporación de la embajada castellana al concilio.

Alguna de las referidas condiciones parece que le fue sugerida por los cardenales, con los cuales aparecen coligados desde un principio con un doble objetivo: los cardenales, con el auxilio de los castellanos, querían salvar su propio derecho en la elección del futuro papa; los castellanos pretendían conseguir la anulación del privilegio de los votos.

Por los decretos de las sesiones XI y XIV, el concilio se había reservado, por aquella vez, la elección del pontífice. Los decretos habían sido inspirados por el emperador Segismundo, cuya política giraba en torno de dos puntos básicos: excluir a los cardenales del próximo conclave y hacer la reforma de la Iglesia, o al menos de su cabeza, antes de la elección del pontífice. A los cardenales no les quedaba otra salida que obtener la supresión de aquellos decretos o la aprobación de una nueva fórmula electoral en la que su derecho quedase asegurado y proceder después a la elección del papa. Pero, si ellos comenzaban la lucha, la resistencia sería mayor que si la iniciase alguna nación. Pero ¿con qué nación abrirían las hostilidades? En este momento, ninguna era tan importante en la causa de la unión como la española. De ella dependía que el cisma durase. Si los cardenales se ganaban a la nación española, se harían dueños del concilio. Por eso, apenas llegaron los aragoneses, los cardenales trataron de entablar una alianza con ellos. Pero lo que no consiguieron de los aragoneses, lo alcanzaron de los castellanos.

Por parte de los castellanos, varias razones les empujaban a una inteligencia con el sacro colegio. La prerrogativa de los votos daba a los aragoneses una aplastante superioridad sobre los demás reinos en el interior de la nación española, y esto no podían tolerarlo los castellanos. Pero la revocación del privilegio no había que esperarla del emperador, que la había concedido y mantenía amistosas relaciones con los aragoneses. Además, Castilla en política internacional era amiga de Francia y hostil a Segismundo, que favorecía a los ingleses. Así, de una manera natural, los castellanos y los cardenales estaban llamados a entenderse para conseguir cada uno su propio objetivo: salvar el derecho electoral y anular el privilegio de los votos.

Segismundo mandó a las naciones y a los cardenales que deliberasen acerca de las cuestiones planteadas por los castellanos. Entre tanto quiso disipar los escrúpulos de los castellanos, afirmando que, a su juicio, ningún concilio había gozado de tanta libertad. En cuanto a la deposición de Benedicto XIII, después de la incorporación de los castellanos se buscaría el medio más a propósito. Pero acerca del nervio de la cuestión principal, es decir, sobre el sistema electoral, respondió de una manera bastante vaga.

Los cardenales declararon que ellos siempre habían obrado con absoluta libertad, excepto en los decretos de las sesiones XI y XIV relativos a la elección pontificia, a los que sólo prestaron su consentimiento por miedo (18 abril 1417). Esta declaración de guerra produjo una profunda conmoción. El emperador no sabía lo que hacer, y todos los miembros de la asamblea se hallaban en extremo consternados por temor de que los cardenales, después de la elección, alegando la falta de libertad, introdujesen un nuevo cisma en la Iglesia. El ambiente era contrario a la participación de los cardenales en el próximo conclave. Se les echaba en cara que por ellos había nacido el cisma y que después habían escogido a Juan XXIII a sabiendas de que era mala persona. Por eso debían ser privados de su derecho aquella vez. Naturalmente, los cardenales no podían pasar por semejante humillación, y los castellanos no querían unirse hasta saber quiénes habían de ser los electores. En opinión de Vidal de Soto, embajador del infante Enrique, el peligro era gravísimo, y el emperador se encargaba de atizarlo con sus intemperancias y amenazas. Cuando los castellanos querían informarse de los problemas conforme a sus instrucciones, Segismundo les decía que habían venido a turbar el concilio. A Ottobonus de Bellonis le manifestó que se podía haber partido el cuello el día que fue a Castilla para traer esta embajada tan revolvedora. Un día, concarándose con los embajadores castellanos, les preguntó a qué habían venido y por qué no se unían a la asamblea, pues no hacían más que turbar el concilio.

Ellos replicaron que, si las cosas marchaban bien, se unirían. Si había alguna discordia, tratarían de arreglarla, y, si no podían, se volverían a su tierra. El emperador prorrumpió en palabras ásperas y al fin les preguntó de nuevo por qué estaban allí. Los castellanos le replicaron que jamás se unirían hasta saber quiénes iban a ser los electores. Ellos querían que en el próximo conclave tomaran parte algunos de la obediencia de Benedicto XIII en lugar de los cardenales de Peñíscola, porque decían que los demás cardenales eran dudosos. El emperador les respondió que él mismo había de elegir y que a él le pertenecía por esta vez la elección y no a otro alguno. El obispo de Cuenca repuso: «¿Cómo, señor, os pertenece la elección? Porque en derecho pertenece a los cardenales y no a otro». El emperador le respondió que no había cardenales, ni aquéllos eran cardenales, porque la Iglesia estaba vacante, y, en tal caso, él, que era emperador o rey de romanos, debía elegir por esta vez. El obispo de Cuenca le replicó: «Señor, si éstos no son cardenales, ni yo soy obispo ni hay en todo el concilio ningún prelado, y para decir lo que vos decís, no era necesario juntar el concilio ni hacernos venir aquí». Los embajadores se despidieron escandalizados, y el emperador quedó descontento de ellos.

Segismundo insistió nuevamente en que se unieran y sustrajeran la obediencia a Benedicto XIII, porque después se pondrían de acuerdo sobre los electores. «No —replicaron ellos—; primero debemos saber quiénes han de ser los electores».

El emperador pidió a los cardenales que continuasen el proceso contra Benedicto XIII prescindiendo de la unión de los castellanos. Accedieron de mala gana, con una condición muy prudente: en ausencia de los legados de Juan II, sólo procederían hasta la sentencia final exclusive. Si los castellanos se obstinaban en no unirse o si querían marcharse porque no se les daba respuesta acerca de la forma de elección, era preferible negociar con ellos antes que permitir que abandonaran Constanza y restituyesen la obediencia a Pedro de Luna.

Los embajadores castellanos eran invitados todos los días a la unión por Segismundo, el concilio y las naciones; pero ellos no sólo se aferraban a su negativa, sino que cuanta más fuerza se les hacía, más urgían se determinase la fórmula electoral. Así, requirieron a los cardenales que se nombrara una comisión para estudiar el problema. Los cardenales intentaron formar una comisión con las naciones. Las naciones francesa y española (ésta integrada por Aragón y Navarra) designaron sus diputados. Italia se mostró dispuesta a seguir su conducta, pero Alemania e Inglaterra se negaron rotundamente. Los cardenales, conscientes de que no agradaría a Segismundo se tratase de la elección, se excusaron ante él, diciendo que sólo por la presión de los castellanos comenzaban las negociaciones sobre dicho tema. El emperador lo llevó a mal y respondió desabridamente que aquel procedimiento tendía al cisma y que prefería ser arrojado al fondo del lago antes de consentir que se tocase la cuestión de la elección pontificia hasta que fuese depuesto Pedro de Luna y se uniesen los castellanos.

Segismundo, viendo el peligro que corría su influjo en la marcha del concilio, intentó impedir aquellas negociaciones por un doble camino: primero, obligando a los castellanos a la unión incondicional en virtud del juramento de Narbona. Esta tentativa fracasó por la oposición del colegio cardenalicio y de las naciones italiana, francesa y española. Los navarros y aragoneses pusieron de relieve el grave peligro que había en exasperar a los castellanos, que pedían una cosa justa. Se podrían marchar, y entonces no sería posible la unión. Segundo, obteniendo de los cardenales que renunciasen a su derecho electoral y lo transfiriesen al concilio. Si así lo hiciesen, la unión de los castellanos sería segura. Pidió el parecer de todos. Los navarros aceptaron la idea del rey de romanos. Los aragoneses declararon que deliberarían. Los cardenales rechazaron el plan, pero se mostraron dispuestos a negociar con las naciones y abrazar la vía que condujera con más seguridad y facilidad a la unión verdadera. Como los castellanos se atrincherasen fuertemente en su posición, el emperador convocó nuevamente a todos los representantes de Francia, Inglaterra, Aragón, Navarra, Polonia, etc., y les pidió que requiriesen a los cardenales sobre tres artículos, entre ellos que observasen los decretos del concilio sobre la elección pontificia, es decir, que renunciasen enteramente a sus derechos. Accedieron todos, menos los franceses. El 19 de mayo de 1417, los legados hicieron la exhortación y requisición, menos los navarros, que no emplearon la palabra *requisición*. Los cardenales respondieron de una manera vaga.

No habiendo dado resultado estas tentativas, Segismundo excogitó otro medio más astuto. Por medio del cardenal de Reims, Simón de Cramaud, propuso a los cardenales una cédula, de la que se prometía la unión de los castellanos. En sustancia venía a decir: comuníquese a los castellanos que el concilio está de acuerdo en hacer a su debido tiempo una elección pontificia buena y canónica. El punto de la dificultad estaba en la palabra *canónica*. Para los cardenales, canónica era únicamente aquella elección en la que ellos solos tomaran parte; pero esto era inconcebible de momento. Aunque oliesen alguna trampa en aquella palabra, estimaron oportuno aprobar la cédula, a condición de que los embajadores castellanos la aceptasen y se uniesen al concilio y de que las naciones la aprobasen. Entretanto, por debajo manga, los cardenales entregaron a los delegados de Juan II una contracédula para que la presentasen a la asamblea.

Los navarros y la mayor parte del concilio aceptaron la cédula de Segismundo. Solamente vacilaban los franceses. Mientras estaban deliberando, se presentaron algunos embajadores castellanos diciendo que habían oído hablar de aquella cédula y que algunos habían dicho que procedía de ellos y que por ella se unirían. Todo eso era falso. Al contrario, ellos consignaron otra cédula, mediante la cual se incorporarían al concilio si era aceptada. Como consta por un despacho de Macià des Puig, esta contracédula se la dieron los cardenales a fin de sondear la disposición del concilio, de tal suerte que en el momento oportuno expusieran abiertamente sus propios planes. El contenido de la contracédula era éste: Por esta vez harán la elección el colegio cardenalicio y el concilio. Sobre el número y proporción de los electores y especificación de las personas, juzgan más prudente callarse. Esta segunda cédula fue entregada para su estudio a las naciones y al rey de romanos.

En presencia de las dos cédulas, propuestas por los partidos opuestos, las naciones se dividieron: los franceses e italianos se declararon a favor de la segunda cédula y combatieron la primera. Los aragoneses estaban indecisos, pero se esperaba ganarlos. Los navarros, alemanes e ingleses optaron por la primera y rechazaron la segunda. Con este resultado bastante satisfactorio, los cardenales creyeron llegado el momento de exponer claramente su punto de vista, como lo efectuaron el 29 de mayo de 1417 por medio de su famosa cédula *Ad laudem,* con cuya aceptación garantizaban la unión de los castellanos. En sustancia proponían que en el próximo conclave tomaran parte el colegio cardenalicio y el concilio, de suerte que el número de electores designados por la asamblea no excediese al número de cardenales. El candidato que reuniese dos tercios de los cardenales y de los otros electores sería papa válido. La idea de combinar el colegio y las naciones es la misma que en la cédula castellana, la misma insinuada por Alfonso V unos meses antes. La novedad está en que en la cédula cardenalicia se consignan determinaciones más concretas en cuanto a los electores.

En presencia de ella, las naciones se dividieron como de costumbre: Alemania e Inglaterra, en contra; Francia e Italia, a favor. La mayoría dependía de la nación española, que todavía no se había definido. Por eso, todos los esfuerzos se concentraron en atraerse a la nación hispánica. Así, los españoles, de golpe, polarizaron la atención del concilio. Pero ganar a la nación española no era empresa fácil, porque no se trataba de un solo reino, sino de cuatro, más o menos divididos entre sí, cada uno de los cuales buscaba su propia política y sus intereses.

Los navarros en un principio dijeron que deliberarían; luego aceptaron la cédula *Ad laudem* incondicionalmente. Los portugueses estaban ausentes de la asamblea y hasta el mes de agosto de este mismo año 1417 no comparecieron. Quedaban, pues, los castellanos y los aragoneses. Los primeros la aceptaron en el acto con vivas muestras de gratitud y prometieron su adhesión al concilio a condición de que todas las naciones la aprobasen. Les pidieron que retirasen esta condición y accedieron, pero entonces pusieron otra: que fuese suprimido el privilegio de los votos. Esta condición nos revela el pensamiento íntimo de los castellanos. Si es verdad que, según las instrucciones, no podían incorporarse al concilio hasta que se determinase la fórmula electoral, habrían obrado ilógicamente introduciendo ahora una condición nueva. Pero parece que las instrucciones, a las que apelaban a menudo y nadie vio, no eran sino un velo destinado a ocultar sus relaciones con los cardenales. El verdadero motivo por el que rehusaban la adhesión parece haber sido el obtener la anulación del privilegio de los votos. Por eso agitan ahora la cuestión, que parecía olvidada. Pero en este momento, en que era imprescindible la amistad aragonesa para conseguir la mayoría, no era oportuno tratar de ella, y así la controversia quedó provisoriamente sosegada. El 18 de junio de 1417, los castellanos cedieron y se incorporaron al concilio (sesión XXXV).

La respuesta de los aragoneses fue vaga. Si todas las naciones consentían, ellos también. El conde de Cardona había mostrado hasta entonces una inclinación al emperador rayana en la lisonja. Muchas veces iba a visitar a Segismundo y le decía que no había acudido a Constanza por causa del concilio, sino únicamente por verle a él y servirle en lo que pudiese. Segismundo, halagado con tales adulaciones, autorizó al conde a llevar su divisa. Cuando estalló la controversia electoral, el conde repetía muchas veces al emperador: «Señor, no dudéis lo más mínimo; nosotros jamás aprobaremos la cédula si no agrada a vuestra señoría». Segismundo lo creía como si fuese el Evangelio. El emperador, entretanto, no permanecía ocioso. Y, como confiaba plenamente de los aragoneses, trató de ganarse a los castellanos. Mientras así se afanaba perdió a sus amigos los aragoneses. El colegio cardenalicio, por medio de Gonzalo de Santa María, castellano, que formaba parte de la embajada aragonesa, y de la promesa de 30.000 florines, logró ganarse al jefe de la embajada de Alfonso V, el conde de Cardona, a quien en breve siguió toda la delegación. La victoria era completa. El 25 de junio, toda la nación española, es decir, Castilla, Aragón y Navarra, aprobó la cédula de los cardenales. El emperador se puso furioso. Reprendió duramente a los aragoneses, especialmente al conde de Cardona, de quien más confiaba, y le quitó la divisa. Los aragoneses se excusaron diciendo que tenían instrucciones de su rey de no discrepar de los legados castellanos, los cuales habían aprobado aquella cédula.

Así, pues, el colegio había obtenido la mayoría para su fórmula electoral, que luego fue modificada desfavorablemente para los cardenales a propuesta de la delegación francesa; pero como no era posible obtener una unanimidad completa para su ejecución, quisieron conseguir la supresión de los decretos de las sesiones XI y XIV. Después renunciaron a esta lucha, porque el emperador ajustó con ellos un tratado de seguridad. En él prometieron colaborar a la deposición de Benedicto XIII, a la reforma y a la nueva elección (13 julio 1417).

El objetivo de los cardenales estaba cubierto. Faltaba el de los castellanos.

En las anteriores luchas sobre la elección, el litigio entre castellanos y aragoneses había quedado momentáneamente adormecido. Ahora estalló de nuevo. Los castellanos manifestaron que no tomarían parte en ningún acto ni aprobarían documento alguno del concilio hasta que se revocase el privilegio de los votos, puesto que con él los aragoneses tenían en sus manos toda la nación española. La situación del colegio y de las naciones era muy delicada. Por una parte, había que evitar la ruptura con los aragoneses; pero, por otra, no se podían dejar de atender las peticiones de los castellanos, que eran justas. Después de muchas negociaciones estériles, se confió su resolución a una comisión conciliar, la cual decretó la supresión del privilegio. El 28 de julio de 1417 fue leída la revocación en una sesión solemne del concilio. Los castellanos quedaron satisfechos. No así los aragoneses, que protestaron antes y después, y dejaron de presentarse en el concilio y en su nación durante algún tiempo.

DEPOSICIÓN DE BENEDICTO XIII

Tenemos, pues, presentes en el concilio todos los reinos españoles que habían sostenido a Benedicto XIII. Ahora era posible proceder a su deposición, sin riesgo de incurrir en el error de Pisa. El proceso comenzó tan pronto como Aragón se incorporó a la asamblea. Como queda dicho, la unión de la embajada aragonesa se verificó el 15 de octubre de 1416. En la sesión siguiente XXIII (5 noviembre), el concilio nombró una comisión o tribunal de doce miembros: dos cardenales y dos por cada una de las cinco naciones. En representación de la nación española fueron designados los aragoneses Caxal y Navés. El alma de la comisión fue el cardenal de San Marcos, Guillermo Filastre, muy versado en derecho canónico. El ordenó todo el proceso, cuyo texto se ha perdido. En el mismo día (5 noviembre), bajo la presidencia del cardenal de Ostia, se incoaron las primeras instrucciones. Se siguió el procedimiento inquisitorial, es decir, el instruido a iniciativa del poder judicial, sin previa acusación de un tercero. Los promotores presentaron veintiséis puntos de acusación, que habían de servir de base a una inquisición previa o preparatoria. El interrogatorio de los testigos comenzó al día siguiente (6 noviembre). Bastaron tres semanas para que se terminase la inquisición previa. Seguidamente comenzó la inquisición solemne, que comprendía noventa artículos de acusación, siguiendo la tendencia medieval a multiplicar el número de artículos en toda acusación.

Muchos de los artículos producidos contra Benedicto XIII no constituían delito alguno; eran simple constatación de un hecho jurídicamente irrelevante. Y es que la pureza de la vida y la ortodoxia de la fe del papa no dejaban ni un resquicio donde pudieran asirse los jueces.

El cardenal Zabarella, al dar cuenta de los resultados obtenidos, pidió se decretase la citación personal de Benedicto. El concilio accedió. La citación estaba preparada y fue leída. El papa debía comparecer ante sus jueces en el plazo de setenta días, a contar del día de la notificación. Dos benedictinos, Lamberto de Stock y un compañero, fueron encargados de intimarla. El 21 de enero de 1417 entraron en Peñíscola y pidieron audiencia. Benedicto XIII la aplazó hasta el día siguiente para recibirlos con más fasto y solemnidad. A la mañana siguiente los recibió en presencia de tres cardenales, de los arzobispos de Tarragona y Zaragoza, de algunos obispos, de soldados y de un público estimado por los visitantes en unas 300 personas. La audiencia tuvo lugar en la gran sala del castillo, adornada con tapices. Benedicto XIII estaba sentado sobre un trono y tenía en su cabeza la tiara de San Silvestre. Cuando los benedictinos entraron vestidos de negro, Benedicto XIII dijo en alta voz, según refiere el humanista Poggio: «He ahí los cuervos del concilio». Uno de los benedictinos replicó: «Somos cuervos, y, si hemos venido, es porque hemos olido carne muerta».

Benedicto XIII escuchó con resignación la lectura de la citación, sin hacer ningún comentario ni protesta. Pero al ver que lo trataban de hereje, sin poder contener la indignación, exclamó: «No es verdad, mienten; la Iglesia no está en Constanza, está aquí; aquí está el arca de Noé». El papa de Peñíscola contestó a la citación con un discurso improvisado. En él volvió a aludir a sus propósitos de enviar una embajada a Constanza para discutir sobre sus ofrecimientos de cesión. Stock creía que el obispo de Cuenca figuraría en la proyectada embajada. Dos días después, el papa entregó su respuesta oficial por escrito.

La intimación, si no rompió la tenacidad de Benedicto XIII, no dejó de ejercer una gran influencia en el ánimo de los circunstantes. Los cardenales de Peñíscola comienzan a dar señales de flaqueza y se permiten aconsejar al papa que transija con el concilio.

Los plenipotenciarios presentaron en la asamblea la respuesta de Pedro de Luna. Vencido el plazo de setenta días, el proceso siguió su curso. El 8 de marzo de 1417 fue acusado de contumacia por no haber comparecido. Dos días más tarde fue leída la respuesta. El 1.º de abril fue declarado contumaz y se aumentó en cinco el número de jueces que componían la comisión primera, entre ellos Juan de Puy-de-Noix, general de los dominicos de la obediencia aviñonesa, y Juan de Liédena, embajador navarro. Durante las primeras semanas de abril, el proceso estuvo paralizado, porque los castellanos se negaban a incorporarse al concilio. El 22 de abril se reanudó el proceso. El 6 de mayo terminó el interrogatorio de los cuarenta testigos; entre ellos, Francisco, obispo de Orense. El 5 de junio fue leído todo el proceso, siendo aprobado por el presidente. Sólo faltaba pronunciar la sentencia. A causa de las discrepancias entre los cardenales y Segismundo y entre los castellanos y el concilio, la sentencia fue aplazada hasta el 26 de julio de 1417. En ella se trata a Pedro de Luna de perjuro, escandalizador de la Iglesia, fautor y nutridor de un cisma inveterado, obstáculo a la paz y a la unión de la Iglesia, cismático, hereje, apartado de la fe y violador pertinaz del artículo de la fe *Unam sanctam catholicam ecclesiam,* indigno de todo título, grado, honor, dignidad, rechazado por Dios y desgajado de la Iglesia como rama seca. El concilio le priva del papado, desliga a los cristianos de su obediencia y declara nulas todas las disposiciones dictadas por él que podrían oponerse a la presente sentencia. El solitario de Peñíscola no se sometió y continuó la lucha.

¿REFORMA O ELECCIÓN?

Eliminados los tres papas, los Padres se encontraban ante la alternativa de reformar, ante todo, la Iglesia y proceder después a la elección de un nuevo papa, o bien escoger primero un nuevo pontífice y emprender con él la reforma. Segismundo estaba a favor de la primera solución; los cardenales eran partidarios de la segunda. Aunque se hablaba de reformar la Iglesia en su cabeza y en sus miembros, la mayoría de los Padres pensaban más en la reforma de la cabeza que en la de los miembros. Y la reforma de la cabeza la hacían consistir, sobre todo, en limitar las exacciones pontificias en materia financiera y, por tanto, en suprimir o restringir las provisiones papales. No se trataba de la reforma moral y disciplinar, sino de la reforma de las estructuras, sobre todo del centralismo romano, que era considerado como la fuente de los peores abusos. De ahí el interés de Segismundo y de los alemanes en hacer, ante todo, la reforma, para que el nuevo papa se encontrase ante un hecho consumado, ante una reforma impuesta. Los castellanos desempeñaron un papel importante en esta cuestión.

En el tratado de seguridad del 13 de julio de 1417, los cardenales prometieron a Segismundo que la reforma se haría antes del conclave. Sin embargo, debido a varias causas, no sucedió así. Después de la deposición de Benedicto XIII (26 julio 1417), la comisión de reforma fue reorganizada. Por falta de unidad, los trabajos no adelantaban casi nada. Lo que una nación proponía, la otra lo rechazaba. Además, el partido de la reforma quería excluir a los cardenales de las deliberaciones. «Ellos no pueden ni deben ser jueces en su propia causa, y, si no se reforma su estatuto, el resto de la Iglesia no será reformado». Por eso, los cardenales se vieron obligados a volver a su viejo programa. La única solución consistía en elegir rápidamente papa. Esto se podía obtener por una doble vía: poniendo orden en el programa de trabajo para liquidar pronto la materia de la reforma, o tratando a la vez de la elección y de la reforma. Ambas vías fueron propuestas por los cardenales. La primera fue aceptada el 7 de agosto de 1417. La segunda excitó la oposición de la nación alemana, especialmente de Segismundo. Pero

¿qué podía el emperador contra la inmensa mayoría del concilio, a la que pertenecían los cardenales, Francia, Italia, Navarra y Castilla?

En estas circunstancias, Simeno de Aibar, embajador navarro, pronunció un sermón el 15 de agosto de 1417, en presencia de todo el concilio, cantando brillantemente las glorias del misterio de la Virgen de agosto. Pero el orador no se resignó a terminar su discurso sin tocar la gran cuestión que apasionaba a toda la asamblea. Por eso, después de desarrollar ampliamente el tema de la asunción corporal de la Virgen, exhortó a los Padres a concluir la obra comenzada, procediendo con rapidez a la elección de papa. Si se elige un papa ideal, no hay que temer por la reforma. El nuevo papa realizará la reforma de la Iglesia mucho antes que el concilio, donde hay tanta diversidad de pareceres y de intereses.

La única posibilidad en favor de la prioridad de la reforma consistía en destruir la coalición del colegio con las tres naciones latinas. Por eso, al comienzo de la controversia entre los embajadores castellanos y aragoneses, el emperador quiso concordarlos para atraerse a toda la nación española. La tentativa fracasó. Ahora quiso ganarse, al menos, parte de la nación hispánica: Aragón y Portugal. No le fue difícil. Así se ajustó una alianza ofensivo-defensiva entre las naciones inglesa y alemana, de una parte, y Aragón y Portugal, de otra. El objetivo variaba. Para Segismundo, la prioridad de la reforma; para Aragón y Portugal, el deseo de revancha. Formada la liga, los aliados provocaron un ruidoso conflicto. Todos los meses se cambiaban los presidentes de las naciones. La elección se verificaba el día primero del mes. Al tratarse de la elección de presidente para el mes de septiembre de 1417, estalló una gran controversia entre los castellanos y navarros, que proponían como presidente al arcediano de Pamplona, y los portugueses y aragoneses, que optaban por un lusitano. La tensión llegó a tanto, que un día los aragoneses y portugueses entraron en la nación española armados de espadas y llevando otras ocultas en los vestidos. Al verlos, los castellanos armaron a los suyos y los pusieron fuera, en vigilancia. Segismundo, instigador y alma del incidente, esperando que fuese elegido el portugués, estaba paseándose fuera para ver el desenlace. En las casas vecinas estaban apostados numerosos húngaros y alemanes armados, dispuestos a intervenir en favor del portugués. Toda la discordia la había buscado Segismundo, que estaba empeñado en el triunfo del lusitano. Pero cosechó dos consecuencias: primera, una nueva retirada de los aragoneses y portugueses; segunda, que de estas disensiones no reportase el emperador ventaja alguna, sino el colegio y sus amigos.

Hechos tan escandalosos dieron ocasión a que los cardenales y sus aliados se presentasen por segunda vez en la nación germánica y pidieran el nombramiento de diputados para estudiar el problema de la elección pontificia, poniendo de relieve los peligros que amenazaban a la Iglesia sin cabeza (7 septiembre). Los alemanes no respondieron palabra. Dos días después, la petición fue renovada, pero inesperadamente se presentó Segismundo con los legados de Aragón y Portugal para impedirla. No obstante, el cardenal de Pisa reiteró la requisitoria y solicitó respuesta. El vicepresidente de la nación alemana se excusó de no haber dado respuesta. Entonces se levantó el embajador aragonés Speraindeu y expresó su admiración por la temeraria osadía de algunos que se arrogaban la representación de la nación hispánica a espaldas de los aragoneses, siendo así que sin ellos nadie podía formar nación ni eran nación, sino una pura nada, y protestó de la nulidad de lo hecho por los castellanos y navarros.

Le replicó el jefe de la embajada castellana, Diego de Anaya, obispo de Cuenca, diciendo que los acuerdos se habían tomado en la nación española en el lugar y modo acostumbrados. Si en aquel momento los portugueses y aragoneses estaba ausentes, ellos tenían la culpa. Después de la vuelta de ellos a la nación, nada nuevo se hacía, sino sólo lo que estaba estipulado. Y reprendió a Speraindeu por las palabras *temeridad* y *nada*. Ambos se expresaron bastante agresivamente. El obispo de Cuenca pidió que el concilio hiciera justicia en la discordia relativa a los presidentes. El conde de Cardona y el presidente electo portugués le respondieron en tono áspero. Después, el cardenal de Pisa solicitó de nuevo que la nación germánica designase diputados, como lo había hecho la inglesa. Al no recibir respuesta alguna, quiso leer una protesta. Entonces se levantó el emperador y se armó un tumulto. De nuevo el cardenal empezó a leer, pero el rey de romanos le interrumpió, diciendo en alta voz: «¡Por Dios! ¡Vos no leeréis!» El tumulto se hizo mayor. Tras un nuevo incidente, el emperador exclamó: «Estos italiano y franceses nos quieren dar un papa. Por Dios no lo harán».

Retirada de castellanos y navarros

El mismo día 9 de septiembre de 1417, ya entrada la noche, se presentaron los aragoneses y portugueses en el local de la nación española y dieron posesión de la presidencia al portugués que ellos habían elegido. Después avisaron a los castellanos y navarros que viniesen. Estos declararon que aquél no era presidente, y pidieron que el concilio juzgara de aquella diferencia. Cruzáronse palabras muy ásperas e injuriosas y se retiraron de una manera tumultuosa. Al día siguiente, los castellanos y navarros tomaron la grave decisión de abandonar Constanza; pero no pudieron caminar más de una milla, porque el emperador los hizo detener en Steckborn, temeroso de que esta retirada fuese la señal de una desbandada general y de que, vueltos a España, restituyeran la obediencia a Benedicto XIII, renovando el cisma.

El hecho parece, a primera vista, inexplicable, puesto que los castellanos y navarros acababan de someter el litigio al concilio. Tal vez, la retirada fue sugerida por los cardenales. En el mes de septiembre, la situación era muy confusa en el concilio y la esperanza de lograr la unión parecía perdida. Con la marcha de los embajadores de Castilla y Navarra, los cardenales habrían querido probar a los ojos de todos la tesis machaconamente repetida por ellos, a saber, que el aplazamiento de la elección pontificia ponía a la Iglesia en peligro de un nuevo cisma, y así obtener de Segismundo que consintiese en la elección inmediata. Si tal fue su designio, de momento no tuvo éxito, porque, aunque la retirada produjo una viva conmoción en las naciones italiana y francesa, así como en el colegio cardenalicio, en Segismundo y los suyos surtió el efecto contrario. Ahora esperaban que podrían vencer mejor y salir con la suya; por eso se alegraron.

El 13 de septiembre, los cardenales se ofrecieron como mediadores, pero los castellanos se negaron a volver si no se les hacía justicia acerca de la presidencia y se les certificaba sobre el modo de la elección. Esta última condición parece apuntar un origen cardenalicio. La solución vino de la nación inglesa, que consiguió el restablecimiento de la paz y de la concordia entre Segismundo y el colegio cardenalicio el 19 de septiembre de 1417. Por eso, los castellanos y navarros regresaron tres días después con la esperanza de que se arreglara la cuestión de la presidencia. Se abstuvieron de insistir en la inmediata celebración del conclave, porque este problema ya había sido resuelto. Sin embargo, la esperanza de la concordia no se cumplió en seguida. Los cardenales no pudieron concordar a los españoles. De ahí que la cuestión fuera sometida al concilio. El 27 de septiembre se decretó que el presidente lusitano desempeñara el cargo en los restantes días de aquel mes y que el arcediano de Pamplona, elegido por los castellanos y navarros, ocupara la presidencia en octubre.

Entretanto, Segismundo, olvidando sus compromisos, urgió de nuevo la reforma. La mayoría se opuso. Inglaterra, después de la muerte de Robert Hallum, obispo de Salisbury, jefe de la delegación inglesa y el más ardiente partidario de la prioridad de la reforma, abandonó al emperador. Finalmente, la mediación del obispo Enrique de Winchester, tío del rey de Inglaterra, que había ido en peregrinación a Ulm camino de Tierra Santa, condujo a un acuerdo definitivo entre el emperador y el sacro colegio. Se promulgarían en seguida, sin más tardanza, las reformas sobre las cuales todo el mundo estaba de acuerdo; se procedería a la elección de un nuevo papa y después se continuarían los trabajos de reforma. Las naciones sólo estaban de acuerdo sobre cinco puntos, que fueron promulgados en la sesión XXXIX (9 octubre 1417) en forma de decretos. De ellos, el más importante era el decreto *Frequens*, que imponía la celebración periódica de concilios: el primero, a los cinco años; el segundo, siete años después, y en adelante cada diez años. Los cardenales de Vivers, Saluces, Chalant y Foix, que habían negociado la cuestión de la presidencia, trataron de conseguir la adhesión de los aragoneses a su tesis de la prioridad de la elección sobre la reforma, prometiéndoles que, una vez elegido el papa, harían todo lo posible en la cuestión de los «provechos» y en las demás que les afectaban. Los aragoneses accedieron.

ELECCIÓN DE MARTÍN V

Después de grandes discusiones, se determinó el sistema electoral. A propuesta de la nación francesa, se convino en que por esta vez tomarían parte en el conclave seis diputados de cada nación y los cardenales, que eran ventitrés; de ellos, quince italianos, siete franceses y un español. Ningún alemán ni inglés. Sería considerado como papa el candidato que reuniese las dos terceras partes de los sufragios de los cardenales y de cada una de las naciones. Era un sistema complicado, pero prudente, pues, por una parte, se respetaban los derechos del sacro colegio y, por otra, se aseguraba la aceptación del electo por la cristiandad entera. Pero bastaba que tres delegados de una sola nación pusieran el veto a una persona, para que no saliera elegida, aun cuando le hubieran votado los otros cincuenta electores.

En la nación española se renovaron las controversias, porque todos querían tomar parte en el conclave. Pronto se convino en que fueran designados dos por Castilla, dos por Aragón, uno por Navarra y otro por Portugal. En la primera votación resultaron elegidos el obispo de Cuenca, por Castilla; Felipe de Malla, por Aragón; el obispo de Dax, por Navarra, y Blasco Hernández, por Portugal. En el segundo escrutinio fue elegido Gonzalo García de Santa María, embajador aragonés, pero originario de Castilla, a pesar de la oposición de algunos delegados aragoneses, y el obispo de Badajoz, por Castilla. El 11 de noviembre de 1417, a los tres días de conclave, la cristiandad tenía una cabeza única; Otón Colonna, que tomó el nombre de Martín V.

ACTIVIDAD LITERARIA [7]

Los debates no agotaron la actividad de los españoles. Participaron también activamente en la predicación, pronunciando unas veces discursos de circunstancias; otras, sermones solemnes. Algunas de las piezas oratorias, de tinte medieval todavía, están animadas por el vivificante soplo del Humanismo.

El orador que intervino con más frecuencia fue Antonio Caxal, que habló, al menos, cinco veces. El 2 de marzo de 1416 expuso al concilio el objeto de su misión por medio de un discurso pomposo e hinchado. El 30 de abril pronunció la oración fúnebre de Fernando I. El discurso contiene algunos arranques oratorios. Pese a su aire medieval, se presiente el Renacimiento. El 17 de mayo, nuevo discurso solicitando el aplazamiento de la embajada aragonesa. El 4 de julio excusó a los reyes de España por no haber cumplido el pacto de Narbona. El 15 de octu-

[7] FINKE, *Acta conc. Constanciensis* t.2 p.435-526; P. ARENDT, *Die Predigten des Konstanzer Konzils* (Freiburg 1933); H. FINKE, *Bilder vom Konstanzer Konzil* (Heidelberg 1903) 60-98; R. G. VILLOSLADA, *Humanismo español:* DHEE t.2 (Madrid 1972) p.1111; ID., *Renacimiento y Humanismo: Historia general de las literaturas hispánicas,* dirigida por G. DíAZ-PLAJA, t.2 (Barcelona 1951) 327; J. LENFANT, *Histoire du concile de Constance* t.2 (Amsterdam 1714) 567-69.

bre de 1416 intervino nuevamente con motivo de la incorporación de los aragoneses al concilio.

Felipe de Malla, tenido por uno de los mejores oradores de su tiempo, probó su elocuencia tres veces. El 4 de enero de 1417, al incorporarse al concilio, Filastre califica su discurso de «muy prolijo, retórico y poético, con citas de la Sagrada Escritura y de la historia». Pronunció el panegírico de Santo Tomás de Aquino el día de su fiesta de 1417. Y el 17 de noviembre del mismo año felicitó al papa en nombre y en presencia de la nación española. El discurso, según Zurita, fue loado por todas las naciones.

Juan de Puy-de-Noix, general de los dominicos de la obediencia aviñonesa, improvisó una felicitación al papa el día de su elección. En otras dos ocasiones predicó por expreso deseo del papa: el 1.º de febrero de 1418, en la fiesta celebrada en Constanza con ocasión de la obediencia prestada por Juan II de Castilla y del abandono de Benedicto XIII por parte de sus propios cardenales, y en la sesión de clausura del concilio (22 abril 1418). En la segunda ocasión (1.º febrero 1418), muchos derramaron copiosas lágrimas de devoción y gozo. Simeno de Aibar, doctor en teología y arcediano de Pamplona, hizo gala de sus dotes oratorias dos veces: una con motivo de la unión de la embajada navarra al concilio (24 diciembre 1416) y otra en la fiesta de la Asunción. El sermón está lleno de citas de autores profanos y sagrados. Speraindeu Cardona, siendo seglar, expuso ante el concilio el fin de su embajada (16 de septiembre 1416). Diego de Fuensalida, obispo de Zamora, predicó el 3 de abril de 1417 con motivo de la primera audiencia concedida por el concilio a los embajadores castellanos. Fray Luis de Valladolid, O.P., maestro en teología, fue el portavoz de la embajada castellana al unirse al concilio. Por último, Jorge de Ornos pronunció un discurso de congratulación por la restauración de la unidad (5 marzo 1418).

Fray Juan de Campo, carmelita de la Provincia de Cataluña, oriundo de Perpiñán y maestro en teología, brilló en el concilio por sus sermones y otros actos escolásticos al estilo de los teólogos. Ni Finke ni Arendt mencionan sermón alguno del carmelita, y todavía estamos peor informados de la actividad de tipo escolástico (disputas, conferencias...), desarrollada fuera de las aulas conciliares.

Tampoco sabemos nada sobre los primeros contactos de los españoles con el Humanismo naciente (Poggio, Bruni, etc.). «El prelado español Dalmacio de Mur, quizá aquí por primera vez, tomó interés por el ideal humanista, que luego promovió vivamente en Aragón», escribe Finke. Pero el obispo de Gerona no estuvo en Constanza. En Ginebra trabó amistad con Poggio, con el que mantuvo correspondencia durante muchos años.

De una importancia extraordinaria para la historia del concilio son los despachos de los diplomáticos, sobre todo de los aragoneses. Se trata de fuentes irreemplazables. Lenfant atribuye a los españoles una misa contra la simonía, sátira contra el papa.

La asamblea dio ocasión a la adquisición de libros. Fray Diego de

Moxena, O.F.M., envió a Fernando I, antes del 9 de mayo de 1415, los discursos pronunciados por Pedro d'Ailly en el mes de diciembre del año anterior y el conocido compendio *De modis*. Diego de Anaya, obispo de Cuenca, «durante la permanencia en el concilio y en el regreso por Bolonia fue haciendo acopio de información sobre materia de colegios y adquiriendo manuscritos para dotar convenientemente la fundación salmantina [del colegio de San Bartolomé el Viejo]. Fue, en este sentido, un magnífico mecenas de las letras y de la cultura castellana, cual no es fácil encontrar otro semejante en aquellos tiempos». Varios manuscritos, como la traducción de Aristóteles y de Platón, de Leonardo Bruni; un florilegio de origen «alemánico», etc., adquiridos, sin duda, por Simeno de Aibar en Constanza, vinieron a enriquecer la biblioteca de la catedral de Pamplona. A su regreso del concilio, Felipe de Malla y fray Luis de Valladolid hicieron escala en Aviñón para comprar libros. El primero adquirió *De civitate Dei*, de San Agustín, y el segundo, la obra *Mare historiarum magistri Iohannis de Columna*, O.P. Tal vez, fray Fernando de Illescas, O.F.M., aumentó en Constanza su biblioteca particular. Allí obtuvo licencia de Martín V para regalar a algún fraile o convento algunos de los libros adquiridos después de su ingreso en la Orden.

Para no pocos españoles, la estancia en Constanza significó asomarse a un mundo nuevo, que les cautivó con sus encantos. Algunos no quisieron regresar a su patria y se buscaron una colocación en la curia romana en forma de referendarios, abreviadores, notarios, auditores, etc. Desde entonces, la presencia española en la corte romana se acentuó fuertemente y perduró a lo largo del siglo XV con figuras como Torquemada, Carvajal, Mella, Sánchez de Arévalo, Alonso de Borja, etc.

En el campo teológico, el concilio contribuyó a la difusión en nuestras escuelas de la doctrina conciliarista, contra la cual se levantará más tarde Juan de Torquemada, quien aludirá a sus experiencias en Constanza. Pero el impulso arrollador vino más tarde. En 1426, Juan de Segovia defiende todavía en Salamanca las tesis extremas del papalismo.

CONCORDATO CON LA «NATIO HISPANICA»

Martín V ajustó un concordato con la nación española, cuyo punto más saliente consistía en la restauración del antiguo derecho de los cabildos de elegir obispo. La validez de este concordato, el más antiguo de España, expiró el 15 de abril de 1424.

Durante los cinco años de vigor se produjeron en los reinos de Castilla catorce vacantes de sedes episcopales. En nueve casos nombró el papa de acuerdo con el concordato. En otros dos casos no se ve clara la razón de la intervención pontificia. Sólo en tres ocasiones eligió el cabildo, con la subsiguiente confirmación del papa. En una de ellas (Toledo) consta que la elección fue mediatizada por el rey, que se hizo reconocer por el papa el derecho de «dirigir» las elecciones (8 de octubre 1421). La única vez que la sede de Pamplona quedó vacante eligió el cabildo, siendo confirmada la elección por el papa. En Aragón no se registra ninguna elección capitular. Hubo nueve casos de vacantes, y todas las cubrió el papa. En siete ocasiones se explica la intervención del papa por el concordato. Quedan dos casos sin justificación.

RECONOCIMIENTO DE MARTÍN V EN ARAGÓN

Los embajadores aragoneses se apresuraron a comunicar a su rey la elección de Martín V. Alfonso V se hallaba en Valencia. Su primer pensamiento fue retransmitirla a Peñíscola, creyendo que Benedicto se resignaría al fin ante los hechos consumados, con lo que podría ofrendar al nuevo papa la mejor joya: la cesión de Pedro de Luna (8 diciembre 1417). Así, pues, invitó a Benedicto XIII a la renuncia. Antes de darle una respuesta definitiva, el papa Luna, según su costumbre, quiso consultar el asunto con unos cuantos prelados y doctores de su obediencia, aun cuando en el fondo sentía un desprecio olímpico hacia el parecer ajeno. El monarca autorizó a nueve prelados y a dos abades a trasladarse a Benicarló, villa situada a una legua de Peñíscola, y, en caso necesario, también para penetrar en el castillo. Algunos se pusieron en camino de mala gana, conscientes de que iban a perder el tiempo. El 21 de diciembre entraron en Peñíscola, y tanto oralmente como por escrito le pidieron la resignación del papado. Como dilataba la respuesta, cinco días más tarde le dirigieron una nueva instancia. El rey, impaciente, a finales del mismo mes les ordenó que se volviesen, ya que su estancia en aquel lugar podía ser muy dañosa. Finalmente, Benedicto XIII les dio la respuesta, que, naturalmente, era negativa (5 enero 1418). Aquel mismo día por la tarde, los tres cardenales y los prelados, juntamente con otros muchos doctores, clérigos y familiares, salieron de Peñíscola para no volver más. Así abandonaban a su suerte al que lo debían todo. Un pequeño grupo rehusó la salida. Sus beneficios fueron secuestrados (18 febrero 1418).

En Castellón se les juntó el cardenal Murillo, que había desertado dos años antes. Tres semanas más tarde, los cuatro cardenales fugitivos dirigieron una carta a don Alfonso V comunicándole la decisión adoptada y poniéndose a sus órdenes. El rey despachó a la corte pontificia a Leonardo de Sos con la misión de exponer al papa los esfuerzos de Alfonso V para obtener la renuncia de Benedicto XIII, la necesidad de que el papa se alejara de Constanza y, sobre todo, la propuesta de una reelección del propio Martín V por los cardenales de Castellón. Este último punto era el más delicado (6 febrero 1418). Leonardo de Sos fue recibido en audiencia el 19 de marzo de 1418 por Martín V, acompañado de contadas y fieles personas, hábilmente escogidas por fray Juan de Puy-de-Noix, confesor del papa y embajador de Alfonso V en el concilio. Explicó al pontífice los trabajos y gastos sostenidos por el rey de Aragón y su padre en la extirpación del cisma y los esfuerzos de Alfonso V en la reducción de Pedro de Luna, consiguiendo que le abandonasen sus cardenales. Ahora sólo faltaba que éstos aprobasen los decretos del concilio de Constanza y eligiesen por lo menos de hecho a Martín V. Dejaba en manos del papa determinar si la elección se había de hacer pública o secretamente.

El papa estuvo vacilante durante algunos días y aun puso objeciones a la sugerencia. Varios cardenales la rechazaron con energía, considerando la reelección como una afrenta para el pontífice y el concilio. No obstante, Martín V respondió a Leonardo de Sos que, lejos de disgustarle, le complacería la reelección; que, aunque no lo ordenaba, ni menos lo indicaría por escrito, deseaba que los cardenales de Castellón le votasen pronto y se sometiesen públicamente a él, seguros de que los trataría tan bien o mejor que a los cardenales de su colegio (22 marzo 1418).

La reelección tuvo lugar poco después del 20 de abril de 1418. La desacertada intervención del cardenal de Pisa retrasó unos meses la incorporación de los cuatro cardenales a la curia de Martín V. El 6 de agosto, Gonzalo García de Santa María y Dalmacio de Mur prestaron obediencia a Martín V en nombre de los cuatro cardenales. Con esto, Benedicto XIII se quedó sin colegio cardenalicio. Los cuatro cardenales se presentaron ante el papa en Florencia el 17 de marzo de 1419, siendo acogidos con todo honor. El solitario de Peñíscola continuó la lucha solo, jactándose de que, pese a las apariencias, muchos estaban con él y de que todos los obispos de Aragón estaban estudiando la manera de paliar la persecución que él sufría. El 22 de agosto de 1418 mandó hacer rogativas, esperando que pronto se invirtiese la situación.

No cabe duda de que Alfonso V reconoció plenamente a Martín V en todos sus Estados. Lejos de adoptar una actitud expectante, no descansó hasta que Benedicto XIII quedó aislado en Peñíscola y sus cardenales entraron en la curia de Martín V. Con la salida de los prelados del castillo y la reelección de Martín V por los cardenales de Benedicto XIII, el gran cisma quedaba de hecho liquidado y ya no se puede hablar de una prolongación del cisma de Occidente. Los servicios prestados por Alfonso V a la Iglesia eran inmensos. ¿No tenía derecho a ser ampliamente recompensado? Antes de abordar esta cuestión es preciso exponer brevemente la legación del cardenal de Pisa, que se entremezcló con la liquidación del cisma y la sumisión de los cardenales de Castellón.

LEGACIÓN DEL CARDENAL DE PISA [8]

El cardenal Alamano de Adimari, arzobispo de Pisa, fue nombrado legado en los reinos de Aragón, Valencia y Navarra con el fin de extirpar los restos del cisma y asegurar el reconocimiento de Martín V

---

[8] K. A. FINK, *Die Sendung des Kardinals von Pisa nach Aragon im Jahre 1418:* Römische Quartalschrift 41 (1933) 45-59; ID., *Martin V und Aragon* (Berlín 1938) 30-38; FROMME, 138-51; PUIG, 342-62.

(1-1-1418). Partió de la curia el 17 de febrero. Desde Aviñón avisó al rey su próxima llegada. La carta se cruzó con otra de Alfonso V en que le rogaba que suspendiese el viaje de momento. Estaban en curso negociaciones con la curia sobre los cardenales de Castellón, que podían ser entorpecidas. El 21 de abril entró en Barcelona y poco después se dirigió a Zaragoza; pero, noticioso de que el rey se encontraba en Valencia, torció el rumbo desde Lérida hacia Tortosa. El cambio de ruta desagradó al rey, que le obligó a encaminarse a Zaragoza.

Por su parte, el legado estaba impaciente, porque se daba cuenta de que el rey lo estaba entreteniendo y había destinado un embajador a la curia romana sin comunicarle a él la materia. Le parecía una humillación que se hiciese cosa alguna referente a la Iglesia estando él en el reino sin que pasase por su mano. Por fin, no pudiendo contenerse más, el 22 de mayo de 1418 publicó la sentencia de deposición contra Pedro de Luna y ordenó a los cardenales y obispos que en el plazo de treinta días prestasen juramento de fidelidad al papa en manos del legado. Esta precipitada medida sentó mal a todo el mundo. Benedicto XIII expidió una orden de captura contra el enviado pontificio. Los cardenales de Castellón se sintieron molestos y retrasaron el reconocimiento de Martín V. El rey se disgustó y le exigió la revocación. El legado se excusó con el mandato del papa y se mostró dispuesto a alargar el plazo de sesenta días y aun a suspender la orden, pero no a revocarla. Finalmente, se llegó a una solución de compromiso: los cardenales no prestarían el juramento de obediencia en manos del legado, pero sí los prelados.

Desde que el asunto de los cuatro cardenales de Castellón quedó resuelto a gusto del rey, el legado gozó de más libertad de acción. Así, en Zaragoza volvió a publicar con toda solemnidad la sentencia del concilio contra Pedro de Luna. Los prelados, quieras que no, tuvieron que plegarse a la prestación del juramento, salvo Clemente Zapera, arzobispo de Zaragoza, uno de los más fervientes partidarios de Benedicto XIII.

Una nueva tentativa para obtener la renuncia de Pedro de Luna, hecha por medio de Leonardo de Cavallería, enviado por el rey de acuerdo con el legado, fracasó (30 julio 1418). Se convino en que Diego de Anaya, arzobispo de Sevilla y amigo del cardenal de Pisa, se trasladase a Peñíscola para hacer los mismos oficios; pero todo resultó inútil.

Fruto de las conversaciones mantenidas entre el rey y el cardenal de Pisa fue el concilio provincial de Lérida (8 de octubre a 19 de noviembre de 1418). En él propuso el legado se enviasen a Benedicto algunos emisarios para ver si se reducía a la obediencia, pero el concilio se opuso para no perder tiempo y dinero (20 octubre 1418). El legado impuso un subsidio de 60.000 florines a favor del rey, que fue acogido con protestas y apelaciones. Sin embargo, parece que el clero acabó pagándolo.

RESISTENCIAS EN CASTILLA

En Castilla hubo algunos conatos de resistencia, que carecieron de verdadera importancia. La reina madre Catalina de Láncaster, pretextando falta de libertad en el concilio de Constanza, no ejecutó la sustracción de la obediencia a Benedicto XIII aun cuando lo hicieron sus embajadores en Constanza, manteniéndose a la expectativa hasta la elección de Martín V. En seguida, su hijo Juan II y ella celebraron una gran fiesta y prestaron obediencia al nuevo papa y mandaron a todos sus súbditos que lo reconociesen como único e indubitado sumo pontífice. Temerosa de haber incurrido en las penas canónicas por este retraso en la sustracción de la obediencia y por la comunión mantenida con el papa depuesto, pidió ser absuelta *ad cautelam* juntamente con su hijo y sus consejeros. El papa estampó su «Hágase como se pide» al pie de la súplica (17 marzo 1418).

En Burgos, algunos eclesiásticos, y, sobre todo, algunos religiosos exentos, dogmatizaban contra las decisiones del concilio de Constanza, haciendo afirmaciones supersticiosas y tratando de enredar a las gentes sencillas en peligrosos errores. Martín V hizo intervenir al obispo burgales Pablo de Cartagena para estrangular el movimiento (20 diciembre 1418).

El peligro no presentaba caracteres alarmantes. Sin embargo, Martín V, de acuerdo con su plan de enviar legados a los principales países para consolidar la obra de Constanza y asegurar el reconocimiento de los Estados, destinó a Castilla al cardenal Pedro de Fonseca (10 abril 1419). De su legación se poseen escasas noticias. Intervino contra los partidarios de Pedro de Luna y en la restauración de la paz política interna (1421).

Alvaro de Luna, convertido de amigo en enemigo de Diego de Anaya, arzobispo de Sevilla, para deshacerse de él lo acusó de favorecer la causa de Benedicto XIII. Escribió a Martín V que el arzobispo de Sevilla se esforzaba por destruir la obra del concilio de Constanza con calumnias y falsos engaños; que reprobaba, difamaba y combatía la elección de Martín V y la misma unión y paz de la Iglesia universal, lograda con tantos trabajos, y, lo que a los ojos del pontífice era más detestable, que había tratado de provocar e inducir a todos los príncipes y pueblos españoles que había podido a perseverar en el vetusto y execrable cisma y a prestar obediencia a Pedro de Luna, depuesto por el sínodo general de Constanza. Se calló las gestiones que hizo por encargo del cardenal de Pisa para obtener la renuncia de Pedro de Luna.

No podía llegar acusación más peligrosa a los oídos de un papa que veía por todas partes el espectro del cisma. Alarmado por la gravedad de la acusación, sin pararse a comprobarla, mandó detener y privar de su dignidad al arzobispo de Sevilla, encomendando esta desagradable misión al arzobispo de Toledo. Su antiguo alumno el doctor Juan de Mella, más tarde cardenal, salió en su defensa. A instancias suyas, Juan II escribió al pontífice que muchas de las acusaciones eran falsas, que Anaya deseaba persistir en la debida y absoluta fidelidad al papa y a la Iglesia y enmendarse, si tal vez, como hombre, había faltado algo. Terminaba suplicándole lo admitiese de nuevo en su gracia. En el mismo sentido dirigieron cartas al papa el propio arzobispo y otras personas graves y fidedignas.

El pontífice se mostró ahora tanto más cauteloso y lento cuanto mayor había sido su precipitación en el castigo. Sólo a medias dio crédito a las nuevas informaciones. En el fondo no quería reconocer que había obrado imprudentemente al pronunciar su sentencia sin oír a las dos partes. Encargó de nuevo al arzobispo de Toledo que citase al reo. Si éste lograse demostrar su inocencia o si al menos, reconociendo humildemente su error, pidiese perdón con señales de verdadero arrepentimiento, lo reconciliaría con la Santa Sede y con la Iglesia y lo rehabilitaría, imponiéndole previamente una penitencia adecuada y exigiéndole el juramento de no volver a atentar contra la paz y unión de la Iglesia ni de prestar ayuda a los que lo intentasen. En caso de reincidencia, no habría ya misericordia para él. Sería castigado con toda suerte de penas espirituales y temporales sin contemplación alguna. Si el inculpado no justificase ni pidiese perdón, el toledano le instruiría un proceso informativo sobre los excesos cometidos y transmitiría el expediente a Roma, sin pronunciar sentencia alguna (13 septiembre 1422). El tratado que hizo componer a Juan González, canónigo de Sevilla y auditor de la Rota hacia 1421-22, *Contra duos pontifices de papatu inter se contendentes*, por el que, según Beltrán de Herencia, el arzobispo sevillano deseaba saber si dentro de las normas del derecho había algún resquicio para mantener su indecisión entre Martín V y Pedro de Luna, no le comprometió en nada. El resultado de la investigación fue tan favorable, que Martín V el 13 de enero de 1423 anuló las letras anteriores junto con todas las informaciones y procesos, admitiendo de nuevo en su gracia a Diego de Anaya. Cuarenta días después, el papa extendió un salvoconducto a favor del maestro Juan de Mella, doctor en decretos y auditor del sacro palacio apostólico, que regresaba contento de haber conseguido la completa rehabilitación del arzobispo. En presencia suya, don Diego prestó en Salamanca un juramento de fidelidad al papa, en el que prometió mantenerse siempre leal a Martín V y a sus sucesores y no adherirse a Pedro de Luna ni pública ni ocultamente. Desde su elección, siempre había creído y creía verdadero papa a Martín V, y en esta fe deseaba morir (20 mayo 1423). El asunto quedó cerrado para siempre.

Mientras se ventilaba el asunto de Anaya, llegaron a Roma denuncias de nuevas maquinaciones en Castilla para restituir la obediencia a Pedro de Luna. No pocos cismáticos castellanos, para arrastrar a otros al error, aguzaban sus lenguas contra los decretos de Constanza y trataban de reavivar el antiguo cisma, afirmando que Pedro de Luna era el verdadero papa, vicario de Cristo y sucesor de San Pedro. Martín V encargó al arzobispo de Toledo y al obispo de Calahorra que procediesen inquisitorialmente contra tales cismáticos con autoridad apostólica, cualquiera que fuese su dignidad (8 diciembre 1422).

Uno de los supuestos cismáticos era Gonzalo de Zúñiga, obispo de Plasencia. Incluso después del concilio de Constanza, no ocultaba su adhesión a Pedro de Luna y le apoyaba en su pertinacia. A petición de Juan II de Castilla, Martín V le privó del obispado y encomendó su proceso al obispo de Cuenca, Alvaro de Isorna (10 octubre 1418); pero el interesado prefirió comparecer personalmente ante el papa. En presencia de Martín V confesó haber visitado a Pedro de Luna después de su deposición y haberse opuesto a la entrada de su sucesor en la diócesis placentina, Gutierre de Toledo. En vista de su arrepentimiento, el papa le perdonó (15 mayo 1422) y le concedió la mitra de Jaén, donde, luchando contra los moros, cayó en su poder, siendo martirizado en 1456.

Toribio García de Sahagún, antiguo catedrático de Salamanca y auditor de la curia de Benedicto XIII, incurrió en un delito parecido. Mantenía trato con el pontífice depuesto. Alvaro de Isorna, entonces obispo de León, de cuya iglesia Toribio era canónigo, en cumplimiento del concilio de Constanza, le declaró privado de sus beneficios, parte de los cuales los pretendió un sobrino del obispo (2 agosto 1418); pero García de Sahagún se defendió y logró salvar sus beneficios.

En compensación, fray Juan de Santiago, provincial de Castilla, O.F.M., se distinguió por su entusiasmo a favor del concilio. A instancias suyas, Martín V vino en otorgar indulgencias a los oyentes de los sermones que tenía intención de predicar en Castilla contra Pedro de Luna. Fray Juan de Santiago se propuso hacer propaganda en favor del concilio, no sólo en el pueblo, sino también entre sus propios hermanos de hábito, que se iban a reunir en un capítulo provincial (30 diciembre 1417).

RECOMPENSAS A LOS ELECTORES [9]

El monarca aragonés atribuyó la derrota en la cuestión del privilegio de los votos a la falta de tesón de sus embajadores, y con el fin de fiscalizarlos envió a Macià des Puig, hombre de su entera confianza. Apenas llegó el 10 de octubre de 1417, leyó a sus colegas las instrucciones que el monarca le había dado y les urgió su observancia literal so pena de caer en desgracia del rey. Con relación al futuro papa, los embajadores se abstendrían de impetrar beneficios ni gracias de ningún género hasta que llegase la lista de las gracias que pretendía el soberano. El interés particular debía subordinarse al del Estado, encarnado en la persona del monarca. Los provechos del rey eran los primeros. Ante todo habían de pedir al futuro pontífice una parte de los diezmos de los Estados españoles de la Corona de Aragón, varios castillos de la Orden de San Juan de Jerusalén, entre ellos los de Monzón y Peñíscola; la provi-

[9] J. GOÑI GAZTAMBIDE, *Recompensas de Martín V a sus electores españoles:* Hispania Sacra 11 (1958) 259-97; ID., *Españoles en Constanza;* FINK, *Martin V u. Aragon* 38-59; BELTRÁN DE HEREDIA, *Cartulario* t.1 p.264-73.

sión del maestrazgo de Montesa en el candidato real y la remisión perpetua del censo feudal de Sicilia y Córcega.

Ántes del conclave, ya el 30 de octubre de 1417 acusó a los embajadores de ambición desenfrenada. Los eclesiásticos tenían obispados, y los legos, millares de renta, con evidente daño de los provechos reales. Momentos antes de entrar en el conclave, requirió a Felipe de Malla y a Gonzalo García de Santa María que no pidieran nada para sí. Hecha la elección, reunió toda la embajada y les repitió la misma cantinela. Otro día hizo que los embajadores suplicaran al papa se abstuviera de otorgar beneficios en Aragón a extranjeros hasta que viniese el rótulo del rey. El papa prometió hacerlo así; pero, viendo que no cumplía la promesa, se presentó ante él al frente de la embajada para recordarle el compromiso. Como tardase en llegar el correo con la lista de los provechos que deseaba el rey y viendo que algunos embajadores, especialmente el conde de Cardona, pedían desenfrenadamente para sí, preparó una súplica con las *desiderata* del soberano. En ella se pedía que el monarca aragonés fuese indemnizado de los gastos del cisma a costa de la mayor parte de las rentas eclesiásticas. Concretamente, se pedía la mitad de una décima por diez, quince, veinte o más años, la mitad de las anatas y la remisión perpetua del censo feudal de Sicilia y Cerdeña. Asimismo reclamaba el derecho de colación, o al menos de presentación, sobre la casi totalidad de las prebendas y dignidades eclesiásticas de sus Estados españoles y de Sicilia; pedía también la erección de ocho obispados: Játiva, Orihuela, Teruel, Manresa, Ripoll, Castellón, Puigcerdá y Menorca. Las encomiendas aragonesas de las Ordenes de Santiago y Calatrava debían segregarse de sus repectivos maestres de Castilla y ser dotadas de un gobierno autónomo.

La súplica con tan exorbitantes peticiones fue mal acogida por el papa (antes del 6 de diciembre 1417). Macià regresó fracasado a su tierra pocos días después. Su llegada coincidió con la circulación en Aragón de ciertos rumores que ponían en duda la legitimidad de la elección de Martín V y la validez de las decisiones del concilio de Constanza. «Aprovechábase el rey de estas hablillas para tener receloso a Martino», escribe Zurita, y a principios de 1418 le envió, uno tras otro, tres embajadores: Jorge de Ornos, arcediano mayor de Elna y más tarde obispo de Vich; Leonardo de Sos y Nicolás Eymerich. Ninguno volvió con las manos vacías. Jorge de Ornos consiguió del papa que revocase los beneficios concedidos sin recomendación de Alfonso V (26 febrero 1418), la infeudación de los reinos de Trinaclia, Córcega y Cerdeña (5 marzo 1418), la remisión del censo de dichos reinos por todo el tiempo pasado y un quinquenio futuro, que montaba cada año 18.000 florines (15 marzo), y las décimas de su reino durante dos años, por valor de 50.000 florines (24 marzo). El 14 y 16 de abril de 1418, Martín V suscribió el rótulo de Alfonso V, dividido en tres partes, concediendo beneficios a numerosos cortesanos del monarca. Entretanto, el rey se impacientaba al ver que el papa no se daba prisa en recompensarle sus esfuerzos en pro de la unión, y escribió, una tras otra, varias cartas urgiendo una pronta y favorable resolución; pero sin resultado tangible. El concilio provincial de Lérida le concedió un subsidio de 60.000 florines. Sólo él supo lo que cobró de las rentas de la Cámara Apostólica, que le atribuyó la capitulación de Narbona. A nadie rindió cuentas. Sin embargo, todo le parecía poco en comparación de lo que se merecía.

Pero el rey no podía culpar a nadie del fracaso de sus gestiones. La culpa la tenía él mismo, que cada vez pedía una cosa distinta, y unas veces negociaba con el papa y otras con el legado. Se lo había advertido mosén Borra y se lo repitió Jorge de Ornos. En realidad, el monarca tenía motivos para sentirse satisfecho. Sin embargo, no quedó del todo contento. El clero se mostró reacio al pago del subsidio y la décima bienal no debió de ejecutarse, aunque el papa no fue responsable del fracaso. Que desde la Navidad de 1417 existiese una creciente tensión entre el rey y el pontífice, como pretende Fromme, no puede demostrarse documentalmente. Sólo a partir de 1421 comenzó el monarca a tomar represalias contra el papa por su política napolitana y a utilizar el fantasma de Peñíscola como medio de presión.

Los embajadores aragoneses, sin hacer caso de las terminantes órdenes de Alfonso V, fueron copiosamente remunerados, aun a despecho de caer en desgracia del rey. Por otra parte, el papa mandó al abad de Montserrat que acogiese en un pie de igualdad a los monjes de la obediencia romana que habían abandonado el monasterio hacía algunos años (19 enero 1418), y a petición de los bilbilitanos anuló la fundación del estudio general de Calatayud (1.º marzo 1418), hecha por Benedicto XIII, con once cátedras de derecho canónico y civil, artes y medicina, que todavía no se había puesto en marcha.

Castilla, aunque fue el último reino hispánico en abandonar a Benedicto XIII, no se quedó atrás en sus demandas de recompensas. No contento con los 80.000 florines que le concedió Martín V, Juan II envió en 1421 por su embajador a don Alvaro de Isorna, obispo de Cuenca, para suplicarle que le hiciese gracia perpetuamente de las tercias de sus reinos para ayuda de la guerra de los moros «e asimesmo le suplicaba que le mandase hacer emienda de las grandes costas que había hecho en la prosecución de la unión de la Iglesia, como estas tales cosas se debiesen pagar de las rentas eclesiásticas». El papa despachó favorablemente sus peticiones. Además aprobó el decreto de la sesión XXXVIII (28 julio 1417) del concilio de Constanza sobre revocación del privilegio de los votos y manifestó su deseo de que se observase inviolablemente (28 junio 1418).

Los embajadores castellanos se preocuparon vivamente de las instituciones docentes, de las que depende en gran parte el porvenir de las naciones. Ellos son los que obtuvieron la erección de la facultad de teología de la Universidad de Valladolid (6 febrero 1418), negada anteriormente por Clemente VI. Diego de Anaya consiguió una serie de bulas para consolidar su obra favorita; el colegio de San Bartolomé el Viejo, de Salamanca.

A instancias de fray Pedro de Villacreces, maestro en teología, primer reformador de la Orden de San Francisco en Castilla, religioso austero y celoso predicador, Martín V firmó dos rótulos relativos a la organización interna de su reforma y a la predicación y actividad ministerial del solicitante, que suponían un paso adelante en la consolidación de la reforma.

Los embajadores navarros volvieron a sus casas casi con las manos vacías. Sólo consiguieron pocas gracias en beneficio de algunos particulares y casi ninguna en provecho general del reino. No contó con el apoyo del monarca francés para que el rey de Navarra, su reino e iglesia consiguieran las mismas gracias, privilegios, absoluciones y provisiones que obtuvo para sí mismo y para la iglesia y reino de Francia, como lo habían reclamado las Cortes navarras en el año 1399.

CAPÍTULO III

EL CONCILIO DE PAVIA-SIENA (1423-24) [10]

UN CONCILIO ENANO

El concilio de Pavía-Siena se nos presenta como un concilio enano. Enano por la escasez de las fuentes, enano por la escasez de los participantes y enano por la escasez de los resultados.

Escasez de fuentes: nos faltan las actas del concilio, las actas de cada una de las naciones y de cada una de las comisiones, así como la correspondencia entre el papa y los legados pontificios. Entre las fuentes que se han conservado destacan dos por su importancia: una relación de Juan de Ragusa, parcial y tendenciosa, pero preciosa, porque copia piezas enteras, y una crónica detallada, escrita por Guillermo Agramunt, notario y secretario del embajador aragonés, Armengol, que se guarda en el Archivo General de Valencia. Desconocida hasta hace pocos años, ha sido editada recientemente por el profesor Brandmüller, historiador del concilio.

Escasez de participantes: en la sesión plenaria del 8 de noviembre de 1423, que marca el momento punta, sólo tomaron parte dos cardenales y veinticinco prelados (obispos y abades).

Escasez de resultados: el concilio no aprobó más que seis decretos, sin mordiente en la vida de la Iglesia. La cuestión fundamental planteada en el concilio, las relaciones entre el papa y la asamblea, no abocó a ninguna decisión ni doctrinal ni disciplinar.

El concilio fue convocado por Martín V el 19 de abril de 1419 de acuerdo con el decreto *Frequens,* del concilio de Constanza, a pesar de que sentía horror al solo nombre de concilio y de que el cardenal Saluces le había prevenido contra la celebración de concilios. La asamblea se organizó desde un principio por naciones, a imitación del concilio de Constanza.

El papel desempeñado por España en el concilio de Pavía-Siena era desconocido hasta hace poco. Tan desconocido, que en una obra reciente se ha afirmado que en el concilio de Siena no existió la nación española, y en otra, que en él sólo tomó parte un español, Juan Martínez de Contreras, arzobispo de Toledo.

---

[10] W. BRANDMÜLLER, *Das Konzil von Pavia-Siena, 1423-1424:* Vorreformationsgeschichtliche Forschungen 16 (Münster 1968-74) 2 vols.; cf. nuestra recensión: Hispania Sacra 27 (1974) 438-44.

CASTELLANOS EN SIENA

Primera constatación: el anuncio del concilio despertó escaso entusiasmo en la península Ibérica. A diferencia de lo que sucedió en Alemania, Francia e Inglaterra, en España no se celebró ningún concilio preparatorio. Cuando se abrió el concilio de Pavía (25 abril 1423), no se hallaba presente ninguna delegación española. Sólo después del traslado a Siena (23 junio 1423) se constituyó la *Natio Hispanica,* al principio exclusivamente con súbditos del rey de Castilla. Al frente de ellos se hallaba el arzobispo de Toledo Juan Martínez de Contreras, con su secretario Enrique Schulte, canónigo originario de la diócesis de Utrecht. Le acompañaban Sancho de Rojas, obispo de Astorga y cubiculario pontificio; Juan de Cervantes, arcediano de Sevilla y pronto cardenal; Juan González de Sevilla, auditor de la Rota, antiguo catedrático de Salamanca y futuro obispo de Cádiz; Pedro Alfonso, abad de San Vicente, de Toledo; Gonzalo Venegas, arcediano de Córdoba y camarero del papa; Gil Gómiz, presbítero de Calahorra; Juan de Almazán, notario de Sigüenza; Fernando Carrillo, doctor en decretos y notario apostólico; Fernando de Alarcón, protonotario apostólico, y Alfonso, licenciado en decretos. A los anteriores castellanos hay que añadir el cardenal de curia Alfonso Carrillo, cuya postura en el concilio no resulta del todo clara. Esta lista no es seguramente completa. Sólo contiene los nombres de los miembros más eminentes de la nación española. En líneas generales, los castellanos se mostraron partidarios del papa. Lo contrario hay que decir de los aragoneses.

LA EMBAJADA ARAGONESA

Alfonso V comprendió todo el partido que podía sacar del concilio, y, a costa de los ingresos de la Cámara Apostólica, envió una pequeña embajada a Siena anunciando que pronto enviaría otra más solemne. La pequeña embajada constaba de un solo embajador, el caballero Guillermo de Armengol, ayudado por su secretario y notario, Guillermo de Agramunt, autor de la crónica o protocolo a que ya hemos hecho referencia. Ambos llegaron a Siena en los primeros días de noviembre de 1423. Se les habían anticipado Gonzalo de Ixar, canónigo de Valencia y protonotario apostólico, más tarde arzobispo de Tarragona; Gisberto Pardo, bachiller en decretos y futuro obispo de Segorbe; Jaime Martínez, presbítero de la diócesis de Vich y «scriba» del rey; Francisco de Manso, presbítero de la diócesis de Barcelona, que parece idéntico con Francisco Mas, presbítero barcelonés y clérigo de la capilla real; Dalmacio, canónigo de Tarragona y bachiller en decretos; el maestro Pedro de Perpiñán, estudiante de medicina en Siena; Galcerán Canori, de la diócesis de Barcelona; Campernicus, canónigo de Gerona; Francisco Darinyó; Valentín Gisberto, mercader de Barcelona, residente en Siena, y el noble Antonio de Luna. Cabe suponer que también asistiría, al menos algún tiempo, fray Andrés Ros, O.P., que tomó parte en el capítulo general de la Orden de Predicadores, celebrado en Siena, como representante de la provincia de Aragón. Ni un solo obispo o abad figura en la representación aragonesa, como tampoco en el concilio de Constanza. Entonces, el alto clero estaba con Benedicto XIII; ahora, con Martín V. De Portugal acudió únicamente el deán de Lamego, cuyo nombre no consta.

Alfonso V fue el gran culpable de la prematura disolución del concilio. En relaciones tirantes con Martín V, porque éste había prometido el feudo de Nápoles a Luis de Anjou y no a él, incluyó el concilio en sus planes de lucha contra el pontífice. La misma táctica usará en el concilio de Basilea contra Eugenio IV. La ciudad de Pavía no le gustó como sede del concilio por pertenecer a su enemigo político Filippo-María Visconti, de Milán, y no paró hasta que el concilio se trasladó a Siena. El, en cambio, rehusó complacer al papa, que estaba muy interesado en la participación conciliar de los prelados aragoneses. Tal vez temió que la oposición del clero alzase su voz en la asamblea contra el apoyo que el rey prestaba a los cismáticos de Peñíscola. Peor todavía. Desde dentro procuró sabotear la labor de los Padres, en represalia por la actitud adoptada por el pontífice en el problema napolitano. La postura del rey constituía la culminación de una serie de medidas dictadas en el curso del año 1423: nueva prohibición a los extranjeros de poseer beneficios en sus reinos; sumisión de los documentos pontificios al *placet* regio; orden a sus súbditos de abandonar la corte pontificia en un breve plazo; secuestro de todos los ingresos de la curia romana en sus Estados y elección de un antipapa en Peñíscola. Alarmado ante el rumor de una próxima disolución del concilio, escribió en todas direcciones para impedirlo (28 agosto 1423).

SABOTAJE DEL CONCILIO

Armengol presentó sus credenciales el 18 de noviembre de 1423 con un arrogante discurso en catalán, que su secretario, Agramunt, tradujo al latín para que todos lo entendieran. En él pidió que el concilio esperase la llegada de la solemne embajada aragonesa y que entretanto estuviese paralizado y no fuese disuelto. Fue admitido al concilio con ciertas limitaciones, y a la nación española, sin limitación alguna (31 diciembre 1423). Pronto adquirió un creciente influjo en la nación española y comenzó su labor de zapa en la asamblea; pero, al cabo de un mes, su táctica quedó al descubierto. Desde entonces limitó su actividad a contactos personales con los miembros del concilio y los gobernantes de Siena. Aquí también cosechó éxitos. Al menos se difundió la noticia de que los catalanes se habían unido con los franceses para quitar la obediencia al papa si éste no acudía en persona al concilio. En la cuestión de la quinta nación tomó posición contra los ingleses, negándoles el derecho de formar nación (16 febrero 1424). Sostuvo que la elección del nuevo antipapa en Peñíscola, Clemente VIII (10 junio 1423), sucesor de

Benedicto XIII, verificaba el caso previsto en el párrafo *Si vero* del decreto *Frequens* de Constanza, que prescribía la convocación de un nuevo concilio dentro de un año para juzgar la legitimidad de los dos contendientes. Por este medio buscó la deposición de Martín V y la elección de un nuevo papa favorable a los intereses napolitanos de su soberano. El 6 de febrero de 1424, Armengol hizo fijar en las puertas de la catedral de Siena el decreto *Haec sancta*. Quitado por orden de los legados, él lo repuso. Uno de los presidentes del concilio trató de quitar hierro al decreto *Frequens*, precisando que sólo podría aplicarse cuando dos o tres papas pretendiesen haber sido elegidos por cardenales verdaderos e indiscutibles de la Iglesia romana. El concilio rechazó la moción sin discutirla. La contrapropuesta de los Padres no gustó a los legados. Hubo que dar carpetazo al asunto.

Como Armengol se las ingeniaba para fomentar discordias continuas entre las naciones y entre los grupos del concilio, y, por otra parte, no había sido posible quitar peligrosidad al decreto *Frequens*, el concilio parecía abocado a la esterilidad y aun corría el riesgo de deslizarse por el radicalismo conciliarista. Por eso, los legados decidieron darle el cerrojazo. Como medida previa, en la sesión secreta de 19 de febrero de 1424, un comité restringido escogió Basilea como sede del próximo concilio. La decisión fue confirmada por los presidentes de las naciones. Contreras dio su aprobación, no como presidente de la nación española, por carecer de mandato, sino como arzobispo de Toledo y primado de España. La elección de Basilea fue el único resultado efectivo del concilio de Siena de cara al futuro. Armengol, enterado de la sesión secreta y temeroso de que se estuviese maquinando la disolución del concilio, se presentó en la capilla y, como no le abriesen la puerta, amenazó con violentarla. Entonces le dejaron entrar, tomó nota de los asistentes, se informó del objeto de la sesión y estalló en un violento discurso en catalán, que fue preciso traducir al latín. Trató de leer una protesta, y los legados iban a darle licencia cuando se opuso el arzobispo de Rouen. Armengol lo dejó fuera de combate por medio de un discurso insultante, impropio de un diplomático. El embajador discutió con todos los que quedaron y se enfureció nuevamente cuando los presidentes le dijeron que su protesta tenía sabor herético y debía ser examinada por un auditor de la Rota. Sólo la intervención de los circunstantes evitó que Armengol procediese a vías de hecho. Fue después al palacio comunal y a los locales de las naciones italiana y alemana, leyendo en cada una de ellas una protesta similar. Dos días más tarde (21 febrero) repitió la operación entre los franceses y españoles. Aquí tropezó con la resistencia del obispo de Astorga, del arcediano de Sevilla, del deán de Sigüenza y del auditor de la Rota: los *zelatores honoris papae*, en frase de Agramunt. En el mismo día, los legados respondieron a la nota de protesta, justificando al pontífice de las acusaciones de descuidar la reforma de la Iglesia y la extirpación de las herejías, así como de la de no esperar la llegada de los embajadores aragoneses, y reprochando al embajador su tenaz empeño en torpedear la reforma.

Alfonso V había difundido el rumor de la inminente disolución del concilio para sembrar la desconfianza de los Padres hacia el papa; Armengol hizo otro tanto entre los miembros del Gobierno sienés. Por su parte, la nación española se opuso a que el arzobispo de Creta, uno de los legados, continuara dirigiendo la Comisión de reforma, ya que sólo daba luz verde a proyectos de decreto que, a juicio de los españoles, eran de poca utilidad y de un valor casi nulo. Se nombraron cuatro diputados para que negociasen con los de otras naciones. Se temía la disolución del concilio, al paso que se discutían proyectos de reforma cada vez más radicales. Los extremistas de izquierda proponían la continuación del concilio aun contra la expresa voluntad del papa y la celebración del próximo concilio en el plazo de dos años en vez de siete. Los predicadores lanzaban ideas cada vez más subversivas. Ante el peligro de un cisma y de un triunfo de los radicales, los legados decidieron clausurar el concilio y huyeron clandestinamente, echando la culpa, sin nombrarlo, al embajador aragonés, que sólo pensaba en sembrar discordias entre las naciones, estorbar la publicación de los decretos de reforma ya aprobados en la Comisión y prolongar indefinidamente el concilio (7 marzo 1424). Las autoridades de Siena animaban a los Padres a continuar la actividad conciliar con la perspectiva de una probable llegada de la gran embajada aragonesa. Armengol aseguró que, en efecto, la embajada llegaría en breve (14 marzo). El consistorio cambió pronto de opinión. El 23 de marzo, Armengol trató de convencerle de que el concilio no estaba disuelto y de que la gran embajada estaba para llegar. Nadie tomó en serio sus palabras. Armengol, que tantas veces había triunfado, no se resignaba a la derrota definitiva. Tres días después, él y unos pocos fanáticos incurables acordaron celebrar sigilosamente una sesión conciliar en la catedral de Siena, mientras Armengol sondeaba en Florencia si la ciudad estaba dispuesta a acoger dentro de sus muros la continuación del concilio. Ante la respuesta negativa, tomó un barco en Pisa que le condujo a Barcelona, al paso que Agramunt volvía a Siena para comunicar a los conjurados el fracaso de sus gestiones. Entretanto, Alfonso V desplegó una intensa actividad diplomática para ganar a los príncipes europeos a su plan de continuar el concilio contra la voluntad del papa (8 abril 1424). Todavía el 20 de abril exhortó a los Padres, que ya se habían dispersado, a continuar el concilio hasta dar cima a la empresa de la reforma, prometiéndoles, una vez más, la inmediata llegada de una *solemnis ambaxiata*. Tal embajada sólo existía en la imaginación del rey, que ya no pudo ignorar por más tiempo el éxito del papa. Satisfecho de su embajador, que había atizado los conflictos existentes y la oposición conciliarista contra el papa, le recompensó espléndidamente con dinero de la Cámara Apostólica. La prematura disolución del concilio de Siena y su clamoroso fracaso se deben imputar, en gran parte, a la política sin escrúpulos de Alfonso V, secundada hábilmente por su embajador Guillermo Armengol.

La ciudad de Siena intervino en apoyo del panormitano Nicolás de Tudeschi en un asunto beneficial; pero el pontífice no sólo no quiso consentir, sino que mostró que aborrecía su nombre por lo que había trabajado en el concilio de Siena al servicio de Alfonso V. La oposición del clero aragonés contra su rey aumentó en el período posconciliar, según se vio en el concilio de Tarragona (20 agosto al 9 diciembre 1424).

Tales fueron sustancialmente las relaciones de España con el concilio de Pavía-Siena, en conjunto más negativas que positivas. Este concilio, a pesar de que en apariencia reúne todos los requisitos necesarios, no ha sido recibido por la Iglesia entre los concilios generales, debido, sin duda, a su escasa incidencia en la vida de la misma.

CAPÍTULO IV

EL CONCILIO DE BASILEA [11]

SU FISONOMÍA

Tres líneas de fuerza condujeron al concilio de Basilea: la reforma de la Iglesia, la cuestión griega y la cuestión husita. El problema de la reforma venía arrastrándose desde el concilio de Viena (1311-12), sin ser abordado nunca en profundidad. La última tentativa estéril se realizó en el concilio de Pavía-Siena. Los reformistas quedaron defraudados. Martín V trató de calmarlos mediante la iniciativa papal de una reforma, pero su bula de reforma (16 mayo 1425) defraudó a todos. El concilio se hizo inevitable. La gente se convenció de que la reforma sólo podía esperarse de un concilio.

La cuestión griega se había planteado en los concilios de Constanza y Siena, sin llegar a ningún resultado práctico. En 1430, una embajada griega se puso de acuerdo con Martín V para celebrar un concilio de unión en Italia. Por desgracia, el papa murió antes de que se reuniese el concilio.

Por último, los husitas se mostraban invencibles en los campos de batalla. En agosto de 1431 causaron un descalabro al ejército cruzado, mandado por el cardenal Cesarini. El cardenal comprendió que había que cambiar de método e invitó a los husitas a tomar parte en el concilio.

Así tenemos los tres grandes temas que ocuparán la atención del concilio de Basilea. Pero no será Martín V quien dirigirá el concilio, sino Eugenio IV, mucho menos hábil que él. La asamblea se inauguró el 23 de julio de 1431, pero la primera sesión solemne no se celebró hasta el 14 de diciembre de 1431. Cuatro días más tarde, Eugenio IV lo disolvió y trasladó a Bolonia. La batalla contra el conciliarismo quedaba planteada. Los Padres, un puñado de obispos y clérigos se declararon en rebeldía e invitaron a la cristiandad a asistir al concilio. Poco a poco

---

[11] *Monumenta conciliorum generalium sec. XV*, ed. Caesarea Academia Scientiarum (Viena-Basilea 1857-1935) 4 vols.; J. HALLER y otros, *Concilium Basiliense* (Basilea 1896-1936) 8 vols.; AENEAS SYLVIUS PICCOLOMINEUS *Opera... omnia* (Basilea 1571); ID., *De gestis concilii Basiliensis*, ed. and transl. by D. Hay and W. K. Smith (Oxford 1967); ID., *De viris aetate sua claris*, ed. J. D. MANSI, *Orationes politicae et ecclesiasticae* t.3 (Lucca 1759) p.144-213; *Pius II... a calumniis vindicatus*, ed. C. FEA (Roma 1923); J. GOÑI GAZTAMBIDE, *España y el concilio de Basilea* 54 fols.: DHEE, Suplemento (de próxima aparición); N. VALOIS, *La crise religieuse du XVᵉ siècle. Le Pape et le Concile (1418-1450)* (París 1909), 2 vols.: G. PÉROUSE, *Le cardinal Louis Aleman et la fin du Grand Schisme* (Lyón 1904); W. DECKER, *Die Politik der Kardinäle auf dem Basler Konzil:* AHC 9 (1977) 112-53.315-400.

aumentó el número de concurrentes. El papa, presionado por las potencias y abandonado por casi todos, incluso por sus cardenales, acabó por
ceder y legitimar el concilio (15 diciembre 1433). Pero la reconciliación
no fue sincera y se produjo una ruptura definitiva. Eugenio IV trasladó
el concilio a Ferrara (18 septiembre 1437). El concilio, convertido en
conciliábulo, suspendió al papa en sus funciones (24 enero 1438), lo depuso (25 junio 1439) y eligió un antipapa, Félix V (5 noviembre 1439).

Este desarrollo revolucionario fue posibilitado por la organización
nueva que se dio el concilio. La división en naciones habría favorecido
al papa. Por eso se formaron cuatro diputaciones: una para la fe, otra
para la paz; la tercera, para la reforma, y la cuarta, para asuntos generales. Cada individuo que llegaba a Basilea era incorporado a una diputación, y mediante ella se hacía miembro del concilio. Cada diputación
debía tener una representación igual de las naciones y de los eclesiásticos de toda dignidad. A cada individuo se le dio el mismo poder. El
voto de un sastre valía igual que el de un cardenal. Y como había
mayoría de franceses (un 45 por 100) y de alemanes conciliaristas, por
este sistema quedaba asegurado el triunfo del concilio sobre el papa.
Las naciones, aun sin existencia oficial, ejercieron un gran influjo en la
marcha del concilio. Eran cuatro: Italia, Francia, Alemania y España.
Los ingleses intentaron ser reconocidos como quinta nación, pero el
concilio se abstuvo de pronunciarse. Para coordinar el trabajo de las
diputaciones se creó un comité de doce miembros, que se renovaba
mensualmente. Poco a poco, el concilio se transformó en una asamblea
soberana y fue concentrando todos los poderes: legislativo, judicial y
administrativo. En el concilio de Basilea aparece un poder nuevo: los
doctores. La invasión de graduados presta su fisonomía característica a
Basilea. Es el último concilio en que los universitarios desempeñan un
papel preponderante y de primer plano. Entre ellos, los juristas predominaron sobre los teólogos. Los obispos estuvieron siempre en minoría [12].

A la invitación dirigida por el concilio para acudir a Basilea, cada
uno de los tres reinos españoles reaccionó de distinta manera. Por eso
conviene proceder por separado.

[12] P. LAZARUS, *Das Basler Konzil; seine Berufung und Leitung, seine Gliederung und seine Behördenorganisation* (Berlín 1912); M. LEHMANN, *Die Mitglieder des Basler Konzils* (Viena 1945) (dis. inédita); L. BILDERBACK, *The membership of the council of Basle* (Wáshington 1966) (dis. inédita); ID., *Proctorial representation and conciliar support at the council of Basle:* AHC 1 (1969) 140-52.

A) Castilla [13]

Juan II (1406-54), dejándose llevar de la corriente, aceptó la invitación y envió como procurador suyo al dominico Juan de Torquemada, el primer teólogo de su tiempo, que se incorporó al concilio el 30 de agosto de 1432. En un principio, Torquemada compartió la prevención de los basilienses contra Eugenio IV; pero pronto reaccionó a favor del papa y comenzó a defender sus prerrogativas (7 diciembre 1432). Durante la primera fase de rebeldía conciliar, Juan II, atraído por fuerzas opuestas, se mantuvo a la expectativa en una actitud neutral. Sólo cuando se reconciliaron el papa y el concilio quedó despejado el camino de Basilea.

Castilla organizó una brillante embajada (15 abril 1434), cuyos principales miembros eran Alvaro de Isorna, obispo de Cuenca y oidor del Consejo Real, jefe de la embajada, aunque el protonotario Alfonso Carrillo ocupó este puesto algún tiempo, al menos nominalmente; Juan de Silva, alférez mayor de Castilla y notario mayor del reino de Toledo; Alfonso García de Santa María, alias de Cartagena, doctor en leyes, deán de Santiago, referendario y consejero del rey, promovido al obispado de Burgos en 1435 durante su estancia en Basilea; el doctor Luis Alvarez de Paz, oidor real, que pasó pronto a la corte de Eugenio IV como agente de Castilla, de donde regresó a España en el otoño de 1436; fray Lope de Galdo, maestro en teología y provincial de los dominicos; su hermano de hábito Juan del Corral, maestro en teología, y Juan González de la Maina, maestrescuela de Sigüenza y secretario del monarca. En esta ocasión predominaron, con mucho, los salmantinos: Isorna, Cartagena, Paz, Silva, Galdo, Corral y Torquemada.

A ellos se agregaron unos treinta procuradores de cabildos, órdenes religiosas, Ordenes Militares, monasterios y obispos. Gonzalo García de Santa María, obispo de Plasencia, se hallaba allí en representación de la provincia eclesiástica de Compostela. Más tarde (enero 1436), él y Gutierre de Sandoval, caballero y miembro de la guardia personal del rey, fueron incorporados a la embajada real. En la primavera de 1439 intervino en los debates sobre las ocho «verdades» Bartolomé de Pelegrín, O.F.M., obispo de Hebrón, teólogo conciliarista, notable por su ciencia y elocuencia, «embajador del rey de Castilla». En total asistieron unos 130 castellanos, la mayor parte de los cuales llegaron a Basilea en 1433-34. En la segunda fase del concilio (1437-42) sólo se registra una docena de incorporaciones castellanas.

[13] V. Beltrán de Heredia, *Cartulario de la Universidad de Salamanca* t.1 p.286-99.314-409 y 474-516; Id., *Bulario* t.2 p.343-535; L. Suárez Fernández, *Castilla, el cisma y la crisis conciliar* 107-41 y 332-438; L. Serrano, *Los conversos don Pablo de Santa María y don Alfonso de Cartagena* (Madrid 1942) 134-58; E. Meuthen, *Juan González de Sevilla, Bischof von Cádiz, auf dem Basler Konzil:* AHC 8 (1976) 250-93.

DESERCIÓN DE CARDENALES Y CURIALES

Entretanto, los cardenales y los curiales tuvieron que escoger entre el papa y el concilio. Los dos cardenales castellanos desertaron pronto de las filas pontificias. Alfonso Carrillo, en lugar de predicar la cruzada en España como legado pontificio, aceptó el título de legado en Aviñón que le dio la asamblea, ocupó aquellos territorios y expulsó de Aviñón a su gobernador, sobrino del papa. Eugenio IV le privó del rico obispado de Sigüenza. Carrillo, a su vez, fue expulsado de Aviñón por el cardenal Pedro de Foix, legado pontificio. Incorporado al concilio (9 febrero 1433), maquinó muchas cosas contra el papa, muriendo en Basilea un año más tarde (14 marzo 1434). Es el único personaje a quien Juan de Segovia dedica un artículo necrológico en su historia del concilio, valorando sus méritos y su personalidad. Las crónicas castellanas hacen otro tanto.

El cardenal Cervantes, maestro en teología, que en el concilio de Siena se había distinguido como «celador del honor del papa», adoptó una postura vacilante. Se negó a firmar la bula de disolución del concilio por creer que el papa se excedía en sus atribuciones. Escapó de Roma so pretexto de tomar baños y llegó a Basilea el 21 de noviembre de 1432. Allí, en un principio, se caracterizó por su animosidad hacia Eugenio IV, dando la sensación de ser un conciliarista convencido. Entonces era tenido por una de las columnas del concilio. Desempeñó el importante cargo de juez de la fe. Enviado en misión a Florencia, abrazó la causa del papa. Vuelto a Basilea en calidad de legado *a latere*, tomó parte activa en los trabajos del concilio, se enemistó con Eugenio IV cuando le quitó la iglesia de Avila, defendió con coraje el punto de vista de la minoría (es decir, del papa) en la cuestión del lugar del futuro concilio de unión, pero se negó a acompañar al cardenal Cesarini en su alejamiento definitivo de Basilea. No se dejó ver en el concilio de Ferrara-Florencia. En 1443, Eneas Silvio Piccolomini alaba su imparcialidad. No era amigo ni de la curia romana ni del concilio de Basilea, y en ambas partes halló la manera de fugarse.

Entre los numerosos curiales que se pasaron al enemigo por miedo de perder su puesto, destaca el doctor Juan González de Sevilla, antiguo catedrático de Salamanca, a la sazón obispo de Cádiz y auditor de la Rota. Su incorporación al concilio (19 septiembre 1433) duró dos años, tomando parte activa como juez y defendiendo la superioridad del concilio sobre el papa; pero, cuando la asamblea trató de privar al papa de las anatas, se opuso a su total supresión, admitiendo que se moderasen en lo que tuviesen de abusivo. En 1435 volvió a la corte pontificia, instalada en Florencia, y de allí se dirigió a España.

En medio de estas deserciones brilla la noble figura de Juan Alfonso Mella, quien permaneció siempre fiel a Eugenio IV y le sirvió en tres embajadas: dos ante el concilio y la tercera ante Juan II de Castilla. Cuando el papa huyó de Roma disfrazado en una barca, le acompañó Juan de Mella. Desde la primera sesión frecuentó el concilio de Ferrara-Florencia.

CUESTIÓN DE PRECEDENCIA [14]

La embajada oficial castellana fue recibida por el concilio el 2 de septiembre de 1434, pero rehusó participar en las tareas conciliares hasta que se les concediese la preferencia sobre los ingleses. Esta mezquina querella absorbió al atención de los padres durante varios días y obstaculizó el normal desenvolvimiento del concilio. Invitados por la asamblea, los ingleses expusieron sus argumentos. El 14 del mismo mes habló, en nombre de Castilla, el orador más elocuente de la embajada: Alfonso de Cartagena, exponiendo la superioridad de Castilla sobre Inglaterra. El discurso fue decisivo. Desde este momento, Cartagena se convirtió en la figura clave de la representación castellana, formando parte de cuantas comisiones se nombraban. Las diputaciones de la fe y de la paz votaron a favor de la precedencia de Castilla. Esperando que sus pretensiones fueran reconocidas por todo el concilio, los castellanos se incorporaron a las tareas comunes (22 octubre 1434). Sin embargo, como el litigio no se había zanjado, se renovaron las discusiones. Creyendo que el puesto ocupado por los ingleses era de más categoría, los castellanos reclamaron, y, una vez agotados los demás recursos, se tomaron la justicia por su mano. Los actos de fuerza no resolvieron nada. Repitiéronse nuevamente las disputas, las maniobras y las sesiones tumultuosas. El concilio se hallaba casi paralizado. Por fin, la asamblea revocó sus acuerdos, dejando a salvo el derecho de cada uno. Los castellanos se apresuraron a colocarse en el banco de la izquierda, inmediatamente después de los franceses. El concilio les reconoció oficialmente este disputado puesto de honor el 28 de julio de 1436 con carácter perpetuo, con lo que se dio por terminada la causa. La embajada castellana no cabía en sí de satisfacción, pero en este momento no quedaba en Basilea casi ningún miembro de la delegación inglesa. En adelante, los castellanos volvieron a colaborar en las tareas conciliares. A ellos se debe una compilación importante para la historia del concilio, el registro K 1711.ª de los Archives Nationales de París, restituido hace unos años al Archivo General de Simancas.

ACTIVIDADES DE LA EMBAJADA CASTELLANA

En el período que va desde la reconciliación hasta la ruptura definitiva entre el papa y el concilio, se sitúa la actividad principal de la embajada castellana, que presenta dos vertientes: asuntos propios y asuntos comunes. El 30 de junio de 1436, los castellanos solicitaron el nombramiento de una comisión especial que tratase de resolver los problemas eclesiásticos de Castilla. Unos eran transitorios, planteados a raíz de la

[14] V. BELTRÁN DE HEREDIA, *La embajada de Castilla en el concilio de Basilea y su discusión con los ingleses acerca de la precedencia:* Hispania Sacra 10 (1975) 5-31; R. FERNÁNDEZ POUSA, *La preeminencia de España sobre Inglaterra en Basilea:* Anuario de Historia del Derecho Español 13 (1936) 406-408; A. N. E. D. SCHOFIELD, *England and the council of Basel:* AHC 5 (1973) 1-117.

reciente guerra contra Aragón en las diócesis que tenían su territorio repartido en los dos reinos, como Cartagena, Tarazona y Pamplona; otros eran viejos y recogían las quejas que se repetían monótonamente en los cuadernos de cortes. No se trataba de un plan de reforma en profundidad de la iglesia castellana, sino de puntos periféricos y superficiales. La respuesta del concilio fue decepcionante. El concilio de Basilea fue testigo de un doble conflicto entre la delegación castellana y la portuguesa en torno al dominio del Africa y de las islas Canarias, que se disputaban los dos reinos. Alfonso de Cartagena defendió los derechos de Castilla (9 mayo 1438). El concilio se guardó de pronunciarse en favor de uno u otro contendiente en lo tocante a la conquista de Africa.

Por lo que toca a la colaboración de los embajadores castellanos en los asuntos comunes, el más activo fue Alfonso de Cartagena. En septiembre de 1435 se opuso en vano a que se privase al papa de las anatas y defendió muchas veces, pública y privadamente, la causa de Eugenio IV, a pesar de sus simpatías personales por las ideas conciliaristas. Los «furiosos» redoblaron sus ataques contra el papa en 1436. La principal actividad de la asamblea se centró en el despojo de las prerrogativas pontificias y en la humillación del pontificado; pero esta política obligó al papa a reemprender la lucha hasta conseguir la victoria. Su situación política y eclesiástica había comenzado a mejorar desde 1434, y esta tendencia se acentuó a lo largo del siguiente año. El concilio comenzaba a declinar, al paso que ascendía la fortuna de Eugenio IV. Cuanto más intransigentes se mostraban los basilienses, tanto más se robustecía su posición ante los príncipes, que temían la renovación del cisma en provecho de Francia. Eugenio IV procuró siempre tener contento a Juan II y atraérselo a su órbita. No solamente se esforzó por complacerle en materia beneficial, sino que tuvo con él varias atenciones, como concederle la rosa de oro en 1435. A principios de 1436 estuvo a punto de firmar una liga con él.

CASTILLA ANTE EL TRASLADO DEL CONCILIO

El asunto de la unión de los griegos vino a favorecerle de una manera inesperada. El imperio bizantino se hallaba a dos dedos del aniquilamiento en manos de los turcos. Si había de sobrevivir, necesitaba el apoyo del Occidente. Por eso, los griegos trataron de unirse a la Iglesia católica. Para llegar a la unión era preciso celebrar un concilio. ¿Dónde? La cuestión del lugar dividió a los de Basilea. El partido radical deseaba que las negociaciones se organizasen en Basilea o Aviñón, ciudades detestadas tanto por los griegos como por el papa. La minoría, dirigida ahora por el cardenal Cesarini, defendió con gran energía la elección de Florencia, Udine u otra ciudad italiana accesible al papa y a los orientales. Hubo discusiones muy vivas y sesiones tumultuosas entre ambos partidos. El grupo castellano, con el cardenal Cervantes a la cabeza, defendió, directa o indirectamente, el punto de vista pontificio. Cuando el 5 de diciembre de 1436 se votó para determinar el lugar, Arévalo eligió Aviñón, Ginebra o Florencia. Por tanto, no con la mayoría, sino neutral entre los dos partidos. Torquemada y Cervantes se inclinaron por Florencia o Udine. El resultado de esta votación sólo sirvió para intensificar la discordia. El 12 de abril de 1437, Cervantes lanzó una idea audaz, que el partido pontificio hizo suya, a saber, que en toda comunidad, cuando la mayoría falta a su deber, pertenece a la minoría poner remedio. La emoción fue extrema. Si no se vino a las manos, se intercambiaron atroces insultos. La batalla decisiva se libró el 7 de mayo de 1437 en una sesión tumultuosa que duró diecisiete horas. En ella, Cervantes intentó, en vano, un arreglo *in extremis*, negociando directamente con el cardenal Alemán, jefe de los radicales. El decreto de la mayoría recogió 375 sufragios, y el de la minoría, 55; pero ésta se proclamó la *sanior pars* y pretendió sellar su propio documento. Se nombró una comisión de tres miembros, integrada por un representante de cada partido y un neutral: Cervantes, por la minoría; el Panormitano, por la mayoría, y Alfonso de Cartagena, como neutral. Este zanjó el problema en favor de la mayoría, incurriendo en las iras del pontífice (14 de mayo de 1437). No obstante, Eugenio IV se inclinó a favor del decreto minoritario, confirmando la elección de Florencia, Udine u otro lugar italiano para la celebración del concilio de la unión. Eugenio IV, aun antes de conocer la decisión de los griegos, trasladó el concilio de Basilea a Ferrara (18 septiembre 1437). Los príncipes fueron invitados a retirar sus embajadas de Basilea y a enviarlas a la nueva sede conciliar.

Tanto el concilio como el papa trataron de ganarse la adhesión de Juan II. El pobre rey, cogido entre dos fuegos, no encontró mejor solución que dar largas al asunto, sin comprometerse con ninguno de los bandos contendientes, esperando, sin duda, las órdenes de Carlos VII de Francia. La embajada castellana en Basilea, más resuelta que su rey, batalló enérgicamente, primero, para impedir la suspensión y, más tarde, la deposición del papa. El 28 de marzo de 1438 iban a retirarse de Basilea a la vista del inminente cisma, cuando el día anterior recibieron una carta de su rey, que les mandaba continuar en el puesto, soñando, tal vez, con una reconciliación imposible o por lo menos con que la presencia castellana sirviese de freno para evitar lo inevitable. Juan II, fiel a su alianza con Francia, secundaba dócil y hasta servilmente la política de Carlos VII, el cual se aprovechó del conflicto para proclamar las libertades galicanas a expensas de las prerrogativas pontificias. No obstante, los castellanos continuaron oponiéndose a que se llevase adelante el proceso contra Eugenio IV.

INICIATIVAS CASTELLANAS

Juan II comenzó a tomar alguna iniciativa. Escribió a Carlos VII quejándose de la actitud del concilio y trató de mediar en el conflicto, escribiendo tanto al concilio como al papa que suspendieran las hostilidades. Es el momento en que Alberto II sucede a Segismundo en el trono imperial de Alemania. La embajada castellana vio en este acontecimiento una última posibilidad de evitar el cisma. Por eso, no contenta con escribirle que ahogase el cisma antes de nacer y con secundar las iniciativas conciliadoras de Francia, destacó a don Alfonso de Cartagena, a su secretario Rodrigo Sánchez de Arévalo y al teólogo Torquemada a la corte imperial, donde permanecieron varios meses. El resultado fue decepcionante, aunque no enteramente nulo. De los contactos diplomáticos salió un plan de arreglo común de Francia, Alemania, Portugal y Castilla (14 enero 1439). Además, Alfonso de Cartagena logró que los reyes de Alemania y de Polonia ajustaran una tregua. Por otra parte, los discursos de Torquemada en las dietas de Nürenberg y Maguncia contribuyeron a esclarecer la doctrina del primado y de la infalibilidad pontificia. Por primera vez, el conciliarismo fue refutado abierta y sistemáticamente por un teólogo, y esto ocho meses antes de la definición de la plena potestad del papa en el concilio de Florencia. El 10 de abril de 1439, Alfonso de Cartagena informó a los Padres de Basilea de sus gestiones por tierras del imperio. Fue una de sus últimas intervenciones en el concilio. Antes de que el papa fuera depuesto, los embajadores castellanos, para declinar toda responsabilidad, se retiraron a Estrasburgo, donde se hallaban el 29 de julio de 1439. De allí regresaron a España.

No todos los castellanos imitaron su ejemplo. Segovia quedó en Basilea hasta el fin del conciliábulo. Carrillo, que vino a España en agosto de 1435, fue creado cardenal por el antipapa Félix V, pero no aceptó. Félix V debió de contar con algunos partidarios en Castilla, puesto que Eugenio IV mandó perseguirlos. En la liquidación del cisma intervinieron Alfonso de Bresiano, delegado de Castilla, y Juan de Segura, deán de Toledo y nuncio pontificio. Eugenio IV agradeció a Juan II el apoyo que le prestó cuando más lo necesitaba; sobre todo, la carta que escribió en su favor a Carlos VII. Asimismo dio las gracias a la Universidad de Salamanca por haber desautorizado el proceder de su procurador Juan de Segovia. Tanto el rey como la Universidad pudieron hacer mucho más por la causa pontificia. A Juan II le faltó decisión, y a la Universidad, claridad de ideas eclesiológicas. Tanto más meritoria se presenta la actividad desplegada por Juan de Torquemada en defensa del primado.

TORQUEMADA Y SEGOVIA

Torquemada (1388-1468) combatió el conciliarismo en el momento más desfavorable para el pontificado, sobre todo con sus intervenciones sobre las reservas (6-6-1433) y la presidencia del concilio (22-2-1434). Después continuó defendiendo incansablemente el primado pontificio en trabajos que, ampliados, se convertirán en su famosa *Summa de Ecclesia* (1453), en la que expone su eclesiología de signo papalista y pulveri za el conciliarismo. Además, tomó parte en otros debates importantes tanto disciplinares como doctrinales. Se trasladó a Ferrara (27-1-1438), desempeñó varias embajadas y se convirtió en uno de los teólogos de primera categoría del concilio de Ferrara-Florencia. En el terreno diplomático le superó Juan de Carvajal, quien, con una ardiente fidelidad al papa, trabajó infatigablemente por el triunfo de la causa pontificia [15].

Juan de Segovia constituye el reverso de la medalla por su fidelidad a las ideas conciliaristas. Participó en el concilio de Basilea como representante único de la Universidad más prestigiosa de España: la de Salamanca, y desplegó una actividad desbordante. Pronto destacó por el radicalismo de sus ideas. En la primavera de 1434 se opuso a la admisión de los presidentes del concilio, nombrados por el papa, para disipar la idea de que el papa está por encima del concilio, y sobre ello redactó un tratado teológico, impreso recientemente. En el verano del mismo año acompañó al cardenal Cervantes, de quien era familiar, en su viaje a la corte pontificia con fines conciliadores, y, como él, se dejó influenciar por el ambiente papalista. Como teólogo, tuvo una parte notable en la dogmatización de la doctrina de la Inmaculada, estudió el problema de la comunión bajo ambas especies, crucial en la doctrina husita, y la procesión del Espíritu Santo, eje del cisma griego. Los años 1436-39 marcan el apogeo de su dinamismo y de su actividad conciliar, en que desempeña los cargos de colador de los beneficios, penitenciario, datario, relator en el proceso contra Eugenio IV, embajador, etc. A partir de 1439 comienza a aparecer en el primer plano en el conflicto entre Basilea y el papa. Los conciliaristas le escuchaban ávidos como a uno de los suyos. No se contentó con la deposición de Eugenio ni con la justificación teológica de esta medida. Exigió que todos los príncipes utilizaran las armas contra él. Fue uno de los triunviros que organizó el conclave, mereciendo un encendido elogio del cardenal Alemán. Félix V lo promovió al cardenalato, dignidad que no le fue reconocida por Nicolás V. Asistió a las dietas alemanas para combatir la neutralidad y defender la causa del concilio. Su producción literaria, integrada por 81 títulos, culminó en la *Historia gestorum generalis synodi Basiliensis,* una de las fuentes más ricas y seguras de aquel concilio. Dotado de una gran capacidad de trabajo, de una ciencia teológica inmensa y de un talento retórico incomparable, careció de olfato teológico. Fue un sabio de gabinete, incapaz de leer los signos de los tiempos. Al morir, agradecido a la Universidad de Salamanca, a la que lo debía todo, le dejó su única riqueza: su biblioteca [16]. Mantuvo correspondencia con Nicolás de Cusa y con otros

---

[15] V. Beltrán de Heredia, *Noticias y documentos para la biografía del cardenal Juan de Torquemada:* Archivum Fratrum Praedicatorum 30 (1960) 53-148.

[16] Id., *Cartulario* t.1 p.362-73; U. Fromherz, *Johannes von Segovia als Geschichtsschreiber des Konzils von Basel* (Basilea 1960); H. Diener, *Zur Persönlichkeit des J. de Segovia:* Quellen u. Forschungen aus italienischen Archiven u. Bibl. 44 (1964) 289-363; B. Hernández, *Obras de Juan de Segovia:* Repertorio de historia de las ciencias ecles. en España 6 (1977) 267-347; K. Utz, *Zur Chronologie der kirchenpolitischen Traktate des J. von Segovia:* AHC 9 (1977) 302-14; J. González, *El maestro J. de Segovia y su biblioteca* (Madrid 1944); D. Cabanelas, *Juan de Segovia y el problema islámico* (Madrid 1952); G. Vera-Fajardo, *La eclesiología de Juan de Segovia en la crisis conciliar* (Vitoria 1968).

sabios. En este punto fue, tal vez, superado por Alfonso de Cartagena, el primer humanista español. Cartagena puso en romance varios escritos de Cicerón, Séneca y Quinto Curcio. En Basilea contrajo amistad con Eneas Silvio Piccolomini, sostuvo una polémica con Leonardo Bruni, entabló relaciones con otros humanistas y mandó hacer copias de documentos de los varios concilios de Toledo. Por recomendación suya, Pier Candido Decembrio tradujo parcialmente la *Ilíada* para Juan II de Castilla. Poggio Bracciolini no sólo continuó intercambiando cartas con Dalmacio de Mur, arzobispo de Zaragoza, sino también con Alfonso de Cartagena, obispo de Burgos, y con Juan de Mella, obispo de Zamora y cardenal [17]. Así, el concilio de Basilea promovió la difusión de la cultura humanista en España y estimuló el desarrollo de los estudios.

B) Aragón [18]

DESERCIÓN DE LOS CARDENALES ARAGONESES

Las relaciones de Alfonso V con el concilio estuvieron siempre condicionadas por el asunto de la sucesión de Nápoles. En su política conciliar, el rey sólo persiguió un objetivo: la investidura del reino napolitano. Para conseguirlo no vaciló en recurrir a todos los medios, sin excluir el cisma. El concilio quedó reducido a un simple instrumento de sus ambiciones territoriales.

Luego de su ascensión al trono pontificio comenzó a asediar a Eugenio IV con embajadas, solicitando que el papa le despachase la bula de investidura y procurase que la reina Juana II lo adoptase de nuevo como hijo y heredero. Por su parte, el monarca se comprometía a firmar cualquier liga con el papa. De momento, el pontífice, fiel a la política tradicional de la Santa Sede, favorable a los Anjou, no hizo aprecio de tales ofertas. Pero el ambiente conciliar se iba enrareciendo aprisa, y la posición del papa se debilitaba en su propia corte. Dalmacio de Mur, arzobispo de Zaragoza, rechazó las intimaciones del concilio, pero en el

[17] O. DI CAMILLO, *El Humanismo castellano del siglo XV* (Valencia 1976); A. SORIA, *Los humanistas de la corte de Alfonso el Magnánimo* (Granada 1956); K. KOHUT, *Der Beitrag der Theologie zum Literaturbegriff in der Zeit Juans II. von Castilien. Alonso de Cartagena (1384-1456) u. Alonso de Madrigal, genannt El Tostado (1400-1455):* Romanische Forschungen 89 (1977) 183-226; A. BIRKENMAJER, *Der Streit des Alonso de Cartagena mit Leonardo Bruni Aretino:* Beiträge zur Geschichte der Philosophie des Mittelalters. Texte und Untersuchungen 20 (1922) Heft 5 p.129-210.
[18] J. AMETLLER Y VINYAS, *Alfonso V de Aragón en Italia y la crisis religiosa del siglo XV* (Gerona-San Feliu de Guíxols 1903-28) 3 vols.; W. KÜCHLER, *Alfons V. von Aragon u. das Basler Konzil:* Spanische Forschungen 23 (1967) 131-46; M. FOIS, *Il pensiero cristiano di Lorenzo Valla* (Roma 1969) 178-81 y 296-350; E. PREISWERK, *Der Einfluss Aragons auf den Prozess des Basler Konzils gegen Papst Eugen IV.* (Basilea 1902); J. SCHWEIZER, *Nikolaus de' Tudeschis...Seine Tätigkeit am Basler Konzil* (Estrasburgo 1924); K. N. NÖRR, *Kirche und Konzil bei N. de Tudeschis, Panormitanus* (Köln-Graz 1964); P. FALCONE, *Lodovico Pontano e la sua attività al concilio di Basilea* (Espoleto 1934); T. KÄPPELLI, *Scriptores O.P. Medü Aevi* t.2 (Roma 1975) p.396-97; J. I. v. DÖLLININGER, *Beiträge zur politischen, kirchlichen und Culturgeschichte der sechs letzten Jahrhunderte* t.2 (Regensburg 1863) 403-41.

sacro colegio desertaron los dos cardenales aragoneses: Ram y Casanova.

Domingo Ram, que había venido a España a restablecer la paz, expresó su adhesión al concilio por medio de un procurador, que se incorporó a la asamblea el 22 de agosto de 1432. No destacó en Basilea ni residió allí mucho tiempo. En 1436-37 aparece en buenas relaciones con Eugenio IV. Fue el único cardenal que regresó a Basilea y se reincorporó en la segunda etapa del concilio. En 1439, Alfonso V lo acreditó como embajador suyo ante el concilio. En él, siguiendo las consignas de su soberano, se opuso enérgicamente a la deposición del papa. Murió en Roma (25 abril 1445), dejando una colección de documentos sobre el gran conflicto religioso que le tocó vivir (París, Bibl. Nat., ms. Latin 1511).

El cardenal Juan de Casanova, O.P., fue el último en abandonar al papa y el primero en volver a él. Dirigió a Eugenio IV un memorial muy duro, acusándole de andar esquivando las reformas por miedo a experimentar perjuicios materiales y conminándole a revocar el decreto de disolución del concilio bajo pena de pecado mortal; pero no se movió de Roma hasta el 11 de julio de 1433, en que huyó de noche disfrazado. En Génova, arrepentido, cambió de rumbo y se encaminó a la ciudad de Aviñón, donde esperaba recobrar la gracia del papa por mediación del cardenal Pedro de Foix. Nunca llegó a pisar la ciudad de Basilea. Se juntó con el papa en Pisa (12-6-1434) y fue el único cardenal que le acompañó en su solemne entrada en Florencia. Para borrar el mal sabor de boca de su memorial, compuso un tratado en defensa de la supremacía pontificia, aunque su paternidad no es segura. Murió en Florencia el 1.º de marzo de 1436.

DOBLE JUEGO DE ALFONSO V

El empeoramiento de su situación movió al papa a buscar la alianza de Alfonso V, pero éste exigía, ante todo, la investidura de Nápoles. Al mismo tiempo trató de intimidar al papa por dos medios: buscando la alianza del duque de Milán y ejerciendo presión desde Basilea, adonde destinó como procurador suyo a su limosnero fray Bernardo Serra, cisterciense, maestro en teología, el cual se incorporó al concilio a principios de 1433. El doble juego iniciado ahora por Alfonso V entre Basilea y la corte papal duró cerca de once años, hasta que por fin salió con la suya.

En 1433, Alfonso V logró de la voluble doña Juana que revocase la adopción del duque de Anjou y de nuevo lo adoptase a él, como en 1420. Pero Eugenio IV ni aun entonces quiso concederle la investidura. Al contrario, se alió con el partido angevino para desbaratar los planes del aragonés. Este le pagó con la misma moneda. Determinó aliarse con el emperador y prestar su apoyo al concilio de Basilea por medio del envío de una embajada, encabezada por Alfonso de Borja, obispo de

Valencia, y por medio de una representación del clero de su reino. Y como en el concilio se comenzaba a tratar de la deposición de Eugenio IV y de la creación de un nuevo papa, el monarca tenía su lista de candidatos, que eran, en orden descendente, Foix, Casanova y Albergati.

El rey estaba descontento del papa y se hallaba dispuesto a cooperar de buen grado a su destitución si el concilio le concedía previamente la infeudación del reino y un subsidio para su conquista. Ante la noticia de que el emperador iba a enviar al concilio una embajada favorable al papa, urgía la ida del cardenal Ram, de los embajadores reales, de la representación del clero y del cardenal Casanova. Y como Juan de Palomar gozaba de gran predicamento en el concilio y en el círculo de cardenales amigos de Aragón, procuró atraérselo a su causa. Asimismo, procuró captarse a Nicolás de Tudeschi, el mejor canonista de su tiempo, mediante la corrupción, separándolo del servicio de Eugenio IV. Así, el rey previó a sangre fría la eventualidad de un cisma y recurrió a la corrupción para formar su embajada con las figuras de más relevante prestigio, debilitando, a la vez, el partido eugeniano. Pero en el último minuto dio marcha atrás y no permitió que sus embajadores partiesen para el concilio.

Ante la pasividad e indecisión del rey, los basilienses le enviaron una embajada pidiéndole que destinase al concilio embajadores solemnes, que obligase al clero de sus Estados a concurrir al concilio, que hiciese otro tanto con el clero de Sicilia y con los cardenales Ram y Casanova y que permitiese imponer tributos eclesiásticos en sus Estados en favor del concilio. La contestación a las tres primeras peticiones fue favorable. En cuanto a la última, la Cámara Apostólica le debía 150.000 florines, que él pensaba cobrárselos mediante alguna colecta (23 abril 1434). Al comunicar estas noticias a Bernardo Serra, el rey añadía que las embajadas de Sicilia, la suya y la del clero irían acto continuo. Todas ellas entrarían juntas en Basilea para causar mayor impresión. El monarca conocía una cédula de Martín V, signada por todos los cardenales, sobre creación de nuevos purpurados, en la cual se fundamentaba la duda acerca de la validez del papa Eugenio IV; el rey no dejó escapar la ocasión para dirigir al papa una velada amenaza de impugnar la validez de su elección. De ahí el sumo interés que mostraba por saber si se llevaba adelante el asunto de la deposición del pontífice. Si el monarca no llegase a un acuerdo satisfactorio con Eugenio IV, estaba dispuesto a colaborar con el concilio en su deposición, haciéndole pagar a buen precio cualquier paso que diese (6 junio 1434).

Entretanto, Eugenio IV había tenido que huir de Roma clandestinamente (4-5 junio 1434), instalándose en Florencia. Alfonso V, sin prisa excesiva, le expresó su condolencia, lamentándose de que el pontífice no le hubiera pedido socorro, brindándole asilo dentro de sus Estados y poniendo a su disposición su persona y sus reinos. El papa se contentaba con algo menos: con que dejase ir a su corte a los cardenales Ram y Casanova, a lo que se negó el rey. Los embajadores debían informar al papa cómo él había rechazado la petición del concilio sobre impuestos eclesiásticos para que el pontífice no experimentase perjuicios. Según cartas que acababa de recibir, la embajada estaba a punto de ponerse en camino, lo mismo que los embajadores de las provincias eclesiásticas de Zaragoza y Tarragona.

Poco después, los derechos de la casa de Anjou, por muerte de Luis III de Anjou (15 noviembre 1434), recayeron en su hermano Renato, que se encontraba prisionero del duque de Borgoña. El rey hizo gran instancia para confederarse con el papa. En vista de la reserva de Eugenio IV, el rey permanecía en su indiferencia, no declarándose ni por el papa ni por el concilio. Muerta la reina de Nápoles (2 febrero 1435), dejando como heredero a Renato de Anjou, después de haber revocado por segunda vez la adopción de Alfonso V, éste comprendió que había llegado el momento de hacer la opción definitiva. Pidió al papa la investidura de Nápoles y le propuso una liga con venecianos y florentinos. Si el papa la rechazase, enviaría una notable y poderosa embajada al concilio. Las probabilidades de éxito de esta negociación eran mínimas. El rey conocía de sobra los planes del papa sobre Nápoles. Por eso, al mismo tiempo intentó aliarse con el duque de Milán, enemigo irreductible del papa. Pero, si esperaba que el duque le iba a ayudar, se equivocó. Nadie le opuso mayor resistencia.

Las negociaciones con el papa fueron largas. Para asegurar el éxito, el rey ofreció al papa cien mil ducados por la investidura, y dinero y beneficios eclesiásticos a los personajes más influyentes de la curia. Las negociaciones quedaron bruscamente rotas al caer el rey prisionero del duque de Milán en la batalla de Ponza (5 agosto 1435). Roma y Venecia experimentaron un verdadero sobresalto, temiendo que el duque de Milán se hiciese dueño de toda Italia. Tanto el papa como el concilio se interesaron por su liberación. Inesperadamente, el duque puso pronto en libertad a don Alfonso, tras la firma de una liga estrechísima entre ambos y un pacto secreto: el duque le daba luz verde para conquistar el reino de Nápoles y se comprometía a ayudarle. Como réplica, el papa, el duque de Anjou y Venecia firmaron una contraliga. Eugenio IV tomó por propia la empresa de resistir al rey en la conquista del reino y aun de hacer la guerra al rey y a sus parciales. El 23 de febrero de 1436, Eugenio IV concedió la infeudación de Nápoles a Renato de Anjou, si bien confió la guarda de la bula de investidura a Cosme de Médicis.

REPRESALIAS DE ALFONSO V

Ante esta actitud del papa, la política alfonsina dio un viraje. Su plan consistía en dañar al papa todo lo posible en lo temporal y en lo espiritual. En lo temporal trató de quitarle la ciudad de Roma. En lo espiritual envió nuevamente a Serra al concilio para que intrigase contra el papa. Llamó a los juristas más eminentes de sus reinos y les ordenó que se preparasen para ir a Basilea como embajadores suyos. Mandó al clero de sus Estados acudir al concilio. Ordenó a sus numerosos súbditos que abandonasen inmediatamente la corte pontificia y se trasladasen a Basilea. Y, por último, dispuso la retirada de su embajador acreditado ante la Santa Sede (23 marzo 1436). Su designio era claro: Alfonso V pretendía disponer en el concilio de una amplia representación que le permitiese ejercer sobre el papa una presión tan fuerte como la de Francia. Por falta de ella, la diplomacia aragonesa se había batido en condiciones de inferioridad. En adelante, Alfonso V explotaría el concilio para sus fines políticos.

Las anteriores medidas hirieron en lo vivo a Eugenio IV. La salida de la corte pontificia de los súbditos de la Corona de Aragón le fue particularmente sensible. Ningún príncipe había dado un paso semejante. El papa pretendía que el rey, jurídicamente, no podía dictar tal disposición, y le pidió que la revocara. El monarca justificó su proceder por medio de una larga respuesta, atiborrada de citas canónicas y de impertinencias insultantes, redactada, sin duda, por Tudeschi. Por entonces dio otra hiriente lección al pontífice.

El envío de la embajada parecía que esta vez iba en serio. El 8 de marzo de 1436, Alfonso V escribió al concilio anunciándole la pronta llegada de sus embajadores. Ya estaban escogidos. Y había exhortado y compelido a prelados, teólogos, canonistas y juristas de sus reinos a trasladarse sin tardanza a la ciudad del concilio. Sin embargo, ni el rey ni el papa deseaban la ruptura. Por eso continuaron las negociaciones, las ofertas, las amenazas y las acusaciones.

LA EMBAJADA ARAGONESA

Por fin, Alfonso V despachó su delegación al concilio. Sus miembros principales eran cinco: Nicolás de Tudeschi, O.S.B., arzobispo de Palermo, y Luis Pontano, protonotario apostólico, dos lumbreras de la ciencia jurídica; Juan Pesce, O.F.M., maestro en teología y obispo de Catania; Juan de Palomar, doctor en decretos y auditor de la Rota, y fray Bernardo Serra, cisterciense, maestro en teología y limosnero del rey, hasta entonces agente oficioso único de Alfonso V en el concilio. La eficacia de la embajada estaba minada por sus tendencias heterogéneas. Alfonso V cometió el desacierto de reunir en su delegación dos juristas tan renombrados como puntillosos, que chocaron entre sí por envidias, cuestiones de etiqueta y diferencias ideológicas. Sus desavenencias crearon a los Padres no menores quebraderos de cabeza que la herejía husita, a juicio de Eneas. Juan de Palomar era un ferviente partidario del papado, aunque al principio no dejó de pagar su tributo al conciliarismo. Colaboró activamente con el cardenal Cesarini en las tareas conciliares y desempeñó un papel de primer plano en las negociaciones con los husitas, siendo con frecuencia el portavoz de la delegación conciliar. A pesar de la prohibición del rey, se trasladó a Ferrara-Florencia el 9 de enero de 1438 en compañía del cardenal Cesarini. En 1439 intervinieron dos nuevos embajadores: Martín de Vera, doctor en decretos, y Julián de Tallada, O.P., obispo de Bosa (Cerdeña).

Las instrucciones para la gran embajada están datadas el 8 de octubre de 1436. En ellas se les trazaba un programa de reforma que apuntaba exclusivamente a la cabeza, no a los miembros, y estaba inspirado no en el ansia de que la Iglesia fuese más pura, sino en el deseo de castigar al papa y de inutilizarlo para que no le estorbase en la conquista de Nápoles. Tal programa respondía a las aspiraciones de los basilienses, para los cuales, al decir de Eneas, la reforma de la Iglesia sólo parecía santa si la Sede Apostólica quedase desplumada. Hasta nuevo aviso impedirían toda mudanza del lugar del concilio. Conversarían amistosamente con los embajadores del emperador y conseguirían una inhibición contra el papa, que amenazaba procesar al rey precisamente porque éste favorecía al concilio. Pero, sobre todo, buscarían el honor del rey, es decir, sus intereses. Esta era la máxima obligación que les imponía: que fuesen celosos del honor de su soberano.

La embajada aragonesa llegó a Basilea el 25 de noviembre de 1436 y presentó sus credenciales el día primero del mes siguiente. El discurso de saludo corrió a cargo de Pontano, quien hizo el elogio del concilio y del rey, pero no expuso ningún programa constructivo; sólo insistió en la reforma de la cabeza. Su disertación, calculadamente larga, llenó toda la sesión para impedir que en ella se deliberase sobre la elección de Aviñón como sede del futuro concilio. Tudeschi y sus compañeros entraron en seguida en acción, aun antes de su incorporación oficial; pero, durante un año, su postura no determinó el curso de los acontecimientos, aunque contribuyó al estallido del conflicto entre el papa y el concilio. Se opusieron enérgicamente al traslado del concilio a la ciudad de Aviñón y rechazaron el puesto que se les ofrecía, que era el segundo a la izquierda después de los castellanos. Por fin se les asignó el puesto inmediato después de los franceses, a la derecha, que aceptaron, incorporándose al concilio (29 diciembre 1436). Alfonso V aprobó su conducta sobre ambos puntos. Por nada del mundo debían permitir que el concilio se mudase a Aviñón, Florencia u otro lugar, excepto a una ciudad del ducado de Milán. Debían procurar el asiento más honorífico como a rey de Aragón o de las Dos Sicilias, y sobre esto no podían transigir ni un ápice, aunque tuviesen que debatir con su propio padre.

Entonces surgió una curiosa disputa sobre precedencias en el seno de la embajada aragonesa. Tudeschi y Pontano pretendían el primer puesto, basándose el primero en la dignidad de arzobispo, y el segundo, en su título de protonotario apostólico. El concilio se inclinó a favor del arzobispo.

El deseo del rey de que todos los embajadores, prelados, abades, procuradores, teólogos y canonistas hiciesen juntos su entrada en Basilea no pudo realizarse, porque el clero anduvo rezagado. El monarca mandó expresamente que fueran al concilio el cardenal de Tarragona, Domingo Ram, y los obispos de Valencia, Barcelona, Huesca, Vich, Urgel y Tortosa, los abades de Montserrat, de San Cugat del Vallés y de San Pedro de Rosas, so pena de perder las temporalidades y las rentas. Los demás debían concurrir personalmente o por medio de procuradores. La expedición partió de Barcelona el 24 de julio de 1437. En ella no iba el obispo de Valencia Alfonso de Borja, que aparece en la corte de Alfonso V. Posteriormente fue agregado al número de embajadores Jorge de Ornos, obispo de Vich, pero renunció pronto al título de embajador para conservar libertad de movimientos. Acompañaban a los obispos varios religiosos, principalmente franciscanos. Entre los teólogos del clero secular destacaban Corbella y Moncayo.

Por lo que toca a los curiales y cortesanos residentes en la corte pontificia, cuya salida fue urgida en el plazo de quince días, consta que muchos aragoneses partieron inmediatamente; pero cincuenta y dos se negaron en redondo; entre ellos, el obispo de Tarazona Martín Cerdán; el abad de Besalú, un deán, doce canónigos, diecinueve beneficiados y dos monjes. Algunos, los menos, perseveraron en su rebelde actitud hasta el fin. La mayoría, al comprobar que el secuestro iba en serio, fue alejándose de la corte pontificia y trasladándose a Basilea. Así, Alfonso V logró su objetivo de constituir una amplia representación aragonesa en Basilea y de aislar al papa. De las 176 incorporaciones aragonesas al concilio, 130 corresponden a los años 1437-40 y sólo 46 a los años 1431-36. De esas 130 incorporaciones, en el 88,1 por 100 de los casos se trata de incorporaciones personales, no mediante procurador.

Mientras presionaba desde Basilea, Alfonso V no olvidaba la vía de las negociaciones. En marzo de 1437 hizo al papa seductoras ofertas a cambio de la investidura. Llegó a ofrecer una elevada cantidad de dinero. Más tarde, cuando haya quedado vencedor, exigirá el pago de una cuantiosa suma. Eugenio IV no sólo rechazó las ofertas, sino que intervino militarmente en el reino de Nápoles en favor de Renato de Anjou en un momento en que se jugaba el todo por el todo en el concilio. Se ventilaba entonces la cuestión del lugar donde se celebraría el concilio para la unión de los griegos. En las sesiones tumultuosas que se sucedieron (abril y mayo de 1437), los dos juristas de la embajada se distanciaron nuevamente. Pontano, seguido de Palomar, votó con la minoría a favor de una ciudad italiana, y Tudeschi, con la mayoría, en pro de Basilea o de Aviñón, en abierta contradicción con su postura adoptada en diciembre del año anterior. Más tarde se descubrió que Pontano andaba en tratos con uno de los legados pontificios. Palomar compuso toda una disertación para probar que en este caso la minoría equivalía al concilio entero, y Pontano, otra sosteniendo que cualquier miembro podía pedir la rescisión del contrato con los aviñoneses por incumplimiento, por parte de éstos, de los compromisos contraídos.

Todas estas posturas desagradaron al rey, que lo mismo se oponía a que el concilio se trasladase a Aviñón que a Florencia. Debían proceder con perfecta armonía, dejando de lado sus disensiones. Jamás debían consentir en la imposición de décimas, sino, al contrario, proseguir la protesta hecha virilmente por Juan de Palomar. Con los portugueses debían mostrarse corteses, pero sin perder un punto el honor real. En carta aparte suplicaba a Serra y a Palomar que trabajaran para que Pontano y Tudeschi fuesen una sola cosa en adelante y dejasen a un lado sus pueriles necedades. En el mismo sentido escribió a Pontano y Tudeschi. La gestión del rey resultó eficaz. Pontano abandonó el partido de Eugenio, y para alejar toda sospecha atacó violentamente a sus antiguos aliados.

OFENSIVA CONTRA EUGENIO IV

El arzobispo de Tarento logró fraudulentamente que el decreto minoritario fuese también sellado. El tribunal que lo juzgó estaba presidido por Tudeschi, quien adoptó una actitud enérgica. Eugenio IV aprobó el decreto de la minoría. Esta decisión irritó al duque de Milán, al rey Alfonso y a la mayoría del concilio. El duque y el rey se unieron para hacer imposible la elección de Florencia. Estaban dispuestos a cortar las rutas, interrumpir las comunicaciones y obligar a los Padres a dispersarse. En el mismo sentido se pronunció el emperador.

El concilio reaccionó iniciando contra el papa un proceso, en el que los aragoneses, unidos con los milaneses, fueron la fuerza propulsora hasta la suspensión de Eugenio IV. Tudeschi pronunció su primer discurso contra el papa. Ornos y Pontano formaban parte de la comisión encargada de redactar un nuevo monitorio mucho más duro que el preparado a principios de 1436, al que no se había dado curso, conminándole a comparecer en Basilea en el plazo de sesenta días. Mientras se redactaba el monitorio, la discusión continuó en el seno de las diputaciones. Cesarini y Cervantes combatieron el proyecto, al paso que Pontano y Tudeschi lo defendieron, quedando aprobado el 31 de julio de 1437 y mereciendo el visto bueno de Alfonso V.

El papa, por toda respuesta, disolvió el concilio de Basilea y lo trasladó a Ferrara (18 septiembre 1437), y en una larga carta al rey de Castilla se quejó de los atropellos cometidos por Alfonso, no sólo contra los Estados Pontificios, sino también en el terreno eclesiástico. Incluso habló de excomulgar y deponer al monarca aragonés. Cuando la noticia de la disolución llegó a Basilea, Tudeschi trató de levantar los ánimos abatidos y de probar que el papa no podía disolver el concilio ni trasladarlo. Bajo su influjo, el papa fue amenazado con la suspensión y deposición si no revocaba el transferimiento del concilio (12 octubre 1437).

Ante este apoyo masivo de Alfonso V y de su embajada, el concilio, que antes se había mantenido neutral, tomó netamente partido por el monarca. Revocó la bula pontificia del 9 de junio de 1435, que había absuelto a los barones del reino de su juramento de fidelidad a don Alfonso, medida que, al decir de sus enviados, le fue más útil que un refuerzo de 2.000 lanzas pagadas por un año. La asamblea ordenó a Viteleschi, jefe del ejército pontificio, que restituyese todas las conquistas hechas en territorio napolitano y revocase todas las medidas adoptadas contra Alfonso V y sus partidarios. Cuando Alfonso V tuvo en sus manos estos documentos, se llenó de emoción, dio las gracias a sus embajadores por estas armas tan eficaces contra el papa y el patriarca Viteleschi y se alegró de que reinase la unidad entre ellos (10 y 11 octubre 1437). El rey instó para que se continuase el proceso contra el papa y se trabajase en la reforma, de tal suerte que Eugenio IV no pudiese hacerle más daño, pero al mismo tiempo movía trato para llegar a un arreglo pacífico con el papa.

VIRAJE DE ALFONSO V

De repente mandó a sus embajadores que detuvieran el proceso contra Eugenio IV para que no llegara a conclusión. Esta orden debía quedar sepultada entre ellos, de suerte que nadie sospechase de dónde había partido (22 diciembre 1437). Alfonso temía que, si Eugenio fuese depuesto, le sucediese un papa francés que fijara su residencia en Aviñón. Sin duda influyó también el duque de Milán, que había mudado de opinión. Filippo María Visconti pensaba que dos autoridades rivales se debilitan mutuamente y se prestan a todas las concesiones.

Firmóse una tregua entre el rey y el legado pontificio antes del 22 de diciembre de 1437; pero el patriarca la violó cínicamente el día de Navidad y estuvo a punto de coger prisionero al rey, que se salvó a uña de caballo. El monarca se quejó al papa y le pidió que revocase la legación del patriarca, le mandase salir del reino y se ejecutasen las penas en que había incurrido, que ascendían a 200.000 ducados. No obstante, el rey estaba dispuesto a entrar en plática de concordia con el pontífice y a darle 100.000 florines si le concediese la investidura. En caso de rechazo, le hizo otras proposiciones. Estos sondeos parecen inspirados en el deseo de no romper totalmente todas las negociaciones con el papa. Ni aun en los momentos de mayor tensión llegó a cortar todos los puentes con la curia romana.

Como la orden de bloquear el proceso tardó mucho en llegar a Basilea debido a la lentitud de las comunicaciones, el proceso contra Eugenio IV siguió su curso. El Panormitano fue agregado a la comisión encargada de recoger las pruebas. En el mismo día, Cesarini hizo una última tentativa para lograr la paz entre el papa y el concilio; pero chocó con la obstinada resistencia de Palermo (24 diciembre 1437). El duelo dialéctico entre ambos se repitió el 27 y 30 del mismo mes. Cesarini no tuvo dificultad en mostrar la contradicción de Tudeschi con lo que el propio arzobispo había defendido en 1433; pero esta contradicción no fue ni la primera ni la última. Su opinión dependía del amo a quien servía.

Los discursos de Pontano y Tudeschi dejaron traslucir el pensamiento de la mayoría: Eugenio merecía la deposición. El simple aplazamiento del proceso sería la ruina del concilio. Cesarini, impotente para contener la marcha de la revolución que él mismo había desencadenado, se alejó definitivamente de Basilea (9 enero 1438). Había llegado la hora del partido popular, de los radicales. El 24 de enero de 1438, el concilio pronunció la suspensión del papa. Tudeschi, que había participado en la redacción del decreto y presidía la sesión, justificó la medida. El 8 de marzo, Pontano insistió en que el papa fuera depuesto sin tardanza. Seis días más tarde, ante la estupefacción general, el embajador milanés, en nombre de su amo y de Alfonso V, reclamó el aplazamiento indefinido del proceso. Nada de deposición; bastaba la suspensión. El obispo de Catania se asoció inmediatamente a la petición (14 marzo). Pontano tardó algún tiempo en acomodarse a la nueva política, no se sabe si por cálculo o convicción. A la vuelta de dos embajadas desempeñadas en nombre del concilio ante los duques de Saboya y Borgoña, parecía un hombre enteramente nuevo. Siempre que tomaba la palabra era para defender la supremacía papal y la validez del traslado del concilio decretado por Eugenio IV, exactamente lo contrario de lo que acababa de sostener en dichas embajadas. Su conversión parecía evidente. El papa le perdonó todo lo que hubiese dicho contra él, los cardenales o la iglesia romana (30 diciembre 1438).

Entretanto, Tudeschi en Frankfurt trató de obtener de los electores la aprobación de la suspensión de Eugenio IV y el envío de embajadores al concilio de Basilea, no al de Ferrara (18 marzo 1438). Los electores se declararon neutrales. Vuelto a Basilea, pidió que se sobreseyese el proceso contra Eugenio IV. El 24, 25 y 26 de abril habló nuevamente en favor del aplazamiento, negó el derecho de voto a todo el que no fuese prelado, frenó la política hostil a Eugenio IV, alargó el proceso durante un año entero y sostuvo un constante duelo con el cardenal Alemán, jefe del partido popular.

Los embajadores de los príncipes alemanes y del duque de Milán aconsejaban la misma táctica; pero los basilienses, capitaneados por el cardenal de Arlés, convocaron una congregación para probar las acusaciones contra Eugenio IV. Los representantes de la nación española pidieron un aplazamiento; pero, una vez más, fue rechazado. Entonces, los prelados españoles declararon que no consentirían en la probanza. El Panormitano afirmaba que, faltando los italianos y españoles, que representaban casi la mitad, los demás no podían tomar acuerdo alguno. A la respuesta de los franceses y alemanes de que los italianos y españoles apenas llegaban a la cuarta parte, Tudeschi replicó que los prelados eran los únicos que tenían voz decisiva en los concilios, no los clérigos inferiores, ni siquiera los doctores en teología. Por tanto, los italianos y españoles eran iguales a los franceses y alemanes, puesto que no eran inferiores en el número de obispos. Por fin se celebró la congregación general el 20 de abril de 1438; en ella preguntó el fiscal si admitirían o no las inculpaciones contra Eugenio IV. Los embajadores de Castilla, Aragón y Milán, el obispo de Barcelona, en nombre de la iglesia española, y el arzobispo de Milán, en el nombre de la iglesia italiana, como primado de la misma, se opusieron con vigor, afirmando que, en caso contrario, ni ellos ni sus príncipes lo consentirían. No habiendo surtido efecto esta declaración, todos ellos abandonaron la sala.

El teólogo franciscano español Francisco de Fuxe, amigo del arzobispo de Arlés, aconsejó al concilio que siguiera su propio camino sin hacer caso de los príncipes. Antes se inició el proceso contra Eugenio IV por el odio que le profesaban el rey de Aragón y el duque de Milán. Ahora, porque les conviene, quieren pararlo. La brutal franqueza de este discurso valió a su autor una sangrienta paliza que le propinaron las gentes del cardenal Ram cuando regresaba a su casa. Este incidente no modificó el curso del concilio, que se estaba deslizando por una peligrosa pendiente. Hasta el duque de Milán, viendo venir el cisma, pensó en retirar su embajada y su clero de Basilea e instó a don Alfonso a que hiciera otro tanto. El rey, más sagaz, le hizo ver que, si los franceses quedasen solos, saldrían con lo que pretendían, que era deponer a Eugenio IV y elegir otro pontífice de su devoción o disolver el concilio. En ambos casos, el pontífice se les escaparía de sus garras, ya que un nuevo concilio no se podría celebrar hasta diez años después, y esto con el consentimiento del papa. Era preferible que sus súbditos continuasen en Basilea para poder utilizar el concilio contra el papa. Estas reflexiones impresionaron al duque, y para mostrar su conformidad con esta opinión nombraron de nuevo por sus embajadores al cardenal Ram y al arzobispo de Milán.

El papa seguía una política no menos inteligente para que los aragoneses, que hacían figura de moderados, no se uniesen con los «furiosos» y lo˘ depusieran. Queriendo tener siempre pendiente al rey, nunca rompía del todo con él y se ofrecía como mediador entre los dos competidores. A fin de que el papa no cayera en la tentación de defender la causa de Renato de Anjou, Alfonso propuso al duque de Milán si no le parecía llegado el momento de dar más favor al concilio contra el papa, no fuera que el concilio se desanimase y llegara a un arreglo con el papa o a disolverse del todo. Si no por el duque, el papa estaría depuesto; pero, por complacer al Visconti, el rey había ordenado el sobreseimiento del proceso, con perjuicio de su honor, ya que lo criticaban de inconstante.

DEPOSICIÓN DE EUGENIO IV

El cardenal Alemán también estaba cansado de la lentitud del proceso, y trató de darle un giro nuevo aprovechando la ausencia de los embajadores de todos los príncipes. Su plan consistía en declarar a Eugenio culpable de herejía. Un equipo de teólogos elaboró tres verdades y cinco hechos. Las verdades eran: 1) El concilio ecuménico es superior al papa. 2) El papa no puede trasladar, suspender ni disolver el concilio. 3) El que niegue esto es hereje. Los cinco hechos no contenían más que la aplicación de los anteriores principios al caso concreto de Eugenio IV. Las ocho proposiciones fueron discutidas primero en el seno de una comisión y después en las diputaciones. El arzobispo de Palermo, el obispo de Burgos, Alfonso de Cartagena, y fray Bernardo Serra combatieron las cinco últimas proposiciones, no las tres primeras. El obispo de Burgos se mostró muy elocuente al defender los tres primeros artículos, aunque dudaba se debiesen tener por verdades de fe. Jorge de Ornos no se podía persuadir que Eugenio IV fuese hereje sin una nueva citación. En el fondo trataba de ganar tiempo.

Faltaba la mera formalidad de proclamar el resultado en la congregación general del 24 de abril de 1439. Los arzobispos de Palermo y Milán exhortaron a los suyos a la firmeza y llamaron a los Padres, que estaban en las ciudades vecinas a causa de la peste. Pontano y muchos obispos de Aragón llegaron de víspera. Sólo el cardenal Ram llegó tarde. Todo el Cuerpo diplomático se puso de acuerdo para impedir la proclamación de las nuevas verdades. Abierta la sesión, el obispo de Burgos, en nombre de los reyes de Castilla y Aragón y del duque de Milán, pidió que se aplazase la decisión hasta que regresaran de Maguncia los embajadores. Tudeschi insistió en la misma idea y aseguró que consigo estaban la mayoría de los obispos. Y residiendo en los obispos la autoridad de todo el concilio, sería intolerable que, despreciados ellos, se concluyese a gusto de los inferiores, que sólo poseían voz consultiva. Si no se espera al regreso de los embajadores, los príncipes no les obedecerían y se unirían a Eugenio IV. Hablaron después Pontano, los obispos de Catania y Bosa, el arzobispo de Milán, los obispos de Tortosa y Gerona, el electo de Segorbe, el abad de Montearagón y algunos otros abades, los embajadores Serra y Vera, todos ellos en apoyo del Panormitano. A continuación, otros aragoneses y casi todos los catalanes pronunciaron su discursito en favor del aplazamiento, como si previamente se hubieran puesto de acuerdo para ocupar todo el tiempo de la reunión e impedir la conclusión.

Replicó a todos el cardenal Alemán. Después el desorden y la confusión se apoderaron de la asamblea, hasta que inesperadamente, casi por sorpresa, Alemán proclamó las tres primeras verdades. Los suyos le felicitaron. Los contrarios regresaron a su casas cariacontecidos. Se cuenta que el Panormitano lloró en su habitación, porque el rey le compelía a pugnar contra la verdad, es decir, a combatir el conciliarismo (24 abril 1439). No menos tumultuosa fue la congregación general en la que se leyeron las anteriores conclusiones. El tumulto se repitió cuando en la congregación siguiente se preparó todo para celebrar una sesión solemne a fin de proclamar definitivamente el decreto de los tres nuevos «dogmas». A la sesión misma no asistió ningún prelado aragonés ni castellano, y sólo un obispo y un abad italianos. En cambio, estuvieron presentes muchos clérigos aragoneses y catalanes. De las otras naciones no se contaron más que diecinueve mitras, frente a unos 400 clérigos inferiores. Alemán suplió los vacíos con las reliquias de toda la ciudad. Así las tres primeras verdades quedaron convertidas en artículos de «fe» (sesión XXXIII, 16 mayo 1439).

Bastaba aplicarlas y sacar las consecuencias. El Panormitano trató aún de evitar lo inevitable: la deposición formal del papa. Acercándose el desenlace fatal, Alfonso V mandó salir de Basilea al arzobispo de Palermo, al obispo de Catania, al cardenal Ram y a los otros embajadores suyos para que no participaran en su nombre ni en la deposición de Eugenio IV ni en la creación de otro pontífice, teniendo por muy dudoso y escandaloso todo lo que se disponía en aquella congregación después de haber sido disuelta por el papa y trasladada a Ferrara. Por orden del monarca quedaron en Basilea Otón de Moncada, obispo de Tortosa, y los demás prelados y eclesiásticos de su reino. No podían abandonar el concilio ni participar en la elección del nuevo papa. Debían permanecer «indiferentes». No fue obedecido del todo. Otón presidió la sesión en que fue depuesto Eugenio IV.

El concilio estuvo acéfalo durante más de cuatro meses. En este período proclamó la doctrina de la Inmaculada como piadosa y ordenó que su fiesta se celebrase el 8 de diciembre, encargando a Segovia que preparase el oficio. En los debates preparatorios intervinieron Juan de Segovia a favor y Juan de Torquemada en contra. Fray Bernardo Serra fue encargado de indagar los fundamentos y motivos de ambas opiniones y hacer una relación en la congregación general. Formaron parte de la comisión que elaboró el decreto los obispos de Barcelona, Burgos, Catania, Palermo, Lyón y Milán y algunos teólogos. La noticia fue acogida con júbilo en Cataluña y Valencia, donde el tema apasionaba a los predicadores de opiniones opuestas. La reina de Aragón mandó celebrar la fiesta el 8 de diciembre (1.º diciembre 1439) [19].

Por entonces, Tudeschi compuso un tratado en favor de la autoridad del concilio de Basilea, justificando la deposición de Eugenio IV como culpable de herejía. El mandato real de permanecer indiferentes en la creación del nuevo papa no fue obedecido. De los treinta y dos electores, seis eran aragoneses, como también el custodio del conclave. La elección recayó en Amadeo de Saboya, Félix V (5 noviembre 1439). Los obispos de Vich y Tortosa fueron a comunicar la nueva al interesado y oficiaron en su primera misa. Palomar, uno de los embajadores aragoneses, tampoco observó la neutralidad, aunque en sentido contrario. Defendió la necesidad de obedecer a Eugenio IV, cuya autoridad estaba por encima del concilio y no había caído en herejía alguna.

NEUTRALIDAD ARAGONESA

Ante la nueva situación creada con la elección de Félix V, Alfonso V decidió mantenerse neutral y organizar un régimen eclesiástico calcado en el que Pedro IV estableció durante el cisma. No debían obedecerse

---

[19] A. MASOLIVER, *El papa i la Immaculada Concepció en la lletra d'un monjo de Poblet:* Homenaje a Fr. Justo Pérez de Urbel, t.2 (Silos 1977) p.205-19; B. DE RUBÍ, *La escuela franciscana de Barcelona y su intervención en los decretos inmaculistas de la Corona de Aragón:* Estudios Franciscanos 57 (1956) 362-406; H. AMERI, *Doctrina theologorum de Immaculata Conceptione tempore concilii Basiliensis* (Roma 1954); P. DE ALCÁNTARA, *La redención y el débito de María según Juan de Segovia y Juan de Torquemada:* Rev. Esp. de Teología 16 (1956) 3-51.

las bulas del papa, ni del antipapa, ni del concilio. Pero el rey concedía licencias para ejecutar bulas tanto de Eugenio IV como del concilio. La gente estaba confusa y criticaba sin rebozo la tortuosa conducta del monarca, diciendo que, si el concilio era concilio, Eugenio IV no era papa, ya que había sido depuesto, y que, si el papa era papa, el concilio no era nada, pues había sido disuelto.

Entretanto, Alfonso V negociaba con el concilio, con el antipapa y con el papa. Envió a Basilea a Tudeschi, quien fue creado cardenal por el antipapa cuando estaba aún en ruta. Tudeschi aceptó y aduló a Félix V, enseñando el día de Pentecostés que el papa es superior al concilio. En vista de la reacción desencadenada y de las denuncias presentadas ante Félix V por los franciscanos españoles Malvenda y Fusce, tuvo que plegar velas. Declaró que en el calor de la improvisación se le había escapado que el papa es *maior concilio*, en vez de *maior in concilio*.

RECONOCIMIENTO DE EUGENIO IV

El antipapa llegó a hacer ofertas muy ventajosas, pero Alfonso prefirió aceptar las que le brindó Eugenio IV. Por el tratado de Terracina (14 junio 1443) se convino en restituir la paz entre ambas potencias, con olvido de todas las injurias pasadas. Alfonso V reconocía a Eugenio IV como pastor único de la Iglesia universal. Por su parte, el papa reconocía a don Alfonso como legítimo rey de Nápoles y habilitaba a su hijo bastardo Ferrante para sucederle. El sueño de Pedro III el Grande quedaba realizado. Para conseguirlo, Alfonso V se había valido del clero de sus Estados y del concilio de Basilea como de simples instrumentos.

El tratado de Terracina fue ratificado por el papa el 6 de julio de 1443, y siete días después despachó la bula de investidura. Posteriormente, el papa le perdonó todas las deudas y le concedió un subsidio sobre el clero de 200.000 florines. Para entonces, Alfonso V había restituido la obediencia a Eugenio IV y revocado todos los edictos contrarios. Abandonaba el concilio de Basilea, dejaba la neutralidad, permitía a sus súbditos la libre comunicación con la Santa Sede y la residencia en la corte romana y reconocía como válidas las bulas y provisiones emanadas de la Sede Apostólica. En adelante, Alfonso tuvo a don Amadeo por cismático y enemigo de la Iglesia y cortó las negociaciones en curso. En seguida escribió a los tres cardenales nombrados por Félix que, si querían hacerle una cosa grata, se retirasen cuanto antes del concilio sin esperar nuevo aviso. Los tres prelados, después de haber gemido y llorado su triste suerte, se alejaron de Basilea, protestando que siempre permanecerían fieles al concilio, al conciliarismo y a Félix V y que jamás reconocerían a Eugenio IV. Tudeschi emprendió en seguida el camino de Sicilia, falleciendo dos años después sin haberse sometido a Eugenio IV. Jorge de Ornos, obispo de Vich, se estableció en la corte de Félix V, donde permaneció hasta el fin del cisma. Fue privado del obispado. A la muerte de Eugenio IV reconoció a su sucesor, recibiendo de él la mitra de Carpentras (Francia) (21 julio 1449), que retuvo hasta su muerte. En cambio, Otón de Moncada regresó a su diócesis de Tortosa, pasando de largo por Lausana. Casi todos los demás súbditos de la Corona de Aragón siguieron el ejemplo del obispo de Tortosa; entre ellos, Gisberto Pardo, obispo electo de Segorbe. Eugenio IV convalidó los beneficios y demás gracias dispensadas por el concilio de Basilea y por Amadeo de Saboya a los que se hubieran sometido en el plazo de dos meses; pero esta rehabilitación no afectaba a los cardenales creados por el antipapa ni a la erección de la diócesis de Orihuela.

La diócesis de Cartagena tenía su territorio cabalgando sobre Castilla y Aragón. Cartagena, la capital, pertenecía al reino castellano; Orihuela y otras villas, al reino de Valencia. Los reyes de Aragón intentaron desmembrar Orihuela y su territorio, convirtiéndolo en obispado independiente para sustraerlo a todo influjo castellano. Habiendo aplazado su resolución Eugenio IV, el rey solicitó del concilió la ansiada erección. Pese a la oposición de los castellanos, el concilio accedió a sus deseos a principios de 1442, pero Eugenio IV anuló todo lo hecho por el conciliábulo en esta materia. Alfonso V se inclinó ante la decisión pontificia. En las negociaciones para la concordia de Terracina, el rey volvió a la carga. El papa optó por dar largas al asunto [20].

C) *Navarra*

¿TUVO EMBAJADA PROPIA?

El concilio procuró atraerse al rey de Navarra, al mismo tiempo que a los demás reyes españoles. Juan I prometió enviar una embajada lo antes posible. El 14 de junio de 1433, los embajadores de varios príncipes, entre ellos los del rey de Navarra, dirigieron una carta colectiva al papa pidiéndole que reconociese la canonicidad del concilio de Basilea desde sus comienzos. Se ignora quiénes eran los embajadores de Juan I, cuya pronta llegada a Basilea era esperada por Alfonso V el 24 de marzo de 1436. Es posible que uno de ellos fuese el obispo de Pamplona, Martín de Peralta el Viejo, porque su presencia en Navarra durante los años 1436 y 1437 no puede comprobarse documentalmente. Pero, por otra parte, su nombre no se registra en las actas del concilio. El 17 de enero de 1437, la asamblea celebró una misa de acción de gracias al enterarse de la pez ajustada entre Navarra y Castilla, y obsequió con un banquete a los embajadores de los reyes de Navarra y Castilla. Al ser trasladado el concilio de Basilea a Ferrara, permanecieron en Basilea los embajadores de Navarra y de otros reinos. En 1438, Martín de Vera es llamado unas veces embajador de Aragón, otras de Navarra, lo que nos hace sospechar que los embajadores aragoneses serían también embajadores del reino navarro.

[20] D. MANSILLA, *La reorganización eclesiástica española del siglo XVI. I: Aragón y Cataluña:* Anthologica Annua 4 (1956) 100-13.

CAPÍTULO V

EL CONCILIO DE FERRARA-FLORENCIA (1438-45) [21]

PERFIL DEL CONCILIO

Aunque el concilio de Ferrara-Florencia se considera como una prolongación del de Basilea, su espíritu fue muy diferente. No tuvo un carácter conciliarista, sino pontificio. No fue un concilio reformador, sino dogmático y doctrinal. Un solo tema absorbió su atención: la unión de los griegos y de los orientales. Se abrió en la fecha fijada, 8 de enero de 1438, pero se trata de una ceremonia meramente protocolaria. Todavía no habían llegado ni el papa ni los griegos.

Eugenio IV llegó a las puertas de Ferrara el día 24 del mismo mes, y tres días después se dirigió a la catedral en solemne procesión. El doctor Luis Alvarez de Paz, representante de Juan II de Castilla en la corte pontificia, no en el concilio, tenía el caballo del papa por la brida a la derecha, mientras el marqués de Ferrara hacía otro tanto a la izquierda.

El papa comenzó en seguida a organizar el concilio. Sus miembros, unos 360 eclesiásticos, fueron divididos no en naciones ni en diputaciones, sino en tres estados: 1) cardenales, patriarcas, arzobispos y obispos; 2) abades y prepósitos generales de las órdenes religiosas; 3) graduados en teología, derecho canónico o civil y priores de los cabildos.

El emperador bizantino, Juan VIII Paleólogo, llegó a la ciudad el 4 de marzo, y cuatro días más tarde, el patriarca de Constantinopla, José II. La delegación griega, compuesta por unas 700 personas, venía

---

[21] *Concilium Florentinum. Documenta et scriptores,* ed. Inst. Oriental de Roma (Roma 1940-1976), 11 vols.: S. GONZÁLEZ, *España en Florencia:* Razón y Fe 115 (1938) 228-47; F. RODRÍGUEZ, *Conc. Florencia:* DHEE t.1 (Madrid 1972) p.481-83; V. BELTRÁN DE HEREDIA, *Bulario* t.1 p.120.130-31; V. LAURENT, *Les ambassadeurs du roi de Castille au concile de Bâle et le patriarche Joseph II (fevrier 1438). Lettres inédites:* Revue des Études Byzantines 18 (1960) 136-44; G. HOFMANN, *Papato, conciliarismo, patriarcato (1438-1439):* Miscellanea Historiae Pontificiae II/2 (Roma 1940) p.9-30; A. D'ALÉS, *La question du purgatoire au concile de Florence en 1438:* Gregorianum 3 (1922) 9-50; IOHANNES DE TORQUEMADA, *Apparatus super decretum Florentinum unionis graecorum,* ed. E. Candal (Roma 1942); ID., *Oratio synodalis de Primatu,* ed. E. Candal (Roma 1945); K. BINDER, *Konzilsgedanken bei Kardinal J. de Torquemada, O.P.* (Viena 1976); ID., *Wesen und Eigenschaften der Kirche bei Kard. J. de Torquemada* (Innsbruck 1955); V. PROAÑO, *Doctrina de Juan de Torquemada sobre el concilio:* Burgense 1 (1960) 73-96; P. MASSI, *Magistero infallibile del papa nella teologia di Giovanni da Torquemada* (Turín 1957); R. H. TRAME, *Rodrigo Sánchez de Arévalo (1404-1470), spanish diplomat and champion of the Papacy* (Wáshington 1958); L. GÓMEZ CANEDO, *Don Juan de Carvajal, un español al servicio de la Santa Sede* (Madrid 1947); TH. M. IZBICKI, *Notes on Late Medieval Jurists (Card. J. de Mella):* Bull. of Medieval Canon Law 4 (1974) 49-54; VESPASIANO DA BISTICI!, *Vite di uomini illustri del secolo XV* (Milán 1951) 235-38.

escoltada por una gran compañía, de la que formaba parte el español
Pedro Tafur [22].

PRESENCIA CASTELLANA

España no estuvo representada oficialmente en el concilio y su abs-
tención fue casi completa. Juan de Torquemada y el humanista siracusa-
no Juan Aurispa, enviados en septiembre del año anterior a Castilla, no
lograron mover a Juan II a que retirase su embajada de Basilea, enviase una representación a Ferrara y exhortase a los prelados, abades,
maestros y doctores en número competente a comparecer en el concilio
general de Ferrara. La alianza con Francia tenía atadas las manos de
Juan II. Por eso, después de cuatro meses de inútiles esfuerzos, Torquemada regresó fracasado. El rey le dio una respuesta evasiva y se abstuvo de hacerse representar en Ferrara-Florencia incluso después de la
retirada de su embajada de Basilea y de la deposición de Eugenio IV, a
pesar de que deploró la mostruosa elección del antipapa y de que desplegó una activa propaganda en las cortes europeas a favor de Eugenio IV.

Los obispos, así como las Universidades de Salamanca y Valladolid,
adoptaron idéntica actitud abstencionista, siguiendo, sin duda, las indicaciones del monarca. La Universidad salmantina tuvo dos agentes en
Florencia: Pedro Martínez de Ayllón, canónico de Sigüenza, y Fernando González de Belorado; pero estaban acreditados ante la corte pontificia, no ante el concilio. De la misma manera hubo otros muchos castellanos universitarios en Florencia. En su mayoría se trata de personajes
sin relieve histórico, que sólo buscaban su interés particular, no el bien
general de la Iglesia. Andaban a la caza de algún beneficio en la curia
pontificia, al margen del concilio. Solo tres prelados castellanos, que estaban ya en la corte pontificia o se trasladaron de Basilea a Ferrara,
tomaron parte en la sesión inaugural. Ninguno de los tres había recibido aún la consagración episcopal. Eran Juan de Mella, doctor en decretos, obispo electo de León; García Martínez de Bahamonde, doctor
en decretos, obispo electo de Tuy, hombre de gran ciencia y de buena
conciencia, según Alonso de Espina, y Gonzalo de Valbuena, O.F.M.,
maestro en teología, obispo electo (titular) de Granada y antiguo catedrático de Salamanca. Sancho de Rojas, obispo de Astorga, se excusó de
asistir por sus enfermedades. Su excusa fue admitida (19 diciembre
1438). Entre los clérigos inferiores consta que concurrieron al concilio
Juan Díaz de Coca, abad de Cervatos, y Juan, abad del monasterio cordobés de los santos mártires Acisclo y Victoria. El primero asistió al
concilio de Basilea desde 1434 a 1438 y llegó a ser auditor de la Rota y
obispo de Oviedo y de Calahorra. No hubo más que un teólogo caste-

[22] J. GILL, *Le concile de Florence* (Tournai 1964); A. LEIDL, *Die Einheit der Kirchen auf den spätmittelalterlichen Konzilien* (Paderborn 1966); J. DÉCARRAUX, *Les grecs au concile de l'union Ferrare-Florence 1438-1439* (París 1970).

llano capaz de medirse con los griegos: Juan de Torquemada, a quien ya conocemos por su actuación en Basilea en defensa del primado. En marzo de 1438 regresó de su embajada castellana y se incorporó a las tareas conciliares. Juan de Carvajal, auditor de la Rota al menos desde 1436, se movió en el ambiente del concilio de Ferrara-Florencia, pero no consta que participase en los trabajos conciliares.

Presencia Aragonesa

Alfonso V prohibió a sus súbditos toda participación en el concilio de Ferrara. Juan de Palomar, embajador suyo en Basilea, desafiando las iras del rey, hizo su entrada en Ferrara el 8 de marzo de 1438. Si se le hubiera nombrado portavoz de los latinos, a buen seguro que habría desempeñado un brillante papel, como frente a los husitas, aunque no era teólogo, sino jurista. Durante su estancia en Ferrara-Florencia le preocuparon más los basilienses que los griegos. Contra ellos dirigió sus ataques. Conocemos ya la *Quaestio cui parendum est,* compuesta a finales del año 1439. Posteriormente, hacia 1441, amplió su parte final, resultando una *Apologia pro Eugenio contra basilienses.* En 1443, el conciliábulo de Basilea recibió comunicación de un tratado, cuya refutación emprendió: *Tractatus Ioannis Palomar contra veritatem agnitam, conscriptus et domino Cracoviensi destinatus.* Es evidente que combatía el conciliarismo y que el título se lo impuso Juan de Segovia. Pablo de Santa Fe, auditor de la Rota, hijo de Jerónimo de Santa Fe, el héroe de la disputa de Tortosa, se negó en absoluto a abandonar el concilio de Florencia y a separarse de Eugenio IV. No obstante, Alfonso V mandó darle un canonicato en Lérida (1443) y más tarde llegó a ser obispo de Siracusa. Anteriormente había desempeñado el cargo de vicario general del obispo y cardenal Ram.

Intervenciones Castellanas

En la congregación general VI (11 febrero 1438) intervinieron los obispos de León y Granada, pidiendo severas medidas contra los cismáticos de Basilea. Asistió a ella Pedro de Covarrubias, auditor de la Rota. Juan de Mella fue elegido para la comisión encargada de redactar un memorándum que recordaba a los de Basilea las penas en que incurrían si persistían en su oposición. El memorándum fue leído y aprobado en la congregación general VII, celebrada el día 14 del mismo mes. En ella figura Alfonso González, doctor en decretos y maestrescuela de Avila. El decreto fue promulgado en la sesión III (15 febrero 1438). Asistieron los obispos de León y Granada; el de Tuy, ausente, mandó su voto aprobativo.

La primera sesión conjunta de latinos y griegos se celebró el 9 de abril de 1438. Se puede considerar como la sesión inaugural. El papa se apresuró a comunicar el hecho a Juan II de Castilla. Antes le había anunciado la próxima llegada del emperador y del patriarca. Eugenio le rogó de nuevo que enviase su embajada y exhortase a los prelados de sus reinos a que acudiesen al concilio (9 abril 1438).

Los latinos querían comenzar en seguida los debates doctrinales, pero se opuso el emperador hasta que transcurrieran cuatro meses, para dar tiempo a los príncipes occidentales y a los basilienses a acudir al concilio. Fue un tiempo casi perdido, porque no vino nadie. De hecho, la segunda sesión común a latinos y griegos no se celebró hasta el 8 de octubre de 1438. Sin embargo, los latinos consiguieron al fin que se discutiera algún punto secundario en el seno de las comisiones. Es lo que se llama las conferencias de Ferrara, que tenían un carácter privado. En el mes de mayo de 1438 se formaron dos comisiones, integradas por diez miembros cada una, y se convino en comenzar los debates por el tema del purgatorio. «El cardenal [Cesarini] abrió la conferencia con una exposición clara y precisa de la doctrina romana acerca del purgatorio, pero Juan de Torquemada tuvo más parte que él en los debates, disputando con Marcos Eugenikos», portavoz de los griegos, dice Hefele. Torquemada compuso, al parecer, la *Oratio* o *Latinorum responsio ad libellum graecorum*, calificada por Candal de «documento insigne». El 4 de junio, Torquemada pronunció una breve alocución. El 14 hablaron los griegos, y Torquemada en su respuesta se salió con frecuencia del tema con digresiones que no venían a cuento. En cambio, su discurso del 27 de junio fue muy preciso. Expuso la doctrina católica y refutó los argumentos de los griegos. Quizá el mismo día (la cronología no es muy segura) o en el curso de otra conferencia posterior, Torquemada se metió con Marcos Eugenikos por no atreverse a exponer libremente la doctrina griega sobre el purgatorio, limitándose a refutar los argumentos de los latinos. El cronista bizantino, que presenció los debates, Syropoulos califica a Torquemada de «hombre muy versado en las ciencias profanas, hábil dialéctico, de espíritu fértil y astuto y sin embarazo en el manejo de las palabras».

A mediados de julio se suspendieron las discusiones acerca del purgatorio, sin haber llegado a ningún resultado concreto. Entretanto, el papa encomendó a Gonzalo de Valbuena y al abad de Cervatos una misión ante el rey de Francia análoga a la que el año anterior habían desempeñado Torquemada y Aurispa en Castilla. En Bourges, donde se celebraba la asamblea del clero francés (1.º mayo 1438), pidieron a Carlos VII que se apartase del concilio de Basilea y se uniese al de Ferrara. No lo consiguieron.

En vista de que no llegaban los príncipes ni los basilienses, se reanudaron las sesiones, esta vez con un carácter público y oficial. Se dejó a los griegos que escogiesen el tema. La elección recayó en la cuestión de la adición del *Filioque* al credo. Los debates se prolongaron desde el 8 de octubre hasta el 13 de diciembre de 1438. No tomó parte en ellos ningún español. Torquemada estaba ausente desde principios de octubre como legado del papa en las dietas de Nürenberg y Maguncia. En

Nürenberg pronunció un discurso (octubre-noviembre 1438), dirigido todo él contra las posiciones conciliaristas de Basilea. Por primera vez —dice Hofmann— se presentó una réplica sistemática al conciliarismo, y esto ocho meses antes de la definición de la plena potestad de la Santa Sede en el concilio de Florencia, réplica que en diez párrafos clarificaba las relaciones del papado con los concilios universales. En el congreso de Maguncia, celebrado en la primavera del siguiente año 1439, justificó la conducta del papa, puso de relieve el primado y destacó la infalibilidad del pontífice en materia de fe y hasta empleó la palabra *infallibilitas*. El papa es el juez supremo. No tiene otro encima de él. En ambos discursos combatió la teoría de la neutralidad de los príncipes alemanes y del rey de Francia.

Los españoles tampoco intervinieron en los debates sobre la procesión del Espíritu Santo (26 febrero a 8 junio 1439). Juan de Montenegro fue el teólogo designado por los occidentales para discurrir sobre el primado. Cuando se terminó de comentar la cédula, Torquemada habló sobre la eucaristía los días 16 y 17 de junio para explicar la correspondiente cédula latina.

En los debates sobre el primado se llegó a un punto muerto. El 26 de junio se creó una comisión mixta para salir del atasco: seis griegos y seis latinos. Dos de los últimos eran españoles: Juan de Mella y Juan de Torquemada. Los resultados de la reunión se notaron bien pronto. El 4 de julio de 1439 quedó aprobado el decreto de unión con los griegos y el 5 fue suscrito. Entre los firmantes sólo encontramos tres obispos españoles y un abad. Los obispos eran los mismos que asistieron a la primera sesión, con la diferencia de que los prelados de Tuy y Granada aparecen como obispos consagrados, mientras el de León todavía se dice electo. El abad se llamaba Juan y gobernaba el monasterio cordobés de San Acisclo y Santa Victoria. El decreto fue promulgado solemnemente al día siguiente (6 julio 1439). Poco después, Torquemada, en su *Apparatus super decreto unionis*, lo comentó palabra por palabra. «Para Torquemada, la cuestión del primado pontificio era, sin duda, el problema central de la unión florentina [más importante que la cuestión del Espiritu Santo]. Desde aquí juzga él todas las otras diferencias entre ambas Iglesias. Según su opinión, la doctrina sobre la preeminente posición del obispo de Roma, fijada en la definición final, contiene un primado universal de jurisdicción».

El primado constituye el eje de su eclesiología. Sus profundos conocimientos sobre el tema los demostró en el debate que organizó Eugenio IV en el otoño de 1439 entre el cardenal Cesarini, que defendía la tesis conciliarista de los basilienses, y Juan de Torquemada, que sostuvo la tesis del papa. La fecha y los detalles de la discusión, que al menos duró dos días, se desconocen. La respuesta de Torquemada se publicó con el título *Oratio synodalis de primatu*. La conclusión a que llega es ésta: un papa legítimamente elegido posee la plenitud de potestad y está por encima del cóncilio. Merecidamente, Eugenio lo promovió al cardenalato (18 diciembre 1439) y le aplicó el título de defensor de la fe.

A la unión de los griegos siguió la de los armenios (22 octubre 1439). Suscribieron el decreto Gonzalo de Valbuena y el abad cordobés Juan. El primero fue enviado a Castilla en 1440 para informar a Juan II del éxito obtenido por el concilio de Florencia con la unión de los griegos y los armenios. En el decreto de unión con los coptos (4 febrero 1442) figuran las firmas de Juan de Torquemada, cardenal; Juan de Mella, obispo de Zamora, y García Enríquez de Osorio, obispo de Oviedo.

Cuando se celebraba el concilio de unión de los griegos, llegó a Florencia el joven castellano Nuño Guzmán, que había recorrido Europa y el Medio Oriente. En Florencia invertía la mayor parte del tiempo conversando con Manetti, Bruni y otros humanistas. Hizo traducir al toscano varias obras clásicas latinas. A ruegos suyos, Manetti compuso una *Apologia* excusando a Nuño por haberse ausentado de casa durante ocho años. El padre de Nuño leyó y releyó la *Apologia* y perdonó al hijo la ausencia. Contrasta vivamente con él Juan de Mena, que, aunque permaneció en Florencia bastante tiempo (1441-43), se mostró insensible para el Humanismo italiano.

El P. Severino González termina su trabajo sobre *España en Florencia* con este juicio de conjunto: «Desde luego que en Florencia no adquirieron los españoles la preponderancia de Trento..., pero no por eso es despreciable su actuación. A esto se añade el interés que despierta para la historia de nuestra cultura cualquier noticia sobre aquellos momentos en que España hacía su primer contacto con la cultura italiana del Renacimiento».

CAPÍTULO VI

EL CONCILIO LATERANENSE V (1512-17) [23]

DECADENCIA DEL CONCILIARISMO

Disuelto el conciliábulo de Basilea y triunfante el primado pontificio, el conciliarismo decayó rápidamente. Pedro de Osma, catedrático de Salamanca, fue la única figura importante que sostuvo algunas de sus tesis: la Iglesia de Roma puede errar y el romano pontífice no puede dispensar sobre lo que estatuye la Iglesia universal. Estos errores fueron rechazados por la junta de teólogos de Alcalá y luego condenados por el arzobispo de Toledo Alfonso Carrillo y el papa Sixto IV (1479). El canonista salmantino Gonzalo de Villadiego, a fines del siglo XV, atribuía la infalibilidad solamente al concilio general, no al papa.

Al iniciarse el siglo XVI, la corriente conciliarista había sido barrida de España. Bien es verdad que el cardenal Bernardino de Carvajal, sin ser personalmente conciliarista, trató de apoyarse en ella para derribar a Julio II, pero nadie le secundó. No sólo política, sino ideológicamente, España se alineó en contra del conciliarismo, sin que durante el conflicto se oyese ninguna voz discordante. No sucedía lo mismo en la Francia galicana, que en la Pragmática Sanción de Bourges había adoptado los postulados básicos del conciliarismo y cuya Universidad de París continuaba siendo el foco más activo del conciliarismo. En Alemania e Italia se encontraban partidarios aislados de la falsa teoría conciliarista, e incluso en la corte pontificia. Por otra parte, el problema de la reforma subsistía en toda su gravedad, salvo en España, lo que daba fuerza a la idea del concilio. Así se explica el último asalto conciliarista, protagonizado por el segundo concilio de Pisa [24].

EL CONCILIÁBULO DE PISA (1511-12) [25]

Su origen hay que buscarlo en la política de Julio II de expulsar de Italia a los franceses al grito de «¡Fuera los bárbaros!» Luis XII, en res-

---

[23] J. GOÑI GAZTAMBIDE, *España y el concilio V de Letrán*: AHC 6 (1974) 154-222; J. M.ª DOUSSINAGUE, *Fernando el Católico y el cisma de Pisa* (Madrid 1946); N. H. MINNICH, *Concepts of Reform proposed at the Fifth Lateran Council*: Archivum Historiae Pontificiae 7 (1969) 233-34; ID., *Participants at the Fifth Lateran Council*: ibid., 12 (1974) 157-206: X. BASTIDA, *Guillermo Cassador: su vida y sus obras*: Anthologica Annua 20 (1973) 225-28; L. REY ALTUNA, *Repercusiones del aristotelismo paduano en la filosofía española del Renacimiento*: Atti del XII Congresso Internazionale di Filosofia t.9 (Firenze 1960) p.207-19.

[24] J. GOÑI GAZTAMBIDE, *El conciliarismo en España*: Scripta Theologica 10 (1978) 893-928; H. ROSSBACH, *Das Leben und die politisch-kirchliche Wirksamkeit des Bernaldino López de Carvajal* (Breslau 1892); H. JEDIN, *Historia del concilio de Trento* t.1 (Pamplona 1972).

[25] A. RENAUDET, *Le concile gallican de Pise-Milan. Documents florentins (1510-1512)* (París 1922).

puesta, determinó ir en persona a Italia en el verano de 1510 con un poderoso ejército, con el propósito de cambiar de papa. Si Julio II se quedase en Roma, lo cogerían preso, lo depondrían en un concilio y obligarían a los cardenales a elegir un nuevo papa. Si se marchase, lo condenarían en ausencia. Luis XII trató de ganar al emperador para que colaborase en la deposición de Julio II. Para llevar a cabo su plan con un mínimo de apariencia de legalidad, el monarca francés necesitaba el concurso de algunos cardenales. Cinco purpurados, capitaneados por el español Bernardino López de Carvajal, se prestaron al juego. Huyeron a Pavía bajo la protección de Francia, y desde allí pidieron apoyo a Enrique VIII de Inglaterra, alegando que sólo pensaban en la reforma de la Iglesia.

Luis XII instó a Fernando el Católico a que convocase un concilio nacional, retirase su obediencia al papa y enviase un embajador que, junto con los embajadores de Francia y Alemania, requiriese al papa a la convocación de un concilio general. El rey desechó todas estas sugerencias (2 noviembre 1511). El monarca francés pidió a Florencia la ciudad de Pisa para celebrar el concilio (27 enero 1511). Por fin, Carvajal, en nombre de los tres cardenales presentes en Milán y de otros seis que habían enviado su adhesión, convocó el concilio en Pisa para el 1.º de septiembre del mismo año, so pretexto de que el papa, faltando al decreto *Frequens,* del concilio de Constanza, y a su capitulación electoral, rehusaba convocar un concilio general para la reforma de la Iglesia (16 mayo 1511). En el mismo día, los embajadores de Francia y Alemania se asociaron a la convocación. Los cardenales dieron a entender que contaban con la aprobación del rey de España. Este se apresuró a tranquilizar al papa, y, picado porque los franceses se habían atrevido a convocar un concilio contra el papa sin contar con él ni con el rey de Inglaterra, suspendió la expedición al Africa y se dirigió a Burgos para organizar la lucha contra Francia y su conciliábulo pisano. Porque, aunque Bernardino Carvajal era el cabecilla de la rebelión, la empresa era puramente galicana. Todo el munto sabía que los cardenales eran meros instrumentos del rey de Francia.

Luis XII urgía más o menos el concilio al compás de los acontecimientos políticos. Hacia el 1.º de junio de 1511, un personaje influyente de la corte francesa manifestó a un embajador florentino que ellos, los franceses, no hacían mucha cuenta del concilio; España e Inglaterra no concurrirían, «y estos cardenales piensan más en tener obispados que en la reforma de la Iglesia; así que yo no tengo demasiada confianza en el concilio».

Sintiéndose bien respaldados, los cismáticos llevaron su audacia hasta fijar en las puertas de la iglesia de San Francisco de Rímini, junto a la cual residía el papa, dos citaciones para que Julio II compareciese en el concilio como si fuera un reo (28 mayo 1511). Esta inútil provocación confirmó al pontífice en su proyecto de convocar un contraconcilio y de proceder severamente contra los cardenales rebeldes. En efecto, Julio II convocó el concilio V de Letrán y anuló el conciliábulo de Pisa (18 julio

1511). Diez días después apareció un monitorio contra los cardenales rebeldes, intimándoles a desistir del cisma en el plazo de sesenta y cinco días, bajo la pérdida de sus dignidades y oficios. Los cardenales cismáticos no estaban de acuerdo entre sí. Cada uno quería el pontificado. Luis XII y Maximiliano tampoco acababan de ponerse de acuerdo sobre el lugar del concilio. El emperador estaba empeñado en que la asamblea se reuniese en Trento o Verona, al paso que Luis XII se inclinaba en favor de Pisa o Vercelli. El 25 de agosto de 1511, al recibir los cardenales la noticia de que Florencia accedía a conceder Pisa, resolvieron celebrar el concilio en aquella ciudad y nombraron procuradores que comenzasen los preparativos. El emperador aceptó que el concilio comenzase en Pisa, pero pidió que luego se trasladase a Verona o Mantua. La noticia de la firma de la Santa Liga (5 octubre 1511) parece que decidió al fin a Luis XII a poner en marcha la máquina del concilio. En Lucca, cuando Carvajal se dirigía a Florencia a preparar el concilio, le llegó la noticia de que Julio II había pronunciado contra él y sus colegas Briconnet, Borja y Prie la excomunión, la deposición y la pérdida de todas sus dignidades y oficios (24 octubre 1511). Carvajal, desesperado, replicó acelerando los preparativos del conciliábulo. Llegó a Pisa el 30 del mismo mes. La apertura tuvo lugar el 1.º de noviembre. Cuando los cardenales se dirigieron a la catedral para celebrar la solemne misa, encontraron las puertas cerradas. Sin esperar a que fuesen abiertas por la fuerza, se trasladaron a la abadía de San Miguel, donde se desarrolló la ceremonia. Fue elegido presidente del concilio Carvajal, pero declaró que no podría soportar una carga tan pesada más de un mes. De hecho presidió las diez sesiones.

La primera sesión solemne se celebró en la catedral de Pisa cuatro días después con la asistencia de cuatro cardenales, dos arzobispos, catorce obispos, dos abades y numerosos doctores, casi todos franceses. Carvajal, en su arenga, estuvo elocuente, untuoso y devoto hasta derramar lágrimas, pero no expuso ningún programa concreto de trabajo. En la sesión II (7 noviembre 1511) se publicaron cinco decretos anodinos y se nombraron algunos oficiales, entre ellos dos notarios por la nación española: Baltasar Portillo y Vasco de Villasayas. Fue designado abogado Felipe Decio, el cerebro del concilio. En la sesión III (12 de noviembre), el concilio publicó los siguientes decretos, que eran mera repetición de los de Basilea: el sínodo no puede disolverse hasta que haya reformado la Iglesia, extirpado las herejías y los cismas y se aplaquen las guerras; el concilio es superior al papa; todo el mundo, incluso el papa, está obligado a obedecerle, de lo contrario será castigado debidamente.

Seguidamente, los conciliares se trasladaron a Milán. Carvajal retrasó su entrada solemne en la ciudad hasta el 7 de diciembre. La sesión IV fue aplazada hasta el 4 de enero de 1512. Si en Pisa el concilio fue impopular, en Milán mucho más. Los cardenales eran abucheados en las calles, sobre todo Carvajal, considerado como el responsable número uno del conciliábulo, a quien por burla llamaban «el papa Bernardino».

Los sacerdotes cesaron espontáneamente de celebrar los divinos oficios. Los decretos publicados en la sesión V (11 febrero) eran tan poco originales como los anteriores. La sesión VI (21 de abril) declaró contumaz a Julio II y nulo el concilio de Letrán. En la VII (19 de abril) se acusó a Julio II. En la VIII (21 de abril), los cismáticos, envalentonados con la victoria de Rávena, suspendieron al papa en sus funciones espirituales y temporales. Pero la división de los jefes se acentuaba de día en día. Carvajal y Briconnet no se entendían. También surgieron diferencias entre los obispos y los doctores. No pocos prelados querían privar a los doctores de voto definitivo. Guillermo Duchesne y otros dos procuradores de la Universidad de París se quejaban de que desde su llegada al concilio no habían tenido un momento de respiro y experimentaron tal tristeza, que alguna vez sintieron tedio de la vida (21 abril 1512).

Sin embargo, sus tribulaciones iban a terminar pronto. El conciliábulo tenía contados sus días. En junio de 1512, Luis XII perdió el Milanesado. El 4 del mismo mes, la asamblea acordó trasladarse a Asti, donde celebró la IX sesión (12 de junio). El mismo día, el concilio decretó su propio traslado a Lyón, donde Carvajal abrió la X y última sesión (6 diciembre 1512) en plena agonía. En vano se presentó en París. Ni el capítulo de Nuestra Señora ni la Universidad sostenían ya a la asamblea, que había caído en la impotencia y en el ridículo. Sin clausura oficial, se dispersó por sí misma. Ni siquiera cumplió su papel de farsa para presionar al papa. Entretanto estaba en marcha el concilio V de Letrán.

Preparativos españoles

Como se ha indicado ya, este concilio fue convocado el 18 de julio de 1511 como réplica al conciliábulo de Pisa. Se trata de un concilio estrictamente pontificio, en el que el papa y los cardenales tenían la primera y la última palabra. Los obispos, no muy numerosos, eran en su mayoría italianos y desempeñaron un papel bastante pasivo. En su primera etapa, en tiempo de Julio II (1512-13), el concilio se limitó a luchar contra el conciliábulo pisano. En la segunda, en tiempo de León X (1513-17), se ocupó no sólo de la extirpación del cisma, sino de la reforma de la Iglesia, de la condenación de los errores neoaristotélicos y de la cruzada contra los turcos.

Desde el primer momento, Fernando el Católico prometió su apoyo al papa Julio II para arrojar de Italia a los franceses (4 noviembre 1510), rechazó las sugerencias cismáticas de Luis XII, se opuso al Pisanum II, firmó la Santa Liga con Julio II y Venecia (4 octubre 1511) y se adhirió públicamente al concilio V de Letrán. Aun antes de que éste fuese convocado, Fernando el Católico comenzó los preparativos para la participación española. Así, preguntó a su embajador en Roma qué medidas debía adoptar en favor del concilio y cuántos obispos debía enviar (16 julio 1511). Poco después pidió al licenciado Illescas un informe sobre el conciliábulo de Pisa. Y escribió a los obispos de Córdoba, Astorga, Burgos y Barcelona, al patriarca de Alejandría y al arzobispo de Sevilla que le indicasen los nombres de los prelados que debían ir al concilio y los temas que convenía plantear en él. Los obispos debían asesorarse de buenos letrados sobre este punto (27 noviembre 1511).

Veinte días más tarde (17 diciembre 1511) se reunieron varios asesores del rey y adoptaron diversos acuerdos: estudiar las instrucciones que llevaron al concilio de Basilea los embajadores de Aragón y Castilla y no hacer congregación de prelados. La comisión sugirió los nombres de la futura representación española y su programa de trabajo, que debía abarca la fe, el cisma, la paz y, sobre todo, la reforma. Entiéndase la reforma del papado y de la curia, no la de la iglesia española. El juicio —dicen— debe comenzar por la casa de Dios; pero «en lo que toca a las costumbres del papa, que él mismo se juzgue y se dexe al juicio de Dios». Los demás artículos se referían a la elección del papa, número y calidad de los cardenales, celebración periódica de concilios, revisión del *Corpus Iuris Canonici*, tomando medidas para que en adelante se guardasen los cánones y no se pudiese dispensar en cosa alguna, buscando la mejor forma posible para que el papa no pudiese quebrar los derechos; colación de los beneficios curados por los obispos y residencia de los pastores de almas. Los consejeros de Fernando el Católico recogían algunas de las aspiraciones de los concilios de Constanza y Basilea, quitándoles toda carga conciliarista.

Los dictámenes de los obispos consultados coincidieron en gran parte con estas directrices de tipo descentralizador y episcopalista. En líneas generales, tanto los consejeros de Burgos como los obispos se muestran más fecundos en denunciar los males que en proponer remedios. Enumeran casi todos los abusos que absorberán la atención del concilio de Trento, pero revelan poca imaginación creadora. Su actitud es básicamente conservadora: todos propugnan la vuelta al derecho común y el respeto a la legislación vigente. No buscan la adaptación de la Iglesia a los nuevos tiempos, sino la vuelta a un estado anterior, considerado como más perfecto. Ninguno disimula el malestar que le produce el sistema romano. En su opinión, la mayor parte de los abusos existentes tienen su origen en las dispensas y privilegios concedidos por la curia pontificia. En sus memoriales se percibe un eco continuo de los decretos de Constanza y Basilea, aunque depurado de todo resabio conciliarista.

A base de ellos, Fernando el Católico redactó las instrucciones para sus embajadores en el concilio, pero el monarca desechó la mayor parte del material preparado por considerarlo quimérico o explosivo, e introdujo temas destinados a fortalecer su posición en el interior de la iglesia española. Las instrucciones constan de veintidós puntos y se fijan, ante todo, en los problemas relativos a la Iglesia universal: herejías y cismas, superioridad del papa sobre el concilio, celebración periódica de concilios, elecciones pontificias sin simonía, cualidades de los cardenales, etc. Luego vienen los temas referentes a la iglesia española y al patronato real; que los obispados y otras dignidades y beneficios del patronato real, aunque vaquen en Roma, no se den sin presentación de sus alte-

zas; supresión de las expectativas para los beneficios patrimoniales de
Castilla; abolición de las medias anatas, de los espolios y de los frutos en
sede vacante; fijación de un tope de bienes raíces a cada monasterio;
eliminación de los superiores extranjeros en las órdenes religiosas; exclusión de los extranjeros de los beneficios españoles, etc.

PRESENCIA ESPAÑOLA EN EL CONCILIO

Ninguna nación hizo preparativos tan serios como España en orden
al concilio Lateranense V, pero su participación en la asamblea fue
siempre muy reducida. De ni un solo obispo español se puede asegurar
con certeza que fue enviado por el rey. Ni un solo teólogo o canonista
español estuvo presente en el concilio, o al menos no consta. El concilio
de Basilea quedaba muy lejos. El único que no faltó a sesión alguna fue
el embajador español, Jerónimo de Vich; pero, como seglar, carecía de
voto. El 17 de abril de 1512, Fernando el Católico se excusó de haber
suspendido hasta entonces el despacho de los embajadores y prelados
que habían de ir al concilio, pero nunca se enmendó. Sin embargo, las
actas del concilio registran algunos nombres españoles. Entre los oficiales designados por Julio II en la sesión I figuran Alfonso de Lerma
como notario y Bernardino de Contreras como vicenotario y «scriba».
Sin duda residían en la curia romana. El cardenal Jaime Serra asistió a
título personal a las diez primeras sesiones, salvo la VIII. En idénticas
condiciones concurrió a las cinco primeras sesiones, y a la VIII el ancia-
no Juan de Sepúlveda, a quien las actas llaman obispo de Tuy, a pesar
de que don Fernando no le dejó tomar posesión de dicha sede. A raíz de
la segunda sesión, Julio II metía mucha prisa para que los prelados
de España acudiesen presto, especialmente Cisneros y Deza; a éste llegó
a ofrecerle el capelo cardenalicio. El celoso obispo de Burgos, fray Pascual de Ampudia, O.P., se presentó en Roma, no se sabe si por propio
impulso o enviado por el rey; pero llegó después de la sesión II (17
mayo 1512) y murió antes de la tercera (3 diciembre 1512). Por eso su
nombre no figura en las actas. En definitiva, en las cinco primeras sesiones no intervino ningún representante oficial de la iglesia española
por culpa, sobre todo, de Fernando el Católico.

Desde la sesión VI (27 abril 1513), el concilio entró en su segunda
fase, pilotado por León X. En la sesión VII (17 junio) se constata la presencia del obispo de Urgel, Pedro de Cardona. El sermón corrió a cargo del maestro Baltasar del Río, un humanista palentino, secretario del
cardenal Serra al menos desde 1503, que llegó a manejar el latín con la
misma facilidad que el castellano. Versó sobre la necesidad de organizar
una cruzada contra el turco. A partir de la sesión VIII (19-12-1513)
frecuentó el aula conciliar Bernardino de Carvajal, cabecilla del cisma,
ya reconciliado y absuelto. Liquidado el cisma, se corrió la noticia de
que León X se disponía a clausurar el concilio en la sesión siguiente.
Fernando el Católico se alarmó y cursó órdenes a su embajador para

impedirlo. La sesión IX (5 mayo 1514) se caracterizó por la ausencia total de los obispos españoles, si bien no faltaron ni el embajador español ni los cardenales Serra y Carvajal. Asistió también Antonio de Zúñiga, prior de Castilla de la Orden de San Juan de Jerusalén, en relaciones tirantes con Fernando el Católico. En vista de las reclamaciones del embajador español, el rey prometió enviar varios obispos doctos y celosos, pero luego cambió de opinión y se contentó con el envío de uno solo en nombre de los demás (15 agosto 1514). A tal fin obtuvo dispensa pontificia. Ese obispo, representante solitario del episcopado español fue, quizá, Juan de Espés, obispo de Urgel, que intervino en la sesión X (4 de mayo 1515). Para la sesión XI (19 diciembre 1516), el papa invitó especialmente al obispo de Málaga, Diego Ramírez de Villaescusa; pero el rey no le dejó partir por no verse privado de sus servicios. Tomaron parte en ella el obispo de Urgel y el cardenal Carvajal. En la sesión XII y última (16 marzo 1517) intervino, a título personal, el obispo de Salamanca, Francisco de Bobadilla, quien se opuso a la clausura del concilio y a la imposición de una décima para la hipotética guerra contra los turcos. Celebró la misa el cardenal Carvajal y presenciaron la ceremonia los dos embajadores españoles: el saliente, Jerónimo de Vich, y el entrante Pedro de Urrea, obispo de Siracusa.

Resultado paradójico

Fernando el Católico no estaba ya en este mundo para contemplar el fracaso parcial de sus planes. El conciliarismo había sido vencido y el papado quedaba, una vez más, victorioso, pero Francia quedaba también vencedora tanto en el terreno militar (batalla de Marignano, 1515) como en el eclesiástico (concordato, 1516). El resultado podía parecer paradójico. Francisco I, sucesor del «anticristo» que había provocado el cisma, fue gratificado con el privilegio más grande que jamás la Santa Sede había concedido a nación alguna, al paso que Carlos I, sucesor del «salvador» de la Iglesia, quedaba con las manos vacías en el aspecto eclesiástico. Y en el militar sólo pudo apuntarse la modesta conquista de Navarra, obtenida por Fernando el Católico de una manera tan poco limpia, que ha sido y es severamente criticada por sus mismos admiradores. La situación no tardó en modificarse. El 6 de septiembre de 1523, Adriano VI concedía a Carlos V un privilegio similar al francés: el derecho de patronato y de presentación para los obispados españoles. Dos años después, la batalla de Pavía aseguraba a España la hegemonía en Italia.

A raíz del concilio Lateranense V, se celebraron en España tres concilios en Barcelona, Tarragona y Madrid, pero no para ejecutar sus decretos, sino para oponerse a uno de ellos relativo a la décima. El concilio V de Letrán dejó en España un recuerdo desagradable. Los obispos españoles, reunidos en la primera convocatoria del concilio de Trento, se negaron a reconocer su carácter ecuménico, diciendo que sus decretos habían aumentado la confusión en vez de reformar la Iglesia. Bartolomé Carranza de Miranda en su *Summa conciliorum* lo cuenta entre los concilios generales. Tal vez, una participación más nutrida del episcopado español habría logrado imprimir al concilio V de Letrán un giro diferente. Resulta enigmática la postura abstencionista de Fernando el Católico, que tanto empeño puso en desbaratar el intento cismático de Pisa.

TERCERA PARTE

REFORMA DEL EPISCOPADO Y DEL CLERO DE ESPAÑA EN TIEMPO DE LOS REYES CATOLICOS Y DE CARLOS V (1475-1558)

Por TARSICIO DE AZCONA

FUENTES

V. BELTRÁN DE HEREDIA, *Cartulario de la Universidad de Salamanca*, 5 vols. (Salamanca 1966); A. DE LA TORRE, *Documentos sobre relaciones internacionales de los Reyes Católicos*, 6 vols. (Barcelona 1949-66); L. SUÁREZ, *Política internacional de la Reina Católica*, 5 vols. (Valladolid 1965-72); M. FERNÁNDEZ ALVAREZ, *Corpus documental de Carlos V*, vol.1: 1517-39 (Salamanca 1973) (obra en curso de publicación); *Cartas de los secretarios del cardenal Cisneros durante su regencia de 1516 y 1517* (Madrid 1875); P. MARTIRE D'ANGHIERA, *Opus epistolarum...* (Compluti, apud M. de Eguía, 1530; existe trad. cast. por J. López de Toro); J. FERNÁNDEZ ALONSO, *Legaciones y nunciaturas en España de 1466 a 1521*, vol.1: 1466-86 (Roma 1963); *Colección de documentos inéditos para la historia de España*, 113 vols. (Madrid 1842-95) (CODOIN); *Calendar of letters, despatches and state papers... preserved in the Archives at Simancas and elsewhere... Ed. by G. A. Bergenroth...*, 9 vols. (London 1862-86); G. HEINE, *Briefe an Kaiser Karl V, geschrieben von seinem Beichtvater in den Iahren 1530-32* (Berlín 1848); *Correspondencia del cardenal de Osma con Carlos V y con su secretario, don Francisco de los Cobos...*: CODOIN v.14 (Madrid 1849) 5-284 (para completar a Heine); L. P. GACHARD, *Correspondance de Charles-Quint et d'Adrian VI* (Bruxelles 1859). Es obvio que han sido consultadas fuentes doctrinales, literarias y narrativas de escritores de la época. Dado que el tema no está todavía investigado en las fuentes documentales, en muchas ocasiones hemos recurrido a citas de archivos para pasajes importantes.

BIBLIOGRAFIA

Contexto histórico general: L. SUÁREZ, *Restablecimiento de la monarquía. El máximo religioso. La gran política: Historia de España dirigida por R. Menéndez Pidal*, vol.17 tomo 2 (Madrid 1969); M. FERNÁNDEZ ALVAREZ, *La España del emperador Carlos V...: Historia de España dirigida por R. Menéndez Pidal*, vol.18 (Madrid 1966); K. BRANDI, *Carlos V...* (Madrid 1943); P. CHAUNÚ, *La España de Carlos V...*, 2 vols. (Barcelona 1976); A. DOMÍNGUEZ ORTIZ, *El antiguo régimen: los Reyes Católicos y los Austrias...* (Madrid 1973).

Contexto socioeconómico: J. A. MARAVALL, *Estado moderno y mentalidad social (siglo XV a XVII)*, 2 vols. (Madrid 1972); F. DE LA IGLESIA, *Estudios históricos: 1515-1555* (Madrid 1908); R. CARANDE, *Carlos V y sus banqueros. La vida económica en Castilla (1516-1556)*, 3.ª ed. (Madrid 1965); J. A. ESCUDERO, *Los secretarios de Estado y del despacho (1474-1724)*, 4 vols. (Madrid 1969).

Contexto cultural: Q. ALDEA, *Límites y valoración del tránsito de la Edad Media a la Moderna:* Cuadernos de historia 1 (1967) 1-36; M. FERNÁNDEZ ALVAREZ, *La sociedad española del Renacimiento* (Salamanca 1970); J. A. MARAVALL, *La estimación de lo nuevo en la cultura española:* Cuad. hispano-americanos n.171 (1964) 439-70; ID., *Carlos V y el pensamiento político del Renacimiento* (Madrid 1960). Contienen un material imposible de describir los ocho Congresos de la Corona de Aragón.

Reforma y política religiosa: R. ARCE, *San Juan de Avila y la reforma de la Iglesia en España* (Madrid 1970); J. BADA, *Situación religiosa de Barcelona en el segle XVI* (Barcelona 1970); J. GARCÍA ORO, *Cisneros y la reforma del clero español en tiempo de los Reyes Católicos* (Madrid 1971); J. GOÑI GAZTAMBIDE, *España y el concilio V de Letrán:* Annuarium historiae conciliorum 6 (1974) 154-222; J. M. DOUSSINAGUE, *Fernando el Católico y el cisma de Pisa* (Madrid 1946) (apéndice de documentos); M. ANDRÉS, *La teología española en el siglo XVI,* 2 vols. (Madrid 1976-77); H. JEDIN, *Il tipo ideale di vescovo secondo la riforma cattolica* (Brescia 1950). Adaptado al francés por P. BROUTIN, *L'evêque dans la tradition pastorale de XVe siècle* (París 1953); J. LÓPEZ MARTÍN, *La imagen del obispo en el pensamiento teológico-pastoral de don Pedro Guerrero en Trento* (Roma 1971); J. I. TELLECHEA, *El obispo ideal en el siglo de la reforma* (Roma 1963); J. ORTEGA, *Un reformador pretridentino: Don Pascual de Ampudia, obispo de Burgos (1496-1512)* (Roma 1973); L. GUTIÉRREZ MARTÍN, *El privilegio de nombramiento de obispos en España* (Roma 1967); A. M. ROUCO-VARELA, *Staat und Kirche im Spanien des 16. Jahrhunderts...* München 1965) (contexto histórico-jurídico de las relaciones Iglesia-Estado; estudio muy poco conocido). Muchos estudios monográficos serán citados a pie de página, así como los que hemos dedicado a la elección y reforma del episcopado español en tiempo de los Reyes Católicos, a Isabel la Católica, a Juan de Castilla, rector de Salamanca, y a las asambleas del clero, lo mismo que a la reforma española antes de la reforma luterana. En esta nota no citamos manuales ni obras generales; sin embargo, es necesario hacer dos excepciones: el *Diccionario de historia eclesiástica de España* (DHEE), con voces importantes para este período, y los muchos estudios, sobre todo el manual, de R. GARCÍA-VILLOSLADA, *La Iglesia en la época del Renacimiento y de la Reforma católica,* en *Hist. de la Iglesia Cat.* vol.3: Edad nueva, 2.ª ed. (Madrid 1967), que ofrece varios capítulos de verdadero especialista.

Conocemos desde el principio de este volumen el escenario de las iglesias particulares de los reinos hispánicos, con los problemas inherentes al alumbramiento de nuevas sedes, división de las existentes y reajuste de los límites de las mismas [1]. No eran iglesias eremíticas, alejadas de la cristiandad. Habían intervenido en los concilios generales y conocían los movimientos de renovación y de reforma que surcaban la piel y la entraña de las iglesias europeas. Es tiempo de aproximarnos más a dichas iglesias particulares, a los hombres y a las instituciones, a los problemas religiosos y eclesiásticos, al cuadro general y al latido espiritual de las mismas. Sin esta cálida aproximación humana, dichas iglesias se parecerían a viejos castillos deshabitados o a cementerios. Y lo que nosotros buscamos en ellas es la vida; cómo fueron cumpliendo la misión de testigos y eslabones; testigos de una Persona y de una Palabra y eslabones en la transformación de la sociedad humana.

---

[1] Aparte de los insustituibles de D. Mansilla sobre circunscripciones mayores, se echan en falta estudios sobre división de los obispados en arciprestazgos, vicarías y regiones homogéneas. No es imposible realizarlos, al menos para Castilla, partiendo del censo de Felipe II, al que luego nos referiremos.

Ahora bien, esta aproximación a las iglesias hispánicas la realizaremos, en lo posible, prestando atención al entorno que las envolvía: al Renacimiento, soñador de una existencia distinta y de un hombre nuevo; al Estado moderno, forjador de instituciones políticas en favor del autoritarismo regio; al clamor de reforma por unas expresiones de existencia religiosa purificadas y renovadas; al entorno de secularización, de agobio económico y de lucha entre estamentos sociales.

Entendemos que dicha aproximación incluye el estudio de dos hechos extensos: el religioso y el eclesiástico; cada uno con sus áreas de problemas complicados. Así fueron vistos ya entonces desde la sociedad secular y desde la elaboración del Estado, que supieron distinguir y tratar, por una parte, la unidad religiosa, la confesionalidad, la reforma y la evangelización; por otra, las estructuras eclesiales, la provisión de beneficios y el entramado de las realidades socioeconómicas subyacentes [2]. Esta arborización de problemas será presentada a lo largo de estos estudios con alguna alteración del citado orden lógico; de hecho, la iniciamos con la presentación del episcopado y del clero diocesano. No carece de interés conocer su existencia problematizada, el régimen de promoción a ambos estamentos y la renovación de imagen de los mismos no sin tensiones entre la curia romana, la Corona, la sociedad y los mismos interesados.

Nuestro itinerario quiere ser lúcido desde el principio a fin de captar las provisiones episcopales y los problemas derivados de las mismas; después intentaremos una historia visceral del clero diocesano y de los problemas que afectaban a su existencia; a continuación estrecharemos el cuadro para presentar en conjunto los aspectos económicos del estamento y la actitud del mismo, asomado a la cristiandad occidental.

---

[2] Preconizamos una presentación rigurosa de la temática hispánica renacentista, sin olvidar la confesionalidad y el proceso de secularización: M. A. LADERO, *Notas sobre la política confesional de los Reyes Católicos; Homenaje al profesor Alarcos* vol.2,11 págs. (separata); J. A. MARAVALL, *El proceso de secularización en la España de los Austrias:* Rev. de Occid. n.88 (1970) 61-99.

CAPÍTULO I

HISTORIA DE LAS PROVISIONES EPISCOPALES

El interés por la provisión de los obispados no había disminuido en el Renacimiento, sino que había recrecido a causa de los intereses puestos en juego y defendidos con tesón por la curia romana, por la Corona y por los cabildos [3]; por desgracia, quien no estaba presente era la voz de la mayoría silenciosa, la del pueblo cristiano. Sin descender todavía a detalles de cada reino peninsular, se puede afirmar que la curia mantenía con firmeza el régimen de centralización, incrementado por los pontífices de Aviñón, y que se manifestaba con fuerte colorido en la designación directa de los obispados y beneficios que se concedían en el consistorio de los cardenales; estaba en juego el poder económico de la situación eclesial. Culminaría esta acción en un fuerte sistema fiscal, impuesto a los principales obispados e iglesias.

La Corona real en abstracto y los príncipes temporales en concreto habían sido de siempre competidores de la curia pontificia en la provisión de los obispados por piques de honra, por efectividad de poderío dentro de la Iglesia y por las rentas que se barajaban; pero existía una razón decisiva para que la Corona aspirase a una intervención eficaz en las provisiones episcopales: el autoritarismo regio, en camino hacia el absolutismo; la imposición efectiva de la soberanía y el apoyo financiero de la Iglesia sólo serían viables con obispos respetuosos con la persona del monarca y con las instituciones del reino. Era necesario manejar el hilo de las provisiones y operar con ventaja en tal campo.

Quedaban los cabildos catedrales, que durante los siglos medulares de la Edad Media habían ejercitado el derecho de libre elección del obispo, conforme a las normas de las decretales. Fueron ellos quienes sintieron las dentelladas de las dos fuerzas competidoras, la de la curia romana y la de los soberanos temporales, y se vieron invadidos por las mismas. No fue pura coincidencia. Conforme los cabildos fueron perdiendo su protagonismo en la elección del obispo por intromisión de la curia romana y de la Corona, fueron creciendo los conflictos con los provistos; es fácil achacarlo a mundanidad y a no querer entrar por la vía estrecha de la reforma. Había precedido un hecho capital: habían sido desplazados a la hora de escoger pastor y guía [4].

---

[3] Para siglos anteriores, A. MAÑARICÚA, *El nombramiento de obispos desde los orígenes hasta la reforma gregoriana* (tesis; véase Rev. Univ. Madrid 15 [1966] 275-76; L. GUTIÉRREZ MARTÍN, *El privilegio de nombramiento de obispos en España* (Roma 1967); D. MANSILLA, *Bibliografía histórica sobre obispados (1950-1955):* Hispania sacra 9 (1956) 215-26. Véase también nuestro estudio *La elección y reforma...* (Madrid 1960).

[4] Más adelante estudiaremos los dos aspectos del problema: la lucha por la elección,

Esta triple actitud resulta consonante con el momento eclesial del otoño de la Edad Media, en el que las comunidades cristianas habían entrado en un régimen masivo de cristiandad, pero no se distinguían por una depurada fisonomía evangélica. Todos estos datos deben ser tenidos en cuenta ahora que intentamos rehacer la historia de las provisiones entre el otoño medieval, la primavera renacentista y la consolidación de los Estados absolutistas.

EL HECHO EPISCOPAL HISPÁNICO

El número de obispados hispánicos no era elevado en comparación con otras naciones europeas. Para el momento que historiamos, 48 sedes, repartidas en la siguiente proporción: 16 en los reinos de la Corona de Aragón, incluida la sede de Elne, en el Rosellón; 31 sedes en los reinos de Castilla, y tan sólo una en el reino de Navarra. Estaban agrupadas en siete provincias metropolitanas, excepto los obispados de Burgos, León y Oviedo, que estaban sometidas inmediatamente a la sede romana, sin intermedio de ningún metropolitano. Esta situación debía de tener sus ventajas, ya que se entablaron gestiones muy prolijas para eximir a Barcelona de la jurisdicción de Tarragona; a Salamanca, de Santiago, y a Elne, de Narbona. Las metrópolis clásicas, como Tarragona, Zaragoza, Santiago, Toledo y Sevilla, se repartían territorios muy extensos, y las de reciente creación, como Granada y Valencia, mucho más reducidos.

Esta red de sedes episcopales abarcaba una *geografía física* tan desigual y antagónica como el entramado de los diversos reinos hispánicos. Por eso, no será raro encontrar obispos que consumían sus vidas en sedes dificultosas y buscaban otras mejores, dejando las primeras por ásperas y destempladas, por periféricas y lejanas, por pobres y oprimidas o por bulliciosas y pendencieras. No quisiéramos exagerar, pero la mala situación religiosa de grandes zonas de las montañas se debía a la situación geográfica, no asimilada por los titulares que las regentaban.

Más importancia alcazaba la *geografía humana*, encarnada en pueblos, regiones y reinos distintos. A la hora de darles pastor y de regirlas eran elementos previos a cualquier acción pastoral conocer el origen, idioma, sentido de la vida, sentimiento religioso, costumbres, tradiciones, medios de trabajo y de producción. Puede pensarse en el bilingüismo de los obispados gallegos, en la situación de las iglesias de las montañas en el obispado de Burgos, en las zonas euskéricas de Calahorra y de Pamplona, en la fisonomía del principado de Cataluña o del reino de Valencia, en el puñado de islas de Baleares o de Canarias y en las huellas islámicas de toda Andalucía. Veremos cómo fueron tenidos en cuenta o cómo fueron olvidados estos factores a la hora de las provisiones.

Cercana a la geografía humana caminaba la *demografía de las diócesis*.

desde mitad del siglo XV, y el enfrentamiento con los provistos desde Roma a todo lo largo del siglo XVI.

Empeño imposible rehacerla, aunque pueden valer algunas aproximaciones. El tema resulta casi manoseado, sobre todo porque los mejores
especialistas llegan a resultados muy parcos que se repiten con reiteración. La acción pastoral de la treintena de obispos castellanos se ejercía
en 1591 sobre 6.543.098 laicos. A dicha cifra deben añadirse los siguientes conceptos: clérigos seculares, 33.087; religiosos, 20.697; religiosas, 20.369. Insistimos en que se trata de un censo de final de siglo y
que sirve sólo de orientación, ya que ningún obispo de nuestro estudio
conoció tal población. En torno a 1530 contaremos para Castilla
4.485.389 habitantes, con 23. 171 clérigos seculares y 28.054 religiosos [4*].

Para la Corona de Aragón poseemos, por desgracia, datos más im-
precisos. En un cálculo hipotético se le asignan los siguientes habitantes,
a los que añadimos Navarra y Guipúzcoa:

Reino	Habitantes	Clérigos	Religiosos	Religiosas
Aragón	348.533	1.742	1.101	1.083
Cataluña	373.490	1.867	1.180	1.161
Valencia	409.979	2.049	1.295	1.275
Navarra	157.980	789	499	491
Guipúzcoa	75.000	375	237	233

Otro aspecto del hecho eclesiástico que superaba la geografía y que
penetraba en el orden social era la estructura señorial y feudal de las
sedes episcopales. Se situaba, por derivación, en el *señorío abadengo,* que
se oponía al señorío laico de lo realengo y de lo solariego. Procedía del
tiempo de la Reconquista y de la constitución de las iglesias en las tierras ganadas a punta de espada [5]. Desde el plano institucional, el señor
eclesiástico, en esta caso el obispo o el cabildo catedral, entraba a gozar
de bienes de distinta índole:

a) bienes de dominio territorial; a veces, la villa episcopal, siempre
otras villas o pueblos y fortalezas, con los guardadores de las mismas y
las casas, bosques, cereales, vino y productos propios de cada obispado,
en especie o en dinero [6];

b) los bienes de vasallaje, como tributos, portazgos, frutos decimales, minucias de la ciudad [7];

c) los bienes provenientes de la jurisdicción, como penas arbitrarias
o de cámara, concesión y venta de notarías y escribanías públicas, nombramiento de justicias, alguaciles y otros oficios, normalmente venales [8].

[4*] F. RUIZ MARTÍN, *La población española al comienzo de los tiempos modernos:* Cuadernos
de Historia 1 (1967) 189-202; ID., *Demografía eclesiástica:* DHEE vol.II (Madrid 1972)
682-89 (cuadros estadísticos).
[5] Además de los estudios de F. Ruiz Martín, J. NADAL, *La población española (siglos XVI
al XX)* (Barcelona 1966).
[6] Tenían señorío sobre la villa episcopal Palencia, Sigüenza, Osma, Santiago, Tuy,
Mondoñedo y Lugo. Ponían un juez o regidor: Zamora, Oviedo y Tarragona; lo pretendió Calahorra. En Cuenca no podían llevar vara alzada los alguaciles civiles.
[7] El portazgo se refería a toda mercancía que entraba en el lugar de vasallaje. Los tributos eran en dinero y en especies de toda clase, según las regiones.
[8] No se olvide que, en contrapartida, el prelado tenía que pagar los oficios encargados
de tal jurisdicción. Hubo diócesis —p.ej.: Sevilla— en las que estos bienes se destinaban a
beneficencia y no se consideraban como bienes del prelado.

Quiere decir que, desde el momento de su provisión, el prelado adquiría una nueva personalidad, la de señor temporal, que con dificultad se avenía con la de obispo; el señorío era una máscara que desfiguraba la identidad eclesiástica y pastoral del prelado en una permamente dicotomía de planos de jurisdicción y de cruce de preocupaciones. Poseían señorío jurisdiccional pleno, ya que los reyes les habían dado las tierras «con la jurisdicción civil y criminal, alta y baja, y mero y mixto imperio». Por tanto, con señorío para juzgar, dominar, tributar y poseer la tierra y los vasallos [9]. Es verdad que los grandes señoríos fueron siempre laicos; pero algunos eclesiásticos no eran despreciables [10]. Sobresalía el señorío de Toledo; pero no debe ser exagerado, como si fuera el segundo del reino, después de la Corona; había en Castilla y en Andalucía señoríos más macizos en jurisdicción y en solares, en vasallos y en tributos que el de Toledo. La importancia le venía de que era abadengo y de que coincidía con el título de primado efectivo de las Españas. Seguía Santiago de Compostela, con amplio señorío no sólo en Galicia, sino en Zamora, Salamanca y Palencia. Le seguían, de lejos, las diócesis gallegas y varias castellanas, como Burgos, León, Oviedo, Palencia y Segovia.

En la Corona de Aragón se mantenía el señorío de los obispos con gran irregularidad; mientras en el Principado eran considerables, bajaban en Aragón y no se encontrarán indicios en Mallorca y en Valencia. El obispo de Pamplona siguió manteniendo el señorío del castillo de Navardún, que se adentraba en el reino de Aragón [11].

El hecho episcopal recaía sobre personas determinadas, que podían ostentar diversos nombres y que conviene no confundir. Obispo titular o residencial era aquel que poseía la sede con pleno derecho y con todos los requisitos legales. Al mismo se le podía dar un obispo coadjutor en caso de enfermedad o por otros motivos; también se le adjuntaba, en ocasiones, un obispo auxiliar para ciertas funciones [12]. Quien no conseguía el obispado en propiedad podía gozarlo en administración temporal o perpetua; es decir, sin pleno título canónico, pero con derecho efectivo a rentas; o en encomienda, también temporal o perpetua, con título para cobrar los bienes del beneficio. En ambos casos debería nombrar oficiales que lo gobernasen *in spiritualibus,* es decir, en la cura pastoral, e *in temporalibus,* es decir, en la administración económica; eran

---

[9] Los estudios anteriores han quedado superados por S. DE MOXÓ, *Los señoríos. En torno a una problemática para el estudio del régimen señorial:* Hispania 24 (1964) 185-236; ID., *El señorío, legado medieval:* Cuad. de Historia 1 (1964) 105-18. Puede verse también A. M. GUILARTE, *El régimen señorial en el siglo XVI* (Madrid 1967).

[10] Sirva esta orientación general en la imposibilidad de descender a cada señorío. La justicia eclesiástica debía deponer su vara al llegar el rey, según doctrina de letrados y práctica de la corte; Toledo ofreció resistencia a esta práctica, pero en el siglo XVI se superaron estos residuos de feudalismo.

[11] Los testimonios son constantes; véase, por ejemplo, el pleito homenaje de 1481 y la concesión de la alcaidía a Juan Remírez el 18 de marzo de 1523 por mandato del cardenal Cesarini. Cf. *Arch. Dioc. Pamplona, Cardenal Cesarino* fols.25-26v.

[12] Véase el trabajo de conjunto de V. CÁRCEL, *Obispos auxiliares y coadjutores:* DHEE vol.3 (Madrid 1973) 1791-96. También al especialista F. FERNÁNDEZ SERRANO, *Obispos auxiliares de Palencia: siglos XV-XX:* Hispania sacra 24 (1971) 5-44 (cita para otros obispados).

sus vicarios generales y en ocasiones podían haber accedido al grado episcopal.

Existen otras formas de episcopado, pero el que salta con más frecuencia en los documentos es el obispo de anillo, aquel que de forma graciosa o con exquisitas maneras había conseguido en Roma la ordenación episcopal, no tenía sede y recorría las de los demás realizando las funciones que le encomendasen los titulares; por ejemplo: impartía la confirmación o las órdenes sagradas y vivía de tal ministerio. Estos obispos de anillo se multiplicaron, hasta provocar la protesta de la Corona, y en no pocas ocasiones cometían numerosas tropelías, rayanas en la simonía [13].

PAPAS RENACENTISTAS: EL FRANCISCANO SIXTO IV (1471-84)

El problema de las provisiones episcopales llegó a manos de Isabel y Fernando en malas condiciones. A partir del concordato firmado el 3 de mayo de 1418 con la nación española parecía desembarazado el camino; las vacantes en la curia serían provistas por el papa; las demás, en las diócesis, por los cabildos; sin embargo, no pasó mucho tiempo sin que Juan II elevase a la curia una reclamación por los derechos conculcados a la Corona, pidiendo que los cabildos eligiesen a aquellos «pro quibus reges instarent» [14]. Martín V (1417-31) reconoció los «derechos y antiguas y laudables costumbres» del reino castellano, recogidas ya en las *Partidas*. Juan II y su privado Alvaro de Luna pudieron intervenir con libertad en la provisión de las sedes.

El jativano Calixto III (1455-58) dispensó parecida condescendencia a Enrique IV; en una bula de 10 de enero de 1456 precisaba la forma de intervenir la Corona ante los cabildos y se comprometía a instituir canónicamente a aquellos por quienes el rey suplicase. La misma concesión fue repetida por el papa Pío II (1458-64). La situación no era distinta en la Corona de Aragón, donde, sin tantas concesiones y con más agilidad política, la Corona dirigía las provisiones. La situación prosiguió durante el pontificado de Paulo II (1464-71) y los primeros años del genovés Della Rovere, el franciscano Sixto IV (1471-84).

Pero no se piense que las provisiones discurrían llanamente; los cabildos catedrales se sintieron preteridos y poco dispuestos a perder su principal prerrogativa. La turbada situación política peninsular favoreció la resistencia. Por una parte, conocemos el rechazo romano a los electos por varios cabildos; así, los casos de Barcelona, 1463; Sigüenza, 1465; Oviedo, 1466; Tuy, 1468; Palencia, 1469, y Cuenca, 1469. Por otra par-

---

[13] Referencias en el dictamen de D. de Deza para el concilio de Letrán, en J. M. DOUSSINAGUE, *Fernando el C. y el cisma de Pisa* (Madrid 1946) apénd.49 p.532-38. Análisis del mismo en J. GOÑI GAZTAMBIDE, *España y el concilio V de Letrán: Annuarium hist. conciliorum* 6 (1974) 154-222.

[14] Publicamos esta bula *Sedis apostolicae* (Roma, 8 octubre 1421) en *La elección y reforma...* p.313-14. El verbo «instarent» no tiene connotación jurídica, sino el sentido de «insistir, apremiar con instancias». Véanse en el mismo estudio las bulas que citamos a continuación.

te, con talante audaz y temerario, los cabildos resistieron a los promovidos por la curia romana, como en los casos de Zamora, 1468; Santiago de Compostela, 1469; Coria, 1475; Burgo de Osma, 1475; Palencia, 1476, y Calahorra, 1477. Esta oposición era superada a fuerza de monitorios con graves penas canónicas y en ocasiones con la ayuda del brazo secular. Si en estas décadas transidas de turbulencias sociales no pudieron los cabildos recobrar el derecho de elección, mucho menos cuando subió al trono la joven soberana, casada con el heredero de Aragón. Isabel y Fernando iban a marcar un hito nuevo en la historia de las provisiones episcopales.

Esbozaron para ese sector de la administración pública criterios muy firmes y claros; en la concordia de Segovia de 15 de enero de 1475, llamada «acuerdo para la gobernación del reino», aparecían con transparencia los siguientes: suplicarían para los obispados y otros beneficios castellanos a voluntad de la reina y los que fueran postulados para ello serían letrados. Más adelante analizaremos estos criterios; por ahora aludimos a los mismos para que quede patente que contradecían a la curia romana y a los cabildos, presagiando una política eclesiástica poco bonancible.

PROVISIONES DIFICULTOSAS: ZARAGOZA (1475-78) Y CUENCA (1478-82)

No terminó el primer año de reinado de los jóvenes monarcas sin un conflicto ruidoso que merece ser recordado. Sixto IV resistió con firmeza la provisión propugnada por el rey Juan II de Aragón para la sede de Zaragoza, vacante desde el 19 de noviembre de 1475; halagaba a Fernando, ya que se trataba de concederla a Alfonso de Aragón, hijo bastardo de éste, tenido de Aldonza Roig de Iborra en 1470. No estuvo alejado de la tramitación: «yo enbié cartas para la corte romana en favor del dicho mi fijo, e agora torno a escribir sobre ello». En consistorio, Sixto IV había provisto la iglesia en Auxias Despuig, arzobispo de Monreal y cardenal de Santa Sabina. En la óptica de Juan II, la provisión servía para prestigiar «al serenísimo rey de Castilla», y se mantuvo inconmovible. Se complicaron las cosas cuando los reyes de Aragón tocaron los intereses de la familia Despuig; pero por ese camino llegó la solución, renunciando el cardenal a la sede. El 14 de agosto de 1478, después de casi tres años de contienda, expedía el papa la bula *Regimini universalis ecclesiae*, concediendo en administración la sede zaragozana a un niño de nueve años, dispensándole del defecto de natalidad y fijando los veinticinco años para la adquisición del derecho pleno; se le reconocían todos los beneficios eclesiásticos ya poseídos, con los que mantenía su estado y su casa [14*]

[14*] Recogimos las fuentes de esta provisión dificultosa en *La elección y reforma...* p.97-104. Seguimos reclamando la atención sobre este arzobispo, clave en la historia de la Corona de Aragón.

El caso de Zaragoza alertó a los reyes castellanos para prevenir situaciones similares en sus reinos. El 5 de junio de 1475 firmaban unas instrucciones para el alcaide García Martínez de Lerma, enviado a Roma. El tema capital de las mismas se refería a las provisiones, a fin de conseguir del papa que no las expidiera contra la voluntad de la reina. Isabel repitió las mismas instrucciones con Pedro Colón, enviado para tratar el caso difícil de las relaciones con el arzobispo de Toledo, su adversario político. Igualmente se exponía el tema a la congregación del clero reunida en Sevilla en julio de 1478, consiguiendo la anuencia de la asamblea.

Pero la realidad iba a chocar en aquellos mismos días con esta estrategia de la corte. El día 1.º de agosto terminaba la asamblea de Sevilla; el día 3 quedaba vacante en la curia la iglesia de Cuenca por muerte del cardenal Antonio Giacomo Venier (Veneriis), bien conocido en Castilla por sus legaciones desde 1460. Sixto IV evitó toda dilación, y el día 13 de agosto nombró para Cuenca a su sobrino el cardenal Rafael Sansoni Riario; al comunicar la nueva a los reyes, les formulaba hábiles promesas. La iniciativa pontificia fue desatendida de plano en Castilla. Había llegado la hora presentida, y cada parte se aprestó a defender sus intereses. Los reyes confiaron en la diplomacia; en concreto prepararon la importante embajada de principio de 1479, encabezada por Diego de Muros, obispo de Oviedo; Juan Arias, canónigo de Sevilla, y Rodrigo de La Calzada, abad de Sahagún. Con esta embajada trataban no sólo de corresponder a otra conciliadora del papa, sino a ganar terreno en la línea de las provisiones, «y esto procurad con toda instancia, porque no entendemos dar lugar a otra cosa» [15]. Con esta frase declaraba la Cancillería regia que había tomado una determinación irrevocable. El caso empeoró con la prisión respectiva de personas acreditadas: la de Francisco de Santillana en Roma y la de Francisco Ortiz en Castilla. La Santa Hermandad fue encargada de mantener el orden en el obispado a fin de que se cobrasen las rentas del mismo y de evitar cualquier alteración pública.

El problema no adelantó en 1479 ni en 1480 y se puso en carne viva en 1481. Los reyes volvieron de nuevo a la diplomacia. Encargaron reanudar las gestiones a Alfonso de San Cebrián, religioso dominico, que viajaba al capítulo general de su Orden; de regreso trajo unos apuntamientos conciliadores del papa; se le mandó volver con amplias instrucciones, manteniendo la provisión de Cuenca en Alfonso de Burgos y prometiendo la provisión de Salamanca al nepote del papa. La curia comenzó a asesorarse con el mercader Domenico Centurioni, buen conocedor de Castilla. A él se encomendó el 29 de diciembre de 1481 tramitar un arreglo con la corte castellana. Aunque el cronista Pulgar afirme

---

[15] Fueron editadas sin fecha en CODOIN, vol.7 p.539-71; fueron dadas entre marzo y mayo de 1479. Para esclarecer la personalidad de Muros véanse los excelentes estudios de J. L. GONZÁLEZ NOVALÍN, *Los opúsculos latinos de los Diego de Muros*: Asturiensia Medievalia 1 (1972) 357-90, en el que distingue muy bien los personajes que llevaron dicho nombre; sobre estos homónimos el mismo autor ha publicado estudios más recientes.

lo contrario, no encontró dificultad en desembarcar y en caminar en busca de la corte. Después de largas negociaciones, se llegó al concordato de 3 de julio de 1482,\en el que la curia admitió las provisiones propuestas por Isabel: Cuenca para Alfonso de Burgos, Salamanca para el sobrino del papa, Osma para el cardenal González de Mendoza, y Córdoba para Tello de Buendía. Por otra parte, se conseguía una complicada imposición de pensiones y la reina concedía a la curia poder participar en un tercio de la décima y cruzada [16]. Este concordato solucionaba dificultades de hecho, dejando intacta la cuestión de derecho. Sixto IV capituló, «no sin lesión del honor de la Santa Sede», en las provisiones pendientes, pero sin conceder ningún derecho de presentación de obispados; esto se hace notar incluso en las bulas para las cuatro iglesias citadas, en las que se excluye cualquier derecho de los soberanos [17].

Entre dos pontificados. Política de Inocencio VIII (1484-92)

Poco después de firmado el concordato de Córdoba fallecía el arzobispo de Toledo, Alfonso Carrillo, pesadilla de Isabel durante los dos últimos lustros. Los reyes presentaron una nueva combinación de sedes. No resultó difícil que la curia aceptase a González de Mendoza para arzobispo de la sede primada. Pero Sixto IV buscaba para su sobrino una sede más pingüe que Salamanca; allá estaba vacante la de Sevilla; vista la oposición de la corte, por lo menos pedía para él la iglesia de Osma. Fue enviado a Roma con las últimas decisiones Diego Meléndez Valdés, consiguiendo las provisiones conforme a la voluntad de los reyes. Además tuvo persuasión para que le concediesen la iglesia de Salamanca, suplicada poco después por Isabel para su confesor Fernando de Talavera, prior jerónimo de Prado e inspirador de la política religiosa de la soberana. Este hecho es definitivo para probar que Sixto IV no había hecho a los reyes ninguna concesión general en el concordato de Córdoba. Se sintió capaz de permanecer inconmovible en el terreno del derecho, llevando hasta su muerte la tirantez con la corte castellana. El papa franciscano no vio la herencia que dejaba a su sucesor a causa de la provisión de Salamanca; después de incontables peripecias fue solucionada sólo el 16 de noviembre de 1491 [18].

Como si fuera pequeño dicho problema, Inocencio VIII se embarcó en una aristada contienda desde los primeros días de su pontificado. La

---

[16] Siempre lo hemos presentado como concordato, tanto por el título: «Pacta composita et concordata...», como por el contenido; otros autores sólo hablan de arreglo o concordia. DHEE vol.1 p.578 no lo recoge bajo la voz Concordato.

[17] Las palabras entre comillas son de Sixto IV en la bula de provisión de Cuenca. Véase *La elección y reforma...* p.131, con muchos detalles sobre estas provisiones; p.ej.: la morosidad en pagar la expedición de la bula de Cuenca durante varios años.

[18] Nótese que no se trataba sólo de la infidelidad cometida por el diplomático, sino de algo más soterrado: en Salamanca había «algunos parientes vuestros... los quales en los tiempos pasados syguieron al rey de Portugal... e sy la dicha yglesia pasase a vos sería sospechosa...» Guerra civil no restañada y rechazo del provisto por sospechoso en un obispado limítrofe.

iglesia de Sevilla quedaba vacante por muerte de Iñigo Manrique de Lara antes de julio de 1484. En la curia tentó tan preciada pieza. «Pero no piense nadie la possea sin que parta de voluntat nuestra. Y donde por importunidades otro proviesse, aquá no se dará lugar a ello» [19]. Quien apetecía dicha iglesia era nada menos que el cardenal vicecanciller Rodrigo de Borja, el que llevaba en su escudo un toro bravo y se había convertido en el curial más influyente. Los reyes actuaron en esta ocasión sin contemplaciones: ordenaron la prisión de Pedro Luis de Borja, hijo del cardenal; el secuestro de los obispados y beneficios que poseía Borja en sus reinos y el embargo de todos los bienes patrimoniales de la familia. Inocencio VIII hizo cuestión de honor personal no desairar a su vicecanciller. Empleó la diplomacia de Angelo Geraldini, obispo de Sessa, hermano de los Geraldini, humanistas de reconocida influencia en la corte castellana, y uno de ellos, Antonio, secretario de latín en la misma. Todo fue difícil en Roma y en Castilla; pero la voluntad de los reyes era irreformable. Borja se avino a renunciar a Sevilla, que fue concedida a Diego Hurtado de Mendoza el 26 de agosto de 1485, haciendo constar en la bula el derecho exclusivo del papa a tales provisiones. Lo mismo que antes en el caso de Cuenca, ahora se absolvía a los reyes de las censuras en que habían incurrido durante la contienda sevillana. Los monarcas, además de salvaguardar su preeminencia, se embolsaron los frutos de la sede vacante, por un valor de 4.150.000 maravedís y 670 arrobas de aceite [20]. Desde entonces ya no tuvieron contratiempo serio con Inocencio VIII por cuestión de provisiones; antes, por el contrario, consiguieron el privilegio de patronato y de presentación para todos los obispados y beneficios del reino de Granada, cuya conquista avanzaba con lentitud, pero con seguridad, y cuya estructuración se preparaba con mucha antelación; concesión que equivalía a un amplio portillo jurídico que la curia no podría cerrar ante parecidas pretensiones de los monarcas europeos.

LAS PROVISIONES DEL PAPA BORJA, ALEJANDRO VI (1492-1503)

A juzgar por el antecedente de Sevilla, que constituyó uno de los mayores desaires sufridos en toda su vida, podía parecer que el nuevo pontificado sería fecundo en litigios en torno a las provisiones. De hecho surgió un primer chispazo a raíz de la misma elección. El nuevo papa, saludado con tantas albricias y fiestas por los españoles, había prometido sus iglesias de Cartagena y de Mallorca a los cardenales Orsini y Savelli, que le habían dado el voto; la de Valencia quedaba reservada para su hijo César de Borja. Los reyes fueron obsequiosos con César, pero exigieron que Cartagena se concediese a Bernardino de Carvajal, y Mallorca a Guillermo Ramón de Moncada.

---

[19] Palabras de Fernando, rey de Aragón, a Francisco Vidal de Noya (Córdoba, 20 agosto 1484), en *Doc. Rel. Intern.* vol.2 p.82. Nótese cómo el rey lleva la gestión de una provisión netamente castellana, quizá por tratarse de un súbdito suyo.

[20] M. A. LADERO, *La hacienda real castellana entre 1480 y 1492* (Valladolid 1967) p.32.

Pasada esta primera dificultad por causa de las iglesias poseídas por el mismo papa, la provisión de obispados se deslizó por cauces de condescendencia en años sucesivos. Esta actitud formaba parte de la táctica alejandrina para tener propicios a los soberanos en los problemas de Italia, de los Estados Pontificios, de la política internacional e incluso en los familiares de sus numerosos hijos [21].

LAS PROVISIONES BAJO JULIO II (1503-13)

Las capitulaciones firmadas por los cardenales antes de la elección del papa Della Rovere, sobrino de Sixto IV, demuestran que en la curia romana no pensaban admitir interferencias seculares, antes bien pretendían ligar al futuro electo con este juramento: no conceder a los príncipes ningún privilegio sobre las provisiones, al menos sin el consentimiento de los cardenales. De hecho, el papa Della Rovere inició su política provisionalista con pies de plomo, a fin de no chocar con los reyes hispánicos. En el consistorio de 4 de noviembre de 1504 proveyó cuatro iglesias importantes: Sevilla, Córdoba, Palencia y Cartagena, atendiendo a la súplica regia, no obstante sus deseos de recompensar con ellas a curiales afectos. Además les concedió una entera décima para la lucha contra los infieles, les renovó el patronato sobre las iglesias de Granada y les brindó otros beneficios menores. Pero el carácter belicoso de Julio II apareció también en este campo. Estaban en juego cuestiones de política italiana e internacional, pero también la beneficial. El papa nombró a diversos extranjeros para beneficios españoles vacantes en la curia (= *in curia*). Isabel, ya en el ocaso de su vida, tomó la iniciativa de enviar a Roma a su consejero Juan López de Vivero (o de Palacios Rubios), quien había redactado para el caso un extenso dictamen sobre el derecho de los reyes a intervenir en las provisiones, incluso en las vacantes *in curia* [22]. La reina no vio terminada esta misión; quedó truncada y con síntomas evidentes de deterioro.

Julio II nombró obispo de León al cardenal Luis de Aragón el 26 de diciembre de 1504, a un mes del fallecimiento de la soberana, aprovechando la vacante en la curia de Francisco des Prats. El candidato de Fernando era Diego Ramírez de Guzmán, obispo de Catania, y el monarca manejó no sólo la diplomacia, sino otras medidas penales, contra el cardenal Vera, sucesor del cardenal de Aragón, secuestrándoles las rentas de sus beneficios, como en 1485 en el caso de Sevilla con la familia Borja. Julio II hizo pasar el 10 de mayo de 1507 la iglesia de León al cardenal Alidosi, obispo de Pavía, volviendo al fin de nuevo al cardenal de Aragón el 16 de junio de 1511. Habían transcurrido casi siete años de tensión y de diversos nombramientos, no aceptados desde España.

---

[21] Imposible rehacer todas las combinaciones de iglesias de este pontificado, algunas muy numerosas; así las recogidas en *Doc. Rel. Intern.* vol.4 p.206.

[22] Estudiamos este dictamen, editado posteriormente, *De beneficiis in curia vacantibus* en *La elección y reforma...* p.175 y 270, con la bibliografía sobre el personaje y ediciones del opúsculo.

Aunque en este caso no debe olvidarse que tan grandes y mayores eran las tensiones que se vivían en Castilla a raíz de la muerte de la reina y con motivo del advenimiento de los nuevos soberanos, los archiduques Felipe y Juana. Se puede afirmar que ninguna provisión fue realizada en paz a lo largo de aquellos trágicos años; o por haber quedado vacantes *in curia* y provistas por el papa, o por haber renacido las aspiraciones de los cabildos, que rechazaron a los provistos e incluso se lanzaron a elegir por su cuenta, o porque la administración hispánica no aceptó tales provisiones. Así, los conflictos de Tuy, Cádiz, Elne, Orense, y luego los de Palencia, Oviedo, Segovia y Zamora; más tarde, Pamplona y diversas iglesias de los dominios de Italia [22*]. La más enconada y trágica de tales provisiones resultó la de Zamora. Antonio de Acuña había sido enviado a Roma como diplomático de los nuevos monarcas, y se valió de la situación para su propio provecho, consiguiendo la sede para sí mismo. Aquí comenzó el desafío del obispo a la administración pública, con compases de paz y de guerrilla, convertido luego en caudillo de la revolución comunera, hasta que fue agarrotado por el alcaide Noguerol en el castillo de Simancas.

El horizonte empeoró al pasar de las provisiones a un conflicto jurisdiccional entre la curia y la corte a causa de la sede de Sigüenza; la ciudad pertenecía a la jurisdicción episcopal, y trató de liberarse de la misma respaldada por la Corona. Fueron fulminadas penas canónicas y fue citado ante la Rota romana todo el Consejo Real de Castilla. Fernando pensó en quitar al papa la obediencia de todos sus reinos. El nerviosismo se había apoderado de ambas partes, y las aguas volvieron a sosegarse gracias a circunstancias imprevistas. La situación italiana, turbada desde Francia y que originó el conciliábulo de Pisa, obligó a Julio II a buscar la defensa en el rey de Aragón y gobernador de Castilla. Se abrió un arco iris de paz y de inteligencia, y bajo tal signo se fueron proveyendo los obispados hasta el final del pontificado, aunque sin abdicar de la provisión de las iglesias vacantes *in curia;* parece que le sirvió de divisa aquella frase lapidaria escrita a los reyes: «Contenti iure suo, nos nostro uti sinant» [23].

El papa León X (1513-21) y el cambio de administración

Fue tan verdadera la postura de Julio II, que dejó dos iglesias provistas contra la voluntad regia: la de Burgos y la de Tuy. Al morir en la curia el obispo de Burgos Pascual de Ampudia, concedió dicha iglesia al cardenal de Albano Jaime Serra. La de Tuy venía en litigio hacía sie-

---

[22*] Citamos todos los conflictos para poner de relieve la resistencia de los cabildos. No interesan las personas elegidas comprometidas a defender los derechos de los mismos.
[23] «Contentos con su derecho, que nos dejen usar el nuestro»; palabras de Julio II en el breve de 23 de julio de 1505 a Fernando. Por su parte, éste seguiría encargando a sus agentes «que los obispados y otras dignidades y beneficios de patronato real, aunque vaquen en Roma, no se den sin presentación de sus altezas»; en J. Goñi Gaztambide, *España y el concilio V de Letrán...* p.187.

te años, desde el nombramiento de Juan de Sepúlveda, rechazado siempre en Castilla. El papa Médici se enfrentó desde el conclave de su elección con estas dos provisiones, pero sin conseguir la solución deseada, no obstante que se avino a otros reajustes de iglesias, tramitados por el embajador Jerónimo de Vich. Luego se añadiría la iglesia de Sigüenza. Las gestiones no tomaban buen cariz. Fernando se quejaba de que el papa no le respetaba el patronato a las 25 iglesias del reino de Nápoles ni a las iglesias de sus reinos hispánicos. Si las hubiera conocido, peor le hubieran sentado las concesiones hechas a la Corona de Francia en el concordato de 1516 en materia de provisiones de obispados y beneficios. Pero la muerte le había cercenado la voz para la protesta. En cambio, la elevó con respeto, pero con entereza, el regente de Castilla, cardenal Jiménez de Cisneros.

Una radiografía matizada de los obispos que dejaba Fernando a la hora del traspaso de administración a su nieto Carlos I, luego Carlos V el emperador, descubriría aspectos críticos de su política religiosa; por ejemplo: cómo había transigido en que fueran provistos cardenales curiales para conseguir el apoyo de los mismos; sedes colocadas en cabeza de familiares indignos; vacantes provistas con rapidez y en tiempos revueltos para favorecer a eclesiásticos que miraban hacia Flandes o a familias nobiliarias. Aunque las zonas más amplias de dicha radiografía se verían sanas con obispos de talla y muy entregados al servicio regio.

Hemos aludido a las provisiones inacabadas de Burgos y de Tuy. Pero mayores sinsabores sufrió León X por restituir al cardenal Carvajal a la sede de Sigüenza, perdida durante el conciliábulo de Pisa y concedida por Fernando a Fadrique de Portugal [24]. Fue caso serio, ya que Carvajal poseía, además de dicha sede, muchos y pingües beneficios en catedrales y diversas iglesias, que también habían sido concedidos a otras personas. La curia quiso favorecer y compensar al cardenal contrito. La corte se empeñó en no menoscabar la preeminencia regia ni perjudicar a quienes habían conseguido dichos beneficios. El nuevo electo, Fadrique de Portugal, actuaba con energía, desterrando de Sigüenza a parientes y favorecedores de Carvajal. León X escribió en numerosas ocasiones a Carlos I a fin de que sancionase con autoridad cuanto se había hecho en la curia para evitar el cisma de la Iglesia y para devolverle la unidad. Los consejeros regios de Castilla no se ablandaron. A los monitorios penales fulminados desde Roma y fijados en las puertas de la catedral de Sigüenza, se contestó «certificando a Su Santidad que en ninguna manera lo tenemos de consentir nin dar logar a ello». El Consejo de Castilla actuaba por su cuenta contra los favorecedores de Carvajal; por ejemplo: contra el conde de Monteagudo, que acogía en sus tierras a todos los partidarios del mismo. El licenciado Gaspar Calderón tuvo que defender a capa y espada al pretendiente regio y ayu-

---

[24] Las alusiones a esta provisión de Sigüenza son incontables, ya que tardó varios años en resolverse; interesa descubrir los favorecedores de ambos contrincantes: la nobleza nativa, con Carvajal; la administración regia, con Fadrique de Portugal; se inscribe en la aceptación de la nueva administración.

darle a recoger los frutos del obispado, evitar desmanes e impedir la publicación de documentos romanos sin que pasasen por el Consejo Real. «Ydo yo a esos reynos, que será muy presto, se dará conclusyón», escribía Carlos I el 21 de julio de 1516; pero este viaje se fue retardando durante muchos meses, y Carvajal no renunciaba desde la curia. Sólo la acción diplomática consiguió esta renuncia, y en el consistorio de 20 de junio de 1519 era reconocido Fadrique de Portugal como obispo indiscutible de Sigüenza. La corte pudo quedar satisfecha por muchas razones; entre otras, porque el elegido comenzaba a prestar a la Corona servicios considerables, y, más tarde, muy subidos desde el gobierno y la tenencia general de Cataluña.

Provisión de Toledo de 1517

Diversas provisiones pasaron sin dificultad a lo largo de los años 1516-17, lo que demuestra que el conflicto de una iglesia podía crispar los ánimos, pero no dañaba las relaciones enteras de la curia con la corte [25]. También se proveyó Toledo en 1517; pero este hecho merece singular comentario. Coincidió con el traspaso de poder, después de cuarenta años de gobierno personal y autoritario, al flamenco Carlos I. Es problema muy intrincado y del que sólo ofreceremos los datos medulares. El 8 de noviembre de 1517 fallecía en Roa el cardenal gobernador Jiménez de Cisneros, con los cinco sentidos alerta para mantener en paz la vida castellana mientras llegaba el nuevo soberano, augurio de un momento histórico nada claro. La provisión de Toledo no era pieza secundaria en aquel proceso que rezumaba ruptura con el régimen de los Reyes Católicos. Corte, curia romana, nobleza, cabildo toledano, clero hispánico, entraron en el juego, cada uno con su fardo de pesados intereses. Los correos se movieron con inusitada rapidez entre Castilla, Roma y Bruselas. No estuvo ausente el aspecto eclesiástico de gobierno de la diócesis primada, pero se sobrepuso el hecho de aferrar un puesto clave en el concierto de las fuerzas sociales y en la percepción de rentas caudalosas.

Eran necesarias medidas de urgencia para poner a buen recaudo las rentas de Cisneros, que podían constituir un buen espolio para la curia romana o un buen respiro para la economía de la corte de Bruselas. El cardenal franciscano había sido munífico en sus empresas preferidas, pero al mismo tiempo había sido buen economista y ahorrador. «Oíd qué clase de zarzales nacen en vuestros sembrados: aquel buen fraile, Ximénez, cardenal gobernador, ha estado amontonando dinero para traspasarlo a los flamencos..., los habitantes del océano Glacial se enri-

---

[25] Los comienzos de la política religiosa del nuevo monarca son numerosos; baste citar el clásico L. SERRANO, *Primeras negociaciones de Carlos V, rey de España, con la Santa Sede:* Esc. Españ. Arqueol. e Hist. en Roma 1 (1914) 21-96 (2.º cuaderno); W. PETTER, *Probleme der deutsch-spanische Begegnung in den Anfängen Karls V:* Spanische Forschungen der Görresgesellschaft 26 (1971) 1-62; BARÓN DE TERRATEIG, *La embajada de España en Roma en los comienzos del reinado de Carlos V:* An. Centro Cult. Valen. 19 (1958) 119-210.

quecerán, mientras que vuestra Castilla se verá esquilmada» ²⁶. Es sintomático que la corte, aposentada en Tordesillas, se hubiera ocupado en secuestrar todas las escrituras, rentas y bienes de Cisneros antes de que éste cerrase los ojos ante la hermana muerte ²⁷. Se encargaría del secuestro y de la conservación de los bienes el licenciado Fernando Gómez de Herrera, en cuyas manos jurarían los alcaides de las fortalezas pleito homenaje. Y comenzó a pujar el influjo de los posibles candidatos. En las fuentes coetáneas aparecen diversos nombres. El embajador Michele Soriano dice en una relación tardía de 1555 que Carlos I ofreció el arzobispado a su hermano Fernando. Pero tenemos la impresión de que en esta ocasión campeó la perplejidad, que fue aprovechada por el valido, es decir, el señor de Chièvres, Guillermo de Croy ²⁸. El citado Pedro Mártir, ademas de achacarle gran codicia, no le perdona que hubiera impuesto a su sobrino. Pero tenemos argumentos más convincentes. A la semana de la muerte de Cisneros, el rey concedió a Guillermo Jacobo de Croy carta de naturaleza para poder obtener cualquier arzobispado o beneficios en los reinos de Castilla, y pocos días más tarde le hacía merced de la tercera parte de los bienes confiscados por la Inquisición de Toledo ²⁹. El asunto estaba resuelto, aunque requería cierto tiempo.

Entre otras razones, porque afloró de nuevo el problema de la desmembración del arzobispado. Persistiendo la sede primacial con 30.000 ducados de renta para Croy, se le arrancarían territorios para otros dos obispados, el de Talavera y el de Alcalá o Madrid, con 15.000 cada uno ³⁰. Pero el audaz proyecto fracasó de nuevo; pudieron valer las razones de quienes aducían el prestigio universal de la iglesia de Toledo; en realidad, la familia Croy no pasó por la desmembración, que reducía a la mitad unas rentas que estaban a punto de caer maduras en sus manos. El viejo valido hizo buena también en aquella ocasión la divisa: «Je maintiendray».

Guillermo Jacobo de Croy era un muchacho de diecisiete años, obispo de Cambray y cardenal de Santa María in Aquiro desde el mes de

²⁶ P. Martire D'Anghiera, *Opus epistolarum...* ep.606 (4 febrero 1518), en J. López de Toro, *Pedro Mártir de Anglería, cronista íntimo del emperador:* Hispania 18 (1958) 469-504. En 29 noviembre 1517 comunicaba el cardenal Médicis al embajador de Venecia que había muerto Cisneros y que había dejado 400.000 ducados contantes. Paris de Grassis hace subir la suma a 500.000. Correspondencia ed. por C. Guasti, *I manoscritti torrigiani...:* Arch. Stor. Ital. 25 (1875) p.199.
²⁷ Este secuestro está documentado desde principio de noviembre de 1517 en numerosas cédulas reales a los gobernadores, a los del Consejo, al licenciado F. Gómez de Herrera, a los oficiales de Toledo, a los alcaides de las fortalezas para que las entregasen y a otros oficiales de Toledo, con grandes conminaciones; dichas cédulas se encuentran en *AGSimancas*, RGSello, y no las podemos especificar aquí.
²⁸ En Bruselas pronunciaban este apellido como va escrito, no con pronunciación francesa. Los archivos generales de la familia se encuentran en Mons, en vía de clasificación y de ordenación. Sin embargo, existen muchas noticias en otras fuentes; concretamente, en Simancas.
²⁹ Cédula dada en Mojados el 14 noviembre 1517, en *AGSimancas* RGSello, noviembre 1517; fol.8. y otra semejante para los bienes inquisitoriales.
³⁰ La fuente más segura es la correspondencia del nuncio en España; sin señalar fuente, conoció el tema A. Fernández de Madrid, *Silva palentina...* (Palencia 1932-42) p.509-12.

mayo de 1517. Fue necesario gestionarle en Roma el indulto para poder poseer primero el obispado de Borgoña y luego el arzobispado en España, no sin pagarlo bien en la curia romana. La mecánica de toda la provisión castellana con la gestión diplomática en Roma, la súplica regia, la provisión en consistorio, la expedición de las bulas, pagadas por el señor de Chièvres; la toma de posesión de la diócesis por el deán Francisco de Mendoza, el deán de Besançon y el secretario Conchillos forman parte de la vertiente diplomática, que puede ser pasada por alto en este momento. No así la alusión a los informes que prepararon desde Toledo para el nuevo amo, y que constituyen uno de los bloques de documentación más sólida para conocer la situación de la archidiócesis toledana: la catedral y las iglesias colegiales de Talavera y de Alcalá, con 209 beneficios; la sede, dividida en 20 distritos y 4 vicarías, con 1.754 beneficios con o sin cura de almas, sin contar los clérigos de corona; el vasallaje de 19.283 vecinos, sobre quienes se ejercía la jurisdicción señorial y el respaldo de una veintena de fortalezas para seguridad del señorío [31]; y con el señorío, las rentas. Para ser realistas es necesario insistir en este aspecto, sin perdernos en detalles, ya que el tema es muy complicado y extenso. El siguiente cuadro recoge el valor del arzobispado en el trienio que estudiamos:

	Dinero	Trigo	Cebada
1515	12.948.434 mrs.	39.844/F//1C	33.816/F//10/C
1516	13.517.427	54.562/F//8/C	46.190/F// 6/C
1517	12.162.744	50.030/F//3/C	43.530/F//10/C
TOTAL	38.628.705 mrs.	254.437/F//1/C	123.538/F// 2/C
% al año	12.876.235	48.145/F//8/C	41.179/F//10/C

	Centeno	Avena	Sal
1515	4.420/F//2/C	178/F//10/C	287/F//6/C
1516	5.883/F//4/C	98/F// 6/C	287/F//6/C
1517	6.032/F//2/C	152/F// /C	287/F//6/C
TOTAL	16.335/F//9/C	529/F// 5/C	862/F//6/C
% al año	5.445/F//2/C	176/F// 5/C	287/F//6/C

Total en dinero (reducidos los frutos a maravedís):
1517 .... 17.942.878 mrs.
1518 .... 19.589.186 mrs.
1519 .... 24.962.283 mrs.
Parte correspondiente a Croy de las rentas durante la sede vacante:
Valor total en 1517 .... 17.952.873 mrs.
53 días de sede vacante .... 2.606.855 mrs.
Rentas de Baza y Huéscar .... 21.714 mrs.

TOTAL .... 2.628.569 mrs. [32]

[31] Esta descripción impresionante se halla recogida en *AGSimancas, R. Patronato eclesiástico* 155. Resumimos la «Relaçion de las dinidades y calongías y raçiones e capellanías que ay en la santa yglesia de toledo y de los otros benefiçios... que ay en todo el arçobispado».
[32] Fan. = fanega; Cel. = celemín. Resumimos el informe *Valor del arzobispado de Toledo. 1515-1517.* Obsérvese el precio de cada especie en maravedíes.

Lo que quiere decir que el nuevo arzobispo comenzó su función percibiendo una fuerte suma antes de entrar en la sede con todos los nombramientos el 1.º de enero de 1518. Por otra parte, téngase en cuenta que con esas cantidades globales de cada año tenía que hacer frente el arzobispo a todos los gastos de la sede, que eran muy numerosos: pago de salarios a gente continua, conservación de fortalezas, palacios arzobispales, casa y servicio, mercedes y limosnas, etc. Cisneros se dio cuenta de que se trataba de operaciones tan complejas, que al final de sus días redactó unas *Ordenanzas de hacienda del arzobispado* que puntualizaban los aspectos económicos de la recolección, encamaramiento, tiempo de venta de cada producto, ordenamiento de mercados, así como la manera de atender a los gastos del arzobispado. La administración Croy puso al frente de tan serio problema al deán Carlos de Mendoza con Pedro Alvarez de Montoya y a los oficiales regios hermanos Juan y Martín de Adurza. Estos se encargaron de ir acumulando en grandes talegones los ducados simples, los dobles ducados y castellanos, testimonio irrefragable de la codicia de Chièvres [33]. El sobrino pudo aprovecharse por poco tiempo de la sede, ya que a principio de 1521, acompañando a la corte imperial en Worms, «le dieron unas calenturas con frenesys», sin que pudiera cortarlas el médico Marliani, obispo de Tuy, ni los médicos que acompañaban a la corte.

Otras provisiones

León X proveyó en años sucesivos diversas iglesias peninsulares, con variado resultado. Sobre la vacación de Salamanca corrieron en 1518 y 1521 confusas noticias, pero sin llegar a producirse. Se encargó al legado, Egidio de Viterbo, consiguiera la iglesia de Cuenca para el camarero pontificio Francisco de Mendoza, pero se dio la provisión en favor de Diego Ramírez de Fuenleal. Pasaron las provisiones de Barcelona para Guillermo Raimundo de Vich; la mencionada de Sigüenza, para Fadrique de Portugal, y la de Rosano, en Nápoles, para J. Rodríguez de Fonseca. Estas sedes fueron dadas por merced y los elegidos no hicieron avanzar la reforma de las mismas. Fue muy discutida la provisión de Huesca-Jaca; vivía su obispo, Juan de Aragón, y se trató de darle un coadjutor; fue designado Felipe de Urriés; mas en 1519 le salió un poderoso contrincante, Alfonso So de Castro, favorecido en Aragón y en quien el obispo estuvo siempre dispuesto a renunciar. Fue revocada la coadjutoría de Urriés y fue elegido So de Castro; las luchas banderizas prosiguieron toda la década. El papa tuvo dificultades en el bloque de iglesias de Granada, en las que reconocía el patronato y derecho de presentación del rey, pero aspirando a concederlas a cardenales o a curiales; así, Almería y Guadix, e incluso Cádiz. Digna de mención es la provisión de Valencia en 1520 para Erardo de la Marca, obispo de Lieja, a

---

[33] «El dinero que dexo en guarda al señor deán don carlos de mendoça es lo syguiente», en *AGSimancas, Junta del Consejo de hacienda* 5-70. Los talegones contenían muchos miles de ducados dobles, 125 piezas de 4 ducados, 38 piezas de 10 ducados y sólo 52 castellanos de oro.

quien necesitaba para los hechos del imperio; pero lo importante es que el cabildo se había lanzado a la elección y había elegido a Gaspar de Borja, no resultando fácil que prevaleciera el candidato imperial. La iglesia de Pamplona había sido un caso típico de malgobierno a causa de las provisiones; imposible rehacer la historia de todo un siglo. En la última década, el problema se había agravado por la incorporación del reino a la Corona de Castilla y por la ausencia del titular, Amaneo de Albret, hermano del rey destronado. La sede jugaba un papel decisivo en el reino, y la corte castellana trató de dominarla. De momento era necesario que fuera provista en una persona de confianza; no sin dificultades, curia y corte convinieron en confiarla en administración al cardenal Cesarini, quien la gobernaría mediante oficiales seguros aprobados por el rey. El nombramiento consistorial fue dado el 27 de diciembre de 1520. Pero también el cabildo en esta ocasión había ejercido el derecho de elección y había nombrado a Juan de Beaumont. La elección no prosperó, porque con todo su poder se opuso el emperador, que desde Worms no dejó de escribir al virrey duque de Nájera para que serenase los ánimos y fuese recibido Cesarini. Todavía se pasó a una segunda elección, que recayó en Remiro de Goñi; pero un grupo negociador navarro llegó a un acuerdo con Cesarini, quien tomaba posesión por el procurador Juan Poggio el 5 de agosto de 1522 [34]. Esta experiencia lanzó al emperador a otra iniciativa más eficaz: conseguir el patronato sobre dicha iglesia. La corte no había sido en este primer lustro muy eficaz en las provisiones, aunque impusiera su voluntad. León X las concedió no sin disgusto, y, a creer al embajador Juan Manuel, «tiene concebido que vuestra alteza da letras a unos y a otros según le plaze» [35].

LAS PROVISIONES BAJO ADRIANO VI (1522-23)

Podía conjeturarse que con el sucesor cambiaría el panorama, ya que a la imperial podía añadir Carlos I la «grande grandeza de tener el papa de su mano», escribiría el citado embajador. Más aún, Baltasar del Río, que trajo a España la nueva de la elección pontificia, escribiría al emperador que en este caso se podía aplicar lo del Evangelio: «Pater in me est et ego in Patre, que vuestra Alteza, dentro deste santo Padre, y nuestro santo Padre, dentro de vuestra sacra Majestad es» [36]. El nuevo electo, que no había cambiado ni el nombre, parecía augurar una era de óptimas relaciones con toda la familia imperial e hispánica. Escribió, en respuesta a las felicitaciones, encendidas frases de benevolencia. Sin

[34] El poder fue dado en Tarragona, donde se hallaba el cardenal en 27 julio 1522, y todos los actos de la toma de posesión están conservados en el *Arch. dioc. de Pamplona*, sin signatura. El viaje de Adriano a Roma impidió a Cesarini visitar su nueva diócesis.
[35] Carta del embajador de 19 octubre 1520, en *Academia de la Historia, Salazar A-19* fol.288-92.
[36] Carta del embajador de 11 enero 1522: ibid., *Salazar A-22* fol.39-40, y la de Baltasar del Río (Zaragoza, 7 mayo 1522): ibid., *A-24* fol.36.

embargo, algún sentido le hacía percibir el peligro de quedar maniatado en manos del emperador. Alguien se encargó de insinuar ciertos recelos, captados muy pronto desde la corte. Se temía a las dulces palabras del rey de Francia y a la manipulación de ciertos comuneros, que llegaban a la curia pontificia durante la estancia de la misma en Zaragoza, ciudad convertida por muchas semanas en centro de la cristiandad. No obstante este propósito de independencia, Adriano VI fue servil en las provisiones, y concedió al rey de España varios privilegios siempre añorados por los antecesores.

Durante su estancia en España dilató proveer las sedes hispánicas vacantes, así como proceder contra el obispo comunero Antonio de Acuña. Tampoco pasaron por consistorio estas provisiones en la segunda parte de 1522, mientras tomaba contacto con los negocios de la ciudad y de la cristiandad. Las iba posponiendo y anunciando ciertos criterios elementales de no concederlas a niños, a iletrados y a personas de mala vida. Por otra parte, tampoco quería conceder obispados a curiales, criterio en el que abundaba el embajador Juan Manuel. Adriano VI llegó a desconfiar de este diplomático, y desde la corte vieron pronto que era necesario reemplazarlo; fue designado un hombre de la estirpe del Gran Capitán: el duque de Sessa, que se movió con eficacia en los ambientes romanos. Intervino en las promociones de obispos, con las cédulas llegadas desde la corte. Se concedió Tuy a Pedro Sarmiento en el consistorio de 4 de marzo de 1523, y el 11 de marzo, el mismo papa hizo de relator para Tortosa, que la dio a Guillermo Enckewort, y la de Calahorra, a Alfonso de Castilla; la de Tarazona, para Gabriel de Orti, y la de Canarias, para Luis Vaca. La iglesia de Jaén fue suplicada por Adriano en favor del fiel servidor pontificio Esteban Gabriel Merino, arzobispo de Bari, que fue provisto sin dificultad el 12 de junio; ese mismo día, León al noble Pedro Manuel. El 17 de julio se proveía Almería en Diego Fernández de Villalán [37]. El 31 de agosto, y dentro de la enfermedad crítica del papa, se dieron las iglesias de Córdoba, Guadix y Sevilla a Juan Alvarez de Toledo, a Pedro González y a Alfonso Manrique, respectivamente. Desde el lecho donde yacía recomendó a los cardenales el día 8 de septiembre que concediesen la iglesia de Cádiz a Juan Ruffo de Teodoli, obispo de Cosenza, conocido nuncio pontificio en España. Se pospuso por muchos meses la provisión de Toledo, que requería concertar muchos intereses, y la conocida de Zamora, ligada al proceso de Acuña. Estas provisiones adrianeas fueron hechas bajo signos diversos: recompensar los servicios de Enckewort, Merino o el nuncio y dar acceso a hombres nuevos y dignos. Con todo, no surgieron de las mismas pastores de gran relieve para la renovación y la reforma.

---

[37] Este es el nombre admitido en el episcopologio de Almería; así DHEE vol.1 p.44, y que se transcribe de forma muy variada en otras fuentes.

EL PATRONATO DE PAMPLONA (28 mayo 1523)

Pero más importante que la política de provisiones de Adriano VI fue la concesión a Carlos I de tres privilegios sustanciosos para la Corona: el patronato y presentación a la iglesia de Pamplona, la incorporación definitiva de las mesas de las Ordenes Militares y el patronato y presentación a todas las restantes iglesias de España. El privilegio sobre los maestrazgos no era nuevo. Lo había conseguido Fernando parcialmente en diversas ocasiones, y de forma más completa con Alejandro VI; incluso se consiguió entonces que la administración de dichas mesas pudiese recaer en Isabel, y «fue la más dificultosa cosa de acabar de quantas en Roma despaché», escribiría el fino negociador Francisco de Rojas. Así quedó sancionado por bula de Alejandro VI de 23 de marzo de 1493, y con ella pudo la Corona disponer de las rentas de dichas mesas. Con Adriano VI se removió el problema a fin de conseguir la incorporación de modo irrevocable y a perpetuidad, lo que consiguieron con la bula *Dum intra nostrae mentis,* de 4 de mayo de 1523 [38].

El patronato y derecho de presentar a la iglesia de Pamplona adquirió matices vivos y peculiares que es necesario apreciar con nitidez. En pleno auge renacentista de soberanía regia, los reyes de Navarra habían negociado en Roma en distintas ocasiones poder intervenir en el único obispado de su reino. Juan y Catalina escribirían, y por cierto en francés gascón, a sus tíos Isabel y Fernando que Inocencio VIII, gracias a los buenos oficios del cardenal Borja, les había prometido que no realizaría la provisión de dicha iglesia y de otros beneficios del reino sin haber precedido el nombramiento regio [39]. Fueron buenas palabras, ya que el obispado siguió en manos de cardenales irresidentes; el último de todos, y durante la guerra de incorporación, el cardenal de Albret, hermano del rey expoliado. Con el reino en carne viva por la unión a Castilla y por la tercera invasión francesa, la administración de Carlos I consiguió una buena baza al conseguirla para un cardenal fiel a la Corona, Alejandro Cesarini. Mientras ganaba terreno esta provisión, se trabajaba con sigilo para conseguir un privilegio singular: el patronato y el derecho de presentación, marginando así toda posible competición del cabildo y de la misma curia. Diversas instrucciones de la corte a Adriano VI hacían historia de la conquista del reino de Navarra y de la importancia del obispado situado en los confines del reino «e importar grandemente que no se pongan en ella sino personas muy confidentes y a toda voluntad y contentamiento nuestro y de nuestros sucesores, en lo qual tendrés muy reziamente la mano, porque no se ha de dar lugar a otra cosa» [40]. Adriano VI se comprometió en Zaragoza a proveer la

---

[38] Véase las buenas referencias de D. W. LOMAX, *Ordenes Militares:* DHEE vol.3 p.1811-13.1820-24; la gestación diplomática se halla todavía inédita en Simancas.

[39] El dato es conocido por CODOIN, vol.41 p.90. Mucho mejor L. SUÁREZ, *Política internacional de Isabel la Católica...* vol.3 p.311. No hemos encontrado ningún documento parecido para los reyes de Castilla y de Aragón, aunque el de Navarra quedó en pura promesa.

[40] M. GACHARD, *Correspondance de Charles-Quint et d'Adrien VI...* (Bruxelles 1859) p.XC-CXII.

iglesia en una persona idónea, «y con el tiempo entendemos concederos dicho patronato». No se hizo esperar la gracia. Ya en Roma, el duque de Sessa se lo recordó al pontífice; el 14 de abril de 1523 anunciaba que lo tenía ya casi terminado, y el 4 de mayo se expedía la bula *Dum inter nostrae mentis*, cuya parte expositiva refería las empresas de Fernando y daba una versión castellanizada sobre la conquista de Navarra. En la parte dispositiva se contemplaba el peligro de personas sospechosas y concedía el «ius patronatus et presentandi» después de consultarlo con el colegio cardenalicio, siempre que la iglesia vacare fuera de la curia romana, invalidando cualquier iniciativa de elección por parte del cabildo [41]. Téngase en cuenta que el privilegio recaía sobre la única iglesia de un reino anexionado y se concedía al dueño del reino anexionador. La diplomacia vaticana respaldaba y consumaba dicha anexión. Sin embargo, el privilegio no satisfizo por su restricción, ya que debía aplicarse sólo en caso de vacante fuera de la curia; como la iglesia era poseída por un cardenal curial, podía conseguirse que siempre vacase *in curia*. De ahí el empeño por ensanchar el privilegio. El duque de Sessa continuó la tramitación, y el 28 de mayo de 1523 consiguió el breve *Nuper nos;* a fin de no retardar ni frustrar el efecto de la bula anterior y para conceder la gracia más cumplida, se otorgaba al rey-emperador la presentación desde la primera vacación, aunque ocurriera en la curia. Este privilegio de patronato y presentación, contenido en una bula con sello de oro, será analizado más adelante en este estudio.

El patronato de Castilla y Aragón (6 septiembre 1523)

El de Pamplona no fue más que el atrio para otro privilegio mucho más codiciado, referido a todos los obispados de Castilla y de Aragón, así como a las abadías y beneficios consistoriales. Con el mismo se pensaba aclarar la situación patronal de la Corona y se iba a poner término a los conflictos en torno a la presentación, que venían durando más de un siglo. Este tema comenzó a tratarse con Adriano VI estando todavía en Zaragoza. También le plantearon el problema en Tarragona; el papa flamenco tuvo que ser muy cauto: «En cuanto al patronato y a la incorporación de otras cosas a la Corona, no podemos prometer absolutamente que lo haremos; pero vuestra magestad puede estar segura de que procuraremos su honor y provecho, como nosotros lo haríamos por nuestra persona, y todavía un grado más». Estas palabras benevolentes no tuvieron eco de acogida en la curia romana. El colegio cardenalicio resistía por principio a tales concesiones, que le cerraban la puerta a los mejores beneficios. De nuevo fue necesario recurrir a la diplomacia del duque de Sessa y de algunos emisarios imperiales y buscar la intervención de personajes influyentes como el virrey de Nápoles. Se negoció

---

[41] Al no existir edición aceptable, citamos el original de *AGSimancas* PR 38-34, pergamino con sello de plomo. Es obvio que saltamos mucha documentación inédita sobre esta negociación.

con el papa, pero, sobre todo, con los cardenales, para convencerles de que la concesión no mermaría, sino aumentaría la generosidad del emperador con ellos en forma de pensiones y de otras mercedes. Esta negociación fue llevada con mucha reserva y de persona a persona, y no aparece profusa en la correspondencia. Además, se precipitó debido a la enfermedad de Adriano VI; éste ofrecía ya, a principio de septiembre, un cuadro crítico, aunque todavía despachaba algunos asuntos. El día 8 de septiembre, los cardenales le encontraron en tal estado, que quisieron retirarse sin tratar ningún asunto. El papa mandó que se marchasen el duque de Sessa y otros laicos e hizo las últimas recomendaciones. En cuanto a nuestro tema, sabemos que mandó expedir la bula *Eximiae devotionis affectus,* de 6 de septiembre de 1523 [42]. La parte narrativa insistía en los gastos intolerables de los reyes hispánicos para combatir a los infieles; por ello merecían recompensa. El papa confirmaba cualquier concesión de patronato y de presentación para iglesias y monasterios expedida con anterioridad y concedía ese mismo privilegio para todas las iglesias metropolitanas, catedrales y monasterios consistoriales de Castilla y de Aragón. Daba firmeza al documento como si hubiera sido aprobado en consistorio con el consentimiento unánime de los cardenales. Estas últimas cláusulas vuelven a demostrar que el documento fue firmado de prisa, como una disposición testamentaria, y que, debido a la rapidez, ofrecía flancos vulnerables, que serían bien aprovechados en el pontificado siguiente para discutir al rey tan preciado privilegio. Pero ahí estaba, y resultaría de una solidez inconmovible. Sumado a los privilegios obtenidos para el reino de Granada y Canarias por Inocencio VIII y para América por Julio II, cerraba el círculo de una de las prerrogativas más singulares concedidas a la Corona en el antiguo régimen. Aunque el privilegio de Adriano tendría que pasar por el crisol de muchas pruebas.

REVOCACIÓN Y CONFIRMACIÓN BAJO CLEMENTE VII (1523-34)

Este pontificado conoció tal actividad y quiebros en las provisiones, que con dificultad serán resumidos en pocos párrafos. Además, los altibajos de las relaciones políticas entre el papa Médici y el emperador fueron tan vivos, que deben ser tenidos en cuenta para que presten un trasfondo objetivo. El duque de Sessa escribiría el 18 de noviembre de 1523 que el conclave había elegido al cardenal Medici «con el calor y nombre de vuestra Magestad, que puede tanto, que de las piedras convierte hijos de obediencia». Esto sería en el dintel del pontificado, ya que luego todos los pronósticos salieron fallidos al no secundar la curia la política europea del emperador, bien contra Francia, bien en los asuntos del imperio; en concreto, en el tratamiento del hecho luterano.

[42] Retenemos la fecha de la bula original, conservada en *AGSimancas* PR 38-36. Imposible rehacer aquí la historia de este documento. Para la gestión consistorial, A. MERCATI, *Dall'Archivio vaticano...* II: *Diarii di concistori del Pontificato di Adriano VI* (Roma 1951).

Clemente VII comenzó respetando la expedición de la bula de Adriano VI, que le fue presentada por el datario Enckewort. En esa línea, las primeras provisiones de 1523 fueron permisivas y respetuosas. Entre ellas destaca la de Toledo, iglesia vacante desde la muerte de Croy el 6 de enero de 1521, y que había sufrido no poco durante las turbaciones comuneras, sobre todo por parte de Antonio de Acuña, que quiso alzarse con la sede. La guardó a buen recaudo Francisco de Mendoza, apoderado de las fortalezas. Pudo aspirar a la misma un hermano de Croy, en quien quiso resignar el joven arzobispo, que murió «Hispania non visa». La corte habría apoyado como promoción de paso a Diego de Deza, arzobispo de Sevilla, a quien negó la muerte tan glorioso remate. Tenemos noticias de nuevos planes para desmembrar la sede, haciendo cinco obispados: Toledo, Guadalajara, Madrid, Alcaraz y Talavera. La administración de Adriano VI no resolvió la provisión; pero fue llevada a buen término por Clemente VII, quien nombró al arzobispo de Santiago, entregándole todas las rentas y temporalidades. El papa estaba interesado en esta provisión, ya que siendo cardenal había recibido 10.000 ducados de pensión sobre Toledo; en el conclave la pasó a los cardenales, resultando luego difícil recobrarla de las manos de los mismos. Por aquellos meses, el emperador concedía también 2.000 ducados de pensión al datario Juan Mateo Giberti. En 1524 se dio el pase a un bloque de iglesias importantes, como Santiago, Granada, Palencia, Osma, Badajoz y otras varias. En 1525 se proveyeron también iglesias como Granada, Burgos, Badajoz, Palencia y otras. El emperador iba aguardando a que se juntasen diversas vacantes o las provocaba acudiendo a los traslados. En cambio, en 1526 anotamos sólo la provisión de Granada, y en 1527 las de Zamora, Oviedo y Huesca, que coleaba desde hacía años.

Oposición a la bula de Adriano VI

Algún obstáculo se iba interponiendo por este tiempo en las provisiones. Se trataba de la oposición curial a la bula de Adriano VI. Apareció ya en 1524 y fue creciendo en los años sucesivos. El duque de Sessa alertaba al emperador para que se tomase asiento con el nuevo papa sobre dicha bula; los cardenales atacaban el privilegio, y las bulas se expedían no por la vía ordinaria de la Cancillería, sino por la Cámara. El obispo de Alguer, Juan de Loaysa, aclaraba que el colegio cardenalicio sostenía que Adriano VI no debía haber dado tal bula sin su consentimiento, y que por eso la contradecían. Esta oposición empeoró la situación, ya que las Cortes castellanas de 1525 elevaron una petición, y Carlos I lanzó una fuerte pragmática para defender de intrusos extranjeros los beneficios de patronato real. Además incidió de lleno la política de hegemonía italiana, que llevó a la segunda guerra con Francia y con el papa, y desde ella al *sacco* de Roma. En este contexto se tomaron en la curia todas las medidas a mano; por ejemplo: de la oposición a las presentaciones regias, se pasó a la revocación de la bula adrianea. Lo con-

taba con viveza el nuevo embajador, Miguel Mai. Se presentó en el
Vaticano para gestionar las presentaciones para Burgos y Coria: «Estos
Reverendísimos no quieren tener paciencia con la bula de Adriano... le
mostraron un decreto que hicieron y cassavan la bula de Adriano y que
ninguna cosa hecha fuesse traída en consequencia desto» [43]. Equivalía a
perder de un golpe el privilegio conseguido con arduo acoso y volver al
régimen de pura súplica de hecho. El consistorio votó la revocación el
día 3 de abril de 1527; en consecuencia, no se expedirían las iglesias «a
presentación»; las así expedidas lo fueron por error, no por comisión
del papa y con asentimiento de los cardenales. La bula de Adriano VI
que concedía al rey el patronato de todas las iglesias y monasterios de
España fue casada; las citadas bulas «a presentación» no legitimaban derecho alguno, sino que eran provisiones nulas y de hecho [44]. En este
ambiente, el embajador Mai se las vio y deseó para conseguir las provisiones realizadas en 1528 y 1529, recibiendo de la curia fórmulas sin
compromiso.

Confirmación de la bula de Adriano VI

Firmada la paz de Barcelona y de las Damas en 1529, cambiaron el
escenario y el tono del diálogo; el emperador preparó su viaje a Italia;
allí se celebraría la coronación imperial (24 marzo 1530). La agenda que
llevaba el emperador era muy abultada y no todos los problemas podían
ser tratados de persona a persona, entre el papa y el monarca. Los diplomáticos y negociadores adjuntos tuvieron que moverse con agilidad.
El embajador Mai inició en Roma la confirmación de la bula de Adriano VI; con su corpulencia física y jurídica, se iba abriendo camino: «Voi
moliendo a estos señores y spero en Dios que harà bien y presto». En
los meses de noviembre y diciembre, con estancia en Bolonia, el embajador Mai y el señor de Praet negociaron el asunto con una comisión de
cardenales. Fue llevado a consistorio, y se consiguió que fuese redactada una minuta de confirmación del privilegio del papa Adriano. Pero
de momento no se expidió ninguna bula. Vuelta la curia a Roma, micer
Mai siguió gestionando la redacción y expedición de la misma, pero con
harta fatiga. Pasado el calor de la presencia del emperador, muchos cardenales comenzaron a titubear. Los que no habían estado en Bolonia
acusaban a los otros «de cómo se hauían hecho allá tan liberales». Mai
se mostraba exigente y además estaba empeñado en que el privilegio se

---

[43] Conocemos sólo la referencia de E. GONZÁLEZ MENÉNDEZ, *Relaciones entre Clemente VII y Carlos V a través de los embajadores imperiales en Roma*: Rev. Univ. Madrid 7 (1958)
467-68. Manejamos la correspondencia de Mai, tomada de AGSimancas. En este contexto
de tirantez se explica este pasaje de un informe: debía pedirse al papa un legado permanente con sueldo fijo y «tenga poder para confirmar los perlados que vuestra magestat
nonbrare en sus reynos, y desta manera el reyno no se hará pobre con la saca y dios se
seruirá con la justiçia» (*AGSimancas* PR 22-73, s.f., pero en torno a 1527 y en ambiente
vallisoletano).
[44] Texto original del consistorii que la revocó en *ASVat. Acta Vicecancellarii* vol.3
fol.144r. Esta acta sugiere diversos problemas diplomáticos subsiguientes de redacción y
expedición.

extendiese a Sicilia y a Cerdeña, extremo siempre rechazado por la curia, ya que Sicilia era considerada feudo pontificio y sobre Cerdeña no quería comprometerse con un patronato general. Esta negociación de Mai prosiguió durante 1530 y hasta final de 1531. Las alusiones de su correspondencia son continuas a este tema de la confirmación. El 20 de diciembre de 1531 podía escribir a Cobos: «En lo de la bulla de Hadriano andamos. Pensaba enbiarla con el Gambaro, y no sé si será posible, que me hazen perder la pasciencia con las nuevas dificultades que ponen cada hora porque les toca al vivo y sálleles del alma, pero ya está en seguro y irá muy presto». Se trataba de la bula *Etsi ea quae*, datada en Bolonia el 11 de enero de 1530, y que confirmaba el patronato y la presentación, a tenor de la concedida por Adriano VI [45]. Micer Mai no consiguió que fueran incluidas las provisiones de Sicilia y de Cerdeña, pero siguió trabajando el asunto, que se sale ya de nuestro tema. Al volver Carlos I a Bolonia en diciembre de 1532, el problema estaba resuelto a su favor. De hecho, las provisiones venían expedidas «a presentación» desde 1530 en grandes bloques; así, las firmadas en Bolonia y Mantua, en Ausburg (Tarragona, Barcelona, Coria, Ciudad Rodrigo y Canarias), en Bruselas (Zaragoza, Sigüenza, Osma, Badajoz, Mondoñedo, Oviedo, Orense, Lugo, Urgel), en Regensburg (Mallorca, Huesca, Elne), en Bolonia-Mantua (Salamanca, Canarias, Segorbe-Albarracín, Huesca, patriarca de Indias) y en Génova (Tarragona).

NUEVA CONFIRMACIÓN DEL PATRONATO POR PAULO III (1534-49)

Tras una rápida elección, el papa Farnese prosiguió enfrentándose a los tres problemas más graves del momento: la celebración del concilio, el caso de Inglaterra y la réplica a la ofensiva turca. El emperador negoció estos problemas en la curia mediante el nuevo embajador, conde de Cifuentes, atacando en persona el tercero con la expedición a Túnez. Parece que en tal contexto no debían crear dificultad otras negociaciones; por ejemplo: las provisiones; sin embargo, se interpusieron muy pronto. El 9 de enero de 1535 comunicaba Cifuentes que en el consistorio se había hecho gran resistencia a la provisión de León y de Gaeta, «por manera que con dificultad se pasó la de León, y la de Gaetta no quisieron passar, porque dizen no ha de dezir a presentación de su Magestad, sino a supplicación». Y no quedaron ahí las cosas. La vacante de Jaén dio ocasión a un conflicto que duró muchos meses. El papa proveyó la iglesia en su nieto, el joven Alejandro Farnese. Desde Castilla pidieron que «su Santidad revocase lo que había hecho contra el patronazgo, costumbre, posesión, concesión y privilegio del emperador». Paulo III respondió con alguna cólera al enviado que «lo podía mui

---

[45] Esta datación se prestaría a un extenso estudio diplomático, ya que, sin duda, fue antedatada en razón de lo negociado y concedido en Bolonia. Existe otra bula igual en sustancia de 13 marzo 1531, en *ASVat. Reg. Vat. 1440* fol.137v-39.

bien hazer... porque a él pertenesçe hazerllo de todos los obispados e yglesias que vaccaren in curia»; esto se podía deducir de las concesiones de Adriano y de Clemente, y, de hecho, los pontífices citados habían concedido así algunas iglesias. Se le contestó que el papa no sólo debía respetar las concesiones hechas al emperador, sino concederle otras mayores, por exponer su persona en defensa de la fe. Cada parte preparó su defensa, revolviendo, una vez más, las razones, adobadas con incontables citas jurídicas. El papa quedó de acuerdo en remitir el asunto a la visita del emperador a la Ciudad Eterna. Sin embargo, el embajador fue advertido desde el Consejo de Castilla: «Lo despachen». Pero el papa no estaba por la revocación. Hizo que Farnese dejase la iglesia de Jaén al cardenal Cesarini; aunque no sirvió la estratagema, y hasta el 14 de junio de 1538 no quedaría zanjado el asunto al proveerla en Francisco de Mendoza [46].

La diplomacia sabía caminar a pesar de estos contratiempos. En diciembre de 1535 preparaban en Roma el ceremonial para la llegada del emperador. Le precedía el prestigio conseguido en el norte de Africa. En los meses que residió en Roma trató con el papa Farnese de los problemas hispánicos, muy numerosos, y rectificó el mal giro que habían tomado las provisiones de obispos. Entre los meses de mayo y julio se preparó la minuta y a continuación el documento. La minuta fue redactada en la Embajada de España; el cardenal Simonetta aconsejó que no se presentase en consistorio a causa de la oposición de varios cardenales. Se pensó en que el papa la aprobase y mandase expedir la bula correspondiente por la vía de la Cámara; luego sería más fácil enviar otra por la Cancillería. En todo caso hubo dificultades y dilaciones. En el consistorio no querían los cardenales conceder todo al emperador, quedándose ellos fuera y con la puerta cerrada. Desde la corte querían zanjar, de una vez para siempre, el problema. Por otra parte, el papa estaba dispuesto a declarar y confirmar las bulas anteriores, sin nueva concesión; los letrados, aun apreciando bien los matices, estuvieron de acuerdo en que bastaba; con esto se aligeró la nueva confirmación.

La bula fue expedida el 7 de julio de 1536, según escribía el embajador Cifuentes el 13 de julio del mismo año: «La bula del patronazgo es despachada y la tengo en mi poder». Los letrados estaban satisfechos y aceptaban el texto de la misma: «que todo está saneado para que de aquí adelante no haya ningún inconveniente». La parte expositiva recordaba las mercedes concedidas por Adriano VI y por Clemente VII. A fin de evitar cualquier ambigüedad, las confirmaba, concediendo el patronato sobre todas las iglesias catedrales y monasterios consistoriales de sus reinos y el privilegio de presentación aun en el caso de vacar en la curia romana, aunque este extremo no estuviera muy claro en los documentos de sus antecesores. Se excluían de la presentación sólo aquellos monasterios vacantes en la curia sobre los cuales hubiera sido concedido

---

[46] Sobre esta provisión de Jaén existe un gran bloque de documentación en *AGSimancas, Estado-Roma* 864-60 y en otros legajos. Destacamos el dictamen escrito en esta ocasión por Francisco de Castillo, en *AGSimancas* PR 38-25.

el patronato por primera vez a Carlos I [47]. «Con ella se quita toda duda e inconveniente a la dicha provisión», escribía Cifuentes a la emperatriz, al tiempo que le enviaba el documento con sello de oro. Así fue en efecto, y así quedó zanjado el aspecto conflictivo de las provisiones hasta que el papa Gregorio XIII volvió a plantear, en parte, el problema con motivo de diversos lances de jurisdicción con Felipe II. Por tanto, en tiempo de Carlos I fluyó la historia de las provisiones a presentación del monarca, siguiendo el ritmo conocido de preparar grandes bloques, en los que entraban el traslado de los titulares y los que accedían por primera vez al episcopado por gracia del emperador. Así, las catorce iglesias presentadas en 1536 desde Génova y Palamós; las subsiguientes desde Castilla; desde Metz, de 1544; desde Regensburg, de 1546, y las más diseminadas del último decenio de gobierno del emperador, llevando la negociación el marqués de Aguilar, Juan de Vega y Diego Hurtado de Mendoza, y bajo el pontificado de Julio III (1550-55), el marqués de Sarria y Juan de Figueroa.

---

[47] Manejamos documentación de diversos archivos; el original, en pergamino y sello, en *AGSimancas* PR 38-46. Prescindimos aquí de la historia de este texto.

CAPÍTULO II

ANALISIS DE LA INTERVENCION REGIA EN LAS PROVISIONES

Hemos andado el largo camino de las provisiones. Ahora tenemos que desandarlo a fin de estudiarlo con otra óptica: la intervención regia en las mismas. Las fuentes para conocer esta intervención son numerosas y de distinta naturaleza: cientos de cartas, de instrucciones y de peticiones de los reyes; tratados y escritos de expertos, teorizantes y consejeros de los mismos; los incalculables documentos pontificios que de un modo u otro aluden y matizan esta intervención. Tanto como conocer este material, interesa situarlo en el contexto jurídico de la época, ya que se refería a un instituto canónico: la provisión episcopal.

Este hecho complejo se realizaba en tres momentos: la designación de la persona, la colación del título episcopal y la toma de posesión del obispado. Respecto a la designación de la persona, ha existido una conocida diversidad en la historia de la Iglesia; recordamos de nuevo la libre elección de los cabildos, que perduró hasta el dintel de la Edad Moderna, y la libre colación por el papa, que se inició en la curia de Aviñón y fue ganando terreno hasta suplantar a los cabildos. Pero este régimen, sea de elección capitular, sea de colación pontificia, nunca encontró libre el campo. La Corona de cada reino hispánico tuvo interés por ocuparlo del todo o en parte, valiéndose de la presentación, entendida por ahora de forma genérica y sin matización. La designación de la persona para el obispado a través de la elección capitular se vio amenazada por la curia romana en forma de reserva y de libre colación, y desde el poder temporal, en forma de esta gama de acciones: postulación, presentación y nombramiento, entendidos con distinto matiz según se interpusieran ante un cabildo o ante el romano pontífice. Concedida la institución canónica por el papa, el poder temporal quiso estar presente todavía en la toma de posesión, que no consistía sólo en algunos actos jurídicos, sino en la ocupación de las temporalidades, con las rentas, vasallos y fortalezas; ocupación que no era posible sin las ejecutoriales para apoderar al elegido o provisto.

Ahora bien, se pretendió que esta aparición del poder temporal en el curso de un proceso canónico no pareciese arbitraria, sino fundada en derecho, con buenas bases jurídicas de respaldo. Tales bases descansaban en la doctrina del patronato, es decir, en la figura del rey, como patrono de las iglesias. Este hecho jurídico, el de patronato, era diferente del derecho de presentación, aunque ésta derivase del primero como el agua de la fuente. Por eso, los reyes buscaron siempre asegurar y probar el derecho de ser patronos para ejercitar luego la presentación. Ahora bien, esta prueba no resultaba fácil aplicada a todas las iglesias catedrales, sobre las cuales habría recaído su acción de patronos: la donación del terreno, la edificación y la dotación de bienes. Además, tampoco resultaba fácil, porque el derecho de las decretales negaba el patronato por derecho a un laico sobre una iglesia conventual, y más sobre una iglesia catedral. Era claro que cualquier contrariedad se podía solventar con una concesión pontificia, que siempre tendría carácter de privilegio; pero la curia romana no soltó esta prenda hasta el pontificado de León X y sucesores. Quedaba el recurso a la prescripción por costumbre, que resultaba siempre un camino largo y tortuoso. Se discutiría en teoría y en la práctica, pero no faltarían defensores de este recurso [48]. Y no sólo sería defendido a secas, sino convertido en privilegio en virtud del consentimiento tácito de los papas.

Así está el problema canónico e histórico, que dio origen a un malentendido gigantesco. En el mismo aparecen como más inocentes los cabildos, y como más comprometidos, el centralismo beneficial romano y el absolutismo en ciernes hispánico: la curia, al extender la reserva y la consiguiente colación a todos los obispados, abadías y beneficios mayores; los reyes hispánicos, al intervenir en procesos canónicos, irrumpiendo primero en los claustros de los cabildos y después en la plaza pública de la curia romana. El foco del malentendido consistió, ante todo, en suponer el derecho de patronato y en saltar desde él a la presentación de las iglesias catedrales; después, en un plano subsidiario, en convertir la prescripción, fundada en costumbre, en privilegio, que daba acceso a la presentación o a una cuasiposesión de la presentación, o al menos al nombramiento y a la súplica.

LOS ASESORES DE LA CORONA

Este camino no fue recorrido por los reyes sino de la mano de canonistas y legistas expertos, abogados eximios del autoritarismo regio y de los derechos de la Corona [49]. Tres ejemplos iluminarán nuestra afirmación para tres momentos de contexto bien diverso. Era por septiembre de 1487 cuando Juan de Castilla leía en Salamanca una repetición, cuya segunda conclusión decía: «Es cierto que las provisiones de las iglesias de Castilla y de León hechas o por hacer por el vicario de Cristo son nulas sin el consentimiento de nuestros reyes cristianísimos y es clarísimo que poseen pleno derecho a intervenir en ellas por privilegio del de-

---

[48] «Sea de esto lo que fuere, aún quedaría por probar que el derecho de patronato fundado en cualquiera de estos títulos otorga también el derecho de presentación tratándose de las sedes episcopales»; en L. GUTIÉRREZ MARTÍN, *El privilegio de nombramiento...* p.65.

[49] No hablamos todavía de regalismo, porque no se deduce de la documentación. Arrojan mucha luz para entender estos párrafos estudios generales como A. M. ROUCO-VARELA, *Staat und Kirche im Spanien...* (München 1965); S. ALONSO, *El pensamiento regalista de Francisco de Somoza (1595-1665). Contribución a la historia del regalismo español* (Salamanca 1973).

recho». El texto del parlamento de este notable profesor salmantino eleva un monumento a la potestad del papa en materia beneficial, pero para demolerlo a continuación en favor de los derechos regios: el papa no podía todo en materia beneficial, y menos en beneficios de patronato regio. Los reyes poseían un derecho especial a la presentación de los obispados y a rechazar a ciertos consagrados e instalados en las diócesis [50]. Con esta doctrina prestaba un fuerte entramado canónico a los reyes, que por aquellos años habían sostenido serios conflictos a raíz de varias provisiones, recompensando con munificencia al autor de dicha repetición.

Mal que bien, la curia romana respetó de hecho la intervención de los reyes en las provisiones sucesivas, a no ser que las vacantes se produjeran en la curia romana. Los reyes encargaron en 1503 al consejero Juan López de Vivero (Palacios Rubios) un alegato sobre el derecho regio a intervenir en las provisiones, y, en concreto, en las vacantes *in curia*. Así nació el tratado *De beneficiis in curia vacantibus* [51], que recogió su pensamiento y el del Consejo de Castilla, sistematizó el problema y colmó con citas del derecho las afirmaciones más llamativas. Palacios Rubios reconocía que el título más claro para intervenir sería el privilegio pontificio, como lo habían conseguido para las iglesias del reino de Granada y Canarias. A falta del mismo, recurrió al derecho de patronato y al correspondiente derecho de presentación, practicado por costumbre inmemorial, que valía tanto como el privilegio; máxime si a la longeva costumbre se añadía la fama del privilegio. El teorizante se movía con mayor libertad en el terreno de las provisiones generales que en las vacantes en la curia, que fueron protegidas con mayor celo por los pontífices.

Continuaron los vaivenes en torno a las provisiones. Los reyes de España doña Juana y don Carlos y sus sucesores consiguieron de Adriano VI y de Clemente VII sendos privilegios de presentación; sin embargo, ni así quedaran solventadas todas las diferencias. Se vio en la provisión de Jaén de 1535 con Paulo III. En aquel momento se elevó de nuevo la voz de otro experto, la del letrado Francisco de Castillo, para declarar las razones del emperador, de sus antecesores y sucesores en el ejercicio del derecho de presentación y de nombramiento; se podía defender con razón justa y canónica que, supuesta la humilde sumisión, la provisión pontificia era nula e injusta, y podía no ser obedecida y su efecto impedido, por ser ofensiva para su majestad y para el reino y disminución de su derecho, aunque la vacación hubiera tenido lugar en la curia romana. Paulo III se replegó y volvió a confirmar los privilegios de sus antecesores; sin embargo, no cesaría de elevarse la voz de los expertos, que pasarían esta argumentación a los textos para hacer doctrina. Autores clásicos como Covarrubias tejerían un tapiz de razones para respaldar la intervención de la Corona, no obstante poseer ya el privile-

[50] Estudiamos la biografía y la doctrina en *Juan de Castilla, rector de Salamanca. Su doctrina sobre el derecho de los reyes de España a la presentación de obispos* (Salamanca 1975).
[51] Nos hemos referido al autor y al alegato en n.22.

gio pontificio: «los reyes católicos de España, aunque no tuvieran ningún privilegio pontificio para la presentación de obispos, podrían con óptimo derecho obtener, por ser patronos de las iglesias, este privilegio por prescripción..., lo que consta por los monumentos de las antiguas historias y por la ley de las *Partidas*» [52]. Ahora bien, el lector advertirá que con tales teorizantes hemos entrado ya en pleno regalismo [53].

DERECHOS ADQUIRIDOS POR LA CORONA

Por propia iniciativa, apoyados en la monarquía remozada y de mano de tales mentores, los reyes fueron consiguiendo a su favor de forma explícita o implícita, en cuestión de un siglo, diversos derechos o favores, que trataremos de resumir a continuación:

1. El concordato de Martín V con la nación española, firmado en Constanza el 13 de mayo de 1418, estipulaba lo siguiente: el papa se reservaba la provisión de las iglesias vacantes en la curia («in curia vel apud sedem»); en las demás iglesias se restablecería las elecciones canónicas. La Corona castellana atacó casi de inmediato este frente de los cabildos para intervenir en las elecciones. Juan II recordó a Martín V la costumbre castelllana: los cabildos debían consular con los reyes la elección a celebrar» y debían elegir a la persona «por la que los reyes instaran». Instituidos por el papa, estos electos debían presentar al rey la provisión a fin de que les apoderase de las temporalidades. Martín V asintió el 8 de octubre de 1421 con la bula *Sedis apostolicae*, que sentaría doctrina mientras durase el régimen de elección por los cabildos; en ella no derogaba los derechos y antiguas y laudables costumbres observadas en Castilla [53*]. En consecuencia, la Corona adquiría derecho escrito a que se le comunicase la vacante, a la preparación de la elección, a la instancia por la persona que debía ser elegida; por otra parte, la concesión quedaba indeterminada, y se prestaba a ser interpretada como sugestión, postulación, presentación, nombramiento o designación. En la práctica, la Corona penetraba en el acto del cabildo y aseguraba la elección de un candidato adicto a la misma. Luego remacharía el clavo, obligándole a presentarse en la corte para prestar juramento de fidelidad antes de entregarle las temporalidades. Semejantes concesiones fueron repetidas por Calixto III el 10 de enero de 1456 a Enrique IV, y en 1459 por Pío II al mismo monarca. El papa había puesto en mano de los reyes de Castilla la llave del santuario de los cabildos; es

---

[52] Aunque antiguo, contiene orientaciones válidas RAE DE MARTINIS, *Le ventiquatro chiese del trattato di Bercellona fra Clemente VII e Carlo V* (Napoli 1882), en el que traza un resumen de las gestiones generales de Fernando y Carlos I.

[53] Hemos aludido a los letrados. No debe olvidarse el apoyo prestado a los reyes por la asamblea de Sevilla de 1478, a la que pidieron y de la que consiguieron justificación para intervenir en las provisiones.

[53*] La redacción de la bula es negativa; la no derogación equivalía a la aceptación, al menos implícita, de las costumbres castellanas. Referidas siempre a los cabildos, no a acción frente a la curia romana.

más claro que la luz que no había concedido ningún privilegio general de presentación, pero sí había sentado un precedente notorio para tiempos cercanos [54].

En Aragón no soplaban vientos muy distintos. Alfonso el Magnánimo encargaba a sus embajadores enviados al concilio de Constanza que consiguieran alguna manera expedita para que fueran provistas personas aceptas a la Corona y a los reinos. Se instauró el concordato de 1418, y no parece que los pontífices hubieran sido condescendientes con los monarcas aragoneses, ya que no se encuentran concesiones parecidas a las castellanas, debido a las tensiones de la curia romana con el rey Alfonso V y con el sucesor Juan II y debido también a las intensas turbaciones internas, durante las cuales el rey pudo con dificultad prestar atención a las vacantes y a las provisiones.

2. Durante el decenio 1460-70, la curia romana trabajó con diplomacia para ir marginando la elección de los cabildos y para introducir la libre colación pontificia. Fue decenio de conflictos aparatosos. No es de extrañar que ganara la batalla y que se dispusiese en la década siguiente a las provisiones directas. Son las décadas que corresponden en los reinos hispánicos a grandes revoluciones sociales. Enrique IV no dejó de prestar atención al problema, apoyando a los cabildos en la rebeldía contra Roma. Fernando e Isabel se encontraron con el hecho consumado: el paso del régimen electivo al colativo. La documentación no es explícita para determinar cómo encajaron dicho paso. En cambio, es muy abundante y sin ambages para probar cómo se desenvolvió la Corona en el régimen de libre colación pontificia. Frente al mismo trabajaron con todo el bagaje jurídico que tenemos ya conocido por sus propias instrucciones o por la doctrina de los letrados. ¿Qué consiguieron de los pontífices renacentistas? Nos atenemos a los momentos más cálidos de la negociación: en 1482, Sixto IV arregló con ellos las cuentas pendientes, no les reconoció ni concedió ningún derecho ni privilegio y aceptó las personas sugeridas por los monarcas para Castilla y Aragón. Concedió lo mínimo: aceptación tácita de las súplicas regias, desechando por principio sentar concesiones expresas; y eso para vacantes en los reinos peninsulares, ya que mantenía la libre colación de las vacantes *in curia*. Instrucciones terminantes de los reyes, tratados doctrinales de canonistas y praxis de los oficiales regios serían insuficientes para hacer variar esta norma de la curia, que se mantendría inflexible en los pontificados sucesivos de Inocencio VIII, Alejandro VI, Julio II y León X [55].

[54] Se notará que estas bulas facultan a los reyes para proveer personas idóneas, siempre ante los cabildos, pero ya a caballo entre el régimen de elección y el de colación pontificia.
[55] Léase al consejero Martín Fernández de Angulo: «Yten que en las bullas e provisiones que el papa provehe de los obispados a suplicación de sus Altezas que venga specificado cómo provee tal obispado a nominación y presentación de sus Altezas, como patrones que son de los obispados de sus Reynos, que éste es un defecto que trahen todas las bullas, que en ninguna dellas viene esto»; en *La elección y reforma* p.351, donde publicamos este dictamen, que luego repitió V. BELTRÁN DE HEREDIA, *Cartulario...* vol.2 p.358-59 n.322.

3. Al mismo tiempo se produjeron en Castilla hechos relevantes que llevaban anejo el problema de las provisiones: la conquista de Granada y el descubrimiento de las islas y de las tierras del mar océano. Mientras avanzaba la conquista del reino nazarí, los reyes encargaron la preparación del estatuto eclesiástico del mismo. En 1486 lo gestionaba en Roma el afortunado Francisco de Rojas, que sirvió en bandeja a los reyes el patronato de Granada, de Canarias y de la villa de Puerto Real. El 15 de mayo de 1486 concedía Inocencio VIII el patronato regio sobre todas las iglesias a edificar en las tierras conquistadas. El 4 de agosto delegaba a los arzobispos González de Mendoza y Hurtado de Mendoza para instituir y erigir todas las iglesias del reino de Granada. El 13 de diciembre concedía el derecho de patronato y de presentación a catedrales, abadías y beneficios cuyas rentas pasasen de los 200 florines en Granada, Canarias y Puerto Real, con otros derechos en el campo de la presentación [56]. Aquí la curia habló y se expresó sin reticencias. Se interponían hechos nuevos, a los que correspondía concediendo derechos no conocidos. Por vía indirecta, el hecho granadino vino a resultar un contraste diametral con la situación general de los otros reinos: en éstos imperaba la resistencia; en aquél, el privilegio. Otro hecho nuevo fue el americano, en el que Julio II se mostró muy condescendiente con la bula de 28 de julio de 1508, por la que concedía el patronato y el derecho de presentación a todas las iglesias catedrales y a otras iglesias y beneficios. Pero este tema se sale de nuestro estudio y será estudiado con plenitud en otro lugar. Estas concesiones fueron otros tantos portillos abiertos en la muralla curial a fin de conseguir el patronato y la presentación para toda la Península [57].

4. León X no pudo contener las apetencias de Francisco I sobre los obispados y beneficios franceses. El concordato firmado con él en 1516 le concedía el derecho a nombrar y presentar para todas las iglesias y abadías de sus reinos, excepto las vacantes en la curia o las que tuviesen un privilegio especial para elegir [58]. Esta concesión fue considerada en Castilla como una injusticia y sirvió de estímulo para conseguir el derecho de presentación, que hacía decenios que se veía en lontananza, pero que se alejaba siempre como un espejismo. Fue Adriano VI quien concedió a la Corona de España lo siguiente: el 4 de mayo de 1523, y teniendo el asentimiento de los cardenales, el derecho de patronato y presentación a la iglesia de Pamplona, por tratarse de un obispado limítrofe y que requería mayor seguridad, excepto cuando quedase vacante en

---

[56] Los reyes se cuidaron de reunir toda la documentación en un lujoso libro ms. titulado *Institutio et ius Patronatus Ecclesiarum regni Granatensis*, en *AGSimancas* PR 68-174. Además de cuanto escribimos sobre este patronato en la citada obra, véase J. PERAZA DE AYALA, *El real patronato de Canarias:* Anuario de Hist. Der. Esp. 30 (1960) 113-47, donde se insiste muy bien en la universalidad del mismo.
[57] Ya hemos aludido de pasada a la situación del reino de Navarra. Inocencio VIII y Alejandro VI habrían hecho promesas de palabra y por escrito de proveer Pamplona a presentación, pero sin concesión escrita; quizá porque veían las fuerzas que acechaban desde ambas fronteras sobre el pequeño y noble reino.
[58] A. MERCATI, *Raccolta di concordati* (Roma 1919) p.233-51.

la curia romana. El 28 de mayo de 1523 concedió el derecho de presentar a dicha iglesia, aun cuando quedase vacante en la curia por cesación o muerte del cardenal Cesarini. El 6 de septiembre de 1523, estando en el lecho de muerte y sin previa consulta a los cardenales, *motu proprio* y por la plenitud de su poder, aprobó y confirmó cualquier concesión de patronato y presentación hecha a los reyes anteriores, concedió y reservó a Carlos I y a sus sucesores en las Coronas de Castilla, de Aragón y dominios el derecho de patronato y de presentar personas idóneas a las iglesias catedrales y a los monasterios consistoriales al vacar de cualquier forma, excepto cuando vacasen en la curia romana; sería de igual naturaleza que el patronato proveniente de fundación y dotación y quedarían afectadas las uniones, accesos, regresos y cualquier forma de vacación, declarando sin valor cualquier acto en contrario; concedía plena validez a esta concesión, como si se hubiera dado en consistorio con la aprobación cardenalicia.

5. Hubo cardenales descontentos por la concesión de la bula adrianea y conocemos los vaivenes en las provisiones, hasta que Clemente VII concedió el 11 de enero de 1530 un privilegio decisivo. Teniendo en cuenta las concesiones anteriores a los reyes hispánicos y considerando los méritos de Carlos, nuevo astro sobre la tempestad de Italia, afligida y enferma, aprobó, renovó y confirmó las concesiones de sus antecesores, y, tras madura deliberación y acuerdo de los cardenales y para mayor cautela, le concedió el derecho de patronato y de presentar personas idóneas a las iglesias catedrales y monasterios consistoriales de los reinos de las Coronas de Castilla, de Aragón y dominios aun en el caso de quedar vacantes en la curia romana por muerte de cardenales; exceptuaba del privilegio a aquellos monasterios consistoriales sobre los que había estrenado patronato y presentación por primera vez el emperador cuando quedasen vacantes en la curia romana. La naturaleza del patronato sería igual a la proveniente de fundación y dotación; suprimía cualquier unión o regreso y declaraba nulo cuanto se hiciese en contra de esta concesión, incluso por el papa, por él mismo.

6. La bula de Clemente VII era tajante y parecía definitiva; sin embargo, conocemos las vacilaciones del comienzo del pontificado de Paulo III. No obstante, por el honor, fervor y respeto al emperador y a la expedición tunecina y mediterránea en defensa de la cristiandad, el 7 de julio de 1536 le firmó la más amplia y definitiva concesión beneficial. Comenzaba recordando y transcribiendo la concesión de Adriano VI, la aprobaba, confirmaba y suplía cualquier defecto. Igual trato dispensaba a la bula de Clemente VII. En evitación de dudas en torno a la concesión clementina, creía decente y congruo que tuvieran efecto las concesiones de sus antecesores aun en el caso de no parecer completamente claras, ya que en cuestiones beneficiales debía darse una interpretación latísima, sobre todo con personas beneméritas de la cristiandad, como era el caso de Carlos I. Por tanto, concedía *motu proprio,* y con el asentimiento de los cardenales, el derecho de patronato y de presentación a todas las iglesias catedrales y monasterios consistoriales aun

cuando vacasen en la curia romana, a excepción de los monasterios, concedidos por primera vez a Carlos cuando quedasen vacantes en la curia.

Apreciación de la intervención de la Corona

Aparecerían todavía algunas discrepancias, pero ahí quedaba consumada la gestión de la Corona por conseguir la designación de los episcopables. Ejercitaría el derecho de presentar las personas y, luego que hubieran recibido en Roma la institución canónica, les exigiría, antes de la toma de posesión, el juramento de fidelidad a la Corona y les daría ejecutoriales para que les entregasen las temporalidades de cada mitra. Desde estas concesiones, reyes y consejeros caminarían hacia el patronato universal sobre todos los beneficios de España, en defensa granítica de los derechos mayestáticos de la Corona. Hablando en teoría y con rigor, no se puede afirmar que la intervención de Fernando, de Isabel y de Carlos I fuera regalista, ya que no trataban de controlar las funciones espirituales de magisterio, de orden o de jurisdicción; buscaban un control de las personas que iban a ser pastores y señores de los obispados, a fin de no tenerlos en la oposición, sino colaborando activamente con la Corona. Ahora bien, esta intervención preparó con eficacia el regalismo, y de hecho ya desde entonces un obispado conformista y servicial, excepto en un caso: el de las prestaciones económicas a las arcas y a las empresas regias, aunque aun en este caso terminaron siempre por ser condescendientes.

Desde otro punto de vista, está por estudiar la reacción de los estamentos interesados ante las concesiones pontificias a la Corona. Existen pruebas suficientes para afirmar que en la curia romana no fueron bien vistas; los cardenales pudieron prestar su consentimiento a las mismas; pero algunos siempre con grandes reservas; los otros curiales, con más motivo, pues en principio se les cortaba el acceso a importantes beneficios y rentas. En la Península no encontramos voces de obispos contra la intervención de los reyes y contra las concesiones romanas. Por el contrario, cuando se presentó la ocasión expresa en la asamblea de Sevilla de 1478, los obispos y procuradores apoyaron la intervención de los reyes. Quedaría el mundo de los teorizantes, teólogos y canonistas, del que tampoco, que sepamos, sonaron alarmas para criticar tanta injerencia de la corona en las provisiones. Parece que la Iglesia aceptó en aquellas circunstancias las concesiones pontificias. Problema distinto es el de las cartas y memoriales, sermones y denuncias, dirigidos a los reyes para que diesen los obispados a personas idóneas y honestas; pero éste es problema de criterios en las provisiones, que estudiaremos más adelante.

Mecánica de la presentación

Cualquier provisión tenía que recorrer un largo camino diplomático hasta llegar a ser efectiva. Describiremos los momentos culminantes de la misma, sin insistir en ellos, por tratarse de problemas generalmente de forma. El proceso se iniciaba con la designación de la persona. Es obvio que esta designación estaba sometida bien al cabildo en cualquier elección, bien a los intereses barajados ante los monarcas a fin de cobrar una pieza tan codiciada como un obispado. Los memoriales llegados a la secretaría del emperador demuestran bien este capítulo de codicias. En este momento del proceso interesa menos el trabajo burocrático que el alto criterio para designar a la persona.

De la Cancillería salía un documento de presentación de tal persona para tal obispado; redactado en forma singular o en forma plural, aglomerando varias provisiones. Este documento se redactó siempre, aun en los momentos de conflictividad de los Reyes Católicos, y era tramitado siempre mediante la embajada ante la Santa Sede, que aparece permanente al menos desde 1492, con el pontificado de Alejandro VI [59]. El embajador elevaría la presentación a la curia, siguiendo los trámites señalados en la misma, dependiendo del mismo captar el ambiente vaticano para que fuese aceptada la persona sugerida o presentada desde la corte. Toda provisión tenía que pasar, en definitiva, por el consistorio de los cardenales, donde tendría un ponente y donde cada uno daría el voto sobre la misma; téngase en cuenta que, sobre todo en tiempo del emperador, cada provisión llevaba consigo una considerable atención a las pensiones derivadas de la misma, y con las que se recompensaba los servicios prestados.

Aceptada la provisión en el consistorio, se bifurcaba la tramitación: por parte del electo, de su representante o del embajador mismo, se debía respaldar el pago de los servicios y gastos muy numerosos que entrañaba toda provisión; sin el cobro de las tasas no se daría un paso adelante; por parte de la curia, minutación, escritura, firma y sellos de las bulas y expedición de las mismas. Estas bulas serían remitidas a la corte, y, desde ella, al interesado. Cumplidos por éste los requisitos cortesanos, se expedirían las cartas ejecutoriales para que las bulas tuvieran efecto y el elegido pudiera tomar posesión de su sede. Este proceso está pleno de detalles, que no es posible matizar en este momento. Así, por ejemplo, los formularios de presentación, para Granada, América u obispados peninsulares; la expedición curial, por Cancillería o por Cámara; pago de los servicios debidos a la curia; la toma de posesión del obispado, bien la espiritual, bien las temporalidades. En tiempo del emperador llegaría a tener importancia en la tramitación romana la figura

---

[59] A. Elías, *Embajada de España ante la Santa Sede:* DHEE vol.2 (Madrid 1972) p.784-86 (lista de representantes diplomáticos); no cita a J. Fernández Alonso, *Don Francisco de Prats, primer nuncio permanente en España (1492-1503):* Anthologica annua 1 (1953) 67-154.

del cardenal protector de la nación castellana, por cuyas manos pasarían estos asuntos, y por los que recibiría sus emolumentos [60].

CRITERIOS REGIOS PARA LA PROVISIÓN DE OBISPADOS

La provisión no terminaba en la Corona, sino en las personas escogidas para las sedes episcopales. Los reyes quisieron atajar la acción de obispos insolidarios con el proceso político del Estado moderno, sin olvidar la coordenada de la reforma, que llamaba por aquel tiempo a la puerta de todos los estamentos sociales. Se debió a la visión personal de Fernando e Isabel, asesorados por eclesiásticos eminentes, como Fernando de Talavera, que desde los primeros días de reinado redactaron una declaración programática de criterios para la provisión de obispados, a base de una selección de personas que acumulasen estas condiciones: naturales de sus reinos, honestas, extraídas de la clase media y letradas. Estudiaremos por separado estos criterios, señalando la trayectoria seguida hasta la muerte del emperador y los matices que observamos en le reinado de este último.

1. Obispos naturales de sus reinos

Este criterio fue mantenido como importante dogma de Estado, y tendía a excluir por sistema a eclesiásticos extranjeros, con mal disimulada indignación de los curiales romanos. Este criterio político era consecuencia de la organización autoritaria del Estado nuevo, de una corrección económica y del imperativo de la reforma.

La razón última aducida por los reyes en los conflictos con los pontífices renacentistas fue que los obispados poseían fortalezas y vasallos, que debían estar en manos de personas fieles. Esta razón se esgrimió con intransigencia en obispados fronterizos y litorales, mirando a la seguridad del Estado. Se trataba también de la buena administración económica del reino; la salida de las rentas a titulares extranjeros era una sangría, que creaba problemas financieros e incluso monetarios, situación parecida a una fuga de divisas o a una evasión de capitales. Además, las rentas que iban a manos de extranjeros no recaían en eclesiásticos naturales, quedando éstos en situación de inferioridad, que repercutía en la formación de las personas y en la promoción de la diócesis. Finalmente, con obispos naturales era posible exigir la residencia en la diócesis y promover la reforma de la misma.

Los Reyes Católicos fueron exigentes al cumplir este criterio, aunque con alguna frecuencia hicieron excepciones en favor de cardenales

---

[60] Esta figura de cardenal protector de una nación no está estudiada. Aparece en la documentación de este tiempo y rivalizaban por el cargo los cardenales. El lector habrá advertido que no se han conservado para el período que estudiamos series completas de súplicas regias; sólo hemos encontrado algunas despapeladas en fondos documentales; véase T. TERESA LEÓN, *El «index regiarum praesentationum» de Girjós:* Hispania sacra 14 (1961) 171-84. ·

italianos residentes en la curia. Exigieron la residencia de los obispos en sus diócesis; la asamblea de Sevilla de 1478 estuvo de acuerdo con ellos en exigirla al menos durante seis meses seguidos; sin embargo, fueron los reyes quienes saltaron su propio criterio siempre que necesitaron los servicios de obispos para acompañar a la corte, para enviarlos con embajadas, para presidir el Consejo Real o las chancillerías.

No se puede afirmar otro tanto de su nieto Carlos I. Respetó la letra del precepto y la repitió en incontables instrucciones y leyes [61]; pero le buscó falsas salidas; por ejemplo: conceder cartas de naturaleza a extranjeros para poder obtener obispados y beneficios. Más aún, colocado al frente de la política europea, echó mano de «lo que está vaco en la yglesia», los obispados y beneficios, sin reparo ni miramiento, sobre todo en los primeros lustros de su reinado; se puede contar con facilidad una treintena de provisiones en extranjeros, batiendo la marca las iglesias de Cádiz, Coria, Valencia, Pamplona y Elne. Y, cuando no daba la provisión, daba pensiones en los obispados, siendo la repartición de las mismas una de las causas principales de la tardanza y lentitud de muchas provisiones. No exigió la residencia a estos extranjeros, aunque sí la reclamó para obispos españoles residentes en Roma, o en la corte, o en sus casas cuando le cargaron la conciencia por este lado. Desde otro punto de vista, hizo trabajar a muchos obispos en las tareas de Estado; no sólo al frente del Consejo Real y de las Chancillerías de Valladolid y de Granada, cosa ya habitual, sino en viajes con la corte, embajadas, visitas de los reinos de la Corona de Aragón, negocios circunstanciales fuera y dentro de España. Hubo momentos en que contados obispos residían en sus diócesis. Contra esta situación clamarían predicadores desde el púlpito y profesores desde la cátedra; por ejemplo: Pablo de León o Francisco de Vitoria. Pero lo más sintomático fue que se rebatieron en ocasiones estos argumentos teológicos y se trató de justificar la irresidencia. Así, el caso del inquisidor Fernando de Valdés, que no conoció las iglesias por las que fue pasando, despreciaría estos «pareceres de frailes teólogos», «gente sin práctica en los negocios y que para lo que eran era para estar en sus celdas y confesar y predicar», y llegaría a hacer este comentario singular: «Así como Antón del Río, el de Soria, enviaba su ganado a Extremadura con sus pastores y veía que se lo traían bueno y gordo sin ir él allá, así su señoría cumplía con su obligación de prelado con tener en su arzobispado buenos oficiales que le descargasen» [62].

[61] El embajador Mai escribía el 30 de septiembre de 1530 que cada día tenía que discutir por beneficios, «porque acá se quexan de nuestra pretensión y amenazan que han de revocarlo todo. Deseo ser informado y cómo se funda nuestra pretensión...» El Consejo Real le envió un «Fundamento que en estos Reynos ay para que en ellos no sean admitidos los extranjeros a tener en ellos beneficios eclesiásticos». Además de la costumbre, aducían una bula de Sixto IV que había de guardarse inviolablemente. Este bloque de documentación no ha sido publicado todavía y se halla en AGSimancas, *Div. de Castillas* 2-5 y 2-9.

[62] Cualquier lector aprecia la disimilitud de la comparación. El término «descargar la conciencia» aparece con frecuencia en la documentación, aplicado al emperador en el tema de las provisiones por sus consejeros y padres espirituales, como G. de Loaysa. Véase la cita en J. I. TELLECHEA, *El obispo ideal en el siglo de la reforma* (Roma 1963) p.258s.

2. Obispos honestos

En la mente de los Reyes Católicos, este criterio transcendía, con mucho, a la simple moralidad y a la observancia del celibato. Lo habían situado en los cimientos de la reforma vivificante del episcopado por un imperativo de ejemplaridad para el pueblo cristiano. Teniendo en cuenta los vicios típicos del episcopado europeo de la época, se comprende la altura de tal criterio y de las consecuencias benéficas del mismo. La vida honesta, ni licenciosa ni profana, se convertía en signo de la perfección personal del obispo en el proceso de reforma de la Iglesia. Hay que reconocer que el tema pertenece a la vida privada de las personas y que con dificultad salta a los documentos. Sin embargo, el fenómeno, en términos globales, es ostensible. Al iniciar su reinado era notorio que los prelados más encumbrados de Castilla, como los de Toledo, Santiago y Sevilla, y de la Corona de Aragón, como el de Zaragoza, no eran celibatarios, sino que tenían hijos, a quienes encumbraban con las rentas de la Iglesia. Isabel fue muy estricta en no elevar a las sedes episcopales a ningún clérigo que no diese seguridad en esta exigencia clerical; sin embargo, bien avanzado su reinado, pudo apreciar la debilidad humana en algunos de los elevados con tanto cuidado. Fernando no fue tan exigente en los reinos de la Corona de Aragón en este aspecto, sobre todo con los numerosos obispos extraídos de la misma casa real; y tampoco en ciertas provisiones para Castilla cuando la gobernó después del óbito de su esposa Isabel.

Este criterio de los Reyes merecería análisis desde diversos ángulos: ellos mismos lo esgrimían ante Roma para defender sus derechos a las provisiones, ya que, si intervenían, era para poner al frente personas honestas y virtuosas. Sus letrados abundaban en estas mismas ideas, y así, Juan de Castilla, después de manejar numerosos argumentos en favor de sus señores, podía presentar este razonamiento de hecho: con cuidado, discernimiento y vigilancia, los reyes iban poniendo al frente de las diócesis prelados dignos, capaces de gobernar la grey del Señor; meta no conseguida con las provisiones arbitrarias de la curia romana [63]. Mas este camino de honestidad y de virtud no era fácil de recorrer y podían encontrarse ejemplos desedificantes. Fray Pascual de Ampudia, obispo de Burgos, a principio de 1512, en el dictamen enviado al Consejo Real para preparar la intervención española en el concilio de Letrán, denunciaba los escándalos de los prelados que tenían mancebas y traían los hijos públicamente por las cortes, y «procuran de sublimarlos y de ponerlos en estado aun en sus iglesias y viviendo ellos» [64]. Se puede pensar que se trataba de una gran acusación para toda la Iglesia, pero también para la española, ya que los ejemplos de las sedes de Santiago y Zaragoza eran palpables. Es claro que nos mantenemos en la

[63] Véase nuestro estudio sobre *Juan de Castilla, rector de Salamanca...* p.72 y 114.
[64] J. M. DOUSSINAGUE, *Fernando el Católico y el cisma de Pisa...* apénd.48 p.531. J. ORTEGA, *Un reformador pretrindentino: Don Pascual de Ampudia, obispo de Burgos (1496-1512)* (Roma 1973) p.346; este estudio es muy valioso y modelo para otros de corte parecido; matiza bien observaciones generales que habíamos vertido en escritos anteriores.

corteza del problema, ya que sería necesario penetrar en raíces más profundas del mismo; por ejemplo, la aceptación del precepto del celibato, tema que trataremos más adelante, aplicado, en general, al clero. Con la exigencia de la honestidad, se trabajaba por conseguir el obispo reformado, capaz de llevar la reforma a su sede.

Este criterio de honestidad fue aplicado también en tiempo del emperador, manteniendo la continuidad en la aplicación del mismo. De hecho, no se encontrarán transgresiones clamorosas que no viniesen de tiempos anteriores, ni otras de personas menos sonadas, que siempre resultaron excepciones. Creemos que se debió a la valoración del emperador, con independencia de los criterios morales en su vida personal y a los consejeros que le asistían en el momento de las provisiones; por ejemplo: García de Loaysa, Martínez Silíceo y el mismo secretario Cobos. Jugaba, además, con la ventaja de poder echar mano de clérigos formados en verdaderas escuelas de perfección episcopal, como la del cardenal González de Mendoza, en el último tramo de su vida, o la de Fernando de Talavera, de las que se nutrió el primer episcopado de tiempos del emperador.

3. Obispos de la clase media

Para entender cómo los reyes llegaron a adoptar este criterio es necesario adentrarse en las turbaciones de las Coronas de Castilla y de Aragón en los dos cuartos centrales del siglo XV y sorprender la presencia de obispos ligados a la nueva nobleza en las banderías, en las confederaciones, al lado del rey de Portugal en la guerra de Sucesión, y en oposición al régimen instaurado por los mismos. Ellos intuyeron la improrrogable necesidad de uncir al Estado nuevo la briosidad del episcopado, que manejaba incalculables resortes religiosos y sociales. Para obtener este resultado definieron pronto el criterio de conceder los obispados no a eclesiásticos originarios de familias nobles y feudales, sino extraídos de la clase media e incluso del pueblo bajo; estos cristianos viejos y opuestos a las oligarquías nobiliarias serían soporte de la nueva monarquía autoritaria y de las instituciones del poder real. La Corona podría contar con ellos aun en los casos extremos en que les exigiese subsidios múltiples para las empresas de la misma; en principio protestaban siempre y se escudaban en la libertad eclesiástica; de hecho aceptaban la prestación de todos los servicios pedidos.

Cuando el teorizante Juan de Castilla defendía desde Salamanca que los reyes de España tenían derecho no sólo a presentar candidatos, sino a deponer a los consagrados rebeldes a los reyes, parece que estaba respaldando este criterio de eliminación de los nobles y sublimación de las clases medias. Caso de que algún obispo crease problemas a la Corona, quedaba el recurso de llamarlo a la corte y condenarlo a seguirla en su perpetua trashumancia; so capa de dignidad y de honor, se ocultaba el ahogamiento de toda oposición. No es casualidad que el doctor Martín

Fernández de Angulo, del Consejo Real, sugiriese a los reyes en un memorial que obtuviese del papa facultad para poder traer a la corte a obispos y clérigos aunque no llegasen a ser escandalosos ni criminales [65]. Este dispositivo venía a corregir cualquier fallo en el criterio de buscar obispos fieles y eficientes sacados de las clases medias.

Este criterio se rompió con frecuencia durante el reinado de Carlos I, sobre todo en su calidad de emperador. El tratamiento inicial que se dio a la provisión de Toledo de 1517 es significativo. Desmembrar su territorio en tres o cuatro sedes fácilmente controlables y mantener al fin la unidad indivisible del mismo, nombrando a Croy, de la primera nobleza flamenca, era retroceder varios decenios y con varias agravantes. Dio con frecuencia obispados a nobles, tanto extranjeros como a nativos, siempre para tenerlos a su servicio a base de mercedes. No le faltaba el respaldo de sus asesores religiosos; así, el de García de Loaysa cuando en 1530 le escribía: Conceder Tarragona «para convertir a nuestra santa fe a algún señor de Alemania... yo sería en consejo que no se dudase en ello» [66]. Motivos mucho más domésticos se barajaban en las incontables recomendaciones y súplicas llegadas a la mesa del emperador desde las casas nobles de España, y que en pocas ocasiones fueron atendidas, siguiendo un criterio medio de repartir las prebendas episcopales sin criterio preconcebido y al viento de la necesidad del momento.

4. Obispos letrados

«E los que serán postulados serán letrados». Así era formulado este criterio en 1475, en el dintel del reinado y en el acuerdo para la gobernación del reino. Decir letrado significaba un hombre formado en las aulas universitarias y alejado, en principio, de las armas. El tema abarca el del humanismo renacentista, sobre el que se ha avanzado ya con pasos seguros y en el que no podemos ni adentrarnos [67]. Nuestro punto de vista se refiere al criterio de selección practicado por los reyes para promover a los obispados a eclesiásticos de letras, que luego se encargarían, a su vez, de la promoción cultural del clero y de los fieles, y, en último término, a elevar el techo de formación humana renacentista. Nuestro problema se reducirá a ese núcleo: ¿hasta dónde fueron agentes de la visión renacida del hombre y del mundo, con afán de crear

---

[65] Lo publicamos en *La elección y reforma...* p.349.

[66] Se debe recurrir todavía al clásico G. HEINE, *Briefe an Kaiser Karl V, geschrieben von seinem Beichtvater in den Iahren 1530-32* (Berlín 1848). A Loaysa apenas le ha prestado atención G. FRAILE, *Loaysa y Mendoza, García de:* DHEE vol.3 p.1333. Puede verse A. BILLI DI SANDORNO, *Documentos inéditos e interesantes sobre la vida del cardenal Loaisa:* Hispania sacra 5 (1952) 103-11.

[67] Es mérito de los congresos de la Corona de Aragón y de especialistas como M. Batllori y Martín de Riquer haber hecho avanzar este tema de manera definitiva. Por las referencias que tiene para diversos personajes, entre ellos para el embajador Mai, citamos a J. RUBIÓ I BALAGUER, *Humanisme e Renaixement:* VIII Congreso Hist. Cor. Aragón V.II (Valencia 1973) 9-36. Desde el extranjero ha prestado una interesante colaboración P. CHAUNU, *Structures sociales et représentations littéraires: La société en Castille au tournant du siècle d'Or:* Rev. Hist. économique et sociale 45 (1967) 153-74.

formas nuevas en los diversos sectores de la existencia? Para el tema, no sólo es determinante que hubieran salido de aulas universitarias, Salamanca, Bolonia, la Sorbona o Alcalá, sino que luego de hecho hubieran llevado con su acción personal esta inquietud cultural al mundo que les rodeaba. El panorama se abre como un escenario gigantesco: obispos letrados en la acción pastoral de predicar, santificar y regir a los fieles, en la publicación de escritos propios, en la edición de libros litúrgicos o de escritores clásicos, en la promoción de la arquitectura religiosa de las iglesias o residencias episcopales y en el cultivo de cualquier manifestación en el campo de las bellas artes.

Isabel escogió con preferencia obispos formados en el colegio de San Bartolomé, de Salamanca; la historia de dicho colegio es solícita a la hora de señalar estas circunstancias. No llegó a conocer el colegio de San Ildefonso, de Alcalá, que daría digna réplica al salmantino y a los de más reciente fundación. Fernando el Católico aprovechó para la Corona de Aragón a eclesiásticos de los colegios castellanos, sin olvidar a los que obtuvieron grados en Lérida o en el extranjero. Se tiene la impresión que en este reino escasearon más los eclesiásticos letrados nativos, a la hora de las provisiones de catedrales y abadías. Bien adelantado el siglo XVI, los asesores regios harán constar la dificultad de dar nombres de letrados virtuosos que pudieran acceder a dignidades aragonesas. Es claro que los Reyes Católicos tendieron a suplir la falta de nobleza y de alcurnia con la virtud y las letras, criterio que les llevó a resultados bien tangibles.

En tiempo del emperador no decayó este criterio de las letras para las provisiones. Resultaba más fácil, ya que el nivel cultural iba ascendiendo a ojos vistas y había más facilidad para elegir, bien en los colegios de sus reinos y en las casas de estudios de las órdenes religiosas, bien en estudios extranjeros, sobre todo italianos. En este reinado se debatió, ya sin rebozo, un problema suscitado hacía decenios: la provisión de los obispados en teólogos o en canonistas; el problema tenía un fondo mercantilista, ya que a lo largo del siglo XV tenían más salida profesional los juristas que los teólogos; pero se dejaba sentir con peso en la orientación de la Iglesia. Jiménez de Cisneros optó y apostó fuerte por la teología desde la Universidad de Alcalá, con una fisonomía bien singular, y otros fundadores de colegios tuvieron la misma idea. Parece que hacia 1530 existía ya en el Consejo Real la tendencia de nombrar teólogos para las iglesias de América, y juristas para las peninsulares. Asesores personales del emperador como García de Loaysa harían la sugerencia de que «para allí es principalmente menester seso, porque lo que han de enseñar es el credo» [68]; para los peninsulares no declara su pensamiento con nitidez, aunque no deja de enfrentarse a los letrados canonistas. Más tarde se agudizaría la tendencia, y se adoptaría el criterio de enviar juristas a diócesis de Andalucía y Extremadura; teólogos, a las

---

[68] Carta autógrafa de Loaysa a Cobos (Roma, 31 julio 1530): CODOÍN, vol.14 p.48-49. Plantea bien el problema M. ANDRÉS, *La teología española en el siglo XVI* vol.1 (Madrid 1976) p.211-15.

diócesis periféricas de las montañas, y a Indias, frailes reformados. Resumiendo estas someras indicaciones, aparece clara la importancia de los criterios reales al momento de las provisiones, que alzaron a hombres que jugaron papel decisivo en la línea de la renovación cultural y en el avance de la reforma; en una palabra, en la creación de una existencia clerical nueva.

ANÁLISIS SOCIOLÓGICO DE LAS PROVISIONES

Ahora bien, la pirámide de obispos elevada en tiempo de los reyes y del emperador puede y debe ser sometida a un minucioso análisis sociológico, que aquí no podemos más que esbozar de pasada. Las dificultades se acumulan por la carencia de datos; por ejemplo: resulta casi siempre desconocida en los episcopologios la fecha de nacimiento de los obispos; sin ella no es posible establecer la edad media de las provisiones episcopales; indicador que podía ser muy ilustrativo. Los reyes concedían beneficios eclesiásticos, incluso muy importantes, en edad infantil, a fin de que con ellos recibieran los elegidos una educación conveniente. En cambio, parece que promovían al episcopado después de muchos años de méritos y de servicios; por tanto, ya en plena madurez de vida y de estabilidad humana. Aunque también dieron lugar a excepciones llamativas y desedificantes.

La sociografía episcopal comienza con el tema de la extracción social de los elevados a prelacías. Hemos preferido simplificar las categorías sociales, teniendo en cuenta las siguientes: obispos procedentes de la primera nobleza de cada reino, de la nobleza regional rural, de la clase media profesional y de los medios populares pobres.

A la primera nobleza pertenecían los prelados escogidos de la casa real de Aragón, así como los pertenecientes a estirpes de duques, marqueses y condes de cualquiera de los reinos; esta nobleza podía ser rancia y antigua o de la nueva ola del siglo XV. Dieron obispos las estirpes de los Enríquez, Bobadilla, Mendoza, Buendía, Manrique, Fonseca, Zúñiga, Osorio, Toledo y Castilla; en la Corona de Aragón, los Fernández de Heredia, Cardona, Despuig, So de Castro, Borja; de otros países, Fadrique de Portugal, Esteban de Almeida y Leopoldo de Austria. En tiempo del emperador aparecerían nuevos apellidos: Portocarrero, López de Mendoza, Téllez Girón, Manuel, Quiñones, Del Aguila, Manrique de Lara, Rojas Sandoval, Benavides, Moscoso, Fernández de Córdoba, Moya Contreras, así como los Margarit, de Cataluña, y los Navarra, del reino recién incorporado. Estos obispos eran hijos segundones, y, en ocasiones, también hijos naturales, dedicados a la iglesia.

Los obispos escogidos entre la nobleza regional rural fueron también numerosos. Por ejemplo: los Carvajal, Figueroa, Ribera, Acuña, Sarmiento, Gurrea, Urriés, Requesens, Cassador, Alava Esquibel, Ponce, La Cerda. Dado que muchos de ellos pertenecían también a la burocracia de la Corona, a efectos prácticos van englobados entre los obispos del sector siguiente.

Los reyes intuyeron el valor de escoger por criterio obispos de la clase media: hijos de antiguos servidores y continos, personas formadas en la administración, señores, hijosdalgo y miembros de familias acomodadas. Sin haber verificado todavía la extracción rigurosa para cada uno, no cabe duda que, tanto en tiempo de los reyes como del emperador, ésta es la lista más numerosa y decisiva del episcopado de este tiempo.

Ni dejó de estar representado entre los obispos el estamento popular e incluso el pobre, aunque en índices muy bajos. Es el caso de algunos clérigos, de quienes consta este dato en los episcopologios, y de la mayoría de los religiosos elevados al episcopado. Es claro que estos prelados debían suplir con su honestidad y letras la falta de alcurnia o de fortuna. Resumiendo este apartado, adelantamos estas cifras aproximadas:

Reyes Católicos:
Número de provisiones, sin contar los traslados: 132.
Obispos de alta nobleza: 32.
Obispos de nobleza regional y de la clase media: 74.
Obispos por debajo de la clase media: 6.
Obispos cardenales romanos o de dominios italianos: 20.

Emperador:
Número de provisiones, sin contar los traslados: 155.
Obispos de alta nobleza: 40.
Obispos de nobleza regional y de clase media: 88.
Obispos por debajo de la clase media: 5.
Obispos cardenales o de dominios italianos: 22.

Consideración aparte merece la formación cultural de estos promovidos al episcopado. No podemos llegar a resultados definitivos, pero poseemos algunos datos muy seguros. Descontados algunos nobles, todos eran letrados, es decir, que habían cursado estudios superiores; por lo menos, en los colegios universitarios españoles; la mayoría, en las universidades más renombradas. Destacan los especialistas en ambos derechos, canónico y romano, bien por Salamanca, bien por estudios extranjeros; fueron los puntales del nuevo régimen, los defensores del mismo y los que habían adquirido experiencia en la administración; clérigos por convicción o por oportunismo ocasional, el premio fue la mitra. Siguen los titulados en teología, cada vez más numerosos en tiempo del emperador gracias a la renovación teológica de principio del siglo XVI. Provenían de Salamanca, de Alcalá, de París y de colegios universitarios, como Sigüenza. Fueron pocos los especializados en artes por Salamanca y Alcalá. La visión es global y somera, pero significativa.

Debemos prestar atención a otro indicador apreciable: la profesión o experiencia personal anterior a la promoción. Un número muy considerable provenía de la burocracia cortesana, sea civil, como consejeros de la chancillerías, inquisidores, hijos de continos y de oficiales, o de la eclesiástica, como capellanes, negociadores y diplomáticos. Después de ellos tenemos anotado buen número de clérigos que accedieron al episcopado desde la enseñanza en cátedras universitarias y de colegios mayores. En cambio, no tenemos anotados muchos nombres provenientes de la cura pastoral directa; podían poseer grandes beneficios en catedrales y colegiatas, pero este dato no debe confundirnos. A este apartado pertenecen los clérigos formados en las casas de los grandes prelados, como Talavera, González de Mendoza y otros menores. También forman parte del mismo algunos obispos religiosos.

Finalmente, debemos formular alguna sugerencia respecto del lugar de origen y de destino de tales promovidos. Sin lugar a ninguna duda, fueron promovidos clérigos castellanos, del corazón y centro de la Península, más que de los reinos periféricos. Contados vascos y asturianos, más gallegos, numerosos de las diócesis de Burgos, Palencia, Segovia, Toledo; bien representadas regiones como la Rioja, Extremadura y Andalucía. Estos electos se fueron manteniendo con bastante rigor en los reinos de origen durante el reinado de Isabel y Fernando; sólo fueron abriendo fronteras conforme se fue consolidando la unión de las Coronas con Carlos I. Tuvo incidencia en este fenómeno la Inquisición; al ser promovido un inquisidor, quedó en la diócesis en la que estaba desempeñando su oficio; así para diversas promociones de la Corona de Aragón. Dentro de la Corona de Castilla fue superado cualquier reparo de proveniencia a la hora del nombramiento, no obstante la variedad multiforme de dicha corona [69].

EL TIPO IDEAL DE OBISPO CREADO POR LA IGLESIA ESPAÑOLA

Primero los Reyes Católicos y luego el emperador, y, detrás de ellos, los inspiradores de su política eclesiástica, consiguieron con criterios precisos forjar una figura de obispo que pudo servir para la iglesia renacentista; se puede hablar de «obispo ideal» no en un sentido ontológico-sacramental, sino en una línea de ejemplaridad y paradigma. Este ideal encarna la reforma urgida a los electos en su vida personal, y que se convertiría en motor de la encadenada reforma del clero y del pueblo cristiano [70]. Ahora bien, junto a los criterios y estímulos extrínsecos del constantinismo temporal de los monarcas, descubrimos con facilidad la enseñanza de los teorizantes, el estímulo del mismo episcopado, la normativa de los concilios y sínodos, las peticiones de las Cortes y los latidos de literatos y poetas.

Prestemos atención, como ejemplo, al sector de los teorizantes. Cree-

[69] Es obvio que sólo estamos avanzando algunos resultados a tan vasto tema. Los indicadores, apenas enunciados, quedarían enriquecidos estudiando la actitud de los obispos en cuestiones batallonas del tiempo: relación con los cabildos, reforma beneficial, residencia de los obispos y cura pastoral. No existen estudios. A falta de las presentaciones regias y de los procesos romanos informativos, presta ayuda el DHEE, sobre todo el vol.5 (en prensa), y los distintos episcopologios; para algún indicador, las bulas de provisión.
[70] El sentido de la expresión «obispo ideal» ha sido estudiado por investigadores eximios, como H. Jedin, J. I. Tellechea, J. Ortega y otros. Partiendo de una idea teológica, no la encuentra exacta ISABEL SÁNCHEZ, *Responsabilidad del obispo en su diócesis según Francisco de Vitoria:* Scripta theologica 10 (1978) 467-518.

mos que el primer eslabón podía ser muy bien Alfonso de Madrigal, que se empeñó, desde la cátedra de Salamanca, desde el púlpito y desde sus numerosos escritos, en alejar de los obispados a los indignos. Rechazar los obispados bajo culpa grave, procedimiento, quizá, no el más eficaz, ya que no frenó a los indignos y, en cambio, creó verdaderos problemas de conciencia en personas timoratas para rechazar con resolución los obispados. Sin embargo, tendría el mérito de hacer prevalecer el servir sobre el presidir; el ministerio, sobre la honra. Su doctrina tuvo eco en diversos tratados del tiempo y en la conducta de muchos episcopables. No negamos la eficacia de la doctrina erasmiana en torno a los obispos, bien conocida en las corrientes cultas castellano-aragonesas. Cuando Alfonso de Valdés describe cómo Mercurio y Carón pasan en la barca a un obispo, ha captado la crítica acerba y la visión positiva de los círculos erasmianos sobre los prelados [71]. Desde un autor extraño, como Erasmo, se pudo aprender «algo muy distinto de un simple movimiento de protesta contra los abusos» [72]. Sin embargo, fue en la línea de escritores nativos donde fue mandando una encrestada teoría sobre la figura y el quehacer episcopal. Una cala realizada en algunos autores no ha podido dar mejores resultados. Además del citado Erasmo, han sido sometidos a análisis autores como Juan Bernal Díaz de Luco, el maestro de Salamanca Francisco de Vitoria, Bartolomé de Carranza, Domingo de Soto, Bartolomé de los Angeles y Luis de Granada [73]. Este análisis confirma cómo estos eximios maestros descubrieron la categoría eclesiológica de la función episcopal no sólo para reafirmarla y absolutizarla en respuesta al hecho luterano, sino viéndola como instrumento de servicio en la compleja historia del Pueblo de Dios. La dignidad episcopal llevaba consigo función y oficio, honra y rentas; pero es la función la que le integra en la estructura de la Iglesia; es el servicio el que primará entre los posibles binomios del «opus-opes, prodesse-praeesse, officium-dignitas, servitium-dominatus», es decir, entre el cargo y las riquezas, entre el servir y presidir, oficio y dignidad, servicio y autoridad. El servicio episcopal no se refiere a la Iglesia en general, sino a las almas concretas de los fieles; es cuidado de pastor con sus ovejas, base de las mayores exigencias y cargo de conciencia para los prelados. Más aún, el obispo queda revestido de nuevos matices desde la visión paternal y esponsal, padre espiritual de los fieles y esposo de la iglesia que le ha sido confiada, razón por la que se mira con desagrado el traslado de una iglesia a otra. Porque el obispo está desposado con su iglesia, debe amarla con amor de caridad, persiguiendo esa culminación del amor en forma de una elevada santidad. Con estas premisas se quería asegurar el ejercicio perfecto de las funciones o los tres actos jerárquicos del obis-

[71] ALFONSO DE VALDÉS, *Diálogo de Mercurio y Carón*. Edición y notas por J. M. Montesinos (Madrid 1929) p.69-74.
[72] J. I. TELLECHEA, *El obispo ideal...* p.44.
[73] Estos análisis habían sido publicados en diversas revistas y fueron ensamblados para formar una obra orgánica por J. I. TELLECHEA, *El obispo ideal en el siglo de la reforma* (Roma 1963). Es claro que podían haber sido analizados otros teorizantes, sobre todo algunos anteriores, para que la antología hubiera sido perfecta.

po: predicar, santificar y regir, comenzando por su propio clero y llegando, mediante el mismo, a los fieles. Así se contemplaba y admitía la autoridad en la Iglesia, menos apreciada por tantos obispos que no tenían altura, ya que, en último término, la autoridad estaba llamada al servicio de una iglesia reformada y más evangélica.

Desde una formulación más sencilla, toda la riqueza de un obispo ideal estaba contenida en el fiel cumplimiento de estos deberes: el de la residencia en su iglesia, la visita pastoral a su obispado, la celebración de sínodos diocesanos, el ejercicio de la predicación, el uso correcto de las rentas y un grado elevado de santidad [74]. ¿Hubo obispos que escalaron tan encimadas cimas? La generación de obispos elevados por los Reyes Católicos no dio ningún santo canonizado; sin embargo, varios atravesaron la barrera del tiempo, quedando como ejemplares de obispos perfectos. Así, el jerónimo Fernando de Talavera y el dominico Pascual de Ampudia [75]. Y, para la época del emperador, el agustino Tomás de Villanueva, prelado de una de las iglesias más abandonadas, y, junto a él, Juan Bernal o Gaspar de Avalos, educado en la escuela de Talavera.

[74] Sintetiza bien el tema J. ORTEGA, *Un reformador pretridentino...* p.272-85.
[75] Dimos citas para ver cómo pervivían estos obispos en tiempos posteriores en *La elección y reforma...* p.240.

CAPÍTULO III

HISTORIA INICIAL DEL CLERO DIOCESANO

El hecho eclesiástico hispánico no terminaba en el sector episcopal; continuaba en el del clero diocesano; del mismo modo, la política eclesiástica de los monarcas no terminaba en el terreno de las provisiones episcopales, sino en los problemas provenientes del estamento clerical, situado en las coordenadas del Renacimiento, del Estado moderno, del clamor de reforma, del proceso de secularización y de las tensiones económicas. Dicho estamento debe ser visto con una sana metodología en su geografía física y humana, sin olvidar la demografía de cada pueblo, villa o ciudad, como hemos insinuado al principio de este estudio. También es necesario percibir los matices del clero de los distintos reinos, provincias eclesiásticas, diócesis y regiones, ya que estos elementos crearon rasgos de identidad y de existencia peculiares que condicionarían la acción pastoral. A falta de estudios monográficos que aclaren la existencia real de este estamento, se tiene la tentación de tratarlo a base de juicios generales o de disposiciones genéricas emanadas de los sínodos diocesanos o provinciales, de sabor jurídico recriminatorio; sin embargo, será necesario, en lo posible, aproximarse a la vida real del estamento y al tratamiento que recibió desde la Iglesia y desde la Corona en tiempo del estallido de la reforma. Los Reyes Católicos tuvieron una visión pragmática sobre el mismo: considerado como estamento social, buscaron tenerlo sometido a la Corona, a pesar de la libertad eclesiástica y de los privilegios clericales; entendido como clase rectora, le exigieron una alta ejemplaridad, por encima de los abusos típicos del tiempo; visto como cuerpo eclesial en comunión con el papa, buscaron nuevas bases para las provisiones beneficiales y para la cooperación económica a las empresas de la Corona. En otras palabras, adhesión política, reforma religiosa y cooperación económica.

EL HECHO CLERICAL DIOCESANO

Antes de adentrarse en este espeso tema conviene distinguir entre el *alto clero* de las iglesias catedrales, de las colegiatas y de algunas parroquias poderosas de ciudades, y el *clero inferior*, que vivía de un beneficio no pingüe, como la generalidad del clero parroquial, o el que servía un altar, un préstamo, una capellanía o uno de los incontables beneficios instituidos por la piedad de los fieles para memoria de sus personas y de sus almas. Entre los que tenían cura de almas recordaremos al *pleba-*

no o vicario, puesto al frente de la plebe parroquial, y al *abad,* bien distinto del oficio monástico, que estaba al frente de una parroquia rural. Y en general será necesario retener los términos siguientes: *coronados,* para designar a todos los clérigos que habían recibido la corona, marca externa situada en la cabeza, e incluso las órdenes sagradas, y *clérigos de corona,* aquellos que, habiendo recibido la tonsura y convertido en clérigos, no habían pasado a las órdenes menores ni mayores, pudiendo gozar de beneficios eclesiásticos [76].

El clero alto participaba, en parte, de la situación feudal que conocemos por el estudio del episcopado; poseía, como colegio, villas, fortalezas, vasallos y rentas, y, sobre todo, ejercitaba la jurisdicción civil sobre esta porción de abadengo. Esta situación no llegaría a la cima de las mitras; sin embargo, daba a los cabildos y, en general, al alto clero, una fisonomía feudal que le arrastraba a muchas preocupaciones lejanas de la clerecía. No podemos dar el volumen feudal del alto clero para todos los reinos de España. Consta que diez catedrales de Castilla —las de León, Astorga, Palencia, Zamora, Salamanca, Segovia, Sigüenza, Toledo, Cartagena y Sevilla— poseían 31 lugares, villas, pueblos y aldeas, con un total de 2.301 vasallos de las mismas [77]. Pensamos que esta situación feudal era una de las raíces de la altivez de los cabildos frente a la Corona y frente a los obispos, sobre todo a la hora de la reforma.

Aunque no fue la propiedad la que enfrentó a la Corona y a la Iglesia, a los oficiales civiles y a los religiosos, a los jueces civiles y a los eclesiásticos. Fue algo más medular: el ejercicio de la jurisdicción, la competencia, el pique de preeminencia; los reyes, impulsados por su poder real absoluto, no consintieron intromisiones; el clero, parapetado en sus privilegios canónicos y en la coraza de la libertad eclesiástica, no quisieron perder sus posiciones inmemoriales. Cada parte en litigio se defendía con sus mejores armas: por la Corona, la confiscación de bienes, la prisión, el llamamiento a la corte; por la Iglesia, la fulminación de penas canónicas, como la excomunión y el entredicho, de manera que no hubiera en el lugar celebración de oficios divinos. Lo que menos soportaba el Estado autocrático era la jurisdicción civil del clero, con poder administrativo, judicial y ejecutivo sobre los vasallos. Todo se debía a que no se había llegado a una distinción clara de las áreas de competencia entre la jurisdicción civil y la espiritual. Los casos eran muy abundantes: laicos que llevaban a tribunales eclesiásticos causas seculares; jueces eclesiásticos que procedían contra laicos por cuestiones profanas, juzgaban causas de deudas y obligaciones, cobijaban en las iglesias a los deudores para que no pudieran ser demandados y entablaban acciones sobre contratos civiles porque las partes se habían obligado a cumplirlos bajo juramento; había extralimitaciones por ambas partes, dando lugar

---

[76] Deben distinguirse de los clérigos «conjugados» o casados, aunque no será difícil encontrar pasajes en que se confunde esta terminología.

[77] La cifra proviene de una relación de *AGSimancas, Libros de copias* 28 fol.328r-30v. Se podría completar con los libros posteriores de Felipe II y por las amortizaciones de vasallos. No aludimos todavía a la propiedad territorial y a la acumulación de bienes raíces, tan denunciada por los coetáneos.

a duros enfrentamientos, aunque la Corona fue siempre fuerte para defender la jurisdicción, superioridad y preeminencia. La situación se complicaba en las causas profanas o en las mixtas, que la Corona jamás quiso que salieran de su competencia. Los Reyes Católicos comenzaron a aclarar el caso con la pragmática promulgada en Sevilla el 23 de junio de 1500, en la que mandaban a los señores eclesiásticos, obispos, abades, cabildos e iglesias colegiales de Galicia que eligiesen personas laicas para tratar dichas causas; caso de elegir jueces eclesiásticos, que nunca pudiesen echar mano de penas espirituales, como las censuras, para tales causas profanas o mixtas y que no impidiesen a los laicos poder apelar a los tribunales civiles. Estas mismas normas eran extendidas el 21 de febrero de 1502 a todos los señores eclesiásticos de sus reinos. Esta doctrina quedaría plasmada en un signo externo: sólo los civiles, no los eclesiásticos, podrían llevar vara de justicia. Se podría recoger un buen florilegio de casos de jurisdicción en tiempo del emperador, como residuo del conflicto vivido en tiempo de los abuelos del mismo; sin embargo, el problema perdió acritud y parece superado por otros, como la contribución económica.

Es cierto que el alto clero, sobre todo los cabildos, tenía otros agudos problemas a los que prestar atención; por ejemplo: los referentes a las relaciones con sus prelados y a la concordia entre ellos mismos; pero preferimos estudiar este problema en el contexto de la reforma. También es cierto que apenas nos hemos referido al clero inferior o bajo; pero de él nos ocuparemos también más adelante.

Los coronados

Seguimos tocando problemas generales al estamento, como puede ser el acceso, la fisonomía externa y el número de clérigos. Se puede afirmar que la figura canónica del clérigo venía padeciendo una desoladora deformación, ya que se buscaba en la misma, más que un estado de perfección evangélica y de acción pastoral, un trampolín para conseguir beneficios eclesiásticos y gozar de los privilegios clericales. Tratemos de penetrar en este hecho sociológico.

El acceso al estamento clerical se realizaba mediante la recepción de la tonsura, impartida por un obispo. La normativa de las decretales comenzó a cuartearse por dos lados: la edad de los tonsurados y la persona que impartía la tonsura; es decir, a cualquier edad y por obispos no residenciales, sino de anillo o titulares, que la daban por propia iniciativa o llamados por los gobernadores del obispado y siempre con lucro. Las denuncias regias y las recriminaciones contra la concesión de la tonsura eclesiástica son constantes. Fernando e Isabel echaron mano de la asamblea de Sevilla de 1478, de las Cortes de Toledo de 1480 y de la diplomacia ante la corte romana, pero no frenaron el acceso a la clerecía; por el contrario, parece que aumentó, quizá por ser el único modo de oponerse al gobierno autoritario de los monarcas y librarse de las represalias de los mismos. De hecho, a caballo entre los dos siglos son numerosas las referencias. Isabel acusaba al provisor de Cuenca: «E diz que vos ordenáys de corona a cualquier persona que lo pide, syn le examinar, lo qual diz que fazéys por dineros...» Fernando denunciaba que en varias diócesis de Andalucía y Extremadura hicieron clérigo a todo el que quería, sin exceptuar a ancianos y conversos; en otra ocasión denunciaba que un obispo había hecho clérigos a hombres casados y de mal vivir. Los mismos reyes llegaron a tener la convicción de que, «en nuestros reynos, todos generalmente acostumbran tomar corona», más por liberarse de la jurisdicción secular que por intención de vivir en el estamento clerical.

Ni se piense que el problema se solucionó en el reinado siguiente. En 1519, el Consejo Real descubrió ordenaciones masivas de tonsurados en Ubeda, Baeza y otras poblaciones; acusó al obispo de Guadix García de Quixada porque ordenaba «syn Reberendas de los obispos de cuya diócesis heran e syn saber leer». Y, por no alargar los datos, citaremos la carta de la emperatriz a todos los prelados de sus reinos en 1529 mandándoles que no ordenasen de primera tonsura a nadie sin las debidas cualidades y sin que supiesen leer y escribir, edad suficiente y que prestasen juramento de perseverar en la carrera eclesiástica, debiendo hacer otro tanto sus padres [78]. Pero ¿quién era capaz de asegurar aquella vocación clerical? Ahora bien, nótese que nos estamos refiriendo siempre en este párrafo a quienes entraban por la puerta falsa, abusando de los obispos de anillo a fin de gozar de los beneficios eclesiásticos y huir de los jueces seculares, respaldando la mala vida en el fuero eclesiástico. No sucedía así con todos los candidatos al sacerdocio, ya que el camino ordinario era bien conocido a través de las escuelas catedrales, de clérigos celosos que abrían sus propias escuelas y de quienes llegaban en plena madurez humana y después de larga experiencia.

Al problema del alistamiento se unió en este tiempo el de la fisonomía externa del clérigo: tonsura y hábito conveniente. La asamblea de Sevilla de 1478 determinó que cada obispo revisase la situación, exigiendo a cada clérigo el certificado de su tonsura y que en término de treinta días llevasen «corona abierta a la manera como una blanca vieja, según la señal que aquí va»; el hábito debía llegarles «cuatro dedos baxo de la rodilla e que no sean de las colores proybidas del derecho» [79].

Los obispos comenzaron a cumplir lo ordenado, pero sin grandes avances. Los reyes vieron la necesidad de que interviniese la curia romana; en diversas embajadas, pero, sobre todo, con Iñigo López de Haro, acudieron a Alejandro VI exponiendo la situación peninsular y pidiendo el remedio oportuno. Así, consiguieron la bula *Romanum decet*, del 27 de julio de 1493, punto de referencia para toda actuación poste-

---

[78] Estamos haciendo referencias constantes a la documentación, que se agrupa en tres grandes bloques: instrucciones dadas al cardenal de Santa Cruz, memoriales que le fueron remitidos más tarde y los llamados capítulos de Castilla, todos ellos tramitados en torno al viaje del emperador a Italia, y que se conservan en Simancas, *Estado-Roma* leg.852-54.

[79] F. Fita, *Concilios españoles inéditos... Nacional de Sevilla en 1478:* Bol. R. Acad. Hist. 22 (1893) 223-24.

rior; en ella se imponía la tonsura y el hábito clérical y autorizaba a los reyes para proceder contra los clérigos *facinerosos*. Tuvo difícil cumplimiento en todos sus aspectos. Veamos algunos casos que recogen bien la situación general. Iñigo Manrique, obispo de Córdoba, se decidió a imponer a sus clérigos el «hábito decente» exigido por la bula; con carta de 25 de noviembre de 1494 mandó a sus clérigos que «trayan la corona abierta del tamaño como el sello de plomo que suele venir en las bullas apostólicas, e no menor. E que no cryen ni trayan los cabellos largos, mas de tal manera cercenados que les vea y parezca algo de las orejas, e que la vestidura sea que trayan continuamente loba o manto tan largo, que con un palmo más pueda llegar al suelo. E que la tal loba o manto no sea colorado, ni azul, ni verde claro, ni amarillo, ni de otra color desonesta» [80]. Alejandro VI repitió la concesión y declaración a los reyes en otra bula de 15 de mayo de 1502. Se fue ganando terreno sólo con mucha dificultad hasta tiempos netamente conciliares y tridentinos. Otro tanto podríamos decir sobre la aclaración del término «facineroso». Un solo delito no era suficiente para llamar a un clérigo con ese término y para proceder contra él por el fuero civil.

Cuanto antecede debe ser tenido muy en cuenta para cualquier cálculo sobre el número de clérigos en los reinos hispánicos a final del siglo XV y primera mitad del XVI. Un ejemplo ilustrará este aserto mejor que muchos razonamientos. Los provisores de Calahorra Sebastián de Medrano y Juan de Salcedo fueron acusados de haber concedido, durante la sede vacante, dimisorias para impartir la tonsura; se defendieron de la acusación y afirmaron que en la diócesis existían 15.000 beneficios y 20.000 clérigos. Es obvio que no puede tratarse de 20.000 clérigos dedicados al servicio pastoral, no obstante que se tratase del «obispado más populoso y de más gente de toda España y de mayor clerecía», sino de clérigos para ocupar los 15.000 beneficios, la mayoría de ellos simples y de escasas rentas y que sólo con una gran acumulación en una persona podían dar una base de sustentación suficiente. Cifras semejantes sólo pueden ser admitidas contando a los clérigos tonsurados forzados o interesados, que se distinguían con nitidez de los convencidos y con vocación eclesiástica. No tenemos censos precisos, pero para final de siglo se calcula 40.599 clérigos seculares para Castilla y Aragón, cifra muy respetable teniendo en cuenta la demografía peninsular, pero muy alejada de los cálculos locos a base de los clérigos de corona o por pura aproximación.

---

[80] *Recopilación de algunas bulas de nuestro muy sancto Padre en favor de la jurisdicción real...* (Sevilla 1520) p.12v-13. Conocemos intervenciones de diversos obispos castellanos para imponer el hábito clerical; sobre Aragón conocemos muchas denuncias de abusos de los coronados, pero no intervenciones decididas de los obispos.

CAPÍTULO IV

CUESTIONES EN TORNO AL CLERO SECULAR

El hecho clerical y el acceso a dicho estamento no es más que el dintel para entrar en la realidad vital del mismo vista desde la documentación, desde los libros escritos para los clérigos, desde los sínodos diocesanos, desde la poesía o desde la literatura.

De nuevo convendrá distinguir el alto clero, encaramado, en general, en los cabildos, a los que se califica como «hospicios de la nobleza», y el clero inferior, el de las parroquias y el que servía los beneficios, que formaba el llamado «proletariado eclesiástico» del tiempo. Es claro que no buscamos hacer demagogia; pero también es claro que la existencia real en el estamento eclesiástico era muy diferenciada, y entre los sectores más periféricos, poco pacífica. Algunas pinceladas iluminarán esta apreciación más que largos razonamientos. El *Libro de los clérigos pobres de ciencia* achacará al alto clero traer perros, andar a caza, frecuentar la corte o las casas grandes, viajar con boato de gente y de bestias, gastar con parientes y señores las rentas eclesiásticas, cargar la mano en las tasas, dar beneficios a sobrinos y parientes, ser codiciosos y meter la codicia en los clérigos. Juan de Mena, con buen decir, denunciará los vestidos imperiales, el ajuar, la vajilla suntuosa, abandonando a las ovejas. Alfonso de Valdés volverá a describir a obispos y prelados ocupados en recobrar rentas, andar a caza y buscar perros, azores y halcones; y de manera más sistemática denunciará en ellos: caso que residan, vivir en continua pelea con los cabildos, jugar lo suyo y lo ajeno, ir de caza como hombres profanos y andar con mujeres como si fuesen no obispos, pero ni cristianos. Valdés conoce otro ideal de obispo y de clero, pero ésos son los elementos negativos que descubre en el alto clero del tiempo [81]. Podría acentuarse esta visión con escritores como Tomás de Villanueva o Juan de Avila. Podríamos añadir las noticias y exigencias de los concilios de Aranda de 1473, de Sevilla de 1482 o de otros diocesanos. En todo caso persiste la visión de un clero alto, prelados y cabildos, fortificado tras sus privilegios, defendiendo fuertes intereses estamentales y lejano de los sectores clericales y laicales.

Todavía está por rehacer la vida real del clero bajo, el de las parroquias ciudadanas y el de las aldeas, el que no llegaba a los beneficios parroquiales, sino servía en beneficios menores de escaso rendimiento. Llevaba el peso de la residencia en los mismos, con mínimas comodida-

---

[81] ALFONSO DE VALDÉS, *Diálogo de Mercurio y Carón...* p.72, para el aspecto negativo y crítico, y 218-26, para el positivo y ejemplar.

des y pesados gravámenes. El obispo Ampudia, con fina visión, veía conculcada la libertad de dicho clero; machacado con impuestos y ultrajado con acumulación de beneficios: «a las ripas del río quedan los pobres clérigos letrados y de buena vida defraudados, y no les queda sino arar y cabar como labradores o ir a pedir por Dios como romeros» [82]. En aquel tiempo no se había propuesto el problema del trabajo manual de los clérigos; sobre todo, ordenados. Valdés pondrá en boca de uno de ellos; «No era honesto que, siendo yo sacerdote, trabajase» [83]. Sin embargo, estos dos hechos se van a repetir con frecuencia. La congregación del clero de 1540 elevaría una apelación al papa por la imposición, y en ella se aludiría a que el clero inferior no podía vivir, y tenía que optar por echarse a mendigar o a ejercer oficios civiles; el deán de Toledo denunciaría, en un razonamiento de la congregación de 1546, esta misma situación. El mal debió de ser muy agudo, ya que los obispos, en los formularios de visita, incluían el examen de la vida del clero. Carranza mandaba que el visitador inquiriese y corrigiese la práctica de ciertos trabajos: la medicina, la abogacía y otros oficios seculares; si los clérigos ejercían de taberneros, carniceros y otros trabajos más indignos; no se les permitía ejercer de juez, notario ni administrador de bienes [84]. Sólo con una visión muy realista de la vida concreta y real del clero, de sus aspiraciones y deseos se puede intentar la aproximación al mismo.

REFORMA OFICIAL DESDE LA CORONA

Parecerá extraño, pero es necesario comenzar por referirnos a la acción de la Corona en la reforma del clero de sus reinos. Sucedió así por razones de preeminencia, de patronazgo, de protagonismo en la elaboración del Estado nuevo y porque el estamento era demasiado importante para dejarlo a su aire. Lo quisieron perfecto y sometido, en lo posible, a los intereses y a las empresas de la monarquía recién instaurada. Hablamos de reforma oficial, porque fue inspirada, dirigida y respaldada por la Corona, sin argumentos regalistas teóricos, pero con razones de un evidente absolutismo práctico.

Partimos de esta observación inicial: no hay acción diplomática importante ante la curia romana en la que no aparezca con amplitud y expresividad la reforma del clero: la embajada a Roma con Diego de Muros (1479), la del conde de Tendilla a Inocencio VIII (1485), la enviada a Alejandro VI con Diego López de Haro (1493), las nuevas gestiones de Francisco de Rojas (1501), las instrucciones entregadas a los re-

---

[82] Dictamen de Pascual de Ampudia, en J. M. DOUSSINAGUE, *Fernando el Católico y el cisma de Pisa...* apénd.48 p.530-32b. Mejor ed. en J. ORTEGA, *Un obispo pretridentino...* p.348. Conocido por cuantos han estudiado dichos dictámenes; p.ej.: J. GOÑI GAZTAMBIDE, *España y el concilio V de Letrán...* p.174.

[83] ALFONSO DE VALDÉS, *Diálogo de Mercurio y Carón...* p.135.

[84] J. I. TELLECHEA, *El formulario de la visita pastoral de B. de Carranza, arzobispo de Toledo:* Anthologica annua 4 (1956) 385-437 p.400.

presentantes hispánicos para el concilio de Letrán (1512), la embajada a Adriano VI (1522), la negociación con el cardenal Quiñones después de altas tensiones con Clemente VII (1528), el repaso de toda la problemática eclesiástica española durante la estancia de Carlos V en Bolonia (1530) y las sucesivas instrucciones al conde de Cifuentes y al conde de Aguilar (1536) ofrecen una prueba abrumadora del tratamiento que la Corona dio, sin solución de continuidad, al problema del clero hispánico. El estudio vertical de esta documentación reflejaría un camino sinuoso, recorrido no sin altercados; por una parte, ni la curia ni el mismo clero aceptaban en muchas ocasiones una injerencia tan directa y activa en asuntos eclesiásticos; por otra, la Corona nunca renunció a la intervención; al contrario, la resistencia le dio aliento para continuar la empresa.

En dicha documentación aparecía casi siempre el ya conocido problema de los coronados, que en último término llevaba inviscerado un problema de jurisdicción. Pero luego se abría en abanico, con una densa arborización de cuestiones más menudas y desconocidas. Encasilladas estas cuestiones, con facilidad pueden resumirse en tres apartados: reforma moral, cultural y beneficial. La reforma y elevación cultural iniciada por los Reyes Católicos es uno de los hechos más conocidos y será tratado por otra mano en distinto capítulo. Aquí tendremos que abordar la moral y la beneficial, a las que van unidos otros problemas conexos del clero. Comenzaremos por la reforma moral, para tratar en el capítulo siguiente la beneficial y la económica.

Estudiados con detención los textos y documentos citados, vemos que la cuestión guarda sólida conexión con los criterios y exigencias que los reyes forjaron para el episcopado. Y caemos en la cuenta de que estos criterios fueron coherentes con los sustentados en el terreno de la provisión y reforma de los obispos. De esta manera podemos asegurar que los reyes buscaron un clero natural de sus reinos, célibe y honesto, soporte eficiente de la Corona y con alto grado de formación cultural.

1. Frente a la tendencia reservacionista de la curia, que distribuía sin miramiento los beneficios hispánicos, los reyes comenzaron a exigir que recayesen *no en extranjeros, sino en clérigos de sus reinos*. Nuevo escenario de conflicto, ya que la Cámara Apostólica no estaba dispuesta a dejar de percibir ventajas de aquel mercado de beneficios. Es claro que los reyes no lucharon por beneficios pequeños con tanto brío como por los obispados; pero su criterio era igual de claro. Y en esta tarea no estaban solos. Les respaldaban siempre sus consejeros, y, en ocasiones especiales, la voz de los prelados; así se deduce de varias asambleas del clero y de diversos pareceres de obispos para preparar el concilio de Letrán, de 1512 [85]. Tan fuerte fue este respaldo, que entregaron a sus embajadores

---

[85] Sin quitar valor a los informes de los obispos antes del concilio de Letrán, llamamos la atención sobre las asambleas del clero de 1482, 1491 y 1505, en las que aparecen muchas ideas de los dichos informes. Lo que quiere decir que eran los representantes del clero quienes estaban en pie de reforma y que los obispos tenían en cuenta los resultados de dichas asambleas.

una instrucción taxativa para que los extranjeros no tuvieran beneficios en sus reinos. Si la curia los daba a extranjeros, privaba de los mismos a los naturales; de esa manera, mucho dinero se sacaba fuera del reino, los naturales no gozaban de las rentas y no tenían oportunidad para usarlas en su formación y en su promoción. Los embajadores debían conseguir un documento pontificio que excluyera a los extranjeros de toda dignidad, canonjía y beneficio; de otro modo, la provisión no sería obedecida y quedaría en manos del obispo respectivo. Ni se piense que éstas eran palabras intimidatorias. Al no tener éxito la petición en la curia romana, Fernando se lanzó a la publicación de una pragmática contra la provisión de beneficios en extranjeros. Esto le valió que León X le escribiese el breve *Nunquam non modo*, de 17 de julio de 1514, en el que elevaba una protesta enérgica por la injerencia laica, y argumentaba con el hecho de los hispanos, que sin dificultad recibían beneficios en otras naciones [86]. El problema continuó con mayor o menor virulencia, porque era de los que no tenía final [87]. Ahora bien, tras el rechazo de los extranjeros, se imponía la provisión de nativos que residieran en sus oficios y beneficios. La irresidencia era palpable y denunciada con energía por obispos eminentes. Léase a Diego de Deza en el memorial para el concilio de Letrán, donde afirmaba que apenas se hallaban curas sirviendo en sus beneficios. Caso de no residir, la mitad de los frutos debían pasar a las fábricas de las iglesias. Esos son los datos fundamentales; más, sería meterse en la selva beneficial, de la que nos ocuparemos más adelante.

2. La segunda aspiración de los reyes fue conseguir en sus reinos *un clero honesto* que acatase la ley del celibato eclesiástico y viviese una continencia ejemplar. Imposible aducir la lista de cánones sinodales donde se lanzan anatemas contra los concubinarios, o de intervenciones regias que exasperaban a los interesados, o de visitas de prelados, que trataban el problema sobre el terreno. Vista la documentación, se puede asentar que esta deplorable situación no conocía fronteras, ya que encontramos actuaciones parecidas desde Bilbao a Cádiz, desde Barcelona a Santiago de Compostela, aunque el mal creció en las diócesis huérfanas de pastor durante muchos lustros o en las periféricas y alejadas de la autoridad real o eclesiástica. No es que no se prestase atención al problema, pero la legislación civil y eclesiástica no superaba la repetición rutinaria; creemos que el momento crucial en que se pusieron las cartas boca arriba fue la asamblea del clero de Sevilla de 1478. En ella los reyes revocaron las leyes de sus antecesores vejatorias para el clero, sobre todo el exigir el marco de plata a las mancebas de los abades, pero a condición de que los clérigos se comprometiesen a observar el celibato [88]. So color de las mancebas, los alguaciles saqueaban y registraban las casas de los eclesiásticos, humillándolos ante los fieles. Esta normativa pasó a las Cortes de Toledo de 1480

[86] J. Goñi Gaztambide, *España y el concilio V de Letrán...* p.220-22.
[87] En 1529 envía el Consejo Real instrucciones terminantes al embajador Mai para continuar cerrando puertas a los extranjeros; no publicadas ni estudiadas.
[88] F. Fita, *Concilios españoles inéditos...* p.233 y 243. Mayor discriminación supuso que toda manceba de clérigo llevase una señal externa encima del vestido para que fuera reconocida en la calle; véase nuestro estudio *Isabel la Católica...* p.475.

y estuvo vigente en el criterio de los reyes, quienes pusieron en tensión al mismo Inocencio VIII para respaldar la acción iniciada, como se desprende del breve de 1485 a los arzobispos hispánicos. La persistencia del problema queda patente por la inclusión del mismo en 1500 entre los capítulos a gobernadores y oficiales reales, donde señalan las penas a imponer a la manceba de clérigo, de fraile o de casado: por primera vez, un marco de plata y un año de destierro de la localidad; por segunda, un marco de plata y dos años de destierro; por tercera, un marco de plata, cien azotes en público y un año de destierro. Igualmente queda patente este problema en las denuncias de los obispos en sus memoriales para el concilio de Letrán y en las peticiones de los reyes para que los hijos no heredasen los beneficios de sus padres [89].

Ahora bien, el problema nos lleva a indagar otras dimensiones: la primera, la ley no había sido asimilada con convicción por el clero; no obstante que viniera urgiéndose en España desde el canon 33 del concilio de Elvira (ca.300-306), no hemos encontrado por ahora contradictores sistemáticos ni siquiera al amparo de la crítica erasmiana. Sin embargo, ahí estaba la doctrina de uno de los más eminentes canonistas, el abad Panormitano, Nicolás de Tudeschis, defendiendo que el compromiso del celibato debería dejarse a la libre elección de los que iban a ordenarse de sacerdotes [90]. En todas las aulas donde se explicaban las decretales eran bien conocidas estas teorías, que luego se propagaban con facilidad en las regiones más remotas. Téngase en cuenta, además, la extensión no sólo de teorías, sino de verdaderas corrientes de opinión muy ancha en materia moral, como aquella de que la simple fornicación no era pecado, recogida todavía por Pascual de Ampudia en su memorial para el concilio de Letrán, en el que achaca que tal situación se debió al mal ejemplo de obispos y sacerdotes. Sin embargo, nótese que esta explicación no es convincente; por el contrario, el ambiente doctrinal y práctico, el que suele acompañar a las épocas de transición, era el que influía en los clérigos y en los simples fieles a la hora de regirse por amplios criterios morales. Buena prueba es la labor de la Inquisición cuando comenzó a tratar causas de este tipo; no dejaron de aparecer clérigos que condescendían con dichas teorías, que no fueron desarraigadas, ya que Francisco Farfán escribió en 1585 sus tres libros contra el pecado de la simple fornicación [91]. Y tenemos todavía otra pista. La Corona incorporó las mesas maestrales de las Ordenes Militares y las sometió a una lenta transformación; des-

---

[89] El clero se defendió ante la curia con tesón siempre que se presentó la ocasión. Cuando León X encargaba al arzobispo Rojas proceder contra los abusos del clero en 1519, replicaba el cabildo de Toledo: «porque es notorio en los dichos Reynos e señoríos de toda la xristiandad que por la graçia de dios las dichas personas eclesyásticas destos dichos reynos, mayormente las de orden sacra, son e biben como deven, con mucha honestidad syn los dichos crímenes y exçesos y delictos, tanto y más que ningunas otras personas de otros Reynos e señoríos»; en *Arch. Cat. Calahorra* n.1769.

[90] A. M. STICKLER, *La evolución de la disciplina del celibato en la Iglesia de Occidente desde el final de la edad patrística al concilio de Trento*, en J. COPPENS, *Sacerdocio y celibato...* (Madrid 1971) p.301-58.

[91] F. FARFÁN, *Tres libros contra el pecado de la simple fornicación, donde se averigüa que la torpeza entre solteros es pecado mortal según ley divina, natural y humana...* (Salamanca 1585).

pués tramitaron la obtención de la dispensa pontificia para que pudieran contraer matrimonio. La resistencia romana a concederla fue, en principio, categórica; se temía que el ejemplo podía cundir en el clero y en los religiosos [92]. La honestidad del clero: he ahí una cuestión que los Reyes Católicos y el emperador trataron de ir solucionando con criterios rigurosos, aunque tanto Fernando como Carlos tuviesen otros módulos en su vida privada.

3. Tocante a la *extracción social* del clero no pudieron pronunciarse los reyes con nitidez, ya que el problema era mucho más complejo. Fueron influyendo en escala descendente según el valor e importancia de los beneficios. Cuidaron las dignidades y prebendas de los cabildos catedrales o de las colegiatas, y los pingües beneficios de ciertas iglesias y parroquias; dichos beneficios fueron concedidos a nobles y letrados. Dispusieron asimismo de los numerosos beneficios de patronato real para conceder mercedes y remunerar servicios. Pero quedaba la incontable cantidad de beneficios provistos por los obispos, sobre todo en las diócesis de Burgos, Palencia y Calahorra, que tenían beneficios patrimoniales, es decir, que debían ser concedidos a nativos de las mismas diócesis. Ahora bien, aun siendo el campo tan extenso y lejano, los reyes y el emperador cuidaron de que tales clérigos sirviesen a la Corona, a las personas y a las empresas, y que, por el contrario, trataron con rigor a los rebeldes y a los inconformistas o contestatarios a las mismas. La rebeldía específica del estamento clerical se manifestaba en la predicación desde las «tronas» o púlpitos. Existió la oposición clerical al poder que se manifestaba en la predicación política. Fernando la conoció al tiempo de las turbaciones de Cataluña en la década de 1460, y poco más tarde, en la de Castilla, junto con Isabel, durante la guerra de Portugal por la sucesión; esta guerra dejó en eclesiásticos heridas que no se cerraron nunca; por eso se opusieron siempre al nuevo régimen. La oposición y la predicación política arreció contra Fernando a raíz de la muerte de Isabel, bien por el pésimo rumbo que tomó la Inquisición, bien por cuestiones medulares del gobierno de Castilla. Su sucesor, Carlos I, la conoció desde el primer momento en forma de crítica a la corte aflamencada, y poco más tarde, en la primera revolución moderna, llamada de las comunidades y de las germanías. Conforme Carlos I se fue acercando a la realidad castellana, se suavizó dicha oposición, excepto en un tema propicio siempre a grandes rebeldías: la cooperación económica, convertida en tasa fija para las empresas imperiales. Los reyes trataron de considerar estas rebeldías como de lesa patria; allí tenían detrás sus asesores, como Juan de Castilla, que ofreció una solución jurídica completa [93]; también echaron mano con frecuencia del recurso al papa, a fin de conseguir facultad para que ciertos prelados procediesen contra los clérigos rebeldes, para que desde

---

[92] En torno a 1529 se tramitaba en Roma que la administración de las órdenes pudiera ser ejercida por la emperatriz en ausencia del emperador, y también la bula para que los religiosos pudieran contraer matrimonio. Roma pedía por la bula 20.000 ducados, cantidad que en Castilla parecía astronómica; cf. *AGSimancas, Estado-Roma* 848 fol.59.

[93] Nos remitimos de nuevo a la doctrina expuesta en nuestro estudio *Juan de Castilla, rector de Salamanca...* p.69-70 y 110-11, que sirvió de directorio jurídico de los reyes.

Roma fuesen remitidos a España y para que pudiesen proceder contra quienes abusaban del púlpito en su oposición al poder [94].

4. El criterio de los reyes de tener *clérigos letrados,* con estudios superiores universitarios, salidos de colegios mayores o de colegios regionales y catedrales es manifiesto, aunque volvemos a remitirlo al capítulo que trata del nivel cultural del clero. Tuvieron también otros problemas particulares con el clero, a los que sólo podemos aludir de pasada. Por ejemplo: echar huéspedes a los clérigos, es decir, ocupar las casas de los mismos para hospedar a la corte o a embajadas importantes y numerosas cuando tenían que pasar algún tiempo o pernoctar en lugares no preparados [95].

Esta reforma del clero, estimulada desde la Corona, se fue llevando con orden, disponiendo personas y organismos para atenderla; lo mismo en la curia romana que en la corte [96]. A escala geográfica, la primera región que sintió con intensidad la acción reformadora de los reyes fue Galicia, que vivía problemas peculiares y seculares a causa de la intervención de los laicos en los beneficios y en la jurisdicción de la Iglesia por los llamados beneficios *encorozados* u ocupados por señores laicos, a quienes obligaron a renunciar a todo tipo de encomienda sobre los mismos. Esta medida de política eclesiástica no fue sino un aspecto de la acción autoritaria de la Corona para poner aquel importante territorio dentro de la órbita de la jurisdicción directa y del Estado nuevo. Todo ello ocurría bien adelantada la década de 1480 [97]. Por el mismo tiempo extendían la iniciativa a Cataluña, exigiendo la residencia de los obispos y la reforma en las diócesis de Barcelona, Gerona y Tortosa. Prosiguió por Castilla a base de la acción cisneriana y pasó a Andalucía con Deza, Talavera y otros prelados. Ni se debe olvidar que la Corona echó mano de la Inquisición para la reforma: como presencia que infundía respeto; como estimulante para los más reacios y como respaldo no sólo moral, sino también económico, para sufragar los cuantiosos gastos derivados de la empresa.

REFORMA DEL CLERO POR LOS PRELADOS DIOCESANOS

La intervención regia en la reforma del clero puede dar la impresión de una acción regalista; aunque siempre debe tenerse en cuenta

[94] El material es abundante, ya que todos los cambios sociales repercutieron en los púlpitos, aunque está sin escribir este aspecto. Es muy ilustrativo para la primera estancia de Carlos I en España J. Pérez, *Moines frondeurs et sermons subversifs en Castille pendent le premier séjour de Charles-Quint en Espagne:* Bulletin hispanique 67 (1965) 5-24.

[95] Publicamos varias peticiones en *Las asambleas del clero de Castilla en el otoño de la Edad Media:* Misceláne José Zunzunegui (1911-74) vol.1 (Vitoria 1975) (separata). De esta asamblea pasaron a varios dictámenes de obispos ante del concilio de Letrán.

[96] La historia de este burocratismo está sin estudiar. Orienta A. García-Gallo, *La división de las competencias en España en la Edad Moderna:* Actas del II Symposium de Hist. de la Admin. (Madrid 1971) 289-306. Fue decisiva la intervención de los tres secretarios Coloma, Cobos y Eraso en los tres reinados sucesivos.

[97] Ha sometido a revisión todo el tema con documentación copiosa J. García Oro, *Cisneros y la reforma del clero español en tiempo de los Reyes Católicos* (Madrid 1971) p.61-96.

que de ordinario procedieron con las debidas facultades de la curia romana e incluso con la aprobación de los prelados; no es difícil pensar en una especie de delegación o vicariato para la reforma, puesto que sólo ellos detentaban la fuerza que podía superar ciertas situaciones poco saludables. Ahora bien, esta delegación o permisividad no debe exagerarse. En cuestiones de jurisdicción no fueron fáciles los prelados en tolerar intromisiones. Tampoco podían olvidar las decretales, que les hacían responsables de la cura pastoral de la diócesis. Tenemos ya conocida la síntesis de tal actividad pastoral, que fue vivida con perfección ideal por algunos prelados. Aunque no todos hubieran llegado a tal imagen, sin embargo, es evidente la actividad pastoral de los prelados diocesanos a través de instituciones previstas por el derecho y de iniciativas reformadoras más acordes a los tiempos nuevos.

1. Debemos referirnos en primer lugar a la *celebración de sínodos diocesanos y provinciales*. De ámbito nacional y celebrado con todas las normas del derecho, no conocemos ninguno para este tiempo [98]. Tampoco es notable la actividad conciliar a escala de provincia eclesiástica en Castilla; al de Sevilla de 1512 no acudieron los obispos, aunque Diego de Deza lo sacó adelante y lo impuso a sus sufragáneos. En cambio, el reverso de la medalla lo hallamos en el reino de Aragón y en la provincia de Tarragona, en la que de 1455 a 1476 y de 1517 a 1560 se vivió en pie de concilio provincial, a través del cual pasaron todos los problemas del clero, de cara a la curia o a la corte. Así se explica que en dicha provincia fuese mínima la actividad sinodal diocesana, a excepción de Gerona, que marchaba a su rumbo [99].

En cambio, es notable la actividad sinodal en cada diócesis. Un recuento detenido arroja la cifra de 143 sínodos celebrados entre 1475 y 1558 en los reinos de Castilla, Aragón y Navarra. La distribución de los mismos es muy desigual. En general guarda proporción con la residencia de los titulares; sin embargo, se advierten excepciones. Así, por ejemplo, una de las iglesias más castigadas con obispos lejanos es la de Pamplona, y, sin embargo, anotamos nueve sínodos; quiere decir que los cardenales titulares tuvieron cuenta de nombrar vicarios que cumpliesen esta misión pastoral. En Castilla va a la cabeza Calahorra, con 16 sínodos, y Orense, con 11; y a la cola, León y Lugo, con ninguno, y Salamanca, Sigüenza y Zamora, con uno. En la Corona de Aragón, los arzobispos de la casa real, que poseyeron siempre la sede en Zaragoza, celebraron 9 sínodos, mientras que en Tarazona no se celebró ninguno. En el principado de Cataluña, además de la actividad tarraconense, es de citar a Gerona, con 14 sínodos. En el reino de Valencia, la acción sinodal fue nula hasta la llegada del patriarca Ribera, y en el de Mallorca también fue nula. Los datos que manejamos arrojan un final de 3,17 sí-

---

[98] Auguramos que estos sínodos se distingan bien de las asambleas del clero, de las que trataremos más adelante. Así, no hablaremos nunca de concilio nacional de Sevilla de 1478, ya que no fue sino una reunión del clero para fijar su postura en el área sociorreligiosa del reino de Castilla.

[99] Da una buena pista de trabajos la voz *Concilios nacionales y provinciales: DHEE* vol.1 p.537-77.

nodos por diócesis para un período de más de ochenta años. Esta cifra pone al descubierto la situación, si se tiene en cuenta la celebración anual impuesta por el derecho y recordada en el concilio de Basilea y luego en el de Trento. Estas prescripciones nunca pasaron de la utopía, como tantas prescripciones canónicas. Sin embargo, no dejaron de oírse voces para urgir este instituto. Así, por ejemplo, Sancho de Acebes y la Chancillería de Granada pedían la celebración de concilios provinciales, de sínodos y de capítulos congregacionales para preparar el concilio de Letrán, y el obispo electo de Barcelona, Martín García, el que pronto dejaría la sede para vivir en ermitas, pediría que se restituyera la norma del derecho para la celebración trienal de los concilios, y anual de los sínodos. El instituto nunca salió de la rutina y de la vía muerta mientras no estuvieron al frente de las diócesis obispos con agallas y espíritu reformador. Y entonces con dificultades, ya que la celebración sinodal estaba destinada al fracaso si no contaba con la previa aceptación del clero, sobre todo del cabildo. Es significativo que Pascual de Ampudia se presentase en 1498 en la sala del mismo para pedir «de cortesía y hermandad» le prestasen su apoyo para poner en el edicto que se celebraba «de consensu decani et capituli» [100]. Y resulta también significativo que el cabildo quisiese examinar y controlar las constituciones sinodales antes de su publicación; incluso participar en la redacción de las mismas, lo que incluía el problema de tener no sólo un papel consultivo, sino deliberativo.

2.   Descendiendo a análisis más concretos, se podría recordar *algunos sínodos notables* ligeramente anteriores o del tiempo de los Reyes Católicos. Así, los 29 capítulos del concilio provincial toledano de Aranda de Duero, que trataban de reconstruir la fisonomía externa y moral y la elevación cultural del clero, temas que gozaban de prioridad en la preocupación del tiempo. Se tiene la impresión de que dicho concilio quedó perdido en medio de la turbación castellana de aquellos años, ya que el arzobispo Carrillo no se dedicó a dichos problemas, pues le absorbió por completo la guerra de sucesión, en la que se distanció de los reyes; por eso no estuvo tampoco presente en la asamblea de Sevilla de 1478. En la sede primada no se inició la actividad sinodal hasta Jímenez de Cisneros, que celebró en 1497 el sínodo de Alcalá, y en 1498 el de Talavera, que se completan mutuamente. Fuera de algunos cánones rutinarios, que en ninguna diócesis fueron llevados a la práctica, en estas constituciones toledanas se descubre un clima nuevo tocante a la catequesis de niños y de adultos, respecto a la vida sacramental y a la urgencia en la reforma del clero diocesano. El nefasto conflicto cisneriano con el cabildo, al que aludiremos luego, restó eficacia a esta acción sinodal tan prometedora [101]. Merece ser tenida en cuenta la actividad sinodal de Diego de Deza por las distintas diócesis que fue poseyendo, sin residir en ellas

[100] J. Ortega, *Un reformador pretridentino...* p.138.
[101] C. Sánchez Aliseda, *Precedentes toledanos de la reforma tridentina:* Rev.Esp.Der.Can. 3 (1948) 457-95. Más reciente y mejor documentación J. García Oro, *Cisneros y la reforma del clero...* p.336-40.

fuera de Sevilla, aunque no se le puede comparar con su hermano de religión fray Pascual de Ampudia, que celebró cuatro sínodos en Burgos, en 1498, 1500, 1503 y 1511; sirven no sólo para descubrir facetas insólitas del ejemplar obispo dominico, sino para estudiar los vaivenes de la institución sinodal de aquellos decenios. Sínodos nacidos de la experiencia recogida en la visita pastoral a las iglesias, aun a las más separadas de las montañas; sínodos dirigidos, en primer lugar, a su clero, a fin de fijar con rectitud la provisión de los beneficios patrimoniales de dichas iglesias, insistiendo en el criterio de la suficiencia personal, «de manera que no haya prelación alguna por respecto de las órdenes»; dichos clérigos debían garantizar el servicio de las iglesias estableciendo turnos; así cumplirían la obligación del culto, de la instrucción y de la vida sacramental, introduciendo libros para llevar el estado de las almas. Quiere decir que, a final de siglo, los obispos más en vanguardia vivían ideales pastorales reformadores, que les llegaban de una iglesia en plena renovación y con la que sintonizaron sin dificultad, convirtiéndose al mismo tiempo en inspiradores de la misma. Son sólo unos ejemplos, ya que no es posible estudiar cada sínodo en particular.

3.   Unida a la actividad sinodal estuvo siempre la *visita pastoral a las iglesias.* Es necesario escuchar a los teorizantes, que, por encima del derecho, la entienden como una acción pastoral de consuelo, sanidad, corrección, redención, custodia y promoción. Esta presencia del obispo sería una gracia cuasisacramental que no podía ser sustituida por ninguna otra acción pastoral. *Pascere per se,* o apacentar por sí mismo, en persona y no por clérigos interpuestos, se convertía en lema de tales teorizantes. Ellos llegaron a redactar formularios de visita que resultan pistas aleccionadoras para entender aquellas instituciones eclesiásticas tanto en lo referente a lugares y objetos como a la vida del clero y del pueblo cristiano. Ahora bien, descendiendo de los teorizantes a la práctica, la visita episcopal en persona se resintió, de ordinario, en la iglesia hispánica. Era mucho más comprometida que la simple visita a la capital diocesana para tratar los problemas urgentes durante algunos meses de la misma; por ejemplo: el estado de las temporalidades y rentas o eventuales problemas religiosos [102].

4.   La reforma por iniciativa episcopal chocó en todos los obispados con el *problema de los cabildos.* Resultaría demasiado cómodo achacarlo al deseo de no reformarse y de no entrar por la vía de la renovación a fin de campar por una vida profana. El problema tuvo que ser mucho más profundo y por encima de las situaciones éticas derivadas de la relación con mujeres. Se trataba de un estamento clerical que había tenido un poder no paralelo al obispo, pero sí notorio en las diócesis. El Renacimiento conoció no sólo la gestación del Estado civil, autoritario y centralista, sino la lucha entre los poderes pontificios y episcopales. Los ca-

---

[102] No era lo mismo visitar, ir de visita y hacer la visita pastoral, es decir, visitar la cabeza de la sede, girar una visita por las principales poblaciones en vista de las rentas y enfrentarse con todas las exigencias de la visita pastoral. Renunciamos a dar todos los teorizantes; los principales pueden verse en J. I. TELLECHEA, *El obispo ideal...,* al tratar de cada teorizante.

bildos fueron sacudidos desde la curia romana, desde las mitras y desde la Corona. Además de vivir los mismos problemas beneficiales, culturales y morales que el resto del clero, y cuya situación exigía reforma, se vieron abocados a un proceso de absorción, al que resistieron como los señores temporales al centralismo de la Corona. Los conflictos adquirirán piques de preeminencia, de jurisdicción y de intangibilidad en sus derechos, privilegios y situaciones concretas, a veces poco edificantes. Los cabildos aceptaron el reto de la visita y de la reforma por parte de los obispos, pero sin olvidar ciertas bases gozadas por siglos: la elección de su prelado y la exención respecto del mismo. Los obispos calcularon bien la resistencia y los puntos débiles para conquistar aquella difícil fortaleza: por la vía de la provisión en personas fieles, por la reducción de prebendas en las corporaciones catedralicias y por la irrenunciable voluntad de tenerlos sometidos. En los cabildos había poderosos curiales, hijos de familias de alcurnia y caballeros de capa y espada bajo un hábito más o menos eclesiástico. Podía dolerles que el obispo los visitase, juzgase y aplicase la jurisdicción ordinaria por haberles descubierto una situación irregular en materia de costumbres. Pero les dolía mucho más que intentara reducirlos a simples clérigos que disfrutaban mejores beneficios. No tratamos de justificar posturas personales insostenibles, sino sólo de entender cómo se inició y prolongó durante varios siglos una situación eclesial cuando la reforma de costumbres estaba superada. El peor momento debió de ser aquel en que ellos mismos, los cabildos, perdieron la noción clara de su identidad y cayeron bajo la rotunda esfera de la autoridad del obispo [103]. Ahora bien, los obispos no fueron inflexibles, sino que tuvieron que contemporizar mucho antes de entrar en conflictos flagrantes. Los más reformados se consumirían ante los abusos disciplinares y morales y ante el muro de desedificación que levantaban ante el resto del clero y del pueblo. Pero eran pragmáticos, y preferían transigir, con tal de ir ganando terreno [104]. En torno a Carlos I fue ganando puntos la postura de los obispos para superar la exención capitular. En la agenda para tratar en Bolonia con Clemente VII constaba la cláusula de suprimir las exenciones, privilegios y fuero de los cabildos, amparados en jueces conservadores propios.

REFORMA ESPONTÁNEA DESDE EL MISMO CLERO

La iniciativa poderosa de la Corona y la actividad acendrada de muchos obispos reformados elevaron el techo de perfección del clero his-

---

[103] Recoge bien el estado de la cuestión con la bibliografía J. GOÑI GAZTAMBIDE, *Los cabildos españoles y la confirmación del concilio de Trento:* Annuarium historiae conciliorum 7 (1975) 425-58. Queda una gran documentación en los archivos generales y catedrales; sin embargo, con los estudios realizados para algunos, como Toledo, Burgos, Salamanca, etc., se puede rehacer bien el problema.

[104] Valga por todos el ruidoso caso de Toledo, en F. DE B. DE SAN ROMÁN, *Cisneros y el cabildo primado al finalizar el año 1503:* Bol.R.Acad. Bellas Artes... Toledo 2 (1919) (separata); A. DE VALDÉS *(Diálogo de Mercurio y Carón* p.226s) alude a estos conflictos del obispo con su cabildo: el obispo reformado y erasmiano se holgaba en vivir en paz con el cabildo más que los otros en andar a puñadas con él.

pánico en un momento depresivo de la historia del mismo. Mas es preciso descubrir la acción de personas y de grupos espontáneos, encabezados por espíritus más cultivados, como fermento de primer orden en la elevación del clero. El panorama es casi inabarcable; por eso tendremos que referirnos a algunos datos más relevantes. Un primer campo de atención se refiere a los teorizantes de la perfección sacerdotal, a base de escritos propios o de traducciones de los escritos clásicos de los Padres o de escritores posteriores; la misma publicación de las sinodales para que estuvieran siempre al alcance de los clérigos, y, por supuesto, los libros propios para potenciar la vida consagrada, como breviarios, libros de rezos y de devociones, así como rituales de sacramentos. La imprenta llegó en un momento providencial para ser el vehículo imprescindible de aquella renovación espiritual del clero [105].

1. Esta reforma espontánea tuvo cauces propios, como encuentros ordinarios entre clérigos comarcanos, cofradías de clérigos, de las que apenas se ha estudiado nada; círculos de devoción y de cultivo literario. Entre estos cauces podemos documentar mejor *las asambleas (congregación, junta, ayuntamiento, dieta) del clero,* pensadas para tratar a escala superior los problemas del mismo, defender sus privilegios, sobre todo el de la libertad eclesiástica; coordinar criterios en problemas comunes y elevar recursos de agravios a otras entidades eclesiásticas o civiles, para Roma o para la Corona. Creemos que en principio fueron pensadas con criterio muy general, como órgano colegial de defensa y promoción del clero. Sin pasar mucho tiempo fueron perdiendo fisonomía, encauzadas hacia la defensa económica del clero. En todo caso, nunca deben ser confundidas ni con los sínodos nacionales ni, menos, con la representación del estamento eclesiástico en las cortes. A las mismas acudían representantes de los prelados y de los cabildos, con poderes concretos y a veces bien limitados, lo que retrasaba mucho la negociación. No eran un cuerpo legislativo, y muchas veces no llegaban ni siquiera a acuerdos generales, sino a los circunstanciales de la convocación. Actuaban «capitularmente ayuntados» y las decisiones era vinculantes, aun para las iglesias ausentes, en asuntos de nivel nacional. Después de la asamblea de Sevilla de 1478 debían celebrarse cada tres años; aunque falló pronto esta norma, ya que no gozaron de la simpatía de la Corona. La media docena de asambleas del siglo XV y la de 1505 tuvieron una agenda de trabajo que excedía, con mucho, al económico, y deben ser entendidas como órganos de reforma y renovación del clero. La de Sevilla de 1478 llegó a ocho acuerdos de importancia: prohibición a los eclesiásticos de intervenir en las turbaciones del reino, como no fuese para repeler al rey de Portugal, y de servir a ningún señor temporal, como no fuese el papa o a los reyes. Varios acuerdos se referían a la residencia de los obispos y a la visita de

---

[105] Véase un denso capítulo con ocasión del *Libro de las confesiones,* de Martín Pérez, en A. García y García, *Estudios sobre canonística portuguesa* (Madrid 1976) p.201-17. Guía de primer orden para tal literatura son los estudios sobre aparición de la imprenta y ediciones en las diversas ciudades hispánicas.

sus diócesis. Impusieron con rigor a los clérigos la corona y el hábito, cercenando abusos de secularidad y ciertos brotes de lujo y suntuosidad. En la asamblea de Córdoba de 1482, además del reparto del subsidio del clero entre las diócesis, se elevó un abultado recurso de agravios en defensa de la libertad eclesiástica y tocante a jurisdicción espiritual, tasas fiscales impuestas a bienes eclesiásticos y tropelías de los jueces laicos contra los clérigos. La de Medina del Campo de 1491 introdujo un tema nuevo: las maltrechas relaciones del clero con las Ordenes Militares y con los religiosos; insistió en la exención fiscal y puso al descubierto la situación de la reforma, frenada en buena parte por las luchas entre prelados y cabildos. La asamblea de 1505 se movió en dos direcciones definidas: elevó agravios y reclamaciones a Roma sobre provisiones beneficiales y cura pastoral; por otra parte, elevó reclamaciones a la corte, volviendo a exigir la inmunidad fiscal del clero y defendiendo la jurisdicción de los jueces eclesiásticos.

Estas asambleas del clero fueron miradas con gran recelo a partir de 1505; en ocasiones fueron prohibidas expresamente, y con Carlos I comenzaron a funcionar con una finalidad muy limitada: repartir entre las diócesis castellanas el subsidio que prestaba el clero a la Corona. Así, las de Barcelona de 1519, Alcalá de Henares de 1533, Madrid de 1540, Madrid de 1541, Madrid de 1546, Madrid de 1551 y Valladolid de 1555 [106]. Es obvio que en dichas asambleas hablarían los representantes de los problemas de sus iglesias; pero siempre en forma no oficial; los órganos de la corte no sufrían ninguna representatividad del clero. Sólo en la de Alcalá de Henares de 1533 se llegó a redactar un memorial de agravios, que atacaban a la jurisdicción eclesiástica y a los privilegios del clero, que no añade novedad a otros agravios conocidos.

2. La reforma oficial de la Corona, la iniciativa de los prelados y la espontaneidad clerical contribuyeron de consuno, a veces sin buscarlo expresamente, a crear una imagen nueva de clérigo secular, *en busca de un sacerdote ideal.* El tema es paralelo al que hemos estudiado en referencia al tipo ideal de obispo. La iglesia hispánica tuvo en aquel momento, sin salir de sus fronteras, elementos y dimensiones suficientes para delinear esta imagen. Contribuyeron la teoría de algunos escritores privilegiados y la práctica de muchos pastores, obispos y sacerdotes con cura de almas, al unísono con religiosos reformados. Mérito de los teorizantes es haber situado al sacerdocio en estrecha conexión con la función pastoral del obispo, colaborando con él en el trato personal y directo con los fieles. Al hablar de teorizantes, no nos referimos sólo a los grandes tratadistas, como Vitoria, Carranza, Soto, Luis de Granada, o a los obispos, como Bernal Díaz de Luco y Bartolomé de los Mártires, sino a la imagen provocada por la influencia erasmiana e incluso por algunas ideas filolutera-

---

[106] Las tenemos estudiadas todas por los originales conservados en el Arch. Cat. Calahorra. Puede ser que se hubieran celebrado otras. Es obvio que estas asambleas han perdido ya cualquier connotación nacionalista. El montante del subsidio y el reparto del mismo será estudiado en el capítulo siguiente.

nas. La réplica que en el *Diálogo de Mercurio y Carón* da Valdés al sacerdote fariseo, incomprometido y leguleyo, vale por un tratado de perfección
y como un hito de ideal, y ése es el que se baraja en los círculos vitales
de aquellos días [107].

[107] A. DE VALDÉS, *Diálogo de Mercurio y Carón...* p.131-39. El ideal proyectado por tales
teorizantes en el citado estudio de J. I. TELLECHEA, *El obispo ideal...* (en cada teorizante).
Véase el planteamiento de J. JEDIN, *¿Ha creado el concilio de Trento la imagen-modelo del
sacerdote?;* J. COPPENS, *Sacerdocio y celibato...* (Madrid 1971) 87-103. Recoge bien la doctrina sobre el sacerdote en un autor clásico A. M. ERBURU, *Naturaleza del celibato sacerdotal:*
Confer 11 (1972) 237-59 (Domingo de Soto).

CAPÍTULO V

ASPECTOS ECONOMICOS REFERENTES AL EPISCOPA-DO Y AL CLERO

La historia del episcopado y del clero no quedaría completa sin una referencia a los aspectos económicos, en los que buscaremos no sólo la doctrina y la teoría, sino, en lo posible, el volumen y la cuantía. Así será posible el juicio sobre la situación del estamento clerical en comparación con los demás estamentos sociales del país.

VISIÓN GLOBAL DEL BENEFICIALISMO ECLESIÁSTICO

Es obvio que en este apartado interesa sólo el área de abadengo, referida no a abades, monasterios o instituciones religiosas, sino al clero secular diocesano; como solían decir en aquel tiempo «a la orden de San Pedro», en contraposición a las Ordenes Militares y las Ordenes Religiosas.

La ayuda del pueblo cristiano a la sustentación de sus ministros ha sido una constante secular, y en este tiempo se manifestaba en los reinos hispánicos con el pago de diezmos, o dicho con más rigor, con la parte proporcional de los frutos decimales. Este aspecto estaba legislado por el *Fuero Real,* las *Partidas* y por legislación particular de diversos monarcas. Consistía en depositar en los lugares establecidos una porción de trigo, cebada, avena, vino, aceite, salinas, aves de corral y otras cosas menudas. Se querrá explicar el sistema recurriendo a la buena voluntad en una sociedad sacralizada; sin embargo, era un contribución odiosa, como todo fruto arrebatado de la era, del lagar, del trujal o de las granjas.

1. Ahora bien, el clérigo no subsistía con esta aportación de los fieles, sino que *vivía de su beneficio:* la mitra, la canonjía, la parroquia, la capellanía, la ración, etc. Era una masa de bienes muebles e inmuebles, urbanos y rústicos, cuyas rentas y frutos pasaban al titular del mismo. El clérigo cumpliría su oficio con las obligaciones anejas; pero era corriente la tentación de cobrar las rentas y descuidar el servicio pastoral o cultual debido. Se corrió siempre el peligro de entrar, por medio del beneficio, a formar parte de un sistema burocrático en el que se cobraban unos frutos, pero rehuyendo responsabilidades. El sistema económico del beneficialismo tenía la peculiaridad de ser privilegiado, ya que estaba defendido por la muralla de la libertad eclesiástica o conjunto de atribuciones y prerrogativas del clérigo y ministro del culto, respaldado en la

ley canónica y en un sistema penal muy efectivo. La mano de obra que trabajaba el beneficio o los inquilinos que usaban los bienes inmuebles sabían que las manos de los señores manejaban armas poderosas que podían ser fulminadas; así, la excomunión, la cesación de oficios sagrados o la privación de sepultura sagrada.

Es cierto que los eclesiásticos honestos estaban por encima de situaciones abusivas; pero el sistema beneficial llevaba dentro una tendencia expansionista casi irresistible. Por una parte, los laicos continuaban instituyendo beneficios de la más diversa fisonomía: desde la construcción de iglesias hasta mandas testamentarias para oficios cultuales en ciertos días del año en un altar determinado [108]. Por otra parte, el beneficio, grande o pequeño, tendía también a adquirir nuevos bienes, comprar tierras, controlar mercados, reservar los productos para lanzarlos en momentos oportunos imponiendo los precios. Es claro que estas acciones incidían en la economía de los pueblos y en áreas más extensas; por ejemplo: cuando una mitra importante decidía abrir sus graneros y ofrecer los productos de los mismos. De hecho, conocemos denuncias muy precisas contra este expansionismo, sobre todo por la adquisición de la propiedad territorial, que irritaba singularmente a los laicos [109]. Estos imponían por su cuenta correctivos; por ejemplo: en las anteiglesias, en los beneficios encorozados de Galicia, en las iglesias de las montañas e incluso en los beneficios patrimoniales, destinados a sólo los nativos de ciertos obispados.

2. Un sistema semejante no podía menos de concitar *grandes apetencias de la curia romana,* que trató de centralizarlo, como el Estado nuevo pugnaba por controlar a su favor el sector decisivo de la economía nacional. En primer lugar, la curia romana, a través de la Cámara Apostólica, llegaba, con su red de oficiales mayores y menores, nuncios, colectores, recaudadores, notarios, jueces y escribanos, a todos los reinos de la cristiandad. Por otra parte, cobraba vigor la apetencia expansionista, camino de una colación universalizada en el sector de los beneficios mayores, o de los meses pontificios, en competencia con los meses de los obispos. Elemento imprescindible para la eficacia del beneficialismo romano era la tasación del beneficio, operación delicada de la que dependían tanto los pagos en la curia —por ejemplo, al expedir las bulas de provisión— como los realizados sobre el lugar a los colectores; en concreto, el pago de los servicios comunes y los servicios menudos, así como las anatas y otros conceptos. La tasa equivalía a la tercera parte de los frutos de un año; en correlación y en teoría, conocida la tasa y mul-

---

[108] Sirve todavía para planteamientos generales M. DE AZPILCUETA, *Tractado de las rentas de los beneficios eclesiásticos. Para saber en qué se han de gastar y a quién se han de dar...* (Valladolid 1566). Orienta muy bien en otro problema A. GARCÍA SANZ, *Los diezmos del obispado de Segovia del siglo XV al XIX...:* Est. segovianos 25 (1973) 7-20.

[109] El dictamen del Consejo Real antes del concilio de Letrán pedía la intervención regia para frenar la acumulación, ya que había peligro de que todas las rentas del reino vinieran a parar a manos eclesiásticas. En pequeños reinos, como Navarra, el problema había sido tratado en una pragmática de doña Leonor en 1478, porque «el patrimonio temporal, que es propiamente nuestro y de nuestros súbditos, quedaría enteramente en poder de ellos»; en nuestro estudio *Isabel la Católica...* p.464.

tiplicada por tres, se hallaría el valor del beneficio. Esta doctrina, tan clara en su enunciado, encontraba en la práctica, sin embargo, serias dificultades, sobre todo porque la tasa no estaba puesta al día, y los colectores trabajaban con instrumentos anticuados [110]. Estas tasas se pagaban en la curia con florines de oro de cámara o de Florencia, a fin de garantizar el valor del pago; por su cuenta, la Cámara recurrió en ocasiones a acuñar escudos de cámara propios, aumentando de golpe el precio de los mismos, con notorio perjuicio para el demandante. La apetencia romana no aspiraba sólo al bienestar, sino a que el beneficialismo hispánico contribuyese a las empresas de la cristiandad.

Otro tanto ocurría *desde el poder temporal* y desde la Corona. La pretensión era correlativa a la romana; si los beneficios contribuían a la curia, con otra tanta razón a las empresas públicas. Fueron duros competidores sobre una misma presa. Ahora bien, no se trató de que los beneficios ayudasen a la Corona, sino de la intromisión de la misma en repartir las rentas de tales beneficios. El caso más claro es la distribución de pensiones a la hora de gestionar la provisión de un obispado o de un beneficio muy pingüe. Eran recortes muy importantes que la Corona introducía en los mismos a fin de nivelar los ingresos de los obispos y de llegar con mercedes al mayor número de personas, incluso laicas, sobre lo vacante en la iglesia. Esta operación era compleja y, además de retrasar las provisiones, dejaba siempre numerosos descontentos, que hacían vela en los memoriales esperando el turno de la recompensa. Cuando las necesidades de la Corona fueron insostenibles, se acudió a las desamortizaciones de bienes eclesiásticos e incluso a la tentadora operación de echar mano de la plata de las iglesias. Ahora bien, esta ayuda del beneficio eclesiástico a la Corona exigió un conocimiento puesto al día del mismo beneficio. Fue una operación paralela a la tasación romana, pero con matices propios. Se llamó la «averiguación de los veros valores» o verificación de las rentas exactas del beneficio a fin de contribuir con equidad y a prorrata del mismo [111].

3. El beneficialimo no terminó nunca ni en los titulares usufructuarios ni en la curia o en la Corona, que lo apetecían. Era factor de tal magnitud, que desencadenaba problemas morales y sociales de gran envergadura. Teorizantes desde Alfonso de Madrigal a los clásicos del siglo XVI cuestionaron *el empleo de las rentas* que excedían a la sustentación del obispo o del beneficiario. Martín de Azpilcueta matizó en su conocido *Tratado sobre las rentas* si pecaba mortalmente el clérigo que gastaba superflua o profanamente las rentas de sus beneficios, asentando que el clérigo puede gastar sus bienes patrimoniales, pero no las rentas eclesiásticas, excepto en su honesta sustentación y en ayuda de los pobres; de lo contrario, pecaba por usar de lo ajeno contra la voluntad de sus due-

---

[110] Renunciamos a dar las tasas de los obispados, como en *La elección y reforma...* p.35-36, porque es mucho más real el cuadro del verdadero valor de cada obispado.

[111] Esta operación tenía que realizarse en cada diócesis. En las asambleas del clero se estudiaron varios sistemas para realizarla, con intervención de una diócesis sobre otra. En tiempo de Felipe II se adelantó bastante sobre el valor de las mitras, que no sobre los demás beneficios. Se opuso gran resistencia, como sucede con la declaración de la renta.

ños [112]. En teoría, se trataba de gravar las conciencias para evitar la codicia, el lujo, la mundanización de los clérigos, y al mismo tiempo dar a los beneficios un uso social, sobre todo con los pobres y necesitados. Esta teoría sensibilizó a muchas conciencias; aunque, por otra parte, el estamento eclesiástico clamó también por no llegar a cubrir sus propias necesidades. De los beneficios dependía la conservación de los inmuebles, gigantescos y costosos; así, por ejemplo, los lugares del culto [113]. Es una época en que se renuevan no pocas iglesias catedrales o se construyen de nueva planta, lo que suponía cantidades ingentes, para lo que se impetraban bulas con gracias espirituales y se colocaban bacines en extensas regiones y a veces en reinos enteros [114]. Espíritus más sensibilizados iniciaron obras sociales directas, destinando dinero diocesano o mandas testamentarias para pósitos de granos y de semillas, para casamiento de doncellas o viudas de marineros y para diversas obras asistenciales. Se debe tener en cuenta también la ayuda prestada desde los beneficios para obras culturales, como apertura de colegios mayores o escuelas de gramática, edición de libros y formación de bibliotecas.

Cuestión distinta al beneficialismo fue el criterio peculiar que el clero de entonces y el de siempre ha tenido sobre los objetos preciosos legados a instituciones como la mitra, el cabildo, o a las iglesias parroquiales y colegiales. La piedad y munificencia de los fieles, de los prelados y de los altos dignatarios fueron creando verdaderos museos; en ellos privó la ley de la conservación, sin que las instituciones eclesiales tuvieran iniciativa ni audacia para variar la disposición de los mismos.

4. Terminamos esta exposición general con una visión mucho más concreta: *el valor y las rentas de los obispados en 1534,* junto con la cantidad destinada a pensiones a fin de reajustar los ingresos o para hacer merced a personas eclesiásticas y civiles. Escogemos tal fecha porque no hemos encontrado otra más completa y porque está avalada por la documentación oficial de los memoriales para las provisiones:

Diócesis	Valor en ducados	Pensiones
Toledo	25.000	7.500
Palencia	13-14.000	2-3.000
Segovia	9.000	3.000
Osma	9.000	3.000
Sigüenza	16-17.000	1-2.000
Cuenca	12-13.000	5.000
Córdoba	10-11.000	—
Jaén	10.000	2.000
Santiago	16-17.000	4.000
Badajoz	6.000	2.000
Palencia	—	—

[112] Véase el citado M. DE AZPILCUETA, *Tractado de las rentas...* fol.2v.

[113] Están por revisar los libros de cuentas de los cabildos, que arrojan numerosos gastos no sólo sobre obras de fábrica, sino sobre iniciativas culturales que suelen pasar inadvertidas.

[114] Se trata de catedrales terminadas en este tiempo, rehechas o de nueva planta. Imposible dar aquí la lista completa. En DHEE se hace alusión en cada diócesis.

Diócesis	Valor en ducados	Pensiones
C. Rodrigo	3.000	500
Coria	2.000	—
Avila	8.000	2.000
Salamanca	10.000	2.000
Zamora	10-11.000	3.000
Tuy	3.000	200
Lugo	3.000	—
Mondoñedo	2.000	100
Sevilla	20.000	2.000
Cádiz	—	—
Canarias	5.500	2.500
Guadix	1.000	—
Granada	9.000	3.000
Málaga	—	—
Almería	1.000	—
Astorga	2.800	—
Orense	3.000	200
Burgos	20.000	2.700
León	8.000	1.000
Oviedo	5.000	2.000
Tarragona	6.000	3.000
Barcelona	—	1.000
Gerona	3.000	500
Vich	2.500	200
Urgell	3.300	700
Lérida	5.000	—
Tortosa	4.500	1.000
Zaragoza	17.000	500
Tarazona	—	3.000
Huesca	2.300	1.000
Calahorra	9.000	2.000
Valencia	5.000	1.500
Mallorca	5.000	—
Elna	1.500	—
Cartagena	—	—
Segorbe	—	—
Pamplona	6.000	—

REFORMA BENEFICIAL

Al tratar más en concreto del beneficialismo ibérico, se echa en falta un cálculo numérico de tales beneficios y de la renta líquida que producían al año. Parece que dicha laguna no podrá ser colmada, al menos en su totalidad. Si se hubiera completado y extendido a todos los reinos hispánicos la «averiguación de los veros valores» de los beneficios, se hubieran podido extraer resultados aceptables. Mientras tanto tenemos que contentarnos con iluminar dicho cálculo con aproximaciones. Lo explicaremos con un ejemplo controlado; se refiere al arzobispado de Toledo al tiempo de la sede vacante a la muerte del cardenal Jiménez de Cisneros, y fue entregado a su sucesor Guillermo de Croy:

Beneficios en la catedral y en las iglesias colegiales de Talavera y Alcalá de Henares	209
Beneficios curados en la diócesis	575
Beneficios simples	386
Beneficios llamados «préstamos»	345
Capellanías	448
TOTAL	1.963 beneficios

Es muy posible que no todos estuvieran provistos e incluso que un clérigo poseyese muchos beneficios; pero la cifra es orientativa en una población no superior a 400.000 habitantes para todo el arzobispado y los campos de Calatrava y de Montiel. Desistimos de dar cálculos de beneficios y de habitantes para otras diócesis y comarcas; es más fácil fijar el número de pilas en cada diócesis [115]. Le aventajaban Burgos, con 1.673 pilas; León, con 951; Salamanca, con 606; se le acercaban Sigüenza, con 512 pilas; Avila con 459; Palencia, con 439.

No es difícil imaginar las dificultades de este hecho de cara a las provisiones, en las que se enfrentaban la curia romana y los ordinarios de los lugares, cuando no entraba también de por medio la Corona para los beneficios más elevados. Sobre todo cuando la Corona se empeñó en que la curia renunciase al intervencionismo y actuasen con más capacidad los obispos, concediendo los beneficios a clérigos reformados. De nuevo nos encontramos con el dato documental siguiente: en todas las embajadas a la corte romana a partir de 1475 hasta las confiadas al embajador Juan de Figueroa en 1558, encontraremos instrucciones completas o al menos insinuaciones a este mundo beneficial; en ocasiones, buscando soluciones de principio; en otras, denunciando casos concretos de intrusismo. Y es que en este sector hallamos a los consejeros regios sosteniendo las opiniones más contradictorias. Juan de Castilla, con el derecho en la mano y siguiendo a los mejores decretalistas, se atrevía a defender en Salamanca que el papa lo puede todo en materia beneficial y podía dispensar por encima del derecho; incluso podría derogar el derecho de presentación de los patronos, aunque fuesen reyes. Sin embargo, en aquella hora precisa se atrevía a defender lo contrario, desmantelando la doctrina expuesta, como se desguaza un barco recién construido; el papa estaba sometido en muchas provisiones a los reyes, y en otras a los mismos obispos, cuya autoridad no podía saltar en conciencia [116].

Queremos ser más concretos, y, en vez de cabalgar por todo el período, vamos a fijarnos en dos hitos de esta reforma beneficial: los memoriales para el concilio de Letrán en 1512 y el tratamiento que Carlos I en persona dio al tema en Bolonia en 1530. Para el Consejo Real debía intervenir el obispo en la provisión de los beneficios curados, previo

---

[115] El número de pilas es recogido siempre en el censo de 1568 llevado a cabo por Felipe II. No dice relación ni con el número de habitantes ni de beneficios.
[116] Doctrina expuesta en *Juan de Castilla, rector de Salamanca...* p.53.64-66. Es claro que trataban de acomodar el derecho beneficial a los intereses de la corona.

examen y en personas hábiles y honestas; dispensando de la residencia sólo por razones de derecho. Diego de Deza remacharía el clavo, exigiendo que se solucionase el caos beneficial por la provisión del obispo a base de concurso y oposiciones, arrinconando toda clase de reservas, expectativas y encomiendas pontificias; además, todo beneficio, aun las simples prestameras, debería ser convertido en servidero, con obligación de residencia. Pascual de Ampudia insistiría en cercenar la acumulación de beneficios en una persona: aquella situación clamaba al cielo, ya que algunos llevaban la hacienda de cincuenta clérigos, quedando defraudados, a veces, los graduados y de buena vida. La Corona tomó en serio estas recomendaciones, y los embajadores llevaron instrucciones tajantes en materia beneficial a fin de combatir la simonía, evitar las reservas, coadjutorías y expectativas, así como ciertas tasas fiscales de la Cámara Apóstolica, las anatas y espolios. Pasamos por alto las instrucciones para Adriano VI en 1522, ya que en Castilla hubo otra verdadera acometida beneficial desde 1529, en preparación del viaje del emperador a Italia. Se volvió a protestar por el agravio de las coadjutorías, accesos y regresos, anulación de los derechos de los prelados diocesanos y acumulación de beneficios curados. Tampoco se toleraba en la Península a la turba de cazabeneficios que viajaban a Roma, y que desde allí molestaban a los que estaban en posesión de los mismos.

Era claro; resultaba imposible ordenar en poco tiempo aquella casa desbarajustada. Lo pretendió la Corona, arrebatando la iniciativa a la curia romana. La iglesia española se encontró sin recursos y mediatizada; fue sorteando el escollo de la curia romana, pero cayó en otro igualmente peligroso: el de la Corona.

APORTACIÓN DEL CLERO DIOCESANO A LA CÁMARA APOSTÓLICA

La Cámara Apostólica tenía en los reinos hispánicos subidos intereses a través del hecho beneficial y de las imposiciones fiscales. Con otras palabras, ingresaba fuertes sumas no sólo a raíz de las provisiones de beneficios, sino de otros actos en torno a los mismos; por ejemplo: durante la sede diocesana vacante, los frutos del primer año o los espolios a la muerte de los obispos; además se valía de otros impuestos circunstanciales y esporádicos. Todos estos ingresos pasaban por el nuncio y colector general, cargos que estuvieron muchas veces juntos y eran el objeto de la colecturía [117]. Todos estos conceptos tienen dos vertientes: la jurídica o normativa, dada desde la Cámara Apostólica para situar el cargo de colector, la competencia del mismo, las diversas contribuciones impuestas por la curia romana, y otra vertiente cuantitativa, con la puesta en marcha de la operación y los resultados de la misma. En

---

[117] J. FERNÁNDEZ ALONSO , *Nunciatura:* DHEE vol.3 p.1784-87, con lista completa de nuncios; R. CARANDE, *La gestión de Juan Poggio, colector general de la Cámara Apostólica en España:* BRAH 175 (1978) 495-532; M. BATAILLON, *La chasse aux bénéfices vue de Rome par Páez de Castro: Histoire économique du monde méditerranéan 1450-1650* (Toulouse 1953) p.81-93.

la imposibilidad de estudiar con detención tan vasto panorama, nos atendremos poco más que a resumir los diversos apartados del tema.

1. La cruzada contra el turco

Es evidente que se trataba de la defensa de la cristiandad europea contra la recrecida expansión islámica, que avanzaba por el norte de Africa y por el este de Europa, atenazando el Mediterráneo. Llegó a convertirse en pesadilla y fantasma durante varios siglos. Buena parte de la política internacional consistió en mantener en paz a los príncipes cristianos y en unirlos para luchar contra dicha expansión. La Santa Sede actuó de diversas formas; entre otras, concediendo, predicando y cobrando la cruzada contra el mencionado peligro turco. El legado Venier comenzó a predicarla en Castilla a principio de la década de 1460. Sin embargo, no fue posible organizarla debido a las turbaciones internas del reino. Esto se consiguió en la década siguiente con la legación Borja; no llegaba en momento oportuno, pero consiguió resultados positivos. El colector Leanori pudo a fin de 1475 presentar las cuentas de la misma: 17.826.172 maravedís, equivalentes a 77.505 ducados, aunque buena parte de dicha cantidad quedó en mano de los empleados de la operación; en la cifra final se calculó la misma en 95.000 ducados como resultado bruto de la cruzada iniciada por Borja [118].

Fue predicada una nueva cruzada por el legado Nicolao Franco, ya en el reinado de los Reyes Católicos; en las cuentas presentadas por él en 1479 para Castilla consta la suma de 30.652 florines de oro, aunque fue necesario descontar una abultada cantidad para pagar gastos. En esa fecha quedó paralizada esta cruzada contra el turco, ya que los reyes dieron prioridad a la guerra concreta de Granada, para la que consiguieron su cruzada particular, encauzando hacia ella los esfuerzos de todos sus reinos. En verdad, se trataba de un objetivo patriótico y de Estado, pero al mismo tiempo era participación sectorial en la cruzada universal contra el turco. Desde 1482 hasta la conquista de la capital del reino nazarí, los reinos hispánicos estuvieron en pie de cruzada con una predicación y cuatro prorrogaciones, que arrojaron un balance de 505.805.871 maravedís. La Corona no abandonó esta concesión, ya que, terminada la de Granada, siempre tuvo por delante la guerra contra los moros de allende el mar, contra las naves turcas del Mediterráneo y contra los enemigos de la cristiandad, combatidos por cuenta propia. De poco sirvió la doctrina propagada contra la indulgencia y bula de cruzada por ciertos teorizantes, como Pedro de Osma o Pedro de Aranda; por falsos conversos, por alumbrados o por erasmistas; la Corona no estaba dispuesta a perder estos ingresos; más aún, fue sutilizando la manera de aumentarlos. El 1501 mandaban imprimir en el monasterio de Prado cien mil bulas de vivos; trescientas de un florín, mil de cuatro

---

[118] Resumimos nuestros diversos estudios sobre esta materia. Para los primeros nuncios y colectores véase el valioso estudio de J. FERNÁNDEZ ALONSO, *Los enviados pontificios y la colectoría en España en 1466 a 1475:* Anthologica annua 2 (1954) 51-122.

reales, y el resto, de dos reales, y sesenta mil bulas de difuntos desde dos reales. Con las bulas se envió a los recaudadores un memorial para «sacar algo a personas inciertas» que habían causado daños al quemar mieses o viñas en tiempo de guerra, por haber engañado en peso y medida, por haber merecido mal la soldada o salario, por haber ganado en juegos prohibidos y por haber encarecido los precios para obtener mayores ganancias [119]. La Corona siguió gestionándola, de manera que se convirtiera en permanente, mirando a sacarle todo el provecho posible. Era una gestión habitual en los embajadores ante la Sede Apostólica. Carlos I recordaba al marqués de Aguilar cuando le enviaba a Roma: el papa concedió la cruzada a los reyes sus abuelos, y, desde entonces, de tres en tres años, para los gastos que tenemos en el sostenimiento de la guerra y fronteras de Africa; le daba instrucciones para que la prorrogase por otro trienio; Paulo III se resistía, diciendo que quería dar orden conjunta para que la cristiandad ayudase a la Iglesia de San Pedro; pero no era justo que le negase una gracia tan ordinaria. A partir de la terminación de la guerra de Granada, no tenemos cifras concretas de esta aportación del clero y del pueblo cristiano a empresas que en principio eran de la cristiandad, aunque en la práctica quedaban acopladas a las urgentes necesidades de la Corona. Damos el cuadro adelando por el mejor especialista [120]:

Años	Ducados
1523-25	450.000
1530-33	650.000
1535-37	420.000
1538-40	80.000
1539	75.000 (varios jubileos)
1540	80.000
1540	75.000 (varios jubileos)
1540-42	420.000
1542	25.000 (otro jubileo)
1544-46	524.000
1548-50	420.000
1551-54	650.000
TOTAL	3.869.000

2. Tercia de la cruzada contra la guerra de Granada

A la gracia de la cruzada para Granada se buscó pronto desde Roma una contrapartida: la participación en dicha cruzada por parte de la curia romana. Sixto IV lo dispuso sin ambages e Inocencio VIII quisó llevarlo a la práctica. La actitud de los reyes fue inquebrantable; en 1485 escribían a sus embajadores que «terçio, nin quarto, nin diezmo, nin cosa alguna llevaron nunca» hasta el pontificado de Sixto IV. Los papas

---

[119] No lo hemos encontrado editado; véase el texto en *AHN, Clero* leg.7939, monasterio de Prado.

[120] R. CARANDE, *Carlos V y sus banqueros. La Hacienda Real de Castilla* (Madrid 1949) p.464; en ocasiones involucra algo el concepto de jubileos.

siguieron reclamando cantidades que oscilaban entre 10.000 y 15.000 ducados por cada nueva predicación o revalidación de cruzada; pero creemos que no lo consiguieron; quizá por eso, la curia fue aumentando el precio de la bula antes de la expedición.

3. Tercia sobre las causas pías

Al cerrarse todo resquicio en la cruzada, la curia pensó en otra forma de participación económica: reservarse la tercia o tercera parte de todos los bienes dejados por los cardenales y obispos hispánicos para causas pías. La iniciativa partió de Inocencio VIII, y la Cámara vio que podía tener aplicación a la muerte del cardenal González de Mendoza en 1495. Sin embargo, no resultó viable; primero, por su odiosidad, y segundo, porque entorpecía otro concepto más rentable: los espolios de los obispos. Por eso no tuvo una historia larga, ni en las cuentas de la colecturía hemos hallado cantidades traspasadas a Roma [121].

4. Los jubileos

Fue otro concepto unido a la concesión de gracias espirituales e indulgencias por vivos y difuntos mediante la interposición de obras espirituales y el pago correlativo de la bula. Estos jubileos se multiplicaron en estos años como los hongos después de una lluvia en buen tiempo. El más documentado es el iniciado por el legado Nicolao Franco el 1.º de diciembre de 1475 hasta la octava de Pascua del año siguiente, fecha que fue prorrogada. Era un duplicado de la visita a las basílicas romanas; se debía visitar cualquier iglesia catedral, en la que se tomaría la bula y se ganaría el jubileo. La operación le valió al legado 46.000 florines de oro, y en la prorrogación, 4.500 florines. Estos jubileos generales se repitieron con gran cautela, ya que podían dañar a otras partidas. En cambio, se multiplicaron con motivo de cualquier obra pública, como construcción de iglesias, hospitales, u obras sociales y públicas, como los diques de un puerto o el Canal Imperial de Aragón [122]. De tales jubileos no cobraba la curia más que la tasa correspondiente a la expedición de las bulas; luego los interesados ordenaban la publicación y la colocación de bacines, en los que los fieles depositaban sus limosnas. Las grandes perdedoras por las bulas de cruzada o de jubileos fueron siempre las órdenes de redención de cautivos, que veían mermados los ingresos con tan espesa competencia.

5. Exacciones fiscales

Aunque estas partidas hubiesen adquirido carta de naturaleza, se trataba de aportaciones extraordinarias. La Cámara Apostólica tenía conceptos fiscales ordinarios muy odiosos; no sólo los que se pagaban

[121] Véase nuestro estudio *Isabel la Católica...* p.496.
[122] Así reedificar Medina del Campo después de un incendio, y edificación de monasterios mendicantes.

en la curia con motivo de las provisiones beneficiales, sino en otras ocasiones. Se entendía por *anata* la renta de un beneficio en su primer anualidad; se exigía a los beneficios no consistoriales, es decir, provistos no por los cardenales, sino sólo por el papa o por el ordinario. La percepción de la anata quedaba, de ordinario, reducida a una porción de los frutos; esta parte varió con facilidad. *El espolio* consistía en el derecho de la Cámara a los bienes eclesiásticos no patrimoniales de los obispos fallecidos, y que comprendían numerario, ajuar, libros y objetos valiosos. La historia de las anatas no puede ocupar mucho lugar; en cambio, la historia de los espolios está muy documentada, ya que la curia defendió el espolio con rigor y aparece en las cuentas de los colectores [123]. También los bienes vacantes o de las sedes en tiempo de vacación entre el fallecimiento y la nueva provisión. La resistencia al espolio fue acérrima desde los cabildos e iglesias; de ahí que los colectores tuvieron que penar siempre para cobrarlo. Como en todos los temas beneficiales, se llegó a teorizar en torno al mismo y se fijaron con claridad las razones para no pagarlo: se trataba de un agravio introducido por el papa Sixto IV y comportaba las siguientes consecuencias: el obispo sucesor no podía hacer frente a los gastos de entrada; no se podía pagar a los acreedores del obispo fallecido, caso que dejase deudas; no se cumplían los legados y mandas pías; salían del reino muchas divisas y obras de arte; era una imposición contra el derecho común. La intromisión fiscal de la curia llegó a ser tan absorbente, que los reyes adoptaron medidas de política eclesiástica muy rigurosas; así, evitar el nombramiento de colectores pontificios, sobre todo evitando que tales colectores fuesen eclesiásticos, ya que se defendían de la jurisdicción regia tras su fuero; para ciertas operaciones concretas estaban dispuestos a recibir algunas personas laicas para que hiciesen los cobros. Como la medida no era viable a largo plazo, restringieron la acción de los oficiales curiales pontificios, fuesen colectores, cuestores de indulgencias, jueces conservadores o notarios apostólicos, bien sometiéndolos a los obispos o a algún prelado eminente de los reinos, bien exigiéndoles que sometiesen las cuentas a los oficiales de la Corona en evitación de abusos de los desaprensivos. Evitaron tocar el principio teórico de la potestad suprema del papa o de la Iglesia, pero trataron de corregir situaciones abusivas [124].

6. La bula de la basílica de San Pedro

No se trataba de imposición fiscal de la curia romana, sino de una gracia pontificia a fin de recabar fondos para la gigantesca empresa de la basílica y para el complejo vaticano. Es tema que se sale fácilmente de nuestro estudio; sin embargo, no puede ser desatendido, ya que fue una aportación hispánica importante para llevar adelante la obra; tanto

---

[123] La fuente más completa es la documentación de J. Poggio, rendida ante la cámara, y que resumiremos en adelante.
[124] A. M. Rouco-Varela, *Staat und Kirche im Spanien...* (München 1965); J. Maldonado, *Los recursos de fuerza en España. Un intento para suprimirlos en el siglo XIX:* An. Hist. Der. Esp. 24 (1954) 281-380.

que sin dicha aportación no hubiera llegado a feliz término. La idea pontificia tuvo que superar dos dificultades de monta mirada desde España: que salvase los intereses de la cruzada concedida a la Corona y que evitase la salida de divisas hacia el extranjero. Tanto Jiménez de Cisneros como Carlos I vieron en ella un rival peligroso para la economía de la cruzada. Resistieron en principio su predicación, pero en 1518 se predicaba en Cataluña, y en 1519 en toda España. En este año se llegó a una composición; se predicaría la bula de San Pedro, pero participando en ella el emperador; de cada bula obtendría un real y medio, lo que supondría, en principio, 1.136.841 maravedís. Al rematar las cuentas en 1522, la recaudación no había sido cuantiosa. Persistieron las tentativas de predicación, la resistencia hispánica y, en todo caso, la participación en la recaudación. Respecto a la bula de Adriano VI para San Pedro, sabemos con certeza que fue predicada después de pactar con el emperador que percibiría la tercera parte de lo recaudado. Vuelto Carlos a España, le envió 20.000 ducados como tercera parte. Muerto Adriano, Clemente VII aceptó esta tercera parte y absolvió al emperador por haber usado el dinero de la cruzada para otros usos. El tema de esta bula se puso sobre el tapete de la negociación en 1536 con Paulo III. Desistiría de su predicación, pero en cambio exigiría un subido precio antes de conceder la de cruzada. Las gestiones fueron muy laboriosas. El papa cobró 100.000 ducados en cinco años por la concesión de la cruzada a la Corona y como compensación por la bula para la fábrica de San Pedro. Esta negociación se repitió en 1543 [125].

7. El subsidio del clero

Fue la partida más neta y más pingüe; salía de la misma piel del estamento eclesiástico para acudir en ayuda del papa y de las empresas de la cristiandad. En la mayor parte de las imposiciones estudiadas, el sujeto era el pueblo cristiano; en ésta recaía en los obispos, clero y casas religiosas. Se les pedía la aportación para combatir el peligro turco; pero el motivo era más amplio; ni los papas se comprometieron nunca a gastarlo sólo en ese sector. Tuvo siempre carácter de imposición sobre las rentas de los beneficios eclesiásticos. En un primer momento se le pidió al clero la tercera parte de los diezmos que recibía del pueblo cristiano; el colector Leanori calculaba que la Cámara podía percibir por este concepto más que por dos cruzadas y jubileos; ésa fue la razón de que la imposición romana fuese cambiada en Castilla por una cantidad fija; no una tercera parte o una cuarta parte, sino 100.000 florines de oro. Tenemos noticia de tal imposición en tiempo de Calixto III, que no pudo ser cobrada por Venier a causa de las turbulencias castellanas. La legación de Borja volvió a imponer la misma cantidad; las iglesias de Castilla resistieron, y fue rebajada a 60.000 florines, pagaderos en dos pla-

---

[125] Véase las sustanciosas páginas de J. Goñi Gaztambide, *Historia de la bula de la cruzada en España* (Vitoria 1958) p.486-501.

zos; del primero se cobraron 28.058,50 florines; del segundo sólo 15.086 florines, quedando lejos de la cifra inicial [126]. Sixto IV pretendió en 1484 llegar a otra imposición al clero; pero los reyes habían aprendido mucho de la sagacidad de la curia. Aceptarían el subsidio del clero, pero en favor de las arcas reales, bajo el título de cooperación a la guerra de Granada. Lo mismo que en la cruzada de los fieles, así en el subsidio del clero; aunque en este concepto sin el rebozo de bulas ni de gracias espirituales; una contribución simple y llana sobre las iglesias; comenzó como una aportación del clero a la Cámara Apostólica, y se convirtió al poco tiempo en ayuda a la Corona. En el párrafo siguiente continuaremos su estudio.

8. Cuentas de la Colecturía de España

La Colecturía de los reinos hispánicos no surgió por decreto, sino gracias a la destreza y experiencia de los nuncios y colectores. Para el último cuarto de siglo conocemos los cómputos de cruzada de Leanori y de Franco, que hemos citado en párrafos anteriores. Para los primeros años del siglo XVI no conocemos datos, y desde 1506, con cierta regularidad. Vamos a especificarlos, siguiendo puntualmente las cuentas rendidas ante la Cámara por los colectores y por sus subordinados [127].

Juan Ruffo, obispo de Britonoro, fue nuncio y colector en años difíciles, y durante su mandato intervino de manera eficaz en los reinos hispánicos tanto en tiempo de Fernando y de los gobernadores como de Carlos I. La cuenta única de su mandato corresponde a los años 1506-12 y arroja unos ingresos de 25.333.027 maravedís de Castilla, unas salidas o pasos de 22.305.367 y un remanente de 4.027.660, del que debía descontarse el sueldo del mismo nuncio.

El archivo da un salto hasta 1529, año en el que comienzan las cuentas con más regularidad. Fueron dadas por otro nuncio y colector bien conocido de los españoles, J. Poggio, que prolongaría su carrera diplomática durante la vida del emperador.

    a) Primera cuenta: 1529 hasta 1 de septiembre de 1532:
Pertenecientes a B. Castiglione: 9.500 ducados.
Por ingresos eclesiásticos: 48.828 ducados 8 reales 31 mrs.
    Estos ingresos se debían a las percepciones durante la sede vacante de los obispados, la parte correspondiente de décima y la parte correspondiente a la Cámara por otros conceptos.
    b) Segunda cuenta: 1.º de septiembre de 1532.
Por ingresos de diócesis: 20.181 ducados 7 reales 29 mrs.
Este dinero fue usado para pagar pensiones personales, comisiones o cédulas de Roma y para sus gastos personales.
    c) Tercera cuenta: 1.º de septiembre de 1532-1.º de enero de 1533:
Por ingresos de iglesias vacantes: 5.306 ducados 47 reales 46 mrs.

---

[126] Nos ocupamos del tema en *Isabel la Católica...* p.493, donde se hallará otra bibliografía.

[127] No podemos menos de recurrir a fuentes inéditas, ya que faltan estudios de investigación. Se encuentran en Roma pero no en el archivo vaticano, sino en el *Archivio di Stato: Camerale I, Colletorie Spagna* leg.1197 y 1198.

d) Cuarta cuenta: de 1.º de enero de 1533-1.º de enero de 1534:
Ingresos por sedes vacantes: 13.490 ducados 3 reales y 3 mrs.
   e) Quinta cuenta: 1.º de enero de 1534-1.º de enero de 1535:
Suma total de ingresos: 8.166 ducados 6 reales y 13 mrs.
Suma entregada: 6.385 ducados 00 reales 17 mrs.
Debe a la Cámara: 1.781 ducados 5 reales 30 mrs.
   f) Sexta cuenta: 1.º de enero de 1535-1.º de enero de 1537:
Suma total de ingresos: 64.992 ducados 7 reales 0 mrs.
Suma entregada: 62.213 ducados 8 reales.
Debe a la Cámara 2.778 ducados 10 reales.
   g) Séptima cuenta: 1.º de enero de 1537-1.º de enero de 1539:
Suma total de ingresos: 24.504 ducados 9,50 reales 0 mrs.
   h) Octava cuenta: 1.º de enero de 1539-31 de diciembre 1539:
Suma total de ingresos: 61.816 ducados 8 reales 0 mrs.
Suma total entregada: 55.482 ducados 24 reales 0 mrs.
Queda debiendo 5.973 ducados 12 reales 0 mrs.
   i) Novena cuenta: 1.º de enero de 1540-31 de diciembre de 1541:
Suma total de ingresos: 36.084 ducados 5 reales 18 mrs.
Suma total entregada: 33.196 ducados 0 reales 7 mrs.
Queda debiendo 2.888 ducados 5 reales 11 mrs.
   j) Décima cuenta: recuperado de 1541, 1542, 1546:
Suma total de ingresos: 65.205 ducados 18 reales 0 mrs.
Suma total entregada: 61.950 ducados 6 reales 0 mrs.
Queda debiendo 3.254 ducados 6 reales 0 mrs.
   k) Cuenta once: 1.º de enero de 1546-1.º de enero de 1547:
Suma total de ingresos: 63.206 ducados 3 reales 11 mrs.
Suma total entregada: 61.481 ducados 5 reales 5 mrs.
Queda debiendo 1.724 ducados 9 reales 6 mrs.
Total de dinero recaudado: 421.278 duc. 121 reales 181 mrs.

Nuestro conocimiento puede tener lagunas, pero esta cifra habla con lenguaje expresivo. Entre 1529 y enero de 1547 fueron cobrados para la Cámara Apostólica, en conceptos fiscales menores contabilizados por el nuncio y colector J. Poggio, 157.982.666 maravedís. Sumados a las cantidades anteriores, dan la sensación de relaciones demasiado metalizadas con la cabeza de la cristiandad en un momento de clamor de reforma.

APORTACIÓN ECONÓMICA DEL CLERO A LA CORONA

La política internacional entrevista por los reyes y llevada a cabo por el emperador embarcó a los reinos hispánicos en tales empresas, que se tradujeron en verdadera congoja y ahogo en el sector económico. Conquistar, mantener y extender la hegemonía en Italia y en Centroeuropa iba a costar prestigio, vidas y dinero en cantidades insaciables. La preeminencia imperial no sufría una imagen pobre ni mezquina ante la opinión; pero no existían recursos para mantener izada siempre dicha imagen. La realidad de las arcas vacías era palpable, y la corte salió del paso en cada momento con cualquier tipo de recursos. Los pueblos hispánicos pagaron bien cara la preeminencia imperial y su participación en Europa, soportando exacciones y tributos sin freno. El estamento eclesiástico pagó también la factura de las empresas imperiales, y no siempre de buena gana. La corte flamenca llegó a Castilla con voracidad de doblones castellanos, pero también con planes para organizar y racionalizar las rentas de la Cámara Real. La orden regia de 25 de enero de 1518 al Consejo Real y a los contadores para que cobrasen cuanto se debía a la Corona, para rehacer la economía sin ideas y con graves fallos de contaduría y para reprimir la corrupción de muchos oficiales, descubre aspectos distintos de los referidos, en general, a la codicia flamenca. El «fecho del imperio» desequilibró desde el principio una hacienda no racionalizada y manejada sin orden ni concierto. Después de la primera guerra con Francia, Castilla y Aragón tuvieron que respaldar tal serie de deudas, que los organismos de hacienda consultaron a peritos sobre la forma de enjugarlas. De esta consulta nació una serie de «memoriales para arbitrar dinero», en los que dieron su parecer los Vozmediano, Galíndez de Carvajal, Diego Hurtado de Mendoza, el condestable, el almirante, el licenciado Vargas y otros peritos. Todos ellos coincidieron en ideas para aprovechar las rentas de la iglesia y del clero. En primer lugar, encaminando las aportaciones destinadas a la curia romana hacia la hacienda real. En segundo lugar pensaron en echar mano de la plata de las iglesias, en un servicio anual a determinar, en la aplicación al erario público de todo el dinero de las fábricas de iglesias y monasterios por un año, en la concesión a la Corona de todos los bienes de los obispados durante el tiempo de la sede vacante, quitada una parte para el papa y para el salario de los administradores. Este puñado de memoriales es valioso por las ideas que lanzan para sanear la hacienda, pero son también aleccionadores para ver a dónde apuntaban para cobrar buenas piezas [128]. Las ideas referentes a sedes vacantes hicieron mella y fueron tenidas en cuenta en la corte, que redactó un borrador «sobre supplicación de la concessión de los benefficios y pensiones que bacaren».

El viaje de Carlos I y la pacificación de Italia obligaron a nueva arremetida para conseguir dinero. La emperatriz reunió en Madrid en enero de 1530 al Consejo Real y otros expertos para que agudizasen el ingenio a fin de obtener numerario. De nuevo se insistió en la cruzada y en el subsidio del clero, venta de bienes de las mesas maestrales y préstamos de obispos; éstos respondían con palabras generales, ya que la perspectiva no podía aparecer más negra; no había nada que librar en las rentas de 1530 y 1531; las de 1532 estaban libradas en su mayoría. Además, las rentas del reino estaban muy cargadas en favor de algunos privilegiados en forma de situados, prometidos y descuentos. Para el trienio 1532-34, el emperador había enviado ya libranzas de más de 150.000 ducados, que debían pagarse a diversos mercaderes prestamistas; el Consejo rogaba al emperador que proveyese de otra manera para que en Castilla se viesen libres de esta congoja. En ella entraban todos, y no en último lugar los obispos y el clero. Esta situación no varió en sustancia en las décadas posteriores, de modo que la contri-

---

[128] Inéditos en *AGSimancas, Consejo y juntas de Hacienda* 9,120-37.

bución económica a las empresas de la Corona se convirtió en verdadera angustia y tortura para los pueblos y para el clero. Hemos querido avanzar esta impresión general porque resulta del todo necesaria antes de pasar a estudiar en concreto los conceptos de las aportaciones del estamento eclesiástico.

1. La cruzada contra el turco

Tenemos estudiado este concepto en el párrafo anterior, habiendo quedado bien claro que fue concedida a la Corona por los papas a base de gracias espirituales y de una contribución económica a la hora de tomar la bula. La podían gozar los clérigos, religiosos y laicos, y fue renovada con periodicidad, de modo que los reyes y el emperador siempre pudieron contar con esta entrada sustanciosa.

2. La plata de las iglesias

Debe entenderse estrictamente de los objetos de plata acumulados en las iglesias catedrales o en los monasterios y que podía ser fundida para batir moneda; pero puede entenderse también de otros objetos preciosos que podían ser pignorados. Esta plata fue tentación constante para los poderes públicos en momento de ahogos económicos, tanto más que nunca faltaron voces carismáticas que denunciaban su acumulación, y otras más ponderadas que justificaban su empleo. Así sucedió desde 1475 en la guerra contra Portugal. Fernando de Talavera vio lícita la prestación de dicha plata, y las iglesias de Castilla, que defendían a Isabel y Fernando, la entregaron. No se ha llegado todavía a una cifra global de tal aportación. La diócesis de Zamora aportó 1.306.166 maravedís. La iglesia catedral de Burgos, más de 400.000 maravedís. El monasterio jerónimo de Prado, 1.200.000 maravedís; el de Frex de Val, 1.174.962 maravedís. Las iglesias de Córdoba, de Baena y de otros pueblos y conventos, 482.534 maravedís. Son sólo algunos ejemplos. Se repitió el intento de emplearla para la guerra de Granada; pero la operación no fue llevada adelante, entre otras razones porque estaba sin concluir la devolución de la anterior. Todavía encontraremos diversas alusiones en tiempo del emperador, así en los memoriales citados para 1525 y 1530. Sin embargo, no hemos hallado que se hubiesen montado tales operaciones [129].

3. Los diezmos o décima

Se trató de una concesión apostólica extraordinaria para que la Corona participase en los diezmos que el clero percibía del pueblo cristiano. En abstracto se puede estudiar esta historia de la concesión apostólica de la décima o décima parte de los diezmos, que en otras ocasiones

[129] Véase *Isabel la Católica...* p.528. A. de Valdés (*Diálogo* p.226) aprueba emplearla para casar doncellas y ayudar a pobres: «No dexaba de tomar de la plata que algunas iglesias tenían sobrada, y también de las fábricas, para emplear en tan buena obra».

fue la cuarta, las dos cuartas en dos años sucesivos, la mitad, etc. En concreto, el clero nunca contribuyó de esa forma, que resultaba comprometida y muy difícil de determinar; el clero ocultaba lo que percibía por razón de diezmos. Por eso pensó que tal concesión pontificia a la Corona quedase reducida a un subsidio del clero, y bajo este concepto será estudiado más adelante.

4. La tercia real de los diezmos del clero

Fueron llamadas también tercias reales. El tema es muy complejo y se debe partir de un conocimiento de las clases de rentas percibidas por la Corona; destacaremos los impuestos directos; así, la alcabala o impuesto sobre las compraventas, las aduanas y derechos de tránsito, los monopolios de minas, salinas, jabonerías, etc. En este sector estaban las rentas de origen eclesiástico que estamos estudiando. Estos conceptos llevaron un camino recto e inconfundible, a excepción precisamente de las tercias reales. Ya hemos dejado establecido que el clérigo vivía del diezmo o renta decimal que le pagaban los fieles de su demarcación. Estos diezmos tendieron a distribuirse con equidad para que llegasen a todos los clérigos de la ciudad o del lugar. Lo que sucedió fue que el clero resultaba un estamento privilegiado gracias a tales diezmos, que se añadían al beneficio de cada uno. La Corona pensó tener derecho a alguna participación en dichos diezmos, y lo consiguió o legitimó a base de concesiones apostólicas. A lo largo del siglo XV se estabilizó esta percepción de la Corona, sobre todo con las bulas de Sixto IV y Alejandro VI [130], de manera que los reyes pudieron contarlas entre las maneras de rentas, pechos y derechos y servicios pertenecientes a los reyes de Castilla; el documento recuerda el «cuaderno de tercias», a las que debían unirse los diezmos recientes de Granada, algunos diezmos de León y los patronatos reales.

Las tercias reales conocieron un proceso complicado en su establecimiento, percepción y entrega a la Corona. La cuantía teórica no era dudosa; se da en la misma documentación del tiempo: León X concedió al rey de Portugal las tercias para la guerra de Africa, y por voluntad del monarca concedió que se computasen al estilo de Castilla; siguiendo este tenor, se dividían los diezmos en nueve partes: tres para el prelado y cabildo, tres para el rector y clero de la iglesia y tres para el rey y la fábrica de la misma. Por tanto, el rey llevaría siempre dos partes de este último tercio y de las nueve del cómputo total [131]. Es de advertir que este cómputo no fue siempre igual en la ancha geografía peninsular. Hemos encontrado matices diversos para la Tierra de Campos y para el

---

[130] Aludimos a estas concesiones en *La elección y reforma...* p.288. La congregación del clero de 1540 afirma con 300.000 anuales en concepto de tercia real. La cifra queda incomprobada. Puede ilustrar este apartado cuanto se refiere a la alcabala; así los estudios de S. DE MOXÓ, *La venta de alcabalas en los reinados de Carlos I y Felipe II:* An. Hist. Der. Esp. 41 (1971) 487-554; F. RUIZ MARTÍN, *Las finanzas de la monarquía hispánica y la Liga Santa,* en *Il Mediterraneo nella seconda metà del 500...* (Firenze 1974) p.325-70.

[131] *Lisboa, AHN* Gav.7 m.6 n.16; tramitó la concesión de las tercias el nuncio Pucci.

reino de Murcia, que eran respetados con cuidado. Pero lo difícil no era el cómputo, sino la percepción de las tercias reales. La Corona tendió siempre a encargarla a los organismos que tenía dispuestos para el total de la hacienda real: contadores, tesoreros y receptores de rentas. De esa práctica nació la aproximación de las tercias reales a la alcabala, el impuesto más generalizado en todos los reinos. Y de la aproximación se pasó a la indistinción, hasta el punto de que ya entonces resultó imposible desglosar las cantidades finales que llegaban a la Corona por este concepto, de modo que se englobó en el general de alcabalas y tercias [132].

La recaudación de rentas puerta por puerta había quedado muy atrás. En el tiempo que estudiamos, la Corona arrendaba al mejor postor las alcabalas y tercias por períodos determinados de tiempo; por ejemplo: por tres años. Estos arrendadores enviaban sus recaudadores por partidos y por lugares. En concepto de tercias reales exigían esas dos novenas partes de los diezmos pagados al clero provenientes de frutos del campo, de ganados y de menudos. Surgían incontables conflictos cuando estas rentas estaban dadas como situado o prometido, es decir, comidas por la hacienda real antes de ser recaudadas por los arrendadores. Tenemos estudiados muchos encabezamientos, gracias a los cuales conocemos el valor inicial de las alcabalas y tercias. Por ejemplo: en 1534 valieron las alcabalas y tercias 317.971.663 maravedís. Sigue el repartimiento para cada término y ciudad, pero sin hacer distinción entre ambos conceptos; somos afortunados cuando hacen constar la diferenciación para el sur de la Península. Así, sabemos los siguientes datos:

> Sevilla: Tercias en dinero: 1.810.473 mrs.
>   Tercias en trigo: sin especificar la cantidad.
> Carmona y su vicaría: Tercias en dinero: 270.000 mrs.
>   Tercias en trigo: 2.000 fanegas.
> Córdoba y su obispado: Tercias en dinero: 2.640.000 mrs.
> Jaén y su partido: Tercias en dinero: 637.000 mrs.
> Granada y su tierra: Tercias en dinero: 2.606.000 mrs.

Son datos absolutamente insuficientes; pero son un indicio para calcular que no era pequeña la cantidad que por este concepto llegaba desde la iglesia de Castilla a la Corona. De creer a la apelación elevada por la asamblea del clero de 1540, las tercias superaban los 300.000 ducados al año, disfrutados por el emperador y, en ocasiones, por los grandes del reino.

5. Subsidio del clero

Conocemos este concepto referido a la Cámara Apostólica. La Corona lo vio bueno y consiguió hacerlo suyo. Fue un tributo extraordinario del clero a las empresas de la Corona. Era un ingreso muy saneado, pingüe y ejemplar. Pero difícil de imponer y de conseguir, ya que el

---

[132] Véase nuestra opinión en *La elección y reforma...* p.129; J. GOÑI GAZTAMBIDE, *La Santa Sede y la conquista de Granada:* Hispania sacra 4 (1951) p.46.

clero se atrincheró siempre tras la libertad eclesiástica para resistirlo y no pagarlo. En él se debe distinguir con nitidez: la historia de la concesión pontificia, en forma de imposición sobre los beneficios eclesiásticos; la conversión en una cantidad fija propuesta como subsidio, el repartimiento por diócesis en las asambleas del clero, el sucesivo reparto según las rentas de cada beneficio y el envío a los responsables de la Corona. Exigió la creación de organismos clericales propios y un tacto exquisito en la negociación. Marginando muchas noticias secundarias, damos los datos sustanciales del mismo.

a) La concesión pontificia de una colaboración del clero a la guerra de Granada fue muy dificultosa, ya que estuvo enquistada en la negociación por las provisiones de la iglesia de Cuenca (1479-82). En el concordato de 3 de julio de 1482, los reyes negociaron con Domenico Centurioni dichas provisiones, pero también la concesión de una décima y de la cruzada. Dicha décima quedó reducida a un subsidio de 100.000 florines, que fue repartido entre las iglesias de Castilla en la congregación del clero de Córdoba; el acta notarial lleva la fecha de 2 de octubre de 1482. El repartimiento refleja en teoría la capacidad económica de los beneficios de cada diócesis, aunque en la práctica las rentas de los mismos pudieron no ser tan boyantes. Este subsidio del clero fue repetido en 1485, elevando la cifra global para Castilla a 115.000 florines, así como en 1489 y 1491. Entre los cuatro, el clero castellano aportó a la Corona, al menos, 415.000 florines de Aragón. Computando el florín a 240 maravedís, arrojaría la cifra de 100.015.000 maravedís [133]. En la Corona de Aragón se reclamó también este subsidio del clero, pero se respetó el sentido de la concesión y no la reducción a una suma fija de subsidio, de modo que los distintos reinos pagaron una décima en 1488, tres cuartas partes en 1488-89, una décima en 1490 y otra décima en 1491. A base de cuentas parciales, puede partirse de un cálculo superior a 20.000.000 de maravedís la aportación del clero de Aragón a la Corona durante la guerra de Granada. La Corona intentó cobrar al clero este subsidio, más las congregaciones del clero se opusieron. La de 1505 protestó con firmeza por la imposición hecha para luchar contra los moros y hacer posible la guerra «de allende». Pensamos que se trata de intentos de la Corona por seguir cobrando el subsidio conforme a repartimientos anteriores, sin la anuencia de nuevas congregaciones del clero [134].

b) Fue la corte flamenca de Carlos I la que removió de nuevo el cobro de dicho subsidio. En 1518 se gestionaba en Roma la concesión no sólo de la cruzada, sino de una cuarta sobre las rentas de los benefi-

[133] En *Isabel la Católica...* p.494 dimos una cifra un poco más baja al contar sólo 400.000 florines. Queda todavía la duda de si los subsidios de 1489 y 1491 fueron de 100.000 o de 115.000 florines.
[134] El rey perdonó parte del pago de dos décimas (Toro, 3 abril 1505) que Julio II había concedido para la guerra contra el turco, convertidas en un subsidio de 100.000 florines cada una. Más tarde, en 1519, la asamblea estudió una concordia firmada con los reyes en 1495 «en que se contiene que dende en adelante cada vez que se y pusiere dézima... fuese convertida en subsidio de cien mil florines de oro del cuño de Aragón».

cios del clero; el cardenal Giuliano de Médici escribía el 11 de diciembre al legado cardenal Egidio de Viterbo que no podía ser concedida; sería necesario, al menos, esperar a que la empresa estuviera en marcha [135]. Sin embargo, pronto fue concedida una décima sobre las rentas eclesiásticas. Fue protestada desde Toledo; pero obligó a las iglesias de Castilla a reunirse en congregación, que viajó hasta Barcelona, donde se hallaba la corte. Fue convertida de nuevo en un subsidio de 100.000 florines de Aragón; se repartió a las diócesis y fue pagada en dos plazos: noviembre de 1519 y marzo de 1520. Reducidos a moneda castellana, sumarían 24.100.000 maravedís.

c) Consta de la imposición concedida por Adriano VI el 1.º de abril de 1523 en forma de una cuarta parte de todas las rentas eclesiásticas, según el valor verdadero de cada año, nombrando comisario al arzobispo Antonio de Rojas. Clemente VII confirmó esta concesión, y el clero llegó con Rojas a una concordia por la que se comprometía a pagar 210.000 florines de Aragón, cifra muy elevada y en la que entraban todos los reinos hispánicos de Carlos I; en ella se ajustarían los pagos al valor verdadero de los beneficios; primera alusión a la que más tarde se llamará la de los «veros valores». Fue equivalente a 50.510.000 maravedís.

d) Es sabido que las relaciones con Clemente VII no fueron nada bonancibles en la década de 1520. Ajustada la paz con el mismo, se volvió a hablar de la concesión de la cruzada y de la décima sobre el clero. Las negoció, a lo largo de 1529, el embajador micer Mai, no sin dificultad, porque en Roma querían «compensa». Clemente VII concedió una cuarta parte sobre todos los beneficios extendida a un bienio, nombrando comisario a Francisco de Mendoza, obispo de Zamora. Llovieron las apelaciones de los cabildos e iglesias; pero tuvieron que pactar con el comisario, nada menos que un subsidio de 450.000 florines de Aragón según el valor no de años anteriores, sino del año en curso. No conocemos el texto de la congregación de Madrid que gestionó el subsidio y el sucesivo reparto, que supuso a la Corona 108.000.000 de maravedís.

e) Desde esta concesión de Clemente VII, el clero hispánico estuvo en pie de subsidio y de ayuda a la Corona sin respiro. La Corona contó con el mismo como si fuese un ingreso fijo; la curia romana terminó siempre por concederlo; las iglesias apelaban en cada nueva concesión, cada vez más elevada, pero terminaban siempre por aceptarla, ya que los comisarios y jueces delegados de cada operación no les dejaban ninguna puerta abierta. Tuvieron que doblegarse todos: diócesis, Ordenes Militares y órdenes religiosas masculinas y femeninas, excepto los mendicantes reformados. Fueron varios los eclesiásticos que recibieron de la Corona el encargo de defender ante las iglesias los intereses de la misma; pero entre ellos no se puede dejar de citar al cardenal García de Loaysa, a Francisco de Mendoza, obispo de Zamora, y Juan Suárez de Carvajal, obispo de Lugo, que concentraron sobre sí toda la animadver-

---

[135] C. GUASTI, *I manoscritti torrigiani donati al R. Archivio centrale di Stato di Firenze:* Arch. Stor. Ital. 24 (1876) 220-21; preciosa publicación de cartas del cardenal Medici.

sión del clero. Era verdad que el emperador vivía inmerso en la defensa de la cristiandad; en las asambleas del clero aplaudirían tales gestas; pero la situación del clero había llegado a ser tan penosa como la de los contribuyentes laicos, escachados con las contribuciones ordinarias y con las extraordinarias, pero fijas, como la cruzada. Los datos escuetos que daremos a continuación servirán para evitar cualquier consideración. Los números cantan más que muchas palabras.

f) Clemente VII concedió a Carlos I, por la bula *Romani Pontificis,* del 28 de agosto de 1532, el subsidio de los medios frutos, es decir, la mitad de las rentas de todos los beneficios, nombrando comisario al citado Francisco de Mendoza. Tales medios frutos fueron convertidos en la congregación del clero de Toledo en un subsidio de 471.000 florines de Aragón para las iglesias de Castilla (= 124.815.007 maravedís y un cornado).

g) Paulo III, el 14 de diciembre de 1534, por la *Superna illius,* concedía el llamado subsidio de las galeras; de nuevo la mitad de los frutos de un año para sostener 21 galeras, a razón de 6.000 ducados por galera, y que fueron convertidos en un subsidio de 212.000 ducados para Castilla y Aragón, correspondientes a 79.500.000 maravedís, y que serían cobrados en tres anualidades durante 1537-39.

h) Al subsidio de las galeras siguió una doble cuarta, a pagar en el trienio 1540-42, que fue reducida a 500.000 ducados (= 87.500.000 maravedís), en la proporción siguiente: 418.000 en Castilla y 82.000 en Aragón. La congregación del clero pechó con el reparto y con la manera de efectuarlo en cinco pagas dentro del trienio citado.

i) Paulo III volvió a repetir otra concesión de dos cuartas, correspondientes a los años 1544-45, a pagar también en un trienio y en cinco pagas distintas. Las congregaciones del clero de Aranda de Duero y de Zaragoza se encargaron de convertirla en otros 500.000 ducados, en la misma proporción que la anterior: 418.000 para Castilla y 82.000 para Aragón (= 187.500.000 maravedís).

j) Tenemos que repetir los datos de la nueva concesión de Paulo III, en las mismas condiciones que las dos anteriores: otras dos cuartas para 1547-48, a pagar en un trienio y en cinco pagas: las concordias de Madrid y de Monzón se encargaron del reparto de los 418.000 ducados y de los 82.000 respectivos; después que el emperador realizó algunos descuentos, la cifra a repartir quedó establecida en 168.281.250 maravedís [136].

k) La concesión pontificia de las dos cuartas se repitió todavía en 1551, correspondiente a la rentas de 1551-52, a pagar en tres años y cinco pagas. Se repitieron también las reuniones del clero para negociar este subsidio. De nuevo 418.000 ducados para Castilla y 82.000 para Aragón (= con algunas rebajas y cambios, 182.325.000 maravedís).

---

[136] Se realizaron reajustes importantes para que se pagara según los veros valores; así se desagravió a muchas iglesias y se cargó a otras. Se exigió que los conventos dominicos pagasen cada uno por sí, y no toda la provincia *in solidum,* una cantidad. Se pasaron algunas cantidades a Cerdeña.

l) Muerto Paulo III, y apoyándose el clero en las reglas de Cancillería de su sucesor Julio III, expresamente opuestas a este tipo de imposiciones al clero, desde Castilla y Aragón resistieron el subsidio de 1555. Estaba al frente de estos negocios el príncipe Felipe, que se valía del secretario Antonio de Eraso. Llevaba reunida la congregación del clero en Valladolid casi cinco meses. Para reducirla se invitó al nuncio a que entrara en contacto con ella. El nuncio Marini les hizo un gran razonamiento sobre el sacerdocio, mostrando cómo los reyes debían estar agradecidos de cómo les servía el estado eclesiástico, «que cierto que, si Roma era la cabeza, la clerezía de España hera el coraçón de la iglesia por su mucha abtoridad, honestidad y dotrina, de la qual los que allí estaban congregados heran la flor» [137]. Les recomendaba ayudasen al emperador. Sin embargo, la congregación no se doblegó. Apeló al papa y se disolvió.

Resumen de cantidades percibidas

	Florines	Maravedís
1482	100.000	24.100.000
1485	115.000	27.600.000
1489	100.000	24.100.000
1491	100.000	24.100.000
1504-1505	?	?
1519	100.000	24.100.000
1523	210.000	50.510.000
1529	450.000	108.000.000
1532	471.000	124.815.007
1534	212.000	79.500.000
1540-42	500.000	187.500.000
1544-45	500.000	187.500.000
1547-48	500.000	168.281.250
1551-52	500.000	182.325.000
TOTAL	3.858.000	1.232.431.257

6. Las desamortizaciones eclesiásticas

Hemos anotado que la apertura de Carlos I hacia Europa agudizó la escasez del erario público y dificultó las empresas de la Corona. Después de intentados casi todos los remedios, se pensó muy en serio en la venta de pueblos, vasallos, regalías, rentas, oficios diversos y bienes de la Iglesia. Esto ocurrió en los momentos más agudos de crisis; en concreto, dentro del tiempo que estudiamos, a raíz de las últimas guerras con Francisco I y en la crisis de 1557. Era cierto que personas particulares y organismos como las Cortes habían denunciado con frecuencia la acumulación de bienes en las iglesias y monasterios, en las diócesis y en

---

[137] *Arch. Cat. Calahorra,* congregación del clero de 1555.

los institutos religiosos [138]. Mucho más cuando llevaban vasallos. Los expertos de Carlos I pensaron en una vasta operación, pero escalonada; comenzarían por los vasallos de abadengo de las Ordenes Militares, para pasar al abadengo de los monasterios y, más tarde, a los vasallos de obispados y cabildos. Se arrebataba a la Iglesia por una cantidad correspondiente la pieza elegida, junto con los derechos jurisdiccionales, penas y escribanías, el vasallaje con los pechos y portazgos y los derechos eclesiásticos, como diezmos, primicias y, a veces, incluso las tercias reales. Las desamortizaciones de vasallos de las Ordenes Militares se iniciaron con una bula de Clemente VII en 9 de septiembre de 1529 por valor de 40.000 ducados. Esta operación se repetiría en los pontificados sucesivos. Eran verdaderas rentas eclesiásticas, y dolían a quienes estaban al frente de las encomiendas.

En 1537 se inició la operación de venta de vasallos de monasterios; surgieron resistencias; sin embargo, Paulo III transigió con las peticiones imperiales; las empresas mediterráneas contra los moros avalaban las peticiones formuladas de palabra al papa. Consiguió que, a condición de pagarles con dinero proveniente de rentas reales, «pudiesse desmembrarles sus lugares y villas y vasallos y disponer dellos, vendiéndolos y enagenándolos para la dicha guerra». Salido de Italia el emperador, Paulo III se volvió atrás a causa de las protestas; le concedió, en cambio, por la bula *Superioribus annis,* de 17 de septiembre de 1546, una ayuda de 400.000 ducados, a pagar la mitad por los monasterios y conventos, y la mitad por las catedrales e iglesias diocesanas. Sin embargo, con esta concesión no estuvieron de acuerdo los organismos castellanos y aragoneses. Podemos apreciar muy bien las razones.

Siendo una suma tan abultada, el papa concedía a los monasterios e iglesias que pudiesen «vender, empeñar, censuar y enagenar joyas de oro y plata y piedras y otros qualesquier bienes, excepto las cruces de las yglesias y vasallos de los monasterios, los que tuuieren». Tales bienes podrían ser recuperados después de quince años, si los nuevos titulares quisieran devolverlos. Esta concesión tenía «mucha aspereza para estos reynos», porque era aceptar la intromisión del papa para ejecutar a su voluntad el largo poder que tenía sobre los bienes eclesiásticos; resultaría escandaloso vender cálices y objetos sagrados; los fieles se echarían atrás a la hora de fundar y dotar iglesias; se estaba pagando el subsidio de los medios frutos, que ascendía a 500.000 ducados; era intolerable que tal operación se realizase sólo en España; no se entendía la conservación de los vasallos de los monasterios, cosa reprobada en España, y, en cambio, se les imponía dicha aportación en dinero; los comisarios debían repartirlos, operación que les llevaría gran trabajo y no sería aceptada por las iglesias. Con tales razones se suplicó al emperador que no

---

[138] Es de notar el dictamen de Sancho de Acebes, en el que se admite la desamortización, pero en favor de los pobres. Estudios fundamentales sobre este tema: M. FRAILE HIJOSA, *Tentativas contra el patrimonio eclesiástico en España hasta el siglo XVIII:* Rev. Esp. Der. Can. 16 (1961) 605-16; S. DE MOXÓ, *Las desamortizaciones eclesiásticas del siglo XVI:* An. Hist. Der. Esp. 31 (1961) 327-61; J. GOÑI GAZTAMBIDE, *La desamortización eclesiástica en España en el siglo XVI:* ISERLOCH, E.-REPGEN, K., *Reformata reformanda...* (Münster 1965) 344-69.

se publicase la bula hasta pasadas las Cortes de Aragón y de Castilla, y, a poder ser, que el papa compensase al emperador de otra manera en que no apareciese la venta de vasallos. La concesión no surtió efecto, pero se volvió a insistir en la misma en tiempo de Julio III, quien la concedió con la bula *Quum ex omnibus,* de 1.º de febrero de 1552, por un valor global de 500.000 ducados. Dicha concesión jamás llegó a ser aceptada en pleno, aunque pudieron comenzar a realizarse algunas operaciones salteadas y escasas. Solo después de vacilaciones, dictámenes y bajo la voluntad expresa de Felipe II se comenzó la venta de vasallos eclesiásticos; se inauguraban medidas amortizadoras, que culminarían en el siglo XIX.

CAPÍTULO VI

EPISCOPADO Y CLERO HISPÁNICOS EN PIE DE CRISTIANDAD

Este aspecto encierra hondos problemas soterrados, y sólo podremos colgarle los flecos de algunas alusiones. Por otra parte, se presta a la divagación. Será necesario, ante todo, deslindar bien los campos, a fin de centrar nuestro punto de vista. Como contexto remoto será necesario tener presente el orden político europeo, que casi puede ser confundido con una carrera de intereses por la hegemonía del Mediterráneo y del continente. Las Coronas de Castilla y Aragón estuvieron presentes en ese escenario con frecuentes virajes y sobresaltos; unidas en la persona de Carlos I, remozaron dicha política por alcanzar la supremacía en Europa [139]. La síntesis de P. Chaunu sobre la apertura y el rechazo de España puede servir bien para matizar esta presencia.

Como contexto cercano será necesario situarse en el orden cristiano europeo a fin de descubrir la relación de la iglesia hispánica con los papas y con la curia romana, sobre todo a la vista de los dos problemas más acuciantes del momento: la reforma religiosa y la defensa de la cristiandad contra la expansión otomana. Para iniciar la aproximación ténganse en cuenta estas dos observaciones iniciales: la iglesia hispánica se relacionó con Roma no directamente, sino mediante la Corona; ésta forjó la línea, el ritmo y la fisonomía de la reforma y de la ayuda a la cristiandad. Existieron otros contactos mediante eclesiásticos desplazados a concilios, a capítulos generales y a estudios universitarios, que tuvieron virtud para conocer situaciones e intercambiar estímulos; pero en un plano secundario.

Y aquí surge la primera observación: el pueblo, más unido espiritualmente a la Iglesia, pocas veces estuvo políticamente en buena amistad con el soberano pontífice [140]. Y se agolpa también la primera pregunta: ¿Cómo se explica que, manteniéndose inconmovible la adhesión espiritual, la Corona y la iglesia hispánica hubieran entrado en conflicto con la curia romana y con el papa? Se querrá contestar a base de distinciones: se respetaba al vicario de Cristo, pero se resistía al papa como príncipe temporal, contrario a los intereses hispánicos. Se respetaba a la

---

[139] A. DE LA TORRE, *Doc. sobre relaciones internacionales de los Reyes Católicos...*, 6 vols. (Barcelona 1949-61) (sin terminar); L. SUÁREZ, *Política internacional de Isabel la Católica...*, 4 vols. (Valladolid 1965-71); M. FERNÁNDEZ ÁLVAREZ, *Cuerpo documental de Carlos V...* vol.1 (Salamanca 1973) (posteriormente han aparecido otros vols. de esta publicación).

[140] R. GARCÍA-VILLOSLADA, *Aportación de la Iglesia de España en la época del Renacimiento;* R. AUBENAS-R. RICARD, *El Renacimiento...*, en A. FLICHE-V. MARTÍN, *Historia de la Iglesia...* vol.17 (Valencia 1974) 453-79.

curia pontificia, pero se cercenaban sus intereses, que no coincidían con los nacionales. Tales distinciones parecen muy epidérmicas. Sería necesario penetrar y descubrir capas más profundas para explicar la antinomia: por ejemplo: la comparación entre sociedad sacralizada y obediente a la hierocracia pontificia y la sociedad sobre la que se elabora el Estado nuevo y el absolutismo de la Corona. Se trataría de la oposición irreductible entre dos potestades, preeminencias y jurisdicciones. Al no encontrar solución para la convivencia de ambas sociedades, se llegó a situaciones conflictivas en campos fronterizos.

Se descubre sin dificultad una dicotomía en la acción de la Corona: a nivel nacional, se elige la confesionalidad, se impone la unidad religiosa y se favorece la evangelización; pero al mismo tiempo se defiende la superioridad de la Corona, del Estado y de las realidades seculares, aun a costa de la libertad eclesiástica. A nivel de cristiandad, se jura y perjura una monolítica adhesión al papa, con referencias constantes a las empresas de la cristiandad; sin embargo, se recurre a la discrepancia política, porque la curia no secunda las iniciativas de la Corona. En muchas acciones, tanto de los reyes como de sus letrados, no se sabe hasta dónde llega el malhumor anticurial y dónde comienza el latido nacionalista. Como en todos los Estados renacentistas, resulta difícil descubrir hasta dónde llega la sinceridad cristiana y dónde comienza el maquiavelismo político.

1. APORTACIÓN HISPÁNICA A LA REFORMA

Con certera visión se ha vislumbrado esta aportación en torno a los siguientes grandes indicadores: devoción al papa, sumisión a la jurisdicción pontificia a pesar de ciertos brotes anticurialistas, superación del conciliarismo, reforma de la Iglesia, cristianización del humanismo y evangelización americana [141]. Damos por buena y aceptamos los resultados críticos de dicha síntesis, que sobrepasa a nuestro estudio. Matizaremos lo que se refiere a la reforma del episcopado y del clero en relación con la reforma de la cristiandad, distinguiendo con nitidez el sector de los conocimientos y el de los debates.

La reforma del episcopado hispánico incidió en la cristiandad; pero no sólo porque preparó el personal tridentino, sino por razones anteriores. Cambió el régimen de las provisiones, acercando la doctrina del derecho a los intereses de la Corona. Por vía de hecho y después por la del privilegio pontificio, consiguió la Corona penetrar en el campo de las provisiones, creando un episcopado distinto y nuevo. Cortaron a hachazos los brotes malsanos del mismo, cercenaron los abusos y lo prepa-

---

[141] ID., ibid., síntesis seductora de vivos colores, seleccionados para que resulte un cuadro sin sombras. Cuanto se dice tiene peso, aunque sería necesario tener presentes otros datos y elementos. Véanse V. BELTRÁN DE HEREDIA, *Doctrina de Francisco de Vitoria sobre las relaciones entre la Iglesia y el Estado y fuentes de la misma:* Ciencia Tomista 56 (1937) 22-39. Sobre el peligro otomano véase A. C. HESS, *The ottoman conquest of Egypt (1517) and the Beginning of the sixteenth-century World War:* Intern. Journal of middle East Studies 4 (1973) 55-76.

raron para la colaboración con la Corona y para una singular visión de la cristiandad y de la Iglesia. La idealización del patronato regio y el subsiguiente reconocimiento del mismo por diversos pontífices consecutivos condicionó el hecho religioso español para varios siglos hasta la época moderna. También condicionó la intervención del episcopado español en la cristiandad, tanto en la elaboración de la eclesiología como en la visión de las vicisitudes de la Iglesia.

La reforma peculiar del clero hispánico influyó también en la reforma general de la Iglesia. Reyes y obispos podaron muchos abusos del mismo, elevaron su nivel cultural y lo prepararon para la participación en las intrincadas cuestiones eclesiales del siglo XVI. Aunque no faltaron las contrapartidas; se mantuvo ligado a la Corona, mediatizado por los órganos de la misma; no adquirió la debida liberación e independencia y fomentó cierta arrogancia como depositario de toda la verdad. La aportación del episcopado y clero a las empresas de la curia y de la Corona prueba un nivel económico no despreciable, pero también el escaso margen de libertad en el que se desenvolvía. Es fácil descubrir aspectos privilegiados de ambos estamentos; pero no deben olvidarse los de sometimiento, régimen tributario y amenaza de amortización.

2. CAMINOS PARA LA INVESTIGACIÓN Y EL DEBATE

Se afirma que España no suele adelantarse en arte y literatura; más aún, que recibe ciencia y regala fe. Optimo tema para la investigación y el debate. La situación periférica en Europa, la tarea multisecular de guerra de reconquista, la escasa población, el alejamiento vital de tales sectores y, posteriormente, la indudable represión inquisitorial ayudan a explicar algunas realidades hispánicas. Sin embargo, dejamos este campo a los especialistas, que no son los historiadores de la Iglesia. Aquí nos ceñiremos a los sectores que hemos pergeñado en nuestra exposición.

El problema se centra en la concepción de la sociedad, con su orden religioso y con su orden secular. No se pudo llegar a la diferenciación y sucesiva armonía y se estrenó un sistema de unión y de relaciones no correcto. En el orden secular se impuso el constantinismo regio, que no sólo no prescindió de la Iglesia, sino que le dio ayuda, prestigio, consideración social y acceso a las instancias del mismo poder; pero, en cambio, le exigió la aceptación del orden nuevo en vías de elaboración, la colaboración y el respaldo moral al mismo. En el orden religioso fue ganando terreno el constantinismo eclesiástico, con una fisonomía poco nítida, en la que acaso prevalecían la preeminencia sobre el servicio, la acumulación de bienes sobre la simplicidad evangélica y la orientación hacia el Estado más que hacia la cura pastoral. Hablamos de constantinismo, y no a humo de pajas. No resulta difícil encontrar pasajes del tiempo en que tanto Fernando como Carlos I son comparados con el primer emperador cristiano. En general, se aplaude la acción de los monarcas con la Iglesia, mientras se descubren lados negativos de los papas y prelados. Veamos un solo dato. El arzobispo de Granada Antonio de Rojas fue nombrado en 1519 comisario para proseguir la reforma del clero; el cabildo de Toledo le recusa: «avemos a vuestra señoría por odioso e sospechoso juez... a saber vuestra señoría ser presydente del Consejo Real e, por consyguiente, afiçionado a la jurisdiçión real e odioso a la eclesiástica» [142]. Es un dato, pero estimula a profundizar sobre el pensamiento de los teorizantes del tiempo acerca del deslinde de sociedades, de jurisdicciones y de interrelación de los ministros reales y de los ministros del culto.

La historiografía ha visto con ojos muy iluminados y gloriosos la reforma de la iglesia española en sí misma como algo radical, eficaz, completo y fecundo, y, al mismo tiempo, la aportación más decisiva a la cristiandad, por encima de los otros movimientos espontáneos. Siempre hemos creído que dicha reforma fue muy eficaz a la hora de cortar abusos personales de tipo moral y de estimular la elevación cultural. Pero es necesario indagar hasta dónde se clamaba en los dos siglos medulares que estudiamos por una reforma más profunda de las estructuras eclesiales referentes al ser cristiano. Es cierto que la reforma de los abusos y la imposición de las observancias parecieron ya en aquel tiempo odiosas y se buscó una reforma más interior. No se trata de demoler la reforma católica, sino de descubrir cómo se desvanecieron otras fuerzas vivas a las que se cerró todo curso.

Finalmente, parece que es necesario someter a debate todo el tema de la reforma del episcopado y del clero hispánicos. Sería ciego negar los pasos que se dieron desde los Reyes Católicos; pero es que se encuentran con facilidad denuncias proféticas contra dichos estamentos no sólo en tiempo del emperador, sino bien adelantado el reinado de Felipe II. Aun reformada de ciertos abusos morales, es necesario establecer con seguridad si la figura de la Iglesia del siglo XVI es ideal y ejemplar a causa de sus beneficios, sus vasallos, sus bienes. Los mejores teorizantes enseñaban que los bienes eclesiásticos eran de los pobres; pero es urgente estudiar si estaba con los pobres la Iglesia jerárquica; sólo así perderá consistencia la presentación de la Iglesia como una estructura de poder al servicio de las oligarquías.

---

[142] Carta del cabildo de Toledo al arzobispo Rojas (Toledo, s.d. y s.m. 1520), en *Arch. Cat. Calahorra* n.1769.

CUARTA PARTE

CONVENTUALISMO Y OBSERVANCIA

La Reforma de las órdenes religiosas en los siglos XV y XVI

Por José García Oro

INTRODUCCION

I. Pórtico

La vida religiosa, en sus tres formas prevalentes —monacal, canonical y mendicante—, tenía una fisonomía bien definida al finalizar el siglo XIII tanto en su forma canónica como en su cotización popular. Pero esta cristalización institucional dentro de la cristiandad no contribuyó precisamente a su brillo y potenciación, sino, por el contrario, a su depreciación. Primero las instituciones monacales y canonicales y luego las mendicantes perdieron gradualmente la estima. Se vieron contestadas y rechazadas desde dentro y desde fuera. Y terminaron sometidas a un largo proceso de crisis y reajuste, que terminó, en unos casos, en un cambio radical de la estructura constitucional, y en la anulación y supresión, en otros.

Nace así, a lo largo del siglo XIV, la *era de las reformas*. Hombres y grupos eremíticos abren la marcha, buscando en la soledad remedio a su inquietud. Familias autónomas, llamadas comúnmente *Observancias* o *Reformas*, acometen frontalmente la empresa de un remozamiento de la propia orden religiosa. Nuevos institutos religiosos, como los jerónimos, consiguen encarnar los ideales del reformismo bajomedieval. En definitiva, nuevas generaciones de la vida religiosa, capaces de cuestionar, con su vida y con su ideario, el estatuto y la práctica de cada familia religiosa y de ofrecer soluciones y recambios de mayor autenticidad.

¿Qué acontecía, pues, en el seno de las familias religiosas? ¿Estaban realmente enfermas, agotadas, tras su pujante crecimiento de la plena Edad Media? ¿Estaban, acaso, envueltas en el torbellino político-eclesiástico del período que les había conducido hasta la anarquía constitucional? ¿Se degradaron hasta tal punto que resultó imposible, en algunos casos, su recuperación? Con este abanico de interrogantes, de los que

brotan espontáneamente muchos otros, queremos entrar en el estudio
de la vida religiosa de los siglos XV y XVI, y en particular en el denso capítulo de la historia de su reforma.

Arranca la exposición de la misma raíz del proceso: el conventualismo de la baja Edad Media. De su estilo de vida, de sus valores claros y nunca invalidado por las mismas reformas que los pusieron en peligro, de su voluntad de renovarse, así como también de sus quiebras, casi siempre abultadas por la historiografía de los grupos reformados, se llega connaturalmente a conocer y valorar los nuevos brotes de vida que fueron las *observancias*.

Nuestro recorrido tendrá, por tanto, cinco momentos diferenciados. En el primero, nos asomaremos a la realidad de la vida conventual o claustral de la baja Edad Media. En el segundo detectaremos analíticamente los primitivos brotes de reformismo hispano en el tormentoso siglo que corre entre los reinados de Juan I de Castilla y los Reyes Católicos. El tercero nos situará en el ápice del proceso de la reforma religiosa, el período de los Reyes Católicos (1475-1517). El cuarto nos hará ver la reforma religiosa como una herencia política que el Emperador se empeña en consolidar. El quinto nos hará asistir al momento más dramático de la larga campaña, contemplando el intento drástico del Rey Prudente de eliminar de sus reinos hispanos la Claustra. Cierra la exposición, a guisa de epílogo, una breve visión panorámica sobre la nueva fisonomía religiosa y espiritual que ofrecen las instituciones religiosas afectadas por la reforma.

II. FUENTES E HISTORIOGRAFÍA

Las reformas eclesiásticas españolas de los siglos XV-XVI, como fenómeno histórico complejo que son, no cuentan con fuentes únicas y directas, sino que la información sobre las mismas ha de buscarse en las mismas fuentes de la historia eclesiástica hispana del período, sobre la cual se ofrece una sustantiva información historiográfica y bibliográfica en las páginas iniciales de este volumen. Cabe aludir someramente aquí a las siguientes categorías de escritos que sirven de fuentes para estudiar la reforma:

1. Las *Crónicas* españolas medievales, y especialmente las crónicas de las diversas familias religiosas. Véase una relación de las mismas en los buenos artículos de A. LAMBERT , *Aragón y Cataluña*, del DHGE III col.1381-82; VI col.735-36; en el artículo *Espagne*, del mismo diccionario (XV col.924-32), debido a J. FERNÁNDEZ ALONSO, y en la recopilación de J. P. GARCÍA Y PÉREZ ,intitulada *Indicador de varias crónicas religiosas y militares de España* (Madrid 1901).

2. La historiografía clásica de la Iglesia española, representada principalmente por la *España Sagrada*, de FLÓREZ y sus continuadores; el *Viaje literario*, de J. VILLANUEVA, y los *Annales* de las diversas familias religiosas, entre los que cabe destacar los del cisterciense A. MANRI-

QUE, por su gran riqueza informativa sobre las abadías hispanas. Junto a estos *Annales*, escritos por autores hispanos, habrá que colocar siempre los escritos por autores no hispanos, principalmente los del cardenal C. BARONIO y sus continuadores y los del franciscano L. WADDING, empedrados de documentación española y ricos, sobre todo, en documentación romana.

3. *Colecciones documentales.*—Las grandes colecciones documentales hispanas contienen con frecuencia documentación indirecta sobre las reformas eclesiásticas. Más directamente ofrecen documentación básica las conocidas ediciones de las *Cortes* de los reinos hispanos y las colecciones documentales relativas a los diversos soberanos del período. Entre otras, citaremos las editadas por A. DE LA TORRE *(Documentos sobre las relaciones internacionales de los Reyes Católicos,* 6 vols., Barcelona 1949-66); L. SUÁREZ *(Política internacional de Isabel la Católica,* Valladolid 1965-74, en curso de publicación); J. FERNÁNDEZ ALONSO *(Legaciones y nunciaturas de España de 1466 a 1521. I. 1466-1486,* Roma 1963); H. FINKE *(Acta Aragonensia,* 3 vols., Berlín 1908-1923); J. VINCKE *(Documenta selecta mutuas civitatis Arago-Cathalaunicae et Ecclesiae relationes illustrantia,* Barcelona 1930); M. FERNÁNDEZ ALVÁREZ *(Corpus documental de Carlos V,* Salamanca 1973); L. SERRANO *(Correspondencia entre España y la Santa Sede durante el pontificado de San Pío V,* 4 vols., Madrid 1914), el INSTITUTO HISTÓRICO TERESIANO DE ROMA *(Monumenta Carmeli Teresiani. I. Documenta primigenia,* 3 vols., Roma 1973-77) y J. GARCÍA ORO *(La reforma de los religiosos españoles en tiempo de los Reyes Católicos,* Valladolid 1969).

4. *Estudios monográficos.*—Durante los últimos cincuenta años se ha producido una importante historiografía sobre los aspectos institucionales, ideológicos, literarios y ascéticos de las reformas españolas del período renacentista. Cada institución afectada por este proceso cuenta ya con algún estudio monográfico, en el que se aborda la evolución del proceso reformatorio y se editan importantes piezas documentales. Daremos una sucinta noticia de esta bibliografía en las páginas siguientes, destacando exclusivamente aquellas aportaciones que avanzan sensiblemente en el conocimiento histórico del tema. Los benedictinos, con los estudios de GARCÍA M. COLOMBÁS y ZARAGOZA PASCUAL; el Císter, con el modesto estudio de E. MARTÍN; la Orden jerónima, con las exposiciones de I. DE MADRID; la Orden dominicana, con las múltiples y documentadas aportaciones de V. BELTRÁN DE HEREDIA; los agustinos, con las investigaciones de I. ARÁMBURU y L. ALVÁREZ; y los franciscanos, con los numerosos artículos aparecidos en la revista madrileña *Archivo Ibero-Americano* han conseguido ilustrar el tema con cierta amplitud y solidez. En los últimos años se han podido establecer cuadros generales más amplios, que integran los principales aspectos del proceso reformista. En esta línea destacan los estudios de M. BATAILLON, con sus numerosos seguidores en el campo de la espiritualidad y literatura; M. ANDRÉS, en la temática de las ideas e instituciones teológicas; T. DE AZCONA, gran conocedor de las iniciativas renovadoras de los Reyes Católicos; J. L. ORTEGA y J. GARCÍA ORO, con sus monografías sobre Pascual

de Ampudia y Cisneros. Un panorama bibliográfico, selectivo y crítico, de esta interesante producción historiográfica aparecerá próximamente en las Actas del Congreso Internacional de Historia Eclesiástica Comparada, celebrado en Varsovia en junio de 1978.

III. BIBLIOGRAFÍA ESPECÍFICA

Reforma y Regular Observancia

L. SUÁREZ FERNÁNDEZ, *Reflexiones en torno a la fundación de San Benito de Valladolid: Homenaje a fray Justo Pérez de Urbel* (Silos 1976) 433-45; E. ZARAGOZA PASCUAL, *Los priores de la Congregación de San Benito de Valladolid*, 2 vols. (Silos 1973-76); GARCÍA M. COLOMBÁS-M. GOST, *Estudios sobre el primer siglo de San Benito de Valladolid* (Monserrat 1954); J. L. SANTOS DÍEZ, *La encomienda en los monasterios de la Corona de Castilla* (Madrid-Roma 1961); *España eremítica* (Pamplona 1970); AIA, *Introducción a los orígenes de la Observancia en España. Las reformas de los siglos XIV y XV* (Madrid 1957); IGNACIO DE MADRID, *La Orden de San Jerónimo en España:* Studia Monastica 3 (1961) 409-29; E. MARTÍN, *Los bernardos españoles. Historia de la Congregación de Castilla* (Palencia 1953); L. ALCINA, *Fray Lope de Olmedo y su discutida obra monástica:* Yermo 2 (1964) 29-57; A. LÓPEZ, *El franciscanismo en España a la luz de los documentos vaticanos:* AIA 3 (1943) 496-570; ID., *El franciscanismo en España durante los pontificados de Eugenio IV y Nicolás V a la luz de los documentos vaticanos:* AIA 35 (1932) 89-112.205-24.366-93; M. RODRÍGUEZ PAZOS, *Los franciscanos españoles en el pontificado de Sixto VI (1471-1484):* AIA 10 (1950) 67-150; V. BELTRÁN DE HEREDIA, *Historia de la reforma de la Provincia de España (1450-1550)* (Roma 1939); ID., *Miscelánea Beltrán de Heredia*, 4 vols. (Salamanca 1972); I. ARÁMBURU CENDOYA, *La bula de Eugenio IV (9 de diciembre de 1438), que instituye la Congregación de la Observancia:* Archivo Agustiniano 57 (1963) 205-208; L. ALVÁREZ, *La Observancia agustiniana de Castilla en el siglo XV: Corrientes espirituales, organización y régimen de vida:* Revista Agustiniana de Espiritualidad 4 (1973) 63-105.

Período de los Reyes Católicos

V. BELTRÁN DE HEREDIA, *Historia...* (Roma 1939); L. ALVÁREZ, *Fusión de la Provincia agustiniana de Castilla o de España con la Congregación homónima, culminación de la reforma «observante»:* Revista Agustiniana de Espiritualidad 12 (1971) 371-405; GARCÍA M. COLOMBÁS, *Un reformador benedictino en tiempo de los Reyes Católicos: García Jiménez de Cisneros* (Monserrat 1955); TARSICIO DE AZCONA, *Isabel la Católica. Estudio crítico de su vida y de su reinado* (Madrid 1964); J. L. ORTEGA, *Un reformador pretridentino: Don Pascual de Ampudia, obispo de Burgos (1496-1512),* J. GARCÍA ORO, *Cisneros y la reforma del clero español en tiempo de los Reyes Católicos* (Madrid 1971).

Período de Carlos V

E. ZARAGOZA PASCUAL, *Los generales...* II (Silos 1976); J. M. GARGANTA, *El papa Clemente VIII y sus criterios jurídicos en la reforma de las órdenes mendicantes:* AHDE 23 (1953) 289-32; J. PÉREZ, *Moines frondeurs et sermons suversivs en Castille pendant le premier sejour de Charles V en Espagne:* Bulletin Hispanique 67 (1965) 5-25; I. ARÁMBURU, *La Provincia de Castilla o de España en los años 1505-1525:* Archivo Agustiniano 57 (1963) 289-326; V. BELTRÁN DE HEREDIA, *Las corrientes de espiritualidad entre los dominicos de Castilla durante la primera mitad del siglo XVI,* en *Miscelánea*

Beltrán de Heredia II 519-671; MICHEL ÀNGE, *La vie franciscaine en Espagne entre les deux couronements de Charles V:* RABM 26 (1912) 157-214.345-404; 28 (1913) 167-225; 29 (1913) 1-63; 31 (1914) 1-6; 32 (1915) 193-253; J. MESEGUER FERNÁNDEZ, *El programa de gobierno del P. Francisco de Quiñones, ministro general O.F.M.:* AIA 21 (161) 5-51; M. COCHERIL, *La peregrinatio Hispanica de Frère Claude de Bronseval* I-II (Paris 1971); J. M. MARCH, *Niñez y juventud de Felipe II,* 2 vols. (Madrid 1941-42); J. BADA, *Situació religiosa de Barcelona en el segle XVI* (Barcelona 1970).

Período de Felipe II

L. SERRANO, *Correspondencia diplomática entre España y la Santa Sede durante el pontificado de San Pío V,* 4 vols. (Roma 1914); O. STEGGINK, *La reforma del Carmelo español. La visita canónica del general Rubeo y su encuentro con Santa Teresa* (Roma 1965); ID.-EFRÉN DE LA MADRE DE DIOS, *Tiempo y vida de Santa Teresa* (Madrid 1968); J. GOÑI GAZTAMBIDE, *Los navarros en el concilio de Trento y la reforma tridentina en la diócesis de Pamplona* (Pamplona 1947); J. M. POU Y MARTÍ, *Fray Bernardo de Fresneda, confesor de Felipe II, obispo de Cuenca y Córdoba y arzobispo de Zaragoza:* AIA 33 (1930) 582-603; J. BADA, *Situació religiosa de Barcelona en el segle XVI* (Barcelona 1970); E. ZARAGOZA, *Documentos inéditos referentes a la reforma monástica en Cataluña durante la segunda mitad del siglo XVI:* Studia Monastica 19 (1977) 93-205.

Capítulo I

MONASTERIOS Y CONVENTOS

El conventualismo bajomedieval

A lo largo de los siglos XV y XVI se designa con los calificativos de *claustrales* y *observantes* a los principales grupos o ramas que componen las órdenes religiosas, y también a la forma de vida o régimen regular que rige en cada una de estas familias religiosas. *Claustrales* o *conventuales* son los religiosos que siguen el régimen tradicional de su respectiva orden; *observantes* o *reformados* se dicen los que han asumido un nuevo estatuto jurídico dentro del cuadro básico de la propia familia religiosa. Los primeros legitiman su estilo de vida en la obligada fidelidad a la tradición y a la continuidad. Los segundos justifican sus innovaciones en una pretensión de mayor fidelidad a la inspiración originaria del instituto. Aquéllos son denigrados por su inobservancia regular, su inspiración señorial y su estatuto privilegiado. Estos son censurados o alabados por su radicalismo, su improvisación aventurada y su arraigo popular.

Estas posiciones fueron legítimas y legalizadas por la normativa eclesiástica del período. Nacidas como opciones pacíficas, evolucionaron separadas y llegaron a ser antagónicas. A la Claustra le tocó perder y a la Observancia ganar. Suerte dispar reflejada también por la historiografía religiosa, que, salvo raros ejemplos, es apologética y da la razón a los vencedores.

El historiador de hoy está mejor asesorado para valorar a ambos grupos y dar a cada cual su parte. Tiene que situarse a prudencial distancia de los alegatos apasionados de las partes. Sobre todo ha de empeñarse en comprender a la parte débil y condenada que es el conventualismo.

La Claustra en la baja Edad Media

El esquema institucional de las familias religiosas permaneció bastante fijo al fin de la Edad Media, pese a los intentos reiterados de alterar algunos aspectos constitucionales de las órdenes monásticas y canonicales.

Monasterios y conventos

El *monasterio* sigue caracterizado por una normativa que especifica y define su naturaleza, su organización y su actividad; por un marco físico en que se conjuntan lo geográfico, lo arquitectónico y lo económico; por una población fijada en sus estamentos (monjes, legos y donados; beneficiados, servidores y familia monástica) y muy varia respecto al número, cuya cuantía depende, por una parte, del lote de bienes que sustentan la casa y, por otra, de la afluencia de vocaciones; por la imagen exterior, dimanante de su volumen físico y humano, de su riqueza, representada por el señorío, la autoridad sobre las poblaciones dependientes y el prestigio en el campo religioso y cultural y su gestión. El monasterio está representado por el abad y los oficios monásticos (cantor, preboste, mayordomo [con sus futuras ramificaciones de sacristán, chambelán y capellán], camarero, tesorero, enfermero, hospitalero), cuyas funciones eran convergentes y comunitarias; en un principio, bajo la directa moderación del abad, que es padre espiritual y jefe de la administración monástica. Se orientan en los siglos XIV y XV hacia una autonomía funcional y económica que anula prácticamente la vida comunitaria y la función fiscalizadora y crítica de los organismos comunitarios, sobre todo del capítulo conventual.

La *colegiata* o casa de canónigos regulares, institución menos estructurada, más flexible en su relación con el exterior, menos jerarquizada y autónoma, ya que no consigue generalmente un estatuto de autonomía similar al monástico, sólo en su forma *premonstratense* alcanza un desarrollo importante de orden religiosa propiamente dicha y confederada en circunscripciones y filiaciones, gracias a lo cual se mantendrá en vida en este preciso momento en que las colegiatas y prioratos regulares por su definitiva secularización sucumben.

El *convento* mendicante es la nueva comunidad urbana del siglo XIII, integrada en una familia regional e internacional (la Provincia y la Orden), que abandona la estabilidad física y comunitaria para dotarse de una mayor disponibilidad a escala de la Iglesia universal. Disminuye a lo mínimo el espacio físico y arquitectónico (iglesia, claustra, con sus principales dependencias de refectorio, sala capitular, librería, dormitorio y pequeño jardín conventual). Acentúa fuertemente la unidad comunitaria, encarnada en sus capítulos o asambleas comunitarias a tres niveles: local, provincial y general, y la dirección central y unitaria, asumida por un superior general, cuyo radio de acción y competencia jurisdiccional es directo e inmediato en todas las casas y en todos los frailes. Busca su base económica principalmente en la aportación espontánea de los grupos urbanos que se comprometen tácita o explícitamente al sostén de esta institución. Es parte directa de la vida urbana y religiosa mediante su actividad religiosa, asistencial y cultural.

Menos precisa es la imagen institucional de las familias religiosas femeninas del mundo medieval. El *monasterio femenino* es la versión femenina de una casa religiosa de la propia orden. En ella se aprecian los siguientes matices: mayores vinculaciones dinásticas, a veces limitadas estatutariamente a solos miembros de la nobleza o de la hidalguía; discontinuidad en la marcha comunitaria por la prevalencia de clanes monásticos y la incapacidad del capítulo para contrarrestar las arbitrariedades de la gestión abacial; interferencia de la autoridad eclesiástica, representada por los obispos y los superiores mayores de la respectiva Orden; complejidad de la economía comunitaria, basada en un lote de bienes en continuo crecimiento por aportaciones de dotes, herencias, donaciones y adquisiciones y regida a distancia por oficiales establecidos por el monasterio; atención religiosa deficiente, a base de una capellanía, servida ora por clérigos seculares, ora por religiosos, y unas visitas canónicas practicadas con cierta regularidad por los superiores jerárquicos o sus delegados. En general, la indeterminación constitucional es la característica de la vida religiosa femenina, y también la clave que explica su marcha irregular e insegura, sobre todo en los siglos finales de la Edad Media.

Como apéndice de este esquema institucional habrá que colocar en este momento los *beaterios*. Se trata de agrupaciones femeninas que se unen para llevar una vida comunitaria sin votos ni estabilidad, bajo la guía doméstica de una compañera, con un programa de trabajo de carácter artesano y unas prácticas religiosas similares a las conventuales de alguna Orden [1].

Las reformas constitucionales de Benedicto XII

Cabe destacar los rasgos que caracterizan el conventualismo de la baja Edad Media. En primer lugar sus aspectos positivos, que residen con preferencia en el campo de la cultura y de la organización. No sólo las órdenes mendicantes ejercieron durante este período una intensa labor académica y publicitaria y una amplísima labor doctrinal al lado del pontificado y de los príncipes, sino también las mismas órdenes monásticas, principalmente la benedictina y cisterciense. Tras la reorganización federal que éstas recibieron de Benedicto XII, entraron plenamente en la esfera académica y computaron la labor intelectual entre las mejores parcelas de su *Opus Dei* comunitario [2].

La *reforma de Benedicto XII* representa en las órdenes monásticas exigencias de adecuación entre los recursos económicos y el personal monástico en cada abadía; de agrupación en provincias, con presidente y capítulo trienales; de visitas regulares a los monasterios dentro del marco de cada Provincia; de reforzamiento de la participación comunitaria en la administración (obligando a abades y oficiales a rendir cuentas

---

[1] Para una información elemental véanse los términos correspondientes en DDC, esp. en vol.4,555-62,699-707,1156-63; exposición matizada del tema en G. Le Bras, *La Iglesia Medieval* (versión española de la *Historia de la Iglesia* de Fliche-Martin, vol.10) (Valencia 1976).

[2] Breve reseña de esta actividad académica en la densa exposición de F. Schmutz (DHGE VII 1107-13) y en la documentada información de J. Canivez (ibid., XII 970-79), con la bibliografía y fuentes pertinentes.

ante el consejo conventual y a requerir el consentimiento de éste para determinadas decisiones y hasta facultando a las comunidades monásticas a elegir su propio representante en el capítulo general); de retorno a la práctica ascética primitiva en ayunos y homogeneidad comunitaria; de regulación de la vida académica y de apoyo a las decisiones de los capítulos generales en la Orden cisterciense.

Constituyeron un considerable antídoto contra el cúmulo de fuerzas disgregativas de la vida comunitaria que prevalecieron en los siglos XIV y XV [3].

Con menos eficacia se abrió paso entre los mendicantes el proyecto de reforma de Benedicto XII. En el caso mejor conocido, que es de la Orden franciscana [4], el cuadro constitucional elaborado para la Orden en las llamadas *Constituciones benedictinas*, pese a la oposición que encontró en los primeros momentos, fue reiteradamente utilizado como fuente de inspiración para reajustar la vida disciplinar [5]. No parece que haya sucedido lo mismo en la Orden dominicana, en la cual los intentos reformadores del pontífice cisterciense fueron rudamente combatidos [6].

Otros esfuerzos renovadores en el siglo XIV

En los siguientes decenios del siglo XIV no se registran cambios importantes en la estructura de las órdenes religiosas. Las provincias monásticas elaboran sus propias constituciones y evolucionan, sin conseguir un ritmo seguro por falta de una autoridad eficaz a la cabeza de la institución. Las determinaciones capitulares no pueden ser introducidas con carácter obligatorio en los monasterios que conservan su autonomía. Los capítulos generales del Císter denuncian con gran energía los abusos en los monasterios, la indisciplina de los estudiantes universitarios y hasta los pecados públicos de determinados miembros. Los viajes de visita y reforma se siguen con regularidad, y su riquísima información nos ilumina hoy copiosamente para valorar la difícil situación concreta de las casas monásticas [7].

Por lo que toca a las órdenes mendicantes, conocemos el ingente esfuerzo de reajuste disciplinar realizado a lo largo del período por los superiores y capítulos generales en varios aspectos: reconstrucción física y moral de sus conventos, gravísimamente mermados por las pestes y las guerras, sobre todo al norte de los Alpes; rigor frente al afán de autonomía de frailes, casas y provincias que rehuían la debida obediencia jerárquica [8]; actualización de las constituciones, empeño especialmente

---

[3] Breve exposición de su contenido normativo en CANIVEZ, DHGE XII 975 y esp. en DDC III 788-89.

[4] Cf. C. SCHMITT, *Un Pape réformateur et un défenseur de l'unité de l'Église; Benoît XII et l'Ordre des Frères Mineurs* (Quaracchi-Firenze 1959).

[5] Ibid., p.72-143.

[6] A. WALZ, *Compendium* 53-55.

[7] Rica información sobre esta situación de fondo en los *Statuta* editados por CANIVEZ y en los volúmenes IV y V de los *Status, chapitres généraux et visites de l'Ordre de Cluny*, ed. por G. GHARVIN (París 1969-70), fuentes que nos sirven de base para esta exposición.

[8] Véanse ejemplos en WALZ, *Compendium* 57.

vivo dentro de la Orden franciscana, que en 1346 dio vida a sus importantes *Constituciones farinerianas* (así llamadas por ser su promotor el ministro general, Guillermo Farinier) [9]; visitas generales de reforma en diversas regiones, realizadas con especial intensidad durante el pontificado de Gregorio XI [10].

El cisma de Occidente arrastró consigo una amplia degradación disciplinar y, tras su eliminación, una grave inquietud. Nacieron agrias disputas, que desembocaron en pactos y concordias entre grupos y tendencias; actitud de transigencia y tolerancia que en la mayor parte de los casos hizo irrecuperable la disciplina claustral. En esta situación se detecta una política flexible de la familia conventual. A las personas y grupos que prefieren la observancia literal de la Regla les reitera sus dos gestos típicos de ofrecer *casas de recolección* dotadas de la debida autonomía y de tutelar con gran generosidad los grupos eremíticos que surgen y que no recusan la dependencia directa de los superiores provinciales y generales [11]. Pero con la misma fuerza mantuvo el imperativo de no sacrificar la estructura institucional mediante divisiones de hecho en familias separadas. Frente a tales tendencias, los superiores jerárquicos proclamaron con firmeza su *Regular Obediencia* como único método de reforma.

En la segunda mitad del siglo, la Claustra afloja en su afirmación institucional. El régimen comendatario se estabiliza en los monasterios, dando plena independencia jurídica y económica al abadiado y a los oficios monásticos. En las órdenes mendicantes se inaugura oficialmente el régimen de propiedad comunitaria, acompañado de un cúmulo de privilegios que abultan y desfiguran feamente su imagen tradicional [12].

Por ello el conventualismo fue contestado con intensidad creciente durante el mismo período y terminó por ser anulado. Ello se debe a que en su vida había una gran parte negativa y caducada, que en este período apareció con toda su crudeza.

2. ASPECTOS DEL CONVENTUALISMO MONÁSTICO HISPÁNICO

El conventualismo tuvo en la península Ibérica un escenario diversificado por la pluralidad de regiones, reinos e instituciones dentro de cada Orden. Estamos muy lejos de poder establecer un cuadro matizado y seguro del mismo por la penuria historiográfica que padeció siempre el tema y, sobre todo, por la parcialidad con que ha sido siempre aludido. Se han resaltado sus aspectos puramente negativos, como paso

[9] Véase el texto en BF VI 639-55. Sobre su importancia histórica véase E. WAGNER, *Historia Constitutionum Generalium Ordinis Fratrum Minorum* (Romae 1954) 57-58.

[10] Ejemplo muy relevante en la Orden franciscana que comentaremos más adelante, en BF VI 503-29.

[11] La Orden dominicana ofrece, posiblemente, los ejemplos más claros de esta política reformista seguida desde la jerarquía. WALZ, *Compendium* 58-60.65-75.

[12] Breves exposiciones del tema en los comicios manuales de HOLZAPFEL, *Manuale* 118-19 y WALZ *Compendium* 77-79.

dialécticamente previo a su rechazo y a la justificación de la iniciativa reformadora y la formación de las Regulares Observancias, cuyo éxito fulgurante durante el siglo XVI iba a dejar en plena noche los posibles aspectos buenos del régimen conventual en los momentos en que pudo funcionar con regularidad. Veamos algunas de sus facetas más notables.

Enajenación del patrimonio monástico

Nuestra información sobre el conventualismo hispánico permite captar rasgos típicos en la vida de las comunidades religiosas en los siglos XIV y XV. Entre los más sensibles y apreciables está, sin duda, el cuantitativo en lo que toca al señorío monástico y su administración, a los edificios y al número de religiosos que componen las comunidades. Por lo que afecta a los señoríos monásticos, es constante el testimonio de la acción demoledora causada en ellos por la *encomienda* seglar y eclesiástica, como también de las constantes prohibiciones de la misma por la Iglesia y por la Corona. La encomienda se mantuvo en pleno vigor por el constante nombramiento de abades y priores ajenos a la propia Orden y autónomos económicamente. El recurso de las mismas casas religiosas al valimiento de los poderosos dio a éstos la oportunidad de interferir en la vida monástica y controlar la hacienda [13].

Con mayor precisión podemos afirmar que la situación económica de los monasterios benedictinos era gravemente deficiente en 1338, fecha en la que son examinados por dos visitadores apostólicos: los abades de Silos y Cardeña. Sus antiguas dependencias monacales —monasterios filiales o prioratos— eran ya, en gran parte, simples beneficios parroquiales [14]. Con mantenerse dentro de una amplia federación monástica no se habían salvado de la grave depresión y ruina material los monasterios dependientes de Cluny, sobre cuyo estado afirman sucesivamente los capítulos generales que casi todo lo que tiene la Orden en España estaba enajenado [15].

Sus casas sufren una total desolación en 1396 por lo que se hace preciso demandar la protección del rey de Castilla [16]. La afirmación no parece desmentirse tampoco en el Císter español del siglo XV, al menos por lo que toca al reino de Valencia, cuyos monasterios pasaban por una situación económica deficitaria, que no era, sin embargo, tan alarmante como la arriba mentada [17]. Se añade el agravante de la pérdida de la gestión comunitaria unificada y directa. Se reparte la hacienda co-

---

[13] El tema ha sido expuesto con amplitud, bajo el aspecto histórico-jurídico, por J. L. SANTOS DÍEZ, *La encomienda en los monasterios de la Corona de Castilla* (Madrid-Roma 1961). Para Galicia, en donde la práctica encomendera fue mucho más cruda, puede verse mi artículo *Los señoríos monásticos gallegos en la baja Edad Media:* Compostellanum 14 (1969) 545-622.

[14] Documentación sobre el estado económico de estos monasterios en FÉROTIN, *Histoire* 122-24.

[15] CHARVIN, *Statuts* III 115-16.

[16] Ibid., IV 383.

[17] Informe sobre el estado económico de los monasterios valencianos en el período, en M. D. CABANES PECOURT, *Los monasterios valencianos. Su economía en el siglo XV* I-II (Valencia 1974).

munitaria, ora en dos mesas (abacial y conventual), ora en cuatro cupos: pensión abacial, mesa conventual, vestuario y fábrica conventual. La autonomía de los grupos e instituciones dentro del recinto monacal trae consigo, inevitablemente, la gestión económica autónoma. Tanto los oficios conventuales, que se transforman paulatinamente en auténticos beneficios —colativos, en principio, por el abad, pero sujetos a interferencias del exterior—, como los oficios no estrictamente monacales o seglares (camareros, racioneros, beneficiados) realizan las operaciones económicas en su exclusivo provecho. Así se llega a un estado de indigencia extremosa de la comunidad monacal y a la necesidad de proceder a enajenaciones de parcelas del señorío monástico, en favor de poderosos seglares, única forma de poder sacar algún provecho de bienes que sólo nominalmente son ya monásticos [18].

A la quiebra económica acompaña la ruina física. Sobre todo en los monasterios cluniacenses. A mediados del siglo XIV, buena parte de las casas conventuales están inhabitables, en todo o en parte, por lo que a la Claustra se refiere. Los templos amenazan ruina en gran parte de los casos. En algunos, ya no se celebran los cultos (ejemplos típicos: Santa Agueda, de Ciudad Rodrigo, no puede albergar monjes en 1349; carecen de alojamiento monástico, igualmente Villafranca, Jubia, Rates, Dueñas, Nájera, Salamanca, Valverde, Pombeiro y otros [19]).

El mismo síntoma de declive se observa en la población monástica, sobre todo en los monasterios benedictinos desde principios del siglo XIV. Los monjes difícilmente alcanzan en cada monasterio el medio centenar: Cardeña, con 38; Oña, con 52; Sahagún, con 34; Obarenes, con 22; San Juan de Burgos, con 14; Silos, con 30; Arlanza, con 20; se sostienen dignamente por lo que se refiere a sus funciones, asistidos en las actividades temporales por un crecido número de servidores (Burgos, 10 criados; Cardeña, 35; Obarenes, 22; Sahagún, unos 100; y un número muy elevado también en Silos [20]). Por lo demás, las inquietudes y banderíos del período seguirán incidiendo negativamente en los monasterios y reduciendo sus recursos económicos y su población. A fines del siglo XV, difícilmente superan la decena de moradores. En los monasterios afiliados a Cluny, ésta era la tónica de vida en los siglos XIV y XV:

> —número de moradores, inferior a la mitad de los prescritos; en muchos casos, ninguno, y suplencia con sacerdotes seculares;
> —edificios ruinosos, en los cuales no existen las dependencias conventuales y a los que no se espera poder restaurar;
> —señorío monástico en grave abandono, en el que se practican graves enajenaciones;
> —vida religiosa muy irregular por lo que toca a la observancia de los votos —sobreabundan los priores y monjes incontinentes y rebeldes—,

---

[18] Noticias variadas y muy desconectadas geográfica y cronológicamente relativas a los monasterios de Samos (ES XLI 359-61), Arlanza (SERRANO, *Cartulario* 275-77), Silos (PÉREZ DE URBEL, *Los monjes* II 571 y 588) y otros se hallan con facilidad en los cronistas e historiadores benedictinos que exponen la situación del período.

[19] PÉREZ DE URBEL, *Los monjes* II 586.

[20] BERGANZA, *Antigüedades* II 143-195; FÉROTIN, *Cartulaire* 377.

a la práctica litúrgica, para la cual los monjes están, en general, impreparados, y en lo relativo a la clausura;

— evolución hacia una recuperación en la disciplina y en la reconstrucción de los edificios, mientras continúa, al parecer, la escasez de personal [20*].

La herencia de Benedicto XII en España

No es más lucida la situación de la congregación claustral tarraconense durante este período. Sus 33 monasterios catalanes no contaban, a fines del siglo XV, más que 112 monjes, distribuidos en grupos de dos o tres por toda la región, y, probablemente, no era mucho más brillante la situación de los otros diez situados en tierras aragonesas y navarras [21]. Pese a esta suma debilidad de la base, la institución benedictina logró tener una personalidad bien definida, siguiendo las directrices de la reforma de Benedicto XII que antes hemos referido. Desde 1361 poseía sus propias *Recapitulaciones* o *Constituciones* [22]. Celebraba con frecuencia sus capítulos provinciales, que tuvieron periodicidad fija y trienal desde 1438. Participaba en los sínodos y asambleas de la Provincia Eclesiástica Tarraconense y se resistía fuertemente a aceptar el nuevo género de vida rígido que llevó a Cataluña e introdujo en Montserrat la Congregación de Valladolid. Todo ello no le iba a resguardar de los ímpetus conquistadores de la reforma en el siglo XVI, sobre todo cuando Felipe II decidió introducir definitivamente en Cataluña los criterios de reforma religiosa establecidos por el Tridentino.

Al lado de estas fuerzas y corrientes destructoras, hay que señalar también positivos esfuerzos de recuperación y corrección, que no faltaron a lo largo del período, y hasta una cierta tónica de estabilidad disciplinada que consiguieron por largos períodos algunos monasterios importantes, como Montserrat.

En los reinos castellanos, en los cuales no cuajaron los criterios federativos establecidos desde Inocencio III y fijados rígidamente por Benedicto XII, no faltaron sustitutivos notables de esta institución aglutinante. Se llegó a diversos pactos y asambleas regionales y nacionales y hasta capítulos provinciales, celebrados irregularmente durante los siglos XIV y XV, en los cuales se acordaron normas renovadoras y se mancomunaron esfuerzos frente a la grave amenaza común que sufría la vida monástica [23]. El tema monástico apareció también en los concilios, como el de Valladolid de 1322, que reitera la obligación de celebrar los capítulos [24], y en los sínodos, como el burgalés de 1411, que preceptúa la ple-

[20*] Esquematizamos aquí la impresión que ofrecen las actas de las visitas practicadas por los comisarios de la Orden en los monasterios españoles en los años 1377, 1387, 1392, 1396 y 1460. Esta última visita ofrece, además, información sobre los correctivos disciplinares que Cluny quiere imponer en los monasterios españoles. Los textos en CHARVIN, *Statuts* IV 115-16.239-41.382-83; V 339-44.

[21] Elenco de los mismos, incluyendo los monasterios femeninos en Colombás, DHEE I 210, y, sobre todo, en ID., *Un reformador benedictino* 67-68.

[22] El texto en *Catalonia monastica* II 150-247.

[23] BERGANZA, *Antigüedades* II 175-217.

[24] TEJADA Y RAMIRO, *Colección* III 489-91.

na regularidad en la vida comunitaria monacal respecto a pobreza individual; vestido uniforme; refección comunitaria e igual para todos; silencio constitucional; obediencia y dependencia directa de los prelados regulares; práctica correcta del oficio divino conforme a la regla de San Benito; prohibición de refinamientos en la indumentaria monástica femenina; guarda de la clausura y destierro de la excesiva familiaridad entre religiosos de ambos sexos; estabilidad en el monasterio, regulando estrictamente las salidas, y abandono de determinadas prácticas beneficiales abusivas, entre las que estaba el encorazamiento [25].

La vida del monje benedictino

Pero la normativa monástica del tiempo, e incluso aquella que se dedica a remediar abusos, no parece aspirar más que a establecer en los monasterios una regularidad dentro de la autonomía y personalismo imperantes, sin restaurar plenamente la vida comunitaria. El monje cifra su iniciativa en la recitación y canto litúrgicos. Es ayudado por un equipo de beneficiados seculares, que comparten normalmente la mesa conventual y perciben retribuciones conforme al esfuerzo que realizan en la celebración.

En los monasterios mejor dotados económicamente y en donde cabía mantener un cuadro de actividades, el monje y sus ayudantes litúrgicos podían contar con una buena mesa, sólida en calidad y cantidad de viandas y variada en condimentos y postres, de la que nos quedan ejemplos documentados relativos a monasterios como Silos en el siglo XIV y Montserrat en el siglo XV. Comen carne de tres a cuatro veces por semana en cantidad abundante, aunque medida; pescado con huevos en tiempos de ayuno, con abundancia de verduras y cereales; fruta de buena calidad y su porción de vino. No faltan exquisiteces de postres y dulcería, sobre todo en Montserrat. Un calendario de banquetes está previsto siguiendo el año litúrgico, que se va desgranando con sorpresas culinarias: carnes tiernas de cabritos, corderos, lechones, etc., con especiería de calidad. Amén de este trato ordinario, pueden los enfermos disfrutar de un régimen más suave de viandas delicadas durante sus dolencias, para remediar las cuales se convienen generosamente el refitolero y el físico. Finalmente, el monje tiene cubiertas con creces otras necesidades ordinarias: calefacción en las salas, sobre todo en el comedor; rasuración cada ocho o quince días; una candela diaria para la noche y su vestuario interno y externo, para cuya provisión se le daban en Montserrat cuarenta sueldos en dos entregas, la primera en septiembre y la segunda por Navidad [26].

La lucha del Císter hispano por la supervivencia

Algo más positiva parece ser en este período la situación del Císter hispano. En su renovación y corrección se deja oír, normalmente, la voz

---

[25] El texto en N. LÓPEZ MARTÍNEZ, *Sínodos burgaleses del siglo XV:* Burgense 7 (1966) 273-76.

[26] C. BARAUT, *La vinguda* 326.

del capítulo general. Sobre todo, se hace sentir la acción de monasterios que conservan una gran vitalidad, como los masculinos de Poblet o Piedra o los femeninos de Las Huelgas y San Clemente, de Toledo. El primero conserva su elevada población monástica —unos ochenta monjes a principios del siglo XIV y un centenar de conversos en sus granjas—; ejerce, por delegación del capítulo general, una función supervisora de los monasterios hispanos y hasta un cierto patrocinio de las iniciativas reformadoras. Tiene la suerte de poder potenciar estas peculiaridades con la valía de un abad santo como Bartolomé Cunill (1437-58). Si bien el capítulo general mantiene a la abadía catalana su tradicional función de delegada de la Orden en España, a veces, parece desconfiar de sus iniciativas. Así parece haber sucedido en 1469, con motivo de la asamblea de reforma de Tortosa, promovida por Poblet, que sería inmediatamente anulada por los superiores cistercienses por el temor de que de ella pudiera brotar una nueva congregación de reforma en Aragón similar a la de Martín de Vargas, que por estos años se había recuperado en Castilla y comenzaba a tomar importantes iniciativas de reforma[27]. *Piedra*, la cuna religiosa de Martín de Vargas, mantendrá también en el siglo XV su prestigio de comunidad de estrecha observancia. *Las Huelgas* y *San Clemente* representan la supervivencia de un gran poder monástico, que terminará siendo un desafío a las exigencias de la reforma.

En el siglo XV, los monasterios valencianos del Císter ofrecen todavía una imagen positiva de comunidades con vida económica y religiosa, si bien no pueden competir en vitalidad con los más actuales de la Cartuja o de San Jerónimo, cuya unidad comunitaria les beneficia más en ambos aspectos material y religioso. Por el contrario, el Císter ha abandonado sensiblemente su estilo primitivo de trabajo y administración comunitarios, que suple con numerosa servidumbre, y logra con dificultad sostener su economía amenazada[28].

Pero la situación se complica gravemente para el Císter en la segunda mitad del siglo XV. No logra erradicar la encomienda de sus casas pese a las reiteradas prohibiciones pontificias[29]. Sufre la competencia amenazadora de la nueva familia cisterciense de Martín de Vargas, cuyo particularismo y secesionismo combate con gran energía. Se ve en la imposibilidad física o moral de que los abades españoles puedan concurrir a los capítulos generales y de que éstos y sus visitadores puedan realizar libremente su misión correctora en la Península. Esto no obstante, conserva sus monasterios sin sufrir graves alteraciones, y al llegar el momento más intenso de la reforma, en el reinado de los Reyes Católicos, la Orden puede tomar directamente la iniciativa, como en la asamblea de reforma de los abades españoles celebrada en Valladolid en 1493 y presidida por el abad de Cîteaux, don Juan de Virey, en la que tratan de dar respuesta a los designios reformistas de Fernando el

[27] Véase sobre el particular el buen estudio de A. MASOLIVER, *Poblet: un caso significativo de autonomía dentro del Císter:* Studia Monastica 13 (1971) 311-21, esp. en la nota de la p.319.
[28] M. D. CABANES PECOURT, *Los monasterios valencianos* I 196-97, esp. p.73.
[29] CANIVEZ, en DHGE XII 976-77.

Católico [30], y a la que suceden otras, con muy desigual fortuna, en los años siguientes.

Pero el gran temor del capítulo general del Císter, el secesionismo español no se aleja, sino que, al contrario, se agranda visiblemente con el correr de los años, en los que la rivalidad y las guerras con Francia inspiran a la Corte española el propósito de cortar definitivamente los lazos que unen los superiores franceses a determinadas familias religiosas españolas, entre las cuales figura, en primer término, el Císter.

El conjunto de monasterios claustrales del Císter sobrevivía con notable vigor en el siglo XVI, pese a la merma que había supuesto el período de los Reyes Católicos. En los años 1531-33, la estampa del Císter es positiva, si bien con peculiaridades claramente decadentes. El abad de Claraval, dom Edme de Saulieu, se encargó de destacarlas, y su secretario, fray Claudio de Bronseval, supo darles forma literaria viva. El promedio numérico de monjes en los monasterios del Císter hispano es ligeramente superior al normal del período, que sería, según Canivez, de unos diez. Ofrecen, sin embargo, cifras muy inferiores a las de los monasterios observantes, que destacan precisamente por su juventud bulliciosa, que el superior francés tilda de rústica, indocta y dominada por el elemento converso, contra el cual parece tener obsesión persecutoria. Abadías como Santes Creus, con 36 monjes y 12 conversos; Poblet, con 60 monjes y 13 conversos, y otros destacados en las filiales valencianas; Piedra, con 33 monjes y 27 conversos; Nogales, con 23 monjes; y los monasterios del reino valenciano, con un promedio de 12 a 13 monjes, podrían ofrecer todavía un panorama consolador en un momento en que el conventualismo está amenazado de muerte. Menos satisfactoria es, en cambio, la situación en Galicia y León, en donde prevalecen las ruinas en las piedras y en las personas, como pasa en Carracedo y Armenteira [31].

La tónica de mediocridad y rutinarismo, típica del monacato conventual, parece repetirse también en este caso. La práctica coral es desgarbada en cuanto a las ceremonias, ruidosa y desentonada en el canto y profana en muchos aspectos de sus celebraciones, excesivamente cargadas de solemnidad y faltas de vida y sentido religioso. La vida comunitaria tiene peculiaridades nada gratas al superior galo: cámaras individuales, reiteradamente prohibidas por la legislación y los capítulos generales; inobservancia casi total del silencio; disputas y tensiones internas que llevan a rebeldías frente a los abades; vanidad en el vestuario femenino; contacto con el exterior constante, sin recuerdo de la clausura religiosa; rusticidad de los monjes e impreparación cultural de los mismos abades, que, por lo general, ni hablan ni entienden el latín. El descontrol disciplinar priva, sobre todo, en los monasterios femeninos, en los que las razones dinásticas prevalecen y donde la familiaridad y parentesco se mantienen con tal intensidad, que no sólo las personas mayo-

---

[30] M. COCHERIL, *La Peregrinatio hispanica de Frère Claude de Bronseval:* Studia Monastica 3 (1961) 179-215.
[31] M. COCHERIL, *La peregrinatio* I 266-301.

res, sino también las niñas, invaden diariamente el recinto monacal. Sólo Poblet, por su grandiosidad y su generosa beneficencia, y Piedra, dechado de observancia por aquellos años, que ofrece al superior cisterciense reformadores para renovar los decaídos monasterios, merecen a Edme de Saulieu una admiración y hasta una gratitud [32].

El abad de Claraval confiaba en un futuro para su familia en España. Pese al expansionismo de la Observancia cisterciense, a la que no era capaz de frenar en Castilla y a la que consiguió desalojar de Portugal, en donde ejercían ya funciones directivas en algunos de los principales monasterios como Alcobaça. No podía tolerar Saulieu que los *judíos* españoles fuesen los encargados de restaurar en Portugal su Orden, cuyas casas estaban, sin embargo, en total postración, y para cuya restauración religiosa poco pudo aportar. Sobre todo, no pudo esquivar el llevar a tierras lusitanas extranjeros —monjes de Piedra—, que iban a encontrar la misma oposición y dificultad de todo reformador que pretendía introducir formas de vida extrañas.

Pero los días del Císter claustral español estaban contados. La Observancia seguía avanzando, pese a sus problemas internos surgidos en el reinado del Emperador. Por otra parte, la interferencia del beneficialismo y del patronato real en los grandes monasterios, como Poblet y Las Huelgas de Burgos, terminaría reduciéndolos a honorables miembros de la Observancia, en conformidad con las directrices del Tridentino y de los pontífices reformadores que lo siguieron. Las estrictas normas de clausura no consentirían la extroversión que implicaba una administración como la que se realizaba en Las Huelgas de Burgos y en su familia monástica.

3. EL CONVENTUALISMO MENDICANTE

Conventualismo y Regular Observancia como formas de vida dentro de cada familia religiosa de la península Ibérica son situaciones que en el siglo XV afectan principalmente a las órdenes mendicantes y muy escasamente a las militares y redentoras, en las cuales no se formaron por estos años grupos reformados compactos que lograran consolidarse.

Los frailes en la España bajomedieval

El cuadro que ofrecen las órdenes mendicantes en la baja Edad Media española es el siguiente: la Orden franciscana tiene en España tres grandes provincias: Santiago, en el Noroeste, con 8 custodias y 42 conventos; Aragón, en Levante y Navarra, con 7 custodias y 37 conventos; Castilla, en el centro, con 8 custodias y 44 conventos. La Orden dominicana cuenta con dos provincias desde los años 1300 (Castilla y Aragón), con unos 42 conventos en total. Con idéntica distribución estaban presentes las Ordenes de San Agustín y del Carmen, cuyo crecimiento era

---

[32] Ibid., II 626-28.642.

sensiblemente inferior. Vinculados a las respectivas órdenes estaban numerosos monasterios femeninos, entre los cuales destacaban por su número — de unos 120— los de las clarisas, rama femenina de la Orden franciscana [33].

Maestros y confesores reales

La vida de estas instituciones mantiene en España un encuadramiento muy similar. Su esfuerzo más positivo y sus aspiraciones están en el campo cultural y académico con la labor que realizan en sus numerosos estudios generales y provinciales. Una intensa labor académica, orientada, sobre todo, a la promoción de los propios candidatos, que oportunamente serán decorados con los grados académicos en facultades universitarias o por concesión directa de la curia romana. Incluso un notable intercambio de personal docente y discente entre las distintas provincias de la respectiva Orden. Los dominicos mantienen durante los siglos XIV y XV estudios generales y provinciales en Barcelona, Salamanca, Játiva, Zaragoza, Santiago, Burgos y Valladolid; los franciscanos cuentan también con centros similares en Salamanca, Palencia, Toledo, Sevilla, Valladolid, Lérida, Barcelona, Zaragoza y Mallorca, cuyas vicisitudes durante las reformas del siglo XV veremos en el capítulo siguiente. En ellos radicaba el grupo más selecto de miembros de la Orden, los preferidos y privilegiados a todos los niveles: como jóvenes promesas en su período estudiantil, como decoro de los conventos de su futuro destino y como exponentes cualificados de la Orden en su proyección al exterior en calidad de predicadores, consejeros, confesores y escritores. Su estatuto era preferencial en todo momento, desde la pitanza hasta los puestos de gobierno.

Meta dorada de este grupo de privilegiados fue, sin duda, la de consejeros y confesores de soberanos, nobles y prelados, puestos que compartieron ampliamente franciscanos y dominicos, y desde los cuales se encumbraron frecuentemente al episcopado [34]. Las grandes controversias del período y, sobre todo, los acontecimientos del Cisma y de la subsiguiente etapa conciliar brindaron a estos frailes intelectuales oportunidades singulares de participación en la palestra literaria no menos que en las grandes disputas hispánicas sobre los conversos y alumbrados y en la nueva institución de la Inquisición española. La faceta intelectual fue mantenida con altura y continuidad, pese a las inquietudes producidas por la reforma. Representa el aspecto más positivo del conventualismo mendicante en el período.

[33] Información elemental en los correspondientes términos del DHEE I 19.354.433-34; II 767.957, redactados por conocidos especialistas de historiografía religiosa.
[34] Estudios inseguros sobre el tema en G. ALONSO GETINO (Dominicos españoles confesores de reyes: La Ciencia Tomista 14 [1916] 373-471), ampliamente rectificados por A. LÓPEZ (Confesores de la familia real de Castilla: AIA 31[1929]6-75 y Confesores de la familia real de Aragón: ibid., 145-240.213-25.289-337).

La indisciplina y sus correctivos

En el aspecto disciplinar parece encontrarse, en cambio, el lunar más sensible del conventualismo. Se abren muchos cauces a la arbitrariedad incontrolada en el gobierno de las provincias, que se mantiene perpetuo pese a los intentos reiterados por introducir una duración limitada e incluso el régimen trienal (por los años 1445-46 hubo en las provincias franciscanas españolas un intento por introducir efectivamente el régimen trienal en el provincialato, que fue inmediatamente revocado por la intervención contraria del ministro general de la Orden [35]).

En las magistraturas supremas de la Orden se mantenían a veces actitudes de rebeldía y venalidad. Transcendían al exterior y en algunos casos dieron vida a procesos ruidosos. El ministro provincial de Castilla fue depuesto en 1374, por orden de Gregorio XI, a causa de su oposición a la visita de reforma que el mismo pontífice había ordenado, y que debería afectar por igual a las casas masculinas y femeninas de la Orden [36]. En 1454, el provincial dominicano de Castilla fue privado ignominiosamente de su cargo por rebelde y venal, con cuyas actitudes había causado una grave postración disciplinar en la Provincia [37].

En ambas ocasiones, los hechos no eran exclusivamente fallos personales o sucesos esporádicos, sino, más bien, reflejo llamativo de una situación de fondo que hubo que esclarecer y resolver mediante importantes medidas de corrección. En el caso franciscano, se tradujo en una amplia campaña de visita y reforma en Castilla, para realizar la cual destacó el pontífice a España dos frailes franciscanos franceses, a los que hizo acompañar por otros dos españoles para que practicaran la visita regular en las Provincias de Castilla y Santiago. Realizaron una labor positiva, que se cifró en diversas congregaciones y estatutos de reforma, cuyo resultado sólo nos es conocido por lo que toca a la Provincia de Santiago. Los acuerdos definitivos de reforma fueron elaborados en la asamblea celebrada, bajo la presidencia del ministro provincial de Santiago, en el convento de León, en 1374 [38]. En ellos se señalan y sancionan determinadas prácticas de la vida regular que parecen ser prototípicas de la familia conventual en este momento en que comienzan a brotar los movimientos de reforma: el excesivo recurso al apoyo seglar, sobre todo de los poderosos y de las instituciones eclesiásticas, para tutelar propios intereses, especialmente para encubrir prácticas de la propiedad privada; vida profana de algunos frailes dedicados al tráfico mercantil, al ejercicio de la medicina, estrictamente vedada a los eclesiásticos, a los espectáculos populares e incluso a la intriga política, tan insidiosa en el momento; vagabundeo y descontrol de los religiosos jóvenes con ocasión de los viajes y traslados y, sobre todo, a causa del desamparo en que estaban durante sus estudios académicos, realizados fuera de

---

[35] BF I 516-17.596.
[36] BF VI 543.
[37] BELTRÁN DE HEREDIA, *Miscelánea* I 409-11.
[38] Editados con anotaciones históricas por A. LÓPEZ, *Descriptio codicum franciscalium Bibliothecae Ecclesiae Toletanae*: AIA 7 (1917) 261-73.

su propia Provincia; quiebra sensible de la vida común por lo que se refiere al refectorio común y al dormitorio comunitario; desinterés por la propia formación y por la labor docente, que deberían realizar en cada convento los lectores, con asistencia obligatoria de los miembros de la comunidad; inobservancia de la clausura en lo que toca a ofrecer hospedaje a mujeres en los conventos y encargarles de la cocina conventual; abandono de la educación religiosa de los jóvenes, sobre todo para la profesión y para la promoción a las órdenes sagradas, para cuyo pase se omitían, a veces, las prescritas votaciones comunitarias; blandura en el castigo de los delincuentes más comunes (calumniadores públicos, difamadores de la Orden, propietarios y negociadores, fugitivos y apóstatas, intrigantes en la comunidad, rebeldes, violentos o ladrones, etc.); escaso cuidado de los enfermos, para atender los cuales se prescribe que se designe un religioso de buenas cualidades humanas que cuide de su trato y recuperación física y espiritual. Con especial energía insisten estas normas correctivas en que la disciplina conventual se mantenga inalterada: igualdad equitativa en las cargas comunitarias, entre las que se cita explícitamente la de la cuestua; capítulo conventual semanal para información comunitaria y control económico, sobre todo del producto de la mendicación; regularidad en la labor académica por parte de lectores y estudiantes; estabilidad de las comunidades tanto en lo que atañe a su gobierno ordinario, en el que no deben interferirse los custodios y guardianes, como en lo que toca a los cambios de personal, que no deben realizarse sin causa grave; acceso al ministro provincial limitado a solos los casos previstos en la regla y en las constituciones. Sólo los *parisienses* y demás graduados conservarán su amplia gama de privilegios relativos a socios, cámara propia, dispensa coral, mesa especial y superiores benévolos.

Con el mismo propósito de conseguir una plena regularidad en la vida de los monasterios clarisanos, los visitadores dieron unas constituciones de reforma de estas casas femeninas. En ellas se urge la estricta clausura, con todas las garantías del caso: disposición peculiar de locutorios y coros que impidan la comunicación directa con el exterior; cautelas para visitadores y confesores en el desempeño de sus ministerios; penas a los que sin las debidas licencias accedan a los monasterios femeninos; reglamentación de las visitas familiares a las religiosas y de la comunicación de éstas con el exterior, prevista tan sólo en casos excepcionales, como la muerte de sus familiares más directos; actuación de los capellanes en sus oficios litúrgicos; comportamiento de las hermanas legas o serviciales en sus gestiones externas al servicio del monasterio [39].

Tanto los decretos de visita, como las normas dadas por Gregorio XI, no cayeron en olvido, sino que fueron urgidos posteriormente por los superiores de la Orden en sus intervenciones normales. En 1931 lo hacen explícitamente los superiores generales y provinciales de la obediencia aviñonesa. Reiteran buena parte de lo establecido sobre la vida

[39] Ibid., 271-73.

común y, sobre todo, la estricta regularidad en la labor académica por parte de lectores y estudiantes, para cuyo gobierno seguían vigentes en la Orden las disposiciones de Benedicto XII. Los superiores ordinarios ven en esta parcela de su gobierno el campo preferido, y la miman manteniéndole todos sus tradicionales privilegios [40].

Jerarquía y reforma. ¿La vida o la institución?

El torbellino del reformismo eclesiástico del siglo XV iba a perturbar seriamente este rodaje de pocos horizontes, pero todavía eficaz. La comunidad de las respectivas órdenes, y en especial sus superiores mayores, se mostraron, no sólo generosos con los nuevos grupos, que surgían en forma generalmente eremítica, sino también con los que directamente buscaban un reajuste disciplinar en los conventos urbanos, de los cuales se nutrió principalmente la Regular Observancia. Con ello evidenciaban también su voluntad de autorreformarse gradualmente. Tal criterio se comprueba, sobre todo, en la voluntad de crear y fomentar en todas las provincias las *casas de retiro*, en las que pudiesen acogerse los que deseaban la observancia literal de la regla, sin privilegios, lo mismo que en las concordias establecidas entre los grupos conventuales y reformados cuando éstos llegaron ya a adquirir cierta magnitud en cada Provincia [41].

Pero la paz iba a resultar muy difícil desde los años cuarenta, debido al auge galopante del grupo reformado al configurarse institucionalmente las congregaciones de Regular Observancia y pretender éstas la conquista sistemática de los conventos urbanos, sin excluir los que albergaban estudios generales o provinciales. Fue a partir de estos momentos, y en razón de la situación amenazadora que se creó, cuando los superiores jerárquicos se sintieron obligados a emprender la defensa intransigente de la familia conventual, que era expoliada sistemáticamente. Emanaron entonces las llamadas *bulas de concordia*, por las que se establecía el respeto e intangibilidad mutua de las dos familias y se penaba con graves censuras la apropiación de conventos o el paso forzado de los religiosos de uno a otro grupo, quedando siempre abierta la posibilidad de nuevas fundaciones [42]. Por otra parte, los superiores claustrales, temerosos del secesionismo que observaban en las filas de los observantes, se empeñaron positivamente en patrocinar una reforma jerárquica. Fomentan los pequeños grupos reformados, que prefieren mantenerse en la jurisdicción directa de los provinciales y generales, como los grupos villacrecianos y descalzos españoles, de los que nos ocuparemos am-

---

[40] Ibid., 259-61.173-74.

[41] Por los años de 1427, en la Provincia franciscana de Castilla se establecen las bases de una pacífica convivencia entre los diversos grupos y tendencias. Entre otras, se establece la posibilidad de un tránsito libre de los particulares y de las comunidades a los grupos observantes, privilegio que posteriormente será firmemente combatido por la jerarquía conventual de la Orden una vez constituidos los vicariatos generales de la Regular Observancia. Cf. BF VII 693-94.

[42] Documento principal en este aspecto es la bula *Cum ad sacrum*, de 6-1-1455, de Nicolás V, editada en BF n.s. I 891-92.

pliamente en este estudio, y los monasterios de clarisas, especialmente la *familia de monasterios de Santa Clara de Tordesillas*. Una pretensión plenamente justificada, que sólo pudo dar resultado en aquellas familias religiosas en que la Regular Observancia no adquirió el desarrollo constitucional independiente, que la constituía de hecho una Orden nueva, con lazos de unidad puramente nominales respecto a la jerarquía tradicional de la Orden.

En el reinado de los Reyes Católicos, el conventualismo español parece perder la fe en su supervivencia. Reducido cada vez más a un exiguo número de casas marginales en Castilla, accede con facilidad a la presión de la corte, que quiere forzar un paso galopante del grupo conventual a la Observancia e incluso su inmediata extinción. Los superiores provinciales franciscanos son los primeros que se prestan con facilidad a conseguir este objetivo. No se preocupan siquiera de utilizar en su favor las disposiciones severas de Sixto IV contra los que atentan contra el estado de la institución conventual [43].

En Aragón, la resistencia conventual será más recia frente a los intentos de Fernando el Católico. Consiguen mantenerse los conventos urbanos. No se incorporarán a la Observancia hasta los momentos posteriores al Tridentino. Encuentran, por lo general, un apoyo decidido en la poderosa burguesía de la tierra, que tiene en ellos importantes intereses, sobre todo en los femeninos. Pero las guerras de la segunda mitad del siglo XV causaron en ellos ruinas y supresiones. Importantes conventos, como los franciscanos de Tarragona, Pamplona y Cervera, y los monasterios clarisanos de Balaguer, Tarragona y Villafranca del Penedés, fueron destruidos. No parece que hayan podido rehacerse de esta ruina, cosa que, en cambio, consiguió, por su mayor vitalidad, San Francisco de Zaragoza.

Fue en estos momentos de mayor amenaza cuando el conventualismo adquirió sus formas privilegiadas más extremosas, representadas por las célebres concesiones de Sixto IV a los dominicos y franciscanos, extendidas en seguida a los agustinos y carmelitas.

Resultaban extremadamente mortificantes para el clero secular, por lo que los observantes se negaban generalmente a aceptarlas [44].

La lenta agonía del conventualismo hispano

Por los años quinientos puede decirse que la historia del conventualismo mendicante en Castilla se cierra definitivamente. En las Ordenes

[43] Véase sobre el particular la bula de 16 de febrero de 1482; ibid., III 776-78.
[44] Bula *Dum fructus uberes*, de 28-2-1472, para los franciscanos (ibid., III) y similar para los dominicos, de 1-7-1475 (BOP III 528), capacitando a los mendicantes para poseer comunitariamente bienes y propiedades, y, sobre todo, los famosos documentos conocidos como *Mare Magnum* y *Bulla Aurea*, o sea, las bulas *Regiminis Universalis Ecclesiae*, de 3-8-1474 y *Sacri Praedicatorum et Minorum*, que despertaron una fuerte contestación en el clero secular (el texto en BF, ns. III 266-76; BOP III 516; *Bullarium Carmelitarum* I 319) como se comprueba en España, con ocasión del concilio nacional de Sevilla, de 1478 (F.Fita, *Concilios inéditos españoles*: BRAH 22[1893] 220.227.229), y de la asamblea de Burgos de 1511, preparatoria del concilio Lateranense V (Doussinague, *Fernando el Católico y el cisma de Pisa* [Madrid 1946] 531).

dominicana y agustiniana, en las cuales el movimiento observante no había conseguido prevalecer, se llega a una integración de los dos grupos conventual y observante; sucesivamente, en 1504, entre los dominicos, y en 1511, entre los agustinos [45]. En la Orden franciscana se fragua por entonces un gran proyecto español de reunificación de la Orden bajo un general reformado. Pero no llega a buen puerto por la oposición encontrada fuera de España, y sobre todo en Italia. Los capítulos generalísimos de 1506 y 1517 evidenciarán que el conventualismo franciscano sólo sobrevivía en España fosilizado, esperando los días de la Reforma Tridentina, en los que Felipe II le dará, sin dificultad, el golpe de muerte.

En conclusión, puede afirnarse que el conventualismo, tanto monacal como mendicante, representó una forma transitoria de vida religiosa, caracterizada por la vigencia de una serie de criterios y prácticas de carácter particularista y autonomista, que llegaron a interferir gravemente la constitución y el funcionamiento de la vida comunitaria, sobre todo en los aspectos económico, constitucional y ascético. Su definitiva superación requirió dos largos siglos de recuperación religiosa.

---

[45] BELTRÁN DE HEREDIA, *Historia* 55-56; GARCÍA ORO, *Cisneros* 330-31.

CAPÍTULO II

UN SIGLO DE REPLANTEAMIENTOS EN LA VIDA REGULAR (1380-1480)

Durante el siglo que corre desde Juan I de Castilla a los Reyes Católicos asistimos a una cadena de inquietudes en la vida eclesiástica y, sobre todo, en las instituciones regulares. Brotes eremíticos esparcidos por toda la abrupta geografía ibérica; nuevas instituciones monásticas, como la Orden jerónima, que renueva la faz del monacato; familias reformadas en las principales órdenes religiosas que son las expresiones clásicas de una búsqueda nerviosa de nuevas formas y nuevos cauces para expresar y vivir la vida religiosa. Consiguen arraigar en el ambiente popular, del que reciben limosnas y vocaciones, y logran atraer el favor de los soberanos y pontífices, que les colman de beneficios y donaciones.

No se trata de un fenómeno exclusivamente hispano, sino, más bien, de un proceso de renovación y relevo institucional que afecta a toda la cristiandad al fin de la Edad Media. Pero en España y, sobre todo, en Castilla, alcanza tal volumen e intensidad, que lo constituyen, a comienzos del siglo XVI, en modelo y pionero. Se hablará desde entonces, con mejor o peor fortuna, de una reforma española con pretensiones y personalidad propias.

Reseñaremos sucintamente las principales manifestaciones de este reformismo en ciernes que llena el siglo XV.

1. JUAN I DE CASTILLA BUSCA REFORMADORES Y MONJES 'PRIETOS'

El rey Juan I de Castilla (1379-90) nos sirve de punto de arranque y de referencia para fijar el escenario de nuestro estudio. Tiene, sin duda un significado propio, en la historia eclesiástica castellana. Su religiosidad personal [1], su empeño en corregir la vida clerical y regular el anárquico sistema beneficial, su compromiso de asegurar la libertad a los monasterios, atenazados por la encomienda, y, sobre todo, sus designios

---

[1] Sobre la mentalidad política y el sentido religioso de este soberano ofrece buenas precisiones L. SUÁREZ en sus estudios *Juan I, rey de Castilla (1379-1390)* (Madrid 1955) y en los capítulos correspondientes de la *Historia de España* de MENÉNDEZ PIDAL (vol.14 [Madrid 1966] p.203-42). Más directamente aborda los ideales reformistas del soberano en el breve estudio *Reflexiones en torno a la fundación de San Benito de Valladolid*, publicado en *Homenaje a fray Justo Pérez de Urbel*: Studia Silensia 3 (Silos 1976) 433-45. Estos buenos estudios pueden ser completados y enriquecidos con el estudio de GARCÍA M. COLOMBÁS-MATEO M. GOST, *Estudios sobre el primer siglo de San Benito de Valladolid* (Montserrat 1954).

de dar vida a nuevas casas monásticas, le revelan como gobernante anheloso de conseguir una reforma de la vida eclesiástica.

El rey castellano tuvo la suerte de encontrar un equipo de hombres eclesiásticos animosos y coincidentes en este propósito. A la cabeza estaba el mismo arzobispo de Toledo, don Pedro Tenorio [2]. En el grupo figuraban hombres de gran talla [3]: Juan Serrano, prior de Guadalupe; Vicente Arias y Gonzalo González, legistas; Juan y Alonso de Illescas; Juan Alfonso de Madrid; Alvaro de Isorna [4], entonces obispo de León; el obispo Diego de Anaya [5] y el confesor real, fray Fernando de Illescas, O.F.M. [6]. Todos ellos han pasado a la historia como excelentes prelados y fautores de iniciativas reformatorias.

Desde su coronación se empeñó Juan I en llevar a cabo, con firmeza y entusiasmo, una política de auténtica renovación religiosa en su reino. En 1380 brotan buena parte de sus más generosas iniciativas. La más arriesgada fue, sin duda, la surgida en las Cortes de Soria: un examen a fondo de la práctica de la encomienda monástica por los nobles del reino castellano. Todo un proceso de gran alcance que ponía a los hidalgos ante la evidencia de su crasa rapacidad pues detentaban por la fuerza los señoríos monásticos y exigían los derechos señoriales corrientes y muchas servidumbres ya abolidas. El proceso montado se falló, como era de esperar, declarando abolidas las encomiendas señoriales y manteniendo tan sólo en vigor las reales que no gravaban a los monasterios [7]. El principio normativo entonces establecido quedó, en gran parte, sin eficacia práctica hasta el gobierno de los Reyes Católicos, pero mantuvo, ciertamente, una fuerza moral considerable en el ámbito eclesiástico, y en particular en el monástico. Amparados en la sentencia de Juan I los monasterios tuvieron valor para reclamar reiteradamente la liberación de este pesado yugo, que impedía el funcionamiento normal de su gestión administrativa [8].

En el mismo año 1380 afloran otras dos iniciativas reformistas de gran transcendencia para el futuro de la vida religiosa española. El 16 de mayo de 1380 aparece el *régimen de Tordesillas,* para las religiosas clarisas. Fue su creador el mismo confesor de Juan I, fray Fernando de Illescas, a quien encomendaba Clemente VII la singular misión de con-

---

[2] Sobre este personaje véase L. SUÁREZ, *Don Pedro Tenorio, arzobispo de Toledo (1375-1399),* en *Estudios dedicados a Menéndez Pidal* IV (Madrid 1953) p.601-27.

[3] El prelado toledano tuvo la habilidad de rodearse de hombres de talento y virtud, a los que favoreció como mecenas y promocionó sucesivamente a las dignidades eclesiásticas. Noticias breves sobre algunos de sus más directos colaboradores en PÉREZ DE GUZMÁN, *Generaciones y semblanzas* c.13 (ed. BAE-68 p.705).

[4] Sobre su breve paso por la sede arzobispal de Santiago informa cumplidamente A. LÓPEZ FERREIRO, *Historia* VII 170-76.

[5] Breves noticias biográficas en DHEE I 62.

[6] Sobre este destacado consejero religioso del monarca suministra buena información A. LÓPEZ, *Fray Fernando de Illescas, confesor de los reyes de Castilla Juan I y Enrique II:* AIA 30 (1923) 241-52; ulteriores precisiones en J. GARCÍA ORO, *Cisneros* 245-46.

[7] Sobre las encomiendas monásticas bajomedievales véase J. L. SANTOS DÍEZ, *La encomienda monástica en la Corona de Castilla. Siglos X-XV* (Madrid-Roma,CSIC,1961).

[8] Sobre sus efectos en Galicia informo en mis estudios *Los señoríos monásticos gallegos en la baja Edad Media:* Compostellanum 14 (1969) 545-622 y *Señorío, nobleza e Iglesia. Galicia en la baja Edad Media* (Santiago 1977) p.50-53.

vertir a Santa Clara de Tordesillas en foco de renovación religiosa de la Orden clarisana en Castilla. Con facultades amplias y plena autonomía de sus superiores jerárquicos, Fernando de Illescas supo crear desde Tordesillas una singular institución: la «familia de monasterios de Tordesillas», que con un despliegue impresionante llega durante la primera mitad del siglo XV a englobar a la mayor parte de los monasterios clarisanos de Castilla, irradiándose también a Aragón. Una de las instituciones que los Reyes Católicos procuraron utilizar en sus campañas de reformas femeninas de Castilla [9]. El 8 de octubre del mismo año 1380 recibía Juan I satisfacción a uno de los anhelos más vivos de su espiritualidad renovadora. Por una bula de Clemente VII, quedaba autorizado para fundar tres monasterios de cartujos en sus reinos [10]. Se trataba de un proyecto de largo alcance, que el soberano sólo lograría iniciar con la fundación de *El Paular*, en 1390. Consistía en trasplantar a Castilla el prestigiado instituto, que hasta el momento sólo existía en la Corona de Aragón [11].

En los mismos momentos inician modestamente su brillante andadura Guadalupe y San Benito de Valladolid, cerebros de otros dos movimientos espirituales castellanos: la Orden jerónima y la Observancia benedictina, en cuyo nacimiento y configuración monástica estuvo muy presente el mismo rey. Su ideal y proyecto de un monacato «prieto», es decir, recluso y silencioso, con una observancia estricta de la clausura pareja a la de las clarisas de Tordesillas, se vio ahora plasmado en estos cenobios, sobre todo en el gran cenobio vallisoletano [12].

Pero el ápice del reformismo religioso de Juan I parece observarse en las Cortes de Palencia de 1388. En ellas pretendió el soberano ampliar y reforzar las decisivas medidas de 1380 [13], sobre todo por lo que tocaba al clero secular. Con el concurso del legado de Clemente VII, don Pedro de Luna, y la concurrencia de los prelados del reino, se debatió ampliamente el tema *de correctione et reformatione Ecclesiae*, formulándose, finalmente, una serie de decretos y sanciones, que regulan la vida de los beneficiados, castigan severamente la barraganería y el concubinato y reiteran la prohibición de las encomiendas en monasterios e iglesias [14].

Juan I pasó por la historia de Castilla como un meteoro que alumbró nuevos caminos de espiritualidad. Pudo apenas ser testigo de su

[9] Sobre los orígenes de esta singular institución monástica cf. J. GARCÍA ORO, *Cisneros* 244-50.256-65.

[10] Se trata de la bula *Eximia tuarum celsitudinis* (8-10-1380), recientemente editada por L. SUÁREZ, *Castilla, el cisma y la crisis conciliar* (Madrid 1960) p.154-55.

[11] Sobre su posterior difusión en los reinos peninsulares cf. I. GÓMEZ, *Cartujos*: DHEE I 367-68, con la bibliografía básica del tema.

[12] Sobre el origen de ambas instituciones informan sobriamente los correspondientes artículos del DHEE I 206-13;II 1229-31. Exposición más amplia y documentada en los estudios de I. DE MADRID, en *Yermo* 5 (1967) 107-77, y con mayor matiz en el número extraordinario dedicado al tema por la misma revista *Yermo* en 1973. Sobre la Observancia benedictina remitimos a los varios estudios del especialista GARCÍA M. COLOMBÁS señalados en la bibliografía y reiteradamente citados en estas notas.

[13] Véase arriba n.7.

[14] El texto en L. SUÁREZ, *Castilla* 172-79.

nacimiento, ya que le faltó vida para ver prosperar sus buenas iniciativas.

2. LA AVENTURA EREMÍTICA

Las vocaciones para el yermo nunca faltaron en la España bajomedieval. Pero crecieron en número y en calidad en los años finales del siglo XIV, tal vez como reacción al desconcierto y a la anarquía disciplinar que el cisma del pontificado estaba sembrando en las conciencias y en las comunidades regulares [15]. En pocos años brotaron en suelo hispano enjambres de ermitaños, ya individuales, ya agrupados. De ellos nos han quedado noticias obscuras que recuerdan apenas los nombres de los principales desiertos o moradas de emparedados, como Montserrat, Palma de Mallorca, Alba de Tormes, Córdoba, Tordesillas [16], etc. Sólo pudieron sobrevivir aquellos que, oportunamente organizados, se abrieron a tareas más ambiciosas de remozamiento de la vida regular. A ellos se deben algunas de las reformas e instituciones nuevas, como los oratorios franciscanos y la Orden de San Jerónimo.

a) Oratorios franciscanos

Los oratorios franciscanos nacidos durante el cisma y desarrollados en la primera mitad del siglo XV, representan positivamente focos de restauración de la vida regular; en primer lugar, porque todos ellos mantienen en común la vuelta a la integridad de la observancia regular y de la vida espontánea de la familia de Francisco de Asís, renunciando al estatuto claustral vigente en la Orden, y, en segundo lugar, porque crearon los nuevos cuadros espirituales de la Observancia. Veamos su aparición y organización en las tres circunscripciones o provincias franciscanas de España.

En Galicia

En la Provincia de Santiago (noroeste español) inician el movimiento eremítico los religiosos fray Diego Arias, fray Gonzalo Mariño y fray Pedro Díaz. Obtienen la confirmación para su programa el 10 de abril de 1392: una ermita con una modesta casa religiosa al lado, en la cual vivirán en retiro y en dependencia del ministro provincial [17]. Dirigidos por Gonzalo Mariño, realizaron con eficacia su proyecto, que miraba a un nuevo tipo de convento franciscano: un convento o fraternidad *rural*. Edificaron casas religiosas con sus oficinas y claustro, teniendo por centro el oratorio o iglesia. Buscaron un medio de subsistencia a base

---

[15] Véase sobre el particular el volumen misceláneo *España eremítica*, en el que se recogen las ponencias y comunicaciones de la VI Semana de Estudios Monásticos, editado en Pamplona en 1970, y la breve exposición de J. PÉREZ DE URBEL, en DHEE II 801-804.
[16] Ibid.
[17] BF VII 29.

de la agricultura: un agro para cereales, una dehesa para pastos, una fuente para riego; propiedades que probablemente les fueron cedidas en usufruto y para solos los frailes que viviesen en esta estrecha observancia regular [18]. En 1407 contaban ya con siete oratorios (San Lorenzo de Trasouto, en las afueras de Santiago; San Francisco de Sueiro, cerca de Noya; Santa María de Rial, en el lugar de Louro [Muros]; San Juan de la Miserela, en Puebla del Deán; San Francisco de Herbón, junto a Padrón; San Lorenzo de Barbeira, en tierra de Ordenes; Santa Cruz de Portomarín, en la provincia de Lugo; todos ellos bajo la obediencia romana de Bonifacio IX, a la que abandonaron en dicho año, por lo que fueron acogidos con favor por el antipapa Benedicto XIII [19]. En los años siguientes se verán enfrentados a nuevos cambios a causa de la etapa conciliar, de la restauración de la unidad en el pontificado, que implicó una nueva legitimación, y del aparecer de la reforma en los conventos urbanos. En 1432 figuran cinco oratorios más en la lista anterior: Ribadavia, Villavieja de Redondela, Santa María de los Angeles de Valderrago, Hoyo y Castañeda [20], lo que evidencia la continuidad en el estilo de vida franciscana, la dilatación numérica y geográfica y el matiz regional (gallego) prevalente en el movimiento. Finalmente, no faltan algunos indicios de una cierta relación de estos eremitorios de la Provincia compostelana con la familia de monasterios de Santa Clara de Tordesillas, cuya importancia como foco reformador en Castilla, y en menor escala en Aragón, ya queda señalada [21].

Con esta fisonomía de ermitaños organizados en una vicaría, llegaban los oratorios gallegos a 1447. En este año deberían preceptivamente incorporarse a la recién constituida *Vicaría Observante*, la cual les prometía en este momento respetarles escrupulosamente sus prácticas religiosas y sus tradiciones creadas a lo largo de medio siglo de vida.

En Aragón

Comprobamos el mismo brote eremítico en Aragón, con peculiaridades dignas de notarse. El eremitorio de *Santo Espíritu del Monte*, en Murviedro, surge como una fundación real, promovida por el genial fray Francisco Eximenis, patrocinada por la reina doña María de Luna

---

[18] Con estas condiciones se creaba el 26 de diciembre de 1396 el oratorio de Herbón (exposición bien documentada en R. BLANCO, *El colegio de misioneros de Herbón* [Lugo 1925] 177), y en fechas muy próximas, el de San Juan de la Miserela (Puebla del Deán [La Coruña]). Sobre este último véase M. BANDÍN, *Los orígenes de la Observancia en la Provincia de Santiago*: AIA 33 (1930) 345-49.

[19] BF VII 355-56.

[20] Desaparece, en cambio, de este número San Lorenzo de Barbeira.

[21] En efecto, la bula de Eugenio IV, de 28 de octubre de 1432, concede indulgencia plenaria *in articulo mortis* a los religiosos de los oratorios de la Provincia de Santiago antes citados y a las religiosas de los monasterios clarisanos de Zamora, Villafrechós, Tordesillas, Palencia, Santander y Castro Urdiales, que en el momento pertenecían ya al régimen de Tordesillas (BF n.s. I 46-47), y eran regidos por fray Francisco de Soria, influyente personaje en las cortes reales de Castilla y Navarra (noticias documentales sobre su labor reformadora y su influjo en Juan II de Aragón y Juan II de Castilla, en BF n.s. I 40-41.176-77 y AIA 31 [1928] 331-36), que debió de procurar con particular interés el favor real y pontificio para este grupo reformado franciscano.

y aprobada por Benedicto XIII el 16 de agosto de 1403 [22]. La fisonomía de la nueva fundación es aquí matizada y clara, con amplio radio de autonomía dentro del marco de la Provincia de Aragón: superiores trienales y electivos por la nueva comunidad, que automáticamente quedan confirmados en su oficio; admisión de candidatos a la Orden y de frailes de la Provincia que quieran sumarse a este régimen de vida; visita regular y corrección de los moradores a cargo de los superiores propios y con exclusión explícita de cualesquiera superiores de la Provincia, a no ser en casos extremadamente graves; amplias facultades jurisdiccionales en el fuero sacramental y exención de todas las cargas económicas de la Provincia [23]; creación de nuevas casas del mismo estilo, lo que efectivamente se propuso realizar Santo Espíritu del Monte por lo menos en dos casos: *Segorbe,* autorizado por el mismo Benedicto XIII el 23 de febrero de 1413, y *Liria,* igualmente concedido el 25 de septiembre de 1414 [24]. Otros dos —*Chelva* y *Manzanera*— surgieron por el mismo tiempo, sin que sea posible comprobar su posible vinculación al cenobio de Murviedro [25]. Dos decenios más tarde eran ya ocho los cenobios aragoneses: Segorbe, Santispíritus del Monte, Chelva, Manzanera, Tarazona, Murviedro, Cariñena y Alumna [26]. Santo Espíritu del Monte fue, pues, primogénito y modelo. Como natural expansión suya surgió el 26 de julio de 1424 la primera institución eremítica aragonesa; una custodia dentro de la Provincia, cuyo régimen era un calco del primitivo cenobio observante ideado por fray Francisco Eximenis. Llevaría el título oficial de *Custodia de Segorbe y Santispíritus* [27]. Al año siguiente se le concedía el régimen prescrito por el concilio de Constanza para los observantes de Francia, que tan sólo se diferenciaba del aragonés en su mayor firmeza jurídica [28].

La singularidad eremítica de la nueva institución fue defendida con todo esfuerzo, llegando Santo Espíritu del Monte a procurarse una autonomía total de los superiores. Pero el empeño no triunfó. Contrastaba absolutamente con el proceso de homogeneización de las reformas que propiciaban los pontífices del Renacimiento y se propuso realizar la Regular Observancia [29].

En Castilla

En la dilatada Provincia de Castilla encontramos mucha más variedad; sin duda, debido a su gran diversificación regional. Aparecen

---

[22] BF VII 321.

[23] Véase J. SANCHIS ALVENTOSA, *Santo Espíritu del Monte* (Valencia 1948) 20-29.

[24] BF VII 379-80. 390. Véase también A. LÓPEZ, *Fundación del convento de Segorbe y orígenes de la Observancia en Aragón y Valencia: AIA* 3 (1915) 341-49.

[25] Sobre su historiografía véase AIA 17 (1957) 89-103.

[26] BF VII 632-33; A. LÓPEZ, *Fundación* 248.

[27] BF VII 615-16.

[28] Ibid., 632-33; A., LÓPEZ, *Fundación* 348.

[29] Véanse las bulas de Eugenio IV, de 9 de enero de 1437 y de 5 de mayo de 1444, integrando estos eremitorios en la Observancia y excluyendo terminantemente sus pretensiones de independencia respecto a los superiores de la Orden; en BF n.s. I 367-68.161-63.

buen número de oratorios franciscanos de nueva fundación o de nuevo régimen, que tienen sus peculiaridades [30].

El movimiento eremítico arraigó por obra de algunos religiosos que se propusieron explícitamente crear un nuevo estilo de vida franciscana y que enriquecieron a la futura Regular Observancia con las creaciones más genuinas en el campo de la espiritualidad. Tales fueron fray Pedro de Villacreces y fray Pedro de Santoyo. El primero era maestro y catedrático de Salamanca, títulos a los que quiso renunciar en 1495 [31] en su afán de encontrar un nuevo género de vida. Inició su andadura ascética en los primeros momentos del siglo en *Arlanza* y luego en *La Salceda*, dentro de la Custodia franciscana de Toledo, en la cual no encontró el favor necesario. Por ello volvía a Castilla la Vieja, e iniciaba una nueva experiencia por los años 1403-1404 en las cercanías de *La Aguilera*, y en los años siguientes, en el pueblo de *Compasto*, hoy difícil de identificar y, sobre todo, en *El Abrojo*, en La Laguna (Valladolid). Identificado con la jerarquía de la Provincia, que pretendió encomendarle una reforma de los conventos urbanos, vive en fraternas relaciones con los conventuales, a los que visitaba regularmente en su gran centro de San Francisco de Valladolid [32], combinaba admirablemente una ascesis flexible y creativa con una sensibilidad de tinte humanístico, que le llevaron a crear en sus casas una especie de centro vocacional para niños, a arbitrar formas de vida femenina para mujeres que quisiesen este ascetismo de simplicidad, tan de moda en la Europa de sus días, y a dar un gran valor a la predicación popular, que el mismo Villacreces ejercía regu-

---

[30] He aquí los más conocidos: *San Miguel del Monte* o de *Villaverde*, cerca de Alcocer, autorizado por la bula de Benedicto XIII de 9 de octubre de 1404, con amplias facultades de autonomía, entre las que figuran las propias del ministro provincial respecto a absolución de censuras eclesiásticas, presentación a órdenes y aceptación de candidatos a su género de vida (BF VII 332); *Santa María de La Rábida*, con régimen similar, en el cual destacan dos peculiaridades: la reserva de la visita canónica y del nombramiento del superior local o *vicario* al ministro provincial de Castilla, al cual, por otra parte, serán remitidos los moradores de La Rábida que no se amolden a las observancias allí establecidas (BF VII 378-79); matices que expresan una mayor dependencia del provincial de Castilla, en cuya jurisdicción pugnó siempre por conservarse el cenobio almeriense frente al absorcionismo de los observantes (como en casi todos los eremitorios el número de moradores estaba preceptivamente limitado a trece, cupo que sería posteriormente aumentado: ibid.); los de *Constantina* y *Cuéllar* en 1413 (BF VII 382-84), en el segundo de los cuales se establece, en contraposición a La Rábida, una total exención del gobierno, visita y corrección de los frailes de este oratorio y el régimen de superiores anuales; *Medina del Campo*, aprobado el 20 de abril de 1414, con las mismas singularidades autonomistas que Cuéllar (ibid. 387-88); *Arrizafa*, autorizado por bula pontificia de la misma fecha y con idénticas características (ibid., 391-92.399-400); *El Castañar*, eremitorio aprobado el 12 de junio de 1415, en la misma línea de autogobierno (ibid., 394); *San Francisco del Monte*, que asumió el régimen eremítico por concesión de Benedicto XIII de 1.º de mayo de 1415, con régimen similar al de Cuéllar, acentuando la necesidad del consentimiento del convento para todas las iniciativas (noticias sobre su origen en S. LAÍN ROXAS, *Historia de los Santos Mártires Juan Lorente de Cetina y Pedro de Dueñas* [Córdoba 1803] p.35-38. Disección crítica de sus noticias en AIA 17 [1957] 119-30). Otros cenobios recoletos u oratorios irán surgiendo en los años siguientes, como los de Ocaña y Cale (BF VII 562-63; AIA 17 [1957] 166-70), acogiéndose a los modelos y estatutos anteriormente creados, los cuales, por cierto, comenzaban a extenderse también a los conventos urbanos desde 1417, como en adelante veremos.

[31] BF VII 65.
[32] AIA 17 (1957) 332.

larmente en las poblaciones de Castilla, sobre todo en Valladolid. En 1417, ya en plena ancianidad, tiene la audacia de realizar una amplísima gira por la Europa cristiana, conmovida por la aventura conciliar de Constanza. Acompañado por su dócil y brillante discípulo fray Lope de Salazar y Salinas, se entrevista con los conciliares y consigue la aprobación para sus iniciativas. Se encamina luego a Italia para comprobar *de visu* la huella del Asisiense y la experiencia observante, que arraiga ya en la Península, para regresar visitando las cortes de Francia, Aragón y Castilla, siempre con su propósito de promover iniciativas renovadoras. Después de asentar jurídica e institucionalmente su familia ermitaña, perfectamente enmarcada en la Provincia de Castilla, muere, admirado y querido de todos, en 1422 [33].

Villacreces buscaba con tesón la autenticidad, rehuyendo el prestigio y la fuerza del número. Abandonaba las casas apenas se hacían incómodas por su volumen de personal y actividad. Murió contando con dos casas sólo —La Aguilera y El Abrojo— y no más de 25 frailes, 12 para cada una.

En la trayectoria de *Pedro de Santoyo* concurren, igualmente, rasgos biográficos típicos del momento: un viaje por Europa, camino de Tierra Santa, en los años 1403-1409, del que parece haber reportado inspiraciones para emprender su futura labor reformadora; un contacto inicial con Villacreces en La Aguilera; ayuda incondicional de poderosos patronos, los Manrique, adelantados de Castilla y León, que estuvieron dispuestos en todo momento a tutelar las iniciativas de reforma con ayuda material y favor legal. Fueron fundaciones típicas suyas varios oratorios [34]. En ellos se seguía el estilo de vida villacreciano, acentuando considerablemente las estrecheces y austeridades. Se mantuvo en el marco jurisdiccional de la Provincia de Castilla hasta que el nuevo grupo de la Observancia ganó para su causa a los protectores del movimiento santoyano —los Manrique y los Pimentel—, y consiguió absorber sus casas [35].

La estela de fray Pedro de Villacreces

Villacreces había inspirado más que construido, al menos por lo que al número se refiere. Sus discípulos se afanaron en dilatar su obra. *Pedro Regalado*, el Santo del eremitismo franciscano, continuaría manteniendo en vida *La Aguilera* y *El Abrojo*, que formaron la *Custodia de Domus Dei*. *Pedro de Santoyo* emprendía nuevas rutas. Pero quien soñaba con sembrar de espíritu villacreciano Castilla la Vieja era *Lope de*

---

[33] Biografía crítica y bien ambientada de este personaje en AIA 17 (1957) 299-334; noticia breve en DHEE IV 2759-60.

[34] *Santa María de Gracia de Villasilos*, en la diócesis de Palencia, realizada en 1409, con la ayuda de sus familiares (AIA 17 [1957] 342-44); *Nuestra Señora de la Consolación*, erigida en 1426, entre las villas de Rivas y Hamusco, en tierra de los Manrique (ibid., 345-46); *Valdescopezo*, hacia 1429, y *Paredes de Nava*, en 1431 (ibid., 347-48).

[35] Explícitas declaraciones sobre el particular en las *Primeras satisfacciones*, de fray Lope de SALAZAR Y SALINAS art.2: AIA 17 (1957) 370-71.

Salazar y Salinas. Aconsejado por el famoso e influyente reformador
fray Francisco de Soria [36] y protegido por los Velasco, condes de Haro,
quienes ampararon como propias todas sus fundaciones dentro de la
Custodia franciscana de Burgos [37], entraba en acción hacia 1422.

Una densa red de oratorios villacrecianos había nacido así en menos
de medio siglo. Exito colosal del gran discípulo de Villacreces, realizador de sus afanes y formulador de su espiritualidad en numerosos y
originalísimos escritos. Su dinamismo y el favor de los Velasco habían
hecho posible esta primavera. En ella no debía faltar el detalle femenino, pues la «devota señora e madre nuestra la condesa» quería contar
también con planteles de vocaciones femeninas en sus Estados. Y esta
exigencia fue un reto para Lope de Salazar y Salinas, quien «con asaz
trabajos de mi espíritu» supo dar vida a tres cenobios femeninos que
practicaban su estrechísima vida de encerramiento y trabajo y terminarían asumiendo la institución clarisana [38].

La unidad de espíritu que hizo nacer estos eremitorios condujo
también a su madurez. Fue en los años cuarenta cuando fray Lope se
vio forzado a definir y asegurar el estatuto de la familia reclusa franciscana. Sólo así podría hacer frente a los intentos de absorción por la
Regular Observancia, que por aquellos días comenzaba a manifestarse.
Veamos sus pasos sucesivos:

1441-7-17: Concesión de gracias pontificias, que implican un reconocimiento moral de la familia de fray Lope.

1441-7-23: Escritura de patronato del conde de Haro, en la que especifica
sus compromisos respecto a los oratorios franciscanos surgidos en su
señorío:

a) hace limosna y donación de las casas sólo en cuanto al uso
temporal, reservándose el derecho sobre las mismas y la libertad
de recuperarlas cuando los moradores abandonasen la vida de reclusión y pobreza que ahora profesan;

b) compromete a su casa a sostenerlos económica y moralmente
procurando que su género de vida sea aprobado por la Santa Sede
y que nadie les impida seguir sus prácticas religiosas;

c) exige que los moradores de los eremitorios se mantengan in-
variablemente en el estatuto actual con casas de doce frailes, clau-

[36] Noticias sobre su persona y actitud reformista en AIA 17 (1957) 385.
[37] Estas fueron surgiendo con ritmo constante al resguardo de sus patrocinadores:
Briviesca, en 1424; *Santa María del Puerto de la Salud*, en 1432, que posteriormente se apelli-
dará *Santa María de los Menores* y dará el nombre a la primera institución de esta reforma;
San Antonio de la Sierra, hacia 1427; *San Francisco de Belorado*, reformado por Salazar y Salinas
en 1428; *Santa María del Villar del Alveinte* y *Santa María de Linares*, fundados en los años
1440 y 1441; ambas en solares de los Velasco; la última transformada de colegiata en eremitorio; *San Pedro de Pineda*, cerca de Belorado, en 1442; *San Bernardino de Poza*, por estos mismos años; *Nuestra Señora del Vico*, próxima a Arnedo, en 1456; *San Esteban de Olmos*, en 1457, en las cercanías de Burgos; *Santa María de los Angeles de Cidamón*, hacia
1458; *San Bartolomé*, en Santa Gadea, por los años 1459-60; *Nuestra Señora del Mar*, tal vez
en las cercanías de Laredo, entre los años 1454-58.
[38] Esta breve exposición se funda en el estudio biográfico dedicado por AIA a este
ilustre franciscano, p.373-470.

sura estricta y observancia literal de la Regla y del *Libro del Alvernia* o *De la religiosa habitación en los yermos,* de San Francisco, y bajo el «nudrimento» de fray Lope.

1444-4-8: Estatuto propio de la familia de fray Lope, promulgado por el provincial de Castilla, fray Juan de Santa Ana, con las peculiaridades siguientes:

— extensión a estos reclusos de los privilegios de la Orden y de la Provincia;
— limitación de este género de vida a solos los actuales oratorios y a los que se funden en el futuro, con prohibición de extenderla a las casas conventuales;
— aprobación de los usos y costumbres de los eremitorios;
— facultades para recibir candidatos seculares o de la Orden;
— delegación ordinaria del Provincial en el presidente de los oratorios, constituyéndolo su *vicario;*
— organización de las casas conforme al programa de San Francisco para los eremitorios, repartiéndose en dos tipos: las grandes, con trece religiosos, ocho dedicados a la contemplación y cinco a los oficios activos; las pequeñas, en las que morarán de cuatro a seis contemplativos y de dos a tres activos o legos;
— observancia de la clausura estricta, con excepciones para los patronos y para los religiosos, que deberán ser caritativamente hospedados;
— prohibición a los frailes de la Provincia de Castilla de molestarlos por la peculiaridad de su género de vida [39].

1454: El capítulo general de Bolonia constituye, con los ocho eremitorios existentes, la *Custodia de Santa María de los Menores,* cuyo custodio será el mismo fray Lope de Salazar y Salinas.

1457-60: Confrontación con los observantes castellanos, en Tordesillas ante los virreyes de Castilla, y supresión de la autonomía de la reciente Custodia por las bulas *Debitum Pastoralis Officii,* de 17 de abril de 1459, que disponía su incorporación a la Custodia observante de Santoyo, y *Ad exequendum,* de la misma fecha, que ordenaba el paso de sus religiosas al régimen de Tordesillas. Lope de Salazar y Salinas logra mantener la autonomía y peculiaridad de su familia dentro de la Provincia de Castilla, pero pasando definitivamente a la jurisdicción de los vicarios provinciales. La incorporación decretada iba a tener una penosa ejecución de más de un decenio de controversias, para resultar definitiva en la década de los setenta [40].

b) **El eremitismo jerónimo: un nuevo Belén en la Provincia toledana**

La institución jerónima surge al mismo tiempo y se perfila como una gran red de focos ascéticos sembrados en la Península. En su origen

---

[39] El texto en HERNÁEZ, *Crónica* I 129-30; AIA l.c., 412-14.
[40] Amplia y documentada exposición del tema en AIA 17 (1957) 403-70.

hay una gran diversidad de procedencias y matices: inspiración italiana de sus principales ideadores; variedad geográfica de sus primeros brotes ibéricos; procedencia diferente de sus vocaciones, de origen aragonés, castellano y portugués; reunificación y organización centralizada para todos los grupos, una vez superada la etapa fundacional. Su primera eclosión se produce en la Provincia eclesiástica toledana. Una profecía del Beato Tomasuccio de Siena, de inspiración joaquinita, les habría sugerido estas céntricas tierras toledanas como nuevo Belén y centro de la Tierra [41].

Decididos los primeros grupos de ermitaños jerónimos a abrazar la vida cenobítica y guiados por Fernando Yáñez de Cáceres y Pedro Fernández de Pecha, consiguen perfilar un estilo de vida ascético que, manteniendo un claro parentesco con el benedictino de Valladolid y el cartujano de El Paular, se diferencia, sin embargo, sensiblemente de ellos en una sencillez y flexibilidad de vida, que fueron las claves de su sorprendente propagación, ya que, como lapidariamente escribe el P. Sigüenza, esta religión «tiene determinado desde sus principios ser pequeña, humilde, escondida y recogida... orando, cantando y llorando» [42].

Ermitaños e hidalgos

Es la culminación de una vocación eremítica que cuaja en Castilla la Nueva y que se expandirá pronto a otras zonas cercanas. La apoyan nobles de gran poder en la zona, como los Manrique, los Girón, los Ayala, los Mendoza; prelados reformistas, como don Pedro Tenorio y, en general, los arzobispos toledanos, y, sobre todo, los vástagos de la familia real castellana, e incluso los mismos soberanos, que se honran de ser patronos de los cenobios jerónimos [43]. Toda una nutrida red de centros

---

[41] Véase la narración de esta tradición en el cronista jerónimo Fr. Pedro de la Vega, *Crónica de los frayles de la Orden del bienaventurado Sant Hierónymo* (Alcalá de Henares 1539) fol.IXr-Xv; extracto en I. de Madrid, *La bula fundacional de la Orden de San Jerónimo*: Yermo 11 (1973) 5-7.

[42] J. de Sigüenza, *Historia* 355.

[43] He aquí su abultada lista en Castilla durante estos años indecisos del cisma: *Lupiana* (Toledo), surgido en 1374, por iniciativa del fundador, Pedro Fernández de Pecha, y de sus familiares, bajo la protección del arzobispo toledano Gómez Manrique (1372-75); *La Sisla* (Toledo), antigua ermita convertida en monasterio, bajo la protección del maestre de Calatrava, Pedro Girón, en 1474; *Guisando* (Avila), ermita transformada en eremitorio jerónimo con la ayuda de doña Juana Fernández, en 1375; *Corral Rubio*, fundado en 1384 y unido posteriormente a La Sisla; *Guadalupe*, antigua colegiata secular, convertida en monasterio jerónimo por Juan I en 1489; *La Mejorada*, antigua ermita de la Tercera Orden franciscana, que pasa a ser monasterio jerónimo en 1396 con el apoyo real, gracias al cual alcanzará un gran desarrollo; *Villaviciosa* (Guadalajara) y *Talavera* (Toledo), antiguas colegiatas seculares, transformadas en monasterios jerónimos por el gran reformador y político don Pedro Tenorio, arzobispo de Toledo, en los años 1396-1398; *San Miguel del Monte* (La Oliva, Toledo), bajo la protección de los Ayala (Soria), por estos mismos años; *Espeja*, fundada en 1402 de una antigua ermita por el cardenal Frías, bajo el patrocinio de la casa de Avellaneda; *Armedilla* (Valladolid), en 1405, procedente, igualmente, de una ermita y patrocinado por el infante don Fernando, hijo de Juan I; *Zamora*, surgida en estos mismos años con el apoyo de la ciudad; *Montecorbán* (Santander) y *Frex de Val*, nacidos también bién de ermitas y patrocinados por los obispos de Burgos y los Manrique, adelantados de Castilla y León, en los años 1407-16; y, finalmente, en la zona alavesa-riojana, los eremi-

de espiritualidad, que alcanzó por lo menos la cifra de 18, surgidos en el corto espacio de treinta años, en el corazón de Castilla.

En los años posteriores al cisma, el ritmo multiplicador se acompasa, ganando en amplitud y decreciendo en cantidad. Van surgiendo con calma los grandes monasterios de *San Juan de Ortega* (1431), originado de una antigua colegiata por iniciativa del gran obispo burgalés Pablo de Santa María; el *Prado*, en las afueras de Valladolid, ermita elevada a monasterio jerónimo por la colegiata vallisoletana en 1441; *San Leonardo de Alba de Tormes*, en el mismo año; *El Parral de Segovia* (1444), ermita convertida en monasterio bajo la munificencia del marqués de Villena, y, finalmente, *Madrid*, creado, por iniciativa del rey Enrique IV, en 1461 [44].

Paralelamente surgieron en el área aragonesa, principalmente en el reino valenciano, brotes de parecida inspiración [45]. Se repite en la Corona de Aragón la experiencia eremítica, que nunca alcanza las voluminosas proporciones conocidas en los reinos castellanos, pese a la dilatada e ininterrumpida tradición eremítica de la tierra y su vinculación más directa a los numerosos movimientos espirituales italianos, de tinte eremítico-franciscano [46].

La primitiva imagen constitucional de la familia jeronimiana

Llegamos así a 1414, momento de la configuración definitiva de la familia jeronimiana. La admirable «unión en la desunión» de los primeros cuarenta años del eremitismo jeronimiano debía desembocar, connaturalmente, en la institucionalización. Se vio la necesidad de crear un organismo de gobierno centralizado, con un equipo asesor para los futuros superiores y asambleas comunitarias que remodelasen periódicamente la vida de la nueva Orden. La iniciativa estuvo a cargo de los monasterios más prósperos —Lupiana y Guadalupe— y fue realizada por dos compromisarios: fray Velasco, prior de Guisando y fray Hernando de Valencia, monje de Montamarta (Zamora). En octubre de 1414 abordaron a Benedicto XIII en Peñíscola y consiguieron el día 18 la importante bula por la que se establecía la exención de la Orden respecto a la jurisdicción episcopal y la obligación de convocar a un capítulo interconventual a los monasterios de las Coronas de Castilla y Ara-

---

torios de *La Estrella* (Logroño), *Toloño* (Labastida [Alava]) y *Badaya*, creados también en plena crisis del cisma, lo mismo que el de *Buenavista*, en las afueras de Sevilla, patrocinado por los Martínez de Medina desde su fundación en 1414.

[44] El estudio más completo sobre el origen de estos primitivos cenobios jerónimos se debe a I. DE MADRID, *Los monasterios de la Orden de San Jerónimo en España:* Yermo 5 (1967) 107-77.

[45] Se trata de los eremitorios de *Plana de Jávea* (1474), ermita popular de la región de Denia, en Alicante; *Murta* (1376), en Valencia, del mismo origen; *Cotalba* (1388), en la misma región, nacido con el apoyo de los duques de Gandía; *Val del Ebrón* (1393), en Barcelona, ermita protegida por doña Violante, esposa de Juan I de Aragón, y *Murtra* (Barcelona), fundación nueva debida al burgués Benito Nicolau, que la convirtió en eremitorio jerónimo en 1413 (ibid.).

[46] Sobre su irradiación en los reinos y dominios aragoneses sigue siendo fundamental la obra de J. M. POU Y MARTÍ, *Visionarios, beguinos y fratricelos catalanes* (Vich 1930).

gón con el objeto de elegir un superior general y fijar las normas de gobierno que en adelante habrían de regir la Orden. Esta reunión o capítulo se regiría por las normas cartujanas para los capítulos generales y estaría arbitrada por dos priores o dos monjes autorizados de la Cartuja [47]. Comenzaba la historia constitucional de la familia jerónima que se prometía trabajosa. De momento iba a cifrarse en tres capítulos generales, celebrados sucesivamente en julio de 1415, mayo de 1416 y abril de 1418. En ellos se determinaron las siguientes bases estatutarias de la nueva familia:

1. Procedimiento en los capítulos generales.
2. Autoridad del futuro general y del definitorio que le asistiría, compuesto de seis miembros.
3. Diferencias estamentales en la Orden: clérigos y legos.
4. Breve cuerpo de estatutos de la Orden, elaborado bajo la dirección de los cartujos.
5. Constitución de visitadores generales de la Orden, con sus específicas atribuciones y obligaciones.
6. Preces y sufragios fijos, entre los que destacan los señalados para la monarquía de Castilla.
7. Naturaleza, cometido y periodicidad de los capítulos generales y particulares.
8. Solidaridad entre las diversas casas por lo que a personal se refiere, debiendo el general ordenar el traspaso de personal, sobre todo en el caso de nuevas fundaciones o de insuficiencia de miembros, para conseguir la normalidad en la vida regular [48].

Al término de este proceso de constitución, la Orden tenía pendientes varios problemas: su legitimación por el nuevo pontificado surgido del concilio de Constanza, objetivo logrado, al parecer, sin graves dificultades pese a la singularidad y particularismo nacional en que la Orden había dado sus primeros pasos: al amparo de los papas de Aviñón y, sobre todo, del depuesto Benedicto XIII; la homogeneización de los monasterios que habían aceptado la unión, que pugnaban por mantener sus peculiaridades, mientras los capítulos generales se empeñaban en «ordenar que, en cuanto fuese posible, la Orden toda fuese muy una en sus costumbres»; el reforzamiento de la autoridad y eficacia en el ejercicio del generalato, para lo cual se procuraba, a imitación consciente o inconsciente de la Congregación de Valladolid, que el general fuese elegido por solos los capitulares de Lupiana y fuese perpetuo [49].

El nacimiento de esta nueva familia religiosa nos ofrece un ejemplo muy elocuente de la irradiación de un círculo de espiritualidad cual fue a mediados del siglo XIV el del Beato Simón de Casia, O.S.A., quien a través del cardenal Pedro Corsini, abogado y promotor del proyecto jeronimiano en la corte de Aviñón y amigo personal de Alonso de Pecha,

---

[47] La noticia y resumen del contenido de este documento capital de la vida jerónima, en J. DE SIGÜENZA, *Historia* I 278-79. Noticia de su confirmación por Martín V, ibid., 280.

[48] Noticias sobre los primeros tres capítulos generales, en SIGÜENZA, *Historia* I 280-94.

[49] Así lo intentaron por lo menos los capitulares del IV capítulo general, reunido en Lupiana en abril de 1421. Cf. ibid., 293-94.

y especialmente mediante la rígida espiritualidad del monasterio florentino de Santa María del Santo Sepulcro, por él animada, vino a resultar uno de los inspiradores de la espiritualidad del pujante y originalísimo monacato hispano del siglo XV que representan los jerónimos [50].

3. LA REGULAR OSERVANCIA. REFORMA DISCIPLINAR

Si los eremitorios y oratorios representan una reforma espontánea de hombres y grupos que optan por una forma de vida más auténtica, las Congregaciones de Observancia son, más bien, instituciones que se proponen conseguir una corrección disciplinar en su respectiva Orden. Los primeros buscan el retiro y no exigen más que la mínima autonomía que les permita la continuidad. Las segundas se consideran las legítimas representantes de la institución y pretenden que su género de vida se imponga como obligatorio mediante la reforma e incorporación de frailes y conventos a sus filas. Se sienten, pues, conquistadoras.

Las Congregaciones de Observancia surgen, por lo general, de casas religiosas reformadas por obra de personalidades emprendedoras. En los agitados años del cisma pontificio y del conciliarismo encuentran eco y favor en las supremas autoridades de la Iglesia. Tras la restauración de la unidad, reciben el apoyo de los pontífices y la protección de los príncipes. Con tan decisivo respaldo no dudan en emprender una decidida carrera expansionista, que les hará prevalecer a fin del siglo XV. Sus conquistas son, por lo general, legitimadas posteriormente. Tienen moral de victoria. Veamos las más destacadas.

a) **La Observancia monástica. San Benito**
de Valladolid

Típico monasterio «prieto» de los queridos por Juan I de Castilla, este cenobio benedictino recorrió, a lo largo del siglo XV, un duro camino de consolidación interna y de modesta expansión por tierras castellanas, que lo hicieron capaz, en el último cuarto de la centuria, de convertirse en protagonista singular de la reforma monacal. Contó en su haber con factores de gran eficacia para llegar a este liderazgo: la personalidad notable de los fundadores, en especial de los priores; el rápido auge numérico (15 monjes a la hora de la fundación en 1390, 50 en los primeros años del siglo XV); la sólida constitución de que supo dotarse en los aspectos constitucional, arquitectónico y económico (generosas donaciones de los soberanos castellanos Juan I, Enrique III y Juan II a la hora de la fundación de la dotación); el emplazamiento singular en la Valladolid del siglo XV, corazón de Castilla, atracción poderosa de

---

[50] Sobre el tema véase el interesante estudio de B. RANO, *El Monasterio de Santa María del Santo Sepulcro en Cámpora (Florencia) y la fundación de la Orden de San Jerónimo*: Yermo 11 (1973) 41-68. Otras referencias a venas de espiritualidad contemporáneas que confluyeron en la religiosidad jerónima pueden verse en B. JIMÉNEZ DUQUE, *Fuentes de la espiritualidad jerónima*: ibid., 69-85.

248   *José García Oro*

la aristocracia seglar y eclesiástica de Castilla, no menos que de las personalidades religiosas más conspicuas, entre las que se cuentan los principales reformadores de las órdenes religiosas (fray Pedro de Villacreces, O.F.M.; fray Martín de Vargas, reformador del Císter; el cardenal Torquemada, O.P., promotor de la reforma dominicana) [51].

En 1417, veintisiete años después de su fundación, iniciaba San Benito de Valladolid su aventura reformatoria, introduciendo su estatuto en el histórico monasterio de *San Clodio de León*, que aceptaría, en principio, la observancia vallisoletana, pero no una vinculación, ni menos una dependencia constitucional, respecto al nuevo monasterio benedictino. Se trataba, probablemente, de una iniciativa exterior debida principalmente al obispo de León, don Alvaro de Isorna, simpatizante y amigo de los vallisoletanos. Los intentos se repitieron. En 1425 se hace otro esfuerzo por afianzar la disciplina en León. En los mismos años se proyectaba también la conquista de la cabeza de la familia cluniacense de Castilla, *Sahagún*, que, según disposición pontificia del mismo año, debía no sólo aceptar la disciplina vallisoletana, sino también someterse a Valladolid. Se conseguía, por último, una nueva fundación en el pueblo palentino de *Calabazanos*, única que fue modelada a imagen de Valladolid.

Iniciado el camino de la reforma a todo riesgo y asegurada la protección de la Corona y de la aristocracia seglar y eclesiástica, en los años treinta emprendía un verdadero asalto a los alcázares del benedictinismo castellano: *San Juan de Burgos*, conquistado en los años 1434-37 gracias al obispo don Pablo de Santa María y a la decisión del prior vallisoletano, García de Frías; y *Oña*, en los años 1450-55, en cuya captación para Valladolid se dieron cita todos los interesados en las disputas reformistas: los promotores, entre los que figura el obispo de Burgos, el conde de Haro y el mismo rey, y los opositores, que eran los mercaderes de beneficios, y, en este caso, la misma comunidad oniense, que repugnaba la inexorable exigencia vallisoletana de perder su antigua autonomía monástica. El cuadro se completará en estos mismos años cincuenta con las fundaciones vallisoletanas de *Sopetrán* y *El Bueso*, debidas a dos hidalgos patrocinadores de los vallisoletanos: el marqués de Santillana y el duque de Osuna.

La Congregación pudo hacer durante estos tres largos decenios el primer entreno de lo que iba a ser su colosal empresa restauradora. Comprobó que el camino de las nuevas fundaciones era sencillo y pobre. Comprendió que para realizar la reforma de la Orden había que programar una dinámica y dura estrategia de conquista, según probaban suficientemente los casos de Burgos y Oña. Mientras tanto se fue definiendo su fisonomía reformista. Consiguió establecer la clausura es-

[51] Noticias sintéticas sobre esta primera evolución vallisoletana en COLOMBÁS, *Estudios* 39-43; información más matizada sobre los primeros momentos del monasterio, y especialmente de la gestión monástica y político-eclesiástica de los dos primeros abades, fray Antonio de Ceinos (1390-98) y fray Juan de Madrigal (1399-1421), en E. ZARAGOZA, *Los generales* I 23-64.

tricta, venciendo una notable resistencia interna [52]. Impuso el régimen temporal y electivo que evitaba las pretensiones beneficiales en los monasterios reformados. Sobre todo asentó con firmeza el centralismo vallisoletano con los siguientes matices: los prelados locales serían delegados del prior vallisoletano; éste podría disponer libremente del personal de las casas sujetas, realizar regularmente la visita disciplinar de los monasterios y casas dependientes, interpretar la regla y dispensar de sus preceptos en conformidad con la *Constitución benedictina*, crear nuevas casas o suprimir las existentes [53]. Así llegaba a los momentos centrales del siglo, en los que Valladolid tuvo que hacer su gran decisión: configurarse como auténtica Congregación de Observancia.

b) Martín de Vargas y el Císter. Nacen los bernardos

El modelo vallisoletano, con su resonancia y sus incipientes conquistas, no menos que el ascetismo jerónimo, tuvieron su inevitable eco en el Císter, y precisamente en el monasterio de vida más vigorosa que en el siglo XV era *Piedra*, en Aragón. Por los años veinte en él brillaba el monje fray Martín de Vargas, maestro universitario y amigo del cardenal Juan de Cervantes, fautor munificentísimo de reformadores religiosos y humanistas [54]. Decidió emprender una auténtica restauración del Císter, inspirándose en su primitiva forma de vida. Conseguía autorización pontificia el 24 de octubre de 1425 por la bula *Pia supplicum vota,* de Martín V [55], en la forma más amplia.

1. Se afirma la existencia de numerosos monjes en España que desearían vivir la vida cisterciense en su primitiva forma, y que no pueden hacerlo por carecer de monasterios reformados en el país.

2. Se proyecta crear eremitorios o moradas religiosas en las que se viva íntegramente este ideal, todos los cuales, una vez constituidos, quedarían bajo la única dependencia del abad de Poblet, cuna de la Observancia cisterciense de España en el pasado, gozando de todas las gracias y privilegios de la Orden cisterciense.

3. El tránsito de los monjes cistercienses a esta nueva Observancia sería enteramente libre, sin que pudiesen impedirlo los superiores regulares o los obispos.

4. El régimen sería electivo y temporal: quinquenal para el presidente de la nueva Congregación y trienal para los priores de las casas o eremitorios que se constituyesen.

---

[52] Sobre esta resistencia y la propensión de los primeros vallisoletanos hacia la Cartuja, fenómeno similar al ya observado en los orígenes jerónimos, véase E. ZARAGOZA, *Los generales* I 62.

[53] Ampliación y documentación de estas iniciativas y su encuadramiento dentro de la vida de la Congregación en las citadas obras de COLOMBÁS, *Estudios* 39-66 y ZARAGOZA, *Los generales* I 65-147.

[54] Algunas referencias sobre el mismo en L. GÓMEZ CANEDO, *Don Juan de Carvajal* (Madrid, CSIC,1947) 8. Noticias sobre sus primeros compañeros en MANRIQUE, *Annales* IV 591.

[55] Edición más asequible en E. MARTÍN, *Los bernardos españoles* (Palencia 1953) 104-106.

5. La nueva familia cisterciense podría crear, en su día, sus propios estatutos.

Consiguió dar con firmeza sus primeros pasos. Como otros reformadores, buscó el escenario de la nueva empresa en Castilla la Nueva, y más precisamente en la Provincia toledana. Cerca de la ciudad imperial levanta en 1427 su primer oratorio, que llamó *Montesión*, típica expresión de sus afanes contemplativos [56]. Tras él surgieron otros minúsculos centros eremíticos, como *Palazuelos*. Por los años treinta, los proyectos renovadores de Martín de Vargas comenzaron a transcender, a ser apreciados en la corte castellana y a ser tenidos en cuenta en Cîteaux. Surgió una sonada querella en el monasterio de Valbuena, y se llamó a Martín de Vargas para que procediese a introducir en el cenobio cisterciense su estilo de vida. Con el apoyo de la corte, se consiguió vincular la abadía reformada a la nueva familia eremítica del Císter, paso aprobado por Eugenio IV. Se repetía la historia de San Benito de Valladolid, pero aquí con la agravante de que la organización centralizada de Cîteaux no aceptará los hechos consumados. Efectivamente, el capítulo general emprendió desde 1433 una firme campaña de reivindicación, que no sólo miraba a la abadía de Valbuena, sino también al presunto cisma de Martín de Vargas [57].

Pero Martín de Vargas se abría camino. Tenía buenos valedores, que simpatizaban con su proyecto. El 25 de noviembre de 1434 consigue dos importantes documentos de Eugenio IV, por los cuales no sólo se legitimaba lo realizado en Valbuena, sino que se autorizaba a Vargas a introducir su reforma en otros seis monasterios españoles. Al mismo tiempo llegaba a dar cima a su labor organizativa y fijaba la estructura de la nueva familia cisterciense, que fue sancionada definitivamente por la bula *Ad decorem* (25-11-1434). Esta bula establecía la obligatoriedad de los capítulos trienales, a los que debían concurrir los priores y un procurador, libremente elegido por cada monasterio; la elección del reformador general y seis definidores, con las atribuciones propias de los capítulos generales del Císter; visitadores periódicos de la Congregación, con sus comisiones específicas y otras normas típicas de las congregaciones observantes que en el momento se estaban perfilando canónicamente [58].

La reforma del Císter español venía a resultar así una urgencia. La presencia de la joven Congregación la hacía inaplazable. Esta fue, sin duda, la razón que movía en 1438 a la suprema autoridad de la Orden a enviar los abades de Curscamp y de Balerne a tratar con Vargas en Montesión sobre la eventual realización de una reforma general de la Orden en España en el preciso momento en que el capítulo general se pronunciaba tan agresivamente contra el estilo de vida de los observan-

[56] MANRIQUE, *Annales* IV 592.
[57] Véanse las reacciones del capítulo general en CANIVEZ, *Statuta* IV 385-86.449-61. 489-91.582.83.
[58] El texto en C. HENRÍQUEZ, *Regula, Constituciones et privilegia Ordinis Cisterciensis* 263-67.

tes españoles [59]. En los años centrales del siglo se eclipsa clamorosamente la institución de Martín de Vargas. Disuelta por Nicolás V en 1450, es restaurada por Calixto III posteriormente. Lo que no fue óbice para que en la segunda parte del siglo se afianzase y se hiciese definitivamente la única opción de reforma ante los ojos de los pontífices, de los reyes de Castilla e incluso del mismo capítulo general del Císter.

c) La Observancia jerónima de fray Lope de Olmedo

Por los mismos años veinte, cuando contaba medio siglo de existencia, sufría la institución jerónima su primera crisis. Sus intentos de conseguir la fusión y amalgama encontraron un grave obstáculo en la misma cabeza de la Orden. El general, fray Lope de Olmedo, pretendía introducir en ella una reforma radical: mantener en su rigor las austeridades primitivas, y, sobre todo, la soledad y pequeñez de la institución, que creía gravemente comprometida con el nuevo rumbo que iba tomando la Orden, colmada de favores por la aristocracia y por la misma realeza castellana, a punto de convertirse en una institución poderosa. Lope de Olmedo quería el estilo más espontáneo, eremítico y contemplativo que alimentaban en Italia las instituciones jeronimianas nacidas en este tiempo. Parece, por otra parte, que deseaba, secundado por la curia romana, reunir en una sola familia, más directamente inspirada en la espiritualidad del Santo, a los ya numerosos brotes eremíticos que bajo ésta estaban creciendo en toda la cristiandad, sobre todo en tierras italianas. En esa línea trabajó durante los años veinte y treinta, contando siempre con el apoyo incondicional de los papas Martín V, su amigo personal, y Eugenio IV.

El gran proyecto jeronimiano, si es que de verdad existió, no consiguió afianzarse, porque la familia jerónima española se opuso cerradamente a los designios de su general y terminó forzando a éste a separarse de la institución y a seguir independiente su propio camino. He aquí los pasos que sucesivamente condujeron a este resultado:

— en 1424, Lope de Olmedo consigue de Martín V bulas que establecen la nueva dirección que pretende dar a la institución jerónima: cuatro fundaciones en Andalucía, que tendrán por centro la casa de *San Jerónimo de Cazalla;* privilegios y gracias propios de la Orden jerónima; jueces conservadores para la nueva familia; autenticación de la institución, como la única representante legítima de la espiritualidad de San Jerónimo, con facultad de incorporarse libremente a ella cuantos jerónimos lo deseasen [60];

— en los años 1425-28, emprende Olmedo una amplia campaña de · unificación de los grupos jerónimos existentes en tierras italianas y

---

[59] La noticia en CANIVEZ, *Statuta* IV n.45. El capítulo había conseguido recuperar su autoridad sobre ellos (bula, de Eugenio IV, *Etsi pro cunctorum*, de 25 de septiembre de 1437).

[60] Se recogen estos importantes documentos en N. CAYMI, *Della vita del Venerabile Lupo d'Olmeto, ristoratore dell'Antico Ordine girolamino e fundatore della Congregazione dei Monaci di San Girolamo detta di Lombardia* (Bolonia 1730)102-107.

españolas. En abril de 1426 consigue bula de Martín V, por lo cual se le colocaba efectivamente a la cabeza de una teórica institución jeronimiana, en la que deberían entrar todos los grupos que llevaban designaciones jerónimas, y la aprobación de una regla para la nueva institución (26-5-1428) [61].

— A finales de 1428, esperando Olmedo culminar su obra, intenta mover a los jerónimos españoles a entrar en la nueva gran familia, y los fuerza a negociar este paso en la misma corte romana. Pero no consiguió su propósito, ya que la institución española logró salvar su autonomía y mantenerse en su línea de Orden monástica fuertemente estructurada, cifrándose el resultado de las negociaciones en un acuerdo, recogido en la bula *Inter caetera*, de Martín V (2 diciembre 1428); una típica bula de concordia entre las dos familias [62].

— En los años 1429-33, la personalidad de Lope de Olmedo tiene una cierta proyección en la vida religiosa española y, sobre todo, en la italiana, si bien no pasa del ámbito de sus realizaciones personales. Crea una pequeña red de monasterios en el área andaluza: *San Isidoro del Campo,* monasterio cisterciense transferido a la familia de fray Lope por favor del conde de Niebla, don Enrique de Guzmán; *Santa María de Barrameda* y *San Miguel de los Angeles* [63]. Logra la unión de algunas casas en Italia, entre las cuales estuvo, temporalmente, la de *Santa María del Santo Sepulcro,* de Florencia, cuyo estilo de vida había inspirado los primeros pasos de los jerónimos españoles [64]. Reforma varios monasterios españoles, como el trinitario hispalense de las *Santas Justa y Rufina* [65] y el de *San Isidoro de León* [66]. Su nombramiento de administrador apostólico del arzobispado de Sevilla, en 1430, y el alto prestigio de que gozaba en Andalucía y en Roma fueron seguramente las causas de que en ambas partes encontrase numerosos seguidores. A base de ellos se desarrolló la *Congregación de Observancia* jerónima, cuyo futuro fue muy desigual en ambas tierras. En Andalucía se mantiene con relativa vitalidad durante el siglo XV, abriendo algunas fundaciones nuevas en el último cuarto de siglo [67], para desaparecer en 1567 como imperativo de los reajustes de la reforma tridentina. En Italia cristalizará en una institución típicamente monástica de más larga vida, que será la *Congregación de Monjes de San Jerónimo de Italia,* extinguida en la segunda

---

[61] El texto en CAYMI, o.c., 155. En la nueva agrupación entraron efectivamente, los monasterios de San Jerónimo de *Castellazzo,* en Milán; *Cuarto,* en Génova; el de *San Alejo,* en el Aventino (Roma), cedido por su amigo el cardenal español Alfonso Carrillo de Albornoz, con asentimiento de Martín V, en 1426; el de *San Pietro ad Vincula,* en la misma Roma, conseguido en 1427 (ibid., 138-61; L. ALCINA, *Fray Lope de Olmedo y su discutida obra monástica:* Yermo 2 [1964] 39-41).
[62] El texto en CAYMI, o.c., 165-66.
[63] ALCINA, *Fray Lope* 42.
[64] RANO, *El monasterio* 50.
[65] GÓMEZ CANEDO, *Don Juan de Carvajal* 12.
[66] Ibid., 268.
[67] Santa Quiteria, de Jaén; Nuestra Señora de la Gracia, en Carmona, y Nuestra Señora del Valle, en Ecija (ALCINA, *Fray Lope* 52).

mitad del siglo XVIII por los designios desamortizadores del josefinismo [68].

d) Momentos iniciales de la Observancia franciscana

En los mismos momentos del cisma surgían en los conventos urbanos iniciativas de reforma, que se cifraban en el retorno puro y simple a la observancia de la regla franciscana. Objetivo que a veces especificaban más explícitamente con renuncias terminantes a prácticas entonces canonizadas, como los privilegios magisteriales o ciertas mitigaciones en la pobreza. Reclamaban para la consecución de este propósito una autonomía dentro del régimen ordinario de cada Provincia. Estas fueron sus primeras manifestaciones:

En los años 1413-17, varios conventos de ciudades y villas toman comunitariamente la decisión de introducir la observancia estricta de la regla [69]. Como peculiaridad suya aparecen las siguientes normas: autonomía, con sola dependencia del ministro provincial; exención de todo tipo de contribuciones pecuniarias a la Provincia (sin duda, en razón de la pobreza que abrazan); elección de guardián por los miembros de la casa, que deberá recaer en un fraile observante y ser confirmada obligatoriamente por el ministro provincial; libertad para sumarse a esta comunidad los frailes que lo deseen, con la correspondiente facultad de expeler de ella a los que no se acomoden al género de vida practicado; facultad para recibir candidatos a la Orden no impedidos por las disposiciones canónicas; privilegios y facultades de la Orden, en especial respecto al fuero de la conciencia [70].

Estas iniciativas no fueron esporádicas. La Provincia de Castilla entera y las custodias que la componían se preocupaban corporativamente por encaminar los afanes de los que aspiraban a practicar esta estrecha observancia. En septiembre de 1413, la *Custodia de Palencia* quiso realizarlo. Para ello buscó al hombre más insigne en santidad que por entonces poseía la Provincia de Castilla: fray Pedro de Villacreces. Venció su resistencia mediante una disposición de Benedicto XIII por la que le obligaba a organizar la casa de *Sahagún*, introduciendo en ella quince frailes reformados que voluntariamente quisieran adoptar la nueva vida, alejando de ella a sus actuales moradores y estableciendo en la casa así reformada las normas antes citadas [71]. Dos años después era la *Custodia de Soria* la que se empeñaba en dar salida a un proyecto similar, recurriendo a Benedicto XIII para que obligase al provincial de Castilla a ofrecer inmediatamente una solución a esta exigencia [72]. Es probable

---

[68] ALCINA, *Fray Lope* 55.
[69] Conocemos documentalmente los de *Medina del Campo, Oviedo, Silos, Santander, Arévalo y Cuéllar* (BF VII n.1126 1128 1159 1162a 1166 p.387-88.388-91.402-403.405).
[70] Los estatutos aparecen extractados literalmente en las bulas pontificias en las que se concede este régimen; por ejemplo, en la relativa a Medina del Campo. Cf. BF VII 387-88. A estas prácticas se añade, en el caso de Oviedo, la exclusión de la comunidad a todo fraile que no renuncie previamente a los privilegios magisteriales (ibid., 388).
[71] Bula de 17 de septiembre de 1413: BF VII 384.
[72] Bula de 29 de mayo de 1415: BF VII 392-93.

que en otras circunscripciones de la Provincia se tomasen iniciativas parecidas, de las cuales, sin embargo, no estamos informados.

El movimiento observante se afianzaba firmemente en estos años del cisma, de manera que en 1417 se procuraba en el capítulo de Cuenca darle una organización a nivel provincial. Antes ya de celebrarse el capítulo, se consiguió de Benedicto XIII una importante norma disciplinar: un régimen de visita canónica en la Provincia. La parte conventual elegiría dos visitadores que realizasen la visita en conformidad con las leyes vigentes en la Orden. Las casas observantes y los eremitorios elegirían igualmente de entre ellos dos visitadores, cuyo oficio sería precisamente vigilar y exigir el cumplimiento de su propio estatuto, bajo la dependencia del ministro provincial. Se prescribía la continuidad de la iniciativa, cuyos ejecutores serán elegidos trienalmente y deberán realizar una o dos veces al año la visita regular prescrita [73].

Terminó el cisma y sobrevinieron los azares conciliaristas, con sus incertidumbres respecto a las singulares iniciativas habidas durante estos oscuros años. Durante los primeros momentos del pontificado de Martín V siguió en pleno auge el movimiento reformista tanto en los eremitorios como en los conventos urbanos, como parece comprobarse en el caso de San Francisco de Salamanca. Lo apadrinaban ahora grandes figuras de la política eclesiástica y de la espiritualidad, como fray Francisco de Soria [74]. En 1427 se llega en la Provincia de Castilla a un acuerdo de gran alcance. Reunidos sus representantes en el capítulo provincial de Medina del Campo, llegan a una importante concordia, que establece una serie de conciertos a nivel de la dilatada Provincia:

— conventuales y reformados habrán de tratarse y acogerse fraternalmente;

— el provincial, su vicario y los custodios de la Provincia deberán ser recibidos con la debida reverencia y, a su vez, tomarán los acuerdos relativos a las casas y frailes reformados, consultando previamente con los representantes de éstos y nombrándoles superiores que ellos propongan o no se nieguen aceptar;

— se aceptará el paso a la observancia estricta de todas las comunidades que lo decidan por mayoría, siempre que no se trate de conventos que sean cabeza de una custodia;

— dada la diversidad de opciones de los actuales reformados, se establece que los moradores de los eremitorios continúen en las casas y régimen por ellos establecidos, mientras que a los observantes, además de las que actualmente poseen, se les asigna una casa en cada Custodia (*Talavera*, en la Custodia de Toledo; *Palenzuela*, en la de Burgos; *San Miguel del Monte*, en la de Murcia; *Medina del Campo*, en la de Segovia; *Peñafiel*, en la de Palencia: *Santo Domingo de Silos*, en la de Soria), a las que se añaden las casas observantes que ya existen en la Custodia de Sevilla, debiendo abstenerse en adelante de apo-

---

[73] El texto de ambas disposiciones relativas a conventuales y reformados, en BF VII 401-402. Están suscritas en Peñíscola el 5 de junio de 1417.

[74] Véase arriba n.21.

derarse de nuevas casas conventuales o de fundar casas propias de la Observancia;

— se concederá a los observantes un *vicario*, si lo pidieren, previo consejo de sus representantes, designando el que ellos propusieren y estuvieren dispuestos a aceptar;

— contribuirán a los gastos de la Provincia solamente las casas observantes que reciban estipendios o limosnas pecuniarias [75].

Pero era demasiado tarde para frenar el ímpetu conquistador que se había apoderado de los observantes castellanos, ahora agrupados en torno a la Custodia de *Santoyo*. De hecho continuaron las campañas de reforma, dirigidas principalmente por fray Francisco de Soria, quien el 1.º de septiembre de 1432 fue encargado por Eugenio IV de reformar el convento de *Soria* [76]. En estos mismos años acepta también la observancia *San Francisco de Valladolid*, que ya figura en la nueva familia el 13 de septiembre de 1434 [77]. En 1441, por ruego de la reina doña María, encarga Eugenio IV al observante fray Sancho de Canales, personalidad de gran influjo en la corte, la reforma de los conventos de *Salamanca, Plasencia, Molina* y *Soria* [78]. El 9 de septiembre de 1443 recibían los observantes autorización pontificia para edificar o *reformar* cuatro casas en Castilla y agregarlas a su familia [79]. Al año siguiente se agregan los conventos de *Benavente, La Coruña, Salamanca* y *Zamora*, en la Provincia de Santiago [80], y comienza la disputa, que llevará a la Observancia al estudio de *Palencia* y al convento de *Santiago* [81].

Se ha llegado así a un momento tope en la vida de la reforma. En 1443 Eugenio IV organiza la *Observancia franciscana* en dos viacariatos generales, encomendando al francés Juan Maubert, amigo y emulador de San Juan de Capistrano, la organización de lo que se llamará el *Vicariato General Ultramontano* (llamado, a veces, cismontano desde su perspectiva geográfica por los españoles). En correspondencia con estas miras pontificias, los provinciales de Santiago y Castilla, Felipe de Astorga y Juan de Santa Ana, convienen en nombrar vicario único para sus súbditos observantes al custodio de Santoyo, fray Luis de Sayá [82]. El 23 de diciembre de 1446 pone Eugenio IV las bases de la nueva organización de los observantes hispanos, facultándoles para tener cinco conventos en cada Provincia; quince en total [83]. Al año siguiente, se reúnen los superiores observantes en Benavente para fijar definitivamente la organización de la Observancia castellana y establecen una vicaría provincial

---

[75] El texto de esta concordia recogido en la bula *Super gregem Dominicum*, de 28 de diciembre de 1427, en BF VII 693-94. La concordia está datada en Medina del Campo el 28 de junio del mismo año.
[76] En la tabla citada se alude explícitamente a numerosos conventos que anteriormente había reformado dicho religioso. Cf. BF n.s.I 176-77.
[77] Ibid., 65-66.
[78] Ibid., 253.
[79] Ibid., 344.
[80] M. BANDÍN, *Los orígenes* 357-58.
[81] M. BANDÍN, art.cit., 360-61; BF n.s. I 376-77.
[82] BF n.s. I 343.
[83] Ibid., 520.

en cada una de las Provincias de Castilla y Santiago [84]. Paralelamente, se constituía también la *Vicaría Provincial de Aragón* [85]. Se daba así pleno cumplimiento a una típica disposición pontificia por la que se ordenaba que todos los grupos reformados existentes en la Orden pasasen a depender de los vicariatos observantes [86]. Quedaba también definitivamente constituida en toda la cristiandad la *Familia de la Observancia* o *Regular Observancia*.

La hora de la confrontación

El período que sigue a la formación de los vicariatos observantes se caracteriza por la conflictividad entre los dos grupos, ahora polarizados en sus exigencias extremas. Los observantes lo tienen todo a su favor: entusiasmo juvenil, crecimiento demográfico y geográfico galopantes, favor de los poderosos y simpatía de las poblaciones. De su crecimiento da idea el hecho de que mientras en 1434 se habla de *ocho conventos observantes* en Castilla, en 1477 se cuentan *más de sesenta*, de los cuales la mayoría son de nueva fundación [87].

En Aragón, en donde no se da la contraposición entre ermitaños y observantes, la Observancia, como movimiento único, va creciendo durante la segunda mitad del siglo. En 1440 se cuentan sólo dos conventos: *Valencia* y *Villafranca del Panadés*; en 1446 surge el de *Gerona* y en 1447 el de *Zaragoza*; en 1457 se funda el de *Tafalla* y en 1459 el de *Valdejesús*, en la zona valenciana. Dentro de la Vicaría existirán, desde los primeros años del siglo XV, tres custodias observantes, correspondientes a los reinos de Aragón y Valencia, y al principado de Cataluña, a las que intenta añadirse, en la segunda parte del siglo, una cuarta, la de Mallorca, cuyas fundaciones se acrecientan con gran celeridad por estos años [88].

[84] BANDÍN, *Los orígenes* 361-62.
[85] SANAHÚJA, *Historia*.
[86] El texto en WADDING, *Annales* XI 269.
[87] Entre otros, está documentada la fundación, siempre costeada por nobles y municipios y a veces por la misma Corona, de los siguientes: *Carmona*, en 1461; San Antonio de *Segovia*, en 1455, por Enrique IV; *Belmonte*, en 1457, por el marqués de Villena; *San Silvestre*, en 1461, por don Alvaro Gómez; *Gascumenos*, en 1459, por el marqués de Villena; *Lorca*, en 1470, por el municipio; *Puebla de Montalbán*, en 1459 por la condesa de San Esteban; *El Bueso*, en 1460; *Portugalete*, en 1473, por la villa; *Santa María de Villaverde*, en el valle del Segura, en 1477, por don Pedro Manrique, conde de Paredes; *Orduña*, en 1471, por García de Ayala, señor de Salvatierra; *Laredo*, por la misma villa, en 1474; *Belalcázar*, en 1474; *Berrocal*, en 1474, por la infanta Isabel, y *San Juan de los Reyes*, en Toledo, por la reina doña Isabel, en 1479. Un crecimiento más lento tiene la Observancia en las Provincias de Santiago, en donde surgen por este tiempo los conventos de *Villabad*, cerca de Lugo, por obra de don Fernando de Castro, en 1466; *Villalvín*, en 1461, por don Gutierre de Quesada; *Villalón*, en 1470, por el conde de Benavente; *Cáceres*, en 1472; *San Antonio de Puebla del Deán*, en 1478; *Villavides*, en 1460, por el conde de Luna, don Diego Fernández Quiñones; *Villaniega*, en la diócesis de Santiago, por don Juan Enríquez.
[88] Estos datos son evidentemente incompletos, pero no dejan de ser representativos del momento de euforia que vive la Observancia y, sobre todo, de la acogida que se le dispensa en los diversos ambientes y estamentos. Son, por otra parte, fidedignos, ya que están extraídos del *Bullarium Franciscanum* en su documentación española correspondiente a los años 1431-75. Síntesis de su contenido pueden verse en A. LÓPEZ, *El franciscanismo en España a la luz de los documentos vaticanos*: AIA 35 (1932) 89-112.204-205.366-93; ID., *El*

Asaltos y conquistas

El matiz dramático de la situación lo presentan las conquistas, casi siempre violentas, de los conventos urbanos de Castilla. Se trata de verdaderos asaltos, en los cuales los observantes aparecen respaldados por los poderosos y con frecuencia por el elemento popular. Es el reto de la fuerza al derecho, con clara victoria del primero. Conocemos los ejemplos más llamativos:

Valladolid fue, sin duda, la conquista más sonada, conseguida precisamente en los años menos conflictivos, o sea, antes de la constitución de los vicariatos observantes. Gran centro intelectual, situado en el corazón de Castilla y en su ciudad más populosa y dinámica, iba a ser en adelante uno de sus centros más vitales [89].

Tras ella vino *Salamanca*, el gran centro universitario, del cual habían salido precisamente los grandes hombres protagonistas de la renovación en Castilla, como Pedro de Villacreces y Francisco de Soria. Pasará a la nueva familia por los años 1443-47, llegando a ser, en la segunda mitad del siglo, el fortín intelectual de la Observancia en Castilla [90].

Por estos años se iniciaba la conquista de San Francisco de *Palencia*, otro centro franciscano, en el cual existía un estudio provincial. La iniciativa había partido del mismo guardián del convento, fray Lope de Palencia, quien ganó para la causa al mismo rey Juan II de Castilla. En marzo de 1444 ya se habían consumado las acciones violentas, que impusieron la huida a los conventuales, a causa de las cuales se llegó a pronunciar el entredicho en la ciudad y estaba la causa en Roma. Los conventuales podían alegar todas las razones en su favor, sobre todo la importancia del estudio de filosofía y teología, que allí sostenían con prestigio, y que los observantes no eran capaces de mantener en vida. Al fin, con la intervención de la corte castellana en favor de los observantes, pudieron éstos conseguir tan dorada conquista [91].

Con el mismo ímpetu acontecían las cosas por estos años en la Custodia de *Sevilla*, en donde en la reforma de frailes y monjas actuaba el prestigioso fray Sancho de Canales, visitador de Tordesillas. Los observantes encontraban allí apoyo contra el ministro provincial de Castilla y conseguían autorización para que otros pudiesen sumarse voluntariamente a su familia, ya procediesen de los eremitorios, ya de la conventualidad [92], facultad que iba a dar un auge considerable a la Observancia en Andalucía.

Continuaron las conquistas observantes. *Plasencia*, *Molina* y *Soria* iban a ser logros fáciles gracias a la iniciativa de fray Francisco de Soria,

---

franciscanismo en España durante los pontificados de Calixto III, Pío II y Paulo II: ibid., 3 (1943) 498-570; M. RODRÍGUEZ PAZOS, *Los franciscanos españoles en el pontificado de Sixto IV (1471-1484):* ibid., 10 (1950) 1-84.

[89] Véase arriba n.77.
[90] GARCÍA ORO, *Las reformas* 618-27.
[91] Relación de estos sucesos en las bulas de 20 de junio de 1444, en BF n.s. I 377-79.
[92] Ibid., 435-38.442-43.

como atrás hemos visto. Se crean conventos observantes en *Cuenca* en 1446 y en 1450 en *Ciudad Real* [93]. Un rosario de conventos urbanos se sumaban así gradualmente a la nueva y pujante *familia* observante, que se disponía, en la segunda mitad del siglo, a dar las batallas más atrevidas.

El reinado de Enrique IV tiene también un significado específico en el campo de la reforma, y en especial de las congregaciones de Regular Observancia. Encontraron en este rey un claro favorecedor de sus intentos. Esto se comprueba con toda claridad en el caso franciscano, pues durante el reinado de don Enrique realizaron los observantes de Castilla los asaltos más difíciles a las fortalezas del conventualismo. Continuaron pasando a la familia observante los conventos urbanos, tales como el de *Badajoz*, conseguido en 1462 por iniciativa de Enrique IV [94]; y el de *Almazán*, en 1469, reformado con el apoyo de don Pedro de Mendoza, señor de la villa [95] y, sobre todo, el de *Guadalajara*, que provocó una gran controversia en el área de la Custodia de Toledo. Fundado y dotado para los conventuales por el marqués de Santillana, don Iñigo López de Mendoza, y destruido por un incendio, el ilustre prócer estaba dispuesto a reconstruirlo ahora, con tal que se pasasen sus moradores a la Observancia. De hecho fueron los observantes los dueños de la casa tras la expulsión de los conventuales, que Calixto III condenó abiertamente, revocando las concesiones anteriormente hechas en favor de Mendoza y de los observantes castellanos. No obstante, éstos figuran ya en 1460 como moradores definitivos de la casa franciscana [96]. La disputa había costado cinco largos años de enfrentamiento y debió repetirse, en forma similar, en *Ciudad Real*, sobre cuya posesión disputaban en 1457 ambas familias franciscanas [97].

Los asaltos observantes parecen haberse dirigido durante estos años a la conquista de los conventos situados en las capitales de cada región o reino español, debido a lo que ellos significarían para un triunfo definitivo de la Observancia en Castilla. *Toledo, Santiago* y *Sevilla* aparecen ahora ante su vista como la corona de sus logros. En estas regiones tenían los observantes valiosos favorecedores, que podían forzar la situación sin encontrar oposición decidida.

En Santiago les favorecía el arzobispo Fonseca. Antes de su venida a Santiago, hacia 1455, tal vez con la ayuda de alguno de los bandos nobiliarios entonces en lucha en Galicia, comenzaron los observantes gallegos sus asaltos al gran convento, cuya conquista, junto con la ya lograda en Salamanca, habría de darles la prevalencia en la Provincia de Santiago. Al mismo tiempo se apoderaban también del de *Pontevedra* [98]. La conquista no fue definitiva, debido a las turbulencias que se produjeron

[93] Ibid., 716-17.
[94] Ibid., 494.
[95] Ibid., II 759.
[96] Amplia y matizada información sobre esos sucesos, ibid., 9-11.130-31.138-40.241-42.410.
[97] Ibid., 241-42.
[98] BF n.s. II 74-75.

por entonces en Galicia, y cuyo punto neurálgico fue Compostela[99]. De hecho, los observantes fueron forzados a devolver ambos conventos a sus hermanos los conventuales y el de Pontevedra se mantendrá definitivamente en la Claustra hasta los días de Felipe II[100]. Pero, al recuperar el arzobispo Fonseca su señorío con el advenimiento de los Reyes Católicos, los observantes gallegos consolidaron su presencia en Santiago definitivamente[101].

Por los años sesenta, la ofensiva observante se centraba en *San Francisco de Toledo*. Como en Santiago había sido el arzobispo Fonseca el promotor de la iniciativa, lo era aquí el voluntarioso arzobispo Carrillo de Acuña, respaldado por el mismo rey, Enrique IV. Estaba en marcha en la primavera de 1462. Muy probablemente, se llegó a negociar con el ministro provincial de Castilla. Se tuvieron en cuenta las especiales condiciones del gran cenobio toledano. Ciertamente no resplandecía por su vida religiosa. Pero sí, en cambio, brillaba por su actividad eclesiástica, pues en él tenían los franciscanos un renombrado estudio, al cual concurrían no sólo los estudiantes religiosos, sino también los seglares. Admitida la necesidad de la reforma disciplinar, consiguió el ministro provincial de Castilla que se mantuviese la dedicación escolar de la casa y que la proyectada reforma se hiciese por uno de los grupos no incorporados a la Observancia; probablemente, por los de la *Custodia de Domus Dei* o de *La Aguilera*, herederos directos de fray Pedro de Villacreces, que seguían dependiendo de la jurisdicción del ministro provincial[102]. Se establecía una norma comprometedora: los que no aceptasen la reforma impuesta deberían ser transferidos a otras comunidades claustrales de la Provincia de Castilla. Su cumplimiento hubiera supuesto, seguramente, la ruina del estudio toledano, lo que movió a los amigos de esta institución a salir a su defensa. A la cabeza figuraba el cabildo de Toledo. A su requerimiento emanaba la bula de Pío II, de 5 de noviembre de 1463, por la que se establecía la intangibilidad del estudio, en el caso de producirse la reforma proyectada en la casa. Se mantendría la actividad escolástica y la dotación de la misma actualmente existente. Con él conviviría la comunidad reformada que allí se pretendía introducir y en todo caso se mantendría el convento bajo la jurisdicción directa del ministro provincial de Castilla[103]. De esta manera, San Francisco de Toledo consiguió mantenerse en vida hasta finales de siglo, no sin verse acometido y mermado repetidamente por el ímpetu de la reforma.

En las Custodias de Murcia y Sevilla no marchaban las cosas más pa-

---

[99] Sobre ellas véase mi estudio *Galicia en la baja Edad Media* (Santiago 1977).

[100] Véase adelante cap.5, par.5.

[101] El pleito entre conventuales y observantes seguía en plena fuerza por los años 1474-75, coincidiendo con las guerras de sucesión de los Reyes Católicos. Sobre los argumentos aducidos por ambas partes en defensa de sus derechos informan detalladamente las bulas de Sixto IV de 22 de marzo de 1474 y 12 de julio de 1475 (BF n.s. III 235-36.357). Sobre la intervención de Fonseca en favor de los observantes véase la bula del mismo pontífice de 30 de mayo de 1478 (noticia ibid.,531).

[102] Ibid., 541-42.

[103] Ibid., II 600-601.

cíficamente. En San Francisco de *Murcia* fueron expulsados los conventuales, seguramente por determinación del capitán mayor del reino, Pedro Fajardo, e instalados a la fuerza los observantes. Surgió por ello un sonado pleito, cuya decisión confió a Sixto IV el cardenal Borja, por entonces legado en España [104]. En *Sevilla*, la disputa seguía en plena efervescencia en los años 1481-83, en que Sixto IV impuso graves sanciones a los observantes y a los seglares que participaron en la expulsión de los conventuales [105]. Pero el resultado terminó favoreciendo, inevitablemente, a los observantes, por más que el derecho no les asistiese.

Esta confrontación tan violenta entre ambas familias franciscanas se reflejó, también, en las altas esferas de la política eclesiástica. En Roma y en la corte castellana se recibieron los alegatos, se juzgaron las iniciativas y se decidieron los litigios, casi siempre en forma pragmática, es decir, dando la razón a quien había triunfado [106].

Querellas jurisdiccionales

Constituidos los vicariatos observantes y establecida la obligatoriedad de incorporación de todos los grupos reformados a los mismos, se abría un abanico de controversias jurisdiccionales e institucionales, que igualmente iba a repercutir en las decisiones pontificias y reales. Nicolás V no mantenía la línea de favor y preferencia de su antecesor Eugenio IV hacia los observantes. Por ello pudo aceptar, en el principio de su pontificado, las reclamaciones de los conventuales. No sólo los grupos reformados podrían permanecer bajo la dependencia de los ministros provinciales, sin pasar obligatoriamente a la jurisdicción de los vicarios, sino que también los observantes quedaban libres para volver a la misma jurisdicción de los provinciales en la cual permanecerían definitivamente [107]. Con más dureza, el 20 de octubre de 1449 ordenaba la devolución al ministro provincial del convento de Guadalajara y de cualquiera otra casa de su jurisdicción que hubiera sido reformada y apartada de su dependencia [108]. Tan drástica medida provocaría reacciones pendulares en las altas esferas de la decisión político-eclesiástica. Los observantes castellanos consiguen sin dificultad un desquite desmesurado mediante la bula de Nicolás V por la que se les autoriza a reformar indiscriminadamente y anexionar cualquier casa conventual en el radio

[104] Sobre el particular véanse las bulas de 6 de abril de 1472, en BF n.s. III 80-82.
[105] Véanse las bulas de 3 de diciembre de 1472, 14 de diciembre de 1481 y 7 de marzo de 1483, ibid., p.154-55.764-65.867.
[106] La tensión entre conventuales y observantes en la Custodia de Sevilla por los años de 1445, fue muy viva debido a la firmeza del provincial, Juan de Santa Ana, que quería contener a los observantes en sus afanes expansionistas (BF n.s. I 435-38), y llegó a producir consecuencias muy negativas para los conventuales al autorizar el pontífice el 1.º de mayo de 1445 la incorporación libre de las casas conventuales al grupo observante, siempre que sus moradores lo decidiesen por mayoría (ibid., 442-43), lo que, por otra parte, se ajustaba a acuerdos anteriores habidos entre conventuales y observantes de la misma Provincia.
[107] HOLZAPFEL, *Manuale* 110. Con más dureza todavía ordenaba, el 20 de octubre de 1449, la devolución al ministro provincial del convento de Guadalajara y de cualquiera otra casa de su jurisdicción que hubiera sido reformada y apartada de su dependencia.
[108] BF n.s. I 676-77.

de sus provincias. Así lo había pedido en su nombre el príncipe de Asturias, consiguiendo decisión favorable el 1.º de abril de 1453 [109], que sería desmentida el 9 de octubre del mismo año [110]. Esta actitud negativa respecto al progreso de la reforma la iba a mantener en la vía jurídica el pontificado durante los años siguientes. Calixto III llegará el 8 de julio de 1457 a decretar la devolución al ministro provincial de Castilla de todos los conventos de su jurisdicción apropiados por los observantes durante los tres últimos años [111]. Como norma general, se mantiene la de urgir a las autoridades eclesiásticas y civiles la prohibición firme de toda apropiación de conventos. La transgresión se castigaría con las más severas penas eclesiásticas [112]. Todo ello no es óbice, sin embargo, para que las conquistas urbanas de los observantes sigan en pleno vigor, como atrás queda demostrado [113].

Fusión y confusión en la Observancia

Pero la urgencia más grave de la Regular Observancia no estaba precisamente en el crecimiento numérico, sino en la estructuración interna, sobre todo si había de llevarse a cabo lo dispuesto por Eugenio IV obligando a todos los grupos reformados a someterse a la dependencia directa de los vicarios provinciales. Ante esto, la jerarquía observante habría de optar necesariamente entre seguir una línea dura de uniformidad en las leyes y usos religiosos, o admitir una amplia pluralidad que hiciese posible la conservación de las peculiaridades de los grupos eremíticos. Todo empujaba en esta segunda dirección; pero un bosque de suspicacias, temores y a veces arrogancias se interpondría muchos años antes de llegar a la deseada amalgama.

Por lo que toca a la organización, la Regular Observancia franciscana disponía desde 1451 de unos estatutos de cierta flexibilidad, que pudo mantener en vida durante largos años [114]. Tras la formación de los vicariatos y los distintos pactos entonces realizados, se llegó a unos acuerdos de convivencia en diciembre de 1459, suscritos, al parecer, por todos los representantes de los diversos grupos, que fueron aprobados por Pío II el 15 del citado mes de noviembre [115]. No se consiguió, sin embargo, elaborar unos estatutos observantes válidos para toda la dilatada Provincia castellana hasta 1461, en que concordaron en el mismo propósito no sólo los observantes dependientes del vicario provincial, sino también los mismos conventos de La Aguilera y de El Abrojo, que seguían conservando su autonomía bajo la jurisdicción directa de los

---

[109] Ibid., 821-22.
[110] Ibid., 848.
[111] Ibid., II 175-76.
[112] Véase sobre el particular la bula de Nicolás V *Cum ad sacrum*, de 6 de enero de 1455; ibid., I 891-92, reiterada ininterrumpidamente para Aragón y Castilla durante los años siguientes. Véanse ejemplos posteriores en BF ns. II 598-600.617-18; III 776-78.
[113] Véanse ejemplos en AIA 33 (1930) 366-67.
[114] Véase el texto en AFH 38 (1945) 3-39.
[115] BF n.s. II 365-66.

ministros provinciales de Castilla [116]. Es posible que en la Provincia de Santiago dispusiesen también de parecidos estatutos. No faltaron concordias entre conventuales y observantes, la última de las cuales tuvo lugar en 1466, y fue confirmada por la bula *Cum sacer*, de 28 de febrero del mismo año [117].

Más difícil iba a resultar el proceso de acercamiento y fusión entre observantes y ermitaños u oratorianos. Iniciado en los años cuarenta por fray Luis de Sayá, custodio de Santoyo, parece haberse conducido con cierta flexibilidad. En la Provincia de Santiago, los nuevos superiores observantes se comprometieron a respetar enteramente el estatuto de los oratorios en cuanto a sus propios superiores y vicarios o custodios, gracias y privilegios de la Orden; usos y costumbres del grupo; exenciones respecto a participar en las congregaciones de la Vicaría y organización de dos custodias, una para Galicia, cuyo centro sería el eremitorio de *San Lorenzo de Santiago,* y otra para Castilla, cuya cabeza sería *San Francisco de Zamora*. En los años siguientes, los oratorios se sentían decepcionados y amenazados en su existencia. Se lamentaban de que los superiores observantes de Santiago, sobre todo los superiores de los conventos de San Francisco de Santiago y de San Francisco de la Coruña, se empeñaban en arruinarlos con vejaciones morales y físicas, con traslados del personal de sus casas y hasta pretendiendo cambiar el régimen de la entera familia eremítica. Así lo alegaban, con profusión de datos y argumentos, en un proceso sostenido en 1479. El colmo de estos atropellos lo veían en la oposición que mantenía por estas fechas el guardián de San Francisco de Santiago, quien, en calidad de comisario de la Observancia en Galicia, se negaba a confirmar en su cargo de *vicario* de los oratorios de Galicia a fray Rodrigo de Soneira, la personalidad más ilustre del grupo en este período, pese a lo cual lo mantuvieron en su puesto. Cinco años más tarde, el 27 de marzo de 1484, se llegaba, finalmente, a una concordia, un tanto forzada, entre ambos grupos. Por ella se transforma el antiguo vicario de los oratorios en comisario nacional de los mismos en Galicia, se mantienen en pleno vigor las costumbres y las tradiciones de los oratorios, se regula el paso de los frailes observantes a los oratorios, que se hará siempre con licencia escrita de los superiores, y se establecen los derechos de visita y corrección, que corresponderán al vicario provincial respecto al grupo [117*].

En la Provincia de Castilla no se llegó a la fusión con este ritmo uniforme. Las disputas entre villacrecianos y observantes, que reverdecieron hacia 1457, llevaron en 1459 a la bula de Pío II *Debitum pastoralis officii* (17-4-1459) que encargaba a Luis de Sayá la visita e incorporación de la *Custodia de Santa María de los Menores*, regida por su creador, fray Lope de Salazar y Salinas, a la Observancia, y el paso de sus reli-

---

[116] Ibid., 503-504.
[117] AIA 33 (1930) 366.
[117*] Amplia exposición del tema con documentación de primera mano en el sólido estudio de M. BANDÍN, *Los orígenes* 369-73.527-59.

giosas terciarias al régimen de Tordesillas [118]. Pese a tener en sus manos este instrumento, los superiores observantes de Castilla demoraron largos años la incorporación, sin duda porque encontraron viva resistencia [119]. Así, los oratorios lograron conservar su propia fisonomía dentro de la Observancia, ya que ésta fue la voluntad de los superiores desde la primera hora, sobre todo de fray Luis de Sayá. Esta misma condición se establece en los documentos pontificios que aprueban la amalgama de ambas familias y la estatuyen, como la bula de 10 de diciembre de 1461, que antes hemos mencionado [120].

En tierras aragonesas no parece haber pasado la Observancia por estos difíciles procesos de homogeneización interior, si se exceptúa, tal vez, el caso ya citado de la resistencia del eremitorio de *Santo Espíritu del Monte* a entrar dentro del régimen observante [121]. El eremitismo siguió un camino más uniforme y la Observancia constanciense no emprendió en la Corona aragonesa sus grandes conquistas hasta los años del reinado de los Reyes Católicos. El considerable auge que llegó a experimentar en zonas urbanas se debe, sobre todo, a algunas grandes figuras, como el predicador fray Francisco del Bosch, su difusor en tierras catalanas por los años cuarenta [122]; y a la simpatía despertada por el nuevo estilo de vida franciscana en zonas como Zaragoza y Mallorca [123].

La Regular Observancia franciscana no es, por tanto, producto exótico, sino, más bien, un brote indígena en tierras hispanas, surgido y afianzado en los conventos urbanos. Es natural que desde esta plataforma se desarrollase con más eficacia y que a la hora en que la reforma se hizo dilema de vida o muerte, se le diese la preferencia. Los dirigentes político-eclesiásticos veían en ella la única posibilidad de renovación de la Orden.

e) **Institución y reforma entre los dominicos de Castilla**

La Orden dominicana, fuertemente institucionalizada y con una pujante vida académica durante el siglo XV, sintió también las urgencias de la reforma individual y colectiva. Realizó esfuerzos de gran transcendencia, siempre con una gran fidelidad a su irrenunciable vocación de estudio y de predicación [124].

---

[118] BF n.s. II 316-19.

[119] Sucesivos preceptos pontificios dados el 1.º y el 16 de julio de 1460 (ibid., 407-408.422-23), el 19 de septiembre de 1461 (ibid., 503-504) y posiblemente otros no llevaron a la proyectada unión hasta los años setenta. Para entonces, los villacrecianos, ya integrados en la Vicaría Provincial de Castilla, se regían, al igual que los compostelanos, por un propio comisario, cuyas atribuciones desconocemos (ibid., III 13; AIA 17 [1957] 470).

[120] BF n.s. II 503-504.

[121] Véase arriba n.23 y 24.

[122] BF n.s. I 334-35.

[123] Véase arriba par.2.

[124] Los estudios de V. BELTRÁN DE HEREDIA permiten hoy seguir los primeros momentos de este proceso hasta el período de los Reyes Católicos, en especial su amplio estudio *Historia de la reforma...* (Roma 1939) y las revisiones posteriores: *Los comienzos de la reforma dominicana en Castilla, particularmente en el convento de San Esteban de Salamanca, y en su irradiación a la Provincia de Portugal*: AFP 28 (1958) 221-62 (reeditado en *Miscelánea Beltrán de*

Entre los dominicos castellanos existió la vocación eremítica tanto individual [125] como colectiva. De esta última se originaron focos de renovación que llegaron a afectar vivamente a la Orden. Por los años veinte surge el primer grupo eremítico conocido en *Escalaceli* (Córdoba), y en esta misma ciudad andaluza, capitaneado por un fraile cortesano que buscaba el silencio y la oración, fray Alvaro de Córdoba, confesor de la reina, doña Catalina de Aragón. Su proyecto era amplio; apuntaba a crear una institución renovadora dentro de la Provincia de España. Así se sancionaba terminantemente por la bula de Martín V de 4 de enero de 1427, por la que era constituido fray Alvaro vicario general de cuantas casas se fundasen con este propósito en los reinos de Castilla y León [126]. Iniciativas parecidas se conocen durante los años siguientes, a cargo de importantes personalidades, como la de fray Juan de Murcia, que fundó en 1436 el convento de Murcia, con la fisonomía, bien delimitada, de casa de apostolado en una zona de cristianos nuevos. Para garantizarla conseguía un *status* autónomo en la Provincia de España, manteniendo la dependencia directa del superior general [127]. Fray Rodrigo de Valencia continuaba con algunos compañeros la vida eremítica de Alvaro de Córdoba en Andalucía, y en 1440 era encargado por Eugenio IV de la reforma de los conventos dominicanos de Sevilla (San Pablo, de religiosos, y Santa María la Real y Santa María del Val, de religiosas) [128] y de otros más. Con la protección externa llegaron a la reforma del convento de Burgos y a la fundación del de Rojas, en la misma región, por los años 1433 [129]. Pero no lograron crear una institución reformada dentro de la Provincia de España.

Pero la reforma se hacía por entonces urgencia en todas las instituciones. Sonadas crisis internas en la Provincia dominicana en sus centros más renombrados, como los de Burgos, Sevilla, Valladolid y Salamanca, la reclamaban a mediados de siglo. La respuesta no se dejó esperar: visitas y reajustes disciplinares de gran resonancia, en especial los del obispo dominicano fray Lope de Barrientos respecto al provincial, fray Esteban de Soutelo, depuesto en 1453 [130]. Una institución renovadora con sus mínimas exigencias de autonomía y observancia no podía desarrollarse dentro del clima fuertemente autoritario que reinaba en la Provincia. Sólo desde afuera y con todas las garantías que le confería su historial de lumbrera del pontificado fue capaz de crearla el cardenal

---

Heredia I 402-25) y *Documentos pontificios inéditos acerca de la reforma dominicana en la Provincia de Aragón:* AFP 28 (1958) 263-297 y *Miscelánea* I 427-41. Otros estudios sobre el tema se recordarán oportunamente.

[125] Véanse varios ejemplos de los primeros decenios del siglo en BELTRÁN DE HEREDIA, *Miscelánea* I 404-405.

[126] BOP II 674. Efectivamente, se fundó algún otro eremitorio en Andalucía —consta la existencia de uno en Sevilla (ibid., 406-407)—, pero no existen pruebas de que la iniciativa prosperase; probablemente porque los superiores jerárquicos dominicanos no toleraron autonomías dentro de su propia esfera de jurisdicción.

[127] BELTRÁN DE HEREDIA, o.c., I 405-406.

[128] Ibid., 406-407.

[129] Ibid., 404-405.

[130] Exposición documentada de estos sucesos ibid., 408-12.

Juan de Torquemada [131], empeñado en convertir a su Valladolid natal en foco irradiador de espiritualidad. En estrecha colaboración con San Benito de Valladolid, de cuyas iniciativas era igualmente promotor, restauró física y humanamente el convento de San Pablo de Valladolid. Encargó al prior benedictino, fray Juan de Gumiel, que eliminara de los claustros dominicos los que no quisiesen aceptar la reforma y protegiera a los observantes allí instalados. Movió al maestro general de la Orden a patrocinar la causa vallisoletana, constituyendo al nuevo prior Vicario general y superior autónomo, con sola dependencia del prior general, conforme a lo practicado en otras congregaciones de Observancia, designando el 16 de diciembre de 1459 para este oficio al vicario de los observantes dominicanos de Portugal, fray Antonio de Santa María de Nieva. Obtuvo de Pío II una serie de bulas, fechadas en 15 de noviembre de 1460 y en 25 de agosto de 1461, por las que se sanciona la reforma completa y la nueva situación constitucional autónoma del nuevo convento, sin que la Provincia de España pueda impedirlo, y se encomienda la instauración de este nuevo régimen al citado abad de Valladolid [132]. Este se empeñó durante estos años en realizar con toda energía el gran proyecto de Torquemada [133]. Por disposición explícita de Pío II quedaba instaurado en Valladolid el régimen de la congregación observante de Lombardía, con plena autonomía y la exclusiva dependencia del maestro general [134]. Pero esta autonomía iba a ser duramente combatida por la Provincia de España, que conseguiría abolirla en el capítulo general de 1474. No se extinguió la Congregación, gracias a la presión de la corte castellana. A partir de 1475 será ampliamente potenciada por los Reyes Católicos [135]. El gobierno de la Congregación no difería sensiblemente del practicado en instituciones similares: cargos temporales y electivos —vicarios generales trienales y priores bienales— y confirmación por el provincial, quien, sin embargo, no debería interferir en su gobierno [136].

Dada la firme oposición de los superiores dominicanos a la nueva institución, ésta no debió de emprender de inmediato conquistas entre los grandes conventos, si bien por los años sesenta abrigaba deseos de conseguir salir de su único reducto vallisoletano [137]. Su gran meta es el baluarte de la Provincia de España, y cenáculo de sus sabios, *San Esteban de Salamanca*, hazaña que sólo logrará realizarla esta minúscula Congregación en el reinado de los Reyes Católicos, que la apadrinaron

[131] Breve noticia bibliográfica en DHEE IV 2576.
[132] BELTRÁN DE HEREDIA, *Historia* 7; textos de estas bulas en AFP VII 230-34, reeditados en *Miscelánea* I 308-10.312.
[133] Véanse ejemplos de su actuación contra los claustrales dominicanos en BELTRÁN DE HEREDIA, *Historia* 10.
[134] Bula *Universalis Ecclesiae*, de 25 de agosto de 1461, en *Miscelánea* I 310-11.
[135] BELTRÁN DE HEREDIA, *Historia* 15-16.
[136] Ibid., 16.
[137] Refleja estos proyectos una interesante carta del rebelde infante don Alfonso, firmada el 26 de octubre de 1467, por la que encomienda a los oficiales del reino todo apoyo al vicario general dominicano, que se propone reformar los conventos de su Orden en Castilla (el texto ibid., 12-13).

con todo calor [138]. Mientras no llegaban estos días, San Pablo y la reforma vallisoletana se constituían en centro de atracción espiritual de la Castilla dominicana.

f) Los primeros pasos de la Observancia agustiniana

Con más suavidad parece haberse desarrollado la infancia de la Congregación agustiniana de Observancia, a la que encontramos ya constituida en diciembre de 1438, con un dinámico reformador a la cabeza, el graduado y escritor fray Juan de Alarcón [139], hombre de gran experiencia en la vida política y cultural del tiempo y que había realizado sus primeras experiencias reformistas en Italia. En 1431 había comenzado en España su intento de un trasplante, con la completa aquiescencia de su superior general, Gerardo de Rímini. Lo realizó en Villanubla, en las cercanías de Valladolid. En 1438 son ya cinco las casas que siguen su estilo de vida: *Villanubla, Arenas, Dueñas, Valladolid,* de frailes, y *Madrigal,* de religiosas. El estatuto fundacional era, por otra parte, amplio. Alarcón será vicario general de los reformados, con las mismas facultades que los vicarios generales tenían en la Orden, especialmente amplias por lo que se refiere a la absolución de delitos y a la dispensa de irregularidades. Podrá recibir a todos los claustrales que quieran abrazar su estilo de vida. Por el contrario, sus reformados no podrán volver sin su permiso a la Claustra. Quedarán eximidos de asistencia a los capítulos provinciales y generales, si lo desean. Contribuirán módicamente a los gastos de la Provincia. Tendrán sus propios capítulos y congregaciones, en los que fijarán sus estatutos, en especial los relativos a la visita, y elegirán sus propios superiores [140]. Al año siguiente, celebraban su primer capítulo en Villanubla, en el cual se establecieron los estatutos fundacionales de la Observancia agustiniana, que no serán cambiados substancialmente hasta 1503 [141].

La Observancia agustiniana pudo intentar conquistas importantes desde el primer momento, si bien, debido a la escasa difusión de la Orden en este período, no tuvo la resonancia de otras instituciones, como las benedictinas y franciscanas. Ya en la bula fundacional, antes citada, se autorizaba la reforma y anexión del convento de *Valladolid.* Un decenio más tarde pondría sus miras en la adquisición de *San Agustín de Salamanca,* con cuya anexión podía prometerse un rápido éxito. Para el logro de esta meta encontraban una disposición favorable en los mismos moradores del convento, algunos de los cuales eran claramente favorables a la observancia estrecha de la regla que se practicaba en el grupo alarconiano. Todo ello movió al prior general, Julián de Salemi, a auto-

---

[138] Véase mi estudio, *Las reformas pretridentinas* 630-35.

[139] Breves noticias en DHEE I 28 y edición de sus escritos en BAE 171.156-216.

[140] Estas normas constitutivas de la Observancia agustiniana, concedidas previamente a Alarcón, fueron aprobadas por la bula *Ad ea* (9 diciembre 1438) de Eugenio IV. El mejor texto de la misma en I. ARÁMBURU, *La bula de Eugenio IV (9) diciembre 1438), que instituye la Congregación de la Observancia:* Archivo Agustiniano 57 (1963) 205-208.

[141] 1. ARÁMBURU, *El capítulo toledano* 69.

rizar la reforma. El papa la aprueba el 28 de septiembre de 1451. La impetuosidad con que se pretendió cambiar el régimen, sin respetar la dedicación académica del convento, y las violencias utilizadas en la reforma impusieron un paro en la realización, que sólo se superaría en 1454 mediante una concordia entre los observantes castellanos y el prior general [142]. Con este importante núcleo de conquistas podían acometer con decisión la reforma definitiva de la Orden al inaugurarse el período de los Reyes Católicos.

* * *

Hacia 1470 existían en España, sobre todo en la Corona de Castilla, instituciones reformadas dentro de cada Orden que se apellidaban *Observancias*, y cuya característica y pretensión era la vuelta al espíritu y a la letra que inspiró su fundación. Habían nacido como reacción frente a la degeneración de la vida religiosa y eclesiástica que se sentía y denunciaba en la baja Edad Media, y sobre todo desde la segunda mitad del siglo XIV. Fueron acogidas y favorecidas por los grupos rectores de la sociedad estamental, que veían en ellas los modelos de reajuste disciplinar y de autenticidad. Su línea evolutiva no es uniforme. Nacen conjuntamente como instituciones eremíticas y urbanas. Evolucionan tendiendo a configurarse, cada vez más, como instituciones regulares, caracterizadas por la justeza disciplinar. La Observancia será, sobre todo, exactitud disciplinar, regularidad frente al privilegio. Pero al mismo tiempo se ven forzadas a flexibilizar un tanto sus líneas para propiciar la integración de todo el abanico de grupos reformistas, que no están dispuestos a adherirse si no se les garantiza la permanencia de su identidad. Esto explicará los ininterrumpidos brotes neorreformistas dentro de la Observancia. Finalmente, el pontificado del Renacimiento encontrará una de sus mejores armas en estas instituciones de acción concreta frente al conciliarismo, que politiza las exigencias de reforma eclesiástica.

[142] Véase mi estudio *Las reformas pretridentinas* 627-30.

CAPÍTULO III

PROGRAMAS Y LOGROS EN LA REFORMA DURANTE EL PERIODO DE LOS REYES CATOLICOS

En la historia española, el reinado de los Reyes Católicos (1474-1517) representa un período creador, un momento de renovación y crecimiento en casi todos los campos, que situó a España en la hegemonía europea. Los programas entonces ideados y las principales iniciativas tomadas constituyen, por lo general, puntos de partida de grandes empresas hispanas y son, por ende, claves interpretativas de la España moderna. Dentro de estos proyectos y logros habrá que evocar siempre las campañas de renovación religiosa que los soberanos concibieron y realizaron como parte fundamental de sus designios políticos de signo restaurador y renovador.

1. POLÍTICA Y RELIGIÓN

Fernando e Isabel fueron muy conscientes de que heredaban unos reinos en anarquía, pero con potencial económico y humano en auge. Encontraron una dura confirmación de este criterio en la misma guerra civil peninsular que les dio el acceso al trono. De esta convicción y de los criterios políticos personalistas, típicos de los príncipes renacentistas, partieron en la realización de su programa político.

Los soberanos españoles comprendieron, desde los albores de su reinado, que su audaz programa restaurador de la sociedad estamental hispana tenía que basarse en una renovación moral y religiosa. Este ideal tenía dos facetas diversas, a las que corresponderían también dos tratamientos muy dispares: una regularizadora, que miraba a devolver a los cauces del derecho a las instituciones eclesiásticas, en grave anarquía y extroversión a lo largo de las inquietudes de los años precedentes; otra de reforma y renovación, que encontraron representada en multitud de grupos nuevos y renovados, formados en el largo y agitado siglo que les precedió, y que era preciso promocionar y potenciar hasta que prevaleciese en la vida eclesiástica hispana. Ambos campos de reajuste disciplinar y renovación religiosa se verán afectados vigorosamente por la acción político-eclesiástica de estos soberanos hispanos.

Punto de partida de sus designios y programas de reforma fue el concilio nacional de Sevilla de 1478 [1]. En este año tan temprano de su

---

[1] Las interesantísimas actas de este concilio o asamblea nacional castellana fueron editadas por F. FITA en su estudio *Concilios inéditos españoles*: BRAH 22 (1893) 209-57. Este tipo

reinado, los reyes demostraron su voluntad de instaurar un nuevo orden eclesiástico. Convocaron a los representantes de las iglesias castellanas para exponerles sus criterios y escuchar sus propuestas; la madeja beneficial, la anarquía jurisdiccional, el enmarañado mundo de los privilegios clericales, la honestidad pública y privada de la clerecía, la delincuencia pública y sus subterfugios, la convulsión existente en el lejano reino gallego y, en menor escala, las reformas monásticas encontraron el foro más apropiado para su tratamiento. Desde entonces, el propósito renovador de los soberanos fue haciéndose patente y potenciándose, hasta convertirse, en el decenio final del siglo XV, en una campaña general de reforma.

Las miras político-eclesiásticas de los soberanos son claras. En el beneficialismo vigente, y en particular en el reservacionismo romano, que tan directamente favorecía el absentismo de los beneficiados con cura de almas, veían la clave de la anarquía clerical, tan típica de los momentos finales de la Edad Media. De ahí su continuo empeño en conseguir un derecho de patronato y de presentación que les permitiera intervenir directamente en las provisiones eclesiásticas; pretensión que encontró la más viva oposición de la curia romana, pues veía gravemente amenazadas sus tradicionales prerrogativas administrativas en toda la Iglesia [2]. Con similar empeño se propusieron regularizar el ejercicio de la jurisdicción eclesiástica, cuyas pretensiones exorbitantes eran fuentes continuas de sobresaltos para la paz pública por el uso indiscriminado de las censuras eclesiásticas, de las exenciones e inmunidades en uso y, sobre todo, por la tutela brindada desconsideradamente a delincuentes que ostentaban como salvoconducto de su vida la clericatura. Entre éstos están los típicos *clérigos coronados*, que se procuraban la primera tonsura como amparo frente a la jurisdicción real. Finalmente, otra preocupación de los reyes fue la de conseguir, de una manera positiva, la promoción de la vida clerical en sus dos vertientes: social, de honestidad pública, y vocacional, empeño que sólo era posible lograr a largo plazo, mediante la elección de los candidatos y, sobre todo, favoreciendo la mejor calidad de los promovidos al episcopado [3].

2. LAS REFORMAS MONÁSTICAS. PLANES Y GESTIONES

La reforma de las instituciones religiosas como proyecto renovador y como empresa propia de la monarquía castellana tenía ya un largo siglo

de asambleas ocasionales, que los Reyes Católicos quisieron institucionalizar, ha atraído recientemente la atención de los historiadores T. de Azcona y J. Sánchez Herrero, quienes dan a conocer las principales y sus aportaciones al tema de la vida eclesiástica castellana. Cf. J. SÁNCHEZ HERRERO, *Concilios provinciales y sínodos toledanos de los siglos XIV y XV* (Universidad de La Laguna, 1976) p.7-24 y T. DE AZCONA, *Asamblea del clero de Castilla en el otoño de la Edad Media*, en Miscelánea José Zunzunegui I (Vitoria 1975) 203-47.

[2] Sobre la vida clerical española del período véase el sólido estudio de T. DE AZCONA, *La elección y reforma del episcopado español en tiempo de los Reyes Católicos* (Madrid 1960).

[3] T. DE AZCONA, *Isabel la Católica* (Madrid 1964). Sobre la acción de algunos obispos reformadores en el período de los Reyes Católicos, véase mi estudio *Cisneros* 133-43.

de existencia, durante el cual habían brotado las instituciones que la encarnaron. Sin embargo, todas ellas distaban mucho de estar consolidadas. A excepción de la Orden jerónima y la Observancia franciscana, los demás movimientos de reforma entraban en este reinado en su plena infancia. Era el caso, sobre todo, de las Congregaciones observantes de San Benito y del Císter, las cuales en estos años encontraron su máximo despliegue.

Los Reyes Católicos tuvieron también ideas claras y voluntad firme en este caso. Para ellos, la reforma religiosa es parte de un gran edificio que intentaban construir en la España unificada: la ortodoxia cristiana. La reforma es parte de un trinomio irrenunciable de la política eclesiástica: eliminación del paganismo, erradicación de la herejía, reforma de la vida eclesiástica y religiosa. Así lo declaraban al papa Inocencio VIII el 14 de noviembre de 1486 y así lo iban a demostrar desde los mismos momentos inaugurales del reinado.

En el concilio nacional de Sevilla, como precedentemente en el de Aranda, no se trató específicamente de las reformas monásticas. Sólo incidentalmente se tocó un punto importante de las mismas: las exenciones que poseían algunos religiosos eran ocasión de graves quebrantos de la disciplina regular. Pero los prelados y procuradores estaban más preocupados por las exenciones de los mendicantes, cuyos privilegios habían sido recientemente aumentados por el papa franciscano Sixto IV [5].

Planteamiento

Mas en este tiempo ya poseía la corte española un programa completo y bien elaborado de reformas monásticas. Se debía, probablemente, a Hernando de Talavera, autor igualmente de unas instrucciones sobre el modo de llevar a cabo la reforma de los monasterios y del clero español que hoy desconocemos. La misma embajada que transmitió al sumo pontífice las conclusiones de la asamblea de Sevilla, fue la encargada de exponer a Sixto IV el programa de reforma monástica de los Reyes Católicos. Los embajadores Diego de Muros, obispo de Tuy; Juan Arias, canónigo de Sevilla, y Rodrigo de la Calzada, abad de Sahagún, llevaban para el pontífice la siguiente instrucción de los reyes:

«Otrosí porque en nuestros reinos hay muchos monasterios e casas de religión, así de hombres como de mujeres, muy disolutos e desordenados en su vivir e en la administración de las mismas casas e bienes espirituales e temporales, de lo cual nacen muchos escándalos, e inconvenientes, e disoluciones, e cosas de mal ejemplo en los lugares donde están las tales casas e monasterios de que nuestro Señor es muy deservido, e a nos se podría imputar e dar asaz cargo; e si los tales monasterios e casas de religión fueren reformados e puestos en la honestidad que deben, sería gran servicio de Dios nuestro Señor e cosa muy provechosa e de gran edificación para la vida e conciencias de los pueblos donde están,

---

[4] A. DE LA TORRE, *Documentos* II 339-40.
[5] FITA, *Concilios Españoles* 220.227.229.

suplicaréis a Su Santidad que dé poder e facultad a cualquier prelado de nuestros reinos que fuere elegido por nosotros o cualquiera de nos para que pueda reformar los tales monasterios e casas de religión, e después así reformados, el tal prelado pueda elegir personas de las mismas órdenes para los visitar e corregir; como viere que más cumple al servicio de Dios e a la honestidad de su vida e religión e conservación de los bienes espirituales e temporales de las tales casas e monasterios. Hágase bula con todas las cláusulas e nonobstancias necesarias e oportunas; e que sea prohibido a los seculares el ingreso de los monasterios de las mujeres» [6].

Los monarcas deseaban, por consiguiente, emprender una reforma sistemática, dirigida por prelados de su confianza, que corrigiese las costumbres desarregladas de los religiosos, sanease la administración de los monasterios y se realizase gradualmente por religiosos de la respectiva Orden. Así lo estaban cumpliendo en diversos monasterios, especialmente en Montserrat, que querían convertir en foco irradiador de vida espiritual remozada en la región catalana [7]. Pero no encontraron la necesaria correspondencia en la curia pontificia, que veía amenazados importantes intereses económicos con esta clase de reformas y seguramente desconfiaba de las reformas realizadas bajo el control de los príncipes.

Primeras gestiones diplomáticas en Roma

Insistieron. En 1485 enviaron a Roma, con el preciso designio de negociar las necesarias facultades para la reforma del clero de sus reinos, al franciscano observante fray Francisco Benet [8]. Inocencio VIII respondió a la súplica de los reyes: «eam provisionem fecimus quae pronunc expediens et accomodata vissa est. Si quid postea supererit faciendum animo libentissimo faciemus» [9].

Pero la respuesta no pasó de ser un artificio de cortesía. La provisión a que alude el pontífice no fue otra cosa que una paternal amonestación a los metropolitanos españoles a reformar las personas eclesiásticas y religiosas, amenazando con tomar por su cuenta la iniciativa si descuidaban este deber fundamental. Los hechos de los años siguientes demostraron que el pontífice no estaba dispuesto a complacer «animo libentissimo» los deseos de los reyes. La embajada de Benet fue, pues, ineficaz, tal vez debido a las relaciones tensas que en el momento man-

---

[6] CODOÍN, VII 554.

[7] Se conocen diversas intervenciones de los reyes en favor de la reforma de varios monasterios dominicos, cistercienses y de canónigos regulares de San Agustín. Cf. V. BELTRÁN DE HEREDIA, O.P., *Historia de la reforma* 18ss; DE LA TORRE, *Documentos* I 170.275-76; II 402-403.405-406.409-10.418-19.557-58. Sobre la reforma de Montserrat existe una abundantísima documentación en el ACA y en el archivo del monasterio de Montserrat, diligentemente estudiada por diversos autores, especialmente A. ALBAREDA, O.S.B.; ANTONIO DE LA TORRE y GARCÍA M. COLOMBÁS, O.S.B. Véase GARCÍA M. COLOMBÁS, *Un reformador benedictino en tiempo de los Reyes Católicos: García Jiménez de Cisneros, abad de Montserrat*, especialmente las p.57-89. En las p.XXII-XXX se recoge alfabéticamente la interesante bibliografía existente sobre el tema.

[8] Francisco Benet pertenecía a la Vicaría observante de Aragón y a la Custodia de Valencia. Fue vicario provincial durante los años 1488-91. Cf. SANAHUJA, *Historia* 290.

[9] ASV arm.39 n.18 fol.203r-v.

tenían los reyes con el pontífice, a causa del conflicto de la provisión de Sevilla [10].

Pero los reyes no desistieron de su propósito. Bien pronto se les brindó una oportunidad para insistir con interés redoblado. Pasada la borrasca de Sevilla, enviaban a Roma al conde de Tendilla con una embajada extraordinaria para presentar la obediencia a Inocencio VIII. Le dictaron unas instrucciones de extraordinario valor histórico que recogen «todo el panorama histórico de política religiosa que acuciaba por entonces a los reyes» [11]. Respecto a las reformas monásticas, reiteran sus precedentes súplicas, precisando algunos detalles de las mismas. Es necesario reformar sin tardanza los monasterios de sus reinos, cuya vida relajada escandalizaba al pueblo. Conviene que se encargue de esta empresa un prelado o religioso designado por los reyes. La reforma debía llevarse a cabo introduciendo religiosos reformados en los monasterios, ya sean de la propia Orden, ya de otra. Los superiores serán temporales y elegidos por los religiosos del respectivo monasterio. Las anatas se pagarán cada quince o cada veinte años, como ya se cumplía en San Benito de Valladolid, y en otros monasterios reformados. Se suprimirán las encomiendas y pensiones, ofreciendo a sus poseedores una justa compensación económica [12].

Los reyes recomendaron muy vivamente al conde de Tendilla la negociación de las facultades pontificias para realizar este programa. En una interesante minuta que recoge su juicio sobre la importancia y urgencia de cada uno de los puntos de las instrucciones, escriben sobre las reformas monásticas: «insistiréis más que en cosa de cuantas lleváis a cargo» [13]. Debería ser, por tanto, éste el tema central de las conversaciones entre Inocencio VIII y el conde de Tendilla.

Pero tampoco en esta ocasión fueron los reyes totalmente afortunados, no obstante la complaciente benevolencia con que Inocencio VIII despachó muchas otras de sus peticiones, algunas de las cuales atañen precisamente a reformas de monasterios [14].

El pontífice continuaba reacio a conceder facultades para una reforma general de los monasterios.

El embajador continuó trabajando con celo durante los años siguientes y obtuvo resultados bastante satisfactorios. Fruto de sus gestiones, fueron, entre otras, las bulas para la reforma del clero de Galicia [15], en donde se sentía desde años atrás la necesidad de introducir reformas radicales que liberasen a las iglesias de la opresión de los señores y reajustasen la vida de las órdenes monacales, demasiado implicadas en la anarquía que asolaba el país. La asamblea de Sevilla había pedido a los

[10] Azcona, *La elección y reforma* 137-55.
[11] Ibid., 156-57.
[12] *Simancas* P.R. 16-54.
[13] Ibid., 16-31.
[14] El volumen 585 de Reg.Vat. contiene gran número de concesiones pontificias a los reyes, dadas a petición del conde de Tendilla. Cf. Azcona, *La elección y reforma* 157.
[15] Sobre la reforma del clero en Galicia existe una copiosa documentación inédita, que utilizaremos en otro estudio más amplio.

reyes la pacificación de Galicia, y éstos prometieron realizarla yendo personalmente a Galicia. La restauración del orden afectó por igual a las cosas eclesiásticas y civiles. La llevaron a cabo los reyes desde el año 1485 [16].

Para proceder a una reordenación de las cosas eclesiásticas obtuvieron los reyes en 1487 las bulas *Inter curas multiciples* (27 septiembre 1487) [17] y *Quanta in Dei Ecclesia* (11 diciembre 1487) [18]. La primera se encaminaba a liberar los beneficios eclesiásticos de la tiranía de los señores del país que los ocupaban y percibían sus rentas. La segunda tenía por objeto la reforma de los monasterios de benedictinos, cistercienses y canónigos regulares de San Agustín.

Ninguno de ambos problemas obtiene, por el momento, la deseada solución. El obispo de Catania, Diego Carrillo de Albornoz, delegado de fray Hernando de Talavera para realizar la comisión pontificia, no logró resolver nada. Al intentar obligar a los seglares a desistir de sus intromisiones, se hizo cargo de que el problema era más complejo y no podía resolverse inmediatamente, pues no solamente los nobles, sino también los monasterios y diversas entidades eclesiásticas, ocupaban los beneficios. Como estos últimos eran capaces de adquirir bienes eclesiásticos, pretendían que no se les podía desposeer legítimamente de los beneficios que habían adquirido con títulos legítimos. Los seglares afirmaban que percibían los frutos de los beneficios desde tiempo inmemorial, unos por donación espontánea de sus poseedores y otros por títulos de patronato. Los argumentos de ambas partes interesadas fueron discutidos en el Consejo Real, en donde se comprobó que la cosa «era dificultosa en hecho e en derecho». En vista de todo ello, los reyes expusieron a Alejandro VI su parecer: por evitar disensiones y escándalos, convendría que el pontífice condescendiese con los seglares de Galicia, autorizándolos para percibir ciertas rentas de los beneficios sobrantes de la sustentación del culto divino y de los beneficiados [19]. Así lo cumplió Alejandro VI el 27 de julio de 1493 con la bula *Apostolicae Sedis providencia*, dirigida a los obispos de Avila, Catania y León [20].

La reforma monástica fue encomendada igualmente al obispo de Catania, que recibió de los reyes diversas cédulas para que las autoridades le apoyasen en el desempeño de su comisión [21]. No parece que su obra en Galicia revistiese importancia mayor. Según las fuentes benedictinas, hubo de desistir ante lo arduo de la empresa, encomendando la

---

[16] Cf. A. LÓPEZ FERREIRO, *Galicia en el último tercio del siglo XV* II (La Coruña 1897) p.45-103; ID., *Historia de la santa A.M. Iglesia de Santiago* (Santiago 1904); S. PORTELA PAZOS, *Galicia en tiempo de los Fonsecas* (Madrid 1957). Interesantísimas noticias en PULGAR, *Crónica* I 430ss.

[17] ASV Reg. Vat. 725 fol.319r-22r. Extractos en RAYNALDUS, *Annales* XI ad an.1487.146-48.

[18] ASV Reg. Vat. 727 fol.249v-53v.

[19] Una interesantísima exposición de las razones contrarias presentadas por seglares y eclesiásticos en defensa de sus derechos puede verse en las instrucciones dadas por los reyes al conde de Haro en 1493. Cf. E. BUCETA, *Contribución al estudio de la diplomacia de los Reyes Católicos. La embajada de López de Haro a Roma en 1493*: BRAH 97 (1930) 182-85.

[20] ASV AA arm.1-18 n.4173 fol.64r-65v.

[21] *Simancas, RG Sello* III-1489, f.89; GARCIADRO, *La reforma*, 437-438.

prosecución de la misma a los religiosos reformados de sus respectivas órdenes [22]. De hecho, Alejandro VI el 26 de marzo de 1494 encomendaba, a los abades de San Benito de Valladolid y Poblet, la ejecución de la bula *Quanta in Dei Ecclesia* (11 diciembre 1487), de Inocencio VIII, mandándoles:

> «quatenuns vos personaliter ad huiusmodi monasteria accedentes tu Abbas in Cisterciensis et tu Prior praefati in Sancti Benedictini Ordinum monasteriis huiusmodi reformationem et visitationem, pugnitionem, castigationem, correctionem, suspensionem, privationem, unionem et dissolutionem omniaque singula et alia in dictis litteris praefati Inocentii...facere, exequi ac debitae executioni demandare in omnibus et per omnia proinde ac si per nos eaedem litterae vobis directae extitissent» [23].

En este mismo año emprendían los benedictinos vallisoletanos su heroica campaña de conquista monástica gallega, que dirigieron los abades fray Juan de Luz, fray Rodrigo de Valencia y fray Pedro de Nájera. En la empresa, sumamente ardua por la interferencia de los caballeros y prelados que tenían intereses temporales en los monasterios, consiguieron no sólo adquirir abadías tan importantes como la de San Martín Pinario, Samos, Celanova, Ribadesil, que fueron en adelante la base de la reforma, sino también una reorganización de la vida benedictina a base de los monasterios compostelanos de San Martín Pinario, convertido en centro de una red de prioratos, y San Pelayo de Antealtares, constituido en centro único femenino de la región, en el cual se fueron congregando, no sin tenaz resistencia, las escasas religiosas de la Orden diseminadas en las minúsculas casas rurales de Galicia.

Con menor eficacia, en los años finales del siglo logró iniciar sus conquistas gallegas la Observancia cisterciense. Apenas pudo asomarse tímidamente a los pequeños monasterios de la región, pues estaban controlados por los nobles. Y no consiguió conquistar los más importantes, como Sobrado y Osera, que seguían siendo presa de los comendatarios.

Ecos débiles de la campaña reformadora se perciben también en otras órdenes, como los franciscanos, dominicos y mercedarios gallegos, cuyos superiores se desplazaron, por encargo de los monarcas, a Galicia para reformar determinados conventos especialmente desordenados [24].

Mientras se llevaban a cabo tan importantes reformas en Galicia y en otras regiones de España, los Reyes Católicos no decaían en su empeño de conseguir una bula de reforma general de los monasterios. Inocencio VIII se mostraba ahora más complaciente que en 1485. El 21 de octubre de 1488, los embajadores de Roma anunciaban a los soberanos que el papa estaba dispuesto a conceder «una bula de general reformación de todos los monasterios de España y que no se puedan dar en encomienda, pero quiere que sea la reformación con abades reforma-

---

[22] Véase el *Discurso de las preeminencias del monasterio de San Benito el Real de Valladolid*, en E. PACHECO y de LEYVA, *La política española en Italia* (Madrid 1913) 23-26.
[23] *Simancas, Libros de Copias* lib.34 fol.115r-20r.
[24] Estudio matizado del tema en *Cisneros* 83-96.

dos perpetuos, como el monasterio de la Piedra, en Aragón. Y esta bula trabajaremos de enviar a vuestra Alteza» [25].

Evidentemente, se había dado un paso adelante en las negociaciones. Pero se estaba aún lejos de conseguir plenamente los objetivos de los reyes, que miraban a establecer el régimen temporal y electivo en los monasterios. Por esta razón, las negociaciones se continuaron con empeño. El 27 de marzo de 1491 hacían los reyes relación detallada del curso de las mismas en carta a los embajadores de Roma. No se había llegado todavía a la meta propuesta, porque el papa temía que, introducido el régimen trienal en los monasterios, no se pagasen las anatas a la Cámara Apostólica. «Y es cierto —comentaban los soberanos— que buena ni verdadera reformación no se puede facer sin que los abadiados e priorazgos se fagan trienales» [26]. Por lo mismo, ordenan a sus embajadores que sigan instando ante el papa. De no querer acceder a tal petición, procurarán que se despache sin tardanza la bula de reforma que el pontífice está dispuesto a conceder

> «a algunos prelados de acá, para que, en uno con religiosos de sus órdenes, puedan reformar aquéllos y reducirlos a las primeras reglas de sus dichas órdenes, y otro tanto en razón de las religiones mendicantes, nos plaze que se despache así, mirando mucho que la forma del despacho sea qual ser deve, de manera que el efecto de las dichas reformaciones no claudiquen. Mas para que ello bien se faga, habéis, sobre todo, de procurar que esto se cometa, así en respeto a los monasterios de los reinos de Castilla como de Aragón, a los prelados que Nos nombraremos para ello, porque faremos tal elección e nominación que Dios será seruido y los dichos monasterios bien y deuidamente reformados. Y lo mismo dezimos de los religiosos que, en uno con los dichos prelados, han de entrevenir e entender en ello, por reformadores y comissarios, que por semejantes los podamos nombrar. Ca la nominación de los unos e de los otros se fará, como se requiere a tal negocio» [27].

Puede decirse que el programa de reforma de los Reyes Católicos estaba completamente maduro al final del pontificado de Inocencio VIII. Su sucesor, el español Alejandro VI lo autorizó, en parte, permitiendo así que se emprendiese una reforma sistemática de los monasterios españoles, deseada y procurada por los Reyes Católicos desde más de veinte años antes.

La embajada de don Diego López de Haro en 1493

La elección de Rodrigo de Borja para ocupar el solio pontificio no pareció en la corte española un venturoso presagio [28], a pesar de que el

[25] *Simancas, Estado-Roma* leg.847.
[26] DE LA TORRE, *Documentos* III 382.
[27] Ibid., 383.
[28] La impresión negativa que en la corte española causó la elección de Rodrigo de Borja al supremo pontificado puede verse reflejada en las cartas de Pedro Mártir de Anghiera, ep. de 23 6 y 27 de septiembre de 1492. Cf. *Opus epistolarum* 29. Extractos en AZCONA, o.c., 166.

nuevo papa era español y había mantenido relaciones con los reyes desde los albores de su reinado. Rodrigo de Borja era entonces un hombre maduro en sabiduría y experiencia política, audacísimo en sus empresas, desenfrenado en sus pasiones y en el amor a los suyos. Desde 1472-73 estaba en relaciones con Fernando e Isabel [29]. Se había comportado siempre con ellos con certero tacto y preciso cálculo político. Había sabido conceder y exigir, hacer servicios y buscar compensaciones. Esa «política de *do ut des*», como la define su más moderno historiador [30], no era la más apta para esperar un pontificado próspero para las aspiraciones de los reyes de España.

Tampoco se presentaban consoladoras las perspectivas de su acción política en el confuso escenario italiano. Los intereses españoles podían peligrar gravemente si Alejandro se orientase hacia una política de acercamiento a Francia. De hecho, no faltaban indicios de la misma. Pero donde el peligro se presentaba con señales inequívocas era en Nápoles, cuyo rey Ferrante seguía una política tortuosa y agresiva respecto a los Estados Pontificios que le había comprometido gravemente. Pese a que Borja no era su candidato para la tiara, no tardó en ofrecerle su amistad, proponiendo matrimonios familiares ventajosos para ambos. Al verlos desechados por Alejandro VI, volvió de nuevo a su comportamiento agresivo e intrigante. Pero la fortuna en este caso no estuvo de parte de los audaces. Ferrante consiguió sólo empeorar la situación, ya que el pontífice, con el objetivo de restablecer el equilibrio político en la Península, restauró la paz de Lodi en sentido transversal, aliándose con Milán y Venecia. Por más que se afanó el rey de Nápoles, no logró entrar en el pacto [31].

Se comprende, por tanto, que las primeras relaciones de los Reyes Católicos con Alejandro VI no fuesen muy cordiales. Con la misma decisión que precedentemente rechazaron diversas provisiones pontificias, mostrándose muy comedidos en los entusiasmos por la elección de Borja, a pesar de que éste se apresuró a notificársela eufórico [32].

Esta inicial frialdad se cambió pronto en cordialidad. Las circunstancias la imponían. Los reyes veían amenazados los intereses de la dinastía aragonesa en Nápoles y Alejandro VI sentía amenazada su posición como pontífice y como príncipe italiano por las pretensiones francesas sobre Italia. En este ambiente de colaboración impuesto por las circunstancias y los intereses comunes, se negociaron las primeras bulas de reforma general en los monasterios españoles.

La embajada de Diego López de Haro, que debía presentar al ponti-

---

[29] Como es sabido, el cardenal Borja desempeñó en 1472 una legación en España, durante la cual mantuvo relaciones con los príncipes Fernando e Isabel. El cardenal traía consigo la bula de dispensa del parentesco existente entre ambos, que debía, por consiguiente, sanear su matrimonio. Es posible que él mismo la haya procurado. Sobre esta legación del cardenal Borja véase AzCONA, *Isabel* 174-187; F. FITA, *Los Reyes d'Aragó y la seu de Girona* (2.ª ed. Barcelona 1873) 53, y especialmente N. BATLLORI, S.I., *Alejandro VI y la Corte Real de Aragón (1492-98)* (Madrid 1958) 15ss.

[30] BATLLORI, o.c., 17.

[31] Ibid., 19-24.

[32] AzCONA, *La elección y reforma* 167-71.

fice la obediencia en nombre de los reyes españoles, inició oficialmente este clima de inteligencia y colaboración, beneficioso por ambas partes [33]. En lo político, su misión principal era restablecer las relaciones normales entre Nápoles y Roma. En lo eclesiástico, su cometido era exponer a Alejandro VI el panorama de la iglesia española y solicitar diversas concesiones pontificias. Nos interesa aquí este último aspecto de la embajada.

Las instrucciones dadas por los reyes a López de Haro repiten cuanto los reyes escribieron precedentemente para otros embajadores, especialmente para el obispo de Tuy en 1479 y para el conde de Tendilla en 1486. Precisan, no obstante, algunos puntos, como los relativos a la reforma en Galicia, a los abusos en materia beneficial, a las provisiones eclesiásticas, etc. Sobre la reforma de los monasterios reiteran cuanto con detalle habían expuesto a Inocencio VIII respecto a la necesidad de la reforma, a los comisarios-reformadores que se deberán designar, al régimen a introducir en los monasterios, al pago de las anatas. Insisten particularmente en la motivación de su campaña reformista. Como fundadores, dotadores y conquistadores de los monasterios, creen se les puede imputar cierta responsabilidad en la presente degeneración de la vida religiosa. Por este motivo, como patronos de los monasterios, creen una obligación el promover su reforma.

Es decir, que invocan sustancialmente los mismos títulos aludidos al tratar de otras intervenciones en materias eclesiásticas, especialmente en las provisiones [34].

La reacción de Alejandro VI ante estas proposiciones de los reyes es conocida por una serie de breves que reflejan manifiesta benevolencia hacia los deseos españoles, que el papa conocía muy bien ya antes de serle expuestos por el embajador [35].

Por lo que a la reforma se refiere, la respuesta del papa Borja está contenida en dos documentos pontificios, de los cuales uno es anterior a la embajada de López de Haro y no está en directa relación con ella. Nos referimos al breve *Exposuerunt nobis*, de 27 de marzo de 1493. Alejandro VI, informado de la vida poco laudable de las religiosas españolas y sabiendo que los reyes tienen noticia más cierta y segura de las personas eclesiásticas aptas para reformar tales monasterios, concede

«quod ipsae maiestatis vestrae aliquos praelatos et viros sanctae et timoratae conscientiae et integritatis nominent quos idoneos iudicabunt, quibus...quoad quorumcumque monialium monasteria et domos cuiuscumque ordinis in vestris regnis principatibus et dominiis consistentia, visitandi, deque vita et moribus ipsarum inquirendi et iuxta cuiuscumque ipsarum ordinum regularia instituta atque constitutiones ad sancte beneque vivendum, concedente Domino, in capite et in membris reformandi,

[33] E. Buceta, *Nuevos datos sobre la diplomacia de los Reyes Católicos. La embajada de López de Haro a Roma en 1493:* Anuario de Historia del Derecho Español 6 (1929) 145-98; Id., *Nuevos datos sobre la diplomacia de los Reyes Católicos. Minuta de las instrucciones para la embajada de Roma de 1493:* BRAH 97 (1930) 331-59.
[34] Buceta, *Nuevos datos* 176-77.
[35] El tantas veces citado volumen 4173 de ASV AA arm.1-18 contiene una serie de bulas de gran importancia sobre diversos temas eclesiásticos.

necnon mediante iustitia corrigendi et puniendi et caetera faciendi quae secundum rectam conscientiam et ipsarum reformationem viderint expedire» [36].

El pontífice se ofrecía, igualmente, a confirmar tal disposición por una nueva bula, si los reyes lo creyesen necesario.

Esta primera concesión era plenamente satisfactoria para los reyes. Contrariamente al proceder observado por la curia romana en semejantes casos, no sólo autorizaba la reforma, sino que la colocaba bajo la omnímoda dependencia de los reyes. Estos procuraron completarla en años sucesivos, pidiendo a Alejandro VI facultades para que los reformadores o algunos prelados de la corte pudiesen conocer y decidir las causas surgidas con ocasión de la reforma [37].

El segundo documento pontificio a que antes hemos aludido es la bula *Quanta in Dei Ecclesia,* dada, a petición del conde López de Haro, el 27 de julio de 1493 [38]. Era la respuesta de la Santa Sede a las súplicas de los reyes, reiteradas durante más de veinte años. Dado su interés extraordinario, es necesario exponer analíticamente su contenido.

Alejandro VI, informado de la vida nada ejemplar que llevaban los religiosos españoles de ambos sexos y deseando, además, satisfacer las justas peticiones de los reyes, que querían la reforma y corrección de los mismos, encarga al arzobispo de Mesina y a los obispos de Coria y Catania

«quatenus vos vel duo aut unus vestrum assumptis vobiscum locorum ordinariis seu eorum vicariis in spiritualibus generalibus ac aliquibus religiosis ac probis viris de quibus vobis et eisdem ordinariis videbitur per vosmetipsos cum ordinariis seu vicariis et aliis personis praedictis ad omnia et singula monasteria, domos et religiosa loca praedicta personaliter accedentes et solum Deum prae oculis habentes illa et eorum singula tam in capitibus quam in membris ac spiritualibus et temporalibus quotiens vobis oportunum visum fuerit auctoritate nostra visitetis atque omnia et singula quae in eis reformationis vel correctionis ministerio repereritis, prout vobis secundum Deum et canonicas sanctiones et regularia instituta ordinum eorundem expedire videbitur reformare, corrigere et emendare dicta auctoritate curetis».

Para poder realizar esta misión, el pontífice les autoriza para castigar debidamente los abusos, dar las ordenaciones que crean convenientes,

[36] De este breve existen infinidad de copias de diversos archivos españoles. Fue publicado por primera vez, que sepamos, por A. ORTEGA, O.F.M., *Las casas de estudios en la Provincia de Andalucía:* AIA 2 (1914) 20-23. El autor desconoce otros documentos pontificios de la reforma cisneriana y hace por ello diversas afirmaciones falsas (cf. AIA, l.c., p.20) que escritores recientes repiten. Cf. AIA 2 ep.10 (1950) 225. Es conocida también la falsa afirmación del franciscano S. Laín Roxas, según la cual la reforma cisneriana sería anticanónica por no poseer Cisneros otra autorización para la reforma de los monasterios que la contenida en el decreto real de 13 de febrero de 1495, dado en virtud del breve *Exposuerunt nobis.* La afirmación es manifiestamente falsa, y no es necesario detenerse en comentarla.

[37] ACA Reg.3685 fol.13v-14r; ASV AA Arm.1-18 n.5020 fol. 7r.

[38] De esta bula se conservan diversas copias. Aquí citaremos tan sólo las vaticanas: ASV Reg. Vat. 689 fol.129r-30v; AA Arm.1-18 n.4173 fol.52r-54v. Sin duda por desconocer esta bula, se ha afirmado frecuentemente que Cisneros recibió facultad para emprender la reforma en 1494. La afirmación se basa tan sólo en una afirmación indocumentada de QUINTANILLA, *Archetypo* 22, inspirada, además, en el prejuicio de este biógrafo cisneriano de que Cisneros es el primer y el único reformador de los religiosos españoles.

privar de sus oficios y dignidades a los indignos y transferir, con licencia de sus superiores, los religiosos reformados de otros monasterios a las casas que reformaren. Manda a los religiosos por ellos visitados que en todo acaten y obedezcan cuanto los reformadores ordenen.

La nueva bula de Alejandro VI no era, como se ha podido observar, del mismo estilo que el breve *Exposuerunt nobis*. Si bien facultaba para realizar la reforma general de los monasterios españoles, contenía deficiencias, que dificultaban notablemente su realización. Tales eran, entre otras, las relativas al régimen temporal y electivo en los monasterios, la obligación de que los comisionados realizasen la reforma por sí mismos, la imprecisión respecto al cambio de jurisdicción de las casas reformadas, necesario para consolidar la reforma, etc. Los reyes se percataron muy pronto de estos y otros defectos y encargaron embajadores que procurasen obtener nuevos breves que los subsanasen. El 30 de diciembre de 1493 escribían a Carvajal sobre el particular. Se alegraban de la concesión, a pesar de las lagunas que contenía, que ya precedentemente le habían manifestado. Una de las cláusulas más desfavorables era la relativa a la realización de la reforma por solos los obispos comisionados. Esto no era posible, como lo estaban experimentando en la reforma de las religiosas de Cataluña. Por esto era necesario obtener otro rescripto pontificio facultando a los obispos para delegar a otras personas; en esta forma:

> «quatenus vos duo aut unus vestrum per vos vel alios prelatos vel viros sanae et timoratae conscientiae et integritatis quos eligendos seu substituendos...super quo conscientias vestras oneramus».

Tampoco era práctica la determinación pontificia de que los ordinarios tomasen parte en las reformas y de que los religiosos reformados debiesen obtener la licencia de sus superiores para ser transferidos a la casa que se desea reformar, «porque, si ellos [los ordinarios] han de intervenir de necesario, nunca la dicha reformación habrá efecto, y halo bien mostrado la experiencia por lo que hasta ahora se ha hecho en virtud del breve de los monasterios de las monjas de Barcelona». Convendría, finalmente, que en un breve nuevo se supliesen estas deficiencias y se hiciese alusión al breve *Exposuerunt nobis* para evitar posibles sospechas de subrepción [39]. A pesar de estos defectos, la bula *Quanta in Dei Ecclesia* fue, en adelante, la norma por que se rigió la reforma de los monasterios españoles. El curso de la misma impuso ciertas precisiones y modificaciones solicitadas por los reyes en años posteriores, como la facultad de someter los monasterios reformados a la jurisdicción de las congregaciones observantes de las respectivas órdenes, que sólo se logró, respecto de los monasterios femeninos, el 23 de octubre de

---

[39] ACA Reg. 3685 fol. 67r. La exclusión de los ordinarios de la ejecución de la reforma fue insistentemente pedida a Alejandro VI. El 8 de diciembre de 1497 mandaban los reyes a los embajadores que insistiesen ante el pontífice para que se revocase semejante determinación «porque no puede bien reformar quien ha menester ser reformado» (ACA l.c., fol.183v).

1497 [40]. Fue igualmente necesario dividir el trabajo, encargando a otros prelados o religiosos la reforma de sus respectivas órdenes, como se realizó en 1496, encomendando a Cisneros la reforma de los franciscanos, a Deza la de los dominicos, y en 1499, a Cisneros, Deza y Desprats la reforma de los mendicantes [41]. Finalmente, durante los años 1504-1505, debido a las ocupaciones de los obispos comisionados y a los cambios políticos que llevó consigo la muerte de Isabel la Católica, fue necesario cometer la ejecución de esta bula a otros prelados. Después de diversos tanteos, se acordó que los obispos designados fuesen sustituidos por el obispo de Avila, Francisco Sánchez de la Fuente, y los abades de San Benito de Valladolid, Pedro de Nájera, y de Montserrat, García Jiménez de Cisneros [42].

La bula *Quanta in Dei Ecclesia* seguía vigente. Se la consideraba el documento pontificio fundamental de las reformas monásticas españolas.

3. HACIA LA REFORMA SISTEMÁTICA DE LOS RELIGIOSOS ESPAÑOLES

Una vez en posesión de las necesarias facultades, los Reyes Católicos planearon una reforma metódica y gradual de los monasterios. Comenzaron por los monasterios femeninos, para los cuales poseían facultades prácticamente ilimitadas. Su primer objetivo fueron las religiosas de Cataluña y de la Corona de Aragón [43].

Visitas de reforma en los monasterios femeninos

Durante el año 1493 residieron los monarcas casi siempre en el principado de Cataluña. La vida de los monasterios femeninos les produjo, al parecer, una impresión deprimente. Aun antes de llegar a sus manos el breve *Exposuerunt nobis* y tener noticia de su concesión, proyectaron la reforma de los monasterios de la Ciudad Condal. El 17 de mayo de 1493 escribían a sus embajadores, los obispos de Badajoz y Astorga, mandándoles que insistiesen de nuevo ante el papa para obtener una bula de reforma general de los monasterios femeninos. De no estar dispuesto a concederla, harían que al menos diese una bula de reforma de los monasterios de Barcelona «en la cual hay tanta deshonestidad e profanación, que, sin duda, es en ello mucho deservido nuestro Señor, y, si se puede, queríamos dejarlos reformados antes de nos ir de este principado» [44].

---

[40] Bula *Ex iniuncto nobis* (23 octubre 1497), cuyo contenido expondremos más adelante. Cf. ASV Reg. Vat.873 fol.473v.

[41] Bula *Ut ea quae a nobis* (26 diciembre 1496) (*Simancas* PR. 61-62).

[42] G. M. COLOMBÁS, *Un reformador benedictino* 362-65.

[43] Sobre las disposiciones de los reyes para llevar a cabo la reforma desde 1493 existe una documentación abundantísima, que aquí no puede ser citada. En la exposición del tema se tienen en cuenta los resultados de esta documentación.

[44] ACA Reg. 3685 fol.13v-14r.

Afortunadamente, Alejandro VI por aquel entonces ya había complacido generosamente a los reyes, y éstos pensaron en organizar la reforma en todo el Principado y luego en toda la Corona de Aragón.

La primera preocupación de los reyes fue buscar reformadores selectos. En julio de 1493 nombraban para la diócesis de Barcelona a Marín Ponce, arzobispo de Mesina; Glacerán Cristóbal de Gualves, guardián de San Francisco de Barcelona, y Antonio Juna Maior [45]. El 3 de noviembre del mismo año designaban a Juan Daza y a fray Francisco Segarra, franciscano observante, para visitar los monasterios de la diócesis de Elna y del Rosellón [46]. Todos estos visitadores, a excepción de Daza, declinaron el nombramiento. Para suplirles fue llamado el observante mallorquín fray Miguel Fenals [47]. Desde el 6 de noviembre de 1493 quedaban a cargo de Daza y Fenals los monasterios de las diócesis de Barcelona, Tarragona, Tortosa, Urgel, Gerona y Vich.

En previsión de la oposición ruda que encontrarían los visitadores en los monasterios y fuera de ellos, se dictaron severas leyes contra quienes de algún modo se opusiesen a la reforma o dificultasen la acción de los reformadores. Los oficiales reales recibieron órdenes de apoyarlos incondicionalmente. Las religiosas fueron exhortadas a someterse dócilmente a cuanto ellos ordenasen. Se prohibió bajo sanciones gravísimas, que podían llegar hasta el destierro perpetuo, entrar en los monasterios o conversar con las religiosas sin permiso de los reformadores durante el tiempo que durase la visita [48].

Los visitadores recibieron también de los reyes instrucciones muy concretas, contenidas en un memorial hoy desconocido [49]. Se referían, según se deduce de la actuación de los visitadores, a los puntos siguientes: vida en común propia de comunidades religiosas, especialmente respecto al refectorio, dormitorio, enfermería, etc.; silencio en las oficinas del monasterio, total después de completas; regulación de las visitas en un locutorio común, en presencia de otra religiosa, con permiso de la superiora, en horas determinadas, quedando prohibido el acceso a los monasterios a cualesquiera personas, excepto al confesor y al médico; prohibición de salir del monasterio, salvo casos de necesidad verdadera, en compañía de tres religiosas y con las debidas licencias de la superiora; disposición de las puertas y ventanas del monasterio de forma que puedan ser controladas por la superiora y no permitan la vista hacia las vías públicas; servicio del altar con sacristanes de vida honesta; cuidado de los ornamentos sagrados; prácticas disciplinares propias de las comunidades religiosas; recta administración de las rentas del monasterio y número de religiosas a ellas correspondientes. Los reyes advierten, no

[45] T. DE AZCONA, *La reforma de las clarisas de Cataluña en tiempo de los Reyes Católicos*: Collectanea Franciscana 27 (1957) 9 (nota).
[46] ACA Reg. 3611 fol.20v-21r.
[47] Ibid., fol.21v-22r. Otro despacho firmado en Montserrat el 7 de noviembre de 1493 (ibid., fol.22v-23r).
[48] Ibid., 23r-24v.92r-93r.
[49] Ibid., fol.28v.

obstante, a los visitadores que quedaban en plena libertad para ordenar cuanto vieren más oportuno con el fin de llevar a cabo la reforma [50]. Pero durante el curso de la reforma se haría siempre más evidente que el único modo de realizar las reformas y consolidarlas definitivamente sería introduciendo en los monasterios superioras y religiosas reformadas de la respectiva Orden.

La resistencia a la reforma fue extremada en Cataluña, especialmente en Barcelona, en donde muchas personas extrañas a los monasterios incitaban a las religiosas a desoír la voz de los visitadores, daban hospedaje a religiosas fugitivas, retiraban de los monasterios a sus familiares y resistían incluso a mano armada. Surgieron pleitos enfadosos, que los visitadores y los reyes querían decidir en España. Faltó frecuentemente la colaboración efectiva de las autoridades locales tanto civiles como religiosas, no obstante las órdenes taxativas de los reyes. No siempre fue posible encontrar en el Principado religiosas de vida íntegra que pudiesen consolidar la obra de los reformadores [51].

Pero la energía de los reyes era suficiente para hacer frente a estas pruebas. Urgieron de nuevo las normas dadas sobre el ingreso a los monasterios. Hicieron que los visitadores depusieran a las superioras que no querían acatar la reforma. Dieron a los visitadores asesores y abogados que les aconsejasen y defendiesen en caso de denuncias o apelaciones [52]. Y, debido a la escasez de monasterios reformados en la Corona de Aragón, decidieron enviar religiosas de Castilla «que saben muy bien las reglas y constituciones y pláticas de sus órdenes y están muy puestas en toda honestidad y cosas que han de guardar para estar en algunos de los dichos monasterios hasta que las de allá, por la plática de sus reglas y de la costumbre de las que de acá van, podrán tomar, puedan tener y gobernar las dichas casas en la dicha honestidad y orden según que por los dichos visitadores será ordenado» [53].

En la reforma de las religiosas del reino de Aragón se siguieron las mismas directrices. Se nombraron sucesivamente diversos visitadores. Los primeros designados, Martín Ponce, arzobispo de Mesina; Sancho de Aceves, vicario general de Zaragoza, y Martín García, arcediano de Daroca, fueron muy pronto sustituidos por fray Francisco Segarra, vicario provincial de los observantes franciscanos de Aragón, y fray Pedro Capdevila, guardián de Santa María de Jesús de Zaragoza. Después de algunos cambios, Sancho de Aceves, Martín García y fray Alonso de Guadalajara quedaron encargados de la reforma de los monasterios femeninos de las diócesis de Zaragoza, Huesca, Lérida y Tarazona [54]. En su actuación en los monasterios se repitieron muchos de los incidentes

[50] Ibid., fol.92r-93r. Las normas disciplinares de los visitadores, del mayor interés para conocer el espíritu de la reforma, en AZCONA, *Reforma de religiosas benedictinas y cistercienses de Cataluña en tiempo de los Reyes Católicos:* Studia Monastica 9 (1967) 135-151.
[51] Ibid., fol.131v̄-32r.132r-33v.186r; Reg.3685 fol.61v.92v-93r.
[52] Ibid., Reg. 3611 fol.132v-33r.28v-38r; Reg. 3606 fol.203.
[53] Ibid., Reg. 3611 fol.93v-94r.
[54] Ibid., fol.25r.86r-v.105r-v.177r.84v-85r.

que hemos visto en Cataluña. La oposición no fue, sin embargo, tan decidida y sistemática [55].

Las reformas de las religiosas del reino de Valencia se le encargó a don Antonio de Rojas, arcipreste de Sevilla, en unión con los observantes franciscanos Francisco Avynio, Pedro Bañuls y cierto maestre Vilar, después de haber renunciado fray Francisco Segarra, nombrado precedentemente por los reyes [56]. Surgieron en diversos monasterios litigios no sólo entre las religiosas y los visitadores, sino también entre éstos y los superiores regulares de diversas órdenes [57].

La reforma de las religiosas de Cerdeña fue encomendada al comisario de los observantes franciscanos en la isla, quien trabajó eficazmente, sobre todo, entre las religiosas franciscanas [58].

La reforma de las religiosas castellanas nos es menos conocida que la de las aragonesas. No parece que se haya llevado a cabo de un modo sistemático. Los vicarios provinciales y los custodios de los observantes franciscanos fueron comisionados para visitar las religiosas franciscanas [59]. El custodio observante de Sevilla, maestro Cristóforo, y fray Juan de Puebla acompañaron al obispo de Córdoba, Iñigo Manrique, en la reforma de las religiosas de su diócesis [60]. Fray Pascual de Ampudia recibió el cargo de reformar las religiosas dominicas de Castilla. Fray Juan de San Juan de Luz trabajó, por encargo de los reyes, en la reforma de las benedictinas. Fray Juan de Sevilla, prior de San Agustín de Sevilla, realizó la misma labor con las religiosas de su Orden [61]. Cisneros, entonces vicario provincial de los observantes franciscanos de Castilla, recibió la comisión de reformar las religiosas de cualquier Orden que morasen en el radio de la Provincia franciscana de Castilla [62]. La misma comisión recibió fray Juan de Vitoria respecto al radio de la custodia observante de Burgos [63]. El abad reformador de los observantes cistercienses, fray Juan de Cifuentes, y el prior de San Benito de Valladolid, fray Juan de San Juan de Luz, fueron designados reformadores de las religiosas cistercienses [64].

Desgraciadamente, carecemos de la necesaria información para valo-

---

[55] Los reyes tuvieron en Aragón un lugarteniente fiel y hábil como pocos: don Alonso de Aragón, arzobispo de Zaragoza, cuya participación en las reformas monásticas es frecuente durante estos años finales del siglo XV, como en diversas ocasiones hemos podido comprobar. Sobre sus dotes de gobernante cf. Azcona, *La elección y reforma del episcopado* 209. La actuación de los visitadores provocó a veces incidentes un tanto violentos, como en Santa Clara de Calatayud y en el Sepulcro de Zaragoza. Cf ACA Reg. 3611 fol.174r.147v; Reg. 3685 fol.190r-v.

[56] Ibid., fol.95r.98v.109r.176r-v; Reg. 3669 fol.189v. Diversos pregones anunciando el envío de los visitadores. Ibid., fol.95r.98r-99v.

[57] Ibid., Reg. 3669 fol.183v.132r-33r; Reg. 3611 fol.147v-48r.149v-150r; Reg. 3677 fol.116r-17r.

[58] Ibid., Reg. 3611 fol.67v-68r; Reg. 3671 fol.20r-v.

[59] De la reforma de las religiosas franciscanas trataremos detalladamente más adelante.

[60] *Simancas*, RG Sello, octubre de 1493, fol.104; abril de 1494, fol.372.

[61] Ibid., octubre de 1494.

[62] ACA Reg. 3611 fol.86.

[63] *Simancas*, RG Sello, diciembre de 1496.

[64] ACA Reg. 3611 fol.104r. De los monasterios femeninos de Asturias fueron encargados el 6 de noviembre de 1499 García de Asien, licenciado en Sagrada Teología, y Diego Vello (*Simancas*, RG Sello, noviembre de 1499).

rar la obra de estos reformadores. Es muy posible que no hayan tenido tantos obstáculos como la de sus colegas de la Corona de Aragón, ya que en Castilla la generalidad de los monasterios no sufrían un decaimiento tan grave como los aragoneses y abundaban más los reformados. Los reyes se percataron muy pronto de que la reforma no se podía perpetuar si no se sometían las religiosas reformadas a la jurisdicción de las congregaciones observantes de sus respectivas órdenes, y así lo consiguieron en 1497 de Alejandro VI.

Potenciación de las Observancias masculinas

La reforma de los religiosos no podía planearse con los mismos criterios que la de las religiosas. Las normas contenidas en la bula *Quanta in Dei Ecclesia* con dificultad podían conducir a una reforma perdurable, ya que no preveían medidas tan necesarias como eran el tránsito de las casas reformadas a la jurisdicción de las congregaciones observantes y el régimen electivo y temporal en los monasterios. Por este motivo, la táctica normal de los reyes fue apoyar incondicionalmente a los observantes de las respectivas órdenes hasta que fuesen capaces de absorber la parte no reformada de su propia orden.

Los mayores obstáculos se encontraban, evidentemente, en las órdenes monacales, cuyas casas sufrían, en su inmensa mayoría, los efectos perniciosos de las encomiendas. Cada nuevo monasterio que se ganaba para la reforma era una auténtica conquista, que implicaba no sólo la fatiga de transformar la vida de sus moradores, sino también una compensación económica o política a la curia romana. Con frecuencia se añadía a todo esto la reconstrucción de la hacienda y del edificio del monasterio, arruinados por la incuria o la mala administración [65].

Esta era la situación de gran parte de los monasterios benedictinos y cistercienses en la segunda mitad del siglo XV. Ambas Ordenes poseían en España sus congregaciones reformadas, que trabajaron celosamente por restaurar la disciplina de su Orden. La Congregación benedictina de San Benito de Valladolid, tuvo su período áureo precisamente en tiempo de los Reyes Católicos [66]. Dos hombres de singular talento y dinamismo, Pedro de Nájera y García de Jiménez de Cisneros [67], la reorganizaron y consiguieron someter a su jurisdicción las abadías más glo-

---

[65] Alejandro VI rogó en 1497 a los reyes que no le pidiesen nuevas reformas de monasterios, reduciéndolos a trienales. El rey escribió a los embajadores ordenándoles que en manera alguna prometiesen tal cosa al pontífice, porque creía deber suyo y del pontífice seguir trabajando en la reforma de los monasterios. Cf. ACA Reg. 3685 fol.183r.

[66] Sobre esta Congregación benedictina existe una bibliografía relativamente abundante. Citaremos los estudios más fundamentales: M. ALAMO, O.S.B., *Valladolid, Congregación de San Benito de,* en *Enciclopedia Universal Ilustrada europeo-americana* t.66 930-87; GARCÍA M. COLOMBÁS-M. GOST, O.S.B., *Estudios sobre el primer siglo de San Benito de Valladolid* (Montserrat 1954); GARCÍA M. COLOMBÁS, *Un reformador benedictino en tiempo de los Reyes Católicos: García Jiménez de Cisneros, abad de Montserrat* (Montserrat 1955).

[67] Sobre ambos reformadores benedictinos véase el excelente estudio antes citado de G. M. COLOMBÁS, *Un reformador benedictino.* Pedro de Nájera carece todavía de un estudio monográfico que esclarezca su actuación reformadora. Las noticias dadas por Colombás podrían con suma facilidad ser completadas, ya que sobre la reforma benedictina existe una gran masa documental inédita.

riosas de Castilla y Aragón. El primero fue, sin duda, el más distinguido reformador de su Orden en Castilla. El segundo trabajó, aunque no siempre con éxito, en la reforma de las grandes abadías catalanas y aragonesas desde su abadía de Montserrat, que él convirtió en centro irradiador de espiritualidad monacal. El primero era dinámico e impetuoso, llegando a cometer lamentables imprudencias, que hubieran sido fatales para la Congregación de Valladolid de no tener a su lado siempre la mano protectora de Fernando el Católico [68]. El segundo era, más bien, partidario de la persuasión y de las formas blandas y no de imponer la reforma. La situación jurídica de los monasterios llevaba consigo el que la introducción de la reforma fuese muy lenta e insegura. La Congregación de Valladolid, en espera de días mejores, enviaba grupos de religiosos reformados a los monasterios para que fuesen preparando el ambiente para el día en que fuese posible realizar la reforma definitiva y la anexión [69].

El mismo proceso se seguía probablemente en la reforma de los monasterios cistercienses. La Orden poseía ciertos privilegios, que le defendían contra los cazadores de beneficios. Pero no pasaban de ser letra muerta. En realidad, sus monasterios fueron víctimas de las encomiendas, casi con la misma frecuencia que los benedictinos [70]. Los Reyes Católicos favorecieron constantemente al abad reformador de la Observancia cisterciense para restaurar la disciplina en diversas casas de la Orden, principalmente en las de Galicia y el Bierzo [71].

La reforma de los mendicantes era relativamente más fácil, salvo en casos en que la situación interna de la Orden era poco propicia debido a las leyes que regían la convivencia entre conventuales y observantes. Normalmente, procuraron los reyes que los superiores observantes de las respectivas órdenes realizasen la reforma. Cuando éstos dependían inmediatamente de sus superiores generales o habían recibido de los mismos el encargo de llevarla a cabo, no surgían dificultades mayores. La restauración de la disciplina se lograba sin que la unidad de la orden peligrase. Tal fue el caso de los dominicos, agustinos y carmelitas, cuya reforma fue dirigida por los superiores generales de su propia Orden [72]. En cambio, cuando las relaciones entre conventuales y observan-

---

[68] COLOMBÁS, *Un reformador benedictino* 401-18.
[69] Ibid.,146-47.
[70] Véase la palabra *Cîteaux*, en DHGE XII col.976-78.
[71] En la reforma del Císter en España trabajaron durante el reinado de los Reyes Católicos, además del reformador general fray Sebastián de Padilla y otros que ocuparon el mismo cargo, el abad de Cîteaux y el obispo de Catania, don Alonso Carrillo de Albornoz. Cf. DE LA TORRE, *Documentos* II 113-14.114-15.116-18; III 319-20.352-53.373-74; *Simancas*, RG Sello, mayo de 1496 y julio de 1498. Durante los primeros años del siglo XVI se reorganizó la Observancia cisterciense. El 1506 aprobó Julio II la legislación de la misma: ASV Reg.Vat. 909 143r-45r.
[72] La historia de las reformas de estas órdenes en tiempo de los Reyes Católicos está aún por escribir. Existen, no obstante, importantes estudios monográficos que iluminan aspectos parciales del tema. Entre más, merece citarse el de V.BELTRÁN DE HEREDIA, *Historia de la reforma de la Provincia de España (1450-1550)* (Romae 1939), completado posteriormente con otros estudios ampliamente documentados. Sobre la reforma de los agustinos y carmelitas españoles, véanse los estudios de L. ALVAREZ y O. STEGGINK citados en la bibliografía.

tes llegaron al extremo de formar dos partidos irreconciliables como entre los franciscanos, la reforma fue actuada frecuentemente en contra de la jerarquía de la Orden e incluso en grave daño de la misma [73].

El proceder de los reyes en sus empresas reformadoras fue premiado por el éxito, debido en gran parte a la leal colaboración de la Iglesia con la Corona, que no faltó nunca a los reyes, y en la invulnerabilidad jurídica de su actuación. Lo constata H. Jedin, con la penetración y solidez que le caracterizan, después de un estudio comparativo de las diversas reformas realizadas contemporáneamente:

> «Solos los Reyes Católicos de España —escribe— realizaron verdaderamente cosas grandes y con notable éxito en la reforma de la Iglesia de su país... Y ciertamente ha de atribuirse a esta estrecha colaboración entre el clero y la Corona el que con la siguiente generación la Iglesia española sea capaz de colocarse en vanguardia del movimiento religioso» [74].

4. PRESENCIA Y ACCIÓN DE CISNEROS EN LA REFORMA RELIGIOSA [75]

La campaña de reforma y corrección de costumbres realizada durante el reinado de los Reyes Católicos tiene como protagonista un hombre: fray Francisco Jiménez de Cisneros. Esta fama y tradición historiográfica relativa al famoso cardenal se fundamenta en dos bases: su participación real en la acción renovadora de las familias religiosas y, sobre todo, sus grandes creaciones culturales, que alimentaron la vida espiritual del futuro.

Intentos de superación del conventualismo franciscano

La acción de Jiménez de Cisneros es perceptible, sobre todo, en la familia franciscana. El programa de reforma propugnado por la Regular Observancia había alcanzado su plena madurez en el último decenio del siglo y pudo aplicarse sin obstáculos desde este momento gracias al apoyo firme del prelado toledano y al sostén de la corte. La meta estaba clara: la superación del conventualismo y la reunificación de la Orden. El programa de conquista que ella implicaba fue determinado en este decenio y se intentó realizarlo no sólo en España, sino también en la misma curia romana.

La conocida estrategia de conquistas violentas, que hemos observado en el período anterior, va cediendo el paso a la negociación y a la aceptación. La familia conventual de Castilla llega a la convicción de que su posición defensiva es insostenible, y comienza a ceder sin resistencia a las presiones de la corte, que quiere y procura su extinción. A la cabeza de la abdicación figuran los mismos superiores conventuales, los minis-

[73] Véase adelante par.4.
[74] JEDIN, _Storia_ 132-33.
[75] Recogemos en síntesis algunas ideas de nuestro estudio _Cisneros_, en su segunda parte, intitulada _Cisneros reformador_ p. 171-271. En su apéndice documental se editan también los principales textos constitutivos de la reforma a los que se hace relación en este párrafo.

tros provinciales de Castilla (fray Sancho de Ontañón) y de Santiago (fray Juan Carlín). Son los mismos ministros provinciales de la conventualidad quienes toman la iniciativa de reformar a sus súbditos y admiten libremente su paso a la Observancia.

El programa de reforma parece haberse fraguado en la primavera de 1493 en Barcelona, en donde residía Cisneros temporalmente siguiendo la corte trashumante de los Reyes Católicos. En una importante asamblea de superiores franciscanos observantes que se encaminaban al capítulo general de Florenzac, en Francia, celebrada seguramente en presencia de los reyes, debió de cocerse el plan de una gran campaña de reforma para todos sus reinos [76]. En ella se determinó, posiblemente, la manera de llegar a un acuerdo secreto con los superiores conventuales. La hipótesis cobra fuerte verosimilitud a la vista de los hechos posteriores: bula *Quanta in Dei Ecclesia*, de 27 de julio de 1493, autorizando la reforma jerárquica de los religiosos en España [77]; breve *Dudum certis iudicibus*, de 18 de junio de 1494, concediendo a los observantes franciscanos las casas de los conventuales que voluntariamente quisiesen pasar a la Observancia, contra lo establecido previamente por las llamadas *bulas de concordia* [78]; campañas de visita y reforma de los conventuales franciscanos de las Provincias de Castilla y Santiago en los años 1494-95, con apoyo real, con la finalidad de introducir en ellos la Regular Observancia [79]; pacto secreto de los soberanos con el provincial de Castilla estipulando el tránsito de todos los conventos claustrales franciscanos de Castilla a la Observancia, a excepción de nueve minúsculas casas, sobre las cuales continuaría ejerciendo vitaliciamente su ministerio dicho superior franciscano [80]; concesión de la bula *Ut ea*, de 26 de diciembre de 1496, y del breve *Alias ex certis*, de 27 de junio de 1497, a Francisco Jiménez de Cisneros y a Diego de Deza para proceder a la reforma de las Ordenes franciscana y dominica respectivamente [81]; obtención de la bula *Quanta in Dei Ecclesia*, de 1.º de septiembre de 1499, y del breve *Alias ex vobis*, de 14 de noviembre de 1499, con la misma comisión para ambos prelados respecto a las órdenes mendicantes en general [82]; y, sobre todo, las negociaciones mantenidas en la curia romana durante los años 1498-99 por emisarios de los Reyes Católicos con el objetivo de promover la celebración de un capítulo generalísimo y la elección de un ministro general observante para toda la Orden, designio al que se opusieron no sólo los conventuales italianos, sino también los mismos observantes cismontanos, con su vicario general, Ludovico della Torre, a la cabeza [83].

No murió el proyecto de reforma y unidad en la Observancia con el

[76] J. GARCÍA ORO, *Cisneros* 185-86.
[77] El texto ibid., 367-69.
[78] Texto ibid., 369-70.
[79] Ibid., 181-84.
[80] Véase adelante par.4.
[81] Texto ibid., 375-76.
[82] Ibid., 381-82.
[83] Ibid., 197-201.

siglo, ni siquiera con Alejandro VI, que lo había patrocinado. Al contrario, rebrotó con nuevo vigor en dirección inversa, es decir, desde Roma hacia la periferia, sostenido ahora por una nueva figura: el ministro general de la Orden franciscana, Gil Delfini, a base de unos nuevos estatutos de reforma un tanto ambiguos, elaborados en el capítulo general de Terni de 1500 [84], y destinados a la corrección de los conventuales, y, sobre todo, mediante una habilísima campaña de captación política, que le conquistó para el proyecto a los reyes de Francia y España y, finalmente, al mismo Cisneros, quien en este caso se apartó de sus patrocinados los observantes españoles, los cuales optaron, bajo la guía del vicario general ultramontano, por la negativa a todo plan de reunificación de la Orden que no pusiese a su cabeza a la Observancia y decidiese la extinción de la Claustra [85].

Pero el proyecto, tras varios ensayos indecisos en Francia y en Aragón, se estrelló de nuevo en el capítulo generalísimo de 1506, que devolvió a ambas familias el *statu quo* tradicional, es decir, la autonomía completa, con prohibición de apropiarse mutuamente las casas y de interferirse en el gobierno [86].

En el decenio final del reinado (1506-16) se asiste a la agonía del conventualismo castellano y a una profunda agitación del aragonés. Mientras en Castilla surgen agrias disputas en el interior de los grupos reformados debido a la resistencia de la nueva familia de los guadalupenses o frailes del Santo Evangelio, creados por fray Juan de Guadalupe [87], en Extremadura, los conventuales castellanos se disuelven gradualmente en querellas internas sobre los cargos de gobierno. En Aragón se vive una situación muy tensa, provocada por los intentos de los conventuales de recuperar sus antiguos conventos; intento en parte conseguido en 1509 por el ministro general, Rainaldo Grazziani de Cotignola, no sin haberse visto amenazados previamente por un conato masivo de expulsión, y la interferencia de Fernando el Católico en el gobierno de la Provincia con pretexto de la reforma y a consecuencia de una concordia suscrita con el citado ministro general en Valladolid el 8 de abril de 1509 [88].

El proyecto observante de reforma, asumido con tanto vigor por Cisneros y por los Reyes Católicos, cristalizaba en el capítulo generalísimo de 1517 y, sobre todo, en la conocida bula *Ite vos*, de León X (29 mayo 1517), que establecía la primacía de la rama observante como única y legítima representante de la Orden, colocando a la conventualidad en un régimen de progresiva extinción, del cual, sin embargo, supo ésta liberarse [89].

---

[84] El texto más accesible en CHL I 148-207.
[85] Estudio de su actividad reformadora en J. GARCÍA ORO, *Cisneros* 204-17.
[86] Ibid., 217-20.
[87] Ibid., 233-36.
[88] Ibid., 220.30. El texto de la Concordia de Valladolid en *Monumenta Ordinis* (ed.Salamanca 1511) fol.214v-16v.
[89] Sobre el tema sigue siendo básico el estudio de J. MESEGUER, *La bula «Ite Vos» (29 de mayo de 1517) y la reforma cisneriana:* AIA 2 ep.18 (1958) 257-361.

La obra de Cisneros en los monasterios femeninos

La iniciativa de reforma y reajuste disciplinar, que tanto afectó a la Orden franciscana durante el siglo XV, no tardó en proyectarse sobre sus hermanas las clarisas, en cuya renovación trabajaron intensamente los principales líderes de la Observancia, como San Bernardino de Siena y San Juan de Capistrano. Las tendencias autonomistas se manifestaron en esta familia religiosa con exuberancia, llegando a constituirse, a lo largo del período, varios grupos diferentes, a cuya cabeza figuraba un importante monasterio, y en cuyo régimen tenía parte decisiva el visitador. Ejemplos clásicos de estas manifestaciones independentistas fueron las *coletanas francesas* [90], fundadas como reforma de la Orden de Santa Clara por Santa Coleta Boylet, y la «familia de monasterios» de Tordesillas, creada a partir de 1380 por iniciativa, sobre todo, del franciscano fray Fernando de Illescas, confesor de Juan I de Castilla [90*].

La orientación constitucional y religiosa de este grupo femenino se fue asimilando cada vez más a la naciente Regular Observancia, de la cual procedían sus visitadores en la segunda mitad del siglo, si bien manteniendo su autonomía respecto a los superiores de esta familia franciscana. Estas peculiaridades del grupo de Tordesillas iban a chocar frontalmente con los designios de la Corona desde 1493, que se cifraban en la reforma sistemática y centralizada de los monasterios femeninos y en sujeción total a las familias observantes de cada Orden. Cisneros tuvo, en este caso, una intervención más directa y constante que la arriba reseñada respecto a las casas masculinas. Nombrado reformador de las clarisas de Castilla el 20 de julio de 1494 [91] y de los monasterios femeninos de Castilla en general el 13 de febrero de 1495 [92], conseguía en 1497 autorización pontificia para introducir en los monasterios el régimen trienal (breve *Cum sicut nobis,* de 21 de mayo de 1497 [93]); someter los monasterios reformados de cada orden a la respectiva familia observante. (breve *Ex iniuncto,* de 23 de octubre de 1497 [94]); ejercer en ellos la jurisdicción de los visitadores generales (breve del mismo título y fecha [95]) y destinar a los monasterios femeninos reformados los bienes de los conventuales franciscanos pasados a la Observancia (breve *Cum sicut,* de 31 de mayo de 1502 [96]). Tras un enfrentamiento con el visitador de Tordesillas, fray Bernardino de Guaza [97], depuesto y castigado severamente, Cisneros conseguía, finalmente, someter el visitador a los superiores observantes, borrando su antigua autonomía, y ampliando la jurisdicción de éstos a todas las atribuciones que competían en este campo al

---

[90] García Oro, *Cisneros* 248-49.
[90*] Véase arriba c.2 par.1.
[91] García Oro, *Cisneros* 253.
[92] Ibid., 370-71.
[93] Extracto ibid., 254.
[94] El texto ibid., 378.
[95] Noticias sobre su contenido ibid., 257.
[96] El texto en AIA 2 (1914) 166-71.
[97] Sobre este franciscano observante y su enfrentamiento con Cisneros cf. García Oro, *Cisneros* 258-62.

cardenal protector de la Orden franciscana (breve *Ex relatione circunspectionis*, de 9 de abril de 1508 [98]).

Al tiempo que conseguía esta integración de las clarisas en la Observancia, Cisneros colaboraba con entusiasmo en la promoción de un nuevo brote franciscano femenino: las religiosas *concepcionistas*, surgidas en su tierra toledana por obra de los franciscanos de la Custodia de Toledo y aprobadas como orden religiosa, dentro de las familias franciscanas, por Julio II el 17 de septiembre de 1511 (bula *Ad statum prosperum* [99]).

Una vez constituido arzobispo de Toledo en febrero de 1495, Cisneros demostró también una solicitud constante por la reforma de los religiosos de su diócesis, en especial por las casas femeninas, todos los cuales parecen haber aceptado de buen grado la protección del prelado para este objetivo. Su huella de renovador quedó así bien grabada en la historia contemporánea de las religiosas toledanas, visitadas regularmente por sus comisarios, como el doctor García de Villalpando [100], y de los religiosos carmelitas, trinitarios y especialmente de los agustinos, que recabaron con frecuencia la ayuda del toledano para conseguir un avance en la reforma en curso, y, sobre todo, la famosa concordia de Burgos de 1511, por la que se recuperaba plenamente la unidad de la Orden en Castilla dentro de unos criterios de renovación que pudieron realizarse durante los años siguientes [101].

En conclusión, Francisco Jiménez de Cisneros representa, dentro del plan y programa de renovación regular ideado por los Reyes Católicos, el promotor y, en muchos casos, el protagonista de una superación definitiva del conventualismo, al que se propuso sustituir no sólo en el campo constitucional, sino también en el campo cultural y misionero, comprometiendo a las familias observantes a nuevas realizaciones en los más diversos campos e ideando para esta finalidad una verdadera infraestructura cultural en las principales urbes del reino, como Sevilla, Salamanca y Alcalá, que sólo vería realizarse en este último caso.

*   *   *

Al lado de estos proyectos educativos y culturales estuvieron, muy vivos en su mente, los misioneros y conquistadores, por él directamente promovidos en Granada, Africa y máxime en América, a las que quiso exportar un evangelismo utópico que él mismo vivía y cultivaba en su círculo de amigos espirituales. Por estos grandes proyectos y por los intentos valiosos que acometió, Cisneros sigue manteniendo, con toda justicia, el título indisputable de reformador de la España moderna.

---

[98] El texto en M. RODRÍGUEZ, *Nova collectio* 251-52.
[99] El texto en DE GUBERNATIS, *Orbis Seraphicus* II 698-704.
[100] GARCÍA ORO, *Cisneros* 325-26.
[101] Ibid., 326-31.

CAPÍTULO IV

LA REFORMA BAJO EL EMPERADOR: EL COMPROMISO DE LA CONTINUIDAD

1. CARLOS V, «POCO ACTUADO EN LAS COSAS DE CASTILLA»

Un cronista benedictino, refiriéndose a la mala suerte que cupo a la Congregación de Valladolid en los primeros años del reinado del Emperador, señalaba como causa la inexperiencia del nuevo soberano en los problemas religiosos de Castilla, contraponiéndolo a sus abuelos, los Reyes Católicos, a quienes la gran institución benedictina aclamaba al unísono «causa principal de la reformación de esta Congregación» [1]. Su testimonio pecaba de pesimista, porque, si bien don Carlos no apadrinaba en sus primeros años un designio tan clarividente y tenaz como sus abuelos en materia de reforma eclesiástica, era muy consciente de que la pauta y el camino emprendido deberían mantenerse. Y, consecuente con la convicción, apoyó siempre los pasos dados por los superiores de los grupos reformados para consolidar o ampliar la reforma. Finalmente, fue generoso en atribuir a Fernando e Isabel la plena paternidad de esta empresa, en la que se tuvo siempre por continuador. Con estas afirmaciones definimos ya en el pórtico de la exposición lo que fue de hecho la política religiosa del Emperador en el campo de la reforma: el compromiso de la continuidad.

Las comunidades y la reforma

La primera gran lección amarga que recibió en España don Carlos fue la rebelión de las comunidades y germanías. En la vida eclesiástica y religiosa se hizo patente un notable grado de sensibilidad política, que llevó a la intervención directa a varios miembros de las órdenes mendicantes, principalmente dominicos, agustinos y franciscanos [2]. Por lo general, los superiores observantes se mantuvieron fieles al Emperador en la contienda y procuraron reprimir las audacias de sus súbditos, siendo

---

[1] Ambos testimonios —el primero, de un cronista benedictino, y el segundo, del capítulo general de 1518— en E. ZARAGOZA PASCUAL, *Los generales de la Congregación de San Benito de Valladolid* II (Silos 1976) 158 y 151.

[2] El tema está hoy bien esclarecido tras los estudios de J. PÉREZ, *La Revolución de las «Comunidades de Castilla»* (Madrid ³1979), que recoge y amplía los estudios anteriores, sobre todo el muy sólido y todavía válido de M. DANVILL, *Historia crítica y documentada de las comunidades de Castilla,* 6 vols. (Madrid 1897-99) (volúmenes n.35-40 del Memorial Histórico Español).

alabados por su actitud leal [3]. Fue particularmente positiva la fidelidad de la Congregación de Valladolid y de su monasterio central, San Benito de Valladolid, en cuyo recinto se amparaban los bienes inmuebles de muchos imperiales y encontraron refugio los jefes de este mismo bando, especialmente el presidente del Consejo Real, don Antonio de Rojas [4].

Éran de esperar los conflictos. La campaña de reforma, conducida desde los primeros años del siglo por los superiores observantes, no podía pararse, y necesitaba de atenciones especialísimas no sólo por las numerosas querellas surgidas, sino también por la oleada de incertidumbre, agitación y confusión que supuso el estallido de la revuelta comunera.

Un brote considerable de discordia estaba abriéndose paso en las filas del Císter castellano. El reformador de la Observancia no era aceptado por los monasterios reformados, seguramente a causa de las pretensiones centralizadoras. Se trataba de un conflicto interno en la Observancia cisterciense y no de una clásica disputa entre monasterios claustrales y reformados. En todo caso, la situación se hizo clamorosa, de forma que atrajo la intervención de la corte y de la curia romana. Hubo de resolverse por el clásico proceder: una visita de reforma a los monasterios. La realizarían los obispos de Lugo (Pedro de Rivera) y Ciudad Rodrigo (Juan Pardo Tavera), ambos caracterizados por sus deseos de renovación [5]. Así lo disponía el breve *Exponi nobis*, de 1.º de octubre de 1522 [6], sobre cuya ejecución carecemos enteramente de noticias. La eventual intervención de estos prelados en la vida de la reforma cisterciense no fue óbice para que ésta, y, sobre todo, sus superiores generales, continuasen promoviendo intensamente la reforma e incorporación de monasterios durante los años veinte, como más adelante documentaremos [7].

En la Orden benedictina y en las órdenes mendicantes, especialmente en las Provincias dominicas y franciscanas, los superiores estaban en estrecha relación con la corte, de la que recabaron favor para proseguir la reforma en curso, que la muerte de Fernando el Católico había dejado entre paréntesis. Tal era el caso de la Provincia dominicana de España, en la cual la empresa renovadora encontraba ahora su mejor oportunidad para afirmarse debido al gran influjo que en la corte de Carlos V tenía el ardiente reformador Fr. Juan Hurtado de Mendoza, O.P. [8]

[3] Véase sobre el particular el informe dirigido a don Carlos por el almirante de Castilla, don Fadrique Enríquez, dándole cuenta del proceder de los superiores generales de los dominicos y franciscanos, en DANVILA, *Historia crítica* IV 364. Sobre la actuación, igualmente leal, del ministro provincial de la Provincia franciscana de Santiago véase la cédula de Worms 17-12-1520, en AGS, Cédulas de la Cámara, l.53 fol.146v.

[4] Cf. P. DE SANDOVAL, *Historia del emperador Carlos V* II (Madrid 1846) 229; ZARAGOZA PASCUAL, *Los generales* II 162.

[5] Sobre Pedro de Rivera y su actuación en Lugo, algunas noticias en J. GARCÍA ORO, *Cisneros* 79; sobre Tavera ofreceremos más adelante algunos datos comprobatorios.

[6] *Simancas* PR 23-9.

[7] Véase adelante párrafo 6.

[8] Cf. V. BELTRÁN DE HEREDIA, *Corrientes de espiritualidad entre los dominicos de Castilla*, en *Miscelánea Beltrán de Heredia* III (Salamanca 1972) 533; y, sobre todo, ID., *Historia de la reforma de la Provincia de España (1450-1550)* (Roma 1939) 160-64.

«Especial cuydado de las cosas tocantes
a la reformación»

En los momentos finales de 1522 aparece una clara voluntad y decisión muy personal de relanzar vigorosamente la marcha de la reforma religiosa. El soberano manifiesta este designio por vías complementarias: impulsando desde la corte las reformas monásticas en las diversas órdenes [9] y prescribiendo a los miembros del Consejo Real y al embajador en Roma, duque de Sessa, la conducta a seguir en el campo de las reformas.

Por lo que toca al Consejo, don Carlos escribía el 9 de febrero de 1523 al doctor Carvajal y al licenciado Polanco encargándoles una especial solicitud respecto a los temas relativos a reformas monásticas, en especial a los que afecten a las Ordenes benedictina y cisterciense, con la particularísima encomienda de que siempre «os halléys presentes al ver e determinar de los negocios que ante los de mi Consejo están pendientes, o pendieren de aquí adelante sobre qualesquier cosas tocantes a la reformación de los monasterios» [10]. Un año más tarde, el 5 de febrero del 1524, reiteraba al Consejo Real el mismo encargo, y hacía particular insistencia en la necesidad de que el alto organismo estudiase directamente la manera de intervenir en la reforma, enviando visitadores a los monasterios benedictinos y cistercienses para que se consolidase la reforma, que en varias de estas casas religiosas estaba amenazada, sobre todo por las provisiones beneficiales hechas desde Roma [11]. Parecidos encargos fueron hechos al año siguiente, el 13 de octubre de 1525, a la Chancillería de Valladolid respecto a los pleitos numerosos y espinosos que con ocasión o motivo de la reforma pendían ante este tribunal real [12].

El temario de reforma, recogido en los encargos al embajador en Roma, era mucho más amplio y específico. La reforma de los religiosos se presenta como un hecho y una realidad brillantemente conseguida por los Reyes Católicos y sancionada en sus principios y en sus logros por bulas pontificias. Todo un acontecimiento con gran historial, que es preciso proseguir por honor de la Corona y de la Sede Apostólica. Con este objeto encarga el rey al embajador en Roma que procure bulas pontificias que confirmen ampliamente las reformas ya realizadas, saneando sus eventuales defectos jurídicos.

Pero el gran problema de actualidad lo constituían los todavía numerosos monasterios que quedaban por reformar. Se encaminaban, inevitablemente, a su ruina; era preciso acudir a remediarlos. Por una parte, el rey buscaba un medio que pudiese conducir a paliar su destrucción material. En este sentido proponía al papa que facultase al abad de San Benito de Valladolid para que constriñese a los abades perpetuos y comendatarios a que empleasen anualmente la tercera o la cuarta parte

---

[9] Véase adelante párrafo 2.
[10] *Simancas*, Cédulas de la Cámara, l.61 fol.228v.
[11] Ibid., l.66 fol.127v-128r.
[12] Ibid., l.68 fol.99r. El documento se refiere particularmente a la Congregación benedictina de Valladolid.

de los frutos y rentas percibidos en razón de su cargo en la reparación de las casas monásticas, medida que sería, al mismo tiempo, disuasoria para los cazadores de beneficios. Por otra parte, deseaba el rey una solución mucho más radical respecto a estos últimos y, en general, a los efectos del beneficialismo en los monasterios. Con este objeto encargaba al embajador en Roma que gestionase, con toda solicitud posible, la concesión de documentos pontificios en que se estableciese, cara al futuro, la anulación y revocación de todos los regresos y encomiendas concedidos a particulares, sobre todo a personas ajenas a la respectiva Orden. En caso de no ser esto posible, por el momento se procuraría una norma pontificia por la que se obligara a los actuales abades perpetuos o comendatarios de los monasterios a renunciarlos en favor de la Congregación observante, en este caso de la benedictina de Valladolid, por una pensión equivalente a los emolumentos percibidos, que sería satisfecha por la misma Congregación. Esta, por su parte, gestionaba soluciones globales en Roma, en cuya consecución don Carlos quería que fuese en todo tiempo ayudada por su embajador romano [13].

La gestión no careció de efecto positivo, si bien no fuese éste tan copioso como don Carlos pretendía. De hecho, el 6 de septiembre de 1523 se firmaba en Roma la bula *Examiae devotionis affectus*, de Adriano VI, una de cuyas cláusulas establecía precisamente, en favor de los reyes de España, el «ius praesentandi personas idoneas ad omnes et singulas metropolitanas et alias cathedrales ecclesias necnon monasteria quaecumque consistorialia in Castellae et Legionis, ac Aragonum et Valentiae necnon Cataloniae caeterisque Hispaniarum regnis et dominiis... consistentia» [14]. Con esta atribución respecto a los monasterios, don Carlos pensaba dar el golpe definitivo al régimen perpetuo y a los abades comendatarios de los monasterios. Así lo afirmaba en carta de 13 de octubre de 1525 al mismo embajador en Roma. Deseaba que el régimen trienal se generalizase en los monasterios. Para que el papa se decidiese a establecerlo así, recordaba a Clemente VII que «nuestro muy santo Padre Adriano Sexto nos dio bula para nombrar y presentar los monasterios consistoriales destos nuestros regnos de España» [15]. Al parecer, esta concesión pontificia no fue del agrado de la Congregación de Valladolid y de su abad general, fray Diego de Sahagún, quienes temían que la corte hiciese, a su vez, uso puramente beneficial de esta atribución [16].

Estas intervenciones reales probaban plenamente que don Carlos estaba decidido a mantener la iniciativa renovadora de sus abuelos máxime por lo que toca a las dos Ordenes monásticas de San Benito y San Bernardo. Era lo que explícitamente proclamaba en su cédula real dada en Valladolid el 13 de agosto de 1523, solicitado probablemente por el

---

[13] Amplia exposición de este temario en las cédulas reales de 13 de febrero y 7 de agosto de 1523 en *Simancas*, Cédulas de la Cámara, l.61 fol.239v y l.68 fol.15r-16v.

[14] Original de esta bula y de su confirmación por Clemente VII en PR.

[15] *Simancas*, Cédulas de la Cámara, l.68 fol.96v.

[16] Véase ZARAGOZA, *Los generales* II 162.

abad de San Benito y general de la Observación benedictina, para que manifestara expresamente su positivo designio de que esta Congregación se mantuviese en su estilo ascético primitivo, tal como había nacido bajo los auspicios de Juan I de Castilla [17].

2. AÑO 1531. UN PROYECTO CAROLINO DE REFORMA GENERAL DE LOS RELIGIOSOS

Centralizar y burocratizar la dirección de la reforma había sido la pauta de los Reyes Católicos, y continuó siendo el deseo de la corte de Carlos V. Por ello pensó encomendar esta importante función al personaje más decisivo en la política eclesiástica del emperador: don Juan Pardo de Tavera, criatura eclesiástica de otro benemérito obispo reformador que fue fray Diego de Deza, O.P. En meteórica ascensión, Tavera era ya cardenal-arzobispo de Santiago con el título que ornamentaría con obras arquitectónicas de *San Juan ante Portam Latinam*. Era también presidente del Consejo Real, cargo de la máxima decisión, desde el cual podía controlar perfectamente las riendas de la política eclesiástica [18].

Culminadas felizmente las gestiones en Roma, consiguió don Carlos la bula *Meditatio cordis nostri*, de 29 de abril de 1531. El nuevo documento pontificio recoge el panorama histórico de la reforma, principalmente la previa labor de los reyes Fernando e Isabel, y presenta la situación en dos facetas: la relativa a las órdenes monásticas y la peculiar de algunas órdenes mendicantes en las cuales no se había conseguido establecer la reforma en España; en concreto, se trata de las dos Ordenes redentoras de cautivos: los trinitarios y los mercedarios.

El objetivo de la acción renovadora que se pretende en las Ordenes monásticas —benedictinos, cistercienses y premonstratenses— es reavivar la obra anterior, que se reconoce sensiblemente decaída, y proseguir la marcha de la reforma mediante nuevas incorporaciones a las congregaciones de observancia. Sobre estas metas nada especifica el documento pontificio, tal vez por temor a suscitar la ruda oposición de los beneficiados, muchos de los cuales combatirían eficazmente la reforma desde sus puestos en la curia romana.

Diferente es el panorama en las Ordenes redentoras, trinitarios y mercedarios, a las que simplemente se las califica como *no reformadas*, y gravemente necesitadas de reajustes disciplinares, sin que tampoco se especifique nada sobre las corruptelas concretas que se pretende erradicar en ellas.

La disposición pontificia acepta como buenos estos presupuestos y el deseo de la corte española de procurar la reforma de estas Ordenes. Accede, sin limitación alguna, al deseo real de centralizar esta importante función eclesiástica, dejándola prácticamente a la plena disposición de la corte de Carlos V. El cardenal Tavera será en adelante el refor-

---

[17] *Simancas*, Cédulas de la Cámara, 1.68 fol.17r-v.
[18] Breve noticia biográfica debida a R. GONZÁLVEZ, en DHEE IV 2436.

mador general en España. Para realizar su función contará con la colaboración de uno o dos prelados que procedan directamente a la labor reformadora, siendo al efecto designados por el soberano. Se acompañarán de aquel número de religiosos, de las respectivas órdenes, que vieren más prudente. La comisión de reforma así constituida realizará la visita y reforma de los monasterios con plenos poderes, quedando sin valor cualesquier disposiciones pontificias que lo impidan [19].

La nueva concesión pontificia fue prevista más bien como un proyecto a largo plazo que como una medida de urgencia. De hecho tardó el Emperador más de un año en designar el prelado que había de realizar la comisión dada a Tavera, el cual no podría dedicarse directamente a este complicado ministerio debido a su absoluta implicación en la política y administración de Castilla. El 11 de julio de 1532 nombra don Carlos desde Ratisbona al obispo de Badajoz, don Jerónimo Suárez, para realizar la comisión contenida en la bula *Meditatio Cordis nostri* [20]. Su actuación en el futuro iba a reducirse a la función arbitral de dirimir las numerosas querellas surgidas a causa de las reformas en curso, ya que éstas tenían sus mejores promotores en las instituciones que las encarnaban: las congregaciones observantes. Estas nunca quisieron recurrir al procedimiento establecido en esta nueva bula para realizar su labor depuradora, sino que siguieron fundándose exclusivamente en las bulas de reforma conseguidas por los Reyes Católicos.

Pero don Carlos no se contentó con allegar recursos válidos para sola la esfera beneficial. Pensó también en el mundo monástico femenino, no menos complicado que el masculino, y cuya reforma, por no estar implicada y enmarañada con intereses beneficiales, podía emprenderse con una intervención más directa. Acuciado por las reclamaciones que recibía, especialmente de los reinos de la Corona de Aragón y del reino de Navarra, gestionó con el pontífice la concesión de una bula de reforma general de los monasterios españoles de religiosas. Lo conseguía el día 8 de febrero de 1530 mediante el breve *Quanto magis religionis* dirigido al arzobispo de Sevilla, Alonso Manrique de Lara, y al obispo de Osma, García de Loaysa, O.P. [21]

A partir de este momento fue posible dar un impulso firme a las reformas femeninas. Los comisarios establecidos por la bula eran personas muy cualificadas en su afán de promover la reforma, como también lo eran por el influjo que ejercían en la corte de Carlos V. Consta que ejercieron su ministerio en los reinos aragoneses y en Navarra, en donde comisionaron regularmente a religiosos de las respectivas órdenes para que promoviesen el paso a la Observancia de los monasterios femeninos [22]. Existía contrapeso negativo: la profunda implicación de las principales familias hidalgas y urbanas, cuyas parientas habían buscado

[19] Copia del texto en *Simancas* PR 23-183.
[20] *Simancas* PR 23-184.
[21] Sobre este breve véase J. GOÑI GAZTAMBIDE, *Los navarros en el concilio de Trento y la reforma tridentina en la diócesis de Pamplona* (Pamplona 1947) p.163-65 y P. SAGÜÉS, *Las clarisas de Pamplona y sus reformas en el siglo XVI*: AIA 33 (1973) 315-23.
[22] Cf. SAGÜÉS, *Las clarisas de Pamplona* 315-16.

cobijo social en los monasterios, en los cuales, por otra parte, tenían muchas de estas familias derechos adquiridos o por lo menos antecedentes difíciles de contrarrestar. Sobre todo iba a enconarse el problema del régimen monástico. Previsto como electivo y trienal por los grupos reformados, y preceptivo para las clarisas desde el breve *Exponi nobis*, de Clemente VII (24 noviembre 1524), resultaría muy difícil de introducir en cada monasterio, debido precisamente a la prevalencia de los linajes hidalgos y urbanos y a su interferencia en el gobierno de los monasterios [23].

3. Navarra, nueva conquista de la reforma castellana

La reciente unión a Castilla del reino de Navarra, con sus periódicas disputas bélicas, hizo surgir también un haz de problemas en el campo eclesiástico. Entre ellos estaba el monástico y reformista. La exportación de la reforma castellana estaba llamada a provocar una reacción nacionalista. La tendencia anticastellana iba a agudizarse en Navarra en base a dos presupuestos harto diferentes en matiz e intensidad: el institucional, ya que las casas religiosas navarras no formaban, generalmente, ninguna unidad autónoma, sino que pertenecían a provincias o congregaciones aragonesas; el nacional, ya que en la reforma y anexión a instituciones castellanas veían un claro y opresivo intento de colonización. Sólo la favorable condición en que se desarrolló el problema navarro para Fernando el Católico y para Carlos I, en especial por lo que toca a conseguir de los pontífices sanciones favorables a sus planes eclesiásticos en Navarra, iba a facilitar considerablemente la superación de esta fuerte resistencia.

La reforma navarra en Roma y en España

El brevísimo pontificado de Adriano VI brindó a don Carlos la mejor oportunidad para procurar un arreglo de la situación monástica navarra. En efecto, el rey movió a las mismas autoridades del reino para que reclamasen una acción inmediata de la Santa Sede en este campo [24]. Consiguieron sin dificultad que Adriano VI promulgase un breve dirigido a los superiores provinciales observantes o reformados de los agustinos, carmelitas, franciscanos y otros religiosos, a quienes encomendaban la reforma de sus respectivas órdenes en Navarra.

En la disposición pontificia había dos partes bien distintas. La primera se refería a la reforma disciplinar propiamente dicha: se debería realizar ésta con todo el rigor, introduciendo de hecho una forma de vida observante en los monasterios y castigando sin miramientos, incluso con

---

[23] Un ejemplo relevante lo constituye, sin duda, Santa Clara de Pamplona por los conflictos originados. Véase sobre el particular P. Sagüés, *Las clarisas de Pamplona* 309ss.
[24] Así, en efecto, se desprende del breve *Cum sicut accepimus*, de 22 de junio de 1524. Cf. Wadding, *Annales* XVI 659.

la expulsión, a cuantos resistiesen la corrección dispuesta. La segunda establecía que las casas navarras de cada orden, una vez reformadas, quedasen definitivamente unidas a las provincias castellanas más cercanas, debiendo los superiores de éstas aceptarlas obligatoriamente bajo su jurisdicción. Con ello quedaban desvinculadas de su tradicional pertenencia a las provincias aragonesas, cuyo género de vida o no era reformado por el momento o se diferenciaba sensiblemente de las costumbres castellanas [25].

Surgió una fuerte oposición contra este galopante intento de castellanización y cambio de régimen. Los frailes navarros disimulaban cuidadosamente el primer aspecto y proclamaban con vigor el segundo. Habían profesado una determinada forma de vida religiosa, y sola ésta les obligaba, no las nuevas creadas por la reforma. Sus vicios canónicos fueron siempre denunciados por los frailes navarros, opuestos a la Observancia castellana [26].

La corte española estaba, sin embargo, decidida a conseguir sin demora la reforma y unión de las casas religiosas navarras a Castilla. Apenas elegido Clemente VII, llegó a Roma una legación especial con la exclusiva misión de procurar la reforma de los monasterios navarros. Fue seleccionado para realizarla un religioso agustino navarro, vástago de uno de los linajes pamploneses más conocidos por entonces. Se llamaba fray Agustín Cruzat y pertenecía a la Provincia agustiniana de Castilla o de España. En la misiva del rey a un cardenal de la curia romana en recomendación del legado, se presenta el panorama de la vida religiosa navarra, subrayando la vida disipada que llevan los frailes y urgiendo la necesidad de un remedio eficaz [27]. Era, una vez más, la solución política la que buscaba la corte española, con el objeto de no verse enmarañada en disputas constitucionales y enredos forales.

Pero la curia romana desconfiaba, como siempre, de estas intenciones. No desconocía que a ellas se opondrían firmemente los religiosos. De hecho, no accedió, de momento, a lo que se le pedía, quedando probablemente sin éxito la misión de Cruzat. Procuró tan sólo ofrecer soluciones parciales para cada orden, como en seguida veremos. Esto no satisfizo plenamente a los consejeros eclesiásticos de don Carlos, que continuaron durante los años siguientes moviendo todos los hilos de su influjo en Roma para conseguir el codiciado documento. El 3 de marzo de 1527 insistía don Carlos ante el papa, por medio de su embajador, en la necesidad de que los monasterios navarros «se reformen con brevedad», y le pedía que diese sin demora las bulas y provisiones necesarias para realizar esta proyectada reforma general [28]. Sin duda confiaba conseguir esta sanción pontificia, pues el 20 de diciembre del mismo año, después de manifestar a su virrey en Navarra, el conde de Miran-

---

[25] Ibid., 660.
[26] Véase, por ejemplo, el breve de Clemente VII de 28 de agosto de 1527, en que se dice que este documento es, cuando menos, subrepticio. ASV arm.40 vol.16 fol.121-22r.
[27] Cédula de Valladolid, 20 de febrero de 1523. *Simancas*, Cédulas de la Cámara, l.61 fol.239-40r.
[28] P. SAGÜÉS, *Las clarisas de Pamplona* 308.

da, su propósito y las gestiones que estaba realizando en Roma, le encargaba diese siempre el favor y el apoyo del brazo secular si eventualmente le fuese presentado el breve de reforma pontificio [29].

Mientras procuraba con paciencia una solución global para la reforma monástica navarra, no se olvidaba la corte española de conseguir soluciones parciales que permitiesen emprender con eficacia la reforma y anexión de los monasterios de las distintas órdenes masculinas y femeninas. Miraba con particular interés a los conventos franciscanos y dominicos, vinculados a sus respectivas provincias aragonesas, y cuyo traspaso a Castilla esperaba conseguir con cierta facilidad, sirviéndose de la autoridad de los propios superiores mayores.

Los franciscanos navarros, entre Aragón y Castilla

En la primavera de 1523 se presentaba una inmejorable oportunidad de llevar a la práctica este designio respecto a los franciscanos. Se celebraba en Burgos capítulo general. Resultó elegido fray Francisco de los Angeles Quiñones, conocido abanderado de la reforma religiosa y muy prestigiado en la corte. A él se dirige, efectivamente, Carlos V el 30 de mayo de 1523 con una misiva en tono alarmante. Pretendía convencer al nuevo general y al mismo capítulo general de la urgencia de proceder a una reforma radical de los franciscanos de Navarra [30].

La llamada del soberano no quedó, ciertamente, sin respuesta eficaz en la Orden franciscana. El nuevo general se apresuró a entrevistarse con el Emperador, y el 23 de junio estaba efectivamente en la corte, en Valladolid. Y se cuidó en especial de que la voluntad regia de incorporar los conventos navarros a una Provincia castellana tuviese pronto efecto. Consiguió la autorización de Clemente VII el 22 de julio de 1524, expresada en el interesante breve *Cum sicut accepimus* [31], cuyos preceptos serán reiterados más adelante debido a la oposición que encontraban en Navarra [32]. A tenor del documento pontificio, se reformarán primero los conventos franciscanos navarros masculinos y femeninos, junto con algunos otros limítrofes, introduciendo en ellos el régimen de la Observancia, y en segundo lugar se anexionarán a la Provincia de Burgos, la más cercana geográficamente a las tierras navarras, separándolos definitivamente de la Provincia de Aragón, a la cual pertenecían. Se prevé una ejecución inmediata, de manera que quedaban en suspenso los obstáculos que tradicionalmente entorpecían una reforma y cambio de régimen, como las reclamaciones de los afectados y, sobre todo, el destino de los bienes conventuales de las casas que pasasen

---

[29] Ibid., 308.
[30] El texto en P. SAGÜÉS, *Las clarisas de Pamplona* 306. Sobre la actividad reformadora de Quiñones, y en especial sobre su mentalidad como gobernante, véase J. MESEGUER, *Programa de gobierno del P. Francisco de Quiñones (1523-1528): AIA 21 (1961) 5-51.
[31] Texto en WADDING, *Annales* XVI 659-62.
[32] Véase, por ejemplo, el breve de 5 de enero de 1526, dirigido al ministro general Quiñones reiterando la misma disposición, en ASV arm.39 vol.55 fol.55-56.

a la Observancia. Con este objeto, el breve suspende todo lo que establezcan las anteriores bulas de reforma y concordia en la Orden [33].

Los conventos franciscanos aceptaron las visitas de reforma y acataron sus disposiciones, pero en manera alguna consintieron en el cambio de jurisdicción y de vida que suponía su paso a la Provincia de Burgos. Surgió una disputa jurisdiccional, que se interfirió durante años con el problema de la reforma. Los resultados fueron los siguientes: por lo que toca a la jurisdicción de los conventos que aceptaron o sufrieron la reforma, tras nuevas reiteraciones romanas imponiendo su paso a la Provincia de Burgos [34], quedó la decisión en manos del ministro general, Francisco de Quiñones, quien resolvió el paso definitivo de los conventos masculinos y femeninos navarros a la Provincia de Aragón. Esta decisión no cancelará definitivamente la disputa, pues todavía en 1540 estaba en acción y forzó a un nuevo recurso a Roma, que fue decidido en favor de la Provincia de Aragón [35]. Sin embargo, consta que una parte de los conventos reformados navarros (concretamente, los de Pamplona y Sangüesa) no pasaron a Aragón, sino que quedaron vinculados a Castilla, perteneciendo con el tiempo a la Provincia de Cantabria [36]. Por lo que se refiere a la introducción de la reforma, pese a la presión de la corte castellana, no consiguió prosperar de momento, ya que, de hecho, los claustrales franciscanos se mantuvieron en Navarra hasta la definitiva supresión por Felipe II.

Los dominicos navarros se mantienen en la jurisdicción aragonesa

El problema religioso navarro tuvo una versión paralela en la Orden dominicana. Prevista por la corte la anexión de los cuatro conventos dominicos navarros de Pamplona, Estella, Sangüesa y Tudela a la Provincia de España, desgajándolos de la Provincia de Aragón, se suscita inmediatamente la hostilidad de los frailes navarros, que en manera alguna la deseaban. De hecho consiguen una bula pontificia que prohíbe al prior de Vitoria entrometerse a reformar los conventos navarros y retirarlos de la jurisdicción de la Provincia aragonesa [37]. Esto no obstante, se acometió la reforma de estos conventos, que corrió a cargo del enérgico fray Domingo de Montemayor, futuro provincial de Aragón y mártir de la reforma en su Orden [38]. Al parecer estaba ya plenamente realizada en julio de 1534, fecha en que fue asesinado.

El tema de la castellanización no discurría por los mismos carriles. La oposición se mantenía aquí muy firme entre la Provincia de Aragón, deseosa de conservar su parcela navarra, y la corte, ganosa siempre de

[33] Wadding, *Annales* XVI 661.
[34] Sirva de ejemplo la ya citada contenida en el breve de 5 de enero de 1526, arriba nota 32.
[35] Breve *Exponi nobis*, de la fecha citada, en Wadding, *Annales* XVI 757-58.
[36] Vide P. Sagüés, *Las clarisas de Pamplona* 308.
[37] El texto en BOP IV 459 y en ASV arm.40 n.16 fol.121-22.
[38] Vide P. Sagüés, *Las clarisas de Pamplona* 307.

vincularla a Castilla. Las trabas jurídicas de 1527 se volvieron a repetir por lo menos el 28 de julio de 1546, en que un nuevo breve de Paulo III establecía que los conventos navarros permaneciesen dentro de la Provincia de Aragón y sólo pudiesen ser visitados por los superiores de esta Provincia [39]. Pero la corte española no estaba dispuesta a consentir estas pretensiones aragonesas y navarras. Con reiteradas misivas, tanto Carlos I como su hijo el príncipe Felipe II requerían a los superiores franciscanos y dominicos que vinculasen definitivamente las casas navarras a Castilla [40]. Se llegaba así a 1567, año en que la voluntad inflexible de Felipe II dicta la última palabra sin atender a las reclamaciones navarras y aragonesas, siempre reacias al grado de castellanización que para tales Provincias supuso la reforma y Observancia [41].

Las religiosas se acogen a la jurisdicción episcopal

Por el mismo tiempo y con gran ímpetu llegaba la reforma y Observancia a los monasterios femeninos en virtud de la bula *Quanto magis religionis* (8-2-1530) antes citada. Por las causas, ya aludidas (cambio de régimen o jurisdicción, consistente en el paso de los conventuales a los observantes; temporalidad de los cargos; prevalencia de determinados linajes en las comunidades femeninas) surgieron pleitos interminables, de los que se conservan largos y pintorescos procesos judiciales llenos de apasionamiento [42]. El resultado fue, a la postre, negativo. Las religiosas toleraron las visitas de reforma, pero rechazaron violentamente el cambio de jurisdicción y procuraron esquivar las normas relativas a la duración trienal de los cargos. En la imposibilidad de mantener su antigua autonomía y tras luchas duraderas y enconadas, terminaron recusando la jurisdicción de sus propios superiores y se acogieron a la del ordinario. Este fue, por lo menos, el caso de las clarisas y agustinas [43].

Las Observancias del Císter y de San Benito en Navarra

No estaban ausentes en esta conquista de las tierras navarras para la reforma los monasterios benedictinos y cistercienses. Durante el reinado del emperador se empeñaron en adquirir, al menos, una abadía principal que pudiera ser centro de su expansión por Navarra. El caso de *Irache* podría servir de modelo de esta penetración estratégica y recuerda el intento paralelo de la Congregación de Valladolid en Cataluña [44].

[39] BELTRÁN DE HEREDIA, *Historia de la reforma* 211-12; sobre el promotor de esta oposición, el navarro P. Irurozqui, véase ibid., 211-15.
[40] Véase como significativo ejemplo la cédula real de 13 de junio de 1551, en AGS, Cédulas de la Cámara, l.121 fol.16, ed. por BELTRÁN DE HEREDIA, *Historia* 212-13.
[41] Cf. BELTRÁN DE HEREDIA, *Historia* 215-16 y, sobre todo, adelante par.4.
[42] Véanse los citados estudios de J. GOÑI GAZTAMBIDE, *La reforma tridentina en la diócesis de Pamplona. Notas complementarias:* Hispania Sacra 20 (1963) 265-323 y P. SAGÜÉS, *Las clarisas de Pamplona:* AIA 33 (1973) 301-68.
[43] SAGÜÉS, *Las clarisas de Pamplona* 357.
[44] Sobre su reforma y paso a la Congregación de Valladolid véase ZARAGOZA, *Los generales* II 171-73.243-46.

Con mayor ímpetu penetró en Navarra la reforma cisterciense. Respaldada por la corte, consiguió de Adriano VI un breve que le facultaba para una reforma radical. Conforme a sus disposiciones, el reformador del Císter quedaba autorizado para reformar los monasterios de *La Oliva, Leire, Iranzo* y *Fitero*, introduciendo en ellos el régimen trienal e incorporándolos a la Congregación de Observancia [45]. Por marzo de 1525 se dirigía efectivamente a Navarra el reformador del Císter, bien provisto de cédulas reales que requerían al Real Consejo de Navarra y a los oficiales reales que diesen el auxilio del brazo secular y todo posible apoyo al superior cisterciense en la espinosa misión que iba a cumplir [46].

No se quedaba en esto la iniciativa real ni las pretensiones del reformador. Este era portador de otro pequeño fajo de cédulas reales intimando a los comendatarios titulares de las abadías cistercienses navarras la voluntad firme de la Corona de que renunciasen a sus derechos mediante una compensación económica justa. A este objeto les emplazaba a convenir inmediatamente un acuerdo económico, de manera que en ningún caso se impidiese la reforma [47]. El encargado de realizar la visita y reforma sería el cisterciense fray Juan Alvaro [48].

El Reformador del Císter, confiado en el apoyo real, había atacado frontalmente el problema de la reforma navarra. Pero ni el capítulo general cisterciense, que seguía firmemente opuesto a las pretensiones de la Observancia española, sobre todo por su plan de introducir el régimen trienal en los monasterios, ni los abades navarros estaban dispuestos a aceptar tan radicales innovaciones. De hecho, el capítulo creaba en 1524 una comisión para gestionar en Roma un nuevo documento que apoyase la perpetuidad del cargo abacial y amonestase a la Observancia española, urgiéndole la obligación de cumplir lo antes pactado con la Orden [49]. Por su parte, los abades navarros promovieron una querella ante la Rota romana contra las pretensiones de los reformadores, que paralizó, de momento, el curso de la reforma. El tribunal romano y el mismo Carlos I ordenaron en 1527 sobreseer la ejecución de la reforma cisterciense [50].

De momento el Císter navarro paró el golpe, que se le presentaba fatal. En adelante seguirá vivo el problema de la reforma, que exigía visitas periódicas de los reformadores eventualmente designados, como la realizada en 1538 por los abades de Veruela y Piedra, delegados del arzobispo de Zaragoza [51]. Seguía en pie la situación tradicional, caracterizada por la vinculación a Aragón y la prevalencia de la encomienda,

---

[45] J. GOÑI GAZTAMBIDE, *Historia del monasterio cisterciense de Fitero:* Príncipe de Viana 26 (1965) 295-331, esp. en las páginas 304-306.
[46] *Simancas*, Cédulas de la Cámara, l.68 fol.53r.
[47] Cédulas firmadas en Madrid el 31 de marzo de 1525; ibid., fol.57r.
[48] GOÑI GAZTAMBIDE, *Historia* 305.
[49] J. M. CANIVEZ, *Statuta* VI 619.
[50] J. GOÑI GAZTAMBIDE, *Historia* 305-306; AGS, Cédulas de la Cámara, l.68 fol.175r-v.
[51] GOÑI GAZTAMBIDE, *Historia* 306.

que degradaba inevitablemente la situación económica y religiosa de los monasterios [52].

4. ¿REFORMA O CASTELLANIZACION? LA OBSERVANCIA EN ARAGÓN

Los desvelos de Fernando el Católico por implantar las reformas masculinas y femeninas castellanas en los reinos aragoneses, no encontraron en su nieto Carlos V un heredero convencido. Una sola conquista importante habían hecho en estas tierras las congregaciones observantes, y ésta se localizaba casi exclusivamente dentro de la Orden franciscana, la única que poseía en la Corona de Aragón una vicaría provincial observante con plena autonomía. Los demás focos reformadores o estaban muy mermados o vivían a expensas de personal castellano. El monasterio de Montserrat había vuelto a conquistar una cierta autarquía religiosa con la práctica consuetudinaria de que sus abades fuesen elegidos de entre los hijos de la casa [53]. La Observancia cisterciense no conseguirá entrar en Aragón con ciertas garantías de permanencia, por más que algunos monasterios, como *Benifazá* llegaron a introducir el régimen trienal y demás exigencias de la Observancia [54]. Hasta llegar el siglo XVII no nace en tierras aragonesas una congregación cisterciense capaz de canalizar iniciativas de renovación general, por más que Felipe II hubiese buscado afanosamente un resultado similar, ganoso de cortar definitivamente la dependencia del Císter aragonés respecto a Francia [55].

Mientras el conventualismo estaba prácticamente en régimen de extinción en tierras castellanas, se sostenía con prestigio en las ciudades aragonesas. Los concejos estaban muy identificados con los conventos monumentales que albergaban a los claustrales mendicantes. El caso de los franciscanos, tenazmente recomendados por la ciudad de Zaragoza ante la corte y claramente preferidos a los observantes de la misma Orden, lo deja entrever [56].

No obstante esta tónica de suavidad y contemporización, la Corona no dejaba de apoyar iniciativas de reforma. Tal es el caso de la Orden dominicana, en el cual se aspiraba, desde muchos años atrás, a reformar la Provincia de Aragón, y no se encontraba buena oportunidad debido a la exigüedad del movimiento reformador allí existente, que, por otra parte, dependía directamente de la Provincia de España o castellana. En el propósito coincidían por igual los superiores de la Orden y la corte de Carlos V.

[52] Véase sobre el particular la actuación del abad Martín de Egües en Fitero: ibid., 305-306.
[53] ZARAGOZA, *Los generales* II 259.
[54] Cf. COCHERILL, *L'Espagne cistercienne*: DHGE XV col.956.
[55] Ibid.
[56] Véanse dos ejemplos relevantes; el primero, correspondiente a la ciudad de Zaragoza en 1524, y el segundo, debido a los diputados de Aragón en 1554, en los cuales los representantes de la opinión política aragonesa ensalzan la vida y el trabajo de los conventuales franciscanos; en J. MESEGUER, *Documentos sobre los franciscanos conventuales de Aragón*, en *Miscelánea M. de Pobladura* I (Roma 1964) 347-55.

Los dominicos aragoneses, frente a la reforma castellana

Comenzó a hacerse querella tensa la reforma en 1527. La Provincia aragonesa se procuró un breve precautorio en el que, a la vez que se proclamaba la injusticia de quienes intentaban someter a los frailes aragoneses a una disciplina intolerable que nunca habían profesado, para el futuro se prohibía todo intento de reformar la Provincia que no fuese realizado por sus propios superiores [57]. Se temía a la reforma y se temía, sobre todo, a un hombre entonces muy brillante por sus cualidades humanas y religiosas cual era fray Domingo de Montemayor [58].

Y justamente en 1530 se cumplieron los temores. Un breve pontificio de 12 de agosto procurado por la emperatriz Isabel, autorizaba al provincial de la Provincia de España para enviar a Aragón ciertos religiosos que visitaran los conventos dominicanos y formaran con los que consiguiesen reformar una *Congregación de Observancia* dependiente del mismo provincial castellano. Era la tutela directa de una Provincia castellana sobre otra aragonesa; una sentida ofensa para el nacionalismo aragonés.

Los dominicos aragoneses reaccionaron aparatosamente ante esta intromisión castellana. Recurrieron a sus protectores seculares para que llevasen sus reclamaciones a las supremas instancias eclesiásticas y civiles. Consiguieron, efectivamente, una revocación de la disposición pontificia [59].

Pero se impuso al fin el querer de la corte de Carlos V. Montemayor era designado prior provincial de Aragón el 2 de junio de 1531 a propuesta del maestro general de la Orden, por intervención directa de Clemente VII, movido a ello por la emperatriz. Mientras, el provincial nacional, Rafael Moner, elegido por la Provincia aragonesa, era anulado. Es el reto definitivo de la reforma. La corte española se encargó de que la decisión no zozobrase en Roma, como era de temer.

La iniciativa de la corte española ante Clemente VII debió de ser continua a partir del nombramiento de Montemayor como provincial de Aragón. En marzo de 1532 consiguió neutralizar el influjo de los fautores de los dominicos aragoneses en Roma, principalmente de la ciudad de Barcelona, que había logrado que el papa suspendiese momentáneamente la reforma comenzada [60]. En efecto, el día 5 de este mes, Clemente VII decretaba mediante un breve que prosiguiese la reforma aragonesa, pese a la insistencia contraria de los *consellers* barceloneses [61].

Mientras sucedía esto en Roma, la corte española, de paso por Medi-

[57] BOP IV 459; BELTRÁN DE HEREDIA, *Miscelánea* I 433.
[58] Noticias sobre este personaje en los ya citados estudios de V. BELTRÁN DE HEREDIA, *Historia* 195-203 y *Miscelánea* I 434-36.
[59] Véanse las cartas de las ciudades de Barcelona y Gerona al papa manifestándole la extrañeza del proceder que se había tenido con los dominicos aragoneses y pidiendo que se revocase. BELTRÁN DE HEREDIA, *Miscelánea* I 440-41. La intervención de los «consellers» de Barcelona tuvo efecto ante el papa, como en seguida veremos.
[60] BELTRÁN DE HEREDIA, *Miscelánea* I 440.
[61] Ibid.

na del Campo, movilizaba a sus agentes y amigos en la curia romana encomendándoles una valiente defensa de las iniciativas de Montemayor en Aragón. Sin duda por desconocimiento del buen éxito de las gestiones ante el papa, que culminaron en la citada confirmación de la reforma dominicana, se insistía en las misivas reales en desautorizar las intrigas que en la corte pontificia se estaban urdiendo contra la obra de Montemayor (velada alusión a la iniciativa barcelonesa). Se afirmaba rotundamente el éxito que se estaba logrando («está puesto el negocio en tan buenos términos, que falta poco por hacerse», decía textualmente la emperatriz). Y se pedía encarecidamente la revocación de toda disposición contraria. En este empeño deberían aunar sus esfuerzos el vicario general de los dominicos y los cardenales de San Sixto y Osma (Loaysa), preparando el camino al embajador español en Roma, que gestionaría con el pontífice una actitud más benévola hacia Montemayor [62].

Mientras se debatía la legitimidad de la comisión reformadora en las más altas instancias político-eclesiásticas, Montemayor y su equipo daban sus primeros pasos en la empresa. Buscando una simplificación institucional que facilitase la tarea renovadora, se suprime en 1532 la Congregación de Observancia dominicana de Aragón, quedando en vigor tan sólo la Provincia con sus vicarías tradicionales, paso y táctica bien conocida y experimentada en las reformas dominicanas anteriores. Al poco tiempo se complementaba la decisión creando una vicaría de conventos no reformados, es decir, un régimen de extinción para los pocos claustrales renitentes [63]. Ante la incandescencia de la oposición en la Vicaría catalana, se creaba en la región una Vicaría extraordinaria con potestades excepcionales, prohibiéndole al prior provincial que visitase personalmente los conventos de la misma [64] por el peligro que su presencia en Cataluña podría entrañar. Al mismo tiempo se acallaban con dureza las pretensiones del depuesto provincial de Aragón, Rafael Moner, principal opositor a la reforma emprendida por Montemayor [65].

Abierto el camino en la vía jurídica, tanto en Roma como en Aragón, podían los comisarios dar pasos firmes en la reforma concreta de la Provincia. Montemayor celebró capítulo provincial por febrero de 1532 para programar y agilizar la reforma. Se dirigió en la primavera del mismo año a Roma para concurrir al capítulo general de la Orden y, sobre todo, a procurar nuevos apoyos para la empresa [66]. En efecto, consigue una serie de disposiciones del general en virtud de las cuales quedan bajo su inmediata dependencia los conventos ya reformados o que consiguiese reformar; pasan a su jurisdicción los religiosos observantes aragoneses que se hallasen fuera de la Provincia con el objeto de

---

[62] *Simancas*, Cédulas de la Cámara, l.86 fol.508r-510v.

[63] BELTRÁN DE HEREDIA, *Historia* 199; *Miscelánea* I 435-36.

[64] Texto de estas disposiciones del maestro general en BELTRÁN DE HEREDIA, *Historia* 199-200.

[65] BELTRÁN DE HEREDIA, *Miscelánea* I 440-41.

[66] Véase la carta de la emperatriz, de 27 de julio, a Clemente VII recomendándole por su celo y entrega a la causa de la reforma; en *Simancas*, Cédulas de la Cámara, l.88 fol.67r.

poder situarlos en los puestos claves de la Provincia, y son devueltos a sus respectivas provincias los frailes no reformados que estaban en la Provincia aragonesa, de quienes obviamente se podía esperar que se opondrían a la reforma, pues eran, en general, refugiados huidos de sus propios superiores durante el proceso de reformas anteriores [67].

Reformadores y mártires en Aragón

Así llegó la hora de las decisiones dramáticas. Dos años escasos de acción correctora que discurrieron, aproximadamente, desde el verano de 1532 hasta el de 1534, en los cuales Montemayor y sus acompañantes parecen haber retado y desafiado todos los obstáculos. En contacto directo con la corte, de paso por tierras aragonesas, visitaron los conventos masculinos y femeninos, hicieron frente a las intrigas familiares y a las reivindicaciones nacionalistas y se empeñaron, con firme y estudiada suavidad, en conseguir que la mayoría de las casas optasen por la nueva forma de vida [68]. Mientras tanto sus aficionados rezaban sin respiro: «que el Señor se apiade de nosotros, que conceda a nuestra Provincia la paz y tranquilidad, que lleve a buen fin la iniciada reformación» [69].

Montemayor y sus frailes debieron de causar, en primer lugar, estupor; después, ansiedad, y, finalmente, ira desencadenada. Se les auguraban asechanzas, contra las cuales el buen fraile nunca quiso prevenirse, confiando su suerte a Dios. Un día se encontró por fin ante la emboscada. Eran dos frailes apóstatas en pleno descampado, que los acometieron con furia y los destrozaron a puñaladas. Les dejaron un pobre hilo de vida que se quebró a los pocos días. La reforma dominicana de Aragón, que había tenido héroes, tenía ahora mártires: fray Domingo de Montemayor, prior provincial, y fray Amador Espí, prior de Valencia. Los martirologios de la Provincia lo recogieron lapidariamente para asombro y amonestación de la posteridad: «pro reformatione Provinciae mortui sunt» [70].

El asesinato de Montemayor resonó en Aragón. Su eco llegó a todas partes: a los conventos aragoneses, a la corte de Carlos V, a la curia romana. Los hechos se vieron agrandados por la sorpresa: un asesinato cometido por los mismos frailes que inmediatamente se habrían fugado a Africa a convertirse en sarracenos [71]. El martirio autenticaba la causa

---

[67] BELTRÁN DE HEREDIA, *Historia* 199-202.

[68] Un ejemplo revelador del dinamismo con que se desarrollaban las visitas de reforma en este momento puede verse en las interesantes noticias que ofrece don Juan de Zúñiga, ayo del príncipe Felipe II, a su suegra la condesa de Palamós, de 10 de diciembre de 1533, en las cuales se trasluce, por cierto, la preocupación y sensibilidad de Montemayor respecto a los conventos femeninos dominicanos. Cf. J. M. MARCH, *Niñez y juventud de Felipe II* II (Madrid 1942) 103-04.

[69] BELTRÁN DE HEREDIA, *Historia* 201-202.

[70] Ibid., 202-203.

[71] Puede seguir la gradación del impacto causado por la noticia a través de los documentos conocidos, a que aludiremos inmediatamente, siendo, naturalmente, los cronistas los que recogieron los matices. Cf. BELTRÁN DE HEREDIA, *Historia* 202. Sobre el estupor causado en la corte, véase la carta de Juan de Zúñiga de 23 de julio de 1534, que escribe desde Barcelona, en donde residía la corte, y refiere la fortísima impresión causada a todos al enterarse del *cómo* y del *quién* en la muerte del superior dominico.

y hacía irreversible la iniciativa. Ahora se miraría sólo a la meta, que era la reforma total. Las medidas a ello conducentes se siguieron en cadena. El 4 de septiembre de 1534 emana una orden de Clemente VII al maestro general, Fenario, para que se presente sin demora en la Provincia de Aragón a investigar los hechos y sancionar a los culpables [72]. El 9 de diciembre se realiza una reunión de alto nivel en la corte, residente en Madrid, con asistencia del maestro general y el cardenal Loaysa, para determinar el procedimiento de urgencia a aplicar en la reforma y, sobre todo, en el capítulo provincial, próximo a celebrarse, en el que se daría sucesor legal a Montemayor. En los meses de diciembre y enero, se organiza la marcha de la reforma, con las siguientes características: atribución de voz y voto en la elección de provincial a los reformados, con exclusión de los claustrales; constitución de un reformador de la Provincia en la persona del cardenal Loaysa (11 diciembre 1534); elección de nuevo provincial (24 enero 1535) en la persona de un observante de formación y filiación castellana: fray Juan Micó [73].

Reforma y tutela para la Provincia dominicana de Aragón

Desde 1534, la Provincia de Aragón se ve sometida a un estricto comisariado de reforma. La corte y Loaysa dirigen la iniciativa con precisión y continuidad. El provincial de España y sus seguidores, entre los cuales están los nuevos provinciales de Aragón, dictaminan y precisan los sucesivos pasos a dar. Y los realizan, generalmente, sirviéndose de frailes castellanos [74].

La Provincia de Aragón iba a quedar por años bajo tutela. Loaysa fue su mentor y comisario no sólo desde la lejanía de sus actuaciones político-eclesiásticas, sino también por la directa actuación de sus comisarios, de los cuales el más conocido es fray Tomás de Guzmán. Por suerte, los maestros generales de la Orden mantuvieron una actitud de firmeza respecto a la prosecución de la reforma aragonesa y colaboraron con el cardenal Loaysa y su delegado Guzmán, constituido vicario general de la Provincia y elegido por ésta prior provincial en 1539. A su muerte, el 15 de agosto de 1540, ante la imposibilidad de que Loaysa interviniese directamente en tan espinoso ministerio, la corte vuelve a preocuparse con gran viveza por la suerte de la Provincia aragonesa y a solicitar en Roma la continuación del régimen de comisariado de reforma. Se proponía ahora que fuesen Loaysa y fray Pedro de Soto los nuevos reformadores. Fallecido el primero en 1546, se buscó otro celoso

---

[72] BELTRÁN DE HEREDIA, *Miscelánea* I 441.

[73] La sólida y matizada documentación que comprueba este procedimiento de urgencia puede verse en los citados estudios de BELTRÁN DE HEREDIA, *Historia* 203-204; ID., *Miscelánea* I 441.

[74] El papel decisivo del provincial de España, Pedro Lozano, queda bien reflejado en la cédula real de 15 de agosto de 1535 de la reina al maestro general. Cf. *Simancas*, Libros de Cédulas, l.93 fol.88r-v. La prevalencia de los castellanos la expresa claramente el decreto del general de 5 de noviembre de 1539, autorizando al provincial de Aragón a transferirlos con este objeto a su Provincia. El texto en BELTRÁN DE HEREDIA, *Historia* 206.

apóstol de la reforma en la persona de fray Juan Bernal, prior del convento reformado de Talavera de la Reina. Este parece haberse mostrado digno sucesor de Montemayor y Guzmán. Realizó una nueva visita de reforma a la Provincia, con general satisfacción. Mediado ya el siglo, en 1555 era elegido provincial fray Pedro Mártir Coma, con cuyo gobierno parecía posible que la Provincia de Aragón fuese capaz de caminar ya por su propio pie, dada la prevalencia del elemento reformado y observante en su seno [75].

Pero si la Provincia aragonesa iba, al fin, consiguiendo una estabilidad dentro de la Observancia, que en ella comenzaba a prosperar, no por ello se aquietaba la corte española, que deseaba se mantuviese la tutela y vigilancia que suponía el nombramiento de un vicario general, al cual debía estar sometido el mismo provincial aragonés. Con esta exigencia mantenía, vigilante, la ya conocida de que se conservasen en los puntos claves de la Provincia aragonesa los frailes castellanos. Estas miras ya no podían ser secundadas por los superiores generales dominicos, quienes a partir de la quinta década del siglo se distanciaban cautamente de las pretensiones de la corte de Carlos V. Eran muy conscientes de que una solución de emergencia como fue la del vicario general es odiosa en principio y resultaba contradictoria en la Provincia. Por ello, mientras cohibían los ímpetus nacionalistas de los aragoneses, principalmente de los catalanes y navarros, ansiosos de alejar de su tierra a los frailes castellanos, ponían el acento en la función renovadora de una nueva visita, que realizarían conjunta y solidariamente fray Juan Bernal y el provincial aragonés, fray Juan Izquierdo (1545-49), y magnificaban intencionadamente los frutos en ella conseguidos. El maestro general, Francisco Romeo, manifestaba paladinamente al príncipe Felipe el 26 de junio de 1546 que consideraba ofensiva la pretensión de la corte para el nuevo provincial de Aragón, apenas estrenado en su cargo: «Pareció grande injuria ponerle en seguida en el principio de su oficio un superior», decía el maestro general [76].

5. NUEVOS COMISARIOS DE REFORMA PARA CATALUÑA

La reforma religiosa, vista siempre desde Castilla, tenía sus extremos en las dos cornisas peninsulares: Cataluña y Galicia, y su reto más completo en los monasterios femeninos. Pero mientras el monacato femenino gallego se apagaba, cercano a su extinción, no sucedía lo mismo con el catalán, que seguía vivo y ufano de sus «libertades». Sobre su estado existía una opinión uniforme de rechazo y condenación en las esferas políticas y religiosas, e incluso de desesperanza respecto a una posible reforma y renovación. Según escribía a San Ignacio su compañero el P. Antonio Araoz, «es un negocio que, de haber sido intentado por tan-

[75] Amplia exposición de la evolución de la Provincia en los últimos años del gobierno de Carlos I, en BELTRÁN DE HEREDIA, *Historia* 204-17.
[76] Ibid., 208.

tas vías y veces, y al fin sin fruto, hace a muchos perder la esperanza de buen suceso» [77].

Sin embargo, por los años cuarenta renacía un nuevo intento reformista. Había madurado conjuntamente la idea en los personajes claves del momento: *Ignacio de Loyola*, quien, reconociendo que era Barcelona la tierra a la que «más cargo y deuda tenía», se había dedicado en años anteriores a sanear la vida y la fama de algunos monasterios barceloneses (jerónimas de Santa Margarita, dominicas de los Angeles, benedictinas de Santa Clara), consiguiendo, en general, menguados éxitos [78]; *Francisco de Borja*, virrey de Cataluña en los años 1539-43, durante los cuales se intentó y consiguió momentáneamente urgir la clausura en los monasterios barceloneses y catalanes, interviniendo en la campaña los obispos de Barcelona y Gerona; el inquisidor de Cataluña, *Fernando de Loaces*, y algunos superiores religiosos [79]; el obispo de Barcelona, *Jaime Cassador*, prelado responsable, que conocía el grave lunar que existía en su diócesis y estaba dispuesto a remediarlo con la ayuda de los jesuitas [80]; *Paulo III*, quien, movido por San Ignacio, había constituido una comisión de reforma formada por los cardenales Juan Alvarez de Toledo, Rodolfo Pío de Carpi, Marcelo Crescenzi, Francisco Sfrondato y Nicolás Ardinghello, en la cual se estudió el problema de la reforma femenina catalana, encargando su ejecución a los obispos de Barcelona y Alguer (Pedro Vaquer); y, sobre todo, el *príncipe Felipe*, lleno de entusiasmo en materia de reformas catalanas. San Ignacio insistía vigorosamente en que «pareciese en todo el autor, inventor y favorecedor de esta obra el dicho príncipe» [81].

Buscando remedios para los monasterios femeninos catalanes

Los promotores de la reforma coincidían plenamente en el diagnóstico. Eran inevitables acciones drásticas. «Y no parezca esto crueldad, porque la llaga es tan grande, que ha menester mucha manera de cauterios», decía el experimentado Francisco de Borja [82]. «Haverles tornar a camí es més que fer miracles», manifestaba el obispo de Barcelona, Jaime Cassador, al incansable San Ignacio [83]. Era fácil desmayar ante la perspectiva que se ofrecía. «¿Tenía fuerzas las tantas para tomar esta empresa para reformar a lo menos los cuatro monasterios que son de-

---

[77] Carta de 6 de marzo de 1546, en MHSI-EM I 263; extracto en BADA, *Situació religiosa* 132.

[78] BADA, *Situació religiosa* 121-23. Véase, sobre todo, el interesante relato coetáneo de estas experiencias ignacianas en MHSI-EI II 90-91.

[79] Sobre la actuación de Borja en Cataluña cf. *MHSI-Borgiana* III 22-23.516 21.590-97; extracto en BADA, *Situació religiosa* 130-31; ambientación histórica en los estudios, J. REGLÁ, *Els virreys de Catalunya* (Barcelona 1956) y *Felipe II y Catalunya* (Barcelona 1956).

[80] Opiniones sobre su calidad religiosa y su voluntad reformista en el momento de su promoción, en los jesuitas, especialmente en Francisco de Borja, que le califica de «sancto varón» (MHSI-EI 360); extractos en BADA, *Situació religiosa* 134.

[81] MHSI-EI I 333; extractos en BADA, *Situació religiosa* 131.

[82] MHSI I 360; BADA, o.c., 134.   [83] Ibid., 433.

baxo del gobierno del obispo de Barcelona», don Jaime Cassador?, se preguntaba San Ignacio. Y el prelado respondía espontáneamente, ignorando que Ignacio se lo pudiera preguntar: «Qui ser lo que riformará?; e los vicis e llibertats tan canonizades y favorides per tots los principalls?» Y señalaba, por su parte, algunas curas: públicas proclamas de sanciones y gravísimas penas físicas y económicas, que ejecutarían los inquisidores contra el acceso a estas casas religiosas; privación de bienes y destierro a las monjas que quebrantasen la clausura; interdicción de noviciado y profesión a los monasterios desordenados hasta la introducción de la reforma [84].

Pero la reforma catalana no tenía dificultades sólo en la palestra de libertades monásticas. Existían proyectos contrapuestos en las altas esferas de las decisiones romanas y madrileñas. Roma quería una reforma episcopal. Madrid proponía una reforma inquisitorial. La posición romana tenía ya historia. Se había intentado vanamente en 1531 mediante un breve de Clemente VII en el que encomendaba la reforma de las monjas de su diócesis al obispo de Barcelona, Luis de Cardona [85]. Y se reiteraba la decisión el 26 de diciembre de 1546, comisionando esta vez para el mismo ministerio a los obispos de Barcelona (Jaime Cassador), Alguer (Pedro Vaquer) y Lérida (Fernando Luaces), sin que el proyecto resultase viable, ya que la corte de Madrid quería dirigir y controlar la iniciativa [86]. Los propósitos romanos se cifraban en conseguir, ante todo, el saneamiento moral de los monasterios barceloneses, cuyo ejemplo serviría de acicate a los del resto de Cataluña.

La corte de Madrid apadrinaba programas más enérgicos y amplios y una ejecución de la máxima eficacia. Por ello pensaba en una acción de la Inquisición en todo el ámbito catalán, intervención esta que no rechazaban tampoco los obispos catalanes, a pesar de lo cual no llegaría a realizarse. Deseaba, además, que los ejecutores fuesen prelados extraños a las sedes catalanas y de la máxima graduación a fin de que mantuviesen la independencia y firmeza imprescindibles. Finalmente, quería que la reforma afectase inmediatamente a todos los monasterios de Cataluña, Rosellón y Cerdaña [87].

Roma aceptó sin mayores objeciones la demanda de reforma. Pero vetó la pretendida intervención inquisitorial por el breve *Cum sicut*, de 1.º de febrero de 1548. Este encargaba la reforma de las religiosas catalanas a los arzobispos de Sevilla (Fernando Valdés) y Valencia (Tomás de Villanueva) mancomunadamente y con amplias facultades para delegar en personas eclesiásticas su ministerio. Se preveía en este documento pontificio una nueva visita a los monasterios femeninos de las tierras catalanas, la corrección de las costumbres y de las personas, pudiendo sustituir, al efecto, superioras, trasladar religiosas a otros monasterios,

[84] Ibid., 321-23; BADA, *Situació religiosa* 136-37.
[85] BADA, *Situació religiosa* 130.
[86] El texto del breve citado, en *Simancas* PR 23-186 y en ASV arm.41 vol.36 fol.550-51r; extractos y noticias en BADA, o.c., 137-38.
[87] MHSI-EM V 648-49.

introducir reformadas y sancionar con gravísimos castigos la inobservancia de la clausura tanto por parte de los seglares y eclesiásticos como por parte de las mismas religiosas [88]. Pero no se abría la puerta de la definitiva incorporación de los monasterios catalanes a las congregaciones de Observancia, designio ya entonces abrigado por don Felipe, pues ello significaba en el momento una impuesta castellanización [89].

Campaña por la «reformación y encerramiento» de las monjas catalanas

Llegó la hora de la ejecución. No parecía político a la corte encomendarla al arzobispo Valdés, dados su espíritu y condición de inquisidor de Castilla. Se confiaba, sin duda, en el éxito que podría conseguir el santo arzobispo valentino, Tomás de Villanueva; pero, por enfermedad o por prudencia, rehuyó el cometido, cuando todos confiaban que lo aceptaría [90].

Se propuso en consecuencia que fuera el arzobispo de Zaragoza, don Fernando de Aragón [91]. Pero no iban a ser precisamente las altas jerarquías eclesiásticas quienes empujasen el pesado e inquieto tren de la reforma.

Esta abría el escenario por enero de 1540. Fueron primero los *consellers* barceloneses quienes se consideraron obligados a presentarse en comisión, en calidad de patronos tradicionales de los monasterios barceloneses, a cada uno de los monasterios de la ciudad para notificarles solemnemente a las religiosas la próxima visita, inculcándoles la docilidad y acatamiento exigidos y exhortándoles a que «volguesen ellas mateixas posar ordre en llus casas»; en especial en la observancia de la clausura, punto capital de programa de reforma [92].

La segunda visita sería mucho más embarazosa. Los comisarios previstos en la norma pontificia —superiores observantes o delegados de los obispos comisarios— hacían acto de presencia en los monasterios y sin la menor blandura exigían la clausura y demás requisitos de vida reformada. El provincial de los dominicos, Juan Izquierdo, se empeñaba, en enero de 1549, en conseguir que el monasterio de *Montesión*, de su Orden, aceptase plenamente las normas de reforma, en particular la clausura estricta y el abandono de la servidumbre seglar de que hacían gala las monjas. Lo consiguió al fin después de días de gran tensión, en los cuales tuvieron que personarse en el monasterio las autoridades seglares y la fuerza pública [93]. Gestos parecidos se repetían por los mismos días en los monasterios barceloneses de las *jerónimas*, de las que decía la fama popular «que saben más a damas que a monjas»; y en Santa Clara

---

[88] Copias de este breve en ASV arm.35 n.13 fol.125 y arm.41 n.42 fol.65; ediciones del mismo en J. L. GONZÁLEZ NOVALÍN, *El inquisidor Fernando de Valdés (1483-1568)* II (Oviedo 1971) 319-22 y J. BADA, *Situació religiosa* 266-68.

[89] Expresiones muy claras del príncipe en este sentido en MHSI-EI II 73.

[90] MHSI-EM II 159; BADA, *Situació religiosa* 142.

[91] ACA Reg. 3991 fol.33r.

[92] Véase el relato detallado del Dietari barcelonés en BADA, *Situació religiosa* 143.

[93] Breves noticias en BADA, *Situació religiosa* 144.

de Barcelona, de tantos recuerdos en la crónica reformística; monasterios ambos que dependían directamente del celoso obispo Cassador [94]. La iniciativa continuaba, aunque probablemente a ritmo muy desigual. Casi un decenio más tarde, la encontramos en *Santa Clara de Tortosa*, a cargo del obispo de Tortosa y del provincial franciscano de Cataluña [95].

Pero donde la reforma iba a encontrar su escollo más sonado fue en el monasterio barcelonés de *Las Puellas*. Los comisionados, Pedro de Morción y Cristóbal Díez, desplegaron todo coraje en el cometido. Enfrentados con la tradicional acogida de niñas barcelonesas, cuya permanencia en el recinto monástico era puramente temporal, en espera de un eventual matrimonio, decretaron su inmediata abolición, sin que les arredraran las protestas de las monjas y sus allegados, las querellas interpuestas, las embajadas a la corte ni las reclamaciones de los *consellers*, a los cuales la corte encargó precisamente apoyo decidido a los reformadores [96]. Ante la rebeldía declarada de algunas monjas, no vacilaron en hacerse acompañar de un alguacil y de los soldados del virrey, con cuyo respaldo despojaron a las renitentes de sus hábitos religiosos, situándolas fuera de las puertas del monasterio, mientras cerraban puertas y ventanas en forma que nadie pudiese servirse de ellas para la libre comunicación [97].

Mientras sucedían estas diatribas cambiaba sensiblemente el escenario. Don Felipe ya era rey. En Barcelona aparecía un nuevo obispo, Guillermo Cassador, sobrino de Jaime, más decidido a reñir la batalla definitiva de la reforma monástica, y, sobre todo, llegaba a España el decreto tridentino de reforma de los religiosos, entre cuyas cláusulas más exigentes estaba precisamente la clausura femenina. Todo se daba cita para emplazar a las monjas barcelonesas ante el ultimátum del encerramiento.

Cuando las monjas «tiran coces» al Tridentino

En 1565, el obispo Guillermo Cassador creyó llegada la hora de emprender una reforma a fondo de su diócesis, bien respaldado por las decisiones conciliares tridentinas y tarraconenses. Pese a las consideraciones atenuantes que habían surgido en la discusión conciliar respecto a la clausura, el obispo barcelonés, tras madura reflexión y consulta [98], promulgó solemnemente el decreto tridentino [99]. Tampoco le arredraron las reacciones de los círculos de juristas y teólogos barceloneses con sus vibrantes alegatos en pro de la mitigación de la clausura —las «coces», que diría fray Juan Izquierdo, famoso reformador y provincial do-

[94] BADA, o.c., 145-46.
[95] ACA Reg. 3900 fol.25r; 3901 fol.73r-74r. Cédula real de 4 de abril y 20 de mayo de 1560.
[96] Cédula real de 13 de febrero de 1561: ACA Reg. 3901 fol.192r.
[97] Noticias documentadas en BADA, o.c., 145.
[98] Véase sobre el particular su interesante carta de consulta a Felipe II, de 22 de diciembre de 1564, en BADA, o.c., 227-28.
[99] Decreto de 17 de mayo de 1565; ibid., 228.

minicano de Aragón [100]— para proclamar solemnemente, el 28 de junio de 1566, la bula papal de clausura. No se contentó con anunciarla con las acostumbradas solemnidades, sino que tuvo el valor de notificarla a cada monasterio.

La oposición tampoco se amilanó. En ella figuraban con expresión muy enfática, ante todo, *San Pedro de las Puellas*, que, visiblemente diezmado, sostenía su arriesgado desafío de 1563 [101]. Le seguían con gestos menos llamativos los monasterios barceloneses de *Valdoncella, Montealegre y Santa Clara*. Tenían ya preparados sus argumentos, en parte jurídicos, en parte sentimentales: la pobreza real de los monasterios, que les obligaba a practicar la mendicidad; los intereses de «las cases y patrimonis dels cavallers de Catalunya», con los que servían al rey y a la Iglesia; las tradiciones monásticas catalanas, mitigadas desde el siglo XIII; la opinión de los letrados y caballeros, reiteradamente expresada en el concilio provincial tarraconense y elevada al papa, de que no era posible observar literalmente la disposición tridentina y pontificia en Cataluña; su desconocimiento de semejantes obligaciones a la hora de hacer la profesión... Se añadían diversas consideraciones teñidas de humor, como la de que el papa, que es justo, no puede obligarles a cosas injustas o de que no es creíble esté dispuesto a condenar a las monjas catalanas sin oírlas quien tiene su plenísima potestad de sólo Dios, el cual no quiso condenar a Adán sin antes escucharlo [102].

Conclusión.—«Se les aumenta la desconsolación con el encerramiento y clausura»

Pasada la hora de las solemnes proclamas, se seguía el largo compás de disimulo y reticencia. En los cincuenta y pico monasterios femeninos existentes en tierras catalanas no era fácil implantar la rigidez tridentina. Peculios particulares, comunicación con el exterior y patrocinadores de los intereses monacales seguirían proliferando en los escondrijos de los conventos. Los propiciaban ciertos superiores claustrales con sus condescendencias, los cuales, según declaraban los jesuitas, «en las visitas que han hecho les han licenciado más, etiam contra lo que el consilio ordena» [103]. Los defendían mancomunadamente los caballeros y legistas barceloneses, quienes no cejaban en sus apelaciones a los tribunales y especialmente al papa. Los facilitaban con sus dictámenes acomodaticios algunos superiores y teólogos, quienes entendían la obligatoriedad de la clausura restrictivamente, tan sólo de «las moniales profesas», y distinguían con argucias entre la propiedad de los bienes, vedada claramente a los religiosos, y el uso privativo de los mismos, que creían justificado cuando el superior lo otorgaba. Pero sobre todas estas consideraciones estaba la relativa a la insuficiente base económica.

---

[100] Ibid., 229.
[101] AEESS leg.31 fol.171.
[102] Ejemplos de estos alegatos en BADA, o.c., 228-30.
[103] Ibid., 231.

Durante el siglo XVI se arbitraron remedios a esta situación: supresión de monasterios y anexión de bienes, como el caso de Galicia; búsqueda de bienes suplementarios hasta constituir el cupo necesario para el sostén normal de la comunidad de clausura, mediante bienes y rentas de claustrales suprimidos, propiedades extinguidas, donaciones de la Corona, etc. Sobre todos estos arbitrios aleatorios se imponía la resolución que sugerían de consuno los ideólogos de la reforma y las autoridades: la limitación drástica del número de entradas, cuya proporción se fijaría rígidamente con ajuste a las rentas conventuales, según las disposiciones del Tridentino [104].

En todo caso es cierto que la reforma tropezó inevitablemente en estos dos escollos: el de la comunicación con el exterior y el de la mendicidad. Pese al cúmulo de insistencias por parte romana, reiteradas por la Nunciatura de Madrid, y a los explosivos escándalos que la excesiva familiaridad causaba en los monasterios españoles, especialmente en los andaluces [105], pasados los primeros ímpetus y cansados los promotores de la reforma de la *materia fratesca*, llegaban a la corte de Felipe II recomendaciones de amplia condescendencia en este sentido, fundadas en la razón sentimental de que «las monjas, por ser mujeres, son frágiles, y con facilidad se desconsuelan y afligen», por lo que necesitan de consoladores espirituales y de limosneros afectuosos, que no pueden ser otros que los religiosos, letrados y predicadores [106].

Después de medio siglo de iniciativas venía a resultar más fundado el pesimismo inicial respecto a la reforma femenina catalana. Muchos cauterios y algo más que milagros hacían falta para el éxito. Don Francisco de Borja y don Jaime Cassador tenían demasiada razón.

6.   LAS CONQUISTAS OBSERVANTES EN CASTILLA DURANTE EL PERÍODO DEL EMPERADOR

Conscientes de la positiva voluntad del soberano de que la reforma siguiese avanzando, las familias observantes mantuvieron sus propósitos conquistadores y espiaron las oportunidades que se le ofrecieron de introducirse en las casas conventuales, intento nada fácil en las órdenes monásticas.

La Congregación de Valladolid se empeñó especialmente en conquistar el Noroeste hispano. Sus pretensiones de llevar la reforma a los monasterios femeninos de esta zona tropezaba con la oposición firme de los oficiales episcopales, que querían mantener la jurisdicción episcopal sobre las benedictinas, dependencia que éstas aceptaban con tal de no verse ante la exigencia rigurosa de la reforma e incorpora-

---

[104] Buena información sobre estos planteamientos y los intentos de los primeros jesuitas barceloneses por superar los obstáculos en BADA, o.c., 231-34.

[105] Véase adelante cap.5. par.4.

[106] Véase sobre estos aspectos humanos de la vida monástica femenina el interesante memorial dirigido a Felipe II en 1590 por un grupo de religiosos dominicos y franciscanos, a la cabeza de los cuales figura el obispo de Osma, don Sebastián Pérez; en AEESS leg.49, fol.299-301, ed. por BADA, o.c., 234-35.

ción. Esta oposición se daba principalmente en los monasterios de Santa María de la *Vega*, Santa María de *Carvajal*, Santa Ana de *Salamanca*, Santa Susana de *Ledesma*, San Pelayo de *Oviedo*, San Salvador del *Moral*, Santa María la Real de *Ausines*, Santa María de *Tórtoles*, San Salvador de *Palacios*, San Pedro de *Dueñas* y algunos prioratos menores, que fueron incorporados a los monasterios más próximos. Todos ellos, junto con *San Pelayo de Santiago* y *Santa Cruz de Sahagún* representaban, a la altura de los años treinta, un sustancioso rosario de conquistas de la Congregación en el ámbito femenino, espacio en el cual poco se había avanzado en el período anterior. Para conseguir tan dorado propósito gozaron siempre de la protección decidida de la corte, que, por lo general, ignoró los eventuales derechos de la jurisdicción episcopal, favoreciendo sin vacilación el paso de las casas femeninas a la dependencia de la Congregación.

Por los mismos años se proseguía la conquista de los monasterios masculinos del Noroeste, campaña esperanzadora, pues la reforma se había introducido irreversiblemente en los principales cenobios de estas regiones, máxime en los urbanos, y ahora se trataba de conquistar casas monásticas de escasa vida, como las de *Corias, San Antolín, Villanueva, Cornellana,* en el principado de Asturias; o las de *Poyo, Lérez y Tenorio,* en las rías bajas gallegas. La campaña se redondeaba con la adquisición o anexión definitiva de varios monasterios castellanos que o estaban atrapados por el beneficialismo, como *El Espino* y *Obarenes,* en la zona burgalesa, o estaban pendientes de litigios en Roma, como los de *Carrión, La Valvanera* y *San Vicente de Salamanca* [107].

La Observancia cisterciense [108] parece haber encontrado bajo el Emperador su momento áureo para consolidarse internamente y avanzar en las conquistas. Esto preocupó al capítulo general del Císter, que temía al particularismo español, especialmente al castellano, que comenzaba en este momento a repercutir fuera de sus fronteras, como en Aragón y Portugal. La institución cisterciense encontró en la corte una voluntad firme de apoyo frente a los apetitos beneficiales que continuaban atrapando los monasterios. Los bernardos pudieron así lograr tres importantes metas: reajustar la vida interna de la Congregación misma, que se hallaba agitada por los años veinte; crear colegios universitarios en Salamanca y Alcalá, mediante los cuales promocionar culturalmente sus candidatos; avanzar firmemente en la anexión de los cenobios claustrales, entre los cuales se contaron en este período los de *Huerta, Ovila, Matallana, Rioseco, Monsalud, San Pedro de Gumiel,* en los que había comenzado la reforma durante el período anterior, sin llegar a consoli-

---

[107] Sobre el proceso de la reforma benedictina en el período de Carlos V, y en especial sobre la vida interna de la Congregación de Valladolid, remitimos al libro tantas veces citado de E. ZARAGOZA, *Los generales de la Congregación de Valladolid* II 167-265. Por nuestra parte hemos completado su sólida información con una investigación específica sobre las reformas eclesiásticas del período, cuyos resultados ofrecemos esquemáticamente en este párrafo.

[108] Breves noticias en E. MARTÍN, *Los bernardos españoles* (Palencia 1953) y en M. COCHERIL, *Espagne Cistercienne:* DHGE XV col.951-69, con buena información bibliográfica. Véase la advertencia de la nota precedente.

darse plenamente. Con mayor empeño fue acometida la reconquista del Noroeste hispano, cuyos monasterios vivían una gravísima postración. En las casas gallegas de *Montederramo, Armenteira, San Clodio de Ribadavia, Oya* y, sobre todo, *Osera*, objeto éste de una larga querella beneficial; en los asturianos de *Nogales* y *Belmonte*; y en el leonés de *San Martín de Castañeda* se llegó a graves conflictos y a procederes expeditivos por parte de los reformadores de la Congregación, que se sentía siempre respaldada en España y en Roma por la voluntad positiva de Carlos V, que deseaba rematar la obra de sus abuelos. Con estas miras anexionistas comenzaba también la Congregación cisterciense su labor en Navarra, en donde encontró de momento una tenaz resistencia, que le forzó a esperar los días de Felipe II. Al mismo tiempo se introducía la reforma con apoyo de los soberanos españoles y portugueses, en la gran abadía lusitana de Alcobaça, de la que el abad de Claraval, dom Edme de Saulieu por los años 1532-1533, se empeñaba en expulsar a los monjes observantes españoles como *judíos y enemigos de Cristo* [109].

La Observancia franciscana había realizado, previamente, su consolidación cuantitativa y cualitativa y no parecía especialmente preocupada por borrar el reducido núcleo conventual, que, como leves arrugas dispersas, persistía sólo en zonas periféricas castellanas, como Andalucía, Galicia y Asturias. En estas últimas tierras la familia conventual estaba en avanzada decadencia. Agitada por disputas internas, que llegaban a afectar al mismo cargo de ministro provincial, no pudo ser reconstruida a pesar de las sucesivas reformas y reajustes practicados por comisarios del maestro general de los conventuales, como fray Juan de Bitonto y fray Pedro de Arquellada. Las casas siguieron con una vida lánguida hasta su definitiva y forzada extinción por Felipe II. En Andalucía desaparece el conventualismo en los años 1524-25 a consecuencia de un acuerdo de su superior, fray Pedro de Arquellada, con el ministro general, fray Francisco Quiñones, en el que se establecía su pacífica incorporación a la Observancia y su integración en la Provincia de Andalucía [110].

Lógicamente molestaba en la curia romana este avance de las observancias españolas, realizado casi siempre con criterios y procederes expeditivos, en clara transgresión de numerosas normas prohibitivas y concordias firmadas entre las partes conventual y observante, como la famosa concordia franciscana de 1517, que aplicaba la bula *Ite vos*, de la misma fecha, sobre la separación entre las ramas conventual y observante; pero, sin duda, en la curia pontificia se comprendía también que el proceso era irreversible no sólo por la persistente voluntad de los consejeros de la Corona de superar el conventualismo, sino también por la inconsciencia de éste en Castilla, que se resignaba definitivamente a desaparecer.

---

[109] M. COCHERIL, *La Peregrinatio Hispanica de Frère Claude de Bronseval* I-II (París 1971).

[110] Sobre las iniciativas de reforma de Quiñones existen buenos estudios de J. MESEGUER FERNÁNDEZ, entre los cuales cabe citar, por su mayor riqueza y amplitud, el artículo *El programa de gobierno del P. Francisco de los Angeles, ministro general O.F.M.*: AIA 21 (1961) 5-51.

CAPÍTULO V

FELIPE II: ¿REFORMA ESPAÑOLA O REFORMA TRIDENTINA?

El Rey Prudente se había entrenado tempranamente en tareas reformistas durante su noviciado político de príncipe regente. Iniciaba su gobierno con ideas y proyectos claros sobre política eclesiástica y con designios precisos sobre reformas religiosas. En los años sesenta, y, más concretamente, en los pontificados de Pío IV (1159-65) y Pío V (1566-72), encontró la oportunidad de realizar la aristada iniciativa. Durante el cuarto de siglo que le quedó de vida se empeñó con vigor y perseverancia en consolidar la empresa.

1. FELIPE II Y PÍO IV

Los primeros proyectos filipinos

Al iniciarse la década de los sesenta, don Felipe había llegado a formular su tesis de una reforma urgente de las órdenes religiosas y de la eliminación del conventualismo. La creía fundada en evidencias irrecusables dentro de la cristiandad. El mismo soberano las enumeraría reiteradamente: los superiores generales residentes en Roma descuidaban, por lo general, la corrección de sus súbditos españoles, de los cuales se acordaban tan sólo a la hora «de sacar dinero»; algunos superiores generales eran tradicionalmente franceses —caso del Císter, sobre todo—, condición que los hacía sospechosos política y religiosamente ante la corte española; la infiltración protestante en las órdenes religiosas a través de la situación beneficial imperante y de las corrientes de espiritualidad en boga, era un hecho doloroso y universalmente conocido; la vinculación de los grupos conventuales a las fuerzas políticas autóctonas opuestas a la acción de la Monarquía en los reinos hispanos, principalmente en Aragón y Navarra, las convertía en potenciales enemigos políticos [1].

Consecuente con esta estimación de los hechos y de su transcendencia, propuso el rey los correctivos inmediatos: deberá cesar de inmediato la dependencia directa de los cistercienses españoles del abad de Cîteaux, meta conseguida ya en marzo de 1561 mediante la concesión de

[1] Esta interpretación de la situación religiosa y sus consecuencias en el campo de las reformas religiosas se repite en la documentación de la corte durante el pontificado de Pío IV, sin apenas variación de matices. Ejemplos significativos de su formulación son las cédulas reales de 30 de julio de 1561 y 27 de diciembre de 1562. Véanse extractos en L. SERRANO, *Correspondencia* IV p.XXX.

Pío IV por la que estos religiosos pasaban a ser gobernados por un comisario pontificio, suspendiendo la jurisdicción tradicional del abad francés [2]; los frailes calatravos abandonarán igualmente la jurisdicción del abad de Morimond [3]; los trinitarios habrán de tener en adelante «un general desta Orden, a quien obedezcan y tengan por superior, asy los destos reynos de Castilla como los de la Corona de Aragón, por estar tan dañado lo de Francia» [4]; los carmelitas habrán de vivir bajo un vicario general o reformador, dotado de amplias facultades para la corrección de los claustrales [5]; los mercedarios, tradicionalmente regidos por superiores generales del área catalana, practicarán en el futuro una estricta alternativa respecto a los candidatos a generales y a la sede de los capítulos generales entre la Corona de Aragón y la Corona de Castilla [6]. Se perseguía con estos designios una clara autonomía, cuando no una exclusiva, en los cargos de cada Orden, para los religiosos españoles.

Pero el proyecto filipino no se quedaba en estos designios de tinte nacionalista. Apuntaba a una campaña de reforma sistemática de las instituciones que habría de conducir de inmediato a la eliminación del conventualismo y a la introducción de la Observancia castellana en todas las casas religiosas. Estaba definitivamente formulado a comienzos de 1561 y se enviaba al embajador romano, Francisco de Vargas, encareciéndole que se empeñase con decisión en vencer la sorda oposición de la curia hacia el mismo. Estas eran sus directrices:

1. Se organizaría una campaña de reforma de las órdenes religiosas en los reinos españoles, especialmente en los países de la Corona de Aragón, en los cuales ofrecía una buena oportunidad de promoverla y encaminarla la inminente convocatoria de las Cortes en Monzón.

2. El patrón de la reforma programada sería el de las observancias ‹

---

[2] La Orden de Calatrava conservaba, en su rama clerical, una notable importancia. Constaba de 16 prioratos, regidos por el prior de Calatrava, quien era regularmente elegido por el abad de Morimond. La reforma de los prioratos españoles fue una de las preocupaciones constantes de la Corona desde el período de los Reyes Católicos, que se empeñaron en conseguirla a base de los capítulos generales. En este esfuerzo de corrección disciplinar había intervenido tradicionalmente el abad de Morimond, que fue apoyado en su ministerio por los soberanos hispanos, incluidos los Reyes Católicos, que por lo general eran opuestos a la intervención jurisdiccional de superiores extranjeros en sus reinos. Pero esta oposición se hizo más firme en el período de Carlos V, y se manifestó en la exigencia de que el prior de Calatrava fuese siempre español e independiente de la jurisdicción de Morimond. Felipe II se propuso resolver definitivamente el problema, y consiguió, en efecto, decisión favorable de Pío IV en 1560; pero la decisión no se mantuvo, debido a la viva oposición del rey de Francia y a la agitación causada entre los mismos calatraveños. Cf. L. Serrano, *Correspondencia* IV p.xxxi. Sobre el estado religioso de la Orden de Calatrava en el siglo xv, véase J. F. O'Callaghan, *«Definitiones» of the Order of Calatrava enacted by Abbot William II of Morimond April 2,1468:* Traditio 14 (1958) 231-68. Sobre la Orden en general y la incorporación de su señorío a la Corona española ofrece información sucinta y bibliografía abundante D.W. Lomax en su artículo *Ordenes Militares:* DHEE III 1813-15.

[3] L. Serrano, o.c., xxxi.

[4] Ibid.; el documento en AEESS leg.457.

[5] O. Steggink, *La reforma del Carmelo español* (Roma 1965) 84.

[6] Sobre los problemas y criterios de reforma de la Corona respecto a esta Orden, tan vinculada a Cataluña, véase adelante párrafo 5.

castellanas, a cuya forma de vida deberían reducirse inexorablemente los claustrales.

3. Ejecutores natos de la reforma serían los superiores observantes de Castilla, a quienes se concederían atribuciones suficientes para introducirla en las respectivas órdenes [7].

Al formular este designio un tanto radical, Felipe II apelaba a la experiencia precedente en el campo de las reformas eclesiásticas. La promoción de la Observancia por la Corona española y el plan de eliminar el conventualismo eran proyectos reiteradamente intentados, y un eventual breve pontificio en este sentido concordaba también con la precedente normativa pontificia, siempre favorable a la prevalencia de la Observancia y a la superación del conventualismo.

Pero esta viabilidad teórica no bastaba a la hora de gestionar su aprobación en Roma. Lo mismo en la curia pontificia que en los gobiernos centrales de la órdenes religiosas, sonaba excesiva y amenazadora la pretensión española. Se veía y se temía en ella un nuevo incentivo a las tradicionales querellas entre conventuales y observantes y claras pretensiones regalistas de raíz conciliarista, gravemente atentatorias contra la potestad innata del pontífice de reformar las instituciones eclesiásticas. Por todo ello, Roma disimuló cautamente y trató de situar las negociaciones en vía muerta [8].

Reforma real frente a reforma tridentina

En la corte española nacieron por los años sesenta urgencias y prisas e incluso alarmas. Hubo dos años de tensión creciente en la política eclesiástica, que amenazaba con explotar en las Cortes de Monzón de 1563. La última etapa del Tridentino discurría entre prisas y miedos y desamparaba el tema vital de la reforma regular. De hecho pasó ésta por el concilio con la celeridad de un meteoro, concretándose en un decreto de 22 capítulos, discutidos de prisa y leídos el día 2 de diciembre de 1563, en la última sesión conciliar, sin posibilidad de que la asamblea pudiese valorarlos y aquilatarlos [9]. Por otra parte, el documento conciliar reiteraba la tradicional tesis pontificia, que identificaba reforma con regularidad canónica, posibilitando así la pervivencia del conventualismo [10]. Trento se alejaba muy sensiblemente de Madrid.

Mientras tanto, Felipe II extremaba sus exigencias. Reiteraba sus propuestas de cambio de régimen interno en la Orden de la Merced,

[7] Exposición muy matizada del designio real y de la estrategia para su negociación en Roma, en O. STEGGINK, *La reforma* 77-78.

[8] La acusación de intrusismo regalista fue explícitamente manifestada por Pío IV, como informa el embajador Vargas el 23 de enero de 1562 (STEGGINK, *La reforma* 78). Pecaba ciertamente de suspicaz, pues las pretensiones de Felipe II no iban más allá de las de sus antecesores, reiteradamente satisfechas por los pontífices.

[9] El texto, en su primera formulación para el examen de los Padres, en la edición de las Societas Gorresiana, t.9 (Friburgi 1924) p.1036-69; y en su redacción definitiva, ibid., 1079-85. Los Padres españoles expresaron serias reservas durante su elaboración, que no fueron recogidas en la formulación definitiva. Véase H. JEDIN, *Zur Vorgeschichte der Regularenreform Trid. Ses.XXV:* Römische Quartalschrift 44 (1936) 280ss.

[10] Concisa y sustanciosa valoración de O. STEGGINK, *La reforma* 92.

para la que preconizaba una reforma bajo el control del rey [11]. Intentaba la creación de un Vicariato General español en la Orden carmelitana, con amplia autonomía para los frailes hispanos [12], y sugería soluciones similares para otras órdenes. Pero, sobre todo, declaraba inaplazable la proyectada campaña de reforma general. En Monzón, el 15 de noviembre de 1563 la proponía de nuevo al papa, recargando los tintes de urgencia y radicalismo:

1. La situación moral de los frailes españoles es sumamente desordenada, y su corrección no puede demorarse; por el contrario, si no se da el presto remedio, el rey aplicará por su cuenta el cauterio: hará «despoblar los dichos monasterios antes de dar lugar a que vivan como viven».

2. Se constituirá una comisión de reforma, escalonada a tres niveles:

— un consejo directivo, formado por los arzobispos de Zaragoza, Tarragona, Valencia y Santiago y el obispo de Cuenca, fray Bernardo de Fresneda, O.F.M., animador del proyecto en la corte;
— comisarios reales y pontificios, encargados de visitar las casas religiosas e introducir en ellas ias nuevas normas;
— religiosos observantes, generalmente superiores provinciales y locales, asesores de los visitadores y ejecutores de sus disposiciones.

3. Se concederán a los reformadores amplias facultades canónicas para

— nombrar prelados observantes para las casas reformadas;
— transferir las antiguas casas conventuales a la jurisdicción de los observantes;
— suprimir casas religiosas en las que no sea posible mantener regularmente la vida religiosa:
— imponer la clausura estricta en los monasterios femeninos;
— prohibir la recepción de novicios en las casas no reformadas;
— suspender o revocar los privilegios conventuales y las apelaciones a Roma, surgidas en el curso de la reforma [13].

El proyecto español llegó a Roma por conducto del embajador, Luis de Requesens, y fue entregado a Pío IV el 13 de diciembre. Fue una irritante sorpresa para la corte española comprobar que había perdido el tren conciliar. En efecto, sólo cabía esperar que fuese aceptado como una aspiración y propuesta práctica española, nunca como un proyecto de reforma general. Tampoco se podía confiar en que el pontífice lo apadrinase en sus aspectos más radicales, como la extinción del conventualismo, ya que Pío IV estaba ahora moralmente comprometido a seguir en el campo de la reforma los criterios moderados del concilio, que preconizaban el reajuste disciplinar y no la abolición.

[11] *Simancas*, Estado, 897 n.40.
[12] Sobre este proyecto y la participación que en su formulación tuvo el provincial carmelita de Aragón, fray Miguel Carranza, véase STEGGINK, *La reforma* 95-102 y 121.
[13] El original de este texto en AEESS leg.32 fol.190r-94r. Edición en L. SERRANO, *Pío IV y Felipe II. Primeros diez meses de la embajada de Don Luis de Requesens en Roma* (Madrid 1891) p.70-84. Noticia de copias del mismo texto en O. STEGGINK, *La reforma* 86-87.

La propuesta española fue recibida con cortesía y considerada con delicadeza, confiándose su estudio a una comisión cardenalicia, de la que no podían salir más que leves matizaciones sobre el tema. Era condenarla al olvido. El embajador lo constataba con desánimo el 30 de abril de 1564: «Aunque lo solicito, nunca acaban de despachallo»[14]. Otras disputas diplomáticas, escasas de contenido y sobradas de pasión, dominaban por entonces el ambiente y silenciaban momentáneamente el tema monacal[15].

Pero en España no se admitía la derrota conciliar, ni como hecho ni menos como principio. Al contrario, se proclamaba con firmeza que los criterios conciliares tenían que ser necesariamente superados en este punto. Por lo menos respecto a España. «Que lo estatuido en el concilio no es remedio bastante», se afirmaba ahora sin rebozo en las esferas gubernamentales, y lo repetían con desenfado los diplomáticos romanos de Felipe II[16]. No se escuchaban siquiera las recriminaciones romanas, que inculpaban de inspirador del anticonventualismo de la corte al confesor real, el discutido fray Bernardo de Fresneda[17]. Lo que contaba en Madrid era la irrecusable experiencia de cerca de un siglo en contra de las reformas jerárquicas previstas y dirigidas por la curia romana, pues «estas reformas eran de ningún momento, no teniendo otros executores que los frailes mesmos»[18].

La tensión parecía hacerse explosiva en los años 1563-64. Mientras Pío IV y el cardenal Borromeo afirmaban con coraje en Roma la exclusividad de la reforma de inspiración tridentina, autorizada por el papa y realizada por los superiores mayores de cada Orden, los dignatarios romanos tenían que escuchar afirmaciones tan hirientes como la expresada por el embajador Requesens el 13 de diciembre de 1563: «La reformación hecha en la sesión pasada, en muchas cosas es inútil, y en otras, poco conveniente», y, sobre todo, el agresivo consejo del cardenal Pacheco de «que mirasen muy bien lo que hazían en este punto», porque el rey de España, «quiçá se resolvería a limpiar sus reinos desta pestilencia»[19].

Pío IV reconsidera el programa español

El maximalismo de las contraposiciones se atenuaba considerablemente en 1565. En Roma y en España se veía cada vez más claro que no se trataba de una tesis, sino de una situación de hecho: el *caso español*, que merecía ser considerado en su peculiaridad. En julio de 1565

[14] SERRANO, *Pío IV y Felipe II* 341.
[15] Nos referimos a las disputas sobre precedencias entre los embajadores español y francés. Ibid., 165-87.
[16] Cédula al cardenal Pacheco, de 1.º de enero de 1565, en *Simancas*, Estado, 897 n.3.
[17] Ibid., 899 n.79. Sobre este obispo franciscano véase J. M. POU, *Fr. Bernardo de Fresneda, confesor de Felipe II, obispo de Cuenca y Córdoba y arzobispo de Zaragoza:* AIA 33 (1930) 582-603. Sobre la opinión negativa que sobre él existía en la curia romana, véase STEGGINK, *La reforma* 160-162.
[18] O. STEGGINK, o.c., 162-63.
[19] Ibid., 158-60.

322 *José García Oro*

constataba con alborozo el cardenal Pacheco la nueva posición romana. Tras exponer al pontífice la amenazadora tensión a que se había llegado, pudo escuchar, de labios de Pío IV, la nueva y generosa solución que se arbitraba. Se enviaba a España una importante legación, capitaneada por el cardenal Buoncompagni, futuro Gregorio XIII y uno de cuyos miembros era el franciscano conventual Félix Peretti di Montalvo, futuro Sixto V. Llevaba amplias facultades para llegar a una solución definitiva en el campo de las reformas. Previa consulta con el rey, los comisionados decidirían qué solución adoptar: simple reforma disciplinar, reducción a la Observancia o definitiva extinción del instituto [20].

Fue la sorpresa y la esperanza para todos. Pacheco dejaba a un lado sus amenazas, apenas veladas de cortesía, y alertaba a los políticos de la corte para que aprovechasen la singular oportunidad de hacer triunfar los proyectos españoles. Era en España, a lo largo del viaje, que se iniciaría previsiblemente por Cataluña —en donde cabía documentar la situación con abultados hechos— y, sobre todo, en Madrid durante el encuentro con Felipe II [21], en donde se había de ganar la causa.

No se perdió tiempo. En el mismo mes de julio se despachaba la legación y en octubre estaba ya en Madrid [22]. Causaba particular satisfacción por lo amplio de sus facultades cara a los problemas político-eclesiásticos de mayor urgencia: el proceso del arzobispo Carranza, la cruzada, la rebelión morisca y la reforma de los religiosos. Este último tema estaba bien clarificado en la documentación acreditativa. Por un breve firmado el 20 de agosto de 1565, se ordenaba proceder de inmediato a la reforma de la Orden trinitaria en España [23]; por un documento similar, hoy desconocido, se establecía la dependencia de los *isidros* italianos respecto a los jerónimos españoles [24]; por la bula *Militantis Ecclesiae*, de 17 de septiembre de 1565 [25], se ordenaba la reforma de las Ordenes de San Francisco, del Carmen, de San Agustín, de San Benito y de San Norberto o premonstratenses.

La normativa romana de reforma buscaba una vía media entre los dos programas en conflicto, el tridentino y el español. Se aceptaba como un hecho la grave decadencia de los claustrales españoles. Se realizarían visitas disciplinares, a cargo de comisarios elegidos de común acuerdo, acompañados por religiosos observantes de las órdenes reformadas. Se decretaba la introducción de la clausura estricta en los monasterios femeninos, para lo cual quedaban los comisarios facultados para tomar importantes iniciativas: nuevos estatutos, régimen trienal, cambio de personal. Quedaba en un discreto silencio lo relativo a la eventual su-

---

[20] Esclarece esta legación el sólido de L. SERRANO, *Un legado pontificio en la corte de Felipe II:* Hispania 2 (1942) 64-91.
[21] Ibid., 80.
[22] L. SERRANO, *Correspondencia* IV p.XLIV y 6; ID., *Un legado pontificio* 64-91.
[23] El texto en ASV arm.42 n.23 fol.100r-104r. Noticias en STEGGINK, o.c.,165.
[24] L. SERRANO, *Correspondencia* I p.XLIV.
[25] El original en ASV arm.41 n.20 fol.109v; STEGGINK, o.c.,165.

presión de los conventuales en el caso de que resultase inviable su reforma [26].

Nadie podía dudar ya que con la bula de 17 de septiembre de 1565 se abría un nuevo horizonte en el vidrioso campo de las reformas monásticas. El rey era el primer convencido. Pero no iba a despejar tan fácilmente todas las incógnitas. En primer lugar no habían cambiado fundamentalmente los talantes políticos, que seguían siendo conflictivos precisamente en el punto concretto de la aplicación de la disciplina tridentina. «Si el rey quiere ser *rey de España*, yo quiero ser *papa en Roma*», exclamaba con visible excitación el papa, molestado por lo que juzgaba violento intrusionismo de la Corona en la celebración de los concilios provinciales que habían de aplicar el Tridentino [27].

Pero lo peor acontecía el día 9 de diciembre. Fallecía el papa Pío IV, sin que la comisión dada a Buoncompagni hubiera podido apenas estrenarse [28]. Todo quedaba, pues, en interrogante.

Poco se había conseguido. Apenas buenos ánimos y una seguridad de que el camino intentado en España no era inviable. En realidad, Roma no era tan monolíticamente *tridentina* como daba a entender el santo cardenal Borromeo. Tres años de esfuerzos diplomáticos ofrecían una ventana a la esperanza.

2. San Pío V: un papa para la reforma española

Se abría el año 1566 con un nuevo estreno en el pontificado. En la mente de todos parecía existir un candidato ideal: el cardenal Miguel Ghislieri, O.P. Lo auguraban, sobre todo, los amantes de la reforma, que veían en su santidad personal la mejor promesa de fidelidad a la causa. También los agentes de Felipe II lo preferían, si bien abrigaban pocas esperanzas de que los cardenales tomasen este rumbo. «Es el cardenal que en los tiempos de agora más convendría que fuese papa», pero era muy poco probable que obtuviese los votos necesarios, porque «lo tienen por riguroso, y los otros cardenales quieren que el papa sea buen compañero», escribía desde Roma el avezado Requesens [29].

Pese a las desconfianzas aludidas, el resultado premió a los optimis-

---

[26] La discusión de estos documentos pontificios en Madrid, en el otoño de 1565, estuvo dominada por un espíritu maximalista. No se llegó a concertar la ejecución de la reforma. Felipe II reafirmó sus posiciones contrarias a la reforma jerárquica preconizada por Roma en su *Instrucción sobre el breve de la reformación de los frailes*, dirigido precisamente al legado pontificio (el texto en *Simancas* PR 23-216). En ella reitera la necesidad de que la ejecución dependa directamente de la Corona.

[27] Sobre el tema véase la breve y documentada monografía de J. L. Santos Díez, *Política conciliar postridentina en España* (Roma 1969). Buenas noticias bibliográficas en O. Steggink, *La reforma* 166-67.

[28] La noticia del fallecimiento del pontífice se recibió el día 27 de diciembre en Madrid, sin haber conseguido avances positivos en la negociación en curso. Cf. L. Serrano, *Un legado pontificio* 83-84.

[29] O. Steggink, *La reforma* 167. El embajador Requesens desplegó una gran actividad negociadora durante el cónclave; véase L. Serrano, *Primeras negociaciones de Felipe II con el papa San Pío V*: Hispania 2 (1940) 85-88.

tas. Los promotores de la reforma española vieron plenamente confirmadas sus esperanzas. Era de esperar que el nuevo papa simpatizara con el tono radical de la misma, en especial por lo que atañía al conventualismo mendicante. Requesens se apresuró a ganar la benevolencia del austero fraile dominico. Le urgía, sobre todo, conseguir una confirmación de los anteriores documentos de Pío IV, en especial de la bula *Militantis Ecclesiae*. No necesitó extremar los argumentos y pruebas, pues el nuevo pontífice conocía la situación y la valoraba en sus consecuencias negativas. Sabía que los claustrales españoles, en especial los franciscanos, «vivían muy desordenadamente» y no mostraba objeciones de fondo respecto a llegar a su definitiva extinción. Veía incluso muy conveniente ampliar las facultades de su predecesor respecto a las reformas regulares hispanas, si bien se hacía preciso mantener en el tema una gran reserva debido al apasionamiento que el problema estaba creando en España y en Roma [30]. Parecía, pues, haber llegado la oportunidad para la reforma española.

La reforma española en las normas de Pío V

Pasaron meses, dudas y meditaciones. El papa, que veía tan claro respecto a la urgencia y radicalidad de la reforma, vacilaba a la hora de realizarla. Temía intromisiones de los políticos y torpezas en los prelados comisionados, por lo general poco peritos en temas regulares [31].

El primer documento piano de reforma fue fechado el 2 de diciembre de 1566. Era el breve *Maxime cuperemus*, en el que se dan las siguientes normas:

1. Se procederá a una reforma general de los claustrales españoles que les lleve a abrazar la Observancia y se extinguirá definitivamente el conventualismo.

2. Realizarán las visitas de reforma y anexión de las casas claustrales el obispo diocesano acompañado del provincial observante de la respectiva Orden y de algunos religiosos observantes de la misma, recurriendo, si preciso fuere, a la ayuda del brazo secular para vencer eventuales resistencias.

3. Los claustrales ahora reformados, junto con los conventos y sus respectivos bienes, serán transferidos a la familia observante.

4. Se organizará posteriormente la reforma disciplinar de las órdenes que carecen de rama observante [32].

Era el primer paso. Pío V no vaciló en dar con firmeza las siguientes

[30] Recoge este ambiente simpatizante del pontífice el embajador Requesens en su relación de 25 de enero de 1566 (L. SERRANO, *Correspondencia* I 112). Reacción de complacencia de Felipe II por la noticia y encarecimiento al embajador para que aproveche la favorable disposición del pontífice en favor de la reforma; en *Simancas*, Estado, 902 n.46b. Noticias en O. STEGGINK, *La reforma* 176.
[31] Buen testimonio de estos escrúpulos del pontífice en las cartas de Requesens de 18 de septiembre de 1566 (L. SERRANO, *Correspondencia* I 339-40) y de 8 de diciembre del mismo año *(Simancas*, Estado, 902 n.64; extractos en STEGGINK, o.c., 320).
[32] El texto más accesible en *Bul.Rom.* (ed.Taur.VII) 565-71. Noticias de copias de este documento en STEGGINK, *La reforma* 320.

normas complementarias, que especificaban y ejecutaban lo decidido. El 12 de diciembre emanaba el breve *Cum gravissimis de causis*, preceptuando la reforma de las monjas claustrales de la Orden franciscana [33]. El 16 de abril de 1567 firmaba en Roma un fajo de breves intitulados *In prioribus*, en los que establecía el procedimiento para la reforma de los mercedarios, trinitarios y carmelitas, que se encomendaba a los ordinarios, acompañados de dos frailes observantes dominicos [34]. Otro breve de la misma fecha decidía la reforma e incorporación a la Observancia de los terciarios regulares franciscanos [35].

Remataba el edificio legislativo el breve *Superioribus mensibus* (16-4-1567), auténtico código de la reforma española [36]. Se reiteraba el procedimiento previsto en el breve *Maxime cuperemus* para la eliminación de los conventuales; se urgía la reforma de las tres Ordenes de mercedarios, trinitarios y carmelitas, y, sobre todo, se decretaba la incorporación definitiva de diversos institutos religiosos a su presunta rama principal: los terciarios regulares franciscanos, a la Observancia; los premonstratenses e isidros, a la Orden jerónima. Se llegaba así al límite del radicalismo, fusionando instituciones muy difíciles de amalgamar.

Era previsible la resistencia y, sobre todo, la evasión de los afectados por la reforma. En el laberíntico bosque de los privilegios monacales existían refugios para este tipo de prófugos, como era el caso de los *Comendadores de Sanctispíritus*, que pretendían poder recibir indiscriminadamente a los miembros de otras órdenes, facultad que ahora no se atrevían a usar por temor a una reacción negativa de la corte española [37]. No escapó a la atención del pontífice este posible subterfugio. El día 13 de octubre de 1569 reiteraba las normas tridentinas sobre el particular, exigiendo la autorización previa de los superiores para efectuar tales traslados y prohibiéndolos explícitamente en las órdenes canonicales y hospitalarias, en las que se refugiaban no pocos religiosos reacios a aceptar los rigores de la reforma [38].

La reforma española salía de estas normas de San Pío V acreditada y canonizada, sobre todo, por lo que se refiere a la exclusividad de la Observancia como única forma legítima de vida religiosa dentro de cada institución. Con este respaldo cabía ya emprender la campaña de corrección disciplinar y anexión con firmeza y euforia. Era la tarea que esperaba al Consejo Real, a la Junta de Reforma [39] y, sobre todo, a los

[33] *Bul.Rom* VII 496.
[34] Ibid., 565-71. Noticias sobre copias en STEGGINK, o.c., 322-23.
[35] NE 28 fol. 339; L. SERRANO, *Correspondencia* IV p.XLII.
[36] Ed. más accesible en *Bul.Rom* VII 565-71; ed. parcial en *Monumenta Historica Carmeli Teresiani, Documenta Primigenia* I 55-62.
[37] *Simancas* PR 23-227.
[38] Copia con un breve regesto expositivo del breve en *Simancas* PR 23-193.
[39] La composición de esta *Junta de reforma* evolucionó levemente en los años sesenta por razones prácticas de ejecución. En todo caso, siempre figuraron en ella los cargos de más alta significación en la corte, como el inquisidor general, el rígido Fernando de Valdés, arzobispo de Sevilla, y en 1567, don Diego de Espinosa; el secretario real, Zayas; los confesores reales fray Bernardo de Fresneda, O.F.M., y fray Francisco Pacheco, O.F.M., y varios consejeros reales, entre los cuales era especialmente temido en Roma, por su animosidad hacia la curia, el doctor Velasco (interesantes impresiones de varios embajadores sobre el mismo en STEGGINK, *La reforma* 74-76.322).

comisarios observantes dominicos, franciscanos y jerónimos, encargados de realizarla en cada caso.

Replanteamientos y correcciones

El proceso concreto de la reforma y, sobre todo, la supresión de las instituciones religiosas iba a poner a prueba los brillantes resultados logrados en el terreno jurídico y diplomático. La eliminación del conventualismo franciscano no podía ofrecer obstáculos previsibles en Castilla, en donde quedaban únicamente restos insignificantes; ni resistencias extremas en los reinos aragoneses y en Navarra, en los que se había intentado anteriormente la fusión. En todo caso, la relativa facilidad con que se consiguió fue presentada al pontífice como una prueba de la viabilidad del plan en su totalidad [40]. Tampoco surgieron oposiciones violentas cuando se intentaron reparcelaciones y desmembramientos con claro signo castellanista, como aconteció en Navarra [41]. Menores objeciones todavía eran de esperar en los demás grupúsculos conventuales que quedaban en vida.

Pero el panorama cambió radicalmente al enfrentarse con la decretada supresión de los terciarios regulares, premonstratenses e isidros. La resistencia del grupo a dejarse absorber no pudo ser acallada y resonó en las supremas instancias jurisdiccionales. Los terciarios, capitaneados por su superior general, fray Rodrigo de Oporto, consiguieron esclarecer en Roma que su instituto era una verdadera orden regular autónoma reconocida por la legislación eclesiástica y no una institución seglar vinculada a la Orden franciscana [42]. Pero de momento no prosperaron en su intento de evitar la anexión, porque Roma mantenía con rigidez lo dispuesto y veía en la inmediata realización el cumplimiento de un compromiso asumido con el rey [43]. Esta actitud terminó desmoronando al general Oporto, que ya se preocupaba únicamente de salvar su situación personal [44].

No desmayaron por este fracaso los terciarios regulares de Castilla, que resistían tesoneramente los intentos de absorberlos [45]. Su provincial, el maestro Gordillo, corrió a dar la batalla de la supervivencia en Roma. En septiembre de 1567 nacía efectivamente una viva discusión sobre el caso terciario. En pocos días se le dieron soluciones dispares. El día 20 se reiteraba la orden de reducción a la Observancia, complaciendo las

[40] El mismo pontífice sintió satisfacción por estos éxitos iniciales. *Simancas*, Estado, 905 n.118; L. SERRANO, *Correspondencia* I 112.

[41] Sobre la reforma y anexión de los diez conventos franciscanos navarros, ideada por fray Bernardo de Fresneda, a las provincias castellanas de Burgos y Cantabria y la escasa resistencia de los frailes navarros a esta absorción castellana, informa ampliamente el excelente libro de J. GOÑI GAZTAMBIDE, *Los navarros en el concilio de Trento y la reforma tridentina en la diócesis de Pamplona* (Pamplona 1947) 255-61.

[42] Véase sobre el particular la carta de Requesens al rey, de 29 de septiembre de 1567. Cf. *Simancas*, Estado, 905 n.102.

[43] Cf. L. SERRANO, *Correspondencia* IV p.XXXV.

[44] J. GOÑI, *Reforma de los premonstratenses españoles en el siglo XVI:* Hispania Sacra 13 (1960) 5-6.

[45] L. SERRANO, *Correspondencia* IV p.XLII.

exigencias de Felipe II [46]. Pero Pío V vacilaba ya sobre su decisión, y terminó estableciendo limitaciones sustanciales a la incorporación decretada. Sólo serían obligados a pasar a la Observancia franciscana los terciarios regulares que hubiesen emitido los votos solemnes, determinaba en septiembre de 1567. Podrían conservar su estado de terciarios regulares, aunque acogiéndose a un régimen de progresiva extinción, los terciarios de votos simples, disponía el 20 de enero de 1568. En todo caso, los terciarios conservarían una moderada autonomía, bajo la tutela de los superiores franciscanos [47]. Este estatuto de tolerancia les permitiría saltar la amenaza de extinción y, andando los años, recuperarse de la grave merma sufrida.

Para Felipe II esta solución romana suponía un molesto contratiempo. Por una parte, se incumplía lo dispuesto en las precedentes bulas de reforma y la firme exigencia española en este campo; por otra, se establecía un precedente teórico y práctico que confirmaba la inviabilidad del intento reiterado en España de imponer a los frailes un género de vida que no habían conocido ni aceptado al tiempo de su profesión [48]. Era una peligrosa brecha en el fortín de la reforma española.

Pero donde la oposición al proyecto filipino de reforma se hizo explosiva fue en la Orden premonstratense. La sorpresa y desafío que suponía la imposición de la reforma desde afuera y, sobre todo, la forzosa anexión a los jerónimos sirvió de acicate para emprender una decidida campaña de autodefensa. Se rechazaba vigorosamente la acusación de desfallecimiento de la Orden y la amenaza de extinción. Con un gesto desafiante de coraje y de aventura, se personaba en Roma el abad de Medina del Campo, fray Gonzalo de Salas, conseguía valedores para su causa entre los dignatarios curiales y lograba insinuar al pontífice su pretensión [48*].

Se repitió el episodio de los terciarios franciscanos. Pío V reconsideró su posición y terminó rectificándola respecto a la supresión del instituto premonstratense. El 18 de marzo de 1568 firmaba el breve *Nuper cum accepissemus* [49], por el que declara que su intención era que los jerónimos realizasen la corrección disciplinar de la Orden y nunca la supresión e incorporación. Tal decisión desagradaría profundamente al soberano español, que mantenía firme su convicción de la decadencia de la

---

[46] WADDING, *Annales* XX 549-50.

[47] *Simancas*, Estado, 907 n.8.

[48] Sobre la mentalidad del pontífice en este tema ofrecen noticias interesantes los embajadores tanto españoles como pontificios. SERRANO, *Correspondencia* IV p.XLIII. Juristas eminentes, como el Doctor navarro don Martín de Azpilcueta, expresaron también con firmeza este parecer. Cf. D. M. ARIGITA, *El Doctor don Martín de Azpilcueta* (Pamplona 1895) 609, y sobre todo su *Parescer* sobre la reforma de los claustrales franciscanos, en *Simancas*, Libros de Copias, 12 fol.437r. Noticias en GOÑI GAZTAMBIDE, *Los navarros* 255. Edición defectuosa de Ambrosio de SALDES en Est. franc. 26 (1921) 262-69.

[48*] Sobre la ruidosa reforma de la Orden premonstratense existe abundante documentación y un básico estudio de J. GOÑI GAZTAMBIDE, *La reforma de los premonstratenses españoles en el siglo XVI:* Hispania Sacra 13 (1960) 5-96.

[49] El texto en *Simancas*, Estado, 907 n.18. Precisiones matizadas en GOÑI GAZTAMBIDE, *La reforma* 12-13.

Orden y se hubiera complacido en premiar a su preferida Orden jerónima con los despojos del instituto norbertino [50].

La Orden de San Norberto se había salvado al fin. Pero necesitaba de reformas profundas. San Pío V estaba bien informado de su situación y quería remediarla con eficacia, salvándola de la guadaña de la reforma real. Decidió confiar la espinosa misión a su nuncio en Madrid, Castagna, de manera que la acción disciplinar pudiera en todo caso ser controlada directamente desde Roma. Así lo establecía por los breves *Cum sicut accepimus* (8 diciembre 1569) y *Cum nos alias* (10 abril 1570) [51]. Al legado pontificio correspondería ahora en exclusiva examinar las actas de visita y dictaminar sobre las mismas, y, sobre todo, establecer el nuevo régimen: superiores trienales, capítulos provinciales, sistema electivo de superior provincial, suprimir o unir casas, transferir religiosos a otros monasterios, separar de la jurisdicción de la Orden a los monasterios femeninos, nombrar comisarios para la reforma de la Orden [52]. Le esperaban en este ministerio lecciones amargas, que confirmaban algunas de las suspicacias de Felipe II.

Un tercer intento de supresión, el de los *isidros* o ermitaños de San Jerónimo, iba a realizarse sin objeciones españolas y romanas. La fusión, ordenada por Pío V mediante breve del 16 de julio de 1568 [53], se llevó a cabo sin estridencias, ya que este minúsculo instituto estaba ya anteriormente vinculado a la Orden jerónima.

Capítulo singular dentro del proyecto de reforma estaban llamadas a constituir las tres órdenes *no reformadas*, institutos religiosos que en España carecían de una rama observante. Su reajuste disciplinar, en conformidad con las normas tridentinas, habría de realizarse por los obispos locales acompañados de religiosos dominicos. Y, efectivamente, se programó con diligencia en julio de 1567, consultando sobre el problema al prior provincial dominico de la Provincia de España [54]. Inmediatamente se pasaba a la acción, según adelante veremos. Pero muy pronto tales normas y criterios iban a entrar en crisis.

Pío V recibía continuamente quejas y protestas de los religiosos españoles y las escuchaba. Se alarmaba ante las denuncias reiteradas, que señalaban a los obispos y a sus oficiales como autores de torpezas y atropellos debido a su craso desconocimiento del tema regular. Con lenta reflexión llegó también ahora a un replanteamiento, que consistía en eliminar a los mismos obispos de la tarea reformatoria. Llegaba a esta dura resolución en el verano de 1569. En primer lugar daba consignas a su nuncio, Castagna, para que preparase el terreno (breve de 30 de agosto de 1569). Luego, mediante el breve *Dudum per nostras* (31 enero 1570), retiraba a los obispos la comisión dada en 1567 y por el breve

[50] Véase sobre el particular CODOIN VII 529-34.
[51] Texto de ambos breves en ASV arm.38 p.l f.54; ed. más accesible en J. LE PAIGE, *Bibliotheca Praemonstratensis Ordinis* (París 1633) 740-42.
[52] J. GOÑI GAZTAMBIDE, *La reforma* 58.
[53] Cf. L. SERRANO, *Correspondencia* IV p.XLVI. Sobre su origen y primer desarrollo véase arriba c.II par.3.
[54] *Simancas* PR 23-85 fo.5v-6r.

Superioribus mensibus encargaba la corrección de las tres Ordenes a los religiosos dominicos que en su día se designasen [55]. Quedaba así frenado todo posible intento de desorbitar la reforma en estas órdenes, en las cuales era de prever un largo y espinoso proceso de corrección disciplinar, durante el cual podrían resucitar las antiguas tentaciones de absorción y supresión [56].

Reforma y nacionalismo en Aragón

Las objeciones y obstáculos encontrados en Castilla se iban a intensificar en tierras aragonesas. Las congregaciones de Observancia existían en Aragón, pero no habían conquistado la primacía que poseían en Castilla. Apenas habían realizado conquistas urbanas, si bien se habían introducido disimuladamente en los suburbios de las poblaciones. Fuera del caso franciscano, no habían inquietado seriamente al grupo conventual. Intentos reiterados de desplazar a los conventuales, habían tropezado siempre con tenaces y violentas resistencias. Los frailes y monjes aragoneses veían en estos planes no sólo un molesto afán de imponerles una vida que no habían profesado, sino también un disimulado designio de castellanización.

Felipe II combatió esta oposición y trató de cortar sus peligrosos enlaces con el exterior. Desconfiaba de la posible acción de los abades franceses en sus filiales españolas y procuró cortar los lazos existentes entre la Orden de Calatrava y la abadía de Morimond [58] y entre los cistercienses y su casa-madre de Cîteaux. Procuró que los abades de Poblet y Santes Creus, a quienes tradicionalmente se encomendaba la visita de sus hermanos aragoneses, asumiesen la jurisdicción de la abadía francesa [59]. Sólo a medias consiguió su intento al lograr que las abadías matrices francesas enviasen siempre visitadores de nacionalidad española a Aragón y Navarra [60]. Eran los primeros pasos de una reforma que tardaría aún en llegar.

La sensibilidad nacionalista afloraba también en la reforma de los conventos mendicantes. Las suspicacias de las partes castellana y aragonesa llegaron también a Roma y fueron tomadas en consideración. Para la visita y corrección de los mercedarios se designó al nuncio, acompañado de otros prelados y de los religiosos dominicos, con el objeto de que el representante pontificio pudiese controlar la marcha, previsiblemente espinosa, de la campaña [61]. Para la reforma de los conventuales mendicantes se siguió el camino previsto, sin que surgieran objeciones que obligasen a cambiar de rumbo ni siquiera en el caso de los agusti-

---

[55] Editados recientemente en *Monumenta Historica Carmeli Teresiani, Documenta Primigenia* I 470-71.

[56] Sobre velados intentos de supresión de los carmelitas, fusionándolos con los dominicos, a los que se opuso Pío V, cf. L. SERRANO, *Correspondencia* IV p.XLVIII.

[57] Sobre la Observancia en Aragón véase arriba cap.II par.3.

[58] Cf. *supra* n.2.

[59] *Simancas* PR 23-192.

[60] L. SERRANO, *Correspondencia* IV p.XLVI.

[61] Breve de 19 de enero de 1568. Cf. L. SERRANO, o.c., IV p.XLVIII.

nos aragoneses, visitados en estos años por el prior de Sevilla, fray Rodrigo de Solís [62]. En este caso existió una notable presión de la corte para que las casas masculinas y femeninas abrazasen la reforma de la Provincia de Castilla, intento que al fin resultó fallido [63].

En sustancia, los proyectos de reforma de Felipe II y de Pío V coincidieron relativamente en su formulación. Pero se fueron diversificando a la hora de las realizaciones. La identidad de las instituciones religiosas, la tradición y el nacionalismo interpusieron con frecuencia sus gritos de protesta y forzaron a importantes correcciones. El resultado se tradujo en un visible acercamiento a las directrices tridentinas, que buscaban la renovación institucional sin comprometer la existencia y la identidad de los institutos religiosos.

3. LA NUNCIATURA DE MADRID Y LA REFORMA

En los años setenta, el panorama de las reformas españolas aparecía ya despejado canónicamente. Estaba el camino expedito para las reformas disciplinares y constitucionales, mientras se rechazaban los intentos de absorciones y supresiones de los institutos religiosos. Roma y Madrid parecían haber llegado a un acuerdo tácito: no innovar en el campo jurídico y realizar gradualmente lo dispuesto por Pío V. Felipe II renunciaba a su exclusivismo en la dirección de la campaña correctora, permitiendo que los delegados pontificios interviniesen en la reforma. Por su parte, el nuevo pontífice, Gregorio XIII, hombre de mente flexible y experto como pocos en temas de reformas hispanas, se ingeniaba para que las posturas romanas y españolas se conjugasen. Su representante en Madrid, Nicolás Ormaneto, fue el diligente y suave realizador de estos designios armonizadores del pontífice.

La Nunciatura de Madrid y, en concreto, el nuncio Ormaneto, asumió desde este momento, con cautela y eficacia, la dirección de la reforma en curso, imprimiéndole un ritmo más acompasado y flexible. Hubo de enfrentarse inmediatamente con las querellas más ruidosas, las relativas a los premonstratenses, carmelitas y agustinos aragoneses, para componer las cuales recibió amplias facultades, fechadas el 25 de abril de 1573 y el 27 de diciembre de 1574 [64]. De todas ellas era la primera la que reclamaba soluciones de urgencia, y la que, por tanto, hubo de acometer decididamente Ormaneto. No dudó en seguir la vía hispana en el aspecto constitucional. La Orden norbertina se configuraría en España como una *vicaría* autónoma, celebraría sus capítulos trienales al es-

---

[62] Fue nombrado reformador de la Orden en Aragón por breve de 13 de julio de 1568 y ampliada su misión a los cenobios femeninos agustinianos por breve de 9 de noviembre de 1568 (EE leg.325; L. SERRANO, *Correspondencia* IV p.XLIX-L).

[63] Cédulas reales de 10 de enero de 1570 y 25 de marzo de 1571 (AEESS leg.455; L. SERRANO, o.c., L). El número de casas agustinianas aragonesas se cifraba por entonces en 24, distribuidas en dos provincias.

[64] J. GOÑI GAZTAMBIDE, *La reforma* 67; EFRÉN DE LA MADRE DE DIOS-O. STEGGINK, *Tiempo y vida de Santa Teresa* (Madrid 1968) 577.

tilo de las familias monásticas observantes y, sobre todo, practicaría el relevo trienal de sus superiores. En el futuro quedaría privada de la jurisdicción sobre su rama femenina, que pasaría a depender de los prelados diocesanos [65]. Tales concesiones le permitirían, a su vez, exigencias. En efecto, las pretensiones anexionistas de los jerónimos fueron rechazadas, conforme a lo ya dispuesto por Pío V y Gregorio XIII, y el nuncio empleó su suave tacto en alejarlos de su función correctora respecto a los zarandeados premonstratenses [66]. Remataba su labor haciendo promulgar en 1577 unas *Constituciones de reforma*, que recogían orgánicamente las varias normas promulgadas [67]. Así conseguía establecer para el futuro la fisonomía de los norbertinos españoles como una provincia autónoma dentro de la Orden, situación muy incómoda para el gobierno de la Orden, que sólo bajo determinadas condiciones llegó al fin a aceptar el abad general premonstratense, fray Juan Despruets [68]. Tras la prueba de fuego de la reforma filipina, los norbertinos españoles se configuraban como una Congregación de Observancia española, fuertemente centralizada y solícita de la formación intelectual de sus miembros, émula eminente de las demás familias monacales antiguas y nuevas, como las de San Benito, del Císter o la de los jerónimos.

Pruebas y soluciones similares esperaban al conventualismo aragonés, que, con la única excepción de los claustrales franciscanos, eliminados sin dificultad en los años sesenta, se mantenía en vida, aunque seriamente amenazado de extinción, como en seguida veremos.

Mientras tanto, el tácito concierto entre Roma y Madrid que presidía la realización concreta de la reforma seguía en vigor. Los nuncios continuaron siendo piezas capitales en la campaña reformista. No mantuvieron una línea continua de conducta. Mientras Ormaneto favoreció claramente la labor de los comisarios reales dominicos, que actuaban con eficacia en las Ordenes carmelitana, mercedaria y trinitaria, su sucesor, Felipe Sega, decidió revocarles las facultades [69]. La corte española dejaba hacer a los nuncios y sus delegados, si bien nunca renunció a dirigir y controlar directamente la campaña. Se cuidaba oportunamente de revalidar las facultades concedidas en su día por Pío V y mantenía en vida una *Comisión de reforma* que dictaminase sobre los numerosos percances que surgían. En esta línea, el 15 de abril de 1589 conseguía un nuevo y amplio breve de reforma del papa Sixto V. Por él recibía una nueva concesión de facultades de reforma general de los religiosos españoles, entre los cuales se citaban ahora los mínimos y los jesuitas. La dirigirían los obispos de Calahorra (Pedro Portocarrero), Plasencia (el

---

[65] Las nuevas peculiaridades de la vida premonstratense, introducidas definitivamente en el capítulo provincial de 1573, tuvieron favorable acogida tanto en la corte española como por parte de Gregorio XIII. Sobre el tema cf. J. GOÑI GAZTAMBIDE, *La reforma* 68-73.

[66] Ibid., 66.

[67] Fueron impresas en Medina del Campo, en 1580, con el título de *Constitutiones Ordinis Praemonstratensis Provinciae Hispaniae*. Cf. GOÑI GAZTAMBIDE, o.c., 86-88.

[68] Concordia de 1581, aprobada por Gregorio XIII mediante el breve *Postquam bonae memoriae*, de 14 de febrero de 1582, y confirmada por Clemente VIII en los años 1593 y 1600. Cf. GOÑI GAZTAMBIDE, o.c., 86-88.

[69] *Monumenta Historica Carmeli Teresiani. Documenta Primigenia* II 75.

trinitario Diego Gómez) y Lérida (Juan Martínez de Villatoriel). En la nueva concesión se establecían, sin embargo, dos salvedades y limitaciones: las causas mayores se sustanciarían en solos los tribunales romanos; toda la normativa dictada para la reforma (estatutos, ordenaciones, decretos, etc.) necesitaría la aprobación pontificia para su validez [70].

4. LA CLAUSURA EN LOS MONASTERIOS FEMENINOS

El mundo religioso femenino fue sacudido fuertemente por los vendavales reformistas del siglo XVI, si bien se mantuvo sin cambios radicales en su antiguo estatuto claustral, gozando de la cómoda autonomía que le permitía su lejana dependencia de los obispos diocesanos. Felipe II, que, siendo príncipe, había intentado un reajuste disciplinar de los cenobios femeninos, hubo de enfrentarse frontalmente con el problema por los años sesenta.

La reforma implicaba, sobre todo, la aceptación de la clausura estricta, que excluía por igual la salida al exterior de las monjas profesas y la visita libre de los seglares, sobre todo de los varones, a los monasterios. Pero esta exigencia chocaba en España con dos escollos prácticamente insuperables. En primer lugar existían muchas casas religiosas femeninas que nunca habían aceptado plenamente el estatuto monacal. En segundo lugar, los mismos monasterios femeninos, obligados canónicamente a la clausura, gozaban de amplia libertad práctica en su cumplimiento. Lo imponía así la mendicidad, que practicaban casi todos los monasterios, incapaces de sustentar su numerosa población, y lo facilitaba la bula *Inter caetera*, de León X (29 enero 1521), que alegaban como justificante de su proceder [71]. En la práctica, la imposición de la clausura estricta resultaba una novedad para las monjas españolas, una obligación muy pesada que no habían asumido anteriormente [72]. La situación era muy similar en otros países de la cristiandad, y por ello el Tridentino no extremó tampoco sus exigencias en este capítulo. En línea de principio, promulgó la obligación de la clausura como obligatoria para las religiosas con votos solemnes o *sanctimoniales*; pero, mirando a la ejecución, se inspiraba en criterios más flexibles que preveían e incluso facilitaban las dispensas de este precepto, que en adelante podría conceder el obispo diocesano [73].

No simpatizaba el santo Pío V con estas facilidades y condescendencias. En este caso, su postura personal era considerablemente más rígida que la española. La clausura habría de ser aceptada como exigencia uni-

---

[70] El texto ibid., III 444-448.

[71] El texto en *Bul.Rom.* VI 764. Esta situación de mendicidad continuó en vigor durante el siglo XVII y fue uno de los rasgos típicos de la vida monástica femenina hispana. Véase A. DOMÍNGUEZ ORTIZ, *Las clases privilegiadas en la España del Antiguo Régimen* (Madrid 1973) p.321ss.

[72] Testimonios interesantes del nuncio Castagna sobre estos planteamientos constitucionales en España, en L. SERRANO, *Correspondencia* I 27 y 36.

[73] *Concilium Tridentinum* IX 1080-81.

versal y estrictamente obligatoria, sometiendo a un régimen de extinción progresiva a las comunidades que no la aceptasen. Así lo disponía mediante sus dos constituciones *Circa pastoralis* (29 mayo 1566) y *Regularium personarum* (24 octubre 1566) [74], por las que urgía las normas disciplinares antedichas, prohibiendo aceptar novicias a las comunidades que no las practicasen [75]. Como normas legales válidas para toda la Iglesia, constituían estas disposiciones pianas un desafío a la situación española, en la que la extroversión de los monasterios femeninos y la interferencia seglar en la vida claustral tenían raíces seculares y excedían frecuentemente los límites tolerables, según constataba el nuncio Ormaneto [76].

La consolidación de la reforma exigía también cambios constitucionales. Se sabía por larga experiencia que el único medio práctico de mantener el nuevo régimen en vigor era someter los monasterios reformados a la rama observante de su respectiva Orden. En todo caso, y como medida previa a la reforma, se optó por apartar estas casas femeninas de la dependencia de la parte conventual, transfiriéndolas a la jurisdicción del obispo diocesano. Este criterio, ya practicado en los períodos antecedentes, se estableció por la bula *Cum gravissimis* (2 diciembre 1566); en primer lugar, respecto a las religiosas franciscanas de la Segunda y Tercera Orden, de cuya reforma y sujeción a la Observancia se ocuparían, conjuntamente, el obispo diocesano y el provincial observante [77]. Y se practicaba, por lo que se refiere a la separación de la familia conventual, en las órdenes que no poseían rama observante [78]. Motivaba tan extrema decisión la familiaridad abusiva entre religiosos de ambos sexos, constatada con sorpresa en el caso de los premonstratenses [79] y con grave escándalo en la conducta de los mínimos y de otros frailes de Andalucía, cuyas aventuras en los monasterios femeninos salían por aquellos días a la luz [80]. La comunicación directa con clérigos y seglares era una práctica generalizada en los monasterios femeninos del período, según informaban los legados pontificios [81].

La reforma tenía también una vertiente económica: la insuficiente dotación de los monasterios. En efecto, los monasterios españoles albergaban casi siempre un elevado número de religiosas y de servidumbre femenina, cuya manutención no era posible recabar de los bienes y ren-

---

[74] *Bul.Rom* VII 487.

[75] Sobre el alcance de las disposiciones pianas véase el estudio de N. ONSTENK, *De Constitutione S.Pii V «Circa Pastoralis»*: Periodica de re morali, canonica et liturgica 39 (1950) 214-30.318-63; 40 (1951) 210-55.

[76] Véanse sus informaciones a la curia sobre el tema en *Monumenta Historica Carmeli Teresiani. Documenta Primigenia* I 264-65.

[77] *Bul.Rom.* VII 496.

[78] Ibid.

[79] Constataciones del nuncio Ormaneto durante su labor reformadora, en J. GOÑI GAZTAMBIDE, *La reforma* 72.

[80] Información bastante matizada del nuncio Ormaneto al secretario pontificio cardenal Tolomeo Galli, de 31 de enero de 1576, en *Monumenta Historica Carmeli Teresiani. Documenta Primigenia* I 264-66.

[81] Ibid. Una reforma de los mínimos de Andalucía fue encomendada por Gregorio XIV a su nuncio en España, Pietro Millino, el 28 de abril de 1591. *Simancas* PR 23-71.

tas que poseían. La mendicidad devota y la ayuda familiar suplían normalmente este déficit. Por consiguiente, se hacía inevitable reducir el cupo de religiosas y fijar estrictamente su número, en conformidad con la dotación ordinaria del cenobio. Así lo establecía el breve *De statu Ecclesiarum*, de 7 de octubre de 1568 [82], y se reiteraba el 1.º de octubre de 1571 [83], comisionando al cardenal Espinosa, inquisidor general y presidente del Consejo de Castilla, para realizar las pertinentes operaciones económicas y establecer sobre este punto normas disciplinares firmes, que, sin embargo, no produjeron fruto sensible, como se consta-ta reiteradamente en el siglo XVII [83*]

Por otra parte, el tema de la reforma femenina iba a ser tratado con asiduidad en otra instancia no menos conflictiva: los concilios provinciales postridentinos, cuya incidencia polémica en la vida eclesiástica del período es hoy bastante conocida [84].

5. LA CAMPAÑA FILIPINA DE EXTINCIÓN DEL CONVENTUALISMO

A esta línea política de tesonero españolismo siguió la conducta práctica de Felipe II en la aplicación del Tridentino y, sobre todo, en la supresión definitiva de la Claustra. Su designio fue aplicado con calculada firmeza primero a las órdenes mendicantes y sucesivamente a los monasterios, sin que a ello obstasen las peculiaridades de los reinos de la Corona aragonesa, principales afectados en este momento por la campaña disciplinar.

Desaparición del conventualismo mendicante

En el reino de Castilla sólo representaban el conventualismo tradicional con cierta entidad los conventos mendicantes del Noroeste. Se trataba de una veintena de conventos franciscanos masculinos y femeninos, a los que se añadían varias minúsculas casas agustinianas. A ellos hay que sumar la numerosísima red de monasterios de la Tercera Orden Regular franciscana, extendidos por toda Castilla y particularmente numerosos en algunas regiones, como Galicia, reino de León y Andalucía. La extinción decretada comportaría problemas varios y delicados.

Se inició la andadura a principios de 1567 con los procedimientos expeditivos del caso: presentación de los comisarios para la reforma en los monasterios (el provincial franciscano o su delegado y los oficiales episcopales); notificación de las disposiciones pontificias y reales; inventario de los bienes conventuales y secuestro de los mismos por oficiales reales; requisitoria solemne de aceptación de la nueva forma de vida

---

[82] Copia en *Simancas* PR 23-98.
[83] Edición más accesible en WADDING, *Annales* XX 619-20.
[83*] Vida *supra* nota 71.
[84] Monografía sobre el tema debida a J. L. SANTOS DÍEZ, *Política conciliar postridentina en España* (Roma 1969).

por la comunidad afectada; traslado a diversos conventos de los antiguos conventuales e instauración en la casa reformada del régimen observante.

La imposición del nuevo régimen se produjo a buen ritmo en los conventos claustrales franciscanos de las provincias de Santiago y Aragón, en las cuales existían conventos ajenos a la reforma. Los conventuales aceptaron, en general, su incorporación a la Observancia, con la excepción de algunos que se refugiaron en la clandestinidad e incluso amenazaron, durante los años siguientes, a los nuevos moradores de sus antiguos cenobios, como en Cataluña. Pero el problema más arduo surgido de esta drástica reforma tenía dos vertientes: la primera, material, relativa a la subsistencia de todos los edificios conventuales, muchos de los cuales estaban ruinosos, y hubo de optarse por su abandono; la segunda, la moral, referente a la situación de los incorporados por decreto a la Observancia, para los cuales estaban en vigor ciertas normas, como la reiteración del noviciado, que resultaban prácticamente inaplicables en una reforma galopante como la realizada en 1567. Este último obstáculo se recrudecería gravemente al tratarse de los terciarios regulares, constreñidos a ser observantes. Por lo general, habían acatado las disposiciones, pero retenían secretamente su estilo de vida, como denunciaron reiteradamente a la corte los superiores franciscanos, sobre todo los de Extremadura y Andalucía. Un cúmulo de obstáculos se iba a encontrar en la académica Salamanca, en la cual subsistían conjuntamente, al lado del gran convento de San Francisco, observante desde mediados del siglo XV, otras casas franciscanas de conventuales castellanos y extranjeros e incluso de terciarios regulares, todas las cuales hubieron de desaparecer siguiendo los designios reformistas de la corte.

La introducción de la Observancia en los conventos femeninos de clarisas y terciarias encontraba serias dificultades, debido principalmente a que se preveía la continuidad de las mismas comunidades, las cuales habrían de aceptar la nueva vida por sola la persuasión y presión moral. A la dificultad de conseguir el consentimiento se sumaban los costes económicos que comportaba la reforma de las casas en sus edificios y en sus economías hasta hacerlas capaces de sobrevivir en el nuevo estado de clausura estricta establecido por el Tridentino. Esta exigencia conllevaba la inevitable supresión de muchas casas, prácticamente inadaptables, y el arbitraje de nuevos recursos económicos para realizar las obras necesarias, en las que habían de conservar su antiguo destino religioso. Para sufragar estas obras se volvió al antiguo recurso de destinar a estos monasterios los bienes de los conventos masculinos reformados, pues éstos no podrían retenerlos en su nueva condición de observantes (conforme al breve *De statu Ecclesiarum*, de 7 de octubre de 1568). Pero la solución resultaba poco eficaz, ya que estos bienes eran muy exiguos y vinculados a cargas religiosas, y, por otra parte, los mismos conventos masculinos ahora reformados se hallaban, por lo general, en grave estado de destrucción. Por todo ello prevaleció el criterio, formulado por el ministro provincial de la Provincia franciscana de Santiago, de que en principio deberían conservarse tan sólo los antiguos cenobios conventuales, abandonando los de terciarios.

La madeja de problemas surgidos vino a enredarse todavía más desde el 20 de febrero de 1568 al declarar Pío V su voluntad de no extinguir la institución de los terciarios regulares, sino simplemente reajustar su forma de vida. Fue preciso entonces prever una especie de régimen de reserva para los numerosos terciarios regulares que no aceptaban su incorporación a la Observancia, asignándoles al efecto una o dos casas en cada región (Mellid y Montefaro, en Galicia; Nuestra Señora del Valle y El Cerezal, en el reino de León, y diversas otras en Extremadura, Andalucía y Murcia), en las cuales continuarían estos religiosos su vida tradicional, ajustada a las normas tridentinas y bajo la inspección de los provinciales de la Observancia franciscana. Situación sumamente vidriosa, en la que se interferirían continuamente la autoridad de los nuncios pontificios, que velaban por su conservación, y la de los superiores inmediatos de los terciarios, que rehuían y burlaban las nuevas exigencias que les habían sido impuestas.

Esta política incierta y esquinada fue mantenida por Felipe II no sólo en tierras hispanas, sino también en sus dominios insulares, como Cerdeña. En Cerdeña mantuvo el antiguo designio de los Reyes Católicos de que los frailes franciscanos aceptasen la Observancia, vinculándose definitivamente a la nación hispánica y a su comisario general, proyecto finalmente combatido por la curia romana, y, sobre todo, por los ministros generales de la Orden franciscana de origen no hispano [85].

La Claustra monástica

Mientras la Observancia benedictina de Castilla o Congregación de Valladolid representaba en la práctica toda la familia benedictina, en la Corona de Aragón, sólo Montserrat encarnaba la imagen de un foco renovador. Formándole sombra existía en tierras catalanas, aragonesas y valencianas la Congregación claustral tarraconense y cesaraugustana, especialmente numerosa en Cataluña, con sus 24 abadías y numerosos prioratos, de cada uno de los cuales dependía un nutrido rosario de beneficios eclesiásticos y oficios monásticos, perfectamente contabilizados por su forma beneficial.

Desde los años cincuenta ambicionaba Felipe II llegar a una reforma radical de la Congregación tarraconense, que persistía esclerotizada en su forma beneficial, incapaz de toda recuperación. La iniciativa de reforma se hizo realidad desde 1565. La corte, pasando por encima las

---

[85] Sobre la supresión del conventualismo franciscano por Felipe II no existe un estudio específico, si bien se encuentra información abundante en las crónicas franciscanas y en los repertorios documentales. Ofrecen noticias locales muy interesantes los estudios de J. Goñi, *Los navarros en el concilio de Trento y la reforma tridentina en la diócesis de Pamplona* (Pamplona 1947); *La reforma tridentina en la diócesis de Pamplona. Notas complementarias*: Hispania Sacra 16 (1963) 265-322; P. Sagüés, *Las clarisas de Pamplona y sus reformas en el siglo xvi*: AIA 33 (1973) 315-23; J.Bada, *Situació religiosa de Barcelona en el segle xvi* (Barcelona 1970); P. Sanahúja, *Historia de la Seráfica Provincia de Cataluña* (Barcelona 1959).

pretensiones de los monjes catalanes de conservar sustancialmente el estatuto de Benedico XII, se informó y asesoró ampliamente sobre el programa y el método de reforma a realizar. El abultado *dossier* recogido condujo, a partir de 1483, a organizar la campaña de reforma en inteligencia con el nuncio de Madrid. La realizaron en Cataluña el obispo de Elna, doctor Benedicto de Santa María; el arcediano de Gerona, don Jaime de Angullana; el prior de La Cartuja de Scala Dei, dom Andrés Capella, y el prior dominico de Santa Catalina de Barcelona, fray Ramón Pascual, bajo la dirección del obispo de Vich, don Juan Bautista de Cardona.

Las visitas practicadas, las correcciones disciplinares realizadas en cada monasterio y la amplia discusión del programa arbitrado, llevaron a la formulación de una rica normativa de reforma que prescribía la vuelta íntegra a la vida comunitaria en la convivencia, liturgia, administración temporal, alimento y vestido, y, sobre todo, la celebración regular de los capítulos en sus diversos niveles. Con particular énfasis establecía un *curriculum* formativo, para realizar el cual se proyectaba un colegio universitario y un noviciado regular. Con drástica severidad preveían estas normas la concentración de los monjes en abadías de al menos catorce moradores; la secularización de los beneficios que no pudiesen ser atendidos por cada monasterio y el paso de los monasterios femeninos a la dependencia episcopal. El programa fue duramente contestado por la Congregación claustral porque rebajaba gravemente su personalidad tradicional y limitaba sensiblemente su presencia en los pueblos de Cataluña. La reforma, con notables matices nuevos y reajustes, fue dictaminada en Roma por una comisión cardenalicia y aprobada definitivamente por la bula *Sacer et religiosus monachorum status,* de 1.º de agosto de 1592. La bula tras ciertos forcejeos, fue aceptada por la Congregación benedictina en su capítulo provincial de 1597, en el cual se elaboraron las nuevas constituciones, que respondían a sus exigencias. La Congregación pasaba así a constituirse en una típica congregación moderna, con su autoridad y administración centralizadas, y abandonaba definitivamente las prácticas beneficiales y autonómicas, que la habían dejado agónica al fin de la Edad Media [86].

Parecidos proyectos abrigaba el Rey Prudente respecto al Císter aragonés, al que pretendió organizar en forma paralela a la Congregación de Castilla; primero en su porción navarra, que vanamente quiso desglosar de su tradicional vinculación aragonesa, y después en todo el ámbito aragonés, para el que solicitó reiteradamente de Roma una reforma similar a la benedictina, tendente a formar una congregación autónoma. Este logro no se consiguió hasta los días de su hijo Felipe III por

---

[86] Sobre la forma de la Congregación tarraconense y la política religiosa de Felipe II respecto a los monasterios catalanes, dependientes en gran mayoría del patronato regio, existe una exuberante documentación en los archivos de la Embajada de España ante la Santa Sede y de la Corona de Aragón, que necesita estudio atento y prolongado. Información de primera mano, procedente de archivos privados, ha sido dada a conocer por E. ZARAGOZA en su artículo *Documentos inéditos referentes a la reforma monástica en Cataluña durante la segunda mitad del siglo XVI:* Studia Monastica 19 (1977) 93-205.

obra del monje de Rueda, fray Sebastián Bonfill, y fue sancionado por el breve de 19 de abril de 1616, por el que se instituía la Congregación cisterciense de la Corona de Aragón [87].

El Císter castellano, mayoritariamente observante, conservaba, sin embargo, un reducto claustral de gran fuerza: *Las Huelgas de Burgos* y sus filiales, reacios siempre a admitir la Observancia. En los años finales del siglo, la situación del cenobio burgalés seguía inalterada y constituía un verdadero reto para la política eclesiástica de Felipe II. En 1587 se llegó a la madura decisión de imponer la reforma al gran monasterio real. Se preveía el régimen trienal, la instalación de una comunidad observante del Císter al servicio del Hospital del Rey, la visita y corrección periódica por una comisión de obispos y monjes observantes del Císter y una reorganización de la administración de la hacienda monástica, cuya anarquía se creía causante del decaimiento del monasterio. Practicada la visita de reforma por el obispo de Osma, don Sebastián Pérez, surgieron alborotos e interferencias del nuncio de Madrid y de la curia romana, que paralizaron por cierto tiempo la reforma. Pero logró al fin abrirse paso, introduciendo las normas tridentinas y regulando el conflictivo ejercicio del patronato beneficial. En adelante sería el reformador del Císter y no los obispos vecinos, como se pretendía en un principio, el responsable de los reajustes disciplinares en Las Huelgas. Con ello conseguía también la corte española aflojar la directa dependencia que Las Huelgas de Burgos y sus filiales habían mantenido con el abad del Císter [88].

Las tres Ordenes «no reformadas» (mercedarios, trinitarios y carmelitas)

El último y tenso capítulo de la conflictiva reforma filipina van a llenarlo las tres Ordenes oficialmente no reformadas, o sea, carentes en España de congregaciones de Observancia. En él estaban presentes, con sus matices bien diferenciados, las dos Ordenes redentoras de *mercedarios* y *trinitarios* y la antigua Orden mendicante del *Carmelo*. Todas ellas se situaron, en la segunda mitad del siglo, en la órbita de la reforma, a la que brindaron nuevos brotes de gran vitalidad.

La Merced y la Trinidad conservaban su estilo peculiar de tono militar: superiores muy autónomos respecto al cuerpo de la Orden; considerable independencia en los principales oficios conventuales; notable desorden administrativo; grave preterición de su tradicional y heroica vocación redentora y, sobre todo, una notable implicación en los banderíos locales. Pero la nota más llamativa y sentida como opresora en este momento era la prevalencia catalana, en el caso mercedario, y picarda,

[87] Sobre la reforma del Císter aragonés y la formación de Congregación cisterciense de la Corona de Aragón, véase J. Goñi, *La reforma tridentina* 271-272 y, sobre todo, E. Fort Cogul, *La Congregación Cisterciense de la Corona de Aragón y Navarra: aspectos de su gestación a través de los documentos de Santes Creus:* Yermo 8 (1970) 3-98.

[88] A. Rodríguez, *El Real Monasterio de las Huelgas de Burgos y el Hospital del Rey* II (Burgos 1907) p.68-80.

en el caso trinitario. Esta hegemonía regional y política la quería erradicar la reforma hispánica, fundada en que la parcela castellana representaba el mayor volumen de estas Ordenes.

La iniciativa de reforma mercedaria se acusa vivamente desde 1565 mediante programas presentados a la corte por los superiores castellanos. Dos años después llegaba el huracán de la reforma real. La visita adquiría ritmo galopante, conducida ahora por los dominicos fray Felipe de Meneses, fray Hernando del Castillo y fray Guillermo Montaña. Las propuestas de los mercedarios castellanos de reajuste comunitario en la Orden y de animación del ministerio redentor se conjuntan con los designios reales de superar inmediatamente el monopolio catalán, y, sobre todo, barcelonés, en la Orden e impedir la continuidad del régimen vitalicio en los cargos. Esto se plasma en las constituciones de reforma de Guadalajara (1574), que introducen la normativa tridentina en la Orden por lo que se refiere a la vida comunitaria de superiores y súbditos; el régimen electivo y capitular para los cargos y decisiones; la proporcionalidad de votos y la alternancia en las sedes de los capítulos generales entre la Provincia de Aragón y la de Castilla; un reajuste de casas y personal, lo cual imponía el abandono de los conventos menos dotados de la zona levantina; una organización de la formación cultural y religiosa mediante la creación de colegios y noviciados con maestros de jóvenes y, finalmente, un nuevo ordenamiento de la labor ministerial respecto a las redenciones africanas y a las misiones indianas. Un programa de reforma tan radical y mortificante para la parte catalana de la Orden, y especialmente para el convento de Barcelona en su función tradicional de casa-madre mercedaria, tardó cerca de un ventenio en ser aceptado, pese a la clara voluntad de la curia romana y de la corte española, a la que en todo tiempo desafiaron con coraje agresivo los mercedarios de la Ciudad Condal, sostenidos por una clientela local. Sólo en 1593, con la elección del eximio maestro Francisco Zúmel y las constituciones de reforma por él elaboradas, que representan una expresión antológica de la espiritualidad mercedaria, aceptaría la Orden el ideario de Guadalajara, que le llevaría a su plena recuperación comunitaria y a una positiva floración cultural en España y América [89].

Por un itinerario similar, aunque menos conocido, llegó también la Orden redentora de la Trinidad a superar su particularismo galicano, tan ofensivo para la Corona española. Lo mismo que el autonomismo de su administración, que causó serios desórdenes en Aragón y en Andalucía. En los momentos finales del siglo surgía la Recolección Trinitaria como minúscula planta del nuevo clima de reforma que estaba pe-

---

[89] La reforma mercedaria en el período pretridentino y tridentino en España no ha encontrado hasta el momento estudiosos, si bien tiene un carácter específico dentro de la política monástica de Felipe II. Ofrece una información sustancial G. VÁZQUEZ, en su *Manual de Historia de la Orden de Nuestra Señora de la Merced* I (1218-1574) (Toledo 1931) p.525-541, que puede completarse ampliamente a base de los ricos fondos del Archivo de la Corona de Aragón y del Archivo de la Embajada de España ante la Santa Sede.

netrando la institución, y que en Aragón comenzaba a arraigar por los años de 1583 [90].

Menos alejado de los ideales tridentinos y reiteradamente estimulado por sus superiores generales, especialmente por el célebre Nicolás Audet, que intentó en 1531 una reforma general de la Orden en España, el Carmelo español se había mantenido claramente dislocado del empuje renovador que agitó la Orden en el período y llevó a la formación de poderosas congregaciones observantes. En la segunda parte del siglo nacía, por fin, el nuevo brote de la reforma española. En sorprendente coincidencia se daban cita la reforma jerárquica de fray Juan Bautista Rubeo, la reforma del rey y la reforma de Teresa de Jesús. Los esfuerzos del primero se estrellaban en Andalucía contra las intrigas urdidas por sus súbditos. Los intentos del segundo se canalizaban hacia la campaña de visita y reforma disciplinar de los comisarios dominicos fray Pedro Fernández, fray Francisco Vargas y fray Miguel Hebrera, bajo la vigilancia de los nuncios de Madrid [91]. Mientras tanto, la reforma de Teresa de Jesús, el nuevo plantel del Carmen Descalzo, crecía exuberante, absorbía buena parte de las casas de la Orden, se constituía sucesivamente en Provincia autónoma en 1581 y en Congregación de Observancia en 1587 y termina configurándose como nueva Orden religiosa dentro de la familia carmelitana el 20 de diciembre de 1593 [92]. La leve llama prendida por la Madre Teresa en San José de Avila se había hecho un volcán, en cuyo fuego ardían, conjuntamente, el afán contemplativo, las inquietudes culturales y la aventura misionera de la misteriosa India.

La acción político-religiosa de Felipe II en el campo de la reforma representa, por una parte, el logro temporal de las tesis españolas sobre la reforma regular: superación del conventualismo y afirmación de la Observancia como única forma válida de vida religiosa. Por otra, representa un gran esfuerzo en su proyecto de una configuración nacionalista de la Iglesia española. Una de las palancas más eficaces de esta configuración fueron precisamente los religiosos observantes y las nuevas familias religiosas nacidas al calor de la reforma tanto en España como en América.

[90] Breves noticias sobre los orígenes de la descalcez trinitaria en España en el art. *Trinitarios* del DHEE IV 2594-2595.

[91] La reforma del Carmen español, sobre la que existe abundante información, ha encontrado su ejemplar investigador en el holandés O. STEGGINK, cuyo libro, *La Reforma del Carmelo Español. La visita canónica del General Rubeo y su encuentro con Santa Teresa* (Roma 1965) es una excelente guía para el estudio de la reforma eclesiástica en la segunda mitad del siglo XVI.

[92] Sobre los albores de la reforma teresiana disponemos del excelente estudio de O. STEGGINKY y EFRÉN DE LA MADRE DE DIOS, *Tiempo y vida de Santa Teresa* (Madrid 1968).

LA NUEVA IMAGEN RELIGIOSA DE LAS OBSERVANCIAS

Nacidas de un afán de retorno a las formas primitivas del propio instituto, las reformas del siglo XV se caracterizan por su inspiración directa en las fuentes y prácticas originarias del instituto. Lo comprueban ampliamente las primeras constituciones observantes benedictinas, emparentadas con las Observancias de Cluny, lo mismo que las Constituciones ultramontanas de la Observancia franciscana de 1451, trasunto de las narbonenses, de San Buenaventura, que inspiraron siempre la evolución de la Orden. Sin embargo, la reforma no pasó sin dejar huella sensible en las instituciones. Aportó novedades constitucionales de cierta entidad y, sobre todo, trajo matices en las apreciaciones y rasgos internos y externos de las familias religiosas que las definieron y caracterizaron. Con frecuencia fueron estas peculiaridades la razón de su auge. Las reseñaremos brevemente, señalando sucesivamente las de carácter monacal y las típicamente mendicantes.

1. LAS OBSERVANCIAS MONACALES

Las Observancias monacales reiteran y absolutizan una de las prácticas organizativas tradicionales: el régimen provincial o confederación regional de monasterios articulada en forma federativa, con presidentes y capítulos de periodicidad varia. Las congregaciones monacales de Observancia centralizan este régimen hasta convertirlo en un gobierno monárquico. El abad general, la casa-madre y los capítulos son el trinomio que define el sistema.

La casa-madre o monasterio fundador de la Congregación o de la nueva familia monástica mantiene firmemente su situación privilegiada, mezcla de veneración religiosa y preeminencia institucional, que realza y actualiza continuamente la costumbre de que en ella residan los superiores generales y se celebren los capítulos. Se esforzará celosamente en conservar sus privilegios originarios, de que el superior y el consejo conventual sean a la vez el equipo de gobierno de la institución. De esta posición nacen, andando los años, situaciones de tensión e incluso de viva oposición, localizadas en la periferia, opuesta a esta singularidad carismática de la casa-madre. La historia de San Benito de Valladolid, Montesión y Lupiana confirman, con variantes, el aserto.

El gobierno de las congregaciones de Observancia se caracteriza por su centralismo, manifiestamente absolutista y absorbente. Nace como régimen personalista, encarnado en la persona del fundador, que, en calidad de padre de la nueva familia, se mantiene vitalicio en el mando. Es una condición en cierta manera inseparable de su iniciativa y de su carisma. Con dificultad lograrán este privilegio sus sucesores, pese a que se lo proponen a veces con el apoyo de la casa-madre, de la que son superiores natos, alegando el envilecimiento de la función rectora que causa inevitablemente la frecuente mutación en los cargos. Como promotores e hijos a la vez de la reforma, se encontrarán a la postre ante las exigencias del régimen temporal y electivo. En un primer momento palían el escollo mediante la reelección, practicada sin dificultad cuando compete a sola la casa-madre. Pero al fin se verán forzados a pasar por las exigencias de la temporalidad, pues la periferia de la institución exige capítulos generales y representativos, de carácter decisorio y electivo, en los cuales existe cada vez más desconfianza hacia los candidatos de la casa-madre.

El superior general conserva en las congregaciones observantes un gran realce interior. Tiene sus preeminencias y honores litúrgicos, sobre todo cuando preside las celebraciones. Está adornado de privilegios jurisdiccionales que afectan no sólo al gobierno ordinario, sino también al fuero de la conciencia (dispensa de preceptos constitucionales, absolución de pecados reservados, ritos litúrgicos de carácter episcopal, etc.). Se reserva gran parte de las iniciativas de gobierno de mayor transcendencia por razón de eficacia o de garantía moral. Está perfectamente resguardado frente a reclamaciones de personas o casas particulares, ya que, por lo general, sólo da cuenta de su gestión a los capítulos generales o en las visitas extraordinarias. En la casa religiosa no se discuten apenas estas preeminencias; al contrario, se las acepta con veneración religiosa, ya que la educación y la vida espiritual del monje acentúa precisamente el deber de una dependencia directa y filial respecto a su abad general, que es el padre común.

El abad o prior general goza también de un sólido prestigio exterior. Lejos de perderse con la desaparición del fundador, no cesa de acrecentarse a lo largo de estos siglos, y fructifica para la institución renombre social, alta significación política y, sobre todo, caudal económico. Los priores de Valladolid y Lupiana, y en menor grado los de Montesión, participan activamente en la palestra política y en las disputas estamentales; son visitados regularmente por los nobles de Castilla y hospedan frecuentemente a los mismos soberanos. Pueden ofrecer su valimiento no sólo a los potentados seglares, sino también a las personas eclesiásticas y a los mismos reformadores religiosos de otras órdenes, quienes lo recaban y premian con generosa veneración, como el franciscano fray Pedro de Villacreces.

Contrapesando la autoridad absoluta del superior general monástico actúa el *definitorio* o consejo de gobierno, que puede ser *capitular*, cuando tiene plenos poderes consultivos y decisorios (tan sólo durante el capítulo general), y *privado*, o sea, el consejo permanente elegido en cada capítulo por la asamblea, y convocado regularmente por el superior mayor para su asesoramiento o para tomar decisiones importantes.

El elemento más dinamizador, y también más conflictivo, de las nuevas instituciones lo constituye el *capítulo general*. Nace, por lo general, como exigencia de la base y contrarresta en lo posible el vigente centralismo, sostenido por los generales y las casas-madres. Tanto los observantes benedictinos de Valladolid como los nuevos monjes jerónimos discuten acaloradamente sobre su utilidad, como promotor de iniciativas renovadoras; o su nocividad, como propiciador de intrigas e intentos subversivos. Son capitulares natos los superiores generales y locales y un delegado de cada comunidad y tienen a su cargo la discusión de la agenda capitular y las decisiones capitulares. Concurren también a la asamblea, con sola misión informativa, los visitadores generales y particulares, que están obligados a informar por escrito, en caso de hallarse impedidos. Del capítulo salen también los nuevos superiores cuando está en práctica el régimen electivo y temporal, propio de la Observancia.

Las nuevas familias monásticas se empeñan en conseguir no sólo una regularidad disciplinar, sino también una ascesis comunitaria de retiro, penitencia y oración. Necesitan instrumentos positivos y negativos para mantener este clima espiritual. No basta la promoción de la ascesis. Es preciso comprobar su práctica y sancionar sus defectos. Para ello se practican las *visitas* o inspecciones periódicas en las casas y en las personas religiosas. La reforma puso su acento en esta práctica y la repartió en dos categorías, la ordinaria y la general. La primera era practicada por los superiores mayores como parte de su gobierno. La segunda era realizada por comisarios especiales, elegidos capitularmente, una vez cada trienio. Esta última estaba determinada con precisión en la normativa respecto a las cualidades de los visitadores, procedimientos a seguir en la inspección y castigo de las culpas, atribuciones propias del cargo. De su resultado se informaba regularmente a los capítulos generales. Era característico su rigor, que derivaba a veces en arbitrariedad agresiva.

La comunidad local, el *monasterio* o *priorato*, conservó su antiguo marco legal, con peculiaridades nuevas. Las comunidades primitivas de las observancias eran minúsculas y de mayoría laical. Realizaban las actividades domésticas en común, sin diferencias de estamentos ni categorías. Pero la tendencia a la clericalización se abre paso en seguida. Aparece la distinción entre clérigos y legos en los principales aspectos de la vida religiosa: hábito diferente, obligaciones litúrgicas distintas, trabajo manual exclusivo del grupo laical, cargos de gobierno y administración reservados a los clérigos, etc. El grupo laical se ve desplazado de la decisión, y reacciona a veces con inquietudes y violencias, que nunca condujeron a recuperar la igualdad primitiva. A su lado está un tercer estamento monástico, el de los *donados*, simples serviciales de la casa religiosa, que nunca llegan a influenciar su marcha.

La comunidad local está regida por un *abad* o *prior*, ayudado por uno o más subpriores o vicarios y un determinado número de oficiales. Accede al cargo por elección comunitaria y permanece en el mismo por tiempo limitado, generalmente por un trienio. Está unido a su superior mayor por razones de obediencia religiosa y lealtad y vinculado a su comunidad, cuyas decisiones en el capítulo conventual o asamblea comunitaria de sacerdotes y asesoramientos mediante el consejo conventual, le obligan en la medida en que las constituciones lo establezcan. Tiene parte decisiva en la elección capitular de sus sustitutos, los subpriores o vicarios, a los que corresponde en la casa monástica una función ordinaria de vigilancia disciplinar y la misión extraordinaria de gobernar la comunidad en ausencia del superior. A sus órdenes directas está, finalmente, la oficialía monástica.

Los oficios monásticos se caracterizan en las Observancias por su menor volumen y, sobre todo, por la directa dependencia del superior local y de su consejo. Son los tradicionales de la vida monástica, con leves matices nuevos: el *cantor* o *chantre*, responsable de la liturgia y a veces de la librería; el *cillero*, el *arquero* y el *administrador*, encargados de la hacienda monástica, de la que deben confeccionar inventarios actualizados e informar al abad y al capítulo conventual; el *maestro de novicios*, que dirige la educación de los jóvenes candidatos a la Orden; el *sacristán*, el *ropero* y el *portero*, cuyos ministerios conciertan la casa religiosa en el interior y en el exterior. Amén de estos oficiales, elegidos o nombrados de entre los mismos monjes, el monasterio tiene que contratar los servicios de personas extrañas para tareas en que los monjes no son competentes. Es el caso, sobre todo, de los *maestros* o graduados que imparten las enseñanzas liberales, y a veces teológicas, a los monjes, ya que éstos en sus primeros momentos, no cuentan con colegas preparados académicamente, ni tampoco envían a sus religiosos a las universidades, como establecía desde el siglo XIV la Constitución benedictina.

En este marco humano de una comunidad estrictamente uniformada hace su vida el monje observante. Tiene su jornada desglosada en tres parcelas: las celebraciones litúrgicas, el trabajo físico y el estudio. Su calendario está jalonado de solemnidades litúrgicas, que prepara con ayunos y entrenos rituales. Se realizan con relativa simplicidad, recortando su tradicional vistosidad; incluso se descarta en ellas «las superfluydades del resar». Lo que no impide que conserven un considerable volumen, ya que comprenden el oficio coral propio y otros rezos supererogatorios, como el oficio de la Virgen y el oficio de difuntos. El monje ha sido específicamente educado para la celebración litúrgica durante el noviciado, y a lo largo de su vida considera una positiva perfección la realización ajustada del oficio coral y de la celebración eucarística.

Más visible aparece la peculiaridad de la Observancia monástica en el campo del trabajo físico, parcela de la vida comunitaria siempre realzada por las reformas. Es trabajo para el monje no sólo la actividad manual y el estudio, sino también el cultivo cultural y teológico, en el que prevalece la *lectio divina* o conjunto de lecturas religiosas realizadas con regularidad en la casa monástica. En la primavera de las reformas se da la completa nivelación comunitaria en la tarea común. Los jerónimos y los observantes benedictinos realizan un trabajo fraternal, mancomunado y repartido, sin distinciones, tanto si se trata de ofrecer el peonaje de una edificación como si toca realizar las faenas caseras. Labran la tierra, cocinan, lavan y limpian. No faltan quienes demuestran buen ingenio para una artesanía selecta, en especial para las especialidades librarias. Estudian y leen comunitariamente y rinden cuenta de su progreso cultural. Esta ocupación y los excelentes resultados económicos que rinde bastan para sostener una vida comunitaria autárquica y recoleta, claramente contrapuesta a la extroversión ministerial y la inestabilidad económica de los mendicantes. En el siglo XVI se rompe gradualmente este equilibrio laboral en favor de una actividad más especializada. Mientras la Observancia vallisoletana asume una vida clerical dominada por la dedicación litúrgica y el laboreo intelectual, la Orden jerónima conjuga admirablemente el cultivo cultural de sus comunidades con alta especialización artesanal, que convierte sus casas en una red de talleres productores de obras artísticas de alta calidad en todo el mundo iberoamericano.

Parcela singular del *opus Dei* monástico es el estudio, plenamente integrado en la vida monástica de la baja Edad Media por las disposiciones clásicas de Benedicto XII. Las Observancias monásticas lo ven con cierta desconfianza. Se recelan de sus formas académicas, cargadas de árida especulación y tendentes a generar actitudes señoriales. Desdeñan positivamente los enfoques dialécticos —la *«teología disputativa... que hincha y desvanece»*, según el cronista benedictino Mancio de Torres, a la que oponen la *teología afectiva*. Prefieren un tipo de monje elementalmente educado y entrenado. Los benedictinos vallisoletanos se contentan con que sus novicios «sean suficientes *gramáticos y cantores»* en sus Constituciones de 1489. Como tónica de vida reiteran durante el siglo XV que «más deben los monjes vacar al estudio de la conciencia que al de la ciencia». Pero el panorama cambia radicalmente desde los primeros decenios del siglo XVI, en los que los colegios universitarios y los académicos y escritores encuentran plena ciudadanía en el seno de las Observancias.

En el marco comunitario vive el monje su ascesis personal y comunitaria. Las instituciones observantes nacidas del espíritu de los emparedados y ermitaños hacen gala de la austeridad. Ayunos tradicionales y abstinencias típicas de la vida monástica vuelven a revivir. Formas de corrección fraterna y comunitaria, como los capítulos de culpas con acusación pública de los concurrentes, y duras penitencias reaparecen y llegan a veces a formas extremosas, como el castigo físico. Pero sobre todo es la *clausura* estricta practicada por los observantes, en especial por los benedictinos de Valladolid, la que les distingue y granjea veneración. En ella están integrados varios aspectos ascéticos: la reclusión perpetua dentro del recinto monasterial, la exclusión de los seglares, fuera del ámbito de la iglesia y de la portería; el silencio continuo en las dependencias monásticas, el aislamiento del exterior, para el que se instalan los correspondientes dispositivos: rejas, redes, velos, rallos y tornos; el control de las oficinas monásticas con comunicación al exterior, como las sacristías y porterías.

Centralización administrativa con claros matices absorbentes, simplificación austera de la vida monacal, integración comunitaria de miembros y actividades conventuales son, probablemente, los matices que caracterizan este nuevo momento de la vida monástica castellana que llenan las Observancias.

2. LAS OBSERVANCIAS MENDICANTES

La imagen pública y legal de las Observancias mendicantes no fue uniforme en este período. Tuvo una evolución considerable, desde los cenobios autónomos —eremíticos o urbanos— hasta las organizaciones regionales *(custodias* entre los franciscanos) y generales o internacionales: los *vicariatos* o *Congregaciones de Observantes*, en los cuales confluyen legalmente todas las instituciones reformadas, reteniendo sus peculiaridades originales.

En el aspecto institucional, las nuevas Observancias se organizan, por lo general, como *vicariatos*, lo que indica la autoridad delegada de los superiores de la Orden —maestros, priores y guardianes— que ostentan sus superiores, por más que en la práctica se reduzca casi siempre a pura confirmación obligatoria de las elecciones hechas por las comunidades observantes. Teóricamente, no quedaría así rota la unidad de la Orden. Dentro de cada vicariato provincial habrá, al menos en el caso franciscano, unidades menores o agrupaciones locales de conventos, que se llamarán *custodias*. En consecuencia, los superiores regulares de las familias observantes serán, por lo general, los *vicarios generales* y *provinciales*, a los que se añaden en algunos casos (Orden franciscana) los *custodios*. Elegidos en sus respectivos capítulos provinciales y custodiales, son confirmados obligatoriamente por los superiores jerárquicos de su rango (generales o provinciales); cesan automáticamente en los capítulos, pudiendo ser reelegidos; en unos casos, inmediatamente; en otros, previo un intersticio. Su función es el gobierno ordinario de sus vicarías, contando siempre con la autonomía relativa que mantienen los custodios y superiores locales en sus distritos y casas. En ese nivel de gobierno comparten sus tareas los capítulos generales y provinciales que son constitutivos. En ellos actúa eventualmente la comisión de capitulares llamada *definitorio*, entre cuyos atributos está el de formular los decretos o definiciones capitulares y promulgar los resultados del capítulo; es decir, las definiciones y los superiores locales, que en unos casos son nombrados por el mismo capítulo y en otros sólo confirmados, por haber sido elegidos previamente para el cargo por sus respectivas comunidades. Los capítulos a los diversos niveles —generales, provinciales, custodiales— representan la máxima participación y decisión comunitaria.

Sus vocales más activos son los *discretos* conventuales, elegidos por votación comunitaria (capítulo conventual), que no son necesariamente los mismos superiores locales, los cuales a veces carecen incluso de voto en los capítulos. Pasado el primer momento de las autonomías conventuales, lo normal es que las instituciones se consideren plenamente integradas en estas circunscripciones regionales y provinciales, que representan dentro de las Observancias la verdadera familia religiosa, con preferencia a la casa local.

En consecuencia, las casas observantes tienden a perder personalidad. Su superior —prior o guardián— no tiene autoridad para imponer sus criterios a la comunidad que rige, ya que ésta, si le ha elegido, puede *sindicarle*, llegando a deponerle; y, si le ha recibido por nombramiento externo, lo considera sólo un delegado del vicario provincial, recurriendo con facilidad a éste cuando no esté conforme con los criterios o prácticas que aquél mantiene. Su función apenas sobrepasa la de un animador de la comunidad local, vigilando la observancia regular y el cumplimiento de las actividades de la casa, principalmente de las ministeriales; cuidando con especial esmero de los enfermos, a los que debe rodear de afecto y agasajo; urgiendo el recto desempeño de las funciones domésticas, principalmente la portería y la sacristía; y promoviendo los acuerdos comunitarios necesarios, principalmente las votaciones comunitarias de los candidatos a la profesión y a la ordenación. Debido al menor volumen humano y económico de la casa mendicante, los oficios conventuales laicales —*portero, hospedero, cocinero, enfermero, sacristán, hortelano*— o clericales —*vicario* o *subprior, administrador, vicario de coro, predicador*— no adquieren una notable personalidad. Tampoco las actividades del convento resultan conflictivas, a no ser, por su efecto económico, la cuestua entre los franciscanos y determinados privilegios de las iglesias mendicantes, fuertemente contradichos por el clero parroquial. El convento tiene, naturalmente, sus dependencias y oficinas minúsculas, situadas en la claustra, que son más bien centro de reunión que talleres de trabajo, excepto, claro está, las cárceles, que no faltan en estas mismas casas conventuales.

La vida comunitaria discurre por cauces de gran simplicidad. No hay privilegios, pues se han excluido los graduados y los superiores tienen que conformarse estrictamente con los demás miembros de la comunidad. La casa carece de recursos; en unos casos porque no se permite propiedad alguna ni dinero, y se ha de vivir exclusivamente del trabajo, retribuido a voluntad de los que se benefician del mismo; en otros porque, si bien se permiten aportaciones menores procedentes de herencias o donaciones, nunca llegan a conseguir la autosuficiencia económica de la casa. En todo caso, no se tolera forma alguna de apropiación, ni siquiera de libros litúrgicos o escritos espirituales. Se trabaja manualmente todos los días, si bien la duración de esta actividad varía sensiblemente, y en general sólo es preceptiva para los hermanos legos. La vida ministerial se mantiene en vigor en estos grupos, que o proceden de conventos urbanos o se instalan tempranamente en las ciudades.

Se controla rigurosamente la suficiencia y la dedicación de quienes ejercen la predicación y administran la penitencia.

Centro de la vida comunitaria es la oración: la *litúrgica,* que se realiza en forma simplificada, con recitación llana y respetuosa, siguiendo el rito de la curia romana; la *privada,* para realizar la cual se exigen horas de estricto silencio en la casa religiosa, se señalan tiempos comunitarios e individuales y se la nutre con lectura espiritual diaria; la *devocional,* representada por un nutrido calendario o santoral propio de la familia religiosa, cuya memoria es objeto de especiales ejercicios litúrgicos o devocionales.

Por otra parte, esta vida comunitaria se nutre abundantemente de prácticas renovadoras: vida sacramental a base de confesión semanal y comunión, generalmente quincenal; capítulo de culpas comunitario una o dos veces por semana, en el cual se practican confesiones personales, acusaciones o denuncias comunitarias y penitencias correspondientes y castigo de delincuentes, que, según la gravedad, corresponde a la comunidad local o al capítulo provincial. Ni siquiera los superiores se libran de esta exigencia, pues oportunamente son sindicados en el convento donde ejercen o en el capítulo provincial, llegándose a la conclusión de que se les confirme o se les releve del oficio según la calidad de sus transgresiones.

Finalmente, las Observancias mendicantes hubieron de tomar posición necesariamente frente a los problemas de la formación y de los estudios. Se precisaba selección en los candidatos y alimento cultural en las comunidades, sobre todo en un momento en que parte de sus miembros procedían de la parte conventual, en donde los estudios se cultivaban con regularidad y todos los conventos podían, en principio, recibir novicios. En este campo, los observantes se pronunciaron firmemente por la exclusión del *status* de los graduados y hasta rechazaban la promoción de sus miembros a los grados académicos; por ello eran censurados por sus hermanos de la rama conventual. Pero sus novicios llegaban a la vida religiosa impreparados para su futuro ministerio, por lo que se imponía una formación básica que les capacitaba generalmente para el canto y la recitación del oficio. Como solución inmediata aparece en las casas observantes muy potenciada la figura del *maestro de novicios*, a cuyo cargo está la instrucción elemental y la formación religiosa de los novicios y jóvenes. A mediados del siglo XVI, sin embargo, el nivel de preparación se había elevado considerablemente y se procuraba ya a los candidatos una formación académica normal, sobre todo a los que previsiblemente habrían de dedicarse al ministerio de la predicación y de la confesión. Se fueron creando estudios filosófico-teológicos en cada Provincia, para cuya organización académica y religiosa se dictaron normas. Pero la recuperación de la dimensión intelectual y cultural de sus respectivas órdenes no será realidad hasta la segunda parte del siglo XVI, en que la presencia de las Observancias en los grandes conventos urbanos y universitarios y hasta la misma justificación teológica de su estilo de vida les exigió imperiosamente la presencia en el campo de la actividad literaria, para la que usarán con avidez los nuevos recursos multiplicativos que supone la tipografía.

En conclusión, las congregaciones de Observancia adquirieron una personalidad jurídica propia a lo largo del siglo XV, como reedición pujante y convincente de su propia institución. Uniformidad en la vida y nivelación en las comunidades, abandono de seguridades económicas y estamentales, justeza en la observancia regular, apertura al mundo devocional, parecen haber sido matices significativos de su fuerte personalidad.

Esta renovación religiosa no se quedó exclusivamente en la recuperación de la propia identidad regular. Por el contrario, se caracteriza desde sus mismos orígenes por la apertura al ambiente eclesial que alentaba en el período y por la sincronía con las corrientes de pensamiento y de acción que prevalecen en los siglos XV y XVI. Habría que recordar, como comprobaciones bien fehacientes, la contemporánea labor misionera de los observantes castellanos en los puertos africanos, en Canarias y en las Indias; la proyección de la reforma castellana en tierras aragonesas y portuguesas a mediados del siglo XVI; la pujante eclosión de teólogos, escritores espirituales, predicadores populares y cortesanos, y, sobre todo, la floración de santidad que la reforma española ofreció a la Iglesia moderna.

En definitiva, el cuadro histórico, levemente esbozado, de las *Observancias* religiosas de los siglos XV y XVI representa un itinerario eclesiológico y una vivencia religiosa de tal riqueza de matices y de tales dimensiones y logros, que puede considerarse antológico dentro de la historia moderna de la Iglesia católica.

QUINTA PARTE

RELIGIOSIDAD Y REFORMA DEL PUEBLO CRISTIANO

Por José Luis González Novalín

ORIENTACION BIBLIOGRAFICA

FUENTES

Bruxas. Dubia quae in causa praesenti videntur deffinienda: A.H.N., *Inquisición* 1.573 f.128-129 (dos cuadernillos). *Memoria de las misas que en sus testamentos y por las ánimas del purgatorio y por negocios gravísimos o devociones particulares se dicen, recopiladas por el licenciado Juan García Polanco y impresas con licencia en Madrid por Diego Flamenco, año de 1625:* B.N.M. ms. 18728. *Sopra le cose di Spagna. Abusi... quoad fides et bonos mores:* Arch.Vat., A.A. I-XVIII 4120 (Relación del nuncio a la Santa Sede, s.f., letra del s.XVI). Breve del papa Pío V: *Nuncio apud regem Hispaniarum ut tollantur abusus denegandi Eucharistiam capite damnatis* (1568): Arch.Vat., Arm.38 t.1 f.50. Breve del papa Pío V al arzobispo de Tarragona y a sus sufragáneos, *Sobre la celebración eucarística* (1571): *Allatum est ad Nos:* Arch. Vat., Arm.44 t.15 f.291v.-292. «Relaciones ad limina» de la diócesis de Oviedo (1589 y 1594): Arch.Vat., S.C.Concilii Relat. ad limina, caja 1.ª. Visitas pastorales en la diócesis de Mondoñedo: *Vesitas del Valle d'Oro y otras iglesias:* Arch.Cap., Bn.7 (antigua signatura).

J. S. de Aguirre, *Collectio maxima conciliorum omnium Hispaniae et novi orbis,* 4 vols. (Roma 1693-1694); J. Tejada, *Colección de cánones y de todos los concilios de la iglesia española,* 6 vols. (Madrid 1859-1862); *Constituciones sinodales de la diócesis de Canarias* (1497); edit. en «El Museo Canario» 15 (1945) 112-131; *Compilación de las Constituciones Sinodales antiguas y nuevas del obispado de Burgos, mandadas hacer por el Iltmo. Sr. don Iñigo López* (Alcalá 1534); *Constituciones synodales del obispado de Palencia ordenadas por mandato del ilustre y reverendísimo señor don Luis Cabeza de Vaca, obispo del dicho obispado, conde de Pernía,* MDXLVIII, etc.

Misales de rito romano, según los usos particulares de las diócesis siguientes: Orense *(Missale Auriense),* 1494; Zaragoza *(Caesaraugustanum),* 1498; Pamplona *(Pampilonense),* 1500; Segovia *(Segoviense),* 1500; León *(Legionense),* 1504; Mallorca *(Maioricense),* 1506; Valencia *(Valentinum),* 1509; Avila *(Abulense),* 1510; Astorga *(Asturicense),* 1523; Badajoz *(Pacense),* 1529; Sevilla *(Hispalense),* 1534; Burgos *(Burgense),* 1546; Calahorra *(Calagurritanum),* 1554; Plasencia *(Placentinum),* 1554; Palencia *(Palentinum),* 1558; Córdoba *(Cordubense),* 1561; Oviedo *(Ovetense),* 1561; Seo de Urgel *(Ordo supplicationum seu processionum ecclesiae Urgellensis),* 1527; Lérida *(Ordinarium Illerdense),* 1567.

M. Andosilla y Arlés, *De superstitionibus contra maleficia et sortilegia quae hodie vigent in toto orbe terrarum* (Lyon 1510); M. de Castanega, *Tratado muy sotil y muy bien fundado de las supersticiones y hechicerías* (Logroño 1529); P. Ciruelo, *Reprobación de las supersticiones y hechicerías* (Salamanca 1538); edic. facs. de la aparecida en 1541 (Madrid 1952); P. DE LEÓN, *Guía del cielo* (Alcalá 1553); edit. con est. prelim. V. BELTRÁN DE HEREDIA (Barcelona, J. Flors, 1963); A. DE VALDÉS, *Diálogo de Mercurio y Carón* (c.1531); edic. y notas JOSE F. MONTESINOS (Madrid, Clásicos castellanos, 1954).

BIBLIOGRAFIA

General: B. PLONGERON, *La Religion populaire. Approches Historiques* (París 1976); AA.VV., *Foi populaire et foi savante (Actes du Ve Colloque du Centre d'études d'histoires des religions populaires tenu au Collège dominicain de théologie —Ottawa—)* (París 1976); AA.VV., *La religiosità popolare. Valore spirituale permanente* (Roma, Theresianum, 1978) (contiene aspectos históricos); AA.VV., *Religiosidad popular* (Salamanca, Sígueme, 1976); I. FERNÁNDEZ DE PINEDO, *Religiosidad popular, su problemática y su anécdota* (Bilbao 1977).

Sínodos, relaciones «ad limina», visitas pastorales: L. FERRER, *Sínodo:* DHEE, IV (Madrid 1975) 2487-2494 (fuentes y bibliografía. No exhaustivo); N. LÓPEZ MARTÍNEZ, *Sínodos burgaleses del siglo XV:* Burgense 7 (1966) 211-406; J. M. NAVARRO BOTELLA, *El primer sínodo de Orihuela, 1569* (Alicante 1979); J. SÁNCHEZ HERRERO, *Concilios provinciales y sínodos toledanos de los s.XIV y XV. La religiosidad del clero y pueblo* (La Laguna 1976); ID., *Los sínodos de la diócesis de León en los s.XIII al XV* (León 1978) (último, el de 1426); R. ROBRES-V. CASTELL, *La visita «ad limina» durante el pontificado de Sixto V (1585-1590):* Anthologica Annua 7 (1959) 147-213 (mecánica de las visitas); V. CÁRCEL ORTÍ, *«Relationes ad limina» de trece diócesis del noroeste de España:* Archivos Leoneses 66 (1979) 345-401 (breve introducción y catálogo de las...) Véase en nota primera el elenco de los trabajos realizados por el autor sobre las de las diócesis de Segorbe (en colab. con M. CÁRCEL ORTÍ), Valencia y otras diócesis de Extremadura y Andalucía); J. M. MARQUÉS PLANAGUMA, *«Relationes ad limina» de la provincia eclesiástica Tarraconense en el Archivo Vaticano:* Anal. Sacra Tarraconen. 47 (1974) 209-218; J. L. GONZÁLEZ NOVALÍN, *La vida religiosa en Asturias durante la edad moderna* en *Historia de Asturias* VI (Vitoria 1979) (vol. en colab. con M. FERNÁNDEZ ALVAREZ y F. TUERO BERTRAND. Parte elaborada sobre la base de las «relationes ad limina» Oveten.); J. I. TELLECHEA, *La visita «ad limina» del obispo de Pamplona, don Bernardo Rojas Sandoval:* Rev. Esp. de Der. Canon. 21 (1966) 191-617.

Catequesis y predicación: J. R. GUERRERO, *Catecismos españoles del siglo XVI. La obra catequética del doctor Constantino Ponce de la Fuente* (Madrid 1969); ID., *Catecismos de autores españoles de la primera mitad del siglo XVI (1500-1559),* en *Repertorio de las Ciencias Eclesiásticas en España* II (Salamanca 1971) p.225-260; M. HERRERO GARCÍA, *La Catequística,* en *Historia general de las literaturas hispánicas* III (Barcelona 1953) p.5-26 (incluye la catequesis oratoria); A. HUERGA, *Sobre la Catequesis en España durante los siglos XV-XVI:* Anal. Sacra Tarraconen. 41 (1969) 299-345; F. CAÑIZARES, *Santo Tomás de Villanueva, testigo de la predicación española del s.XVI* (Salamanca 1973); N. GONZÁLEZ, *Santo Tomás de Villanueva, predicador:* La Ciudad de Dios 184 (1971) 5-35; ID., *La predicación según santo T de V.:* ibíd., 189-213; F. G. OLMEDIO, *Juan Bonifacio (1538-1606) y la cultura literaria del siglo de oro* (Santander 1939); ID., *Fray Dionisio Vázquez (1479-1539). Sermones* (Madrid 1943) (prólogo y notas); ID., *Don Francisco Terrones del Caño. Instrucción de predicadores* (Madrid 1946) (prólogo y notas); L. SALA BALUST-F. MARTÍN HERNÁNDEZ, *Obras completas del Santo Maestro Juan de Avila* VI (Madrid 1971). Otras bibliografías: M. HERRERO, *Predicación:* DHEE, III (Madrid 1973) 2021.

Devoción y superstición: M. AGULLO, *Documentos sobre las fiestas del Corpus en Madrid y sus pueblos:* Segismundo 8 (1972) 51-63; J. CARO BAROJA, *Ritos y mitos equívocos* (Madrid 1974); A. DOMÍNGUEZ RODRÍGUEZ, *Iconografía de los Libros de Horas del siglo XV de la Biblioteca Nacional* (tesis leída en la Univ. de Madrid, 1974); R. GARCÍA VILLOSLADA, *«Anima Christi». Origen y evolución de esta plegaria medieval:* Manresa 51 (1979) 119-141; J. L. GONZÁLEZ NOVALÍN, *Misas supersticiosas y misas votivas en la piedad popular del tiempo de la Reforma:* Miscelánea

José Zunzunegui (1911-1974) II (Vitoria 1975) 1-40; ID., *Infiltraciones de la devoción popular a Jesús y a María en la liturgia romana de la baja Edad Media:* Studium Ovetense 3 (1975) 259-285; ID., *Las misas «artificiosamente» ordenadas en los misales y escritos renacentistas,* en *Doce consideraciones sobre el mundo hispano-italiano en tiempo de Alfonso y Juan de Valdés* (Roma 1979) 281-296; P. DE LETURIA, *Libros de Horas, Anima Christi y Ejercicios espirituales de San Ignacio:* A.H.S.J. 17 (1948) 3-50; L. LÓPEZ BARALT, *Anonimia y posible filiación del soneto «No me mueve, mi Dios, para quererte»:* Nueva revista de filol. hisp. 24/2 (1975) 243-266; AA.VV., *San José en el Renacimiento:* Estudios Josefinos n.61.62; J. M. MARQUÉS PLANAGUMA, *Onomástica Gironina. Materials per a una investigació:* Anales del Inst. de Est. Gerunden. 22 (1975) 51-73 (interesante como método y aportaciones bibliográficas); M. MORREALE, *Comentario a una página de Alfonso de Valdés sobre la veneración de los santos,* en *Doce consideraciones...* p.265-280.

Libros litúrgicos. Representaciones sacras: J. B. FERRERES, *Historia del misal romano* (Barcelona 1929); A. FRANZ, *Die Messe in deutschen Mittetalter* (Friburgo de Brisg. 1902); ID., *Die Kirchlichen Benedictionen in Mittelalter* (l.c. 1909) (obras imprescindibles aun para los temas hispanos); H. JEDIN, *Das Konzil von Trient und die Reform der liturgischen Bücher:* Ephemerides Liturgicae 59 (1945) 11; A. ODRIOZOLA, *Los libros litúrgicos impresos para la diócesis compostelana (siglo XV):* Cuadernos de Estudios Gallegos 30 (1976-77) 89-107; J. PÉREZ DE URBEL, *La Misa en España al final de la Edad Media:* Revista Eclesiástica 60 (1928) 190-195; E. ARAGONE TERNI, *Studio sulle «Comedias de Santos» di Lope de Vega* (Messina-Florencia 1971); B-D. BERGER, *Le Drame liturgique de Pâques. Liturgie et théâtre* (París 1976); S. CORBIN, *La déposition liturgique du Christ au Vendredi Saint, sa place dans l'histoire des rites et du théâtre religieux* (París-Lisboa 1960); R. B. DONOVAN, *The liturgical Drama in medieval Spain* (Toronto 1958); F. LÁZARO CARRETER, *Teatro medieval* (Madrid ³1970); M. LLOMPART, *La fiesta de Corpus y representaciones religiosas en Zaragoza y Mallorca:* Anal. Sacra Tarraconen. 42 (1970) 181-209 (la abundante bibliografía de este autor sobre la religiosidad popular, en «Fontes rerum Balearium» II [1978] 253-258); J. VILLANUEVA, *Viaje literario a las iglesias de España,* 22 vols. (Madrid 1803-52).

LIMITACIONES METODOLÓGICAS

La reforma del clero y de las órdenes religiosas, ampliamente descrita en los capítulos que preceden, no agota el programa hispano de la restauración de la Iglesia, que, puesto en marcha por los Reyes Católicos, adquirió validez universal en el concilio de Trento. Aunque la documentación oficial nos hable con preferencia de la jerarquía en sus diferentes grados, no por ello se desentiende del pueblo, al que aquella edifica con su ejemplo y actividad. Así, el concilio nacional de Sevilla de 1478, después de tratar de los eclesiásticos, se preocupó también de los fieles, en cuanto súbditos de determinadas parroquias y sujetos pasivos y activos de la paz que debía reinar en medio de los cristianos. El mismo emperador Carlos V denominaba con la palabra «reformación» el austero trato que, según sus instrucciones, habrían de mantener sus hijas y el príncipe don Felipe con los galanes de corte. Había, pues, en los siglos XV y XVI, una acción pastoral derechamente encaminada a configurar los comportamientos del pueblo con las exigencias del cristianismo. Por eso, el estudio de sus métodos y la evaluación de sus resultados dan pie para que la historia eclesiástica se preocupe de la religiosidad popular, por donde empezaban y concluían los movimientos reformatorios que afectaban a los cristianos de base.

De esta actividad específica nos legó aquella época escasos testimonios directos, porque los archivos parroquiales, de donde debieran salir las fuentes más ricas para este propósito, no funcionaron regularmente hasta después del concilio de Trento, y otros instrumentos que obran en fondos eclesiásticos y civiles, como los referentes a últimas voluntades, estatutos de cofradías, etc., se ajustan a una forma estereotipada que a veces desdibuja la vida real. En los procesos de inquisición se encuentran datos que hablan de la religión y reforma del pueblo; pero afectan, por lo general, a una minoría de tendencias heterodoxas, que no es exponente de la mentalidad de los fieles. Y, aunque en la segunda parte del Siglo de Oro hubo muchos procesos que se ocuparon de bígamos, blasfemos, hechiceros, en una palabra, de malos cristianos, aun éstos nos dan el reverso de la religiosidad genuina, según una efigie troquelada conforme a verdad, pero a tenor de modelos preestablecidos por el derecho del Santo Oficio.

Para conocer el estado religioso del pueblo en una determinada época, el camino más corto es acudir a las constituciones de los sínodos diocesanos, a las relaciones «ad limina», a los cuadernos de visitas pastorales, a los catecismos, a los sermonarios, a los libros de altar y de rezo, a los cancioneros, a los índices de libros prohibidos... Unos contienen las manifestaciones espontáneas de la gente; otros se compusieron de acuerdo con sus necesidades y gustos. Lo que ocurre es que el estudio de estos materiales, desde el punto de vista formal que nos interesa, se encuentra, por lo que se refiere a España, aún en mantillas. Por ello no podemos ofrecer en este capítulo una panorámica respaldada por las correspondientes monografías; mas sí podemos ofrecer, junto con un método de trabajo, algunos resultados fundamentales que nos ayuden a comprender en qué medida se benefició el pueblo de Dios de programas tan empeñativos como el de la reforma de los obispos, de las órdenes religiosas, de la espiritualidad y la teología, del mismo concilio de Trento. Queremos proporcionar además el contexto en que cobran pleno significado los capítulos concernientes a la literatura, a la música, al arte, ya que pocas manifestaciones desbordan, como éstas, los límites de la Iglesia institucional, incidiendo de lleno en el adoctrinamiento y en los gustos de toda la sociedad.

Mas, al abordar este tema, una nueva dificultad, la cronológica, nos sale al paso: la sociedad renacentista se manifestó preferentemente en las clases privilegiadas por el dinero o por la cultura, permaneciendo el pueblo sencillo en las formas de vida recibidas de la Edad Media. Las gentes de los siglos XV y XVI estuvieron bajo el influjo de un amanecer epocal; pero no sintieron los rayos del nuevo sol hasta que experimentaron el mejoramiento económico y la estabilidad religioso-cultural que caracterizó la llegada del siglo XVII. Por esta razón no todo lo que se encuentra en las fuentes de esta época es característico de ella, aunque tampoco se puede decir que carezca de significado en este preciso momento cualquier legado del tiempo anterior. Los materiales, por lo tanto, no deben tomarse en bruto, sino según la función que les correspondió en el período estudiado.

LA INSTITUCIÓN PARROQUIAL, INSTRUMENTO Y FRENO DE LA REFORMA

Al analizar el fenómeno de la reforma y religiosidad popular al principio de la Edad Moderna, no se puede dejar de lado la institución parroquial, que fue desde el siglo XIII el campo en que aquélla se afincó y dio sus mejores frutos. Religiosidad popular y parroquia están recíprocamente imbricadas, de modo que se puede decir que la primera exigió el nacimiento de la segunda, y que ésta fue para aquélla como su aya y nodriza. Sin embargo, estas dos realidades alcanzaron su plenitud en épocas bien distintas; porque la piedad popular, ya existente en el tiempo apostólico, encontró su clima propicio en la Europa de la Alta Edad Media, en tanto que la parroquia tuvo que esperar a las últimas sesiones del concilio de Trento para lograr su estructura definitiva. La parroquia, como institución característica de una determinada cultura, debería haber tenido a fines del siglo XII su edad de oro. En realidad no ocurrió esto porque la abundancia del clero monástico y regular, así como la puesta en práctica de diferentes métodos pastorales, tuvieron por resultado que cada fiel pudiera elegir libremente los lugares y los ministros que habían de orientar el desarrollo de su vida cristiana. Por otra parte, como todavía no había surgido, excepto en el caso de las diócesis, la limitación de la jurisdicción eclesiástica por los confines de un territorio, las actividades específicas de una parroquia se ejercieron de forma ambigua.

En la segunda parte del siglo XV, nuevos factores socio-culturales contribuyeron a debilitar la ya menguada eficacia de la institución parroquial, precisamente en el momento en que su influjo aparecía como más necesario para llevar adelante la reforma del pueblo. Esta fue la razón de que primero los sínodos diocesanos y más tarde el concilio de Trento dictaran aquellas medidas que hicieron de cada parroquia el instrumento peculiar y cualificado de la pastoral de la Iglesia. Los factores a los que aludimos podrían resumirse en los tres enunciados siguientes: la población de zonas rurales, consideradas hasta entonces como terreno de nadie, las anexiones de beneficios y los patronazgos laicales.

El fin de la Edad Media coincide con un decaimiento de la actividad ciudadana y con un modesto resurgir de la ganadería y de la agricultura. Las murallas de la ciudad dejan de constituir las fronteras de un hábitat cerrado sobre sí mismo, mientras surgen en las afueras pequeños núcleos de asentamiento y explotación. Nacen así los «caseríos», perdurantes hasta épocas bien recientes, en las regiones del litoral y de la montaña. El fenómeno alcanzó gran relieve en Cataluña y Valencia y en la franja nordoccidental que va desde los Pirineos a Galicia.

Estos pequeños poblados ni se erigían inmediatamente en parroquia ni nadie reclamaba sobre los mismos una competencia eclesiástica. En una época en que la pertenencia a la Iglesia estaba objetivada en la obligación de pagar diezmos y de figurar en los registros del cumplimiento pascual, quedaban aquellos hombres libres de semejantes gravámenes; pero, a la vez, desprovistos de los derechos espirituales y materiales, que estaban tan íntimamente unidos. Cuando estos núcleos de presura, más bien que de población, alcanzaban el suficiente número de vecinos, se constituían en parroquias autónomas o bien funcionaban como filiales de las antiguas. Aunque la nueva situación debería llevar consigo el asentamiento de un plebano al frente de aquella grey, la escasez de clero obligaba a mantener a los pueblos sin cura propio, a veces durante decenios. En una visita pastoral hecha a varios lugares de Mondoñedo en tiempo del obispo Diego de Muros (1510), se halló que en la mayor parte de ellos sólo se celebraba la misa de quince en quince días; y esto a pesar de que en casi todas las parroquias antiguas vivía, además del párroco, un capellán coadjutor.

La escasez de clero era, como se ve, relativa, porque no sólo estaban cubiertos los beneficios parroquiales más pingües, sino que había una escandalosa concentración de clero en las ciudades episcopales, cuyos cabildos catedralicios alcanzaban, cuando no superaban, un ciento de prebendados.

Cuando algún cura más consciente de sus deberes ministeriales y del ámbito de su demarcación parroquial se creía autorizado para intervenir en los nuevos poblados, había que contar con el factor de la hostil geografía, a causa de la cual regiones enteras se veían condenadas al más completo abandono: «En algunas partes de estos reinos, especialmente en montaña y en Galicia y en tierras marítimas —se lee en un memorial confeccionado en España para el concilio de Trento—, hay beneficios curados que tienen cinco o seis lugares, y para ir a misa las fiestas y para llevar el Santísimo Sacramento, y para ir los curas de unos a otros a confesar, se han de pasar ríos que muchas veces crecen de manera que algunas dexan los parroquianos de oír misa y el sacramento no se puede llevar sin peligro y el ministro ir a hacer su oficio. Débese de platicar el remedio de esto, concurriendo a ello el obispo en cuya diócesis acaecen estos peligros, para que se remedie en la forma que mejor convenga»[1]. De estos fieles dispersos hablaban también los obispos de Oviedo en sus relaciones *ad limina* y de los mismos se ocupaba el sínodo de Orihuela de 1569.

La situación no era exclusiva de las regiones, entonces deprimidas, de periferia, pues el concilio provincial de Toledo de 1565 la constató igualmente en el corazón de Castilla, si bien para entonces ya se veía dónde había que buscar el remedio: «Como se ve en muchas comarcas, para mejor cultivar los campos se encuentran los feligreses tan esparcidos que no pueden fácilmente acudir los días festivos a la parroquia ni

[1] B.N. de Madrid, ms. 9195 f.29.

recibir los sacramentos. Cuidarán los obispos de que se erijan iglesias en sitios a propósito para obviar estos inconvenientes» [2].

Ante estas dificultades, provenientes de una efectiva falta de personal eclesiástico, hubo que apelar a las anexiones de las parroquias poniendo en manos de un solo titular varias de ellas. Como el sistema tenía la ventaja de acrecer con algunos ingresos las antiguas y a veces depauperadas rentas, se fue abriendo camino como solución ordinaria, que vino a replantear en los beneficios menores el problema de la acumulación, que se estaba superando en el caso de las abadías y las diócesis. Tales anexiones adquirieron carta de libre circulación, de modo que se apelaba a ellas por los más variados motivos. Y así, si ya se seguían resultados infaustos de la anexión de dos o más piezas curales en manos de un solo presbítero, el sistema se manifestó desastroso cuando las rentas de las parroquias iban a incrementar los fondos de una mesa capitular o de una determinada prebenda, porque los titulares de éstas satisfacían las obligaciones contraídas con sus feligreses subalquilando a un clérigo de regular vida y ninguna cultura para que ejerciera en su nombre las funciones ministeriales. El fenómeno no era nuevo en la historia eclesiástica; por eso lo incluyó también el memorial de reforma para el concilio de Trento, haciendo hincapié en que «las anexiones perpetuas de los beneficios, especialmente curados, han sido siempre odiosas en los decretos y concilios antiguos» [3].

Aún peor que las anexiones —aunque íntimamente relacionado con ellas— era el abuso de los patronos laicales, vestigio de feudalismo, en virtud del cual determinadas familias tenían derecho a percibir los diezmos y ofrendas que llegaban a las iglesias erigidas en sus señoríos. Si bien gravitaba sobre los patronos la obligación de asegurar al plebano la congrua substentación y acudir a las necesidades de culto y fábrica, lo cierto es que, por codicia o real escasez de frutos, las parroquias de patronazgo caían en un lamentable abandono. Los obispos de Oviedo, diócesis en que el fenómeno estaba muy extendido, lo denunciaron en las visitas *ad limina* como la causa principal de la pobreza en que yacían las iglesias y de la miseria socio-cultural que pesaba sobre los curas de aldea. En este obispado se hablaba todavía en el siglo XVII de iglesias construidas por el elemental sistema de barro y madera, de cálices de plomo y de la falta de ornamentos, de candelas y aceite para el alumbrado del Sacramento. La causa de esta penuria se buscaba en el patronazgo, haciendo constar que donde los patronos eran piadosos y desprendidos, estaban los templos mejor dotados. Se ponían como ejemplo los de las parroquias que la diócesis tenía «ultra montes», es decir, en la montaña de León y en la vicaría de San Millán de los Caballeros. También era bastante aceptable el estado de las iglesias de Mondoñedo, que caían bajo el mismo sistema, pues casi todas las que figuran en la visita a la que anteriormente nos referíamos tenían un cáliz de plata, una cruz procesional, una o dos campanas, campanillas y vinajeras, un

---

[2] TEJADA, 5,240.
[3] Cf. nota 1. Ibid., f.28 bis v.

pequeño lote de albas y sobrepellices, algún que otro misal y libros de rezo; ajuar bastante abundante, dada la penuria de aquellos tiempos.

Cuanto venimos diciendo nos proporciona indicios suficientes para llegar a la conclusión de que la institución parroquial entraba en la Edad Moderna con no pocas adherencias del Medioevo y, consiguientemente, estaba clamando por una profunda reforma. Los sínodos diocesanos anteriores al concilio de Trento ya habían tomado conciencia del hecho, mas no pudieron hacer otra cosa que sacar partido a la organización existente, en beneficio del pueblo. Por ello legislaron sobre el toque del *Angelus,* sobre los libros sacramentales y el pago de diezmos, sobre el lugar conveniente para la reserva eucarística y conservación de los santos óleos, así como sobre otras formalidades litúrgicas de las que nos ocuparemos más adelante. Pero nadie pensó por entonces en cambiar, ni tampoco en consolidar, las estructuras heredadas de la Edad Media. Este cometido estaba reservado a la asamblea conciliar, la cual, sin transformar sustancialmente las cosas, hizo de la parroquia la unidad administrativa que se conserva hasta nuestros días.

En Trento fue donde efectivamente se decretó que cada parroquia tuviera sus propios límites, igual que su propio párroco, «a quo solo licite [fideles] sacramenta suscipiant» [4], obligando por el mismo hecho a erigir iglesias parroquiales en las ciudades y pueblos que antes no las tenían. Las anexiones se toleraron en los casos de beneficios económicamente tenues, mas dejando la decisión de llevarlas a cabo en manos del romano pontífice y prohibiendo en absoluto que las piezas anexionadas pertenecieran a diócesis diferentes. Los derechos de los patronos quedaron estrechamente reglamentados, reconociéndoles en cuanto al nombramiento de titulares la facultad de presentar candidatos, pero nunca la de conferir la misión. Además se irritó cualquier tipo de mercadería con sus pretendidos derechos y se les sustrajo toda participación en los frutos de las iglesias. Cualquier injerencia en contrario se castigaba con la excomunión y la pérdida de la condición patronal [5].

Estas medidas eran demasiado severas para que pudieran abrirse camino a corto plazo; y así, tanto las anexiones como los derechos de patronato se convirtieron en caballo de batalla entre beneficiarios y obispos. Aunque los sínodos postridentinos intentaron aplicar la legislación conciliar, de hecho hubo que tolerar costumbres tan arraigadas. La anexión era, por otra parte, el único medio de actualizar los salarios y rentas de algunas piezas depauperadas. Anexiones y derechos de patronato se prolongaron bajo diversas formas hasta finales del siglo pasado, en tanto que las diócesis personales quedaban en el derecho canónico como tolerado vestigio de aquella época, en la que cada uno podía buscarse pastores a su medida por carecer las parroquias de límites bien precisos.

---

[4] Ses.24 c.13.
[5] Ses.25 c.9.

RELIGIOSIDAD POPULAR Y CELEBRACIÓN DE LOS SACRAMENTOS

Al comienzo de este capítulo quisimos prevenir al lector contra el peligro de la promiscuidad cronológica, que en nuestro caso podría llevarnos a engarzar dentro del período estudiado formas de vida e instituciones propias de la Edad Media. Otro riesgo nos sale al paso cuando intentamos sacar de las fuentes las manifestaciones concretas de la religiosidad popular durante el medio siglo que precede al concilio de Trento: el de atribuir al pueblo sencillo concepciones y prácticas elitistas que, habiendo afectado a un corto número de cristianos, saltaron al primer plano de la historia de la piedad por lo que había de nuevo en aquellos fenómenos y por el carácter y número de los materiales que nos legaron. Así, por ejemplo, no se puede atribuir al español medio del 1500 una mentalidad erasmista en virtud de la cual concluyamos que hubo entre el pueblo un repliegue hacia la religiosidad interior con menoscabo de las ceremonias y ritos, a los que era tan aficionada la época precedente. Es cierto que no habían pasado en vano corrientes como la «devotio moderna» ni programas de reforma individual como el que promovían los benedictinos de Montserrat; pero las manifestaciones religiosas de la Edad Media seguían en pleno vigor y se prolongaron en realidad hasta que los criterios de la Ilustración y del Liberalismo reavivaron el sentido crítico de los fieles introduciendo el germen de la secularización, que alcanzó su mayor desarrollo en los pasados decenios.

En la época que estudiamos, la vida giraba en torno a la iglesia, que marcaba con sus ceremonias los momentos sobresalientes en la existencia de cada individuo. La práctica de los sacramentos tenía un puesto preferencial; mas precisamente por ello el uso generaba el abuso, y la administración de los mismos quedaba expuesta a notorias irregularidades. Estas fueron las que se propusieron cortar los obispos por medio de los sínodos diocesanos. Es evidente que no todos los sacramentos gozaban entonces de la misma consideración pastoral: la confirmación, por ejemplo, era privilegio de pocos por causa de la irresidencia de los prelados y por la morosidad con que se tomaban los residentes las visitas pastorales a sus obispados. Los aspirantes a este sacramento debían esperar en el mejor de los casos a que un obispo de anillo apareciera por los poblados o se asentara temporalmente en alguno de los monasterios vecinos. Mas, como éstos actuaban por lo general sin licencia o en contra de la voluntad de los titulares, su presencia ofrecía pocas garantías a la legitimidad con que debían celebrarse los sacramentos. Algo parecido ocurría con la extremaunción, que se difería hasta el último momento por la creencia divulgada entre el pueblo según la cual el que la hubiera recibido una vez ya no podía andar con los pies descalzos ni hacer uso del matrimonio. Respondía esta mentalidad a la costumbre, para entonces ya desaparecida, de ungir los riñones, además de los cinco sentidos, como sede que se decían ser de la concupiscencia. Contra estas creencias luchaban los predicadores y los sínodos diocesanos, y quizá estuviera también orientada a la estima de estos dos sacramentos la solemnidad con que se celebraba la misa crismal y la insistencia para que los óleos consagrados en el último jueves santo llegaran a las parroquias y reemplazaran a los antiguos.

En un momento en que la cristiandad medieval cedía el puesto en España a una monarquía católica, dispuesta no sólo a acabar con las minorías no cristianas asentadas en la Península, sino también a ser el largo brazo de la Iglesia en cualquier parte del globo, el sacramento por antonomasia era el bautismo, definido en todas las fuentes como vínculo de unión con la sociedad eclesiástica. Y aunque este concepto se desarrollaba ampliamente en los escritos de carácter polémico contra los infieles, los moros y los judíos, no era el que contemplaban los documentos de carácter más pastoral, que se fijaban casi exclusivamente en los efectos personales del sacramento. Dado el margen altísimo de mortandad infantil que se registraba en aquella época, había que asegurar ante todo el hecho y la validez del bautismo; en consecuencia con este principio, cualquier comadrona o familiar del neonato lo administraba en el momento mismo del parto, sirviendose para ello de materias y fórmulas no siempre legítimas, como parece suponer el sínodo de Valencia de 1565.

Cuando el bautismo se administraba en la iglesia, reiterando en muchos casos el que se había administrado en la casa, se admitía la intervención de un buen número de padrinos, con los que adquiría la criatura un parentesco espiritual que habría de ser fuente de inacabables dificultades cuando llegara para ella la hora de contraer matrimonio. El cardenal González de Mendoza prescribió en su diócesis de Sevilla que cada bautizado no tuviera más de cuatro padrinos, y esta norma se fue abriendo camino en otras iglesias de la metrópoli.

En las familias cristianas no se conocía el bautismo de adultos, que, como es lógico, se convirtió en un hecho normal en las Indias y sobre él legislaron los sínodos americanos. Dentro de la Península lo pedían a veces los hijos de moros y de judíos, más que por voluntad sincera de convertirse, por sustraerse a la *patria potestas* en asuntos tan importantes como la escuela y el matrimonio, o simplemente para sellar con la ruptura de fe diferencias domésticas más o menos profundas. La garantía de perseverancia que ofrecían estas conversiones era muy poco firme; sólo el ideal de la unidad religiosa de España pudo hacerlas viables, no sin exigir a los interesados la suficiente instrucción en la doctrina católica, que de hecho se les enseñaba durante una convivencia de tres días en la casa de un catequista o del sacerdote que hubiera de administrarles el sacramento. Hay que tener en cuenta que tal brevedad del período preparatorio sólo era posible por el fenómeno de asimilación que estaba ejerciendo el cristianismo sobre las razas minoritarias. A los indios, que desconocían absolutamente el mensaje, se les imponía un catecumenado a la medida de sus facultades y se reducían los días bautismales a la Pascua de Resurrección y a la del Espíritu Santo.

El haber nacido en el regazo de la Iglesia exigía que fuera ésta la que en la última hora entregara a sus hijos a las manos de Dios; por eso la liturgia de la muerte tenía profundas raíces en medio del pueblo. «Amonesten los obispos a los párrocos y, si es necesario, oblíguenles con severidad —decía el sínodo compostelano de 1565— a que se ocupen con diligencia de ayudar a bien morir, pues es conforme a su ministerio que estén a la cabeza de los agonizantes y que se pongan de lado de los que con sumo peligro están combatiendo al común enemigo» [6].

La ayuda a bien morir consistía en una especie de paraliturgia que figuraba en los devocionarios, como los *libros de horas* y el *Hortulus animae*. Afortunadamente, en España se ponía el énfasis en la administración de la Eucaristía en forma de viático, que por su misma solemnidad, degeneraba a veces en abusos y en menoscabo de otras prácticas religiosas. Los sínodos diocesanos reprueban la costumbre que había entre los fieles de interrumpir gregariamente la asistencia a la misa cuando un sacerdote se acercaba al sagrario para llevar el sacramento a los moribundos. El acto se convertía en una procesión eucarística que el pueblo estimaba en más que la misma celebración o el cumplimiento dominical. En contrapartida, el sacramento de la extremaunción era, como hemos dicho, tremendamente temido; por eso los sínodos insistían en destacar sus efectos, descalificando a la vez las creencias supersticiosas que se habían divulgado en torno a su recepción.

Con estas disposiciones que acabamos de referir se seguían conquistando reductos de una guerra del Medioevo; mas donde se refleja una situación peculiar del Siglo de Oro es en los esfuerzos de los pastores por encauzar la práctica de la comunión frecuente, que se iba abriendo camino. Aunque la disciplina eclesiástica establecida en el concilio Lateranense IV prescribía la confesión y la comunión por lo menos una vez en el año, la costumbre era que la gente piadosa recibiera estos sacramentos en las dos pascuas, en la fiesta de Epifanía y en otra que variaba, según las regiones, entre la de Todos los Santos y la Asunción de la Virgen. Por desidia de los curas y pereza de los fieles esta práctica había caído hasta tal punto en desuso, que en buena parte de las parroquias se mantuvo el cumplimiento pascual porque se comenzó a tener y publicar por «descomulgados» a los incumplidores de este precepto.

Por una serie de circunstancias, entre las que hay que contar la veneración de la humanidad de Cristo, promovida por la «devotio moderna», y el ejemplo de maestros espirituales como Ignacio de Loyola y Juan de Avila, se desencadenó la práctica de la comunión frecuente con el asombro de la jerarquía de la Iglesia, que creía ver en ello síntomas de ligereza espiritual cuando no vestigios de alumbradismo: «En algunas partes ha crecido tanto la devoción a la comunión —dice el memorial español para el concilio de Trento—, que muchas personas seglares, hombres y mujeres, casados y por casar, frecuentan tanto la comunión que reciben cada día el Santísimo Sacramento, para lo cual en ninguna manera parece que puede haber el examen, preparación y devoción que se requiere. Y así como parece que esta es demasiada frecuencia, así se-

---

[6] TEJADA, 5,345.

ría cosa digna de consideración si en este tiempo sería menester inducir al pueblo a que más de una vez en el año llegase al Santísimo Sacramento»[7].

La perplejidad que producía esta forma de devoción y las vacilaciones que se experimentaban para encauzarla indica bien a las claras que nos encontramos ante un fenómeno original en torno al 1550. El concilio de Trento se abstuvo de imponer normas tajantes en esta materia, limitándose a exigir la confesión previa a la recepción de la Eucaristía para todos aquellos que tuvieran conciencia de pecado mortal y dispusieran de un confesor. El precepto de la comunión anual se mantuvo invariable.

En España existía, sin embargo, la perversa costumbre de negar la comunión eucarística a los condenados a muerte, aun cuando hubieran acudido al sacramento de la penitencia, para el cual se les daban toda clase de facilidades. «¡Cosa digna de mucha represión que, al tiempo de mayor necesidad, le quiten al cristiano su remedio y fortaleza!», decía el maestro Avila en sus avisos para el sínodo toledano del 1566[8], esperando que los Padres cortaran radicalmente este abuso. Mas el problema no se trató en aquella asamblea, siendo necesario que el papa Pío V dirigiera un breve al nuncio en España para que obtuviera del rey Felipe II que en todos sus reinos y señoríos se administrara el viático a los condenados a muerte el día antes de su ejecución. La práctica se fue abriendo camino con grandes dificultades, que provenían no tanto de las autoridades carcelarias cuanto de las alteraciones de ánimo de que daban muestra los presos. A pesar de todo, se puede decir que, a fines del siglo XVI, en España se concedía la comunión eucarística a cuantos se acercaban a ella sin impedimento notorio.

Más larga y difícil fue la lucha entablada en torno al sacramento del matrimonio, que en las capas inferiores de la sociedad se preparaba y se contraía irresponsable y precipitadamente, en manifiesto contraste con la costumbre de pedir a los reyes su asentimiento para las bodas que se proyectaban entre los nobles. El casamiento de una pareja del pueblo se hacía con frecuencia en secreto y con poca atención a la forma prescrita por la liturgia, forma bastante variable a causa de la anarquía en la que antes del concilio de Trento habían caído los rituales y libros de altar. Así el matrimonio pasaba a ser un acto más de la vida ordinaria, pues la solemnidad con que se celebraba estaba lejos de destacar los caracteres de unidad e indisolubilidad que para él reclamaba la doctrina católica. Por ello andaban a la orden del día la separación unilateral y consensual, a las que de hecho sucedía la bigamia.

De los divorciados y bígamos empezó a ocuparse la Inquisición cuando, una vez domeñado el peligro de la infiltración luterana, asumió entre sus cometidos la reforma de las costumbres. Como en su lugar propio volveremos a ocuparnos del argumento, bástenos consignar aquí que la injerencia de la Inquisición en este problema no se debía sólo a

---

[7] Cf. nota 1. Ibid., f.29.
[8] *Obras completas* VI p.303.

los errores que entrañaba sobre la naturaleza del matrimonio, sino también a los escasos resultados de la lucha por la indisolubilidad, entablada en el Medioevo. Las penas, más bien leves, con que tanto los inquisidores como los obispos castigaban estos delitos indican la extensión del mal y la poca garantía de validez que presentaban buena parte de los matrimonios establecidos.

En definitiva, los sacramentos eran algo tan familiar para la gente del Siglo de Oro, que los momentos fuertes de su existencia aparecían sellados por una acción sacra, a veces sofisticada, según las creencias y gustos del tiempo. Se daba así el caso de que los mismos que luchaban por la reforma eran los primeros en transigir y perpetuar por rutina prácticas reprobables y erróneas. Digamos, por poner un ejemplo, que mientras los prelados se debatían para apartar del sacramento del orden toda especie de simonía, aceptaban de buena gana que los ordenandos decoraran con monedas de dos a ocho escudos los cirios que habían de entregar como ofrenda dentro del rito sagrado. En ocasiones no se distinguía con claridad entre la eficacia de los sacramentos propiamente dichos y de otras acciones «sacramentales» que tenían lugar dentro de la liturgia. Así parece claro que algunos consideraban partes integrantes del sacramento de la penitencia la expulsión de los penitentes fuera del templo, que tenía lugar el miércoles de ceniza, y su reconciliación en la misma mañana del jueves santo, ritos antiguos que se conservaban en determinadas iglesias, cuando la confesión privada y la absolución individual eran ya la única forma válida para la administración de este sacramento.

Ante este panorama salpicado de desviaciones, en el que habría que incluir todavía el fenómeno de la superstición, que inficionaba el campo de la religiosidad popular como espontánea manifestación del espíritu humano, nada tiene de particular que la jerarquía de la Iglesia gritara reforma y que buscara en la predicación y en la catequesis los medios más oportunos para abrirle camino en el pueblo. No hacían otra cosa los protestantes al negar el concepto mismo de eficacia objetiva *(opus operatum)* de los sacramentos o al reducir el número de éstos a aquellas acciones cuya institución inmediata por parte de Jesucristo aparecía manifiesta en la Sagrada Escritura.

La catequesis y su incidencia en el pueblo

El programa catequético del Siglo de Oro tuvo su lanzamiento en el concilio provincial de Sevilla, presidido por Diego de Deza en el año de 1512 [9]. Este prelado, que era asimismo ilustre comentarista de Santo Tomás de Aquino, abrió las constituciones del sínodo mandando que todos los curas enseñaran a sus parroquianos lo que tenían que saber y creer, fijando los principales artículos de la fe en una tabla que, colgada

---

[9] Aguirre, 4,3s.

en cada una de las iglesias de su archidiócesis, pudiera ser leída y escuchada frecuentemente hasta que se gravara en la memoria y en el corazón de los fieles. Con los *artículos* deberían figurar el catálogo de los *sacramentos,* de los *mandamientos* y de las *obras de misericordia,* es decir: un índice de las materias que los pastores más competentes deberían explicar en la misa de cada domingo y que los menos capaces se contentarían con leer durante los tiempos de adviento y cuaresma.

No se debe exagerar, como a veces ocurre, la originalidad de esta constitución al escribir la historia del catecismo en España, pues en realidad no hace otra cosa que ampliar un poco la que ya había dictado el concilio de Tortosa del 1429. Con todo, estas dos prescripciones, aunque muy parecidas, tienen diferente significado: la de Tortosa debe considerarse como el cenit del movimiento catequético medieval que alentaron a lo largo del siglo XIV obispos como Juan de Aragón (1323), Blas Fernández (1356), Gil de Albornoz (c.1350) y Gutierre de Toledo (1377)[10], dando origen a breves y sustanciosos compendios de la doctrina cristiana, incorporados, para comodidad de los curas, a las constituciones de los respectivos sínodos diocesanos. Pese a la brevedad y elementalidad de estos prontuarios, no se les puede regatear el mérito de haber sostenido la fe del pueblo en una época de poca cultura y escasa vida eclesiástica. En realidad, el movimiento catequético no encontraría su clima apropiado hasta fines del siglo XV; y esto no tanto como efecto de la cultura renacentista, sino, más bien, del decisivo y postrero esfuerzo que entonces se hizo en España de cara a la conversión de los judíos y de los moriscos. Los medios que se pusieron en juego para facilitarles la comprensión de la fe repercutieron en la formación doctrinal de los cristianos viejos quizá más que en la evangelización de las dos razas minoritarias. No se puede perder de vista que las regiones que cuentan con una historia más rica en el campo de la predicación y la catequesis son Valencia y Andalucía, aquellas precisamente en las que el choque racial planteaba mayores problemas.

Cuando Deza se hizo cargo, en 1504, de la diócesis sevillana, le había precedido en ella don Pedro González de Mendoza, el Gran Cardenal de España, que había querido utilizar con los judíos argumentos suasorios antes de llegar a ellos con medidas de inquisición. Con tal fin había intensificado la enseñanza de la doctrina cristiana publicando, según modernos indicios, un *Catechismo pro iudeorum conversione ad Iesu Christi fidem facile expedienda.* En la misma empresa se había comprometido Hernando de Talavera al publicar en 1496 una *Breve y muy provechosa doctrina de lo que debe saber todo cristiano,* y Francisco Jiménez de Cisneros, que ordenó completar con un *Catecismo* las constituciones del sínodo de Talavera de 1498 [11].

Si a estos legados de los obispos más representativos de aquella época añadimos la aparición de otros catecismos anónimos, como uno que

---

[10] J. FERNÁNDEZ CONDE, *Gutierre de Toledo, obispo de Oviedo (1377-1978)* (Oviedo 1978) p.145-148. 451-456.

[11] A. HUERGA, a.c., 308.

se publicó en Sevilla en 1493, y el reiterado mandato de que los sacristanes enseñaran la doctrina cristiana a los niños, y los maestros utilizaran las cartillas y tablas donde ésta se contenía como método para aprender a leer y a escribir, hay que reconocer que los últimos decenios del siglo XV y los primeros años del XVI se caracterizan por el resurgir de la pastoral catequética en todos los órdenes.

Desgraciadamente, la mayor parte de los materiales utilizados en esta empresa no llegaron hasta nosotros, como tampoco llegaron los nombres de los inmediatos educadores de la fe del pueblo cristiano; pero tenemos datos para afirmar que, en la primera mitad del siglo XVI, hubo abundancia de catecismos, aunque, al ser relativamente pocas las personas que sabían leer, resultaba más eficaz transmitir de viva voz sus puntos fundamentales. En algunos momentos, la heterogeneidad de las cartillas en curso y el peligro de la infiltración protestante, que manejaba con destreza este método, crearon graves problemas a la enseñanza de la doctrina.

Sobre el 1550 surgió un hombre cargado ya de experiencia, como predicador y también como catequista, que estaba llamado a coronar la obra de aquel medio siglo publicando él mismo un catecismo, pensando principalmente en la instrucción de los niños. Este era el maestro Juan de Avila, el que poco tiempo más tarde dirigiría un memorial al concilio de Trento en el que llamaba la atención de los Padres sobre este punto. Su programa era vastísimo y abarcaba desde la instrucción de los muchachos hasta la de los adultos que pudieran leer en latín una síntesis de la teología. Para cada clase de oyentes deberían arbitrarse medios diversos en cuanto a libros, lugares y tiempos. Todo debía supeditarse a la finalidad de conseguir en poco tiempo un alto nivel de formación religiosa. Avila no llegó a redactar el anhelado catecismo de adultos; pero, siendo como era hombre eminentemente práctico, compuso el de niños en versos ingenuos y pegadizos, de mediana calidad literaria, que iban introduciendo las oraciones habituales de los cristianos, como el «Padrenuestro», el «Avemaría», el «Credo» y la «Salve», para seguir con los artículos de la fe, los mandamientos, los sacramentos, los pecados mortales, las potencias y sentidos del alma, las obras de misericordia, las bienaventuranzas, las virtudes y dones del Espíritu Santo..., todo ello convenientemente glosado, de modo que los muchachos encontraran en el catecismo la norma segura de la vida cristiana.

La pedagogía avilista aprovechaba todo lo que ya estaba de alguna manera estereotipado; y así, no sólo repite las listas bajomedievales que contienen, por ejemplo, las virtudes y los pecados, sino que algunos de sus versos glosan composiciones litúrgicas o paralitúrgicas que el pueblo debía saber de memoria: los dos primeros: «oídnos, vos, por amor de Dios», evocan el preludio de la epístola farcida de la fiesta de San Esteban, en tanto que los que van del 1205 al 1215 reproducen casi a la letra los textos de la *Sibila,* que se cantaban la noche de Navidad en muchas iglesias de España; véase la comparación:

CATECISMO	SIBILA
«Va sermón de nuestro Señor que os dará a entender lo que ha de acaecer el día postrero de grande aprieto en que serán juzgados vivos y muertos» [12].	Cuantos aquí sois juntados ruégoos por Dios verdadero que oigáis del día postrimero cuando seremos juzgados. Del cielo de las alturas un Rey vendrá perdurable con poder muy espantable a juzgar a las criaturas [13].

Por este camino se facilitaba el aprendizaje del catecismo y a la vez se ponía de relieve la interdependencia entre el culto y la fe.

El catecismo de Avila, cuya primera edición se hizo en Valencia en 1554, se utilizaba todavía a fines del siglo XVI en los centros de Andalucía, si bien para entonces le disputaban ventajas y actualidad los atribuidos al misionero Francisco Arias, S.I. († 1605) y los compuestos por el portugués Marcos Jorge (1559) y el arzobispo de Granada (¿*Constituciones sinodales*, de Pedro Guerrero?). En realidad, los catecismos se habían multiplicado tanto que el padre Gil González afirmaba en 1586 que «cada colegio y cada maestro de escuela de niños tienen un catecismo diferente, y algunos muy largos y teólogos en los misterios de la Santísima Trinidad y Eucaristía» [14]. Además había comenzado el fenómeno de las traducciones, no sólo de catecismos extranjeros al castellano, sino también de los castellanos a otras lenguas habladas en la Península. En 1556, Real Tomás editó en Valencia uno en catalán; diez años más tarde apareció en la misma ciudad otro en árabe, y en 1596 se hizo la primera edición de un catecismo en vascuence por iniciativa de don Pedro Manso, obispo de Calahorra.

Como se ve, la situación denunciada por el padre Gil González no se produjo súbitamente, sino que se venía agudizando desde mediados de siglo. El maestro Avila, que conocía como nadie la situación andaluza, vio la conveniencia de que alguien preparara un catecismo cuyo texto, único, se abriera camino en medio de aquella abundancia y heterogeneidad de cartillas. Aunque el proyecto figuraba en su memorial para el concilio de Trento, sólo se vio realizado cuando salieron a la luz pública las obras de los padres Jerónimo de Ripalda y Gaspar Astete, que se repartieron el aprendizaje de la doctrina en toda el área peninsular desde su aparición hasta nuestros días. Editada la primera en 1591 [15], y la segunda en 1599, significaron no sólo el colofón de los prontuarios que hasta entonces se divulgaban, sino también la feliz y apretada síntesis de otras obras de gran volumen y densidad teológica con las que el Siglo de Oro enriqueció la catequesis cristiana.

Estas obras se debieron a las plumas de autores tan conocidos como

[12] *Obras completas* VI p.469.
[13] DONOVAN, o.c., 184.
[14] A. HUERGA, a.c., 323.
[15] J. M. SÁNCHEZ, *Doctrina cristiana del P. Jerónimo de Ripalda e intento bibliográfico de la misma. Años 1591-1900* (Madrid 1909).

Constantino Ponce de la Fuente (1547), Andrés Flores (1552), Domingo de Soto (1552), Felipe de Meneses (1556), Bartolomé Carranza (1557), Juan de Santo Tomás (1565) y otros. Nosotros no podemos examinarlas aquí, porque, al constituir una alta divulgación de la teología, no llegaron al pueblo directamente sino a través de los pastores cultos, que eran sus principales destinatarios. Más adelante habremos de retornar sobre algunos de estos escritos a causa de los avatares que sufrieron por parte de la Inquisición española. Mas no podemos pasar por alto el hecho de que sus autores fueran grandes maestros y casi todos hombres de púlpito, en tal medida que de la predicación y para la predicación surgieron sus obras, convertidas así en clave de bóveda que armonizó dos géneros literarios al servicio del pueblo: el de la didáctica y el de la oratoria.

En su condición de predicadores más bien que de catequistas hay que buscar la explicación de las dificultades que algunos de ellos tuvieron con el tribunal de la fe. La predicación era en aquella época un medio de penetración religiosa, cuya forma estaba sometida a crítica y revisión; por ello no todos supieron utilizarla como instrumento eficaz para la educación en la fe.

DEL SERMÓN POR OFICIO AL MINISTERIO DE LA PALABRA

La predicación se encontraba a fines del siglo XV en un estado de postración lamentable: «Los que ahora ejercitan el ministerio de la predicación —decía Luis Vives—, por lo general, son hombres indoctos, sin experiencia de la vida, y algunos sin pizca de sentido común... No saben el lenguaje que hay que emplear en cada caso ni qué clase de discurso conviene a las materias y a los auditorios. Hablan de una manera tan fría, tan chabacana que, en vez de levantar en vilo al auditorio, parece que lo apestan con aquellas sentencias de plomo... Los oyentes, gente ruda y sin letras por lo general, oyen los sermones como quien oye llover: unos bostezan, otros cabecean, y los que parecen estar atentos, en nada piensan menos que en lo que dice el predicador» [16].

Vives hablaba en este caso como un preceptista y pensando en aquellos sermones que se predicaban desde palestras a las que se podía exigir un elemental ajuste a los cánones literarios.

La predicación se ejercía por oficio en las catedrales, pues era ministerio obligado de los obispos y de algunos beneficiados; pero unos y otros huían de ella por falta de competencia y satisfacían su deber contratando frailes que predicaran los sermones de tabla y los que se pronunciaban con ocasión de los grandes sucesos. En general se puede decir que a los frailes se debe el que no se haya extinguido a fines del siglo XV la llama de la palabra en la Iglesia, si bien ésta parpadeaba y casi se consumía al tener que nutrirse de materiales inadecuados para su propia finalidad. La predicación adolecía del verbalismo de las escuelas

[16] Cita F. G. OLMEDO, *Diego Ramírez Villaescusa* (Madrid 1944) p.34.

teológicas, y aun los mejores predicadores se refugiaban en el método y contenido de la dialéctica, pronunciando piezas que eran verdaderos artículos de las sumas medievales, adulterados por insulsas anécdotas y forzados símiles de la historia natural y de la astronomía.

Entre los predicadores se formaban clanes que intercambiaban noticias a utilizar en el púlpito y hacían circular ejemplares de las piezas ya pronunciadas, que casi siempre contaban con un mecenas que costeara su aparición en letras de molde. Acontecimientos como las batallas contra los moros, las expediciones al norte de Africa, el nacimiento y la muerte de las personas reales daban ocasión a manifestaciones festivas en las que el sermón jugaba un papel importante. Estas revestían gran solemnidad en Roma, donde había una nutrida colonia española; y así se conmemoraron en la iglesia de Santiago de los Españoles efemérides como la caída de Málaga, la toma de Baza, la entrada en Granada. Descollaba entre los predicadores de la ciudad el cardenal Bernardino de Carvajal, que podría tomarse como uno de los principales representantes de la oratoria del tiempo. Sus sermones, de contextura escolástica y plagados de argumentos jurídicos para enaltecer las glorias de España, están seguramente en la base de su brillante carrera eclesiástica.

Aunque predicadores como Carvajal eran hombres empeñados en una reforma de antiguo cuño, es evidente que no fueron sus piezas las que mayores aportaciones hicieron al mejoramiento de las costumbres. Desde principio del siglo XVI, comenzó a ganar aprecio otro género de predicación, largamente descuidado, cuyos iniciadores permanecen sin duda anónimos, siendo, no obstante, posible señalar algunas de la figuras que encarnaron el difícil y desconsiderado género de la predicación misionera.

Ante todo merece un lugar destacado el dominico fray Pablo de León, senior, que el año de 1500 recibió en Roma licencia para predicar y escuchar confesiones en cualquier obispado. Fray Pablo se aprovechó de tal facultad recorriendo la dilatada diócesis de Calahorra, principalmente la región vascongada, de donde pasó a Navarra y poco tiempo después a las Asturias de Oviedo, para establecer en esta ciudad el primer convento que tuvo la orden en aquella provincia (1518). Se trataba, como verá el lector, de predicar en regiones poco accesibles y anegadas en toda superstición. Un apostolado semejante ejercía en Aragón el padre Domingo de Montemayor, posteriormente martirizado en las Indias occidentales. A entrambos se debe la implantación de la devoción mariana en la mayor parte de las parroquias que recorrían, estableciendo en ellas la cofradía del rosario (la Minerva), aprobada por Sixto IV en 1478 y que tuvo vigencia hasta nuestros días. Igual que los dominicos tenían sus predicadores los franciscanos, si bien éstos canalizaron en seguida sus energías hacia el Nuevo Mundo.

Un gran empuje a la predicación popular lo dieron los jesuitas, que, al establecer sus colegios en las ciudades, dedicaban uno o dos padres a las misiones por las aldeas. Esta manera de proceder satisfacía tanto a los prelados amigos de la reforma, que con frecuencia favorecían el establecimiento de sus colegios con la intención de contar ante todo con estos misioneros itinerantes. Con este móvil quiso introducir a los jesuitas en Badajoz el obispo Juan de Ribera, y lo mismo hizo Pedro Guerrero en Granada, el cual tuvo como predicador entre los moriscos de su obispado al padre Albotodo, que era él mismo de procedencia morisca. Las mismas razones aducían los promotores del colegio de Oviedo durante los veinticinco años que duraron los forcejeos para conseguir el colegio, pues «no hay Indias donde vuestras mercedes van por tantos peligros de agua y de otras mil miserias que tengan más necesidad de entender la palabra de Dios» [17].

No es fácil hacer hoy una evaluación de los frutos conseguidos por medio de la predicación entre unas gentes aún asentadas en la rudeza de la Edad Media, como tampoco lo es reseñar los nombres de los predicadores que consumieron su vida por la «montaña fragosa». Entonces como ahora, la historia se contentó con recoger resultados sin remontarse a sus causas. Por algunas relaciones, debidas a los misioneros itinerantes, sabemos que la gente era dócil en general y ávida de recibir enseñanza. Véase, por ejemplo, cómo se expresaba ante el general Mercuriano el padre Antonio de Rueda, primer rector del colegio de Oviedo y responsable de la misión en Asturias: «El fruto que se hará con la divina gracia en todo este principado se puede esperar grande, porque en poco tiempo que algunos padres han salido son muchas las confesiones generales y mucha la devoción; porque la gente es muy dispuesta para las cosas de Dios y tiene gran necesidad de doctrina» [18].

Es evidente que para la consolidación de esta favorable respuesta inicial se requería un período más prolongado, y por ello el siglo XVII fue el tiempo propicio para este género de actividad apostólica. Pero ya en los primeros decenios del XVI se consiguió imprimir a la predicación un rumbo nuevo, apartándola del vacío preceptismo y de la estéril argumentación escolástica. La reforma del pueblo, que debería reflejarse en la instrucción en la fe y en la práctica de los sacramentos, pasó a ser desde entonces su primer objetivo. Seguía habiendo grandes predicadores de corte que pregonaban los fastos de sus soberanos; pero tanto Carlos V como Felipe II, al elegir a estos hombres, tuvieron en cuenta su religiosidad y su celo, no menos que sus cualidades retóricas. El hecho de que algunos de éstos, como Agustín de Cazalla (1554) y el doctor Constantino (1548), sucumbieran ante el espejismo de las ideas luteranas es una prueba de la inquietud espiritual en que se debatían. Los fieles, como Dionisio Vázquez (c.1530), Diego de Estella (1560), Lorenzo de Villavicencio (1567), Francisco Terrones (1588), Alonso Cabrera (1590), no sólo fueron adalides de la reforma católica, sino que abrieron las puertas de la capilla real y se lanzaron ellos mismos a los púlpitos ciudadanos para encontrarse con un auditorio, numeroso y heterogéneo, en el que se mezclaba la gente más simple y la más erudita de

---

[17] El lic. Herrera al maestro Dionisio Vázquez, A.R.S.J. *Epist. Hisp. 1568-69* f.53.
[18] Ibid., 1579/II f.141.

aquella época. La predicación era algo así como una forma de culto o un acto sacramental en el que se podía participar comunitaria y privadamente. De Terrones, por ejemplo, se dice que igual predicaba al rey Felipe II solo en su alcoba que en una iglesia saturada de fieles.

Cuan grande era el cambio introducido en la predicación a lo largo del Siglo de Oro lo expresaba sobre el 1589 el jesuita Juan Bonifacio, que, en su calidad de profesor de retórica, seguía tronando contra los malos predicadores: «Nuestra edad —escribe— aleccionada por las calamidades de la Iglesia, no tolera ya predicadores de burlas. Al vulgo no le desagradan ciertas invenciones y floreo; pero a los sabios sí, y por la misericordia de Dios el número de éstos es hoy mucho mayor que en tiempo de nuestro padres y abuelos; y su criterio, mucho más severo que el de los antiguos, rechaza todo sermón que no sea enteramente sagrado y provechoso. Pluguiera a Dios que, cuando el monstruo del luteranismo comenzó a destilar su veneno, hubiera habido en el mundo la luz de doctrina que ahora hay... No faltan entre nosotros predicadores como los que en otros tiempos florecieron en la Iglesia de Dios» [19].

Esta alusión de Juan Bonifacio al veneno de la Reforma no debe entenderse como exclusivamente referida a sus demoledores efectos, sino también a la nueva forma que tenían sus apóstoles de exponer el mensaje cristiano, donde hay que buscar la causa de la seducción que ejercían sus doctrinas. En lugar oportuno volveremos a recordar el testimonio de Reginaldo González Montes, según el cual, la predicación de los primeros simpatizantes de la Reforma caía en Sevilla como un rocío del cielo después de aquellos chaparrones de verbosidad y sofismas en que se deshacían los predicadores tradicionales de la ciudad andaluza.

Sin que pretendamos negar el acicate que tenía la predicación novadora para muchos predicadores católicos, hemos de recordar aquí lo que parece ignorar Reginaldo González Montes: que tanto Sevilla, como otras regiones de Andalucía, Extremadura y la Mancha, habían tenido ocasión de escuchar desde 1536 los catolicísimos sermones de Juan de Avila, que fue en la predicación —igual que en la catequesis— la figura cumbre del Siglo de Oro. Con él se derrumbaron las diferencias entre el sermón pastoral y el sermón erudito, entre el que se pronunciaba en los pueblos y en las tribunas más prestigiadas de las ciudades, porque en todo caso preparaba sus alocuciones con el mayor esmero, procurando hermanar la solidez de sus enseñanzas con la capacidad de sus oyentes. Algo parecido llevaba a cabo en Salamanca, en Valladolid y en Burgos fray Tomás de Villanueva, a quien Carlos V nombraba predicador del reino en 1531.

Ninguno de estos dos hombres concluía su sermón al bajarse del púlpito, porque después seguían las confesiones, las consultas particulares, la orientación de las almas, que tantas veces culminaba en la opción de los oyentes más dóciles por la vida religiosa y el sacerdocio. Estos hombres fueron en realidad los que acuñaron el nuevo género de oratoria cristiana en el que se enrolaron buena parte de los obispos y

[19] OLMEDO, *Juan Bonifacio...* p.188.

curas de España. Las postillas o breves comentarios de los textos bíblicos
utilizados en la liturgia, adquirieron entonces gran difusión. Al abrigo
de algunos que ya circulaban desde fines del siglo XV, como las epístolas
y evangelios de fray Ambrosio Montesinos, intentaron introducir los reformadores sus propias postillas, que fueron tenazmente perseguidas
por el *Indice de libros prohibidos* de 1559.

EL LEGADO «SUPERSTICIÓN» Y SU INFILTRACIÓN EN EL CULTO

Al ocuparnos de la religiosidad popular en el Siglo de Oro no podemos omitir el tema de la superstición; no precisamente por la comple-
mentariedad con que a veces se contempla a la una y a la otra, sino porque esta última constituía una herencia de la Edad Media tan arraigada
que venía a ser el enganche más fuerte entre la mentalidad moderna y
la antigua. Religiosidad popular y superstición distan mucho de ser una
misma cosa; no son siquiera diferentes manifestaciones del mismo fenómeno. Lo que ocurre es que la superstición surge como hierba espontánea
y prolífica en las épocas en que se desdibujan los límites entre lo sobrenatural y lo natural, entre la tierra y el cielo, entendidos en el sentido cosmo-
lógico de los términos. Los siglos XV y XVI caen dentro de estos períodos,
porque, a pesar de sus avances astronómicos, de sus descubrimientos geo-
gráficos y el consiguiente contacto con pueblos desconocidos, a la vez
que echaban a pique no pocas de las viejas creencias, se sintieron estu-
pefactos ante poderes inéditos y maravillas inexplicables. Las prácticas
tan denunciadas y mal conocidas de los judaizantes y los moriscos irrita-
ban a muchos cristianos viejos, pero contenían para todos un argumento de la confianza que pone el hombre en ceremonias ancestrales y ab-
surdas.

Los tratados acerca de la superstición tuvieron entonces notable florecimiento, y los predicadores los utilizaron y completaron en la lucha
contra las falsas creencias. En España se difundió el libro de Pedro Ciruelo: *Reprobación de las supersticiones y hechicerías* (1541) y, a juzgar por
el *Indice* de 1559, otros «libros de nigromancia o para hacer cercos e in-
vocaciones de demonios», que debían de ser infiltraciones o traducciones de los que circulaban en otros países.

La superstición tenía un amplio campo, que abarcaba desde la astro-
logía hasta la idolatría, pasando por la interpretación de los sueños, el
trato con los espíritus y la creencia en las brujas. Lo más sorprendente
es que todo el mundo participaba de aquellas creencias con más o menos firmeza: en una reunión de inquisidores y de teólogos que se tuvo
el año de 1525 para estudiar el problema de la brujería, tan acuciante
en las diócesis de Calahorra y Pamplona, ninguno de los presentes se
atrevió a rechazar que aquellas mujeres tuvieran poderes mágicos. Los
menos crédulos las consideraban poseídas por el demonio o, cuando
menos, alucinadas. Todos optaron por imponerles la penitencia de llevar una cruz sobre el cuerpo y por que se hicieran capillas y procesiones

en los parajes donde se creía que celebraban los aquelarres. Entre los reunidos figuraban tres obispos (Suárez de Maldonado, Gaspar de Avalos y Portocarrero), un teólogo de profesión (el doctor Coronel) y dos miembros de la Suprema (Fernando de Valdés y Antonio de Guevara). Es verdad que años más tarde Valdés, convertido en inquisidor general, prefería tomarlas por impostoras [20]; mas no impuso tal convicción a los ministros del Santo Oficio, y el problema volvió a plantearse en el siglo siguiente.

Aunque este género de superstición constituía uno de los vicios que se proponían arrancar los predicadores (fray Pablo de León le dedicó en su *Guía del cielo* unos cuantos capítulos), la que más preocupaba a la autoridad eclesiástica era la que de alguna manera se relacionaba con el culto litúrgico, los ejercicios piadosos y la devoción a los santos.

El culto litúrgico, tal como lo reglamentaban los libros oficiales de aquella época, no permitía en lo sustancial acciones supersticiosas; a lo sumo se reflejaban en algunos textos creencias ingenuas del pueblo o ideas teológicas imprecisas, como cuando se pedía en la misa «pro furto» que el ladrón volviera con la cosa robada, o cuando se atribuía a la limosna el poder de perdonar los pecados, como se decía en la misa «pro benefactoribus nostris»: *Deus, qui post baptismi sacramentum secundam abolitionem peccatorum eleemosinis indidisti...*» [21]. No era propiamente superstición, sino argucia propagandística la manera de proceder de los novadores, que cambiaban algunos textos de acuerdo con sus postulados teológicos, trocando, p.e., la frase «meritis sanctorum» en esta otra: «intercessione sanctorum», que se avenía perfectamente con su doctrina sobre las obras y el mérito.

El lugar apropiado para acoger y expresar creencias supersticiosas eran las rúbricas que precedían a ciertas misas, como la de las cinco llagas, la del nombre de Jesús o la llamada «Recordare», propia del tiempo de peste. La primera se creía que había sido compuesta por el evangelista San Juan y recomendada por el arcángel San Rafael a uno de los papas que llevaron el nombre de Bonifacio. Si se decía devotamente por un atribulado, éste recibía infaliblemente el consuelo y, si se hallaba en el purgatorio, salía de las penas. La misa del nombre de Jesús debía celebrarse durante treinta viernes consecutivos y estaba galardonada con un número de indulgencias que oscilaba, según los testimonios, entre los tres y los treinta mil años. La misa «Recordare», o «ad vitandam mortalitatem», la había compuesto en Aviñón el papa Clemente VI, cuando la peste negra alcanzaba mayor virulencia. De ella se decía que había hecho cesar la peste tan pronto como los sacerdotes utilizaron el texto compuesto por el pontífice.

En estrecha relación con las rúbricas se encuentran los ciclos de misas, a los que se creían anejas gracias determinadas cuando se celebraban con arreglo a ciertas formalidades externas. Los ciclos eran muchos

---

[20] A.H.N. Inquisición, l.573 f.128ss.
[21] Indice de su difusión fue su acogida en algunas ediciones de *Misal Romano* (v.gr., 1554).

y muy variados. En cada nación se preferían aquellos que hacían referencia a las propias tradiciones e idiosincrasia; pero, como es natural, los ciclos pasaban de unas naciones a otras, acabando por difundirse los mismos en toda la cristiandad. El más conocido (persistente hasta nuestros días) era el de San Gregorio, que tenía su origen en una visión del santo cuando era abad en el monte Celio. Uno de sus súbditos, que había muerto apartado de la comunidad por un pecado contra el voto de pobreza, se habría aparecido al santo después de un treintenario de misas dichas en su favor, para anunciarle que había pasado a la gloria. En España había propagado este ciclo Vicente Ferrer, y por ello se le denominaba también «las misas de San Vicente».

Semejante era el ciclo de San Amador, personaje al que se identificaba con el Zaqueo de los evangelios, quien, casado con la Verónica, habría venido a las Galias, padeciendo el martirio en Rocamadour, cerca de Quercy, donde tenía su principal santuario. A principios del siglo XVI, algunos dudaban de su existencia; pero en España se la aceptaba sin duda y se seguían celebrando sus misas en número de treinta y tres. Más reducidos eran los ciclos «de la luz» o «de gracia» (trece misas), de San Agustín (cinco misas), del destierro de Nuestra Señora (diecisiete misas)... El gusto por estas devociones era tan grande que no es infrecuente encontrar en los misales del siglo XVI adiciones manuscritas de ciertas misas y ciclos que habían caído en desuso o que había expurgado la autoridad competente al preparar las ediciones impresas. Así en un misal de Burgos se añadieron las misas (tres) de San Nicolás de Bari, a las que se tenía gran devoción en el Medioevo. Estas se habían quitado en el Renacimiento o bien habían sido sustituidas por otras en honor de San Nicolás de Tolentino, recientemente canonizado.

Aunque los ciclos de misas nos facilitan una primera reseña de la veneración de los santos, no tendremos el cuadro completo de la devoción popular si pasamos por alto la veneración de algunos misterios de la vida de Cristo, y sobre todo los patrocinios, que con tanta prolijidad se asignaban a los ciudadanos del cielo. Entre los primeros ocupan un lugar destacado los misterios de la Pasión, que inducían a la adoración del nombre de Jesús, de las cinco llagas y del icono que, herido por un judío, se había empapado en sangre en la ciudad de Berito. La difusión de algunas plegarias, como el «Anima Christi», o del conocido soneto «No me mueve, mi Dios, para quererte» se explica en este contexto. De manera semejante creció la devoción a los dolores de María, que se conmemoraban con diferentes formularios de misas y se reflejaban en variados motivos iconográficos: misas e imágenes de la piedad, de la transfixión de Nuestra Señora, de la Virgen del Camino... San José entró también en la hagiografía por la puerta grande, centrando en su persona la devoción medieval a los antepasados de Cristo, de la que todavía se encuentran vestigios en esta época.

Ninguna de estas devociones era en sí misma supersticiosa, aunque se pueda discutir la conveniencia de celebrar el acontecimiento de la redención con tal variedad de formas. No ocurría lo mismo con los patrocinios de los santos, caprichosamente elegidos y fundamentados a veces en trasnochadas leyendas de la mitología pagana. El erasmista Alfonso de Valdés dramatizaba la situación al escribir sobre ella unos párrafos bien conocidos, a los que poco se puede añadir sobre semejante argumento: «No se dónde nos ha venido tanta ceguedad en la cristiandad que casi habemos caído en una manera de gentilidad... Mirad cómo habemos repartido entre nuestros santos los oficios que tenían los dioses gentiles. En lugar del dios Mars, han sucedido Santiago y Sant Jorge: en lugar de Neptuno, Sant Elmo; en lugar de Baco, Sant Martín; en lugar de Eolo, Santa Bárbola; en lugar de Venus, la Madalena. El cargo de Esculapio habemos repartido entre muchos: Sant Cosme y Sant Damián tienen cargo de las enfermedades comunes; Sant Roque y Sant Sebastián, de la pestilencia; Santa Lucía, de los ojos; Santa Polonia, de los dientes; Santa Agueda, de las tetas: y, por otra parte, San Antonio y Sant Aloy, de las bestias; Sant Simón y Sant Judas, de los falsos testimonios; Sant Blas, de los que esternudan» [22].

LITURGIA Y DRAMA. UN ANILLO CON EL TEATRO BARROCO

Puesta esta pacífica convivencia entre santoral y mitología, a nadie puede extrañar que muchos festejos profanos entraran a formar parte de las festividades litúrgicas y que se recuperaran en las iglesias algunas escenificaciones de la Edad Media que habían caído en desuso. El gusto por el teatro repercutía en el culto, que encontraba en la impresión de libros sagrados un buen auxiliar para recuperar estas piezas. He aquí las principales escenificaciones que tenían vigencia en España siguiendo el ciclo litúrgico.

En la noche de Navidad se representaba en muchas catedrales el canto de la Sibila, inspirado en un sermón, que falsamente se atribuía a San Agustín, sobre el nacimiento del Mesías y su venida al final de los tiempos. La *Sibila eritrea* y una serie de personajes del Antiguo y del Nuevo Testamento recitaban sus vaticinios en frases apocalípticas. Esta pieza, conocida en Francia ya desde el siglo XI, no tuvo raigambre en España hasta el siglo XV, y en el XVI consta que se representaba todavía en Cataluña y Valencia, en Toledo, en León, en Oviedo... En la catedral de Mallorca se conservó hasta época muy reciente. Los sínodos provinciales la prohibieron a veces, en su obsesión por liberar a la sagrada liturgia de adherencias supersticiosas y frívolas; pero como los fieles sentían gusto en escucharla, quizá por el contenido antijudaico que transpiraban sus textos, no pudo desarraigarse hasta después del concilio de Trento. En algunas iglesias, como en la catedral de Plasencia, se conservaba un curioso «Officium pastorum», dentro de la hora canónica de Laudes, en el cual un clérigo y un grupo de niños cantores escenificaban dialogísticamente el antiguo tropo «Quem vidistis, pasto-

[22] A. DE VALDÉS, *Diálogo de las cosas ocurridas en Roma*, ed. J. F. MONTESINOS (Madrid 1956) p.139.

res». En la catedral de Toledo se había convertido en un encantador juguete en vulgar que, con algunas variantes, se representó desde el siglo XIV hasta el XVIII. Empezaba:

Pastores, ¿dó anduvistes? / Decidnos lo que vistes.
Vimos que en Belén señores, / nació la flor de las flores [23].

En ciertos lugares el «Officium pastorum» se reducía a un tropo intercalado en el *Benedicamus Domino* de la misa del gallo:

Verbum Patris hodie   Pacem nobis omnibus
processit ex Virgine;   nuntiavit angelus;
virtutes angelicae   refulsit pastoribus
cum canoro iubilo: veri lucis claritas:
   Benedicunt Domino.   Dicunt: *Deo gratias* [24].

Un tropo semejante, aunque menos difundido, se cantaba el día de la Epifanía del Señor. La utilización de estas piezas no era del gusto de los obispos más escrupulosos por ajustar el culto de sus iglesias a la liturgia romana; por eso el misal de Burgos hace notar en rúbrica que no debe decirse el *Verbum Patris hodie* en la noche de Navidad.

Dejando aparte nuevos tropos y escenificaciones que tenían lugar los días 26 y 27 de diciembre (fiestas de San Esteban y San Juan Evangelista) [25], debemos recordar que eran bastantes las catedrales y monasterios que conservaban en la festividad de los Santos Inocentes la farsa del «obispillo», censurada en muchos sínodos diocesanos y defendida por Diego de Deza en Sevilla por considerarla aleccionadora para los que detentaban el poder eclesiástico [26]. La farsa consistía, como se sabe, en la elección de un niño de coro o de uno de los beneficiados de inferior rango para que aquel día «presidiera» los oficios litúrgicos y rigiera a sus compañeros, distribuyendo entre ellos dádivas y castigos.

La cuaresma y la semana santa no habían adquirido en el siglo XVI el relieve popular que tuvieran más tarde; pero los días principales se realzaban con bellos y simbólicos ritos en los que tenían los fieles intensa participación: el miércoles de ceniza se conservaba en muchas catedrales la expulsión de los penitentes, que algunos interpretaban como una forma de administrar el sacramento de la penitencia, cuando seguía la reconciliación en la mañana del jueve santo. Bartolomé Carranza procuró deshacer este equívoco en su *Catecismo cristiano,* dando, no obstante, a entender que formaba parte del sacramento en caso de delitos de religión condenados por el Santo Oficio [27]. En algunas iglesias, como en Palencia, tenía lugar el domingo de Pasión una bella liturgia de la exalta-

[23] DONOVAN, o.c., p.185.
[24] Tomado del *Misal* de Oviedo de 1561. Existe también en los misales de Palencia, Calahorra y otros.
[25] Consistían en epístolas «farcidas» que el subdiácono y un cantor proclamaban alternativamente, desde dos púlpitos diferentes, en la misa mayor. La misma costumbre existía en Francia. Cf. V. SAXER, *L'Epitre farcie de la Saint-Etienne.* «*Sesta Lesson*». *Edition critique et étude historique:* Provence Historique 98 (1974) 423-467 (bibliografía referente a esta práctica en Cataluña).
[26] Abundantes referencias en DONOVAN, o.c., y en J. VILLANUEVA, o.c., *passim.*
[27] *Comentarios sobre el «Catechismo Christiano»,* ed. J. I. TELLECHEA (Madrid, BAC, 1972) p.237.

ción de la santa cruz, y en muchas ciudades se celebraba la procesión de los ramos con la solemnidad que le daba el *Pontifical Romano-Germánico:* un solo cortejo, en el que figuraban representaciones e insignias de cada una de sus iglesias, que salía fuera de las murallas, realizando dos estaciones o entradas solemnes, la primera «ante muros», y la segunda «ad portas ecclesiae». Aquella tenía la cándida nota de los niños de coro, que aparecían entre las almenas mientras cantaban el cántico *Gloria, laus,* y ésta la trágica nota de la adoración de la cruz, ante la cual se postraba el celebrante para ser golpeado simbólicamente con palmas y ramos, a la vez que se cantaba la antífona *Percutiam pastorem* («heriré al pastor y se dispersarán las ovejas»).

Aún más popular y menos apegada a antiguos esquemas litúrgicos era la procesión del encuentro, que tenía lugar la mañana del domingo de Pascua en gran número de ciudades. Consistía en una procesión eucarística, dentro o fuera del templo, en la que se hacían tres paradas o altos ante los altares de la Virgen María, de la Magdalena y de San Pedro, evocando así las principales apariciones de Cristo. A nuestro entender, se trataba de una forma peculiar de la «elevatio» o levantamiento del «sepulcrum» del viernes santo, que tenía gran tradición en el centro de Europa, si bien en España había sido suplantado por el «monumento» del jueves. La forma externa de estos dos ritos era muy semejante, aunque el primero conmemorara la institución de la Eucaristía, y el segundo, el entierro de Jesús. Un verdadero entierro de Cristo se representaba en Madrid, en el convento de las Descalzas Reales [28], fundado por la princesa doña Juana, la hija de Carlos V, que seguramente había tomado gusto a este rito durante su estancia en Portugal, pues se trata de una forma dramática conservada hasta nuestros días en la liturgia de Braga. Un solemnísima procesión de Pascua la celebraba la colonia española de Roma, saliendo de la iglesia de Santiago y recorriendo la plaza Navona [29]. El ciclo pascual se cerraba con la encantadora suelta de tres palomas que, el día de Pentecostés, realizaba el celebrante de la misa del pueblo mientras se cantaba la secuencia *Veni, sancte Spiritus.* De procesiones de penitentes y flagelantes se hacen eco los sínodos postridentinos de Valencia y de Salamanca, que toman frente a ellas una posición de rechazo; y de una devoción a la pasión del Señor, contemplada según las horas en que se situaban los principales ultrajes (reloj de la pasión) hay testimonios y libros a principios del siglo siguiente.

La fiesta del Corpus Christi se celebraba en toda España con creciente solemnidad. Junto a la devoción religiosa, reflejada en las custodias y otras piezas de orfebrería que se hacían con este motivo, hay que poner la carga de exultación popular, que se concentraba en la mayor parte de los lugares en corridas de toros, que los sínodos de reforma veían con poca simpatía por lo cruento del espectáculo y por los gastos que ocasionaban a las iglesias y, posteriormente, a los municipios. Los

---

[28] S. CORBÍN, o.c., p.121ss.
[29] J. FERNÁNDEZ ALONSO, *Santiago de los Españoles y la Archicofradía de la Stma. Resurrección de Roma hasta 1754:* Anthologica Annua 6 (1958) 301-305.

festejos del Corpus Christi venían a ser la antesala de los que enmarca-
ban el santoral de verano, que tenía sus momentos fuertes en los
días de San Juan Bautista, San Pedro y San Pablo, San Bartolomé, la
Asunción y Natividad de María, para concluir, en los umbrales del adviento, con la festividad de Todos los Santos. Entre estas solemnidades
destaca la del Bautista, que se celebraba con tres misas, como la Navidad del Señor, y ponía en juego un variado folklore, que llegó hasta la
Edad Moderna. La coincidencia de fecha con el momento en que empezaba a menguar el día se interpretaba como la concreación astrológica del
eclipse que debería seguir la figura de Juan para ceder paso a la venida de
Cristo. En estas fiestas veraniegas tenían lugar, según las regiones, las
bendiciones de hierbas y frutos, igual que lo habían tenido en la Pascua
las de las carnes y huevos.

El detallado recuento que acabamos de hacer no debe llevarnos a
atribuir a la época que estudiamos una creatividad de formas populares de
religión que en realidad no le pertenece. El último cuarto del siglo XV
y la primera mitad del XVI fueron fecundos en movimientos espirituales al alcance de proficientes; el pueblo bajo tenía bastante con el legado de la Edad Media, donde hay que buscar el punto de arranque de
casi todo lo que hemos descrito. Lo original y valioso de estos dos siglos es
el consorcio entre religiosidad popular y liturgia, en el que jugó una
parte importante el esplendor de la imprenta, que permitió editar libros
voluminosos y enriquecer los ritos sagrados con devociones y fórmulas
que, en un tiempo utilizadas, ya estaban cayendo en desuso. Este afán
de recuperación declinó antes de lo que se hubiera podido prever a
causa de una tendencia purista que creía ver infiltraciones luteranas
en todas las formas populares del culto; y así, la necesidad de tener una
sola *lex credendi* llevó a buscar con excesiva y monótona rigidez una única *lex orandi*. Esta la dictó el papa Pío V, al imponer los libros romanos,
que en poco tiempo dieron al traste con los residuos de religiosidad popular, domiciliados en ciertas catedrales e iglesias. Pero el papa no hizo
otra cosa sino ser fiel a lo que pedían los obispos y completar la línea
reformatoria que ellos mismos habían iniciado en sus diócesis y respaldado en el concilio de Trento.

RELIGIOSIDAD POPULAR, DEPURACIÓN Y UNIFICACIÓN DE LA SAGRADA LITURGIA

El concilio de Trento no se ocupó directamente de las supersticiones
ni de la religiosidad popular, si bien tuvo en cuenta la constante amenaza que ofrecían las primeras en ocasiones tan santas como en la celebración de la misa (ses.22), o en prácticas tan difundidas como el culto de
las reliquias y la veneración de los santos (ses.25). En qué medida con-
templó el concilio la religiosidad popular de su tiempo y cuáles fueron
los cauces por donde querían orientarla los Padres es argumento que
queda todavía virgen y que podría ofrecer satisfactorias sorpresas. Baste

pensar que las sesiones 7, 13 y 21 recogieron curiosas constataciones sobre el bautismo y la confirmación, sobre la devoción a la Eucaristía y sobre la comunión de los niños. Con todo, el planteamiento no era ajeno a la mentalidad de los conciliares y quizá se hubiera abordado de lleno de no haber sobrevenido la precipitada clausura de aquella asamblea, que obligó a poner en manos de la curia romana asuntos reformatorios de los que apenas habían comenzado a ocuparse algunas comisiones recientemente nombradas. Entre estos asuntos figuraban el *Indice de los libros prohibidos* y la reforma de los libros litúrgicos. El material existente para este propósito, entre el que figuraban, como piezas privilegiadas, el *Indice romano,* de Paulo IV, el español de 1559 y una buena cantidad de misales, breviarios y rituales según los usos y costumbres de diferentes iglesias, sigue siendo todavía hoy una fuente de primer orden para el conocimiento de la religiosidad popular de la época, fuente cuyo venero se habría incrementado con las aportaciones y juicios de los obispos reunidos en Trento.

Efectivamente, el 20 de julio de 1562, designaba la congregación general un grupo de siete obispos que se encargaran de compilar los abusos que se cometían en la celebración de la misa. Aunque el mandato se restringía a un campo particular y concreto, los comisionados, borrando los límites entre prácticas de piedad y liturgia y confundiendo con igual interés las exigencias morales y los preceptos canónicos, compilaron un elenco de setenta y ocho enunciados en los que recogían no tanto las infracciones de rúbricas cuanto un catálogo espléndido de las supersticiones, corruptelas e irreverencias de las que estaba plagada la vida religiosa del Siglo de Oro, de la cual era la misa la principal manifestación.

Dado el ritmo acelerado que iba tomando el concilio, aquel documento se compiló en poco tiempo aprovechando los más variados informes que los Padres pudieron tener a mano. Debió de ser ante todo producto de espontáneas conversaciones, pues consta que el estado de la religión popular y el deterioro de la sagrada liturgia constituían una seria preocupación para pastores tan prestigiosos como el portugués Bartolomé de los Mártires, que, habiendo llegado a Trento algún tiempo antes de que comenzaran las sesiones de la tercera convocatoria, distrajo sus ocios componiendo un memorial de reforma, uno de cuyos puntos rezaba de esta manera: «Hay que prohibir las misas que vulgarmente se llaman de San Amador, a causa de sus ceremonias superfluas y el que los sacerdotes salgan fuera de los límites de sus iglesias [entiéndase: cuando se encierran para ofrecer treintenarios] y que celebran con un determinado número de candelas» [30]. Consta además que el cardenal Borromeo había hecho llegar a la comisión de los siete los trabajos que se habían realizado en la curia en orden a la reforma del culto. El obispo de Faenza monseñor Sighiselli había reclamado del protonotario Sirleto un informe sobre la situación de la liturgia en Italia. Lo mismo había procurado obtener Hosio, el famoso obispo polaco, de Pedro Canisio.

A los obispos españoles se les había pedido, ya en enero de 1562,

[30] C.T., XII/1,544.

por parte de los legados pontificios, que entregaran por escrito los capítulos de reforma sobre los que había de ocuparse el concilio. Mas, dadas las disensiones que había entre ellos y la poca confianza de que sus puntos de vista fueran compartidos por los legados, no se pusieron de acuerdo para entregar un informe. Así, pues, salieron de sus círculos tres memoriales, uno de los cuales —el que respondía al criterio de la mayoría— contemplaba explícitamente el problema de la reforma litúrgica y su incidencia en la religiosidad popular [31]. El memorial se inspiraba en criterios de carácter conservador y abogaba por el fiel cumplimiento de las normas dictadas en el concilio de Basilea, siendo ésta la prudente y equilibrada postura a que conducía el pluralismo de formas y ritos locales exhumados durante los primeros cincuenta años del Siglo de Oro, en las impresiones de misales y otros libros litúrgicos según los usos de las diferentes catedrales e iglesias monásticas; actividad en la cual se había concentrado el movimiento litúrgico hispano, cuyo iniciador parece haber sido fray Hernando de Talavera.

La idea de acercar los divinos oficios al pueblo con una intención catequética y misionera nació en Granada, cuando el primer arzobispo del reino recién conquistado se encontró frente a una diócesis a eregir desde sus fundamentos. Al decir de su primer biógrafo, el santo jerónimo empleó todas sus fuerzas en la edificación de una catedral que pudiera rivalizar con la Alhambra, en la organización de parroquias y en una campaña de levantamiento de templos, que en sus días se acercaban al centenar. Mas su originalidad consistió en la organización y ejercicio del culto, tratando de combinar hábilmente el rito romano con algunas costumbres monásticas y ciertos vestigios de la liturgia mozárabe. Puso los oficios canonicales a unas horas en que pudiera asistir la gente, compuso lecturas en romance, traduciéndolas a veces de la Sagrada Escritura o sirviéndose para ello de su inspiración. «En lugar de responsorios hacía cantar algunas coplas devotísimas correspondientes a las lecciones; de esta manera atraía el santo varón tanta gente a los maitines como a misa». «No faltó —sigue diciendo su anónimo panegirista— quien criticase estas novedades, y murmuraban de ello hasta decir que era cosa supersticiosa; mas viendo el arzobispo que traían provecho espiritual a las almas, tenía estos ladridos por picadura de mosca y por saetas echadas por manos de niños, y no curaba de sus dichos y murmuraciones, como aquel que estaba fundado y absorvido en Dios» [32].

De la obra de Talavera, que contrastaba abiertamente con el criterios cultural de Cisneros, quien pensaba que traducir la liturgia era echar margaritas a los puercos, quedaban vestigios aún al clausurarse el concilio de Trento; pues en el memorial presentado por los españoles el 20 de mayo de 1562 se hablaba de la conveniencia de utilizar la lengua vernácula «cum utique constet eumdem aliquando moren in usu ecclesiae fuisse et etiamnunc alicubi, utpote in regno Granatae...» [33]. Esta alusión a lo que se hacía en un lugar tan concreto demuestra que no se

---

[31] Ibid., 626.   [32] T. DE AZCONA, *Isabel la Católica* (Madrid 1962) p.254.
[33] C.T., XII/1,671 nota 4.

trataba de una práctica difundida y que, por lo tanto, la iniciativa de Talavera no había tenido seguidores entre los demás obispos de España. De aquí no debe inferirse que faltaran entre los españoles prelados diestros en la sagrada liturgia y promotores de la reforma del pueblo por medio del culto. Un espaldarazo oficial como liturgistas lo recibieron los designados en Trento para preparar los cánones sobre la misa y enumerar los abusos que se cometían en la celebración. Eran éstos el arzobispo de Granada Pedro Guerrero, el obispo de Almería Antonio Corrionero y el de Tortosa Martín de Córdoba, a los que hay que añadir el general de los minoritas fray Francisco de Zamora.

Junto al talante reformador del primero y la ciencia teológica reconocida al segundo, hay que destacar la formación musical que tenía el obispo de Tortosa, hijo natural del conde Cabra, el cual tocaba el órgano con destreza, podía dirigir el coro y realzaba las funciones pontificales con la dignidad de su voz. El fue de los primeros que reanudaron la visita pastoral a su diócesis, restableciendo la costumbre de que todos sus diocesanos recibieran el sacramento de la confirmación. Semejantes gustos tenía Francisco de Benavides, primero obispo de Cartagena de Indias (1541) y más tarde de Mondoñedo (1550), del que se dice que, siendo jerónimo de Guadalupe, celebraba a diario la misa de alba con gran devoción y piedad. Del obispo de Oviedo Cristóbal de Rojas y Sandoval (1546) consta que asistía frecuentemente a las horas canónicas y se sentaba en el confesonario como el presbítero más humilde. El obispo de Huesca Pedro Agustín (1545) amaba el decoro, incluso el lujo, en ornamentos y objetos litúrgicos, habiendo dejado en su diócesis valiosos ternos, llevados de Italia, además de los preciosos báculo y mitra que había mandado hacer para utilizar en el concilio de Trento. Extraordinario celo pastoral y litúrgico desplegó el obispo de León Francisco Trujillo, quien redactó para sí mismo esta nota biográfica: «Residió y visitó enteramente todo el obispado una vez, y, segunda vez, muchas partes... Desterró del obispado los cálices de plomo, de que era el servicio ordinario de las iglesias. Reparólas todas de cálices de plata y de cajitas para el relicario del Santísimo Sacramento. Introdujo que no se hicieran casullas de telillas, sino todas de damasco, poniendo todos los cuatro colores. En las iglesias no permitió que se hiciesen cruces de madera; introdujo algunas de plata y algunas de poca costa, porque en lo demás se pierde dinero», etc. [34]

Esta lista podría ampliarse con nombres de otros prelados, como Diego Sarmiento, obispo de Astorga; Bernal Díaz de Luco, de Calahorra; Gaspar de Zúñiga, de Santiago de Compostela; Antonio Agustín, de Lérida y, en general, de todos aquellos que pusieron su empeño en la edición de misales y otros libros litúrgicos, así como en la reunión o aplicación de los sínodos diocesanos. Nos haríamos demasiado prolijos si quisiéramos explicar hasta el fondo la repercusión que estaba llamada a tener en medio del pueblo aquella labor editora que, en principio, ponía

---

[34] Abundantes referencias en G. GUTIÉRREZ, *Españoles en Trento* (Valladolid 1951), *passim*.

en manos de los curas los instrumentos adecuados para su ministerio. Es verdad que en la impresión de misales y de breviarios se atendía en primer lugar a las necesidades de los clérigos, que se veían obligados por falta de libros a recitar las horas e incluso a decir la misa de memoria o sirviéndose de cartillas manuscritas, mal copiadas, y deterioradas y fragmentarias; pero es verdad asimismo que, al hacer las nuevas ediciones, se introdujeron, por una parte, muchas devociones y costumbres del pueblo y se expurgaron muchas adherencias que estaban cargadas de supersticiones y errores. La atención a estos dos extremos se hace constar con frecuencia en los prólogos o subtítulos de los libros: *multis novis additis et non paucis correctis et emmendatis*. En esta labor depuradora de los libros litúrgicos habría que dar el puesto que les corresponde a un buen grupo de clérigos, beneficiados generalmente de las catedrales, que fueron los encargados de preparar por su mano las ediciones en cuanto a su forma y a su contenido. Ellos figurarían aquí como la primera comisión para la reforma de la sagrada liturgia, diseminada por toda España en los decenios anteriores al concilio de Trento. Entre estos personajes, cuya lista sería fácil componer a base de sus impresos, merecen ser destacados los nombres de maese Rodrigo, arcediano de Reina, que escribió una *Sacerdotalis instructio circa missam,* y del también sevillano, canónigo Cortegana, así como los dos palentinos Fernández de Madrid, el arcediano de Alcor, y el canónigo Juan de Arce.

De la atención a los libros litúrgicos se pasó al control de aquellos otros que circulaban de mano en mano; y así, Alfonso de Valdés considera como descargo pastoral de un obispo sus actividades en este campo. Veamos cómo se exculpa, en el *Diálogo de Mercurio y Carón,* uno que no quiere ser condenado: «Considerando de cuántos males y errores son causa muchos libros y escripturas compuestas o por hombres simples o por viciosos y maliciosos..., yo mismo pasé y examiné todos los libros vulgares que había en mi obispado, y aun libritos de rezar y oraciones que se vendían apartadas, y bien visto todo y comunicado con personas sabias, vedé que no se vendiesen... Allende desto, de libros y horas de rezar quité muchas oraciones por idiotas e ignorantes, ordenadas más para sus intereses que para otro respecto, en que hallaba no poca superstición y aun idolatría tan manifiesta que no podía leerlas sin llorar... Determinando, pues, qué libros se habían de vender y qué de vedar y dexar, y puesto en orden, enmendado y aderezado lo que se había de leer así de cosas sacras como profanas, hice imprimir de todo ello una muy gran multitud de libros, así en latín como en vulgar..., y cuando lo tuve todo impreso, publiqué por todo mi obispado la orden que en esto se había dado, rogando y mandando a todos... que truxesen luego los libros que tenían..., y por cada libro que daban de aquellos corruptos, falsos y malos, les daba yo otro de los buenos y enmendados... sin consentir que se les llevase por ello un solo dinero» [35].

Cuando escribía Alfonso de Valdés comenzaba la Inquisición española a ocuparse de este asunto, aunque habrían de pasar decenios hasta

[35] O.c., p.198s.

que aparecieran los Indices de libros prohibidos, de cuya influencia en la reforma del pueblo hablaremos en otro lugar; mas también éstos opusieron a la propaganda supersticiosa no menos tenacidad de la que pretendían adoptar en contra de la herejía. La lucha contra las infiltraciones supersticiosas en el alcázar de la religión verdadera no era sólo el ideal de los erasmistas, sino un programa que la Iglesia jerárquica —en este caso la Iglesia asentada en España— fue perfilando desde los sínodos con que se cierra la decimoquinta centuria hasta el concilio de Trento. Citemos como ejemplo la constitución 15 del sínodo de Canarias de 1497, que, tomada, a su vez, del sevillano reunido por Hurtado de Mendoza, fue quizá la más repetida en las asambleas de este género y llegó a incorporarse a los materiales del Tridentino: «Por cuanto habemos entendido que algunas personas, así homes como mujeres, con simpleza demandan que les sean dichas unas misas que dicen de Santo Amador e otras que llaman del Conde y otras de San Vicente, con cinco candelas, e otras con siete e otras con nueve, creyendo que las tales misas no ternán eficacia para lo que desean si no se dijesen con tal número, con otras supersticiones así en los colores de las candelas como en estar juntas o fechas cruz e otras vanidades que el enemigo procura interponer e sembrar en los buenos propósitos e obras, conosciendo que un poco de semejante fermento de vanidad corrompe toda la masa de la buena obra; Nos, deseando evitar e erradicar las semejantes supersticiones, defendemos a los sacerdotes so pena de excomunión mayor e en virtud de santa obediencia, que no acepten ni cumplan las semejantes más locas que devotas demandas; mas que digan las misas como usan decir las otras sin otra invocación alguna ni invención. E si quisieren decir las misas con cierto número de candelas a honor y reverencia de los misterios que nuestra santa madre Iglesia honra y tiene veneración, así como tres candelas a honor de la Santa Trinidad, o cinco a reverencia de las cinco llagas, o siete a reverencia de los siete dones del Espíritu Santo, nueve a reverencia de los nueve meses, no por esto estorben la devoción de los fieles, cesando toda otra superstición o vanidad» [36].

En páginas anteriores hemos consignado en qué consistían las misas de San Amador (las privilegiadas por las preferencias del pueblo) y las de San Vicente. No podemos esclarecer, sin embargo, cómo se celebraba la misa del Conde, a la que aluden también los erasmistas del tiempo. El sínodo de Canarias allanaba, como se ve, la mitad del camino; pero no se atrevía a cortar de lleno aquellas formalidades que parecían tener algún fundamento en la doctrina cristiana. Con la misma cautela se expresaban los Padres de Trento en las Comisiones preparatorias a la sesión 25: «Parece abuso —decían— que algunas misas votivas se digan con determinado número de candelas, como ocurre con la misa de Santa Sofía, lo cual parece supersticioso. Habría que pensar también qué se hace con las misas de San Gregorio, San Amador... y otras por el estilo, que no ha mucho se introdujeron; pero hay que tener cuidado a la hora de suprimirlas a causa de la devoción que muchos les tienen» [37].

---

[36] «El Museo Canario», l.c.   [37] C.T., 8,917.

EPILOGO

Hasta aquí hemos trazado con abundancia de pormenores el programa reformatorio aplicado al pueblo cristiano antes de concluir el concilio de Trento. Los libros oficiales, cuya publicación encomendaron los Padres al pontífice y a la curia, habrían de ser los que le dieran remate y empuje definitivo. Obras como el *Catecismo «ad parochos»* (1566), el *Misal romano* (1574) y el *Indice de libros prohibidos* (1564) estaban llamados a influir manifiestamente en la religiosidad de los fieles. Mas sería ingenuo pensar que los frutos conseguidos eran proporcionados a tamaños esfuerzos. ¡Ojalá nos hubieran dejado las fuentes criterios bastantes para evaluarlos siquiera aproximativamente! El testimonio que daba el jesuita Juan Bonifacio sobre los felices resultados de la predicación debe tenerse en cuenta también en este momento: a fines del siglo XVI, la práctica religiosa se había despojado de muchos medievalismos; pero la exaltación del barroco y la revancha restauradora que la Contrarreforma trajo consigo incidieron de nuevo sobre la religiosidad popular, que adquirió a lo largo del siglo XVII matices verdaderamente dramáticos. No sólo se resucitaron ciclos de misas arrinconados y superados, sino que se inventaron otros respaldados por pintorescas leyendas: tales el ciclo de las cinco llagas y de las dos hermanas, las tres misas del ánima sola, las tres de la reina Catalina, las cinco de Santa Mónica, las siete del destierro, las quince de los misterios de Nuestra Señora, etc., todas ellas aplicadas por intenciones más o menos relacionadas con su denominación o con la historia de los titulares a quienes se dedicaban. Surgió también una desorbitada devoción a los santos, aplicándoles a capricho los textos más sagrados de la liturgia, como aquel *Te Deum* acomodado al profeta Elías: «Te, Elia, laudamus / te Tesbitem confitemur, // te monachorum patrem / omnis veneratur Ecclesia»... El teatro irrumpió de lleno en el templo, convirtiendo en verdaderos espectáculos profanos piezas hasta entonces más ligadas a la liturgia, como los bailes de Corpus Christi, el misterio de Elche, etc.

En definitiva, hay que reconocer que la depuración del culto intentada por los obispos y sancionada por el concilio tuvo sólo resultados parciales. En realidad lo habían hecho notar los italianos reunidos en Trento al tratar en las comisiones preparatorias a la sesión 25 de sustituir con la Biblia algunos textos y ejercicios piadosos: el salterio —decían— apenas lo entienden los instruidos y nada dice a la gente sencilla. Hay que mantener, pues, cantos populares y abrir camino a las aclamaciones que facilitan la participación de los fieles. Por otra parte, la orientación de la piedad popular estaba condicionada por la preparación de los clérigos y su celo en las acciones ministeriales; y nadie ignora cuán largo fue el camino que hubo que recorrer hasta que se notara en las pequeñas parroquias la acción del concilio. Si los archivos catedralicios rebosan de pleitos entre los obispos y los canónigos a la hora de sustituir las costumbre y usos locales por los ritos del misal y del breviario romanos, ¿qué ocurriría en aquellas iglesias cuyos pastores carecían de libros y medios para adquirirlos, cuando apenas tenían idea de las materias tratadas en Trento? Un indicio de la lenta marcha de la reforma lo proporciona el breve de San Pío V a todos los obispos de la provincia tarraconence acusando la negligencia e irreverencia de muchos sacerdotes en la celebración de la misa, la indecorosidad de las obleas y los cálices, la sordidez de los paños de altar, el descuido de ceremonias tan importantes como la mixtión del agua en el vino, de la que unos prescindían y otros alargaban sobremanera, etc. Todo debía corregirse en los sínodos diocesanos, obligando a los curas a predicar el respeto debido a tan gran sacramento, no fuera que lo arrebatara el Señor de la Iglesia católica como había hecho con los herejes.

Esta situación se repetía en regiones apartadas y montañosas. El obispo de Oviedo, Diego Aponte de Quiñones, que luchó hasta la sangre por introducir la reforma en su diócesis, describía en las visitas *ad limina* del 1589 y 1594 una situación semejante. El seminario de clérigos que había abierto en su mismo palacio era el único fundamento de su esperanza. Por eso los enviaba, aun antes de llegar a las órdenes, a enseñar catecismo y gramática por los poblados cercanos a la ciudad. La historia de la aplicación del concilio en las diferentes regiones de España dará en su día el panorama real de la religiosidad y reforma del pueblo.

SEXTA PARTE

PARTICIPACION DE ESPAÑA EN EL CONCILIO DE TRENTO

Por BERNARDINO LLORCA

INTRODUCCION BIBLIOGRAFICA

FUENTES

1. **Obra fundamental**

CONCILIUM TRIDENTINUM. *Diariorum, Actorum, Epistolarum, Tractatuum nova collectio.* Ed. de la SOCIEDAD GOERRESIANA (Fr. 1901-76). Han aparecido: DIARIOS: t.1-3 ed. S. MERKLE (1901-31). ACTAS: t.4.5.8.9 ed. ST. EHSES; t.6.7 ed. TH. FREUDENBERGER (1904-76). CARTAS: t.10.11 ed. G. BUSCHBELL (1916-37). TRATADOS: t.12,1, ed. V. SCHWEITZER; t.12,2 ed. H. JEDIN (1916-37).

2. **Otras obras generales**

J. LE PLAT, *Monumentorum ad Concil. Trident. amplissima collectio,* 7 vols. (Lovaina 1781); A. THEINER, *Acta genuina SS. oecumenici concilii Tridentini ab Angelo Massarelli conscripta,* 2 vols. (Zagreb 1874); W. FRIEDENBURG, *Nuntiaturberichte.* Publicado por el *Instituto de Prusia en Roma* XIIIs (Gotha 1892-1908); I. DÖLLINGER, *Ungedrückte Berichte und Tagebücher zur Geschichte des Konzils von Trient,* 2 vols. (Nördlingen 1876); J. SUSTA, *Die römische Kurie und das Konzil von Trient unter Pius IV,* 4 vols. (Viena 1904-14).

3. **Ediciones del texto**

CONCILIUM TRIDENTINUM, hoc est, *Canones et Decreta Sacrosancti oecumenici Concilii Tridentini...* (Lovaina 1567). Otras muchas ediciones en latín. Texto en castellano: *El sacrosanto y ecuménico concilio de Trento,* trad. al idioma castellano por IGN. LÓPEZ DE AYALA (Ba 1848); *Catecismo del concilio de Trento* (Ro 1962). Texto en latín y castellano con aclaraciones: J. TEJADA Y RAMIRO, *El sacrosanto y ecuménico concilio de Trento* (Ma 1853). En latín y francés: A. MICHEL, *Les Décrets du concile de Trente,* en HEFELE-LECLERCQ, *Histoire des conciles.* t.10: *Le concile de Trente* (Pa 1938). Texto crítico, lat. ed. moderna: G. ALBERIGO, *Conciliorum oecumenicorum Decreta* (Fr 1962) p.633-775.

TRABAJOS

1. Historias fundamentales

P. SARPI, *Istoria del concilio Tridentino* (Lo 1619); ID., ed. crítica, G. GAMBA-
RIN, 3 vols. (Bari 1935); P. SFORZA PALLAVICINI, *Istoria del concilio di Trento* (Ro
1655); ID., mejor ed., J. A. ZACCARIA, 5 vols. (Faenza 1792); H. JEDIN, *Ge-
schichte des Konzils von Trient*, 4 vols. (IV 1, IV 2) (Fr 1949-75). Trad. castellana:
Historia del concilio de Trento, tradc. por D. RUIZ BUENO, vols.1.2 y 3. Falta el 4,1
y 4,2, que, según parece, no se publicará (Pamplona 1972-75); P. RICHARD,
Concile de Trente, en HEFELE-LECLERCQ, *Histoire des conciles* t.9 (Pa 1936);
L. CRISTIANI, *Trento*. Vol.19 de *Historia de la Iglesia*, dirigida por FLICHE-MAR-
TIN, etc., trad. al castellano y completada por M. UREÑA PASTOR y J. E.
SCHENK-SANCHIS (Valencia 1976).

2. Otras amplias exposiciones

O. RAYNALD, *Annales Ecclesiastici*. Continuación de los *Annales* de *Baronio*,
22 vols. (Colonia 1644s). Véanse vols.21 y 22; C. J. HERGENRÖTHER, *Historia de
la Iglesia*, trad. por F. DÍAZ CARMONA. V. Concilio de Trento (Ma 1883-89);
F. MOURRET, *Historia general de la Iglesia*, trad. y adapt. por F. DE ECHALAR,
8 vols. Vols.5 y 6: *Trento* (Ma 1918-27); L. VON PASTOR, *Historia de los papas*, trad.
por R. RUIZ AMADO, J. MONTSERRAT, etc., 35 vols. (Ba 1920-35); *Conc. de Trento:* t.10 (preparación, etc.); t.12 (Paulo III, 1.ª etapa); t.13 (Julio III, 2.ª etapa);
t. 15 (Pío IV, 3.ª etapa).

3. Interesantes síntesis

J. CARRIÈRE, art. *Concile de Trente:* DThC 15,1 1414-1550; H. JEDIN, art. en
EncCatt XII 465-79; NewCaEnc XIV,2 271-78; LThK X 342-52; C. GUTIÉRREZ,
art. en DiHiEclEsp I 483-96.

4. Diversas publicaciones

S. MERKLE, *Die weltgeschichtliche Bedeutung des Trienter Konzils*, fascíc. 2 de la
Görresges. (1935) 1-24. Varios núm. extraordin. de revistas: Verdad y Vida 3 (1945);
Razón y Fe 131 (1945); Estudio Eclesiásticos 20 (1946); La Ciudad de Dios, La Ciencia
Tomista, Revista Española de Teología. Diversas obras de colaboración: G. SCHREIBER,
Das Konzil von Trient. Sein Werden und Wirken, 2 vols. (Fr. 1951); *Il Concilio di Trento
e la Riforma Tridentina*. Atti del Covegno Storico Internazionale di Trento: 2-6 sept.
1563, 2 vols. (Ro 1965); H. JEDIN, *Kirche des Glaubens, Kirche des Geschichte*, 2 vols.
(Fr 1966) (el vol.2 comprende trabajos de H. JEDIN sobre el *Concilio de Trento*).

5. Historia de la Iglesia en España

En las obras generales sobre *Historia de la Iglesia en España* y otras similares,
generalmente no se ha dado la debida importancia a la intervención de España en el
Concilio de Trento, si bien, en términos generales, se pondera la gran significación
de la colaboración española en el concilio. A manera de muestra citamos:
   V. LA FUENTE, *Historia eclesiástica de España*, 6 vols. (Ma ²1873-75); P. B. GAMS,
Kirchengeschichte von Spanien, 5 vols. (Regensburg 1975-79).
   LA FUENTE (t.5 192s y 266s) es quien más espacio dedica a este punto. Con
particular amplitud enumera los prelados, teólogos y canonistas españoles que tomaron parte en el concilio de Trento. En cambio, P. B. GAMS minimiza lo más posible
esta participación (véase t.5 p.186s).

CAPÍTULO I

CARLOS V Y LA INTERVENCION DE ESPAÑA EN EL CONCILIO DE TRENTO

(Etapas primera y segunda: 15 diciembre 1545-28 abril 1552)

Indudablemente, uno de los acontecimientos más importantes para la Iglesia católica durante el siglo XVI y que más influjo ejerció en su futura orientación frente al protestantismo fue la celebración del concilio de Trento (1545-63). Por otra parte, es un hecho reconocido, no sólo por los historiadores españoles, como MENÉNDEZ PELAYO, o los católicos en general, como PASTOR, sino también por muchos extranjeros y no católicos, como WALSH, PFANDL y VON TÖRNE [1], que precisamente España, es decir, Carlos V y Felipe II, junto con los grandes prelados y teólogos españoles, ejercieron en él un influjo decisivo.

Por esto juzgamos plenamente justificado exponer aquí el desarrollo de este gran concilio, notando de un modo especial la intervención que en él tuvieron Carlos V (como rey de España, Carlos I) y Felipe II y el gran número de obispos y teólogos o canonistas españoles que en él tomaron parte. De este modo quedará justificada la conclusión de MENÉNDEZ PELAYO de que el concilio de Trento fue «tan español como ecuménico».

1. ACTUACIÓN DE CARLOS V EN LA PREPARACIÓN DEL CONCILIO

Ante todo, convienen todos los historiadores en que, no obstante sus deficiencias, la intervención del emperador Carlos V fue decisiva para la preparación y realización del gran concilio en sus dos primeras etapas, de 1545-49 y 1551-52, como lo fue la de su hijo Felipe II en la tercera, de 1562-63. Es cierto que, en diversas ocasiones, el alto concepto que Carlos V se había formado de su dignidad de emperador, como protector de la cristiandad, conforme al ideal de la Edad Media, lo indujo a situaciones directamente contrarias a la voluntad del romano pontífice y que incluso en algunos casos se dejó arrastrar de algunas

---

[1] Véase el juicio del escritor alemán VON TÖRNE y otros en F. CERECEDA, *Ecumenicidad y españolismo del concilio de Trento:* RyF 31 (1945) 255. Allí mismo puede verse el testimonio de WALSH: «Otros tres hombres jugaron un papel fundamental en el éxito del concilio: uno fue..; otro, Laínez, general de los jesuitas; el tercero, Felipe II». En *Felipe II,* trad. cast. (Ma 1943) 282. Algo semejante puede leerse en diversos pasajes de las obras de C. BRANDI, *Carlos V,* trad. por M. BALLESTEROS-GAIBROIS (Ma 1943) y L. PFANDL, *Felipe II; bosquejo de una vida y una época,* trad. por J. CORTÉS (Ma 1942).

ideas más o menos conciliaristas. Pero resulta históricamente bien probado que Carlos V en toda su actuación procedió impulsado por la mejor buena fe y por un espíritu eminentemente católico. Si en alguna ocasión se dejó llevar de alguna amenaza contra el papa o de alguna disposición conciliarista más o menos reprensibles, se puede fácilmente deducir que lo hacía puramente como simple amenaza, con el objeto de oponerse a algunas decisiones pontificias poco conformes con el bien de la Iglesia.

Ahora bien, para comprender perfectamente la intensidad y eficacia de la actuación de Carlos V (como posteriormente la de su hijo Felipe II) y la de todo el episcopado y de los teólogos españoles, es necesario tener presentes, por un lado, la importancia del mismo concilio y, por otro, la situación real en que se encontraba España en aquellas circunstancias en medio de la cristiandad.

a) **Importancia del concilio de Trento**

La importancia del concilio de Trento se manifiesta en los dos grandes objetivos que se propuso y en gran parte realizó a lo largo de sus tres etapas. Por un lado, determinar definitivamente los *dogmas fundamentales de la fe católica,* tan combatidos por los innovadores del tiempo, y, por otro, dictar las normas indispensables para la *reforma eclesiástica,* absolutamente necesaria en aquellas circunstancias.

Desde hacía más de un siglo había ido empeorando la situación en lo referente a las doctrinas fundamentales de la cristiandad universal. Podemos reducir a tres cabezas los errores principales que se oponían a la auténtica verdad cristiana. Por un lado, la *doctrina conciliarista,* que minaba fundamentalmente la autoridad del romano pontífice. Por otro, la exageración de la *corriente renacentista,* representada principalmente por la incansable actividad de *Erasmo de Rotterdam,* quien tanto influjo llegó a alcanzar en España y que indirectamente contribuyó a fomentar el espíritu de libertad y rebeldía contra la legítima autoridad eclesiástica [2].

Pero más que estas dos primeras causas, ya entrado el siglo XVI, contribuyeron eficazmente a sembrar un verdadero confusionismo doctrinal las nuevas doctrinas de Lutero, Calvino, Zuinglio y demás corifeos protestantes, que tantísimo poder alcanzaron en toda Europa. Aun en España, donde, por el poderoso influjo de la reforma promovida por los Reyes Católicos [3], se habían mantenido intactos los dogmas cristianos, ciertamente habían comenzado a infiltrarse las nuevas corrientes ultraerasmistas y protestantes, que en muchos casos se confundían.

Por eso mismo adquiere tanta importancia el concilio Tridentino,

---

[2] Véase, sobre todo, la obra de M. Bataillon, *Erasmo y España,* trad. por A. Alatorre, 2 vols. (Méjico ²1954), revisada y completada por el autor.
[3] Sobre la acción reformadora de los Reyes Católicos, principalmente por medio del Cardenal Cisneros, pueden verse: R. G.-Villoslada, *Historia de la Iglesia católica,* T.3: «Edad Nueva»: BAC 199 p.616s, y en particular la nt.45 (Ma ²1967). Respecto de las *Obras ascéticas,* publicadas por Cisneros para fomentar la reforma y la formación religiosa, véase la lista allí reproducida (p.635), con las palabras del cronista Fr. Pedro de Quintanilla.

por el hecho fundamental de haber terminado definitivamente con el conciliarismo y las falsas innovaciones renacentistas y protestantes, poniendo la más sólida base de la suprema autoridad pontificia y de la auténtica doctrina católica. Pero no fue menos fundamental la actuación del concilio de Trento por la acción reformadora que desarrolló en el seno de la misma Iglesia. En efecto, es bien conocida la absoluta necesidad de reforma en que se encontraba la Iglesia en la primera mitad del siglo XVI. La caótica situación que atravesaba como triste resultado del largo *cisma de Occidente* [4] fue más bien en aumento a lo largo del siglo XV, y, de hecho, los esfuerzos realizados por los mejores representantes de la Iglesia y últimamente por el *concilio V de Letrán* (1512-17) [5] obtuvieron escasos resultados.

En consecuencia, éste es el gran mérito y en esto consiste la auténtica significación del concilio de Trento: el haber satisfecho esas ansias del pueblo cristiano. Por un lado, el haber apagado el incendio que amenazaba con la destrucción de las doctrinas fundamentales de la Iglesia católica y, por otro, el haber iniciado eficazmente la verdadera reforma. Y éste es el extraordinario servicio que hicieron a la cristiandad los reyes de España Carlos V y Felipe II en unión con los obispos y teólogos españoles: el haber colaborado tan eficazmente en esta grande obra.

b) Preparación del concilio de Trento

Ante todo, es un hecho que cuando Carlos V, en torno al año 1520, dueño ya de su inmenso imperio y dotado de extraordinarias facultades naturales, sacudió la tutoría que ejercían sobre él los consejeros flamencos y borgoñones, inició con ello su actuación más o menos independiente, pudiendo escuchar perfectamente el general clamor del mundo en demanda de un concilio. Más aún, consta históricamente que él mismo procuró participar cada vez con más intensidad y eficacia en la realización de aquel ansia del pueblo cristiano. En esta conducta se fue confirmando cada vez más con ocasión de los primeros pasos dados por Lutero y los demás innovadores.

Pasemos por alto los primeros intentos o pasos, dados por los papas en la realización de tan necesario concilio. Son célebres, en primer lugar, los esfuerzos realizados durante el pontificado del papa Adriano VI

---

[4] Sobre el *cisma de Occidente* pueden verse, entre otras obras: L. V. PASTOR, trad. castell. por R. R. AMADO, etc., t.1 p.237s; HAUCLET-BERLIÈRE, *Documents relatifs au grand schisme: AnalVatBelg* t.8 y 12 (Ro 1924-30); L. GAYET, *Le grand schisme d'Occident,* 2 vols. (Pa 1889s); L. SALEMBIER, *Le grand schisme d'Occident* (Pa ²1921). Pueden verse, igualmente, las obras fundamentales sobre los concilios de Constanza, Basilea y Ferrara-Florencia: H. FINKE, *Acta Concilii Const.,* 4 vols. (Friburgo de Br. 1896-1928); BAUDRILLART, art. *Constance:* DThC; B. FROMME, *Die spanische Nation und das Constanzer Konzil (1896);* J. HALLER, *Concilium Basiliense,* 5 vols. (Basilea 1896-1926); A. M. JACQUIN, art. *Bâle:* DictGéogrHistEccl; HEFELE-LECLERCQ, *Histoire des Conciles* t.7 p.951 (sobre Ferrara-Florencia).

[5] Respecto del *concilio V de Letrán y XVIII ecuménico* recomendamos las obras generales de MANSI, t.32 649-1012, y HEFELE-LECLERCQ, *Histoire des Conciles* XII 297-558. Asimismo véanse las síntesis de F. VERNET, en DThC VIII2 267-86, y de BÄUMER, en LThK VI 217-18.

(1522-23), quien parecía reunir las mejores condiciones y manifestó, de hecho, los más sinceros deseos de poner en ejecución tan importante obra. En este sentido es interesante el valiente mensaje que el gran humanista español *Luis Vives* dirigió a Adriano VI en 1522. En él le decía entre otras cosas:

> «Es conveniente y necesario reunir concilio de toda la cristiandad, y más en estos tiempos. Trátese en él de lo concerniente a la piedad y a las costumbres. Las cuestiones discutibles, que puedan ser materia de controversia, déjense para las universidades» [6].

De un modo semejante, el mismo Erasmo dirigía al papa Adriano VI la súplica por

> «un concilio de varones íntegros, prudentes y pacíficos que averigüen las causas de la sedición protestante, para que se les pueda aplicar el remedio» [7].

Pero la rápida desaparición de este insigne pontífice imposibilitó la realización de tan importante obra. Esta se fue retrasando indefinidamente durante el pontificado de Clemente VII (1523-34), no obstante la petición formal de un concilio de parte del emperador Carlos V, como único remedio contra los males de la cristiandad. Pero, finalmente, con el papa Paulo III (1534-49), no obstante los reiterados fracasos en la inauguración del suspirado concilio, se llegó a su apertura el 13 de diciembre de 1545.

De hecho, gracias en gran parte a las continuas instancias de Carlos V, Paulo III, ya desde el principio de su pontificado en 1534, había decidido dar comienzo al concilio. Así, pues, el 23 de marzo de 1536, por medio de la bula *Ad Dominici gregis curam,* lo fijó para la ciudad de Mantua. Sin embargo, el duque impuso tales condiciones [8], que se tuvo que prescindir por entonces de celebrarlo. Pero, como prueba evidente de que Paulo III había tomado en serio la celebración del concilio para la renovación de la Iglesia en sus dogmas y su más completa reforma, el papa inició inmediatamente con verdadero entusiasmo una reforma fundamental de la curia romana. Para ello se realizaron importantes nombramientos de cardenales, poniendo al frente de aquella obra reformadora a hombres verdaderamente dignos, presididos por el bien acreditado *cardenal Contarini* [9].

---

[6] El escrito lleva la fecha del 12 de octubre de 1522.

[7] Puede verse ALLEN, *Opus epistolarum Desiderii Erasmi Rot.* (Oxford 1906s). Creía Erasmo que el concilio tardaría mucho en reunirse, no obstante la expectación de todos.

[8] Para la seguridad de la ciudad de Mantua durante el concilio exigía el duque que el papa mantuviera un ejército de policía de 1.500 infantes y 100 caballos. Se veía claramente que no quería se celebrase el concilio en Mantua, lo cual sorprende tanto más cuanto que el cardenal Gonzaga, hermano del duque de Mantua, en nombre de éste había aceptado anteriormente la designación de esta ciudad para el concilio.

[9] «Consilium delectorum cardinalium et aliorum de emendanda Ecclesia». Está impreso en Milán y Roma repetidas veces 1538. Puede verse en MANSI, *Suppl.* V 539s; LE PLAT, o.c., II 596. Es conocido el hecho que este documento fue objeto de las mayores injurias de parte de Lutero, señal evidente de que en él se aludía a las más manifiestas lacras de la Iglesia de su tiempo y se señalaba el camino que debía seguirse para curarlas.

Por lo que se refiere al concilio, dando de nuevo la prueba más evidente de su decidida voluntad de celebrarlo cuanto antes, propuso posteriormente el papa la ciudad de Vicenza. Según esto, se anunció su inauguración para el 1.º de mayo de 1538; fueron designados como legados pontificios los cardenales Campeggio, Simonetta y Aleander, y el 12 de mayo se celebró en Vicenza su entrada oficial. Sin embargo, aun después de transcurridos doce días, sólo se habían presentado cinco conciliares. El resultado fue suspender la inauguración del concilio [10].

c) Decisión definitva de iniciar el concilio de Trento

En esta circunstancias, Carlos V da comienzo a una actuación que a primera vista pudiera parecer que había cambiado de actitud, manifestándose ahora enteramente contrario a la celebración del concilio, auténticamente católico y dirigido por el papa. Nos referimos a su nuevo plan de celebrar una serie de los llamados *coloquios religiosos,* independientemente del romano pontífice. En ellos, algunos hombres competentes, escogidos por ambas partes, descutían sobre los problemas dogmáticos suscitados por los luteranos y demás innovadores. Fácilmente se vislumbra el peligro de estas discusiones, que se arrogan una autoridad que competía únicamente al papa y al concilio ecuménico, presidido por él o por sus legados.

No hay ninguna duda de que esta nueva política de los *Coloquios* en la que entraron de lleno Carlos V y su hermano Fernando de Austria, excluía claramente el concilio. Sin embargo, consta suficientemente que tanto uno como otro, obcecados con el ansia de llegar a un acuerdo, y, por consiguiente, a la unión con los luteranos en toda Alemania, entraron sinceramente en esta peligrosa experiencia.

En esta forma se iniciaron estos *Coloquios* el 12 de junio de 1540 [11] en la ciudad de *Hagenau;* pero ya desde los comienzos se advierte que los teólogos católicos se muestran demasiado condescendientes. Más aún; tanto insistieron al fin con Paulo III, que éste envió delegado suyo al competente Tomás Campeggio. La segunda fase de este coloquio se celebró en *Worms* desde el 28 de octubre del mismo año, y en él intervino, además de Campeggio, el nuncio Morone. De hecho siguieron las discusiones, que llegaron a alcanzar extraordinario interés cuando se entró, a principios de enero de 1541, en la tercera etapa, que se desarrolló en *Ratisbona* (Regensburg). Baste decir que se discutió con el máximo interés la candente cuestión sobre la *justificación,* entre los teólogos

---

[10] La bula para esta nueva prorrogación puede verse en CT IV 167s. Cf. ibid., p.171s y las causas «propter quas Sanctissimus D. N. ad praesens prorrogat celebrationem concilii».

[11] Véanse las amplísimas relaciones sobre este *Coloquio religioso de Worms* y los que luego le siguieron en PASTOR, o.c., XI 345s.363s, y, sobre todo, la recentísima relación de JEDIN, *Historia del concilio de Trento* t.1 426s. Sobre todas estas discusiones es particularmente interesante B. STOPPENRICH, *Der Humanismus und die Wiedervereinigung der Konfessionen* (Leipzig 1936) p.105s. En esta obra puede verse lo fundamental sobre el *Libro de Ratisbona.*

católicos *Pflug, Gropper* y *Eck* y los protestantes *Melanchton, Butzer* y *Pistorius*. Carlos V llegó a concebir serias esperanzas en la unión. Uno de los resultados más tangibles fue el designado como *Libro de Ratisbona,* obra principalmente de *Gropper* y *Pflug.*

Sin embargo, bien pronto apareció claramente en todo el conjunto de la discusión que, mientras los luteranos daban claras pruebas de su poco interés por la unión, los católicos se mostraban excesivamente condescendientes. Las buenas esperanzas que habían llegado a concebir Carlos V y aun el mismo Contarini se desvanecieron rápidamente. De este modo se puede decir que estos primeros *Coloquios religiosos* terminaron con un completo fracaso.

Así, pues, tanto el romano pontífice como el emperador Carlos V y los hombres más significados de la Iglesia, volvieron sus ojos al concilio, y finalmente, en el consistorio del 26 de abril de 1542, *se decidió finalmente celebrarlo en la ciudad de Trento.* Así, pues, el 29 de junio, fiesta de San Pedro, se leyó el texto de la *bula convocatoria* [12]. Todavía se hubo de superar una serie de dificultades de muy diverso género. Ante todo, por efecto de la nueva guerra surgida entre Carlos V y Francisco I, fue imposible realizar la convocatoria indicada. Más aún, por efecto de la misma guerra se fueron distanciando cada vez más y más las relaciones entre el papa y el emperador, llegando las cosas a tal punto, que Paulo III envió a Carlos V una severa amonestación el 24 de agosto de 1544 [13]. Pero en estas circunstancias, los saludables resultados obtenidos con la *paz de Crépy* entre Francisco I y Carlos V cambiaron las cosas en una forma tan radical, que, de hecho, se pudieron dar los últimos pasos para la inauguración del concilio de Trento.

Efectivamente, contando con el importante apoyo de Francia con su rey Francisco I y de España y Alemania con el emperador Carlos V, así como también con los demás príncipes cristianos, Paulo III en el consistorio del 19 de noviembre de 1544 promulgó la bula *Laetare Hierusalem* [14], por la cual levantaba la suspensión del concilio convocado en Trento y lo convocaba ahora de nuevo para el 25 de marzo de 1545, que era la *dominica Laetare.* Así, pues, el 6 de febrero de 1545 fueron designados como legados del concilio Tridentino en su primera etapa los cardenales *Juan del Monte, Marcelo Cervini* y *Reginaldo Pole.* El 13 de marzo llegaron a Trento dos de los tres legados. Pero el día destinado para la inauguración del concilio era muy escasa la concurrencia.

[12] Remitimos para toda esta materia a JEDIN, o.c., I 309s. Puede verse el texto en CT IV 226-31. Véase asimismo: PASTOR, o.c., XII 116s. En ambas exposiciones puede verse una síntesis de la bula *Initio nostri Pontificatus.* Recomendamos también a CRISTIANI, o.c., XIX 45s.

[13] Puede verse JEDIN, o.c., I 553s. El texto en CT IV 364-73. Véase, asimismo, la amplia nota de JEDIN (n.19). Puede consultarse, igualmente, la relación de PASTOR, o.c., XII 152s. De un modo especial recomendamos en JEDIN (p.558s) las reacciones producidas por el breve del papa en Lutero y Calvino. Lutero compuso con esta ocasión su último, apasionado ataque contra el papa (en Weimar LW 54 206-99). Calvino publicó el breve con notas despectivas: Corpus Ref. 35 253-88.

[14] El texto de esta bula véase en CT IV 385-88. Sobre todo esto recomendamos PASTOR, o.c., XII 168s; sobre todo, JEDIN, o.c., I 563s.; RICHARD, *Histoire du Concilie de Trente,* en HEFELE-LECLERCQ, *Histoire des Conciles* IX 170s; asimismo: CRISTIANI, o.c., XIX 46s.

En tan críticas circunstancias, nuevos acontecimientos políticos pusieron en verdadero peligro la celebración del esperado concilio. Por un lado, Carlos V, sintiéndose suficientemente fuerte y cada vez más ansioso de acabar con la resistencia protestante, realizando efectivamente la *unión y paz cristiana*, mantuvo un diálogo íntimo con Paulo III; pero al mismo tiempo convocó la *Dieta de Worms,* a la que el romano pontífice envió como representante suyo al *cardenal Farnesio.* Pero Paulo III entre tanto experimenta verdaderas ansias de que la inauguración del concilio de Trento sea al fin una realidad. Así, pues, envía al emperador un legado especial con la súplica de que acceda a la inmediata apertura del concilio, a lo que accede inmediatamente Carlos V. Algo semejante se realiza con el rey de Francia. Finalmente, el 7 de noviembre de 1545 se señala definitivamente el día *13 de diciembre,* tercer domingo de adviento de 1545, para la solemne apertura del gran concilio [15]. Y notemos que esta vez fue una realidad. El 13 de noviembre salía en todas las direcciones tan esperada noticia.

2. COMIENZA LA PRIMERA ETAPA DEL CONCILIO: 13 DICIEMBRE 1545-13 SEPTIEMBRE 1549

Vencidas, al menos de momento, todas las dificultades, iba a iniciarse la asamblea conciliar de Trento, mientras los protestantes se oponían decididamente a ella [16]. Al recibir los legados pontificios la intimación definitiva para el 13 de diciembre, ordenaron ayunos, procesiones y otras prácticas religiosas, según el uso del tiempo, como preparación para la solemne apertura. El cierre de esta preparación oficial lo constituyó la solemne procesión celebrada el 12 de diciembre por el clero tridentino.

Finalmente, el *13 de diciembre de 1545* tuvo lugar la apertura y primera sesión pública del concilio, que revistió una gran solemnidad [17], en la catedral de San Vigilio, de Trento. El célebre secretario del conci-

---

[15] Véase R. G.-VILLOSLADA, *La cristiandad pide un Concilio:* RyF 131 (1945) 48s.

[16] La posición de Lutero quedó bien manifiesta en su célebre escrito, publicado en marzo de 1545, *Contra el papado de Roma, fundado por el diablo,* que es el más violento que salió de su apasionada cabeza. Ya la portada, donde se representa al papa con orejas de asno, es indicio del estilo de la obra. En ella se habla de la «infernalidad» del papa. Se le denomina «asno papal», «pillo desesperado», «habitación corporal de Satanás», »asno farsante»... Por consiguiente, su concilio no sirve para nada. Por eso se rechaza de plano el concilio y se exhorta a los príncipes a que se le quiten al papa todos sus dominios y luego «tomarlo a él mismo, a los cardenales y a toda la tropa de su idolatría y santidad papal y, como blasfemos, arrancarles la lengua por el pescuezo y clavarlos en sendas horcas...» Véase PASTOR, XII 173s. Al mismo tiempo escribió Calvino sus 47 observaciones al escrito del papa, cuyo título era *Admonitio paterna Pauli III, R. P., ad Caesarem Carolum V cum scholiis.* El célebre historiador, nada sospechoso, DRUFFEL dice sobre estos escolios de Calvino que «en muchos lugares no sólo son acres y mordaces, sino también groseros y asquerosos». Son, en efecto, una de las muestras más claras del espíritu dominante de Calvino, quien compartía con Lutero el odio más apasionado contra el papado. Véase PASTOR, ibid.

[17] Véase en PASTOR (o.c., XII 194s) una amplia descripción de la misma. Asimismo puede verse la relación de JEDIN, o.c., II 21s, donde se pondera el ambiente de dificultad y confusión con que empezó el concilio. Como buena síntesis recomendamos: CRISTIANI, ᴜ.c., XIX 37s; RICHARD, o.c., IX 220s; JEDIN, *Manual de hist. de la Igl.,* trad. cast., V 640s.

lio en sus tres etapas, *Angelo Massarelli,* consigna esta fecha con la bien conocida expresión: «El concilio abre sus puertas». Con ella parece indicar que comenzaban a penetrar en la Iglesia de Cristo nuevos aires portadores de la auténtica fe, reforma y paz cristianas.

a) Desarrollo de la primera sesión pública. Asistencia

Efectivamente, después de entonar el *Veni, Creator* y celebrar la santa misa el primer legado pontificio, cardenal Del Monte [18], el fogoso franciscano, obispo de Bisonto, tuvo un vibrante sermón a la manera del tiempo. Luego se leyó la bula de convocación del concilio y las que conferían sus poderes a los legados conciliares. Fácilmente se explica la honda impresión que produjo este acontecimiento en los contemporáneos. De ella se hace eco JUAN PÁEZ DE CASTRO, que se encontraba a la sazón en Trento, y, dirigiéndose al insigne cronista JERÓNIMO ZURITA, el mismo día de la solemne apertura del concilio le escribía:

> «He guardado para lo postrero lo del concilio, y dirélo brevemente. Lo que pasa es que hoy, tercera dominica de adviento, se abrió con gran solemnidad, con alegría de todo el mundo y con espanto de toda Alemania. Tuvo la oración un obispo, Cornelio. Hízolo muy bien... No había hombre que no llorase de ver el remedio deseado, que ha cien años que nunca se vio» [19].

Pero lo que tiene más significación en este sentido es lo que los legados pontificios comunicaron a raíz de los mismos hechos. Y, ante todo, el legado *Cervini,* futuro papa *Marcelo II* (1555), escribía en una carta dirigida a Maffei el mismo día de la apertura

> «que el regocijo había sido universal, con alabanzas a Dios, nuestro Señor, infinitas» [20].

Algo semejante expresaban los tres legados pontificios en su comunicado oficial, dirigido un par de días depués al cardenal Farnesio, y, por su medio, al romano pontífice:

> «A juicio de todos y de cada uno, parece que Su Beatitud puede alegrarse y anteponer esta fecha a todas las demás de su vida, por felices que hayan sido, habiéndose abierto ya el camino al remedio acostumbrado para la salvación de las almas y satisfecho el deseo del pueblo cristiano, cosa que no hicieron muchos de sus antecesores» [21].

Por lo que se refiere a la asistencia a esta primera sesión del concilio según los datos que sacamos de las actas oficiales [22], tomaron parte en

---

[18] Se distinguió extraordinariamente a través de todo el concilio. A la muerte de Paulo III fue elegido papa con el nombre de Julio III (1550-55) y fue quien continuó el concilio Tridentino en su segunda etapa.
[19] DORMER, *Progresos...* p.461s.
[20] CT X 274.
[21] Ibid., 275-76.
[22] Véase CT IV 515-29. Asimismo JEDIN, o.c., I 641s.

ella: tres legados, los cardenales *Del Monte, Cervini* y *Pole;* el cardenal *Madruzzo,* el arzobispo de Jaén, *Pedro Pacheco,* quien pocos días después fue elevado a la dignidad cardenalicia, y otros tres arzobispos, 21 obispos y cinco generales de órdenes religiosas. Como complemento de estos miembros, designados como *Padres* del concilio, señalemos, asimismo, otros *auxiliares,* en número de seis, y, finalmente, 34 *letrados (teólogos o canonistas)* [23].

Realmente, debe considerarse como muy escaso el número de asistentes a esta primera sesión del concilio de Trento, debido a muy diversas causas que no es del caso analizar aquí. Incluso consideramos como corta la asistencia de las sesiones siguientes durante toda esta primera etapa, pues de hecho pasaron pocas del centenar, si bien aumentó notablemente el número de teólogos.

Pero, naturalmente, una de las consecuencias, sin duda la más seria, de la reducida participación en el concilio es la cuestión fundamental sobre si el concilio de Trento podía ser considerado como ecuménico o universal, es decir, si representaba de verdad a toda la Iglesia. Respecto de este problema, muy debatido en el mismo concilio, sólo diremos que en las tres primeras sesiones, en que la asistencia fue más escasa, no ofrece ninguna dificultad, pues no se promulgó en ellas ninguna disposición ni decreto dogmático o de reforma de importancia. Por lo demás, por un lado, debe tenerse presente que en la sesión IV eran 61 los Padres con derecho de voto y en la V fueron 66, mientras en la VI eran ya 70. Por otro, ya entonces se trató a fondo esta cuestión en el mismo concilio, y en él se decidió que el concilio era en verdad ecuménico, y, por consiguiente, representaba a toda la Iglesia.

b) Participación española en la primera etapa [24]

Esto supuesto, veamos, en primer lugar, la actividad desplegada por España y la intensa participación tanto de Carlos V como de los prelados y teólogos o letrados españoles, desde el principio del concilio. Con ello se verá claramente que esta gran deficiencia de participación no puede aplicarse con todo rigor a España. Por de pronto consta que el emperador Carlos V reaccionó de la manera más favorable cuando, apenas transcurridos unos días de la apertura del concilio, le llegaron las primeras noticias sobre tan esperado acontecimiento. Por eso podemos muy bien atestiguar que hizo de su parte lo que pudo, no sólo para que España estuviese bien representada en el concilio, sino para que realizara, al lado del romano pontífice, la obra de consolidación doctrinal y reformadora que tanto necesitaba la Iglesia.

[23] Recomendamos para todo esto los trabajos: J. OLAZARÁN, *Primera época del concilio de Trento:* RyF 131 (1945) 51s; F. CERECEDA, *Ecumenicidad y españolismo del Conc. de Trento:* ibid., 241s; ID., *Diego Laínez...* I 200s; E. JULIÁ MARTÍNEZ, *El concilio de Trento y el imperio español:* VyV 3 (1945) 233-53.
[24] Para todo este apartado recomendamos sobre todo, C. GUTIÉRREZ, *Españoles en Trento* (Valladolid 1951).

Desde luego, en este sentido fue una lástima que fuesen tan dispares los ideales a los que por medio del concilio aspiraban las dos principales fuerzas que lo promovían, el emperador y el papa. Carlos V, ante cuyos ojos se presentaban España y, junto a ella, Alemania, desgarrada por las ideologías protestantes, ansiaba principalmente la reforma de costumbres, que tanta falta hacía a la Iglesia. Esto se confirmaba teniendo presente el constante clamor de los protestantes, a quienes se juntaban otros muchos, contra la corrupción de costumbres de los eclesiásticos, cuya reforma fundamental ponían como condición para una posible inteligencia o unión. Si esto se lograba, suponía Carlos V que sería más fácil llegar a un consenso en la declaración ortodoxa de los dogmas cristianos.

En cambio, el problema básico para el romano pontífice era el dogmático, y así, aunque él y sus portavoces admitían la necesidad más absoluta de realizar juntamente la reforma eclesiástica, insistían en dar la preferencia a la discusión y promulgación de las cuestiones básicas doctrinales. Estos problemas ocasionaron los más apasionados conflictos desde un principio, y, aunque se convino en simultanear las discusiones y decisiones dogmáticas y las disciplinares o reformatorias, continuaron enturbiando hasta el fin las buenas relaciones entre los dos poderes que sostenían el concilio [25].

1) *Diplomáticos y embajadores.*
Dignidades eclesiásticas

Teniendo presentes estos puntos de vista, notemos de un modo particular la intensa participación de España ya desde el principio del concilio. Sobre las actividades de Carlos V, basta lo que se ha indicado hasta aquí, a lo que añadiremos el hecho de que él personalmente fue el alma de que se enviase, ya para la apertura del concilio y para colaborar en toda su actuación, no sólo una digna representación del Estado español, sino una verdadera pléyade de insignes prelados, teólogos y canonistas.

Como representante de Carlos V estuvo desde el principio como embajador oficial *don Diego Hurtado de Mendoza,* distinguido aristócrata y gran humanista, que conocía perfectamente la diplomacia pontificia. Sin embargo, anduvo bastante enfermo, por lo cual fue enviado como adjunto *don Francisco de Toledo,* marqués de Villafranca y de la casa ducal de Alba, de carácter moderado y conciliador.

Al lado de estos dos diplomáticos, que tanto se acreditaron por sus profundos sentimientos religiosos, debemos colocar a dos eclesiásticos no menos insignes ni menos activos en toda su acción conciliar. Ante todo, al *cardenal Cristóbal Madruzzo,* príncipe obispo de Trento, íntimamente adicto a la causa imperial. En segundo lugar, a *don Pedro Pacheco,*

25 Véase F. Cereceda, *Ecumenicidad y españolismo...* o.c., 240s (nt.23).

descendiente del marqués de Villena, quien era entonces obispo de Jaén, y, apenas iniciado el concilio, fue elevado a la dignidad cardenalicia por Paulo III. A través de todo el concilio fue alcanzando tal prestigio, que en el conclave de 1559, a la muerte de Paulo IV, le faltó muy poco para ser elegido papa. Como algunos dicen, le sobró el ser español [26].

Al lado de estos hombres, que tan eficazmente colaboraron en todas las actividades del concilio de Trento, debemos colocar una excelente selección de prelados que tomaron parte en esta primera etapa. Tales son: *don Juan Francisco de Navarra,* antiguo abad de Roncesvalles y entonces obispo de Badajoz, pero posteriormente trasladado como arzobispo a Valencia, donde realizó una intensa obra de cristianización entre los moriscos; *Juan de Salazar,* natural de Burgos y obispo de Lanciano, en Nápoles, alumno del colegio de la Santa Cruz, de Valladolid; *Diego de Alava y Esquivel,* procedente del colegio mayor de Oviedo, en Salamanca y obispo de Astorga; *Juan Fonséca,* natural de Toro y obispo de Castellamare, designado por el mismo Carlos V para el concilio; *Pedro Agustín,* obispo de Huesca, uno de los pocos que asistieron a las tres etapas del concilio y hermano del célebre *Antonio Agustín,* quien asistió a la tercera etapa como obispo de Lérida y fue posteriormente arzobispo de Tarragona, bien conocido por sus extraordinarios conocimientos canónicos. Añadamos todavía al franciscano *Antonio de la Cruz,* quien apenas nombrado obispo de Canarias, fue designado por Carlos V para el concilio [27]. Asimismo a *don Martín Pérez de Ayala* y otros de quienes tendremos que hablar posteriormente con más detención.

2) *Teólogos, canonistas y otros letrados*

El número de los teólogos y canonistas españoles asistentes al concilio Tridentino ya en su primera etapa, aunque no muy elevado, constituyó una de las bases fundamentales en las discusiones de los grandes problemas conciliares. Ante todo, digamos que *don Pedro Pacheco* llegó a Trento acompañado de dos eminentes figuras de la teología española, particularmente de la universidad de Salamanca, entonces en su máxi-

[26] Véase PASTOR, poco simpatizante con los españoles, quien llega a decir que solamente su calidad de ser español (es decir, no ser italiano), le impidió la elección al solio pontificio.

[27] Aunque no estaban en Trento, desarrollaban en Roma una eficaz actividad al lado de los españoles de Trento, en primer lugar, el fiscal *Francisco de Vargas,* quien unía a sus profundos conocimientos teológicos el estar bien versado en los asuntos curiales. Con ello fue constantemente un buen representante de los intereses imperiales ante la Santa Sede. En segundo lugar nombramos al embajador de España ante la Santa Sede, *don Juan de Vega,* quien con su fina discreción y profundos sentimientos religiosos sostenía en Roma el ambiente español de Trento. Juan de Vega era el típico *grande* de España, gran cristiano y gran señor, quien, por otro lado, mantuvo la mayor intimidad con la Compañía de Jesús y, sobre todo, con su fundador, San Ignacio de Loyola. A su lado, y como íntimos colaboradores suyos en las reuniones secretas y en los consistorios vaticanos, notemos tembién al insigne cardenal *Francisco de Bobadilla y Mendoza* y al ilustre dominico y arzobispo de Burgos, *Alvarez de Toledo,* de la casa de Alba.

mo esplendor gracias a la intensa labor realizada por otros grandes
maestros, pero principalmente por el más insigne de todos: el dominico
Francisco de Vitoria. Nos referimos a los franciscanos *Andrés de Vega,* profesor de aquella Universidad, y *Alfonso de Castro,* enviado a Trento por
el príncipe Felipe II, entonces regente de España [28]. A estos dos ilustres
franciscanos añadamos a *Vicente Lunel,* ex ministro general de la Orden,
quien tuvo una brillante actuación en el concilio.

Notemos igualmente a dos insignes dominicos que tan extraordinario renombre alcanzaron: *Domingo de Soto,* profesor de Salamanca y enviado especial de Carlos V al concilio, y asimismo al futuro arzobispo de
Toledo y primado de España *Bartolomé Carranza,* ambos particularmente
activos durante las primeras sesiones del concilio y muy acreditados por
sus intervenciones teológicas.

A todos estos doctores y maestros debemos juntar a los dos teólogos:
Diego Laínez y *Alfonso Salmerón,* pertenecientes a la recién fundada
Compañía de Jesús [29], obra de San Ignacio de Loyola. Habían sido enviados a Trento por San Ignacio de Loyola en nombre de Paulo III. Sin
embargo, el secretario del concilio, Angelo Massarelli, cuando por vez
primera recoge sus nombres en las actas del concilio, los presenta como
presbíteros seculares. A este grupo juntaremos a los clérigos seglares y
eminentes teólogos *Juan Quintana, Juan Velasco, Andrés Navarra, Alonso
Zorrilla, Juan Morilla* y *Francisco Herrera.* Todos ellos sobresalieron de
un modo especial en las discusiones del concilio [30].

A este propósito vale la pena añadir la siguiente observación: Los
únicos siete seglares, verdaderos técnicos en estudios de teología, que
tomaron parte en estas discusiones conciliares de Trento eran españoles. ¿No es esto una excelente prueba de que, debido a la profunda reforma cristiana realizada en España por iniciativa del cardenal Francisco
de Cisneros y al intenso cultivo de las ciencias eclesiásticas en las célebres universidades de Salamanca, Alcalá, Valladolid y otras y a sus insignes colegios mayores de San Bartolomé y de Oviedo, en Salamanca;
San Ildefonso, en Alcalá, y la Santa Cruz, en Valladolid, y otros similares,
se había llegado a un nivel de formación religiosa no igualado por ninguno de los grandes Estados católicos europeos? [31]

Sintetizando ahora estos datos y valorando en conjunto la significación de España y de la obra realizada por los españoles en Trento, podemos afirmar que, si atendemos al número de participantes en esta primera etapa, predominaba el de los italianos. Pero fácilmente se recono-
cerá que el mérito positivo de la intervención española, como el de la
italiana o de otra nación, no se mide tanto por el número de los votos

[28] Véase C. Gutiérrez, o.c., 82-89 y 36-51.
[29] La Compañía de Jesús había sido fundada por San Ignacio de Loyola y sus compañeros Pedro Fabro, Francisco Javier, Diego Laínez y demás en París, en 1534, y aprobada
en 1540 por Paulo III mediante la bula *Regimini militantis Ecclesiae.*
[30] Sobre cada uno de los nombres aducidos pueden verse abundantes noticias y datos
interesantes, sobre todo en su actuación en el concilio de Trento, en C. Gutiérrez, o.c.
(Valladolid 1951), lugar correspondiente.
[31] Véase J. Olazarán, *Primera época del concilio de Trento (1545-47):* RyF 131 (1945)
51s.

disponibles como por el valor y peso de los elementos que en él participan.

Ahora bien, es indudable que entre los elementos italianos descollaron hombres de un valor indiscutible, tales como los legados *Del Monte,* y *Cervini,* los grandes reformadores y teólogos *Contarini, Campeggio, Simonetta, Catarino, Jacomelli, Seripando, Saraceni* y otros semejantes. Pero no es menos cierto que, si se atiende al valor positivo de sus aportaciones personales, por sus conocimientos teológicos o canónicos y su colaboración en la obra realizada en Trento durante esta primera etapa, sobre todo en las sesiones VI y VII, pueden muy bien compararse con ellos, y tal vez los superan, los españoles *Domingo de Soto* y *Bartolomé Carranza,* los franciscanos *Alfonso de Castro* y *Andrés de Vega,* los obispos *Alvarez de Vozmediano, Cuesta, Blanco, Morilla, Herrera* y otros más, y últimamente, por haber llegado algo más tarde, los jesuitas *Diego Laínez* y *Alfonso Salmerón,* quienes, aunque tal vez en un principio fueron enviados a Trento por Paulo III como una especie de consultores espirituales de su confianza, se acreditaron bien pronto como excelentes teólogos y realizaron en el concilio una sólida y positiva obra como teólogos pontificios [32].

3. Sesiones II y III. Organización y método de trabajo

Después de la primera sesión, en la que podemos decir que se presentaron las fuerzas de combate, se iniciaron los primeros trabajos del concilio. Ante todo, tuvieron que elegirse los cargos especiales, entre los cuales merece una mención muy particular el secretario perpetuo, *Angelo Massarelli* [33], y, tras largas discusiones, se estableció lo que se designó como el *Reglamento de trabajo del concilio.*

Los actos principales del concilio los constituían: las *sesiones públicas,* en las que se publicaban las conclusiones definitivas con los decretos dogmáticos y disciplinares o de reforma. En segundo lugar se distinguían las *congregaciones generales,* en las que se discutían y se daba la última forma a las cuestiones propuestas antes de promulgarlas en las sesiones generales. Notemos, asimismo, las *sesiones (ordinarias) de prelados* o *teólogos,* que precedían a las anteriores. En ellas se iba profundizando en las cuestiones teológicas o disciplinares; todo ello como base y preparación para las grandes discusiones sobre los principales problemas del concilio.

Asimismo, como fruto de la experiencia que se fue adquiriendo, se establecieron otras normas de trabajo, que constituyeron la práctica ordinaria a lo largo de todo el concilio. De este modo, mientras se esperaba que fuera completándose el número de prelados y teólogos concilia-

---

[32] Recomendamos, para informarse sobre la actuación de los hombres aquí citados y otros españoles activos en Trento, la obra, ya varias veces citada, de C. Gutiérrez, *Españoles en Trento.*

[33] Sobre *Massarelli* recomendamos: CT I LXXI; Pastor, o.c., XXII 190s.

res, se celebraron las dos sesiones públicas II y III. En ellas no se dio ningún decreto conciliar.

La *sesión II* se celebró, en efecto, el *7 de enero de 1546,* según estaba determinado [34]. Tomaron parte en ella 42 conciliares con derecho a voto: cuatro cardenales (entre ellos, los tres legados), cuatro arzobispos, 26 obispos, tres abades y cinco generales de órdenes religiosas. Se leyó una sentida exhortación del cardenal Pole para invocar ardientemente el auxilio del Espíritu Santo. Luego se leyeron algunas constituciones pontificias sobre el concilio, en particular un *decreto* que señalaba la manera de vivir y lo que debía observarse en el concilio [35].

Terminada la sesión II, se continuó, en diversas congregaciones generales, la discusión sobre los métodos de trabajo. El 18 de enero de 1546 se convino definitivamente en que se trataran paralelamente las dos series de cuestiones, dogmáticas y de reforma o disciplinares, y, por consiguiente, también en las sesiones públicas se proclamasen, a la vez, decretos dogmáticos y de reforma eclesiástica.

Particularmente discutida fue, incluso algunas veces con apasionamiento, la controversia sobre el título general que debía darse al concilio. Este había sido presentado como *sacrosanto sínodo de Trento, unido legítimamente por el Espíritu Santo.* Algunos Padres observaron que debía añadirse la expresión *en representación de la Iglesia universal.* Discutióse, pues, acaloradamente sobre este tema, en el que intervino el cardenal Pacheco, ostentando ya la púrpura cardenalicia. Al fin decidieron los legados añadir al título del concilio la expresión *ecuménico y general* [36].

Es digna de notarse en este punto la repetida intervención del insigne prelado español *Francisco de Navarra,* quien tanto se distinguió después por su intensa participación en las grandes discusiones. Diversas veces, al levantarse para hablar, insistió en esta idea: que a la expresión *sacrosancta tridentina synodus* debía añadirse el complemento antes indicado. Esta era una especie de obsesión suya, lo cual lo hacía, como él repetía, «porque los luteranos niegan que el concilio representa a la Iglesia universal» [37].

La *sesión III* se celebró el *4 de febrero de 1546,* conforme a lo anunciado [38]. En ella participaron: los tres legados y los dos cardenales Madruzzo y Pacheco, seis arzobispos, 26 obispos, tres abades y cuatro generales de órdenes religiosas. Así, pues, sumaban 44. Esta sesión se dedicó a

---

[34] Para una plena información recomendamos, ante todo, CT IV 547s. Asimismo, JEDIN, *Hist. del conc. de Trento* II 33s y *Man. hist. ecl.* V 642s; PASTOR, o.c., XII 199s.

[35] La exhortación de *Pole* lleva el título *Admonitio Illmorum. legatorum ad Patres Concilii.* Véase en CT IV 548s. El decreto puede verse ibid., 554s. Es del 4 de diciembre de 1545 y se titula *Decretum de modo vivendi et aliis in Concilio servandis.*

[36] Puede verse CT IV 471.543; pero, sobre todo, la amplia exposición de JEDIN, o.c., II 55s. Es interesante la cuestión sobre un grupo de siete u ocho obispos que patrocinaban un mayor acercamiento a los luteranos con la concesión del cáliz a los legos, del matrimonio a los sacerdotes, etc. Este grupo es designado como de *criptoluteranos.*

[37] CT X 495 en carta de los legados al cardenal Farnesio.

[38] Sobre la sesión III pueden verse: PASTOR, XII 204s; RICHARD, X 250s; JEDIN, o.c., II 50s; ID., *Man. hist. ecl.* V 642s. Jedin pondera de un modo especial la independencia que habían mostrado los Padres del concilio en toda su actuación.

proclamar el *símbolo niceno-constantinopolitano,* que debía constituir la base de las creencias o dogmas cristianos.

4. SESIÓN IV: 8 ABRIL 1546. SAGRADA ESCRITURA Y TRADICIÓN APOSTÓLICA

A partir de este momento, el concilio alcanzó una actividad verdaderamente intensa y a las veces casi vertiginosa. El número de conciliares fue subiendo de un modo considerable. Se propuso, pues, abordar uno de los problemas fundamentales frente a los luteranos y demás innovadores. Puesto que ellos presentaban como base de toda su actuación y de toda la teología la superioridad de la Sagrada Escritura sobre cualquiera otra autoridad eclesiástica, negando expresamente la suprema jurisdicción del romano pontífice e incluso el valor de la Tradición cristiana, se propuso la discusión sobre el *valor de la Sagrada Escritura y de la Tradición cristiana* como fundamento de toda discusión teológica.

Se emprendieron, pues, los trabajos sobre un tema tan fundamental, sobre todo frente a los protestantes, y se fijó esta sesión IV *para el 8 de abril.* Al mismo tiempo, poniendo ya en práctica el sistema de simultanear los temas dogmáticos con los diciplinares, se decidió examinar todo lo relacionado con las *ediciones de la Vulgata* y otras de la Sagrada Escritura, así como también con la *predicación cristiana.*

En la imposibilidad de seguir paso a paso todas las discusiones que tuvieron lugar en torno a estos temas a lo largo de los meses de febrero, marzo y parte de abril [39], juzgamos oportuno dar a conocer algunas intervenciones de eminentes teólogos y prelados españoles en torno a estos primeros temas dogmáticos o doctinales. Y en primer lugar nos referimos a las múltiples intervenciones del gran teólogo franciscano *Alfonso de Castro,* quien tanto se distinguió en esta primera etapa del Tridentino. Ya en la definición del *canon de la Sagrada Escritura,* Castro influyó muy positivamente en una intervención de su protector, el cardenal Pacheco [40]; pero más directamente lo hizo al tratarse de la tradición en la congregación general del 18 de febrero de 1546, en la que presentó un voto sobre esta materia [41]. Asimismo fue muy bien recibida una disertación de Castro en la que probó la autenticidad de la epístola a los Hebreos [42], e igualmente otra contra las incontroladas traducciones de la Escritura en lengua vulgar [43]. En todas estas discusiones en torno

---

[39] Notemos en particular las congregaciones generales de los días 12, 14 y 26 de febrero, del 5, 17 y 27 de marzo y del 1, 3, 5 y 7 de abril de 1546.

[40] Este influjo lo ejerció, ante todo, personalmente; pero principalmente por lo expuesto por él acerca de esta materia en sus obras *Adversus haereses* c.6 y 9. Sobre todas estas intervenciones de Alfonso de Castro véase F. ASENSIO, *Alfonso de Castro y los decretos tridentinos sobre versiones de la Sagrada Escritura:* EstEcl 20 (1946) 63-103. Véase asimismo C. GUTIÉRREZ, o.c., 36-51 y CT V 28.

[41] CT I 481-83; V 10.

[42] Véase el texto en CT V 497-506.

[43] CT XII 528-36 y V 28 nt.2. Asimismo puede verse: F. ASENSIO, o.c., p.87s y B. OROMÍ, *Franciscanos españoles en el concilio de Trento. I. Alfonso de Castro:* VyV 3 (1945) 279s.

a la Sagrada Escritura, así como también en todo lo referente a la tradición, Castro colaboró eficazmente con el cardenal Pacheco. Así lo prueban sus atinadas intervenciones del 8 de febrero de 1546 y otras posteriores [44].

No menos que el franciscano Castro, brilló ya desde el principio el dominico *Bartolomé Carranza* [45], profesor en el colegio de San Gregorio, de Valladolid, quien, por decisión de Carlos V, en junio de 1545 se había dirigido a Trento juntamente con su hermano en religión *Domingo de Soto* [46]. Su primera intervención (de Carranza) en el concilio tuvo lugar cuando se discutía sobre el canon de la Sagrada Escritura y la Tradición [47], y asimismo el 21 de enero de 1546, sobre los errores contra la Escritura en las traducciones bíblicas. Digna de mención es igualmente la homilía que dirigió a los Padres del concilio en la primera dominica de cuaresma, el 14 de marzo de ese mismo año [48]. Con estas y otras intervenciones se comprende la favorable opinión que de él se formaron los legados pontificios, quienes lo consideraban como uno de los más insignes teólogos de Trento durante su primera etapa [49]. Por otra parte, *Melchor Alvarez de Vozmediano,* siendo ya obispo de Guadix, afirmó que los votos de Carranza en el concilio fueron «grandísimamente loados y estimados por los prelados tridentinos» [50].

A estos insignes conciliares españoles justo es que añadamos otra brillante lumbrera de la Orden dominicana: al profesor de Salamanca y gran teólogo *Domingo de Soto* [51]. Eminente doctor de Salamanca y una de las más célebres lumbreras del mundo cristiano, fue Domingo de Soto uno de los que mejor y más dignamente representaron y transmitieron la teología, tan eficazmente renovada por Francisco de Vitoria y otros grandes maestros de aquella veterana y acreditada Universidad. Con todo esto fue bien pronto tan grande la fama que alcanzó, que por dos veces fue nombrado prior del colegio de San Esteban y tuvo el ho-

---

[44] CT I 28.29.30-33; V 4-7.8.9.10; XII 483-500.

[45] Este insigne dominico, elevado a la sede de Toledo como arzobispo y primado de España en 1557, es particularmente conocido por el tristemente célebre proceso que se le siguió, primero por parte de la Inquisición española y posteriormente por la Inquisición romana, desde 1559 a 1576. Para informarse sobre todo este problema recomendamos de un modo especial las diversas e importantes obras, publicadas recientemente en torno a la figura de Bartolomé Carranza por el insigne Profesor de Historia eclesiástica de la Universidad Pontificia de Salamanca *don José I. Tellechea Idígoras.* Entre todas ellas señalamos: *Bartolomé Carranza, arzobispo (1557-58)* (San Sebastián 1958); ID., *El obispo ideal en el siglo de la Reforma* (Ro 1963). La obra fundamental: *Fray Bartolomé Carranza. Documentos históricos,* 3 vols. (Ma 1962-66); ed. crít. del *Catecismo,* 2 vols.: BAC Maior 1 y 2 (Ma 1972).

[46] CT X 118.

[47] CT V 12.

[48] Se conocen diversas ediciones antiguas de este sermón, que fue en realidad muy patético, pues Carranza sobresalió como gran orador a la manera de su tiempo. Puede verse el texto en TEJADA Y RAMIRO, *Col. de cánones. Concilio de Trento* (Ma 1859) p.749-55.

[49] CT X 559. De sus disertaciones afirmaba *Severoli* que había hablado «docte sane et erudite» (CT I 89). Recomendamos la síntesis de J. GOÑI GAZTAMBIDE, *Los navarros en Trento:* REspT 6 (1945) 198s.

[50] Véase J. GOÑI GAZTAMBIDE, o.c., 203s.

[51] Véanse las obras fundamentales de V. BELTRÁN DE HEREDIA, *Domingo de Soto en el concilio de Trento:* CiTo 63 (1942) 113-47.59-82, y, sobre todo, *Domingo de Soto. Estudio biográfico documental,* 2 vols. (Salamanca 1960). Asimismo: C. GUTIÉRREZ, o.c., 314-28; C. POZO, art. en LThK, IX 897-98; G. FRAILE, art. en DHistEclEsp IV 2507-2508.

nor de que el príncipe Felipe II, con ocasión de su boda, celebrada el 14 de noviembre de 1543, asistiera a su clase. Por voluntad, pues, de Carlos V, Domingo de Soto, juntamente con Bartolomé Carranza, acudió a Trento en 1545 al concilio en representación de la Orden dominicana.

Allí, desde un principio, destacó como uno de sus más insignes teólogos; pues, aparte la fama que le precedía como gran profesor de Salamanca y por sus obras ya publicadas, ostentaba la representación del general de la Orden de Santo Domingo. Por lo que se refiere a sus intervenciones conciliares, en orden a la sesión IV, tomó una parte muy activa en las discusiones sobre el canon bíblico y en las cuestiones sobre la tradición y sobre la Vulgata. En este punto abogó por la publicación de una edición de la misma [52]. Asimismo intervino eficazmente en las cuestiones disciplinares que se debatieron posteriormente, rechazando la creación de una cátedra de Sagrada Escritura en las órdenes monásticas y promoviendo tenazmente la predicación [53]. Pero donde más sobresalió Domingo de Soto fue en la sesión VI con sus intervenciones sobre la justificación, de que se hablará después. Así se explica que, ya desde ahora, Domingo de Soto fuese conceptuado como «una de las personas de mejor y más segura doctrina» y que más influyeron en el concilio de Trento [54].

Conforme, pues, a lo anunciado, se celebró la sesión IV el *8 de abril de 1546* [55], en presencia de cinco cardenales, ocho arzobispos, 41 obispos, tres abades y cuatro generales de órdenes religiosas. En esta sesión se publicaron los dos primeros decretos, uno dogmático y otro de reforma. Frente a los protestantes, fue necesario declarar la auténtica doctrina católica, que establece como base la Sagrada Escritura y la Tradición, negada en absoluto por los innovadores.

Por lo que se refiere a la *Sagrada Escritura*, tema fundamental de esta sesión IV, el concilio declaró en su primer decreto que deben admitirse como sagrados y canónicos todos los libros, sin truncarlos en ninguna parte, tal como se contienen en la Vulgata. Como fácilmente se puede ver, se dirige aquí el concilio particularmente contra Lutero y demás innovadores, quienes con tanta facilidad truncaban o eliminaban algunos libros de la Sagrada Escritura, al mismo tiempo que trataban de quitarles aquella especie de exclusiva que los protestantes pretendían atribuirse sobre la Biblia. La Iglesia católica la proclama como primera

[52] CT V 47.64.
[53] Ibid., 146.150.
[54] C. GUTIÉRREZ, o.c., 321.
[55] Pueden verse sobre la sesión IV: PASTOR, o.c., XII 209s; RICHARD, IX 271s; JEDIN, II 102; sobre todo CT V 90s. Asimismo: B. EMMI, *Il decreto tridentino sulla Vulgata...:* Angel 30 (1953) 107s; R. CRIADO, *El concilio Tridentino y los estudios bíblicos:* RyF 131 (1945) 151-87; I. GOMÁ CIVIT, *El concilio de Trento y la Sagrada Escritura:* Ap. Sac 2 (1945) 349-54; G. GARCÍA DE LA FUENTE, *El canon bíblico en el concilio de Trento...:* CiDi 169 (1956) 36-72; V. PROAÑO GIL, *Escritura y Tradición:* Burgense 2 (1961) 9-65; CH. BOYER, *Il Concilio di Trento e l'insufficienza della Scrittura:* UnIt 19 (1964) 103-15; J. MARTINS, *Escritura e Tradiçao segund o Concilio de Trento:* DivTh 67 (1964) 183-277; J. SALAVERRI, *Sentido de la tradición en el concilio de Trento:* EstEcl 39 (1964) 5-29.

base y primera regla de fe y se constituye en acérrima defensora de la integridad más absoluta de la misma [56].

Pero, en segundo lugar, se promulgó en esta sesión IV un decreto complementario de carácter juntamente doctrinal y práctico. Contiene una serie de disposiciones *sobre el texto de la Sagrada Escritura,* su interpretación y su uso. Como se ve, todo él es un desarrollo ulterior del primer decreto, por lo cual tenía una transcendencia muy particular en aquellas circunstancias [57].

En este decreto deben distinguirse tres partes. En primer lugar, puesto que la Sagrada Escritura es una regla fundamental de la fe, y, por consiguiente, es necesario conocerla, el concilio señala el *texto de la antigua Vulgata como oficial de la Iglesia.* A esto se añade una norma fundamental para la *interpretación de la Biblia,* que va directamente contra todo el sistema protestante. En tercer lugar dio el concilio algunas disposiciones *sobre la edición de los libros sagrados* y de otros libros sobre ciencias sagradas.

5.   SESIÓN V: 17 JUNIO 1546. SOBRE EL PECADO ORIGINAL

Entre tanto, Carlos V entraba en una fase decisiva de su política general y de su actividad religiosa. Como ya hemos indicado, el emperador tenía una voluntad decidida de que se celebrara el concilio como el mejor medio para llegar a la unidad de Alemania.Para ello quería, por encima de todos los obstáculos, tomar la parte activa que le correspondía como emperador de la cristiandad. Mas, por otra parte, frente a la división de Alemania y al creciente poder de la *Liga de Esmalcalda* de los príncipes protestantes alemanes, juzgó absolutamente necesario hacer uso de las armas. Precisamente entonces se sentía suficientemente fuerte para ello.

Así, pues, habiéndose asegurado el apoyo moral e incluso militar del papa Paulo III, inició sus preparativos para la guerra. Según él mismo indica en sus *Memorias* [58], había observado que durante los últimos años la Liga de Esmalcalda se había debilitado, lo cual le facilitaba su empresa. De hecho, Carlos V, sin perder de vista el desarrollo de las tareas conciliares, en las que tanto interés ponía, durante los primeros meses de 1546 seguía preparando su máquina de guerra, que tan importantes éxitos iba a reportarle.

---

[56] Como complemento de este decreto y para que no pueda haber ninguna duda sobre los libros canónicos admitidos por el concilio y por la Iglesia católica, se añade en el mismo concilio con todo detalle la lista de los libros del Antiguo y del Nuevo Testamento que constituyen toda la *Sagrada Escritura* o la *Biblia.* Para ello adopta el elenco o catálogo del *concilio de Florencia* en el *Decreto pro Iacobitis,* y añade, más concretamente, que son los libros que se contienen en la *Vulgata.*

[57] Véase el texto en latín: ALBERIGO, *Concil. oecumen. decreta* 634s. En latín y castell.: TEJADA Y RAMIRO, o.c., p.28s. Latín y francés, con aclaraciones: A. MICHEL, *Les Décrets du Conc. de Tr.,* en HEFELE-LECLERCQ, *Hist. des Conciles* X 18s.26s. Sobre el largo debate en torno a estas cuestiones puede verse, entre otros, JEDIN, o.c., II 117s.

[58] *Memorias de Carlos V* 57. Véase para toda esta exposición el relato de M. FERNÁNDEZ ALVAREZ, en *Historia de España* por MENÉNDEZ PIDAL t.19 687s.

a) **Trabajos conciliares: dogma y reforma**

Por lo que se refiere al concilio, después de celebrar la sesión IV, los legados decidieron dedicarse de lleno a la reforma. Así, pues, el 10 de abril de 1546 presentaron un plan definitivo, que fue plenamente aceptado por Paulo III. Sobre esta base se fue trabajando en la preparación de la sesión V en la que se proponían promulgar la *doctrina sobre el pecado original* y el decreto de reforma sobre la *enseñanza religiosa de la teología y sobre la predicación.*

En realidad surgieron entonces innumerables dificultades de parte de los imperiales y del mismo Carlos V. La promulgación del decreto dogmático de la sesión IV, tan directamente dirigido contra los protestantes, había levantado de nuevo encrespadas olas de indignación y repulsa en Alemania. Si se anunciaba ahora la promulgación del dogma sobre el pecado original, que contradecía igualmente las doctrinas de los innovadores y directamente de Lutero, peligraba, cada vez más, la unión. Así, pues, el emperador, apoyado por Madruzzo y los suyos en el concilio, hizo valer entonces el argumento de que, en medio de la gran tensión existente en Alemania, no era conveniente exasperar la susceptibilidad protestante con nuevos decretos dogmáticos, que tan directamente los herían.

Sin embargo, no se logró hacer prevalecer este criterio. En consecuencia, los legados, aun contra el expreso parecer de Carlos V, decidieron emprender paralelamente la discusión de los dos decretos propuestos, uno dogmático y otro de reforma. De este modo, el 24 de mayo de 1546, el legado pontificio Del Monte propuso el debate *sobre el pecado original,* tema que, aunque no era considerado como básico frente al protestantismo, ciertamente era uno de los más discutidos entre ambas confesiones. En torno a los tres puntos fundamentales de la propuesta del legado pontificio se desarrollaron largas discusiones en numerosos debates de teólogos y congregaciones generales de Padres del concilio [59]. En general, se puede observar un influjo muy particular de la doctrina agustiniana en todo este problema. Para mejor comprenderlo, no se olvide que San Agustín había tenido que luchar contra los pelagianos, que eran los principales enemigos del pecado original.

La colaboración española estuvo en este caso bien representada según lo atestigua el historiador JEDIN [60]; en primer lugar, por el sacerdote secular *Juan Morilla,* recién llegado al concilio. En un escrito presentado a los Padres responde a los tres puntos notados por el cardenal Del Monte sobre la base de una doctrina claramente agustiniana. A esta intervención del citado teólogo Juan Morilla y de otros teólogos españoles se añadió la llegada a Trento (el 24 de mayo de 1546) de los dos jesuitas teólogos *Diego Laínez* y *Alfonso Salmerón,* que contribuyó eficazmente a intensificar el influjo español en el ambiente conciliar de Trento. Res-

[59] Puede verse la lista de los teólogos en las deliberaciones de mayo de 1546: CT V 162s. Asimismo, la síntesis de sus respuestas, ibid., 164.
[60] JEDIN, o.c., II 157s. El tratado del teólogo español *Juan Morilla* puede verse en CT XII 553-65.

pecto de su primera actuación como teólogos pontificios escribe Huberto JEDIN:

«Los dos jesuitas mandados por el papa a Trento, que habían llegado poco antes como teólogos del papa, ocupan el primer puesto» [61].

Y poco después habla repetidas veces de las importantes intervenciones de ambos en las más controvertidas discusiones conciliares. Frente a estos hechos ocurre preguntar qué es lo que impulsó a Paulo III a este nombramiento. El último y más autorizado biógrafo del P. Diego Laínez, el jesuita F. CERECEDA, lo explica como una expresión de la simpatía que el papa experimentaba por aquella nueva Orden religiosa (la Compañía de Jesús, fundada por San Ignacio de Loyola), que además había recibido de él muy recientemente su aprobación, y, por lo mismo, él la miraba como hechura suya [62]. A lo que se añade una suposición que no juzgamos infundada. Puesto que tanto se impugnaban entonces, de parte de los innovadores e incluso de algunos imperiales de Trento, las prerrogativas pontificias, era sumamente importante tener en el mismo concilio hombres de la más absoluta confianza que aun por voto especial (como los jesuitas) estaban al servicio del romano pontífice.

A este propósito notemos que, siguiendo las instrucciones de San Ignacio, Laínez y Salmerón se ocupaban, asimismo, de algunos ministerios de predicación popular y en la dirección espiritual de algunas personas. Así consta que el cardenal Cervini se confesaba con Laínez y, tanto el cardenal Madruzzo como el cardenal Pacheco y el embajador Francisco de Toledo, los trataban con intimidad [63]. Así se explica el fenómeno que ocurrió con ambos, Laínez y Salmerón, del que ellos mismos se hacen eco en sus cartas. En efecto, notan particularmente el poco aprecio en que a su llegada a Trento se los tenía, pues no aparecían, como otros grandes teólogos, con sus títulos de doctores y profesores de las grandes universidades, ni acreditados en ciencias o libros de especial significación. Sin embargo, después que en las discusiones conciliares fueron dando claras pruebas de sus nada comunes conocimientos teológicos, a lo que se añadía la alta estima que de ellos hacían personas de altísima autoridad, la prevención y poca estima de parte de los españoles se transformaron rápidamente en una gran consideración y aprecio de su ciencia y, más aún, de su virtud.

---

[61] Véase o.c., II 153-56. Sobre este hecho he aquí lo que escribía el mismo Ignacio de Loyola: «Como su Santidad me ordenase estos días pasados que algunos de la Compañía se hallasen en el concilio de Trento y quedando en mí el señalarlos conforme a mi conciencia, después de recogernos por diversos días en oraciones y en sacrificios a Dios nuestro Señor, señalamos a los maestros Padre Fabro, Laínez y Salmerón» (MHSI, EpistInstr I 381). Ahora bien, como Fabro no pudo ir, pues murió inesperadamente poco después, fueron únicamente Laínez y Salmerón. Lo mismo expresan las palabras dirigidas al legado pontificio Cervini: «Van Laínez y Salmerón a Trento por obediencia de su Santidad, más que por creer ser suficientes para una mínima jota tocante a tan santa y sublime congregación» (MHSI, ibid., 378).

[62] Véase *Diego Laínez en la Europa... de su tiempo* I 214s.

[63] Así se explican las palabras de Salmerón en una carta dirigida a San Ignacio: «El cardenal y el embajador se nos quejaron porque no los visitábamos y el Rvmo. Pacheco dice que tiene mucho deseo de verle» (MHSI, Episto.Salm. I 18s).

b) **La Madre de Dios, concebida sin pecado, inmaculada**

En esta forma continuaron las discusiones del concilio. Pero, tratando de la sesión V, en la que se debatió el tema del pecado original, y particularmente sobre la intervención de los españoles, es indispensable dar cuenta de la interesante cuestión que en ella se debatió sobre el hecho de *haber sido la Virgen concebida sin pecado original;* pues es bien sabido que fue el *cardenal Pacheco* quien planteó al concilio esta discusión y los teólogos españoles quienes intervinieron principalmente en ella.

De hecho, se había popularizado en España la creencia y convicción de la *inmaculada concepción de la Virgen María,* y, lo que es más significativo, existían algunos documentos pontificios que la favorecían, sobre todo las constituciones de Sixto IV (1471-84) [64].

Así, pues, sobre esta base, el cardenal Pacheco, portavoz de los teólogos y Padres españoles y, como casi todos ellos, gran entusiasta de este privilegio de María Santísima, juzgó aquel momento particularmente favorable para que el concilio ecuménico resolviera aquel problema e incluso declarara el dogma de la Inmaculada Concepción [65]. Presentó, pues, su propuesta en la congregación general del 28 de mayo de 1546. Según él arguyó, puesto que la opinión favorable a la inmaculada concepción de María era «aprobada por todas las universidades» y defendida por la mayor parte de los Padres y teólogos asistentes al concilio, les rogaba que no se contentaran con una expresión neutral, sino que calificaran aquella opinión, *por lo menos, como una creencia piadosa* (p.ej., con la expresión *ut pie creditur).* Más aún: en el fuego de su entusiasmo, Pacheco llegó a expresar su ideal de que el concilio *proclamara definitivamente el dogma de la Inmaculada Concepción* de María, Madre de Dios.

Sin embargo, no prosperó esta propuesta del cardenal Pacheco. A pesar de que las razones aducidas por él y otros teólogos españoles que tomaron parte en la discusión parecieron a muchos convincentes, la mayor parte del concilio no se mostró favorable a una decisión conciliar. Vistas, pues, las opiniones existentes sobre tan delicada materia, el problema sobre la inmaculada concepción de María quedó en la forma como había sido redactado el decreto en el esquema propuesto [66].

c) **Se celebra la sesión V: 17 junio 1546: pecado original**

De este modo, en la fecha señalada, *17 de junio de 1546,* se celebró la *sesión V pública,* en presencia de cuatro cardenales, nueve arzobispos, 48

[64] Se refiere a las constituciones de Sixto IV: 1) *Cum praecelsa,* del 28 febrero 1476. 2) *Grave nimis,* del 4 septiembre 1483. Pueden verse los textos correspondientes de ambas instrucciones en DENZINGER, *Enchiridion symbol., Sixtus IV* (1471-84) n.734s.

[65] Puede verse LE BACHELET, art. *Immaculée Conception:* DThC, VIII 1167s, donde se puntualiza bien el alcance de esta declaración tridentina, en la que algunos, exageradamente, quisieron ver una declaración del dogma de la Inmaculada. Esta misma aclaración la dio el papa Pío IX al proclamar el dogma en 1854 por la bula *Ineffabilis Deus.*

[66] Recomendamos particularmente JEDIN, o.c., II 161s.175s.180s.

obispos y dos procuradores de obispos ausentes, dos abades y tres generales de órdenes religiosas, a los que debemos añadir 50 teólogos.

El decreto dogmático sobre el *pecado original* [67] expresaba en el preámbulo la ocasión que lo motivaba, que era la renovación de los antiguos errores pelagianos y los que nuevamente habían surgido con los innovadores protestantes. Después de esto, proclamaba, en primer lugar, el hecho fundamental del pecado original por nuestros primeros padres y sus consecuencias en ellos y en toda su descendencia. En cuanto a su transmisión, el concilio declara que no es por simple imitación, sino por herencia y propagación de la misma naturaleza humana. Es, pues, un pecado que necesariamente existe en toda persona humana al nacer.

Mas, por otra parte, este pecado no puede lavarse con ninguna fuerza de la naturaleza humana, sino solamente con los méritos de Cristo, que se aplican por medio del bautismo..., que *quita y hace desaparecer* todo lo que tiene razón de pecado (no sólo *no imputa* o *cubre* los pecados).

Por lo que se refiere a la *concepción inmaculada de María,* se añadieron al final del decreto estas palabras:

> «No era su intención en este decreto incluir a la bienaventurada Virgen María, Madre de Dios, sino que en esta materia debían observarse las constituciones de Sixto IV».

De gran importancia fueron también las prescripciones contenidas en el *decreto de reforma* de esta sesión V, que comprende dos partes. La primera, *sobre la enseñanza de la Sagrada Escritura y de la teología* y, en general, de la religión. La segunda, sobre *la predicación.* Los protestantes insistían en la acusación sobre un absoluto abandono de la enseñanza de la Biblia y de la teología. Por esto, con el objeto de que éstas fueran suficientemente conocidas, prescribía a todos los obispos establecer cátedras de estas materias y se interesaba por la enseñanza popular de la religión.

De no menor importancia era la segunda parte del decreto de reforma: *sobre la predicación cristiana* [68]. Ante todo, el concilio inculca en ella este gran deber de la predicación que incumbe a los obispos. Esta obligación deben cumplirla ellos por sí mismos; pero en caso de imposibilidad, deben escoger para ello a otras personas capaces de realizarlo dignamente. Asimismo encarga a los arciprestes, párrocos y demás sacerdotes que tienen cura de almas, que al menos «los domingos y días solemnes, por sí mismo o por otros, se dediquen a la predicación».

---

[67] Puede verse el texto en latín en ALBERIGO, o.c., 640s; y, sobre todo, en CT V 238s. Asimismo, en latín y castellano en TEJADA Y RAMIRO, o.c., 37s. En latín y francés, A. MICHEL, o.c., 42s.
[68] CT V 241s. Texto en TEJADA Y RAMIRO, o.c., 47s.

6. SESIÓN VI: 13 ENERO 1547. LA JUSTIFICACIÓN, REFORMA

Apenas terminada la sesión V, se emprendió uno de los problemas más fundamentales de todo el concilio, como era el de *la justificación* [69]. De la excepcional importancia de la obra realizada es claro indicio el hecho de que entre el 22 de junio de 1546 y el 12 de enero de 1547, principio y fin de las deliberaciones, se celebraron 44 congregaciones particulares y 61 generales. El motivo principal de tan prolongada discusión era, indudablemente, la gran dificultad y la multiplicidad y transcendencia del mismo problema teológico de la justificación, a lo que se añadía la circunstancia de que, tal como lo habían planteado Lutero y los innovadores, no había sido tratado todavía a fondo y de un modo exhaustivo. Por otra parte, se trataba de uno de los puntos fundamentales de la doctrina protestante frente a la católica [70]. A alargar excesivamente las discusiones contribuyó, además, el empeño de Carlos V y de los imperiales en retrasar la publicación de los decretos dogmáticos, y más tratándose de la justificación, que tan directamente tocaba el fundamento de la ideología de los protestantes.

a) Primeras discusiones sobre la justificación

Al iniciarse estas discusiones el 22 de junio de 1546, no se había establecido todavía ningún plan sobre este debate, si bien el cardenal Pacheco había recomendado que se nombrara una comisión para examinar todo el problema. Así, pues, el mismo día 22 se dio principio al trabajo de los teólogos, presentando los legados seis puntos, en los que indicaban el orden en que debía desarrollarse la discusión, es decir, la esencia o naturaleza de la justificación; sus causas, que podemos designar como previas y concomitantes, y, finalmente, sus efectos. Eran particularmente dignos de consideración los dos últimos puntos: 5. Proceso de la justificación: lo que la precede, lo que la acompaña y lo que le sigue. 6. Pruebas de la Sagrada Escritura, de los Padres, de los Concilios y tradición apostólica en que se apoya [71].

Como ponderan algunos historiadores, los 33 doctores y teólogos asistentes debatieron desde el 22 de junio de 1546, bajo un calor sofocante, en torno a estas cuestiones. En esta forma se celebraron seis sesiones fundamentales, en las que aparecieron bien marcadas las tenden-

---

[69] Sobre toda esta discusión en la sesión VI pueden verse: CT, V 642a.; JEDIN, o.c., II 191s; PASTOR, o.c., XII 274s; CRISTIANI, o.c., XIX 81c. Asimismo: J. RIVIÈRE, art. *Justification:* DThC VIII2 2042-2727; A. WALZ, *La justificazione tridentina:* Angel 28 (1951) 98-138; J. OLAZARÁN, *Documentos inéditos tridentinos sobre la justificación* (Ma 1957); D. FERNÁNDEZ, *Necesidad de la fe para la justificación según el concilio de Trento y Vaticano:* TheolClar 1 (1961) 72-107; P. BRUNER, *Die Rechtfertigungslehre des Konzils v. Trient:* Kerigma-Dogma 9 (1963) 41-69; J. M. DALMAU, *La justificación, eje dogmático de Trento:* RyF 131 (1945) 79-97; J. GONZÁLEZ-QUEVEDO, *Trento. Aspectos culminantes de la sesión VI:* EstEcl 39 (1964) 31-67.

[70] Como es sabido, Lutero basa todo su sistema en el principio de que la justificación es obra exclusiva de la gracia interna de Cristo. Pero debía explicarse cuál es el papel de la fe en el acto de la justificación. Esto es, pues, lo que se discutía.

[71] Pueden verse en CT V 261s estos artículos de las primeras discusiones sobre la justificación.

cias de las escuelas escotista y tomista. Entre otros españoles, en ellas tomaron parte, además del franciscano *Alfonso de Castro,* sus hermanos en religión *Andrés de Vega* y *Vicente Lunel,* y otros varios, como *Solís, Navarro* y *Pedro de Naya.*

El último en hablar, después de los 33 que tomaron parte en la discusión fue *Diego Laínez,* quien hacía por vez primera su aparición en el concilio, y, según consta por las mismas actas, su actuación fue particularmente acertada. El secretario del concilio, Angelo Massarelli, dice simplemente que «habló católicamente», lo cual significa en él una singular alabanza. Más expresivo es el también jesuita *Claudio Jayo,* representante en Trento por el cardenal de Augsburgo, Otón von Truchsess, quien afirma que el voto de Laínez

> «ha ganado... opinión para los legados y todos los prelados y teólogos, máxime españoles»[72].

Como primer buen resultado de estas discusiones, el 30 de junio se presentó a los teólogos y Padres una segunda serie, que comprendía tres puntos, en los que aparecía más ordenado y simplificado el proceso de la justificación. El primero abarcaba el desarrollo sobrenatural de la justificación del infiel que se convierte a Dios. El segundo consideraba al justo en el modo de aumentar y conservar la gracia obtenida. El tercero estudiaba el problema del justo que después de justificado peca. Este plan de discusión fue designado como *anteproyecto.*

De este modo se inició la segunda serie de debates entre los teólogos y Padres del concilio, que, tanto por el calor de fuera, como por el interior que animaba a los conciliares, llegaron a alcanzar niveles considerables, incluso, a las veces, lamentables. Así, pues, desde el 5 al 13 de julio se deliberó sobre el primer estadio. Igualmente se desarrolló la discusión sobre el segundo desde el 17 al 23, y sobre el tercero, durante los últimos días de julio.

En una forma semejante continuaron las discusiones. Después de la congregación general del 5 de julio fueron nombrados cuatro prelados para que con la ayuda de algunos teólogos escogidos, entre los que sobresalía *Andrés de Vega,* redactaran ya un esquema sobre el futuro *decreto de la justificación.* Es lo que se designó como *primer esquema* o *esquema de julio,* que fue presentado el 24 de este mes.

En torno al mismo existe un problema de grande interés para los españoles. Había sido general opinión que este esquema era fundamentalmente obra del teólogo español *Andrés de Vega.* Pero estudios más recientes han demostrado con suficiente probabilidad que esta opinión no es segura. Lo que ciertamente consta, por un lado, es que las actas con-

---

[72] MHSI, MonJaji 310; CT I 44s. Este mismo elogio lo aplica al P. Alfonso Salmerón, llegando a afirmar que, ya con estas primeras intervenciones, ambos subieron tanto en la estima de los teólogos españoles presentes en Trento, que, siendo así que «a lo primero no se les mostraban tanto; mas después no se hartaban de conversarlos, visitándolos y loándolos mucho». Incluso, añade, que «muchos obispos les piden el voto escrito y lo guardan».

ciliares reproducen íntegramente en este lugar un escrito de Andrés de Vega [73]; pero se trata de un trabajo no como base del decreto, sino como comentario posterior; y, por otro, que, ciertamente, Andrés de Vega gozaba de gran prestigio como especialista en toda esta materia, sobre todo por una obra compuesta antes del concilio. De ella, en efecto, sabemos que era una de las más consultadas por los teólogos durante todos estos trabajos y que la tenían a mano los conciliares, pues era la más completa escrita hasta entonces [74].

b) Persistentes dificultades. Prosiguen las discusiones

Al mismo tiempo que se desarrollaban estas discusiones en la asamblea de Trento, se daban en Alemania los primeros pasos en la guerra contra la *Liga de Esmalcalda,* formada por los príncipes protestantes. El resultado fue, que, habiendo superado un momento de verdadero peligro en esta guerra tan decididamente emprendida, Carlos V consiguió sorprender por completo, por vez primera, a los principales caudillos de la Liga: Juan Federico, elector de Sajonia, y el landgrave Felipe de Hesse; y el 26 de julio de 1546 lanzó la proscripción imperial (que equivalía a la destitución oficial) contra ellos. De este modo, Carlos V era el verdadero árbitro de Alemania en agosto de 1546 [75].

Pero cuando tan bien iban las cosas al emperador en Alemania, empezaron a irle mal en Roma y en el concilio. Las conquistas del sur de Alemania sembraron el pánico en el norte de Italia y en el mismo Trento. Algunos de los conciliares comenzaron a salir de la ciudad conciliar, y las cosas llegaron a tal extremo, que el papa concedió a los legados la facultad de suspender el concilio si lo juzgaban necesario. Sin embargo, ellos consiguieron apaciguar los ánimos, y, por otro lado, la segura posición de las tropas imperiales hizo bien pronto desaparecer todo peligro de invasión de Trento.

Finalmente, esta batalla tuvo, al menos de momento, un feliz resultado. Por una parte, evitó la suspensión del concilio e incluso su traslación a una ciudad italiana, y, por otra, hizo fracasar la oferta, hecha por el rey de Francia, de traslado del concilio a una ciudad francesa como Aviñón. Más aún: era tan firme el ansia de Carlos V de que el concilio continuara realizando su obra de unión de la cristiandad y tan segura su confianza en él, que, a trueque de obtener la continuación del conci-

---

[73] CT XII 637-43.
[74] Véase, ante todo, el trabajo de J. SAGÜÉS, *Un libro pretridentino de Andrés de Vega sobre la justificación:* EstEcl 20 (1946) 175-209. Esta obra lleva por título *Opusculum de iustificatione.* Sin embargo, la obra más importante de *Vega* sobre esta materia y la que le dio más renombre como gran especialista en esta materia es la impresa en Venecia en 1548 con el título *Tridentini decreti de iustificatione expositio et defensio libris XV distinctis, totam doctrinam de iustificatione complectentibus.* Sobre todo esto véase además: A. DE VILLMONTE, *Andrés de Vega y el proceso de la justificación según el concilio de Trento:* REspT 5 (1945) 311-74. Asimismo: B. OROMÍ, *Los franciscanos españoles en Trento: Fray Andrés de Vega:* VyV 3 (1945) 361-95.
[75] Puede verse todo el desarrollo de esta batalla en M. FERNÁNDEZ ALVAREZ, vol.18 de *Historia de España,* por R. MENÉNDEZ PIDAL, 691s y 695s.

lio en Trento, accedió al fin a que se publicara el decreto sobre la justificación. Así, pues, los Padres conciliares pudieron continuar libremente los debates sobre tan discutido e importante problema.

Siguió entonces, entre julio y septiembre de 1546, una nueva serie de profundas y, a las veces, acaloradas discusiones a lo largo de numerosas congregaciones generales y particulares. Con esto se llegó a la congregación general del 23 de septiembre, en la que los legados Del Monte y Cervini presentaron un *segundo esquema,* el llamado *esquema de septiembre* de 1546, cuyo autor era el gran teólogo, general de los agustinos, *Jerónimo Seripando* [76], quien había estado trabajando en él durante largo tiempo. Este esquema, redactado casi enteramente a base de expresiones bíblicas y textos de San Agustín, resultaba considerablemente más claro que el primero. Con toda razón, pues, podían afirmar los legados que se había trabajado sin descanso en su elaboración.

En torno a este nuevo esquema se celebraron tres congregaciones de teólogos, del 27 al 29 de septiembre, en las que hasta diecinueve teólogos emitieron su voto. Entre ellos se encontraban *Diego Laínez* y *Alfonso Salmerón.* Pero el que puso el broche de oro, según se expresa el concienzudo historiador del concilio de Trento HUBERTO JEDIN [77], fue *Martín Pérez de Ayala,* quien, llegado poco antes a Trento, rompía su primera lanza en este debate. Entre otras observaciones que hizo, propuso que se ampliara un poco el decreto. Otro español, *Herrera,* observaba alguna deficiencia en lo referente a «autoridades de la Sagrada Escritura y tradición». Una vez limado el decreto conforme a las observaciones indicadas en los debates, observaba sobre él el obispo de Palermo:

> «El decreto está redactado con arte tan selecto y observa tan magistral orden científico, que no puedo negarle mi más sincera admiración» [78].

c) La teoría del agustino Jerónimo Seripando: doble justificación

Pero entonces tuvo lugar un hecho, completamente inesperado. El general de los agustinos, *Jerónimo Seripando,* el 8 de octubre, en presencia de dos de los legados pontificios, de ocho arzobispos y 36 obispos, propuso, para explicar la justificación, su célebre teoría sobre una *justificación doble:* una *inherente;* otra *imputada,* que son los méritos de Cristo, que suplen los defectos de la naturaleza humana.

El prestigio, realmente extraordinario, de Seripando produjo una gran sorpresa y como desorientación. Se trataba, en efecto, substancialmente, de la misma teoría defendida anteriormente por Contarini y Cayetano, Pighi, Pflug y Gropper, ya conocida en sus líneas generales desde que afloró en la Dieta de Ratisbona de 1541 en un intento de acercamiento exagerado a la concepción luterana de la justificación.

---

[76] En torno al *esquema de septiembre* véanse, ante todo, las abundantes indicaciones de JEDIN, o.c., II 271s nt.1 y el texto de CT, V 420s.
[77] Ibid., 277.
[78] Ibid., 279.

Pero dogmáticamente no podía sostenerse, pues en realidad se reducía a la justificación luterana por sola la fe y los méritos de Cristo, prescindiendo de la colaboración humana y cayendo en el error de la inactividad del hombre.

Por esto, después de la primera sorpresa, la reacción fue absolutamente desfavorable. Así, pues, los legados Del Monte y Cervini manifestaron su parecer sobre la necesidad de discutir seriamente la propuesta de Seripando, y rápidamente se procedió a ello en sucesivas sesiones de teólogos y congregaciones generales. En realidad, fue un ataque a fondo contra la teoría de la doble justificación. La intervención española en tan importantes discusiones estuvo muy bien representada por el cardenal *Pacheco* y el insigne obispo de Lanciano, Juan de Salazar. Por otro lado, entre los teólogos, por el dominico *Bartolomé Carranza,* los bien conocidos franciscanos *Andrés de Vega* y *Luis de Carvajal* y, por encima de todos, por *Domingo de Soto* [79].

Transcurridos diez días, habían intervenido nada menos que 37 maestros de teología. Según se desprende de sus intervenciones, tal como se conservan en las actas recién publicadas, Domingo de Soto fue el alma de aquella persistente y casi violenta ofensiva. Pero el broche de oro de aquella contienda teológica lo puso, a juicio de los más objetivos historiadores, el *P. Diego Laínez* con su *discurso del 26 de octubre de 1546.* De hecho, este voto de Laínez constituye una de sus más positivas intervenciones a lo largo del concilio y que más contribuyeron a darle la fama de ser uno de sus mejores teólogos.

Cuando ya tantos y tan acreditados teólogos habían dado su voto y no parecía que podía añadirse nada nuevo, siguiendo Laínez la costumbre introducida por los legados de que hablara el último o entre los últimos, abrió la sesión del 26 de octubre, ante los legados pontificios, el embajador español, el cardenal Pacheco, nueve arzobispos, 34 obispos y más de 40 teólogos, y rechazó de plano la nueva teoría de Seripando, insistiendo principalmente en el argumento de que no era otra cosa que una expresión camuflada de la concepción de Lutero sobre la justificación [80]. Como se expresa el moderno biógrafo del P. LAÍNEZ, P. CERECEDA,

---

[79] Teniendo presente el interés que precisamente entonces ponían Carlos V y los imperiales en impedir que se proclamase el decreto sobre la justificación o conseguir, por lo menos, que se retrasase todo lo posible, suponen algunos que la propuesta de Seripando con las largas discusiones que siguieron tenía como principal objetivo el ir retrasando la sesión VI y la proclamación del dogma católico sobre la justificación. Sin embargo, esta suposición carece de sólido fundamento. Para explicar el paso dado por Seripando, basta tener presente, por un lado, su íntima amistad con los hombres que anteriormente habían defendido aquellas ideas, y, por otro, su sincera persuasión de la bondad y utilidad ascética de su teoría. Sobre las intervenciones indicadas véase: B. OROMÍ, *Los franciscanos españoles en el concilio de Trento:* VyV 4 (1946) 87-108 sobre *Juan de Salazar,* obispo de Lanciano, en Salamina. Su intervención tuvo lugar el 20 de octubre de 1546; puede verse en CT V 573-76. Puede verse sobre el mismo: C. GUTIÉRREZ, o.c., 432-38. Sobre el franciscano *Luis de Carvajal* véase asimismo B. OROMÍ, ibid., 3 (1945): *Fray Luis de Carvajal* 682-94; C. GUTIÉRREZ, o.c., 720-29. Su intervención contra la justificación imputada tuvo lugar el 26 de octubre de 1546 y el texto puede verse en CT V 631s.

[80] «La última razón sea (dijo Laínez para terminar) que esta doctrina tiene por padre a Lutero, como ya lo han advertido otros». Y a continuación lo explica Laínez con alguna

«porque Laínez sabía la fuerza que Lutero atribuía al poder de Dios, era preciso demostrar que, conservándose intacta la fuerza omnipotente de Dios, entraba en el plan de su misericordia dar aliento también al hombre empobrecido, con ayudas y armas para que alcance aquella tranquilidad que Lutero pone en el poder inquebrantable del cielo».

Laínez termina con estas palabras:

«Basta lo dicho sobre esta justificación imputativa... A los que la defienden se les puede repetir lo que San Agustín decía: 'Son admirables las cosas que decís, nuevas las que repetís, falsas las que proponéis. Admiramos las admirables, nos guardamos de las nuevas y combatimos las falsas'»[81].

Terminado el largo discurso de Laínez, que todos habían escuchado con la máxima atención, todavía tomó la palabra, entre otros teólogos, el andaluz *Luis de Carvajal*. Pero como si después de lo dicho por los grandes teólogos Soto, Vega, Carranza y últimamente Laínez no pudiera decirse nada más, el secretario, Angelo Massarelli, nota para terminar la sesión: «Nadie quiso hablar». Y la sesión terminó a las doce de la noche.

Terminada esta discusión, sobrevino una nueva batalla entre Paulo III y los conciliares frente a Carlos V y los imperiales. A Carlos V le interesaba entonces impedir que se publicase el decreto de la justificación, ya que, previendo en octubre de 1546 como muy próxima una victoria absoluta sobre los príncipes protestantes y su Liga de Esmalcalda, de ningún modo deseaba irritar a los que se le habían unido, pues estaba sinceramente convencido de que de este modo se iría consolidando aquella unión y más tarde podría publicarse el decreto de la justificación.

Sin embargo, aun esto cambió rápidamente poco más tarde. Como a principios de 1547 se llegó ya en el concilio a la fórmula definitiva del decreto de justificación, Carlos V, en medio del optimismo en que se encontraba frente a la Liga de Esmalcalda y con tal de obtener la seguridad de que no se intentaría trasladar ni suspender el concilio, accedió, finalmente, a la publicación del célebre decreto.

De este modo, los acontecimientos se desarrollaron con relativa rapidez. El 5 de noviembre de 1546 se presentó ante los Padres y teólogos el *tercer esquema* del decreto de la justificación, que por eso se designa como *esquema de noviembre*. En su última elaboración intervinieron principalmente, entre otros eminentes teólogos, *Domingo de Soto* y *Andrés de Vega*, ambos insignes especialistas en esta materia. Así, pues, el mismo Domingo de Soto podía escribir a Gonzalo Pérez el 13 de diciembre:

---

detención. El texto íntegro de este discurso tan importante de Laínez puede verse en CT V 612-29; H. GRISAR, *Disputationes Tridentinae* II 153-92; *Disputatio de iustitia imputata;* el texto íntegro en castellano en A. AZAGRA, *El P. Laínez* p.331-82 (Ma 1933). Como se había discutido, asimismo, la cuestión sobre si se podía conocer, por revelación del cielo, si está uno o no en gracia, el P. Laínez opinaba la probabilidad de este conocimiento. De hecho, así lo indica al fin de este discurso.
[81] CERECEDA, o.c., I 251.

«Del concilio, todo está en calma... Todavía no se ha cesado de tratar de este decreto *de iustificatione,* que es el artículo más porfiado y más intrincado de éstos, y hanse atravesado tantos reveses entre los mismos disputantes del concilio, que apenas se ha podido la cosa sacar a luz... El decreto está ya a lo último» [82].

Todavía se celebraron buen número de sesiones de teólogos y congregaciones generales y se hicieron importantes retoques hasta que el esquema definitivo, designado como *esquema cuarto,* quedó aprobado el 12 de enero de 1547, víspera de la sesión VI.

d) Se celebra la sesión VI: 13 enero 1547. La justificación

El 13 de enero de 1547 se celebró la tan esperada sesión VI del concilio de Trento, a la que, sin duda alguna, podemos calificar como la más importante y fundamental del mismo por su *decreto sobre la justificación.* Asistieron a la gran solemnidad, celebrada en la catedral de San Vigilio, de Trento, además de los legados pontificios, cuatro cardenales, diez arzobispos, 47 obispos y dos procuradores de prelados ausentes, dos abades y cinco generales de órdenes religiosas. Según consta por las actas oficiales, la aprobación del decreto de la justificación *fue absolutamente unánime,* y el cardenal Pacheco, al pedirle su voto, respondió:

> «Apruebo y con veneración y reverencia máxima recibo esta santa, católica y saludable doctrina de la justificación y anatematizo a cuantos no la recibieren [83].

Ante todo, se proclamó el *decreto sobre la justificación* [84], que comprende 16 capítulos y 32 cánones y constituye una verdadera obra maestra que compendia la doctrina católica sobre esta materia fundamental y señala acertadamente los errores principales contra ella [85]. Por eso ha podido afirmar HARNACK:

> «Se puede dudar si la reforma hubiera podido desarrollarse, si este decreto hubiese sido promulgado, por ejemplo, en el concilio de Letrán y se hubiese convertido en carne y sangre de la Iglesia [86].

[82] Ibid., 254. Se han estudiado con alguna detención las manifestaciones de las diversas escuelas en las discusiones de Trento. Pueden verse en este sentido las siguientes obras: STAKEMEIER, *Die theologischen Schulen auf dem Trienter Konzil:* ThQu 116 (1936) 188-202.322-50.466-504; E. LENNERZ, *Das Konzil von Trient und theologische Schulmeinungen:* Schol 1 (1929) 30-63.

[83] Ante todo, véase CT V 790-820. Pueden verse, además, las amplias exposiciones de PASTOR, o.c., XII 274s; JEDIN, o.c., II 344s. Asimismo, las buenas síntesis de JEDIN, *Man. hist. ecl.* V 647s; CRISTIANI, o.c., XIX 83s; CERECEDA, o.c., I 255s.

[84] Puede verse el texto en latín: CT V 791s; ALBERIGO, o.c., 647s. 655s. En latín y castellano, con aclaraciones: TEJADA Y RAMIRO, o.c., 51s. En latín y francés: A. MICHEL, 828s.

[85] Véanse estos errores, tal como los reunieron los teólogos conciliares, ante todo, en CT V 281s. Pero, asimismo, en A. MICHEL, o.c., X 67s. Es muy importante tener presente todo este examen sobre los errores de Lutero y, en general, de los innovadores, pues es frecuente la suposición de que los Padres del concilio de Trento condenaron a Lutero y demás disidentes y rechazaron sus teorías sin conocer a fondo sus obras. De estas listas y de las observaciones hechas sobre los libros y demás escritos de donde están sacados aquellos errores de Lutero, Melanchton, Calvino, etc., se deduce con toda evidencia que los teólogos tridentinos los habían examinado detenidamente.

[86] *Dogmengeschichte* III 605.

Por otra parte, se ha afirmado que sólo este decreto da por bien empleados todos los trabajos y todas las penalidades del concilio de Trento. En los primeros 16 capítulos se contiene una exposición doctrinal sobre la naturaleza y proceso de la justificación y en los 32 cánones se condenan las doctrinas que se oponen al dogma católico. En general, se toma una posición media entre las doctrinas pelagianas y el luteranismo o calvinismo. Así, pues, se afirma, contra los pelagianos, la más absoluta necesidad de la gracia o ayuda de Dios incluso para el «principio de la fe» y contra Lutero y Calvino, la existencia de la libertad humana; el hecho de la colaboración del hombre con las buenas obras a la acción divina de la gracia; la negación de la doctrina pesimista sobre la certeza de la salvación y la imposibilidad de guardar la ley de Dios.

Por lo que se refiere al proceso mismo de la justificación, ante todo, el hombre recibe la gracia preveniente sin ningún mérito suyo; pero él puede aceptarla o rechazarla. Por otra parte, debe colaborar. La misma justificación se verifica por la infusión de la gracia inherente, que, en virtud de los méritos de Cristo y por medio del Espíritu Santo, obra en las almas. De este modo se efectúa una verdadera *renovación* interior del hombre. No es, pues, una simple *imputación* de la justicia, sino una *transformación* de injusto en justo.

Por otro lado, se rechazan los errores luteranos. El concilio declara que la justificación no se realiza solamente por la fe; pero la fe tiene una parte importante en la misma. La justificación consiste en la misma justicia de Dios, en cuanto nos hace justos a los hombres. Por consiguiente, el concilio rechaza el principio protestante de que la justificación es la confianza en la divina misericordia, en su perdón.

Pero, además, el hombre justificado puede merecer. Así, pues, es falso, según el concilio, que el justo peca en todos sus actos, al menos venialmente. Todas las obras buenas que realiza el alma justificada tienen un mérito especial. Mas, por otro lado, enseña también el concilio, frente a los protestantes, que el hombre justificado puede perder la justicia con el pecado contra la fe y con otros pecados. Sin embargo, añade que, aun después de perdida la fe, puede el hombre recuperarla por medio de la penitencia, y rechaza el error de que basta la fe sin penitencia.

Asimismo, se publicó un *decreto de reforma* sobre la *obligación de residencia de los obispos*. Sin embargo, conviene notar que, por las grandes dificultades con que tropezó este decreto, de hecho no había sido aprobado definitivamente al celebrarse la sesión VI. Así, pues, se aprobó poco después de la misma, tras una larga discusión [87].

Ahora bien, como la principal ocupación de los obispos es la vigilancia sobre los fieles a ellos confiados, el concilio proclama la importancia de esta obligación de vigilancia, que no se puede cumplir si abandonan

[87] Véase el texto en latín en CT V 802s; ALBERIGO, 657s. Puede verse igualmente: TEJADA Y RAMIRO, o.c., 66s; JEDIN, II, 559s, con una amplia exposición en torno a las discusiones sobre este decreto de reforma.

la diócesis en manos de mercenarios. Por eso, teniendo presentes los grandes abusos existentes, el concilio inculca a los obispos la *estricta obligación de residencia*. Para hacer más eficaz esta obligación, renueva las antiguas censuras contra los transgresores y añade otras nuevas.

Si la aceptación del decreto sobre la justificación de parte de los conciliares fue unánime e incluso entusiasta, el eco y la aceptación que obtuvo fuera de Trento fueron muy diversos y, desde luego, muy lentos. A la corte de Carlos V no llegó oficialmente la noticia hasta el mes de febrero, cuando ya se conocía por otros conductos. Carlos V la recibió con gran disgusto. Pues, si bien había accedido a su publicación, tenía ahora por seguro que sería un gran obstáculo para la unión de los protestantes. Porque, efectivamente, como hemos repetido varias veces, éste era el motivo básico de su constante angustia. Aunque eran sinceros sus deseos de unión y de que el concilio continuara su obra, sentía profundamente los efectos contraproducentes contra la unión que producían, sobre todo, los decretos dogmáticos, que atacaban directamente las doctrinas protestantes.

Pero, más que esta noticia, lo que hirió más en lo vivo al emperador y acabó por exasperarlo, fue la que le comunicó el nuncio Varallo el 2 de febrero sobre la decisión de Paulo III de retirar las tropas pontificias. Su reacción fue en verdad desabrida y aun dura, llegando a proferir algunas amenazas y expresiones hirientes sobre la política de Paulo III, que era por cierto muy vulnerable. Sólo poco a poco consiguió Granvela aplacarlo. A ello contribuyó muy eficazmente en aquellos momentos la necesidad de aplicarse por entero a la guerra contra la Liga de Esmalcalda, de la que poco después quedó completamente victorioso.

Los príncipes protestantes, por su parte, apenas tuvieron oportunidad para expresar su disgusto por el decreto conciliar sobre la justificación. Pues con el giro pesimista y amenazador para ellos que había tomado la guerra, no les permitía pensar en otra cosa. En cambio, los teólogos protestantes dieron claras muestras de la profunda contrariedad que les había ocasionado aquel decreto de Trento. Por no citar más que una prueba, *Melanchton,* quien sólo a primeros de marzo había tenido noticia del nuevo decreto, declaró su firme propósito de publicarlo, acompañado de la refutación más absoluta que le merecía. Por lo demás, la marcha triunfal del emperador contra la Liga y la derrota absoluta de los principales líderes protestantes impidió a Melanchton publicar esta refutación [88].

7. Sesión VII: 3 marzo 1547. Sobre los sacramentos

No bien se hubo terminado la sesión VI, los Padres del concilio pusieron manos a la obra y comenzaron a preparar la sesión siguiente.

---

[88] Véase particularmente JEDIN, o.c., II 352s.

Así, pues, el cardenal Del Monte anunció ya el 15 de enero la fecha del *3 de marzo para la sesión VII,* que rápidamente fue aceptada. En cuanto a los temas que debían emprenderse por su inmediata conexión con la gracia y la justificación, se señalaron la doctrina general sobre los *sacramentos* y los primeros sacramentos del *bautismo* y *confirmación.*

En esta determinación se confirmaron teniendo presente la doctrina de Lutero, según el cual los sacramentos sólo sirven para perdonar los pecados y únicamente consiguen su objeto por la creencia o fe en ellos, no por el mismo sacramento (el *opus operatum),* sino por el llamado *Cristo histórico.* Según él, los sacramentos no son instrumentos de la gracia por sí mismos *(ex opere operato),* como afirma la Iglesia. Por este motivo era necesario poner bien en claro toda esta doctrina [89].

Ya desde diciembre de 1546, una selección de teólogos, entre los que se contaban los *PP. Laínez y Salmerón* y el tantas veces citado *Seripando,* trabajaban en recoger los errores protestantes en esta materia de los sacramentos, redactando un elenco de los más destacados. El 17 de enero de 1547 pudieron ya presentarlo al concilio, e inmediatamente se formaron diversas comisiones y se emprendieron con gran intensidad los debates, a razón de dos sesiones diarias [90]. Ahora bien, como las cuestiones sobre los sacramentos habían sido ya tratadas ampliamente por Santo Tomás y otros grandes teólogos medievales, los conciliares tenían ya el terreno muy bien preparado. Por eso no se juzgó necesario presentar primero una exposición doctrinal de toda la materia y luego los cánones respectivos, sino simplemente los cánones correspondientes. Estos quedaron ya dispuestos los días 1 y 2 de marzo.

Por lo que se refiere a las discusiones sobre estas cuestiones dogmáticas, las corrientes teológicas españolas aparecieron claramente en las importantes intervenciones de dos teólogos españoles. La primera es la de *Diego Laínez,* quien el 22 de enero de 1547 disertó sobre los sacramentos en general, y es interesante lo que sobre este voto escribe *Claudio Jayo* en una carta dirigida a Roma: que se había portado «benissime», añadiendo a continuación que, tanto de él como de Salmerón, se servía el concilio «como de ningún otro teólogo» [91].

Asimismo intervino *Melchor Alvarez de Vozmediano,* natural de Carrión, en Palencia, y colegial del colegio de San Clemente de los Españoles, de Bolonia, quien acudió a la primera y segunda etapa del concilio como simple teólogo del obispo de Badajoz; pero, nombrado posteriormente obispo de Guadix, tomó parte, ya como tal, en la tercera etapa. Según las actas conciliares, su primera intervención tuvo lugar el 25 de enero, tocando con amplitud y singular competencia dos temas: la

---

[89] Puede verse para todo esto particularmente CERECERA, o.c., I 262s.

[90] Recomendamos en particular: CT V 835s; MICHEL, o.c., X 167s. Estos errores están sacados principalmente de Lutero y de su escrito *De la cautividad babilónica de la Iglesia,* y asimismo de *Melanchton,* el gran teólogo del luteranismo. En cada uno de aquellos errores se indicaba el autor y la obra o escrito de donde se había tomado. Se referían a los *sacramentos* en general, y en particular al *bautismo* y *confirmación.*

[91] MHSI, MonJaji 333. Véase también CT V 580.

doctrina general de los sacramentos frente al luteranismo y los errores más fundamentales contra el bautismo y la confirmación [92].

Entre tanto, y mientras se discutían en Trento todas estas cuestiones dogmáticas e incluso otras de reforma, se desarrollaba en Alemania la última fase de la *guerra de Esmalcalda,* que en varios momentos estuvo a punto de deshacer el concilio y, sobre todo, aumentó la tendencia a realizar un traslado del mismo a Bolonia. Pero la decidida oposición del emperador, tanto a la suspensión como a la simple traslación a Bolonia o a otra ciudad italiana, lo fue sosteniendo hasta que se pudo celebrar la sesión VII.

Efectivamente, el *3 de marzo,* conforme a lo anunciado, tuvo lugar la sesión VII [93], en la que tomaron parte los tres legados pontificios, cuatro cardenales, nueve arzobispos, 52 obispos, dos abades y cinco generales de órdenes religiosas. Comprendía un decreto dogmático con trece cánones sobre los *sacramentos en general,* 14 sobre el *bautismo* y tres sobre la *confirmación.* Además, un *decreto de reforma* en 15 capítulos.

Teniendo presente la ideología protestante sobre *los sacramentos,* proclamó el concilio los principios fundamentales sobre el número siete de los mismos, su eficacia intrínseca *ex opere operato* (por sí mismos) y sus ministros. En lo tocante al *bautismo,* proclama su existencia como sacramento, que regenera la naturaleza humana caída, y asimismo declara otras de sus propiedades. Del mismo modo, proclama la *confirmación* como verdadero sacramento distinto del bautismo.

De especial transcendencia fue, igualmente, el *decreto de reforma.* En él se establecen con toda precisión las cualidades que deben poseer los prelados colocados al frente de las iglesias, y pasa luego al punto capital: la *acumulación de obispados y otras prebendas.* Para ello dispone que los que posean más de una deberán renunciar a las demás y, por otra parte, que sólo se designará en adelante para ellas a personas verdaderamente aptas. A estos se añaden otras importantes disposiciones. De este modo terminó la sesión VII, en la cual se fijó la siguiente para el 21 de abril. Pero nadie preveía los acontecimientos que se avecinaban, que conducirían a la suspensión del concilio, que no se reanudó hasta 1551.

8. EL CONCILIO EN BOLONIA: 1547s. SESIONES VIII-X

Terminada la sesión VII, después de unos días de relativa tranquilidad, se inició un período de suma agitación, al que siguió la decisión de trasladar el concilio a Bolonia. Allí, pues, a través de grandes dificulta-

[92] Puede verse CT V 855. Su nombre aparece por vez primera en las actas de enero de 1547, es decir, el día 13, en que se celebró la sesión VI. De hecho, acababa de llegar a Trento.

[93] Sobre la sesión VII pueden verse, ante todo, CT V 994s. Buena síntesis: JEDIN, *Man. hist. ecles.* V 648s; CRISTIANI, o.c., XIX 90s. Exposiciones amplias: PASTOR, o.c., XII 280s; JEDIN, o.c., II 442s; RICHARD, o.c., IX 539s. Además: CAVALLERA, *Le decret du Concile de Trente sur les sacraments en général:* BuHiE (1914) 361s, con otras continuaciones en 1915, 1916 y 1918; D. ITURRIOZ, *La causalidad de los sacramentos:* EstOn 3.ªser. n.3 (Ma 1951).

des, continuó una limitada actuación hasta su definitiva disolución en el 1549.

a) Traslado a Bolonia. Actuación conciliar

Esta agitación obedecía, principalmente, a dos motivos. El primero era la noticia de que había estallado una *peste contagiosa,* por lo que gran parte de los conciliares se mostraban impacientes por abandonar Trento. Según parece, existía un fondo de verdad, y el resultado fue que los legados propusieron a Roma el traslado del concilio a Bolonia o su suspensión. A este motivo, ya de sí tan poderoso, se añadió otro: el temor de los legados y otros muchos prelados por la creciente presión que ejercían Carlos V y los imperiales sobre toda la actuación del concilio.

De hecho, tras los grandes éxitos obtenidos por Carlos V en su guerra contra la Liga de Esmalcalda y estando a punto de lograr la unión de toda Alemania bajo su poder, juzgaba Carlos V más importante que continuara el concilio sus actividades, ya que tenía puestas en él todas sus esperanzas, con la condición que no se trasladara a una ciudad italiana ni se suspendiera[94].

A estos dos poderosos motivos se añadió el hecho de que precisamente en aquel tiempo, en el espacio de pocos días, habían muerto, en primer lugar, el general de los franciscanos; asimismo, en segundo lugar, el obispo Loffredo, de Capaccio, sea por efecto de la peste, sea por otra causa. Así, pues, como por estos motivos urgieran cada vez con más intensidad la necesidad del traslado, el cardenal Del Monte, el 9 de marzo de 1547, dio cuenta de todo ello a una congregación general. Sobre la base, pues, de un dictamen de dos médicos sobre la realidad de la peste contagiosa, y no obstante la decidida oposición del cardenal Pacheco y de los imperiales, la mayoría del concilio se decidió por el traslado a Bolonia, que posteriormente recibió de Paulo III su aprobación[95].

Según esto, el *11 de marzo de 1547* se celebró la *sesión VIII* del concilio de Trento[96]. Después de leer los poderes anteriormente concedidos por Paulo III al concilio, éste decidió su traslado a Bolonia. El día siguiente, 12 de marzo, salieron de Trento los legados pontificios y la mayor parte de los prelados y teólogos conciliares, y en cuanto les fue posible, continuaron en Bolonia los trabajos comenzados.

Fácilmente se comprende la reacción que todos estos hechos produjeron en las huestes imperiales de Trento. Bajo la dirección del cardenal Pacheco y siguiendo la consigna imperial, los trece Padres que formaban el grupo[97] permanecieron decididamente en Trento, y se entabló entre ambos bloques, el de Trento y el de Bolonia, una enconada oposición. Sin embargo, justo es observar que unos y otros obraron con

---

[94] Sobre todo este problema véanse JEDIN, o.c., II 448s; CRISTIANI, o.c., XIX 94s.
[95] Puede verse JEDIN, o.c., II 474s. Asimismo: CT I 139s; V 1016 1019 1036.
[96] Ibid., 483s. Texto del traslado a Bolonia: CT V 1025-36; ALBERIGO, 666.
[97] Lo componían el cardenal Pedro Pacheco, dos arzobispos y diez obispos.

gran prudencia; pues mientras los prelados y teólogos de Bolonia en sus discusiones dogmáticas se abstuvieron de toda publicación de ulteriores decretos, los imperiales de Trento, conscientes del peligro de cisma a que se exponían, suspendieron toda discusión propiamente conciliar.

Durante la estancia del concilio en Bolonia se realizaron importantes trabajos de investigación teológica en torno a los fundamentales temas de la *penitencia, eucaristía* y otros asuntos doctrinales. Todos ellos constituyeron, posteriormente, una sólida base para ulteriores decretos conciliares. Asimismo es un hecho, que con la relativa paz y tranquilidad de que se llegó a gozar en Bolonia, aumentó considerablemente el número de teólogos, que subieron a más de 60, así como también el de obispos. Sobre esta base, el 21 de abril de 1547, se celebró en Bolonia la *sesión IX,* cuyo objeto único fue el anuncio oficial de la prorrogación del concilio hasta el 2 de junio. Más aún: el *2 de junio tuvo lugar la sesión X, también en Bolonia,* en la que se prorrogó de nuevo hasta el 15 de septiembre [98].

Entre tanto, mientras en Trento insistían los imperiales en su oposición contra la actuación de Paulo III y los conciliares de Bolonia, Carlos V continuaba su victoriosa carrera contra la Liga de Esmalcalda. De este modo, el *24 de abril de 1547* logró sorprender al poderoso ejército del elector *junto a Mühlberg,* desencadenando contra él la batalla de este nombre, que constituyó más bien, según las fuentes del tiempo, el más absoluto desastre de las fuerzas protestantes. El mismo elector Juan Federico fue hecho prisionero y más de 3.000 hombres cayeron en el combate. Poco después fue igualmente arrestado el landgrave de Hesse. Como fácilmente se comprende, después de tan resonante victoria, Carlos V pudo considerarse dueño absoluto de la situación y estaba decidido a realizar la unión política y religiosa de Alemania [99].

Después de tan transcendentales acontecimientos, a primera vista parece que debía ser más fácil unir todas las fuerzas del imperio y del romano pontífice para realizar la paz cristiana de la cristiandad. Pero los hechos demuestran lo contrario. Por un lado, Carlos V, tanto en los asuntos religiosos de Alemania, como en los del concilio, se sentía como envalentonado con su gran victoria y más firme que nunca en sus exigencias frente al romano pontífice y al concilio de Bolonia. Estas exigencias consistían en la vuelta a Trento, tanto más, cuanto ya por aquellas fechas habían desaparecido los síntomas de la pasada epidemia. Esto era indispensable para llegar, según él, precisamente entonces, a una inteligencia con los vencidos protestantes.

Paulo III, por el contrario, aunque al recibir la noticia de la gran victoria de Mühlberg había enviado su felicitación a Carlos V, en el fondo se sentía profundamente celoso por el aumento de su poder y

---

[98] Véase el protocolo de la congregación general del 1.º de junio de 1547 en CT VI,1 180-83, y el de la sesión X, del 2 de junio, ibid., 184-91. Véanse asimismo: JEDIN, o.c., III 55s; PASTOR, o.c., XII 325s; CRISTIANI, o.c., XIX 106s.

[99] Sobre todo el desarrollo de la batalla decisiva contra la Liga de Esmalcalda véase principalmente M. FERNÁNDEZ ALVAREZ, o.c., en *Historia de España* de R. Menéndez Pidal, XVIII 691s. Una buena síntesis en CRISTIANI, o.c., XIX 105s.

prestigio, cosa que en diversas ocasiones no supo disimular. Por esto era constantemente acusado por los imperiales de manifiestas simpatías con el mayor enemigo de Carlos V, el rey francés. Por otro lado, mientras Paulo III y sus incondicionales ponían con toda crudeza ante los ojos de Carlos V que la dirección y la última palabra en los asuntos religiosos pertenecía al papa y al concilio, Carlos V y los suyos respondían que esta autoridad, ciertamente admitida por ellos, no era admitida por aquellos príncipes, así como también, que no manifestaba eficacia en su actuación por dejarse llevar por motivos políticos o familiares, nada conformes con la autoridad eclesiástica.

Entre tanto, los Padres del concilio y los teólogos de Bolonia continuaban su intensa labor, mientras los prelados y teólogos imperiales de Trento permanecían inactivos. En agosto de 1547 llegaron a Bolonia el embajador y varios prelados franceses. Poco después, el obispo portugués de Oporto. De este modo, transcurrido el término fijado para la sesión siguiente, se decidió prorrogarla *sine die*, indefinidamente.

Mas, desgraciadamente, Paulo III por su parte, acuciado, sin duda, por todas estas circunstancias y, sobre todo, por la persistencia de Carlos V en llevar a término directamente por sí mismo la unión con los príncipes protestantes, se fue inclinando cada vez más a la política de los franceses, con lo que confirmaba los recelos del emperador y la ineficacia de su actuación religiosa. Al mismo tiempo, su bien conocido nepotismo, con su desmesurada ansia por favorecer a los miembros de su familia, recibió una especie de castigo de Dios con el asesinato de su nepote *Pedro Luis Farnese*, ocurrido el 17 de septiembre de 1547. Paulo III quedó sumido en la mayor amargura. Esta situación fue hábilmente aprovechada por el nuevo monarca francés, Enrique II, quien procuró llevar a Paulo III, cada vez más, a una política antiimperial.

b)   **Dieta e «Interim de Augsburgo» (1547-48).**
     Suspensión del concilio (1549)

Realmente resultaba bien difícil en aquellas circunstancias distinguir con toda claridad cuál era el camino más acertado. Como fiel católico y convencido creyente, Carlos V debía, sin duda, someterse a las decisiones del romano pontífice y del concilio en las cuestiones religiosas. Pero en aquellos momentos difíciles, viendo las turbias razones que movían al papa en multitud de ocasiones y sintiéndose, precisamente después de su gran victoria y como emperador de la cristiandad, responsable de la unidad cristiana juntamente con él, dio un paso en sí torcido y aun peligroso, que pudo haberlo conducido a un verdadero cisma; pero que, gracias a su profundo sentimiento cristiano, no llegó a tan fatales consecuencias.

En medio del gran enfriamiento de sus relaciones con Paulo III y siguiendo su propia política de arreglar directamente con los príncipes alemanes las cuestiones religiosas, el 1.º de septiembre de 1547 inició en

Augsburgo [100] la célebre *Dieta,* designada posteriormente como «Dieta bajo el arnés» por la fuerza militar que la custodiaba. La primera cuestión que en ella se trató fue la religiosa. Carlos V exigió que se aceptasen las decisiones del concilio Tridentino; pero los electores protestantes no sólo no las aceptaron, sino que, a su vez, exigieron la celebración de un concilio libre, es decir, independiente del papa. Así, pues, ante la absoluta imposibilidad de llegar a una inteligencia, Carlos V tomó por su cuenta diversas medidas.

Ante todo, se comunicó al romano pontífice que los príncipes y las ciudades alemanas admitirían el concilio si éste volvía a Trento. Sin embargo, bien pronto se convencieron en Roma que ciertamente se exigía la vuelta a Trento; pero en realidad no se admitían los decretos del concilio. Se consultó entonces a los conciliares de Bolonia, y, en definitiva, el 27 de diciembre de 1547 se dio a Carlos V la respuesta: que sólo se accedería a la vuelta a Trento después de una efectiva y auténtica admisión de los decretos tridentinos.

Esta respuesta no satisfizo al emperador, y fue entonces, siguiendo su costumbre de procurar directamente la solución de los conflictos religiosos como emperador de la cristiandad, cuando no le era posible por los caminos normales, y contando solamente con una indirecta anuencia de Paulo III, el *25 de mayo de 1548* publicó el tristemente célebre *Interim de Augsburgo,* que tanta resonancia y tantas complicaciones llegó a alcanzar [101]. En él, según indica el mismo nombre, *como medida interina,* y hasta que se diera, por medio de un concilio o de una manera legítima, una solución auténtica y definitiva, decidía el emperador una serie de puntos doctrinales, que debían ser admitidos tanto por los príncipes protestantes como por los católicos.

En sus 26 artículos, aunque los puntos dogmáticos son de espíritu católico, sus fórmulas, amañadas o ambiguas, se asemejaban a las protestantes. Así, p.ej., la doctrina de la justificación se inspira en la teoría de la «doble justificación». Las dos concesiones más llamativas son la concesión del cáliz a los laicos, es decir, la *comunión bajo las dos especies,* y el *matrimonio a los sacerdotes.* El error fundamental de Carlos V consistía en dar solución a un problema religioso independientemente del papa y del concilio; y no tuvo peores consecuencias, porque el mismo emperador, convencido luego del mal paso que había dado, volvió atrás en aquel camino que podía conducirlo a un cisma.

Por otra parte, son dignas de mención las duras críticas que se hicieron al *Interim de Augsburgo.* Paulo III, con quien sólo indirectamente se había contado, encargó un detenido examen a los dos bien conocidos

---

[100] Sobre la *Dieta de Augsburgo* véanse sobre todo: PASTOR, o.c., XII 311s; CRISTIANI, o.c., XIX 111s.
[101] Sobre el *Interim de Ausburgo* pueden verse: PASTOR, o.c., XII 329s; CRISTIANI, o.c., XIX 112s. Asimismo: R. SCHNACKENBURG, art. *Interim:* LThK t.5 527; J. E. BIECK, *Das dreifache I.* (Leipzig 1721) p.266-360; G. BEUTEL, *Über den Ursprung des Augsburger I.* (Leipzig 1888); H. CH. V. HASE, *Die Gestalt der Kirche Luthers... Kampf des M. Flacius gegen das I.* (Göttingen 1940); F. WENDEL, *M. Buccer. Résumée sommaire de la doctrine chrétienne* (Pa 1951).

teólogos, _Ambrosio Catarino y Jerónimo Seripando,_ quienes dieron su dictamen el 2 de mayo de 1548. Aunque se reconocía que en el _Interim_ no se contenía ningún error positivo, se condenaba el de tomar decisiones doctrinales sin contar con la autoridad eclesiástica.

Finalmente, tras difíciles y largas discusiones, el 3 de enero de 1549 se celebró en Bruselas un coloquio con el mismo Carlos V, en el que, _hechos algunos retoques, se autorizó definitivamente el «Interim»._ En esta forma siguieron las cosas a lo largo de 1549. Al mismo tiempo, entre los conciliares de Bolonia siguieron las discusiones dogmáticas, con los altibajos que trajeron consigo todas estas dificultades, hasta que finalmente, el 13 de septiembre de 1549, _Paulo III suspendió indefinidamente el concilio._

Aun teniendo presentes las graves deficiencias que ensombrecen su actuación al frente de la cristiandad en tan difíciles circunstancias, no puede haber duda alguna de que Paulo III realizó una ingente obra, que constituye la mayor gloria de su pontificado, iniciando el concilio de Trento y llevando a término la primera etapa a través de tantos y tan graves obstáculos. Y como si, una vez cerrado (aunque sólo temporalmente) el concilio, ya hubiese terminado su obra, Paulo III murió poco después, el 10 de noviembre de 1549, contando ochenta y dos años. Los últimos meses de su vida fueron para él particularmente dolorosos, debido, sobre todo, a los gravísimos disgustos que le ocasionó Octavio Farnesio. Dios quería castigar paternalmente en vida a Paulo III en el punto más sensible para él: su incontrolado afecto a sus familiares.

9. PREPARACIÓN DE LA SEGUNDA ETAPA: 1.º MAYO 1551-28 ABRIL 1552

Con la muerte de Paulo III, el asunto del concilio de Trento entraba en una nueva etapa, que ofrecía sólidas esperanzas para su realización. Ante todo había desaparecido el insoluble obstáculo de su traslado a Bolonia en 1547 y de su suspensión en 1549. Por otro lado, después de uno de los más conflictivos conclaves de la historia de la Iglesia, había sido elevado a la sede pontificia el cardenal _Del Monte,_ legado pontificio de la primera etapa del concilio, quien tomó el nombre de _Julio III_ (1550-55) [102]. Ahora bien, en este punto, el nuevo papa, gran entusiasta del concilio, se manifestó desde el principio de su pontificado completamente decidido a cumplir lo prometido en las cláusulas de su elección [103].

---

[102] Sobre Julio III pueden verse: PASTOR, o.c., t.13 entero (la obra más completa); JEDIN, _Hist. del Conc. de Tr._ III 333s; ID., _Man hist. ecl._, trad. cast. por D. RUIZ BUENO, V 653s (Ba 1972); CRISTIANI, o.c., XIX 127s (muy buena y amplia síntesis) (Valencia 1976); SABA-CASTIGLIONI, _Historia de los papas: Julio III (1550-55)_ II 309-16; RICHARD, o.c., IX 443s; SEPPELT-SCHWALGER, _Gesch. der Päpste: Julius III_ p.293s (Munich 1964); SCHWAIGER, art. _Julius III:_ LThK 5 (Fr 1960) 1205-1206.

[103] Sobre el conclave de 1549-50 puede verse PASTOR, o.c., XIII 28s (en particular, las observaciones de nt.1 p.28). Puede verse asimismo JEDIN, o.c., 329s.

Son dignas de consideración una serie de disposiciones dadas por Julio III poco después de su elección en orden a la puesta en práctica de este compromiso electoral. Notemos particularmente el envío de dos mensajeros especiales a las dos primeras potencias de la cristiandad. Uno para el rey cristianísimo Enrique II de Francia: el abad Rosetto, confidente del cardenal Carlos de Lorena, en cuyas instrucciones agradecía el papa de un modo muy particular lo que Francia y su rey habían hecho por su elevación al pontificado [104].

a) **Contactos entre Julio III y Carlos V**

Pero aquí deseamos ponderar de un modo especial el mensaje dirigido por Julio III al emperador Carlos V por medio de *Pedro de Toledo,* hermano del cardenal *Juan Alvarez de Toledo,* quien, junto con el cardenal *Bobadilla,* representaban al emperador en Roma. Aunque Carlos V por diversas causas no había apoyado la candidatura del cardenal *Del Monte* al pontificado, al ser éste elegido papa se había decidido, en bien de la paz y de la Iglesia universal, a olvidar esta circunstancia, iniciando inmediatamente las más cordiales relaciones con el emperador.

Así, pues, por medio de Pedro de Toledo le comunicó oficialmente su elección, juntamente con sus mejores deseos de trabajar conjuntamente por el bien de la cristiandad. Asimismo le comunicaba su decisión de dar inmediatamente los pasos necesarios para la reanudación del concilio. Más aún: sabiendo que el más íntimo deseo del emperador era que continuara en Trento, le comunicaba al mismo tiempo que aquélla era también su decisión. Para ello y para que se iniciaran cuanto antes los preparativos indispensables, le anunciaba el envío del nuncio extraordinario Pighino, con nuevas instrucciones para este efecto.

Sobre esta base, Pedro de Toledo se encontraba ya en Bruselas el 8 de marzo de 1550, desde donde pudo transmitir tan interesantes noticias a Carlos V. La única condición que ponía el papa era que se respetara convenientemente la autoridad pontificia y se apoyara toda la obra del concilio. Estas noticias crearon rápidamente en la corte imperial una atmósfera sumamente favorable de recíproca comprensión.

Precisamente Carlos V, anticipándose al anuncio oficial de Julio III, acababa de enviar como embajador especial a don Luis de Avila, comendador de Alcántara, con el objeto de felicitar oficialmente al nuevo papa por su elevación al solio pontificio. Al recibir, pues, ahora estas noticias que Pedro de Toledo le traía de Roma, experimentó el emperador una doble satisfacción. El resultado fue, que, conociendo tan claramente la buena voluntad de Roma, Carlos envió inmediatamente a su embajador romano, Diego Hurtado de Mendoza, una instrucción especial, en la que daba al romano pontífice todas las garantías que él deseaba [105].

---

[104] Téngase presente que Enrique II y el cardenal Guisa habían sido los principales y más poderosos promotores de la candidatura del cardenal *Del Monte* para el solio pontificio.

[105] La instrucción para el embajador Mendoza puede verse en CT XI 541-46. En particular sobre las garantías: ibid., 545s. Véanse asimismo: JEDIN, o.c., III 334s; CRISTIANI, o.c., XIX 138s.

b) Planes del emperador Carlos V. Dieta de Augsburgo de 1550

Todas estas noticias confirmaron plenamente a Carlos V en sus más sinceros deseos de conseguir a todo trance y por encima de todas las dificultades lo que constituía el ideal de todos sus esfuerzos: la unión de los protestantes alemanes con la verdadera Iglesia católica, para lo cual estaba entonces convencido de que era absolutamente necesario completar la obra del concilio de Trento. Su íntimo deseo de apoyar con todas sus fuerzas la obra conciliar era seguramente la más clara expresión de sus ansias de borrar, en lo posible, de su propia conciencia y del recuerdo de todos, el error cometido con la exagerada política del *Interim* del año 1548.

Por esto, Carlos V, aunque manifiesta todavía algunas veces su tendencia a independizarse del papa y entenderse directamente con los príncipes protestantes en cuestiones doctrinales, da las más evidentes pruebas de que esto lo hace únicamente por juzgarlo más eficaz para atraerlos a la auténtica Iglesia de Cristo, la Iglesia romana. En todo caso, ciertamente podemos observar que Carlos V insiste más que nunca en la necesidad de obrar siempre, tratándose de problemas religiosos y morales, en inteligencia con Roma.

Precisamente con este objeto, Carlos V convocó para el 25 de junio de 1550 una nueva *Dieta en Augsburgo*. En ella se reunieron todos los estamentos del imperio y los príncipes, tanto católicos como protestantes, pues el papa exigía, como condición indispensable para la reanudación del concilio, que todos ellos prometieran formalmente aceptar las disposiciones de Trento, incluso las ya publicadas. Pero en esto precisamente encontró el emperador las mayores dificultades.

En lo que no puede caber ninguna duda es en el hecho de que Carlos V deseaba sinceramente el concilio y que lo consideraba como el único medio posible para intentar todavía la vuelta de los protestantes al seno de la Iglesia. Los hechos posteriores demostraron que la separación era ya en este tiempo demasiado profunda, y, por consiguiente, en la práctica apenas existía ninguna probabilidad de unión. Sin embargo, Carlos V, sobre la base de su más profunda convicción católica, conservaba todavía aquella firme esperanza, y, por lo mismo, hizo todo lo que pudo para que la unión de los disidentes con la Iglesia católica fuese una realidad. Este ingente trabajo que él voluntariamente asumió lo consideraba como una seria obligación suya como emperador de la cristiandad, según el esquema medieval.

Esta disposición del emperador Carlos V explica lo que le ocurrió en julio de 1550 mientras celebraba la Dieta de Augsburgo. Su embajador en Roma, Hurtado de Mendoza, le comunicó que, en una conversación con Julio III, éste expresó su opinión de que la nueva etapa del concilio de Trento duraría poco, pues los temas que en ella debían tratarse eran pocos y estaban ya muy bien preparados. Entonces, pues, Carlos V indicó a Mendoza que, de su parte, manifestara al papa que su más firme y ferviente deseo era terminar el anhelado concilio con la más perfecta unión con el romano pontífice y en la forma más eficaz y útil para la cristiandad; pero que,

> «pues la voluntad de ambos [el papa y el emperador] es de dar remedio a la religión, converná que todavía los de acá entiendan que han de ser oídos en cualquier cosa que quieran proponer y que aquello ha de ser mirado y considerado» [106].

c) Primeros pasos para la reanudación del concilio

Sobre esta excelente base de la buena disposición del emperador y del romano pontífice, se fueron dando los primeros pasos en orden a la reanudación del concilio de Trento. Por su parte, Julio III, ya en abril de 1550, nombró una comisión de siete cardenales para iniciar las deliberaciones sobre tan importante asunto. Entre ellos se encontraban *Caraffa, Morone, Crescenzi* y *Pole*, quienes rápidamente pusieron manos a la obra, y bien pronto el mismo papa confirmó de un modo definitivo que la nueva etapa del concilio tendría lugar en Trento.

Por otro lado, Julio III comunicó igualmente estas noticias al embajador imperial, *Diego Hurtado de Mendoza* y posteriormente envió a Carlos V, como nuncio especial, al arzobispo de Siponto, Pighino, quien fue muy bien recibido por el emperador, plenamente ocupado entonces con la *Dieta de Augsburgo*. Así, pues, con la más absoluta seguridad de la colaboración de Carlos V y no obstante la oposición de la corte francesa, el romano pontífice continuó durante los meses siguientes la inmediata preparación del concilio en su segunda etapa.

El primer paso positivo fue la publicación de la bula *Cum ad tollenda*, de reanudación del concilio de Trento [107]. Expedida el 24 de noviembre de 1550, se disponía en ella la reanudación de los trabajos conciliares, *fijando para el 1.º de mayo de 1551* su apertura. Al día siguiente, 15 de noviembre, la bula fue enviada a Augsburgo, al nuncio pontificio Pighino, para que él en persona la presentara al emperador y éste la diese a conocer a los miembros de la Dieta. Carlos V, pues, la recibió el 22, y, como consta expresamente por sus manifestaciones, la designó como «escrito magnífico», si bien manifestó en diversas ocasiones su disconformidad con algunas expresiones que en ella se contenían; pero al fin la aceptó en su integridad [108].

En consecuencia, Julio III, recibida esta aceptación, pudo proceder el 27 del mismo mes a la solemne promulgación de dicha bula de apertura del concilio en las basílicas de San Pedro y de San Juan de Letrán,

---

[106] Apud Cereceda, o.c., 314.
[107] Puede verse el texto en CT, VII,1 6s. Asimismo recomendamos: Jedin, o.c., III 351s; Pastor, o.c., XIII 102s; Cristiani, o.c., XIX 140s.
[108] Véase todo el texto de esta «protesta» en Maurenbrecher, *Karl und die deutschen Protestantem* 152s. He aquí la parte más litigiosa:«Bullam multa continere quae suae Maiestati non satisfaciant, seque hanc acceptasse tantum ut publicae necessitati succurreretur, cum clara coniectura facile sit assequi, si quae necessario mutanda viderentur mutari peteret suam stm. a tam sancto instituto manum retractatura». Apud Jedin, o.c., III 353 nt.36.

y rápidamente la fue enviando a todos los obispos de Italia y demás territorios católicos. Por lo que a Alemania se refiere, Carlos V, en primer lugar, dio a conocer el contenido de la bula en la Dieta de Augsburgo.

Mas, por otra parte, el asunto de Parma estuvo a punto de separar definitivamente al papa y al emperador. Julio III, con su temperamento vivo e impetuoso, llegó casi a estallar en forma violenta. Pero, a pesar de su moderación, Francia se dispuso a apoyar en Italia a los enemigos del papa, y en Alemania, a los protestantes, al mismo tiempo que procuraba impedir la reanudación del concilio. Esto no obstante, Julio III continuó con toda decisión tomando las medidas necesarias para su apertura.

Dentro de la península Ibérica, donde tan buen ambiente se respiraba en todo lo relacionado con el concilio, el texto de la bula fue llegando por diversos conductos. Carlos V, por su parte, se contentó con dar, desde principios de 1551, las órdenes necesarias para que la colaboración de España en esta segunda etapa no sólo no fuese inferior, sino que incluso superara a la de la primera.

Entre tanto, Julio III, en el consistorio del 4 de marzo de 1551, dio un segundo paso fundamental, nombrando a los legados del concilio. Estos eran el cardenal *Marcelo Crescenzi* y los dos prelados *Sebastián Pighino*, arzobispo de Siponto, y *Luis Lippomani*, obispo de Verona [109]. Así, pues, el secretario Massarelli recibía el 10 de abril la orden de trasladarse a la ciudad conciliar y el 23 entraba en Trento. Poco después anunciaba que tenía noticias de que algunos obispos alemanes enviados por el papa estaban en camino.

10. Participación masiva de España en la segunda etapa

Para comprender en toda su amplitud el sumo empeño que tenía el emperador Carlos V en completar la obra del concilio de Trento, sería necesario penetrar en su interior y apreciar debidamente las ansias que sentía su espíritu, profundamente católico, por conseguir la unión religiosa en Alemania, desgarrada por las innovaciones protestantes. Pero al mismo tiempo deberíamos tener presente que Carlos V, enteramente compenetrado con la concepción medieval de la significación del imperio cristiano, se sentía absolutamente obligado por su dignidad imperial a restablecer esta unidad, por cuya consecución se sentía dispuesto a dar su vida.

a) Carlos V interviene en el nombramiento de representantes conciliares

De hecho, la escisión de Alemania era ya tan profunda, que apenas existían esperanzas de conseguir la unión. Pero Carlos V no las había

---

[109] Puede verse CT II 217. Asimismo: THEINER, *Acta genuina...* 2 vols. (Agram 1874) I 473s; PASTOR, o.c., XIII 163s; JEDIN, o.c., III 356s.

perdido por completo. Impulsado por ellas, había acudido, a las veces, a medidas peligrosas, que le habían fallado por completo. Sin embargo, ahora estaba decidido a realizar un nuevo esfuerzo; pero esta vez en perfecta inteligencia con el romano pontífice. Este esfuerzo consistía en llevar a feliz término el concilio de Trento, al que consideraba como el único medio capaz de conseguir todavía la unión tan deseada.

De este sumo empeño en conseguir la unión procede el grandísimo interés que puso Carlos V en enviar a Trento las personas más adecuadas para completar, en unión con Roma, la obra empezada. En lo cual debe notarse que fue en gran parte obra personal de Carlos V el envío de los diplomáticos e incluso de los prelados y teólogos españoles, así como también influyó positivamente en el envío de los alemanes, flamencos e italianos, súbditos suyos.

Ante todo, como lo había realizado en la primera etapa, Carlos V envió al concilio la más competente representación oficial de los diversos Estados e incluso diversas lenguas de su imperio español: alemán, francés e italiano. Era la mejor señal y prueba de la suma preocupación que lo absorbía. Como representante de la parte fundamental y básica de sus Estados que eran España y América, envió de nuevo al marqués de Villafranca, *don Francisco de Toledo,* quien tanto se había acreditado en la primera etapa. Si existía en él alguna deficiencia en cuestiones teológicas o canónicas, la suplía con la eficaz colaboración del bien acreditado fiscal *Francisco de Vargas,* profundo conocedor del derecho y dogma católicos.

Pero al lado del marqués de Villafranca, y en representación de los territorios de Flandes y de habla francesa, así como también de las regiones alemanas del imperio, designó Carlos V como delegados del concilio a *monseñor de Poitiers* y al *conde de Montfort.* De las excelentes dotes de ambos y de la valiosa ayuda que le prestaron en toda su actividad conciliar, el mismo don Francisco de Toledo daba abundantes pruebas en carta dirigida al emperador [110]. Por otra parte, en Roma contribuían eficazmente a mantener la causa imperial y española, por un lado, el embajador español, *don Diego Hurtado de Mendoza,* y, por otro, los dos cardenales, *Andrés Pacheco,* bien conocido desde la primera etapa del concilio, y *Francisco de Bobadilla,* hombre de carácter decidido y dotado de grandes cualidades.

[110] Véase CERECEDA, o.c., I 320s. He aquí la parte principal: «El conde de Montfort es hombre de muy buen seso, muy cuerdo y modesto en gran manera y muy ajeno de la desorden de vida que usan los alemanes, antes muy parco en comer y beber en todo extremo que se puede decir. Es atinado en los negocios, y en todo lo que aquí se ha tratado ha tenido sano parecer y consejo, entendiendo muy bien todo lo que confería y conociendo los humores de las personas con quien trataba, y en diversas cosas fuera de las de aquí que muchas veces platicábamos, siempre le oí hablar y discurrir prudentemente. Hele conocido grande afición al servicio de V. Majestad y mucha pasión en lo que a esto toca» (CT XI 81).

Sobre monseñor de Poitiers: «Es hombre de vida muy ejemplar y en gran manera religioso; docto en muchas cosas y de mucha habilidad en las lenguas; tiene muy buen juicio y es prudente y de seguro y buen parecer. Ha servido con gran diligencia en lo de aquí y hecho mucho fruto con los teólogos que trajo, los cuales son personas muy doctas y religiosas, especialmente el deán de Lovaina, cuya autoridad de letras ha impresionado aquí mucho» (CT ibid.).

b) **Significación de los prelados
    y teólogos españoles**

No fue menos relevante la selección de prelados, teólogos y canonistas. Consta, y así lo pondera el nuevo historiador del concilio de Trento H. *Jedin* [111], que poco después de recibir Carlos V la bula de reanudación del concilio, ya el 23 de diciembre de 1550 dio la orden a 19 obispos castellanos, elegidos por él mismo, y a gran parte de los de Aragón que acudieran a Trento, de modo que a mediados de abril se encontrasen allí. Si a algunos, «por su edad o por otros impedimentos», les era imposible acudir al concilio, los exhortaba a enviar procuradores letrados e idóneos en representación suya [112]. Ahora bien, más que por el número, que fue en realidad muy considerable, el valor de la obra realizada por los prelados y teólogos españoles debe medirse por la gran calidad de su trabajo y por los grandes esfuerzos realizados por todos ellos.

Aparte el cardenal *Madruzzo,* quien, como obispo de Trento, ejerció siempre gran influjo en el concilio, el arzobispo de Granada, *don Pedro Guerrero,* fue, indudablemente, una de las figuras más destacadas de esta segunda etapa del Tridentino. A su lado señalemos a *Francisco de Navarra,* obispo de Badajoz; a *Bernal de Lugo,* obispo de Calahorra; a *Juan Salazar,* de Burgos, obispo de Lanciano, en Salamina; a *Pedro Agustín,* obispo de Huesca, y al activísimo *Martín Pérez de Ayala,* obispo de Guadix, siempre en la brecha en las grandes discusiones. Todos éstos habían ya tomado parte en la primera etapa del concilio. En esta segunda etapa se les juntaron los arzobispos de Torres, *Salvador Solapuzo;* de Palermo, *Pedro T. de Aragón,* y de Calari, *Baltasar de Heredia,* y otros 23 [113].

En realidad, si bien se mira, es digno de notarse el hecho de que, entre los Padres conciliares que tomaron parte en la segunda etapa, 33 eran españoles, algunos de ellos como obispos en territorios italianos. A

---

[111] Véase JEDIN, o.c., III 355. Ambos escritos de Carlos V, fechados el 23 de diciembre de 1550, pueden verse en CT, XI 606s. Sólo tres o cuatro obispos de Aragón no fueron invitados, según parece, por estar impedidos.

[112] Es típico en este punto el caso de Santo Tomás de Villanueva, arzobispo de Valencia, quien, invitado a presentarse en Trento como los demás obispos, se vio en la precisión de excusarse por falta de salud para emprender aquel viaje. Véase para ello D. GUTIÉRREZ, *Los agustinos en el concilio de Trento.* V. *Por qué no asistió Santo Tomás de Villanueva:* CiDi 158 (1946) 493s. Por lo que se refiere a la segunda etapa del concilio, véase ibid., 497s.

[113] He aquí los nombres de estos obispos: el obispo de Plasencia, en Extremadura, *Gutierre Vargas de Carvajal;* el de Astorga, *Acuña\ y \Avellaneda,* natural de Aranda de Duero y colegial de San Bartolomé, de Salamanca; el de León, *Juan F. Temiño,* colegial del colegio salmantino de Oviedo, que se distinguió por su gran erudición teológica, muy celebrado por Arias Montano y Diego de Covarrubias. Añadamos el obispo de Tuy, *Juan de San Millán;* al de Ciudad Rodrigo, *Ponce de León;* al de Castellamare, en Italia, *Juan Fonseca;* al de Segorbe y Albarracín, *Juan Jofre;* al de Orense, *Francisco Manrique de Lara; Cristóbal Rojas Sandoval,* obispo de Oviedo; al de Salamina, en Italia, *Francisco de Salazar;* al de Segovia, *Gaspar de Zúñiga;* al de Pamplona, *Alvaro Moscoso;* al de Elna, *Miguel Pugio;* al de Zamora, *Antonio del Aguila; Esteban Almeida,* obispo de Cartagena; *Fernando de Locases,* obispo de Lérida; *Francisco de Benavides,* obispo de Mindoneo; *Antonio Codina,* obispo de Lacor, sufragáneo de Barcelona, y *Juan Jobino,* obispo de Constantina.

ellos debemos añadir los procedentes de Alemania y otros territorios del Norte, todos ellos súbditos de Carlos V. Si a esto se junta la intensa actividad desplegada y el influjo ejercido por un buen número de ellos, fácilmente se deduce la parte decisiva que tuvo el episcopado español en Trento.

Pero tanto como los prelados, en los positivos resultados de Trento influyeron los teólogos o canonistas, algunos de los cuales fueron expresamente enviados por el mismo romano pontífice o por el emperador Carlos V. Otros, en cambio, por las grandes Universidades de Salamanca y Alcalá y de sus respectivos y bien acreditados Colegios Mayores de San Bartolomé o de Oviedo, en Salamanca; de San Ildefonso, en Alcalá, y de la Santa Cruz, en Valladolid.

Efectivamente, Carlos V convocó para el concilio en esta segunda etapa a seis teólogos particularmente insignes: a los dominicos *Melchor Cano*, una de las primeras figuras de la teología de su tiempo, y *Bartolomé Carranza*, que tanto se debían significar en esta segunda etapa; a los dos franciscanos *Alonso de Castro*, tan acreditado por sus conocimientos teológicos, como lo había demostrado en la primera etapa, y *Juan Ortega*, que se presentaba ahora por vez primera. Asimismo, dos sacerdotes seculares: el maestro *Gallo*, insigne catedrático de Sagrada Escritura de Salamanca, y *Juan Arce*, canónigo de Palencia, iniciaban también su intervención en Trento [114].

A estos hombres tan significados en el campo de la teología enviados a Trento por Carlos V, juntemos los dos teólogos mandados de nuevo por el romano pontífice, *Diego Laínez* y *Alfonso Salmerón* [115]. De la alta estima que de ellos se hacía entre los mismos conciliares es clara prueba la siguiente frase, que el historiador jesuita *Polanco* emplea en su *Cronicón* de la Compañía de Jesús (II 249) al dar cuenta de la impresión que hizo su llegada a Trento el 27 de julio de 1551:

> «'Ahora ya va de veras el concilio', susurraban unos y otros al saludar a los dos recién llegados».

Por lo que se refiere a los demás, citemos todavía a *Melchor de Vozmediano*, elegido poco después obispo de Guadix, y al doctor *Maluenda*, teólogo de París y discípulo del gran humanista *Vives*, uno de los más

---

[114] Para orientarse en cada uno de estos nombres, así como también en los que hemos indicado anteriormente y los que vamos a señalar, recomendamos de un modo muy especial: C. GUTIÉRREZ, *Españoles en Trento*, en el lugar correspondiente a cada nombre; o los mismos nombres en DiHiEclEsp (Ma 1972-75).

[115] Sobre el modo como el mismo papa Julio III enjuiciaba a estos dos teólogos jesuitas y el motivo por que los enviaba por segunda vez al concilio, es interesante el fragmento siguiente de una carta que el secretario de San Ignacio de Loyola, Polanco, dirigía al mismo Laínez: «Y porque sepa V.R. que su Santidad le tiene por idóneo para más que enseñar el *Pater noster* salariando los oyentes [alude a una carta anterior], le hago saber que, como se ha tratado de veras de la cosa del concilio estos días, su Santidad, hablando con dos cardenales inteligentes de los teólogos que se deberían enviar al concilio en su nombre, y tocándose en algunos otros de diversas religiones y algunos de mucha autoridad, finalmente se resolvió de enviar a V.R. y al maestro Salmerón, diciendo muchas cosas y haciendo comparaciones, que, porque no se holgara V.R. con ellas, no se las escribo. Esta es la suma: que él se fía mucho de los que ha nombrado». Véase MHSI, EpistInst III 413-14.

apreciados consejeros de Carlos V en las dietas de Alemania. Por otra parte, se presentaron, de parte de la célebre Universidad de Lovaina, seis maestros insignes, a cuyo frente se hallaba el decano *Tapper*, eminente teólogo, que tanto se distinguió posteriormente al lado del teólogo alemán *Gropper*. A estos ilustres teólogos, pertenecientes al clero secular, añadamos al dominico *Diego Yáñez*, al jerónimo *Francisco Villalba* y a los franciscanos *Alfonso Contreras* y *Antonio de Ulloa* [116].

Para comprender de algún modo la gran significación de estos eminentes doctores y maestros en teología o derecho canónico, basta tener presente que, sumando en conjunto los letrados tridentinos de esta segunda etapa, que eran 50, el grupo de los españoles contenía más de la mitad. Lo cual todavía alcanza más fuerza si se tiene presente, por un lado, el gran interés que tuvo Roma por enviar a Trento teólogos italianos, y, por otro, el hecho que deben juntarse al bloque de los españoles un buen número de teólogos procedentes de Flandes, de Alemania e Italia, súbditos de Carlos V.

11.   COMIENZA LA SEGUNDA ETAPA. SESIONES XI, XII Y XIII

La nueva etapa del concilio de Trento celebró su primera reunión en *abril de 1551*, con una solemnidad semejante a la desplegada en 1545. El primer legado conciliar, *Crescenzi*, junto con los otros dos legados, *Pighino* y *Lippomani*, hicieron su entrada oficial en la ciudad conciliar, donde fueron recibidos por su obispo, el cardenal *Madruzzo*, y los trece prelados que se encontraban allí, casi todos españoles [117]. Al día siguiente, 30 de abril, se celebró en la sala del palacio Giroldi la solemne congregación preparatoria [118]. En ella se leyó la bula de nombramiento de los legados pontificios.

a)   **Sesión XI: 1.º mayo 1551. Protocolaria**

Así, pues, el *1.º de mayo de 1551* se celebró en la catedral de San Vigilio, de Trento, con la solemnidad acostumbrada, la *sesión XI (primera de esta etapa segunda)*, que fue meramente protocolaria. Es digno de notarse que los quince prelados que asistieron a esta sesión (el cardenal

---

[116] He aquí los nombres de otros teólogos españoles que tomaron parte en la segunda etapa del concilio Tridentino: *Martín de Olave, Juan Arce, Martín Malo, Santiago Ferrusio, Francisco Joro, Pedro Frago* y *Juan Caballo.* Pueden verse particularmente, además de C. GUTIÉRREZ, obras indicadas, LE PLAT, *Canones...* 105s, y en particular, E. IBÁÑEZ, *Las sesiones del concilio de Trento:* VyV 3 (1945) 133-83.

[117] La mayor parte eran los que se encontraban en Trento después del traslado a Bolonia, y allí habían permanecido hasta entonces. Es interesante el hecho que el fiscal imperial Vargas, que acudió a la recepción de los legados pontificios en nombre de Carlos V, expresó su satisfacción, «Porque de aquel modo el concilio de Trento se salvaba de su fracaso».

[118] Para esta congregación preparatoria y la sesión XI véanse CT VII,1 23-24; XI 627. Igualmente, para la sesión I de esta etapa y XI del concilio recomendamos: PASTOR, o.c., XIII 110s; JEDIN, o.c., III 368s; CRISTIANI, o.c., XIX 142s; RICHARD, o.c., IX 463s. Pero, sobre todo, CT II 227s.

Madruzzo, los tres legados y once obispos) pertenecían a territorios bajo el dominio de Carlos V, a excepción únicamente de los legados. Por otro lado, el único embajador de monarcas católicos que asistió a este acto de reanudación del concilio fue el del emperador Carlos V [119].

Por lo que se refiere al contenido de esta sesión, comprende dos partes. En la primera, el secretario, Massarelli, leyó la bula *Cum ad tollenda,* fechada el 14 de abril de 1551, por la que el papa convocaba de nuevo el concilio como continuación del mismo, y otra bula, *Ad prudentis,* en la que se concedían sus derechos propios a los legados pontificios. En la segunda parte se solicitó de los prelados asistentes su parecer sobre las dos cuestiones siguientes: ante todo, si estaban conformes en la reanudación o continuación del concilio. A lo que todos respondieron: «Placet» (conformes). Entonces se procedió a la segunda pregunta: si podía designarse el 1.º de septiembre para la próxima sesión pública, sesión XII, a lo que unánimemente respondieron de nuevo: «Placet» [120].

Durante los cuatro meses siguientes, hasta la sesión XII, los Padres conciliares se ocuparon de un modo especial con las celebraciones litúrgicas propias del tiempo, en las que vale la pena observar que intervinieron algunos oradores españoles. Tales fueron: en primer lugar, el teólogo *Pedro Frago,* discípulo de la Sorbona, que acudió al concilio como teólogo del obispo de Badajoz, don Francisco de Navarra. Asimismo, el minorita *Francisco de Salazar,* natural de Granada y graduado en teología en la Universidad de París. Era obispo titular de Persia desde 1548. Se había distinguido ya en la primera etapa en el debate sobre la justificación, y en esta segunda intervino brillantemente en la discusión sobre la eucaristía, así como también sobre los sacramentos en general, sobre el purgatorio y las indulgencias [121].

No menos se distinguieron: en la fiesta de la Santísima Trinidad, el jesuita *Martín Olave,* procurador en Trento del cardenal de Augsburgo, de la ciudad de Vitoria, maestro de teología de París, y el gran orador sagrado *Melchor Alvarez de Vozmediano,* teólogo del obispo de Badajoz, si bien, nombrado posteriormente obispo de Guadix, tomó parte como tal en la tercera etapa del concilio. Fue particularmente célebre su homilía dirigida a los Padres del concilio en la festividad de San Pedro y San Pablo del 29 de junio de 1551 en la catedral de San Vigilio, de Trento. Posteriormente intervino con intensa actividad en las discusiones sobre la eucaristía, la penitencia y en otras ocasiones. Citemos, finalmente, al doctor *Jaime Ferruz,* doctor por la Universidad de París y profesor de hebreo y Sagrada Escritura en Valencia. Como teólogo del obispo de Segorbe, acudió a Trento, donde tuvo su primera actuación con una bri-

---

[119] Entre los teólogos o letrados asistentes a esta sesión XI es digna de notarse su respectiva procedencia: cuatro eran españoles, dos alemanes y tres del mismo Trento. Así, pues, prácticamente, todos eran súbditos de Carlos V.

[120] Puede verse CT I 460; V 862 y 902. Sobre la homilía: CT I 656. Véanse además: C. GUTIÉRREZ, o.c., 432s; JEDIN, o.c., III 372; pero principalmente la interesante exposición de B. OROMÍ, *Los franciscanos españoles en el concilio de Trento:* VyV 4 (1946) (Francisco de Salazar) 87-108.

[121] Véase CT II 238. Sobre las intervenciones siguientes pueden verse: THEINER, I 497.552s; JEDIN, o.c., III 372s.

llante homilía en la fiesta de la Asunción de 1551. Poco después se acreditó igualmente como teólogo de la Sorbona, con sus intervenciones sobre la eucaristía, la penitencia y otros temas [122].

b) Visitas importantes. Notable aflujo de conciliares

Además de estas solemnidades litúrgicas, algunas visitas de personajes importantes ofrecieron variedad y entretenimiento a los Padres del concilio. Fue particularmente celebrada la de los príncipes *Felipe II* de España y del archiduque *Maximiliano de Austria,* quienes se dirigían a España. Su paso por Trento fue celebrado con grandes festejos, entre los que sobresalieron dos grandes torneos, realizados con la solemnidad y esplendor que se estilaba en estos grandes festivales del tiempo.

Entre tanto, mientras se desarrollaban las primeras discusiones en la nueva etapa conciliar, iban acudiendo a Trento un considerable número de obispos y teólogos, que contribuyeron eficazmente a comunicar más vida y eficacia a las deliberaciones y a toda la labor del concilio.

Ante todo, notemos el persistente aflujo de Padres y de los más significados teólogos de España. A los que ya hemos señalado deben añadirse, ya durante el mes de mayo, ocho prelados, entre los que sobresale el arzobispo de Granada, *don Pedro Guerrero* [123]. Era, indudablemente, gran apóstol, gran teólogo y gran defensor de algunas ideas fundamentales para la reforma católica. Por lo que se refiere a sus conocimientos teológicos, no se distinguió menos que el arzobispo Guerrero otra figura del episcopado español: *don Martín Pérez de Ayala,* quien, nombrado obispo de Guadix en 1548, se presentó ya como tal en Trento. Por su estancia en Lovaina y en Alemania, estaba perfectamente informado sobre los problemas más candentes de los protestantes. Es cierto que, por su temperamento agudo y algunas veces apasionado, se había creado bastantes enemigos durante la primera etapa; pero, esto no obstante, disfrutaba de gran prestigio y alcanzó gran influjo a lo largo de esta segunda etapa del concilio [124].

[122] Pueden verse las síntesis de THEINER, I 495.551.622. El texto íntegro de la homilía véase en TEJADA Y RAMIRO, o.c., 775s.
[123] Sobre *don Pedro Guerrero* véanse, ante todo, la obra fundamental de A. MARTÍN DE OCETE, *El arzobispo don Pedro Guerrero...* 2 vols. (Ma 1970); ID., *Fuentes para la historia de don Pedro Guerrero:* DiakPist (Granada 1969). Asimismo: C. GUTIÉRREZ, o.c., 946-62; R. G. VILLOSLADA, art. en DiHiEclEsp II 1065-66; C. M. ABAD, *Dos memoriales inéditos para el concilio de Trento:* MiscCom 3 (1945) 3-9; JEDIN, o.c., III 394 nt.14. Su llegada a Trento se indica en CT II 229.
[124] Véase, ante todo, su *Autobiografía:* Nueva BiblAutEsp 2 (Ma 1927) 211-37. Asimismo en C. GUTIÉRREZ, o.c., 774-92; ID., art. en DiHiEclEsp t.3 1963-65; F. OLMOS, *Los prelados valentinos* (Ma 1949) 173s; J. M. FERNÁNDEZ POMAR, art. en CuadEstGall 17 (1962) 117-31. Sobre todo, recomendamos el excelente estudio del eminente historiador del concilio de Trento H. JEDIN, *Die Autobiographie des don Martín Pérez de Ayala († 1566),* en *Kirche des Glaubens-Kirche der Geschichte,* 2 vols. (Fr 1966) t.2 285-320. En él se estudia la significación y el valor positivo de dicha *Autobiografía* y se pondera debidamente la importancia de la figura de Martín Pérez de Ayala en sus diversas actividades, particularmente en el concilio de Trento.

c) Sólida formación teológica en España

De un modo semejante a estos grandes prelados y otros españoles ya anteriormente citados, todos los demás que fueron llegando al concilio poseían una profunda formación teológica o canónica, o ambas conjuntamente, y la mayor parte estaban formados en las grandes Universidades de Salamanca, Alcalá, Valladolid y otras de España, e incluso un buen número de ellos en la Sorbona de París, o en Bolonia, o bien en la Universidad de Lovaina. De hecho, como ya hemos apuntado anteriormente, la formación teológica y cultural de la España de Carlos V y Felipe II había alcanzado un nivel tan extraordinario, que ciertamente podía medirse con el mejor de Europa, y su más evidente prueba es la floración de grandes letrados, sobre todo teólogos, canonistas y biblistas españoles, del concilio de Trento en sus tres etapas. Pues es bien conocido el hecho que mientras la Universidad de Salamanca, sobre todo después de su renovación por *Francisco de Vitoria,* constituía uno de los mejores planteles de teología de Europa, la de Alcalá se convirtió en el mejor centro de estudios hebraístas o bíblicos y, juntamente, del más selecto y equilibrado humanismo de su tiempo. Uno de los mejores resultados y de las más sólidas muestras de este ambiente fue la *Poliglota de Alcalá.* Todo esto estaba produciendo ahora los mejores frutos en el concilio de Trento [125].

De ello son la mejor prueba no sólo los prelados y teólogos anteriormente citados, sino también los que fueron llegando a continuación. Tales son, entre otros, *Juan Fernández Temiño* [126], llegado a Trento el 6 de mayo, obispo de León y profesor anteriormente de Salamanca; el obispo de Oviedo, *Cristóbal Rojas,* acreditado doctor en teología por la Universidad de Alcalá; *Juan de Millán,* obispo de Tuy y catedrático de filosofía en Salamanca, llegado a Trento el 12 de mayo.

Con la magnífica representación diplomática y la sólida y abundante selección de prelados y teólogos que Carlos V envió al concilio, el emperador había dado la más clara prueba de la importancia que le atribuía. Era nada menos que contribuir eficazmente a la unificación religiosa de toda Europa y del mundo entero, particularmente de los territorios ale-

---

[125] Sobre el problema de las universidades españolas, particularmente las de Salamanca y Alcalá, véase la excelente síntesis de varios autores en DiHiEclEsp IV 2612s (Ma 1975). Sobre la de Salamanca: C. PALOMO, art. ibid., 2639-41; V. BELTRÁN DE HEREDIA, *Bulario de la Universidad de Salamanca,* 3 vols. (Salamanca 1914-15); ID., *Los orígenes de la Universidad de Salamanca* (Sa 1953); E. ESPERABÉ DE ARTEAGA, *Historia pragmática de la Universidad de Salamanca,* 2 vols. (Sa 1914-17); A. RIESCO, *Proyección histórico-social de la Universidad de Salamanca a través de sus colegios* (Sa 1970). Sobre la de Alcalá: J. URRIZA, en DiHiEclEsp IV 2613-16; ID., *La preclara Facultad de Artes y Filosofía de Alcalá (1509-1521)* (Ma 1942); A. DE LA TORRE, *La Universidad de Alcalá. Datos para su historia,* en RArchBM 21 (1909) 48-71.261-85.405-35; ID., *Los colegios de Alcalá,* en RevMa 3 (1943) 123-34. En particular sobre los colegios universitarios: F. MARTÍN, art. en DiHiEclEsp I 455-60, con abundante bibliogr. sobre la materia. Sobre la formación general teológica, ascética y cultural de España y el florecimiento de la teología recomendamos de un modo especial la reciente publicación de M. ANDRÉS, *La teología española en el siglo XVI,* 2 vols.: BiblAutCrist (BAC), Maior 13 y 14 (Ma 1976-77).

[126] Véase C. GUTIÉRREZ, o.c., 612s. Su llegada a Trento el 6 de mayo: CT, II 230. Véase asimismo JEDIN, o.c., 385, particularmente la nt.16.

manes, desunidos y desmoralizados por sus divisiones religiosas. Así se explica que Carlos V tuviese tanto interés en que no solamente de los territorios españoles, sino también de los demás sometidos a su imperio, acudiesen dignos representantes a Trento.

Y esto fue, efectivamente, una realidad. Pues es cierto que en la primera etapa ni siquiera un obispo alemán había tomado parte en el concilio de Trento, lo cual es tanto más de notar si se tiene presente que en ella se trataron temas tan transcendentales para Alemania como los de la Sagrada Escritura (sesión IV) y, sobre todo, de la justificación (sesión VI), fundamentales y vitales para el protestantismo. Para la segunda etapa, en cambio, se llegó a formar un ambiente relativamente favorable al concilio, cuyo mejor exponente y manifestación fueron los insignes representantes de Alemania que acudieron a Trento.

De este ambiente más o menos favorable al concilio son buena prueba, entre otros hechos bien probados, las preces especiales que, según refieren documentos verídicos del tiempo, se recitaban en algunas regiones de Alemania para el buen éxito del concilio [127]. De este modo, venciendo las serias dificultades que se oponían al envío de obispos y letrados a Trento, el episcopado católico alemán, aunque en escaso número, estuvo dignamente representado en la segunda etapa conciliar. Notemos, ante todo, a los tres arzobispos-electores: de Maguncia, *Sebastián von Hausenstramm;* de Tréveris, *Juan von Isemburg,* y de Colonia, *Adolfo von Schaumburg,* quienes, siguiendo la insistente invitación e impulso de los legados conciliares Crescenzi y Lippomani, se presentaron por fin en Trento. Les había precedido, el 17 de junio de 1551, *Jorge Flach,* obispo auxiliar de Würzburg.

Asimismo, el obispo de Viena, *Federico Nausea,* en representación del rey Fernando de Austria, y algunos eminentes teólogos, como procuradores de otros prelados alemanes, fueron engrosando el número de estos importantes grupos de súbditos del emperador. Todos ellos estuvieron en Trento el 1.º de septiembre al celebrarse la segunda sesión del concilio en esta etapa. El obispo de Naumburg, *Julio Pflug,* no llegó hasta el 20 de noviembre. Para la sesión del 25 de enero de 1552 llegaron a reunirse catorce prelados alemanes o de habla alemana [128].

Ahora bien, si al importante número de los prelados y teólogos o letrados españoles se junta el valioso de los alemanes y el procedente de algunos territorios italianos, súbditos de Carlos V, fácilmente se comprende que el emperador disponía casi de una mayoría en esta segunda

---

[127] Como nos comunica el historiador JEDIN (o.c., 389), el confesor de Carlos V, el dominico Pedro de Soto, compuso unas preces para este objeto, que eran recitadas por los estudiantes de la Universidad de Dilinga. Y en la diócesis de Naumburgo y Merseburgo se leía los domingos, antes de la homilía, esta oración: «Que Dios envíe su Espíritu Santo a todos los que están congregados en el concilio de Trento y que dirija y oriente sus corazones, sentidos y sentimientos con su gracia y sabiduría celestial para que puedan apartar de su amada Iglesia y de la cristiandad todos los errores, falsas doctrinas y abusos y logren mantener la verdadera y santificante doctrina cristiana y un provechoso culto divino, aplacar todas las guerras, desavenencias y enemistades, y para que se instaure el amor verdadero, la paz y la unidad entre todos los cristianos».

[128] Véase para todo esto a JEDIN, o.c., III 393 y las notas correspondientes.

etapa. Pero es justo confesar lo que es más significativo, que, aunque también asomó alguna vez la propensión a querer realizar la obra del concilio independientemente del romano pontífice, en esta segunda etapa muestra Carlos V, más que nunca, la más absoluta decisión de trabajar siempre en unión con Julio III.

Por lo que se refiere al papa, resalta más todavía la obra realizada en Trento por los papas Paulo III y Julio III, no obstante los graves defectos, particularmente su desenfrenado nepotismo y el considerable aseglaramiento de que ambos adolecían. Por encima de sus manifiestas deficiencias, indudablemente dieron claras pruebas de una seria voluntad de reforma eclesiástica y pusieron de hecho las bases de la misma.

d) **Sesión XII: 1.º septiembre 1551**

Así, pues, partiendo de la base de que había aumentado considerablemente el número de prelados y teólogos del concilio, en la congregación general del 31 de agosto de 1551 se decidió celebrar al día siguiente la sesión XII, señalada para ese día, pero no proclamar en ella todavía ningún decreto conciliar.

De este modo, se celebró aquella sesión con la solemnidad acostumbrada, dando principio con la misa del Espíritu Santo, celebrada por el obispo de Cagliari. En ella, en lugar de la homilía acostumbrada, el secretario, Massarelli, leyó una importante reflexión sobre la grandeza de la tarea conciliar, semejante a la de los primeros concilios ecuménicos de la cristiandad. En el decreto de prórroga, en el que se fijaba para el 11 de octubre la próxima sesión, se proponía el tema de estudio de la *eucaristía,* que fue unánimemente aceptado [129].

Asistieron a la sesión XII los tres legados pontificios: Crescenzi, Pighino y Lippomani; el cardenal Madruzzo, dos arzobispos-electores y otros cinco arzobispos, 26 obispos y 25 teólogos.

e) **Sesión XIII: 11 octubre 1551.**
   Sobre la eucaristía

Inmediatamente después de terminada la sesión XII, se emprendió la preparación de la sesión XIII, para el 11 de octubre del mismo año 1551, que trataría sobre la eucaristía. Así, pues, el mismo 3 de septiembre se presentó a los teólogos una lista de diez artículos, en los que se sintetizaba la doctrina sobre la eucaristía, en contraposición a los conceptos de Lutero y otros innovadores sobre esta materia. Se iniciaron, pues, los trabajos sobre la base de los ya realizados en 1547 en Bolonia. Con esto la labor fue relativamente fácil. El día 8 se dio ya principio a las congregaciones preparatorias de los teólogos, iniciándolas Laínez con una de sus más valiosas disertaciones [130].

---

[129] Puede verse, ante todo, CT VII,1 89-107. Sobre la misma sesión XII véanse: Pastor ,o.c., XIII 115s; Jedin, o.c., III 397s; Richard, o.c., IX 469s; Theiner, o.c., I 486s.
[130] Para estos puntos recomendamos: Jedin, o.c., III 405s; Pastor, o.c., XIII 116s; Cristiani, o.c., XIX 143s. En particular sobre la intervención de Laínez: Cereceda, o.c., I

Diego Laínez procuró poner bien en claro la doctrina católica sobre la presencia real de Cristo en la eucaristía frente a las múltiples teorías de Lutero, Calvino, Zuinglio, Ecolampadio y otros, siendo de notar de un modo especial, como en otras ocasiones, su gran erudición patrística. Sintetizando su intervención, comunicó Salmerón a San Ignacio que «fue a satisfacción de todos». De un modo semejante, entre el 8 y el 16 de septiembre fueron exponiendo sus pareceres los 25 teólogos entonces presentes. Entre ellos notamos las intervenciones de los tres imperiales: *Arce, Ortega* y, sobre todo, *Melchor Cano;* asimismo, *Martín Olave,* en representación del cardenal de Augsburgo, Otón von Truchsess, y *Francisco Heredia,* por el obispo de Tarazona.

Vale la pena observar que de los 25 teólogos, 16 eran españoles. De este modo, el 19 de septiembre, el embajador de España pudo escribir

> «que los doctores teólogos habían acabado de decir sus pareceres sobre los artículos que se les propusieron, entre los cuales los doctores españoles... son los que más principalmente se han señalado, y, entre ellos, Melchor Cano, el doctor Arce y el doctor Olave» [131].

En realidad, en lo que más insistieron fue en establecer, con la mayor claridad posible, la presencia real, excluyendo en absoluto todo simbolismo. Asimismo, en la transubstanciación, frente a Lutero. Como pondera muy particularmente el historiador *Jedin* [132], el que más profundamente trató este problema de la transubstanciación fue el bien acreditado teólogo de Salamanca *Melchor Cano,* pues, como él dijo, aunque se trata de una expresión nueva y no contenida en la Sagrada Escritura, el contenido expresa maravillosamente la fe constante de la Iglesia. Por lo demás, se estableció el principio de que el concilio debe limitarse a condenar las herejías, pues no se ha reunido para decidir cuestiones escolásticas.

Estos mismos diez artículos constituyeron la base del debate general, que ocupó a los teólogos desde el 21 al 30 de septiembre, si bien se planteó y tuvo que discutirse, asimismo, el problema de la comunión bajo las dos especies (el problema del *cáliz para los laicos,* como solía decirse), en que tanto insistían los protestantes. Pero al fin se dejó esta discusión para más adelante. Es digno de notarse de un modo especial el voto del erudito y belicoso obispo de Guadix, *Martín Pérez de Ayala* [133]. Conocía a fondo los problemas protestantes. Por eso en su voto del 26 de septiembre refuta brillantemente las diversas teorías de los innovadores contra la presencia real y contra las teorías que niegan la transubstanciación [134]. Luego se nombró una comisión para la redacción de los

330s; el texto puede leerse en GRISAR, *Disputationes tridentinae* II 193s y THEINER, o.c., I 490s.

[131] CT, XI 651.

[132] Véase JEDIN, o.c., 407s. El *voto de Juan de Arce* puede verse en CT VII,1 122s; el de *Francisco Heredia,* ibid., 134; el de *Melchor Cano,* ibid., 124s (mucho más detallado que los demás por su gran importancia); el de *Salmerón,* impugnado por Cano, ibid., 118s.

[133] Puede leerse en CT VII,1 162s. Algo semejante expuso el obispo auxiliar de Barcelona, ibid., 161.

[134] Véase JEDIN, o.c., III 417.

capítulos y cánones definitivos, en los que debía sintetizarse la doctrina católica sobre la eucaristía. Esta diputación estaba formada por los arzobispos de Maguncia, Sassari y Granada y los obispos de Astorga, Badajoz, Bitonto, Guadix, Módena y Zagreb. El trabajo a partir del día 1.º de octubre fue realmente intenso y acertado. Pero desde el día 6 se juzgó necesario redactar sobre la eucaristía una serie de *capítulos* doctrinales de un modo semejante a lo que se había hecho con la justificación. Así se realizó, bajo la dirección del legado Lippomani.

Así, pues, el *11 de octubre de 1551,* conforme a lo anunciado, se celebró la *sesión XIII sobre la eucaristía* y diversos puntos de reforma. En ella tomaron parte, además de los tres legados conciliares, un cardenal, los tres arzobispos-electores alemanes, otros cinco arzobispos, 34 obispos, tres abades y cinco generales de órdenes religiosas. Además asistieron 48 teólogos [135].

Por lo que se refiere a los decretos promulgados por esta sesión, el *dogmático* contenía las cuestiones fundamentales sobre *la eucaristía,* formuladas en ocho capítulos doctrinales y once cánones disciplinares [136]. En unos y otros se proclamaba la *presencia real* de Cristo en la eucaristía y sus características; la *transubstanciación;* el culto y veneración que se le debe y la facultad de reservarlo en las iglesias y llevarlo a los enfermos; la recepción sacramental y real de Cristo en la comunión; la obligación de recibirla; la debida preparación para ella. Al mismo tiempo se condenan las doctrinas contrarias a la presencia real, etc.

En el *decreto de reforma* se incluyeron importantes disposiciones sobre la *jurisdicción de los obispos.* Para ello se les recomienda, en primer lugar, la importancia capital de la *residencia,* pues sólo así encontrarán tiempo y gusto para gobernar debidamente a los fieles. Asimismo, se dan otras disposiciones fundamentales. Las actas de esta sesión XIII terminan con el *salvoconducto para los protestantes,* con el objeto de que pudieran libremente presentarse en el concilio.

12.   Sesión XIV, 25 noviembre 1551: penitencia, unción de enfermos

Cuatro días después de la sesión XIII, el 15 de octubre, el secretario del concilio presentó a los teólogos dos series de artículos para que se iniciaran sus discusiones. Los doce primeros se referían al *sacramento de la penitencia,* y los otros cuatro, al de la *unción de enfermos* [137]. Como ocurrió en las discusiones anteriores sobre la eucaristía, debía partirse de la base de los debates celebrados en Bolonia en 1548.

[135] Sobre la sesión XIII pueden verse: Pastor, o.c., XIII 118s; Jedin, o.c., III 430s; Richard, o.c., IX 473s; CT VII,1 197s.
[136] El texto en latín: CT VII,1 200-207; Alberigo, o.c., 669s; en latín y castellano: Tejada y Ramiro, o.c., 134s; en latín y francés: Michel, o.c., X 255s.283s. Asimismo, buena síntesis del texto en Cristiani, o.c., XIX 144s.
[137] Véase el texto, con abundantes fuentes, en CT VII,1 233-34. Puede verse también Jedin, o.c., III 471s.

a) **Aumento de representación conciliar,**
   particularmente imperiales

Entre tanto había ido aumentando el número de los prelados y teólogos conciliares. A los siete doctores de Lovaina con su deán Tapper, se añadieron los doctores de Colonia *Gropper* y *Billick* y otros procedentes de Alemania, todos ellos grandes conocedores de los escritos y opiniones protestantes y, por otra parte, partidarios del emperador. Por su lado, la colonia española había quedado considerablemente reforzada. Notemos de un modo especial a *Maluenda,* teólogo del emperador, a quien el consejero imperial y obispo de Arras, Granvela, caracteriza como «hombre de letras, de honor y de buen espíritu», y de quien el fiscal Vargas escribe que «hace discursos profundos y elegantes y se le escucha con gran gusto». Al bien conocido y eminente dominico Melchor Cano se había juntado el célebre confesor *P. Chaves,* también dominico, a quien su insigne discípulo Domingo Bañes dedica grandes elogios. Por lo demás, el número de españoles había ido creciendo.

Era evidente el gran esfuerzo realizado por el emperador Carlos V, tanto en España como en Alemania, Flandes y diversos territorios de Italia, para hacer posible la gran concentración española de Trento y su eficaz colaboración en la obra del concilio. Por lo demás, lo repetiremos otra vez, toda esta floración de teología y ciencia bíblica y eclesiástica, que tanto caracteriza a la España de los reyes Carlos V y Felipe II, era el resultado natural del florecimiento de las grandes Universidades de Salamanca, Alcalá, Valladolid y otras y de los estudios teológicos y bíblicos, que tanto allí se cultivaban.

b) **En torno al sacramento de la penitencia.**
   Grandes teólogos

Con tan competentes instrumentos para la discusión, el 20 de octubre se emprendieron los debates sobre la *penitencia* y la *unción de enfermos,* que constituyeron el objeto de las congregaciones generales hasta el 30 del mismo mes. En ellas intervinieron por vez primera los teólogos lovanienses, y, sobre todo, dio claras pruebas de sus excelentes conocimientos teológicos su decano, Tapper. Pero, según estaba establecido, Laínez y Salmerón, como teólogos pontificios, iniciaron los debates, consumiendo entre ambos las cuatro horas de la sesión del día 20 de octubre.

Como bien pondera el P. FELICIANO CERECEDA, biógrafo moderno del P. *Laínez,* era verdaderamente grande, sobre todo para Laínez, el esfuerzo que tuvo que realizar, débil y enfermo como entonces se encontraba, para responder ventajosamente a la enorme expectación de un auditorio tan selecto [138]. La mayor parte de su voto la dedicó a probar que la confesión o manifestación de los pecados es necesaria en el

---

[138] El texto puede verse en THEINER, I 533s; GRISAR, o.c., II 195s; pero sobre todo en CT VII,1 241-44. El voto de TAPPER, ibid., 248s. Recomendamos para todo este punto: CERECEDA, o.c., I 339s y JEDIN, o.c., III 475s.

sacramento de la penitencia si el sacerdote tiene que decidir entre la absolución o retención (no absolución) de los pecados. Es, pues, de derecho divino. En cambio, el que la confesión sea pública o puramente privada, es algo secundario, es decir, de derecho humano o puramente positivo.

Exactamente el mismo parecer manifestó el teólogo lovaniense *Tapper*. Según lo expresó en su amplio voto, el sacramento de la penitencia es un tribunal establecido por Cristo. Así, pues, según el derecho divino, la manifestación de los pecados es absolutamente necesaria, pues sin ella no puede ejercitarse el poder judicial de absolver o no absolver. La Iglesia, en cambio, decide si esta confesión debe hacerse pública o privadamente. De hecho, añade luego, lo que se usaba en la antigüedad era la confesión pública, y la privada no estuvo en uso antes del concilio IV de Letrán (1215). Por esto, tanto él como Lainez, insisten en que la confesión secreta no es mencionada por los Santos Padres.

Por su parte, dando de nuevo una prueba de su gran erudición patrística, el dominico *Melchor Cano* intervino en favor de la confesión privada. Para ello adujo importantes testimonios de la tradición que lo confirmaban. El resultado de toda esta controversia frente a los innovadores protestantes fue que la confesión había sido realmente instituida por Cristo, quien no hizo distinción entre la privada y la pública. Asimismo, se desarrolló una serie de prolongadas discusiones sobre la necesidad del arrepentimiento o dolor para una verdadera confesión, y otros puntos fundamentales de la misma. Entre los 32 teólogos que intervinieron, notamos de un modo particular a los españoles *Juan de Arce*, que disertó sobre la satisfacción prestada por Cristo, y el jesuita *Martín de Olave;* quien sobre el mismo tema afirmó que el hombre satisface por la culpa, no por la pena.

De gran importancia fueron, igualmente, las discusiones que se desarrollaron a principios de noviembre de 1551. Entre ellas es digna de memoria una alocución del arzobispo de Granada, *Pedro Guerrero*, quien exigía que las conclusiones presentadas por los teólogos fuesen luego discutidas por los Padres, pues podía suceder que éstos pudieran añadir nuevos y más convincentes argumentos a los aducidos por los teólogos.

Como se expresa H. JEDIN, no sólo el arzobispo de Granada se ocupó del sacramento de la penitencia durante estos últimos debates, sino también otros prelados españoles «estuvieron a un nivel considerable», como los obispos de Calahorra, León, Tuy y Guadix; y no solamente los españoles, sino también los alemanes y flamencos, súbditos de Carlos V. Entre éstos, pondera de un modo particular al arzobispo-elector de Maguncia, quien habló en nombre suyo y de los otros arzobispos-electores de Colonia y Tréveris.

c) Unción de enfermos. Sesión XIV: 25 noviembre 1551

En las últimas congregaciones, celebradas entre los días 15 y 21 de noviembre de 1551, se perfilaron los textos de los artículos y cánones sobre la penitencia, a los que se añadieron los artículos sobre la unción de enfermos. De hecho, hubo absoluta conformidad entre los Padres conciliares en que la penitencia y la unción de enfermos son auténticos sacramentos de la Iglesia, instituidos por Cristo. Con la misma unanimidad se decidió la necesidad de la confesión de los pecados (secreta o pública).

Pero la gran división sobrevino el 21 de noviembre, cuatro días antes de la anunciada sesión pública, al presentarse para la aprobación de los Padres *quince cánones sobre la reforma de la Iglesia* [139]. En ello se vio claramente la intención y el sistema ya conocidos del legado Crescenzi, quien, en inteligencia con Julio III, no quería que se trataran a fondo las cuestiones de reforma eclesiástica, para que no salieran a relucir los innumerables abusos que constituían la práctica ordinaria de las altas esferas de la Iglesia, a las que no estaban dispuestos a renunciar. Por eso deseaban que rápidamente se decidieran algunos puntos más o menos importantes, pero que no llegaban al fondo de la reforma, y con esto se cumpliera con el requisito de publicar algún decreto de reforma.

Así, pues, la oposición fue intensa e incluso apasionada, sobre todo de parte del episcopado español, que ya se había enfrentado diversas veces en defensa de una auténtica y profunda reforma. Pero en estas circunstancias, el embajador de España, don Francisco de Toledo, aunque en principio estaba de parte del episcopado español, como lo estaba también Carlos V, intervino en sentido conciliador, y al fin se llegó a la decisión final del 24 de noviembre, de celebrar al día siguiente la sesión XIV del concilio con su decreto de reforma como estaba redactado, dejando para más adelante la discusión sobre la misma reforma.

El *25 de noviembre de 1551* se celebró, pues, con la solemnidad acostumbrada y en la catedral de San Vigilio, la *sesión XIV* del concilio de Trento [140], en la que tomaron parte: además de los legados pontificios, el cardenal de Trento, nueve arzobispos, 40 obispos y cinco procuradores de obispos ausentes, cinco abades y un general de una orden religiosa, con 50 teólogos.

En esta sesión se publicó, ante todo, la doctrina católica sobre la *penitencia*. El decreto comienza estableciendo la necesidad y la institución por Cristo de la penitencia, que es *verdadero sacramento,* así como también la diferencia entre este sacramento y el bautismo. El concilio declara, asimismo, que para la válida recepción de la penitencia o perdón de

---

[139] Véase CT VII,1 332s. Las deliberaciones del embajador Toledo con el legado Crescenzi, en CT XI 714-18. El debate general del 21 de noviembre: CT VII,1 334-37. Son dignas de mención las modificaciones propuestas por el obispo de Calahorra. Asimismo intervino el obispo de Orense. Los informes dirigidos a Granvela por el obispo de Orense indican la importancia de este debate. Son interesantes las quejas del fiscal Vargas contra las modificaciones introducidas en el texto: ibid., XI 728; pero es digno de tenerse en cuenta que el arzobispo de Granada, Pedro Guerrero, no se adhirió a ellas. El emperador las denegó: CT XI 762s.

[140] Sobre la sesión XIV pueden verse, ante todo, CT VII,1 343-71; Pastor, o.c., XIII 122s; Le Plat, o.c., IV 271s; Raynaldi, a.1551 n.53s; Jedin, o.c., III 497s; Cristiani, o.c., XIX 147s. El texto de los decretos en latín: Alberigo, o.c., 674s; en latín y castellano con aclaraciones: Tejada y Ramiro, o.c., 151s; en latín y francés: Michel, o.c., X 312s. Buena síntesis: Cristiani, o.c., XIX 147s.

los pecados se requieren tres partes: contrición, confesión (o declaración de los pecados) y satisfacción, cuyo fruto es la verdadera reconciliación con Dios. Así, pues, por medio de una válida confesión, no sólo *no se imputan* o *se cubren* los pecados, según afirman Lutero y los innovadores, sino que *se borran* y *desaparecen*.

Además, el concilio declara la necesidad de la confesión verbal de los pecados, como de institución divina, para obtener el perdón de los mismos y que no basta la confesión interior hecha directamente a Dios. Asimismo, que el ministro de este sacramento es todo sacerdote debidamente ordenado, de modo que, aun estando él en pecado mortal, su absolución es válida.

Respecto del sacramento de la *unción de enfermos,* proclama el concilio, ante todo, su institución divina y su carácter de verdadero sacramento. Asimismo, su efecto fundamental, que es conferir gracia, perdonar los pecados y aliviar al enfermo; finalmente, el rito, que es el usado por la Iglesia, y el ministro, que es el sacerdote ordenado por el obispo.

El decreto de reforma puede considerarse como complemento del de la sesión precedente. En el preámbulo se pondera la importancia de la reforma de los eclesiásticos, pues en verdad se puede decir: *Como es el sacerdote, es el pueblo;* y se dan disposiciones prácticas sobre los deberes y la jurisdicción de los obispos en la administración de sus diócesis. Al terminar la sesión XIV, se designó para la *sesión XV el 25 de enero del año 1552.*

13. SESIÓN XV: 25 ENERO 1552: SANTA MISA, ORDEN SACERDOTAL

Inmediatamente se pusieron de nuevo al trabajo con la discusión sobre el *santo sacrificio de la misa* y el sacramento del *orden sacerdotal.* Los dos temas están íntimamente relacionados y, por otra parte, la materia había sido ampliamente tratada en Bolonia; pero ahora volvió a profundizarse en ella con especial empeño. Para ello se tuvieron presentes, ante todo, los escritos de los disidentes, particularmente de Lutero, con sus apasionados ataques, contra la misa. Entregóse, pues, a los teólogos una lista de los errores entresacados de todos sus escritos, y sobre la base de *diez artículos sobre la misa* y *seis sobre el orden sacerdotal,* se iniciaron las discusiones el 3 de diciembre.

En esta forma, pues, se celebraron hasta 29 congregaciones particulares. En ellas podemos observar, en términos generales, que el nuevo estudio sobre estos dos temas fundamentales del dogma católico fue mucho más profundo que el realizado el año 1548 en Bolonia. Las nuevas fuerzas llegadas de Flandes y de Alemania, con el profundo conocimiento que poseían de las fuentes protestantes, contribuyeron eficazmente a esta profundización. Ciertamente es muy digna de notarse la intensa labor realizada por los teólogos españoles y extranjeros, bien puesta de manifiesto en los amplios votos que presentaron en las sesiones conciliares [141].

a)   Sobre el santo sacrificio de la misa. Grandes doctores

En general, se puede decir que, ante todo, los teólogos pusieron su máximo empeño en probar, frente a Lutero y demás innovadores, que *la misa es un sacrificio.* Juzgamos, pues, de particular interés aducir aquí algunos de los votos presentados en esta larga discusión, y nos referimos principalmente a los teólogos españoles y a alguno de los alemanes o imperiales.

Así, *Diego Laínez,* ya en los primeros días de estas discusiones (el 7 de diciembre de 1551) ofreció tal cúmulo de testimonios de la Sagrada Escritura y de los Santos Padres, en su exposición sobre el carácter de sacrificio de la misa, que el mismo Tapper, especialista en estas pruebas positivas de la tradición, afirmó al día siguiente que tenía poco que añadir. Laínez, que había asistido a las discusiones de Bolonia, repitió las fórmulas tantas veces aducidas: que en la misa se ofrece la misma víctima que en el Calvario y que ésta se ofrece por el mismo sacerdote; pero mientras en la cruz se hizo de una manera cruenta, en la misa se realiza de un modo incruento. Además, proseguía Laínez, la misa es la nueva Pascua, el banquete sacrificial. Cristo es sacerdote para siempre, porque la santa misa se ofrece constantemente. Por otra parte, Laínez asigna a la misma eficacia por sí misma *(ex opere operato)* [142].

No de menor interés fue el erudito discurso que nos ofreció el 8 de diciembre el decano lovaniense, *Tapper.* Como Melanchton echaba en cara a los controversistas católicos el no dar ninguna clara definición del santo sacrificio de la misa, intenta él ofrecérnosla partiendo de la definición dada por San Agustín en la *Ciudad de Dios.* Si todo sacrificio es ofrenda,

> «Cristo —dice— se ofreció al Padre bajo las especies de pan y vino... y mandó que hiciéramos lo mismo que él hizo. Por consiguiente, también nosotros sacrificamos y ofrecemos... Y, como en la última cena, así en la misa se realiza un sacrificio, una autoofrenda».

A continuación aduce testimonios de San Ireneo y San Cipriano y de la tradición apostólica en confirmación de lo dicho [143].

---

[141] Es digno de tenerse en cuenta el cálculo que sobre este tiempo nos ofrece el bien acreditado historiador alemán HUBERT JEDIN, donde aparece igualmente el grado de estima en que eran tenidos algunos de los grandes teólogos. «La disposición —dice— de que fueran breves se observó con amplitud de criterio. Los principales entre ellos, como los españoles Laínez, Cano, Arce y Carranza, lo mismo que Tapper y Gropper, llegaron a emplear toda una mañana, es decir, hasta cuatro horas; Salmerón, Castro, Ravesteyn, Billick, Contreras, toda una tarde, tres horas cada uno. Sólo en una congregación intervinieron tres oradores».

[142] El texto puede verse en CT VII,1 379-83 y asimismo en GRISAR, o.c., II 204s.

[143] El texto del discurso de TAPPER puede verse en CT VII,1 386s; LE PLAT, o.c., IV 337-50. Duró más de cuatro horas. Complemento del voto de TAPPER fue el del erudito alemán GROPPER: CT VII,1 405-480.

Pero queremos ofrecer aquí todavía una pequeña síntesis de las intervenciones de los dos insignes dominicos Carranza y Cano. Ante todo *Carranza* insiste en el concepto de que el sacrificio de la cruz y el de la misa son uno solo, pero distintos en cuanto al modo [144]. En segundo lugar, es digno de consideración el voto de *Melchor Cano,* uno de los teólogos más estimados de Trento, quien insiste de un modo especial en rebatir los argumentos de los innovadores contra el carácter sacrificial de la misa [145]. Según él expone, el motivo que impulsaba a Lutero en su enconada batalla contra la misa era precisamente su concepto especial de sacrificio, según el cual solamente por medio del sacrificio podían perdonarse los pecados. Así, pues, la misa, según él, no es más que un recuerdo o un testamento.

Igualmente, *Cano* conoce perfectamente la doctrina de Calvino, que se centra en el único sacrificio de la cruz, que fue ofrecido por Cristo, único sacerdote, lo cual excluye todo otro sacrificio y cualquiera otro sacerdote. Contra este concepto expone Cano el suyo, basado en Santo Tomás. El sacrificio se realiza, en primer lugar, por la muerte de la víctima y, en segundo lugar, por el ofrecimiento de la misa de una cosa sagrada, ya que en la misa Cristo es ofrecido en cuanto sacrificio por los hombres. La misa, pues, no es solamente un recuerdo o un testamento, sino una acción, y el sacerdote es sólo Cristo, con lo que aparece la unidad del sacrificio del Nuevo Testamento.

Indudablemente, se puede afirmar que este segundo gran debate de 1551 sobre el sacrificio de la misa superó, en riqueza doctrinal y en profundidad teológica, al de Bolonia de 1548 [146].

b) **El orden sacerdotal. Sesión XV: 25 enero 1552**

Por lo que se refiere al sacramento del *orden sacerdotal,* se completaron, igualmente, las anteriores discusiones de Bolonia. Del 7 al 16 de diciembre de 1551, solamente seis de entre ellos presentaron amplios votos sobre este sacramento en las sesiones de los teólogos, entre los cuales notamos en particular al de Alfonso Salmerón, inseparable compañero de Laínez [147]. Desde el 17 al 23 del mismo mes presentaron sus disertaciones otros once teólogos. Unos y otros insisten en el hecho fundamental de que el orden sacerdotal es un sacramento, fundándose principalmente en las mismas palabras de la institución de la eucaristía y en el acto de donación del Espíritu Santo a los apóstoles con el poder

[144] El voto de CARRANZA puede verse en CT VII,1 435s.
[145] Véase en CT VII,1 387-90. Notemos que el bien conocido Bernaert, en una carta del 31 de diciembre de 1551 (CT XI 753), considera personalmente a Melchor Cano, Alfonso de Castro y Bartolomé Carranza «entre los teólogos más insignes entre los españoles», y entre los alemanes y flamencos, a Tapper y Billick. En la misma carta añade: «El sumo pontífice tiene aquí [en Trento] dos jesuitas en verdad doctísimos y todavía jóvenes: Laínez y Salmerón» (CT XI 735). Para toda esta exposición recomendamos a JEDIN, o.c., III 504s.
[146] Puede verse en particular JEDIN, o.c., III 516s.
[147] Véase CT VII,1 383-86. Es sumamente abundante en material bíblico, como el de Laínez sobre la misa, citado anteriormente.

de perdonar los pecados. El 29 de diciembre de 1551, con el voto de Carranza, terminaban las congregaciones de los teólogos [148].

El 2 de enero de 1552 se iniciaron de nuevo las congregaciones generales de los conciliares. En el proyecto doctrinal, distribuido en ellas el día 3 sobre los dos temas, la santa misa y el orden sacerdotal, se justificaba la unión de ambos, pues de hecho no podía entenderse al uno sin el otro. Se celebraron, pues, con extraordinaria animación hasta trece congregaciones generales, y el 14 de enero, una comisión de dieciocho Padres inició la redacción definitiva del texto, que se puso luego a votación. El 24 de enero estaba dispuesto todo para la sesión XV.

De este modo se celebró, tras largas y enconadas luchas, esta *sesión XV* en la fecha señalada del *25 de enero de 1552.* Mas por diversos motivos *se omitió la publicación de los decretos,* tanto los dogmáticos como los de reforma [149].

En realidad, la sesión XV, según se expresó el secretario, Massarelli, «fue extraordinariamente insatisfactoria» o, como se dice en otros relatos, «vacía» y «sin contenido». En ella se publicaron, según lo convenido, dos decretos. El primero era la prórroga de la sesión; pues, en efecto, se aplazaba la publicación de los decretos dogmáticos ya dispuestos. La sesión siguiente se señaló para el 19 de marzo de 1552, pero no se celebró hasta el 28 de abril. El motivo de la prórroga fue el deseo de que los protestantes «tuviesen tiempo no sólo para llegar, sino también para exponer en el concilio lo que quisieran». El segundo decreto consistía en un nuevo y amplio salvoconducto, destinado a dar todas las seguridades a los protestantes para presentarse en el concilio y exponer sus ideas.

A esta sesión asistieron: los tres legados conciliares, el cardenal Madruzzo, diez arzobispos y 54 obispos, a los que hay que añadir tres abades y tres generales de órdenes religiosas con más de 50 teólogos.

Digno, asimismo, de notarse es el hecho que los 29 obispos españoles que asistieron a esta sesión constituían casi la mitad del concilio; pero, como observa JEDIN, más que el número, pesaba la calidad de los participantes españoles e imperiales [150]. Por otra parte, el mismo historiador del concilio de Trento pondera el considerable aumento de los representantes de los obispos alemanes, entre los que sobresalen los de Salzburgo, Passau, Ratisbona y Freising, que se habían unido a los doce ya presentes en Trento.

---

[148] Véase CT VII,1 435s.

[149] Para la sesión XV véanse, ante todo, CT VII,1 493-500. Asimismo: PASTOR, o.c., XIII 128s; RICHARD, o.c., IX 488s; JEDIN, o.c., III 560s; CRISTIANI, o.c., XIX 153s. Puede verse asimismo CERECEDA, o.c., I 348s.

[150] JEDIN, o.c., III 563s. Además de los ya conocidos, *Guerrero, Ayala,* etc., pondera el historiador Jedin, entre los recién llegados, a hombres tan cultos como el obispo de Pamplona, *Alvaro Mosco,* doctor de la Sorbona, y al jurista *Ponce de León,* obispo de Ciudad Rodrigo.

14. HACIA LA SESIÓN XVI: 28 ABRIL 1552. FIN DE LA ETAPA SEGUNDA

Con toda exactitud, ¿a qué se debía esta prórroga de la publicación de los decretos tridentinos? A la razón anteriomente indicada, debemos añadir la gran tensión existente entre las dos tendencias manifiestas en el concilio respecto del ulterior desarrollo del mismo. Estas tendencias estaban representadas, por un lado, por Julio III y su primer legado conciliar, y, por otro, por el emperador Carlos V y los imperiales.

a) Tensión entre los planes del papa y los de Carlos V

La tensión, ya de antiguo existente entre los dos bloques indicados, se fue agudizando en el último tercio de 1551, llegando a su punto culminante a principios de 1552. Ya hemos ponderado varias veces el primer motivo de fricción, consistente en el empeño de Carlos V en retrasar la publicación de decretos dogmáticos, al mismo tiempo que urgía la publicación de los temas de reforma eclesiástica, cosa que contribuiría, según él, a la unión con los innovadores. En cambio, el romano pontífice urgía precisamente lo contrario: la publicación de los decretos doctrinales, mientras daba largas a los de reforma.

Es difícil decidir cuál de los dos sistemas era objetivamente preferible en aquellas circunstancias. Pero el hecho es que la tensión por este motivo se fue agudizando de tal modo, que los imperiales, ya a fines de noviembre de 1551, presentaron al romano pontífice una *Memoria* sobre una serie de puntos de reforma, a la que siguieron otros escritos similares de *Maluenda* y del embajador imperial, *Toledo* [151]. El episcopado español, que, debido a la reforma eclesiástica iniciada por los Reyes Católicos y continuada intensamente durante los reinados de Carlos V y Felipe II, se encontraba en un estado muy floreciente, se oponía, sobre todo, a cierto absolutismo de Julio III en el concilio. Mas, por encima de todo, era directamente contrario a los abusos que se cometían en la concesión de prebendas eclesiásticas, que habían traído consigo una gran corrupción de costumbres. Por eso defendía los derechos del episcopado y la absoluta necesidad y urgencia de las medidas de reforma eclesiástica.

Sin embargo, no hubo modo de cambiar las cosas, y por este motivo fue necesario retrasar la publicación de los decretos sobre la santa misa y el orden sacerdotal, que tan directamente se oponían a las concepciones de Lutero, Calvino, Melanchton y demás disidentes, y esto precisamente cuando esperaban la llegada de los representantes de los protestantes en el concilio.

---

[151] La *Memoria* (de Vargas) puede verse en CT XI 690s. Las anotaciones de *Maluenda*, ibid., 679; las de *Francisco de Toledo*, ibid., 719s. Pronósticos sobre la duración del concilio, ibid., 682s. El papa Julio III deseaba que terminara lo antes posible.

b) **Llegada de los protestantes a Trento**

Esta tensión aumentó gradualmente a medida que fueron llegando a Trento, precisamente a fines de 1551 y principios de 1552, algunos delegados de los príncipes protestantes de Alemania. El 22 de octubre de 1551 habían llegado dos, de parte del *duque de Würtemberg,* y el 11 de noviembre, *Juan Sleidan,* bien conocido como el historiador de la Reforma. No mucho después, el 6 de enero de 1552, llegaban W. *Koller* y *L. Badhorn,* en representación de Mauricio de Sajonia. Pero ninguno de ellos quiso presentar sus respetos al legado Crescenzi. En cambio, dieron la más clara prueba de desconfianza; pues rápidamente presentaron diversas graves peticiones: 1) que se suspendiera toda actividad conciliar hasta la llegada de los últimos representantes protestantes; 2) que se declarase nulo todo lo realizado hasta entonces; 3) que se confirmaran los decretos de Constanza y Basilea sobre la superioridad del concilio sobre el papa; y, finalmente, 4) que los Padres conciliares quedaran libres de su juramento de fidelidad al romano pontífice [152].

Fácilmente se comprende el ambiente de descontento que todo esto fue creando entre los conciliares. Como era natural, se consideraban como exorbitantes las exigencias presentadas. Sin embargo, en bien de paz, el legado Crescenzi recibió oficialmente a los representantes de los innovadores en diversas congregaciones generales. En ellas presentáronse las peticiones anteriormente indicadas y una *confesión oficial de Würtemberg* con otra redactada por Melanchton, enteramente conforme con la de *Augsburgo.* La respuesta de los Padres fue la única que podía esperarse: que serían examinadas, y el concilio daría la adecuada respuesta [153].

A estas recepciones oficiales siguió una acalorada discusión entre los conciliares. Los representantes del emperador y de don Fernando de Austria, aunque disgustados por las exorbitantes exigencias y por la desaforada conducta de los delegados, eran partidarios de que, en bien de paz, se las aceptaran, al menos, alguna de ellas. Sin embargo, no sólo no se cedió en disminuir en nada la autoridad del papa y en desligar a los Padres conciliares de su juramento de fidelidad al mismo, sino tampoco en renunciar a toda decisión de carácter dogmático y limitarse a cuestiones de reforma. Por esto, tras diversos debates y sus respectivas votaciones, se decidió prorrogar para otra sesión la promulgación de los decretos ya preparados [154].

---

[152] Pueden verse ante todo: JEDIN, o.c., III 455s.537s; CRISTIANI, o.c., XIX 152s. Asimismo, F. J. MONTALBÁN, *Los protestantes en Trento:* RyF 132 (1945) 11-32.

[153] Véanse: THEINER, o.c., I 648s; LE PLAT, o.c., IV 418s. Es digna de notarse la conducta irrespetuosa y aun injuriosa para los católicos observada por el representante de Sajonia, *Badhorn,* quien profirió verdaderas injurias contra los católicos, afirmando que no tenían más que apariencia de religión. Véase JEDIN, o.c., III 340s nt.3.

[154] Puede verse en particular, JEDIN, o.c., III 559s.

c) **Sesión XVI: 28 abril 1552.**
    Suspensión del concilio

Esta conducta tan desconsiderada de los representantes alemanes no era más que una máscara que ocultaba las traidoras intenciones de aquellos príncipes, capitaneados por el *traidor Mauricio de Sajonia.* Humillados por la gran victoria obtenida por Carlos V en 1547, durante los años siguientes habían ido admitiendo sin ninguna convicción una serie de imposiciones que no pensaban cumplir, mientras esperaban que llegara la hora de su venganza. A estos fingidos actos de sumisión pertenecía su participación en el concilio. Mientras de este modo entretenían con sus ficciones la atención de los conciliares, esperaban el momento oportuno de emprender la guerra, sorprendiendo y, si fuese posible, capturando a Carlos V.

Pero lo más sorprendente del caso es que Carlos V, hombre inteligente y precavido, que solía conocer a fondo a los que lo rodeaban; hombre, asimismo, de guerra y previsor en los más complicados percances de la vida, en el caso presente cayó por completo en el lazo que le tendió su implacable enemigo Mauricio de Sajonia. De este modo, mientras Carlos V, sin sospechar absolutamente nada, se dirigía a Innsbruck a principios de 1552 y desde allí urgía la obra del concilio, Mauricio de Sajonia y los suyos, coligados en aquella conjuración, el 15 de enero de 1552 firmaron con Enrique II el llamado *pacto de Chambord,* y en febrero rompieron las hostilidades contra Carlos V, a quien cogieron enteramente desprevenido. Pero mientras Enrique II se apoderaba de lo que constituía el precio de su alianza, los obispados o territorios de Metz, Toul y Verdun, Carlos V, por su parte, sólo a duras penas y de un modo providencial pudo escapar, evitando el caer prisionero de Mauricio de Sajonia. Puesto, pues, a salvo atravesando en la oscuridad de la noche el desfiladero del Brenner el 19 de mayo de 1552, dejó en manos de su hermano Fernando todo el asunto de la guerra [155].

Como fácilmente se comprende, todos estos acontecimientos tuvieron una inmediata repercusión en Trento. Ya a fines de 1551, algunos obispos alemanes, particularmente los electores de Maguncia, Tréveris y Colonia, habían intentado abandonar Trento. Pero, gracias a las insistentes observaciones del papa y del legado Crescenzi, desistieron de sus planes. Sin embargo, llegado el mes de febrero de 1552, ante las noticias, cada vez más alarmantes de que se había desencadenado la guerra en Alemania, se inició el movimiento de dispersión. De este modo, el elector de Tréveris salía el 16 de febrero; el 11 de marzo partían, igualmente, los de Maguncia y Colonia, y otros seguían su ejemplo, mientras en el seno del concilio se insistía en la más absoluta necesidad de la suspensión.

---

[155] Sobre todo este punto véase, ante todo, la amplia exposición, básica y objetiva, de M. FERNÁNDEZ ALVAREZ en la obra ya cit., *Historia de España,* dirigida por R. MENÉNDEZ PIDAL, t.18 763s. Asimismo recomendamos la exposición de JEDIN, o.c., III 565s y CRISTIANI, o.c., XIX 156s.

Por supuesto, se había prescindido de celebrar la sesión XVI el 19 de marzo. Sin embargo, frente a los numerosos partidarios de la suspensión, bien pronto se fue imponiendo esta idea. Así, pues, el 24 de abril tuvo lugar una gran discusión, y, aunque con la oposición de doce Padres, en su mayoría españoles, se decidió definitivamente la suspensión del concilio.

Según esto, el *28 de abril de 1552 se celebró la sesión XVI,* en la que se publicó la *suspensión del concilio de Trento en su segunda etapa,* y por espacio de dos años, que resultaron diez [156]. Entre tanto, el primer legado *Crescenzi,* enfermo desde el 25 de marzo, fue trasladado a Verona, y allí murió el 28 de mayo, un mes justamente después de la suspensión conciliar [157].

d) Muerte de Carlos V en Yuste

Entre tanto, se observa una rápida reacción favorable, al menos de momento, a Carlos V. Este, repuesto, de algún modo, de sus graves dolencias en el retiro de Villach, intenta renovar con toda intensidad su ofensiva contra Mauricio de Sajonia y sus aliados. Por otro lado, se observa una manifiesta reacción en Alemania contra éstos; pues, como se expresa el MARQUÉS DE LOZOYA, todos se fueron convenciendo de que

> «los llamados ejércitos de Alberto de Mecklemburgo, del marqués de Brandemburgo y del mismo Mauricio de Sajonia eran bandas de mercenarios sin ley, dedicadas al pillaje de los pequeños industriales de las ciudades y de los labradores de los campos». Y, por otra parte, «el rey de Francia había descubierto su intención de ensanchar sus dominios a costa del Sacro Imperio Germánico [158].

Sobre esta base, en la reunión celebrada en *Passau* el 26 de marzo de 1552 con carácter de *Dieta imperial,* Fernando I, en nombre de su hermano Carlos V, pudo mantenerse firme frente a las exigencias de Mauricio de Sajonia y el mismo emperador desde Villach se opuso decididamente al libre ejercicio de la religión protestante. Sin embargo, ante la presión de Fernando, quien conocía mejor la verdadera situación de Alemania, tuvo que aceptar el *tratado de Passau* (15 agosto 1552), salvando su conciencia con la suposición de que se trataba de una disposición interina.

En torno a Carlos V, por otro lado, se fueron sucediendo los acontecimientos más opuestos y decisivos. Por un lado, se puso de su parte el

---

[156] Sobre la sesión XVI y los acontecimientos que la acompañan y siguen véase ante todo: CT VII,1 229-34; XI 870s.873s. Breve de suspensión y las actas de los días 24, 26 y 27 de abril, ibid., VII,1 516s. Asimismo pueden verse: JEDIN, o.c., III 578s; PASTOR, o.c., XIII 134s; RAYNALDI, a.1552 n.27 y 28; LE PLAT o.c., IV 545s.
[157] Sobre la enfermedad y muerte del legado *Crescenzi* véanse ante todo, CT XI 817s; JEDIN, o.c., III 378s.
[158] *Historia de España* III 422. Véanse, asimismo, para todo el desarrollo de esta guerra contra la Liga de Esmalcalda y la muerte de Carlos V: P. AGUADO BLEYE, *Historia de España* II 476s; M. FERNÁNDEZ ALVAREZ, o.c., t.18 753s; *Abdicación imperial,* ibid., 799s.

margrave de Brandenburgo, hasta entonces acérrimo adversario suyo. Con esto, pudo Carlos V, aunque acosado de sus crónicas dolencias de gota, poner asedio a Metz, obteniendo grandes ventajas contra sus defensores; pero al fin tuvo que retirarse del asedio a causa del agravamiento de su enfermedad (26 diciembre 1552). Por otra parte, el 16 de julio de 1553 moría Mauricio de Sajonia, de resultas de las heridas recibidas en la lucha contra Alberto de Brandenburgo, su anterior aliado.

Todo esto fue madurando en Carlos V su ya antiguo propósito de retirarse por entero del gobierno, para lo cual fue, ante todo, gestionando durante el año 1553 el matrimonio de su hijo Felipe II con la nueva reina de Inglaterra, María Tudor. Así se realizó el 26 de julio de 1554 en Winchester. Con esta ocasión *abdicó en Felipe II* el reino de *Nápoles* y el ducado de *Milán*. Era una manera de atenazar a su mayor enemigo, Enrique II.

Pero lo que por encima de todo interesaba a Carlos V era el arreglo definitivo de Alemania, para lo cual se reunió en 1555 la célebre *Dieta de Augsburgo*. En ella, pues, Fernando I, católico convencido, pero profundo conocedor de la auténtica situación de Alemania, tras innumerables discusiones, llegó a la llamada *paz de Augsburgo* (25 septiembre 1555) [159]. En ella se establecía la libertad religiosa definitiva. Es lo que se convirtió en norma directiva: *cuius regio, eius religio*.

Fácilmente se comprende lo que esto significaba para Carlos V. Con ello se venía abajo lo que había constituido el ideal de toda su vida: mantener la unidad de la fe cristiana, su más sagrada obligación como emperador de la cristiandad. Alemania quedaba definitivamente dividida en dos partes, católica y protestante. Carlos no tuvo más remedio que ceder. También se opuso tenazmente el entonces papa, Paulo IV (1555-59); pero fue imposible cambiar el rumbo de los acontecimientos.

Desde este momento, la vida de Carlos V sigue un ritmo vertiginoso. Su antiguo plan de abdicación de todos sus Estados y retiro definitivo, se convierte en la más absoluta decisión. Así, pues, el *25 de septiembre de 1555,* en Bruselas, realizó, ante su hijo Felipe II y demás representantes imperiales y españoles, su *abdicación de España y todos sus dominios* en él y su descendencia. Poco después, el *16 de enero de 1566,* en el palacete del parque de Bruselas, donde él residía, en una ceremonia privada, confirmaba su *abdicación definitiva.*

De un modo semejante se iniciaron los trámites para la *abdicación de su dignidad imperial,* pues para ello se necesitaba el consentimiento de la Dieta del imperio. Por fin, pues, se realizó en la *Dieta de Frankfurt (12 marzo 1558).*

---

[159] Sobre la *Paz de Augsburgo,* entre la abundante bibliografía existente, pueden verse en particular: JEDIN, *Manual de hist. de la Iglesia,* o.c., V 419s; PASTOR, *Historia de los papas,* o.c., XIV 290s, en particular p.292s. Además recomendamos el texto crítico: CH. LEHENMANN, *De pace religionis acta publica* (Frankfurt 1707); K. BRANDI, *Der Augsburger Religionsfriede vom 25. Sept. 1555* (Göttingen ²1927); G. WOLF, *Der Augsburger Religionsfriede* (Stuttgart 1890): M. SIMON, *Der Augsburger Religionsfriede* (Augsburg 1955); P. RASSOV, *Die Reichstage zu Augsburger in der Reformationszeit* (Munich 1955); J. GRISAR, *Die Stellung der Päpste zum Reichstag und Religionsfriede von Augsburg 1555:* StZeit 156 (1954-55).

Entretanto, Carlos V se embarcó rumbo a España el 17 de septiembre de 1556 y desembarcó en Laredo el 28. Desde allí se dirigió luego al célebre monasterio de los jerónimos de Yuste (Extremadura), adonde finalmente llegó el 3 de febrero de 1557 [160]. Allí, pues, en el palacete que se había hecho construir junto al monasterio, pasó el resto de sus días, entregado por entero a una vida de piedad y de preparación para el descanso eterno. Durante este tiempo, bien asistido por una nutrida selección de íntimos familiares y fidelísima servidumbre, mientras seguía bastante los acontecimientos de Alemania y España, fue recibiendo interesantes visitas, como la de su hijo natural, *Jeromín,* tan célebre posteriormente con su verdadero nombre de *Juan de Austria;* el arzobispo de Toledo, *Bartolomé Carranza,* y el duque de Gandía, ya jesuita, *San Francisco de Borja.* De este modo, lleno de los más puros sentimientos cristianos, entregó su alma a Dios el 21 de septiembre de 1558.

Según observan algunos cronistas antiguos y repiten los más autorizados historiadores modernos, Carlos V, es cierto, no alcanzó plenamente el ideal a que aspiraba, según aparece en lo que aquí hemos expuesto. Pero, por lo que se refiere a la causa católica, que con tanto empeño defendió y de la que fue sincero y constante adalid, podemos muy bien afirmar que obtuvo transcendentales ventajas. Por de pronto, a sus grandes esfuerzos y constante entrega se debe, en gran parte, el haber contenido el avance y la amenaza de los turcos. Y por lo que se refiere a la gran batalla del catolicismo contra los arrolladores avances de los innovadores protestantes, a él se debe atribuir, en primer lugar, el hecho de que una gran parte del centro de Europa permaneciera fiel al catolicismo; y si bien es verdad que no pudo obtener lo que él tanto había ansiado, la unión de toda Alemania en la fe católica, ciertamente la restauración de la misma, principal resultado del concilio de Trento, debe atribuirse, en buena parte, a la incansable actividad de Carlos V y a la poderosa colaboración del episcopado y de los teólogos españoles.

[160] Sobre los últimos años de Carlos V, su abdicación y muerte en Yuste, entre la abundante bibliografía que puede consultarse, recomendamos en particular la buena exposición modernísima de M. FERNÁNDEZ ALVAREZ, en *Historia de España,* por R. MENÉNDEZ PIDAL, t.18; *abdicación,* etc., 799s; *retiro a Yuste* hasta su muerte, 811s. Asimismo: P. AGUADO BLEYE: *abdicación* 478s; *Yuste* 480s; GACHARD, *Rétraite et mort de Charles-Quint* (Brus 1854); MIGNET, *Charles Quint: son abdication, son séjour et sa mort... à Yuste* (Pa ³1957); *Memorias de Carlos V,* ed. crít. por Instit. Cult. Hisp. (Ma 1960).

CAPÍTULO II

FELIPE II Y LA PARTICIPACION DE ESPAÑA EN EL CONCILIO DE TRENTO

(Etapa tercera: 18 enero 1562-4 diciembre 1563)

Terminad (28 abril 1552) la etapa segunda del concilio de Trento, el papa Marcelo II (1555), que sucedió a Julio III, sólo reinó veintitrés días. En cambio, Paulo IV (1555-59), aunque llevó adelante la reforma eclesiástica a su manera, no quiso saber nada de concilio [1]. Por otra parte, habiéndose enemistado apasionadamente con Felipe II, llegó a una deplorable guerra contra él, de la que hubieran podido resultar graves consecuencias; pero al fin pudo evitarse lo peor.

A la muerte de Paulo IV en 1559, después de un largo conclave de cuatro meses, fue proclamado papa el cardenal *Angelo de Médicis,* con el nombre de *Pio IV* (1559-65) [2], quien desde un principio se declaró favorable a la terminación del concilio. Aunque en sus primeros años había llevado una vida bastante ligera, de la que resultaron tres hijos naturales, que dieron origen posteriormente a un pernicioso nepotismo, desde que fue elevado al cardenalato fue un hombre ejemplar, si bien variable y apasionado, y desde que fue elegido papa, promotor de la reforma eclesiástica.

Por otra parte, por más que Panvinio sostiene que Pío IV procedía de la célebre familia de *los Médicis, de Florencia,* se ha probado suficientemente que pertenecía a otra muy sencilla de *Milán.*

Por lo que al concilio se refiere, podemos asegurar que, desde el principio de su pontificado, Pío IV pensó seriamente en la nueva reunión del mismo, en cuya realización encontró la más eficaz ayuda en el rey de España *Felipe II* y en los *teólogos y prelados españoles.* De hecho, a

---

[1] Véanse P. ANGEL, *Paul IV et le Concile:* RHiEccl 8 (1906) 716-41; H. JEDIN, *Kirchenreform und Konzilsgedanke,* en *Kirche und Glaube...* II 237-63. El resultado de esta investigación es que Paulo IV era «enemigo del concilio». Asimismo pueden verse sobre Paulo IV: PASTOR, *Hist. de los papas* XIV 53s; CT II 268s; SABA-CASTIGLIONI, *Historia de los papas* (Paulo IV) (Ba ²1964) 319-32; DE MAIO, *La biblioteca apostolica vaticana sotto Paolo e Pio IV (1555-65),* en Collect. Albareda, I 265-313; G. SCHWAIGER, art. *Paul IV:* LThK VIII 200-202; G. DURUY, *Le Cardinal Carolo Carafa. 1519-61. Étude sur le pontificat de Paul IV* (Pa 1882); D. R. ANCEL, *La disgrace et le procès des Carafa:* RBén 22 (1905) 525s, con varias continuaciones.

[2] Sobre Pío IV recomendamos, aparte todo lo referente al concilio de Trento, que se irá proponiendo posteriormente: CERASSOLI, *Il testamento di Pio IV:* Stor. e Docum. di Stor. e Dir. (1893) 373s; PASTOR, o.c., 25-60; F. GARCÍA CUÉLLAR, *Política de Felipe II en torno a la convocación de la tercera etapa del concilio de Trento:* HispS 16 (1963) 25-60; G. SCHWAIGER, art. *Pius IV:* LexThK VIII (1964) 380-81; SABA-CASTIGLIONI, *Historia de los papas* (Pío IV) II 332-52 (Ba ²1964).

la personal entrega del papa Pío IV y a la decidida colaboración de Felipe II y de los letrados y obispos españoles, se debe, en gran parte, el que, a través de gravísimas dificultades, pudiera llevarse a feliz término la gran obra del concilio de Trento, iniciada en 1545.

1. Primeros pasos de Pío IV y de Felipe II
referentes al concilio

Ante todo, conviene dejar bien sentado el hecho de que, tanto el papa como el rey de España Felipe II, no sólo se mostraron decididos a llevar adelante la nueva reunión del concilio, sino que comenzaron rápidamente a dar los primeros pasos para realizarlo.

A Pío IV lo movía el deseo, por un lado, de cumplir las condiciones claramente expuestas en su elevación al solio pontificio, y, por otro, de realizar lo que constituía el ideal de toda la cristiandad, que era una definición de la auténtica doctrina católica y una eficaz reforma eclesiástica. A Felipe II, por su parte, lo impulsaba casi exclusivamente este último deseo de que se realizara definitivamente la auténtica reforma que necesitaba la Iglesia, alentado por su profundo sentimiento católico.

a) Primeras medidas de parte de Pío IV

Los primeros pasos dados por el papa Pío IV pudieron dar la impresión de que se desviaba peligrosamente hacia un exagerado nepotismo. De hecho empezó a volcarse en favor de sus nepotes, sobre todo los dos hijos de dos hermanas suyas. Pero precisamente de este exagerado nepotismo vino el remedio, al menos en gran parte, de tan peligrosa enfermedad. Porque uno de estos sobrinos fue *San Carlos Borromeo* [3], quien, contando solamente veintiún años, fue elevado a la dignidad cardenalicia (31 enero 1560), y poco después recibió la administración de Milán y rápidamente tantos beneficios, que lo transformaron en uno de los hombres más ricos de su tiempo [4]. Sin embargo, sus excepcionales dotes naturales y, sobre todo, sus extraordinarias virtudes religiosas lograron tales resultados, que, nombrado secretario de Estado o director efectivo de la política de Pío IV, fue su inspirador y como el ángel bueno en el gobierno de la Iglesia universal.

Uno de los primeros actos realizados por Pío IV fue la publicación, el 12 de enero de 1560, de una bula en la que se ratificaba plenamente en las cláusulas de la capitulación para su elección, entre las cuales la principal era la referente a la reforma eclesiástica y a la terminación del

---

[3] Sobre San Carlos Borromeo véanse Sylvain, *Histoire de St. Charles Borromée*, 3 vols. (Milán 1884); C. Orsenigo, *Vita di San Carolo Borromeo* (Milán ³1929); L. Echeverría, *Figuras apostólicas: San Carlos Borromeo:* Surge 2 (1943-44) 540s; A. G. Roncalli (Juan XXIII), *Gli atti della visita apostolica di S. Carlo Borromeo a Bergamo*, 5 vols. (Florencia-Roma 1939-59). Véase también Pastor, o.c., XVs; de Pío IV a San Pío V, *passim*.

[4] Los ingresos que correspondían a Carlos Borromeo por las prebendas recibidas, calculadas en la moneda de su tiempo, ascendían a 48.000 escudos, lo que corresponde a unos dos millones de dólares (más de cien millones de pesetas).

concilio de Trento. Así, pues, podemos afirmar que éste fue uno de los objetivos principales de toda su actividad desde aquel momento, en el que lo confirmó y alentó constantemente el nuevo joven secretario de Estado, Carlos Borromeo.

Una serie de actos que Pío IV fue poniendo por obra desde principios de 1561 manifiesta con toda evidencia que su voluntad y su decisión abarcaban, por un lado, la confirmación de los decretos tridentinos ya emanados, y, por otro, la nueva convocación del concilio para que éste pusiera término a su obra. Para la reforma eclesiástica nombró rápidamente una comisión de catorce cardenales [5], y por lo que se refiere a la convocación del concilio, se decidió a tomar una serie de disposiciones.

Así, el 3 de junio de 1560, en presencia de los embajadores acreditados ante el romano pontífice, particularmente los de España y del emperador Fernando I, manifestó claramente su decidida voluntad de reunir de nuevo y terminar el concilio. Por otra parte, mientras enviaba a Viena, como nuncio especial, a Zaccaria Delfino, mandaba igualmente a España a Próspero de Santa Croce, quien fue recibido por Felipe II el 28 de agosto.

En esta forma, con paciente constancia, acrisolada diplomacia y el eficaz apoyo de su sobrino Carlos Borromeo, alcanzó Pío IV el anhelado objetivo que tanta gloria le reportó a él y tanto favoreció la verdadera reforma de la Iglesia [6]. Es cierto que el emperador siguió en su idea de no admitir más que un concilio nuevo, completamente independiente de las anteriores decisiones de Trento. Pero posteriormente recibió otra embajada de parte de los nuncios pontificios Delfino y Hosio, quienes insistieron en la petición de Pío IV, a lo que se añadió el consejo recibido de Felipe II en el sentido de aceptar la reapertura del concilio sin condición ninguna, a cuya petición accedió finalmente el emperador. A partir de este momento, los acontecimientos se fueron precipitando. El 15 de noviembre, en un consistorio, el papa comunicaba solemnemente la convocación del concilio y poco después (el 29 de noviembre) se publicaba la bula correspondiente.

b) **Felipe II colabora en la reanudación del concilio**

Felipe II no sólo se mostró desde el principio partidario y colaborador de la reanudación del concilio, sino que fue uno de los que más di-

---

[5] Puede verse PASTOR, o.c., XV 143 y CT II 343, donde se encuentran los nombres de los mismos.
[6] Para todos estos pasos dados por Pío IV véanse particularmente los importantes datos que nos comunica la amplia exposición de H. JEDIN, o.c., IV 1 (ed. alemana) 24s. Esta exposición de Jedin es, indudablemente, la más completa y objetiva que poseemos en nuestros días. Pero debemos observar aquí que en la edición castellana que se ha publicado en la Universidad de Navarra (Pamplona) sólo han salido los volúmenes 1, 2 y 3, que son los que hemos utilizado hasta aquí, y comprenden las etapas primera y segunda del concilio de Trento. Los volúmenes 4,1 y 4,2 de la edición alemana, que comprenden la tercera etapa, no sólo no han sido publicados todavía en la traducción castellana, sino que, como nos han informado los editores, no piensan por ahora darlos a luz. Así, pues, utilizamos y citamos desde ahora la edición original alemana (F. 1975).

recta y eficazmente trabajaron en su realización. De hecho, había asumido y hecho propias todas las preocupaciones de su padre Carlos V en orden a la defensa de la fe católica, y particularmente de la unión de los disidentes en Alemania. Pero su situación era muy diferente de la del emperador Carlos V. Este, sintiendo sobre sí la responsabilidad de atraer a los innovadores, que mantenían dividida a Alemania e, impulsado por la mejor buena fe, se empeñó en conseguir la unión por medio de concesiones tomadas independientemente del papa, con las que no logró alcanzar su objetivo. Felipe II, en cambio, libre del gobierno de los territorios alemanes y monarca de países profundamente católicos, pudo dedicarse de lleno a la defensa de la fe católica y a la verdadera reforma eclesiástica.

Por lo demás, los ideales eran idénticos a los de su padre. Como éste había luchado a lo largo de toda su vida en defensa de la ortodoxia cristiana, de un modo semejante Felipe II fue desde el principio el más firme adalid de la Iglesia católica, y, no obstante las deficiencias que pueden encontrarse en el absolutismo propio del tiempo y en el particularismo típico de su carácter lento y reservado, continuó hasta el fin de su vida desempeñando el papel de auténtico monarca católico y súbdito fiel del papa.

Por lo que se refiere al concilio de Trento, Felipe II fue el más decidido defensor no sólo de su celebración, sino también de lo que constituía su complemento: la absoluta validez de los decretos anteriores. Esto equivalía al hecho de que en su reanudación no se trataba de un nuevo concilio, sino de la continuación del anterior. Estas ideas fundamentales constituyeron la convicción firme de Felipe II y el móvil que lo dirigió constantemente a través de las frecuentes luchas que tuvo que mantener incluso frente a muchos prelados y al mismo romano pontífice. En todas ellas, aun notando que en algunas ocasiones antepuso erróneamente su criterio al de la legítima autoridad eclesiástica, debemos afirmar dos cosas: que algunas veces esto se debía ciertamente a un apego exagerado a su propio criterio, en lo que, evidentemente, cometió Felipe II algunos errores que no podemos ocultar; pero otras veces, por desgracia, era debido a verdaderas y bien probadas deficiencias de la autoridad eclesiástica, víctima del aseglaramiento y otros defectos del tiempo. Esto precisamente era una de las lacras de la Iglesia que se trataba de reformar por medio del concilio [7].

Sobre esta base notaremos rápidamente los principales pasos que Felipe II fue dando para conseguir, en cuanto de él dependía y en íntima unión con el papa, la reanudación y el pleno funcionamiento del concilio. Efectivamente, al conocer Felipe II la decisión del papa, enteramente favorable a la reanudación del concilio, se dirigió a sus consejeros en demanda de orientación. Una comisión nombrada al efecto redactó un memorial teniendo presentes los diversos modos de enfocar este importante problema, ya por las cartas del emperador y de la regente de Francia, Catalina de Médicis, ya, sobre todo, por el romano pontífice.

[7] CT VIII 100. Véase también JEDIN, o.c. (ed. alem.) IV,125s.

Así, pues, bien asesorado por tan competentes consejeros, Felipe II continuó desarrollando su campaña en favor del concilio, de la que conservamos numerosos documentos de incomparable valor histórico. En toda ella intervino, de un modo especial e inteligente, el embajador de Roma, *don Francisco de Vargas* [8].

Toda esta actuación de Felipe II constituye el más elocuente elogio del monarca español, quien indudablemente, a pesar de sus deficiencias, fue uno de los que con más elevadas miras aspiró constantemente al mayor bien de la Iglesia y de la fe católica. Por esto no llegaba a comprender cómo, desde el punto de vista católico, se pudiera defender que el concilio que se trataba de reanudar fuese enteramente nuevo y no una continuación de las dos etapas anteriores, y menos todavía, que se pudiese dudar de la validez de los decretos tridentinos ya publicados. Por esto, en uno de los documentos que se conservan, Felipe II ordenaba a su embajador, Vargas, que insistiera ante Pío IV,

> «para que vea Su Santidad el particular cuidado que tenemos de lo que toca a la religión y a la autoridad de esta Santa Silla, el cual no dejaremos de mostrar siempre en todo lugar y ocasión, no perdonando ningún trabajo ni nuestra propia sangre. Y así se lo habéis de declarar, y que cuanto más conoce esto de mí, tanta más obligación tiene Su Santidad de hacer por su parte lo que le obliga ese supremo lugar que en la tierra Dios le ha dado» [9].

c) Bula convocatoria de Pío IV. Nombramiento de legados

Con estas seguridades de parte del rey de España y la más o menos benévola aceptación de parte de Francia y del Emperador Fernando, Pío IV se decide a dar los pasos indispensables para la reanudación del concilio de Trento. Así, pues, el 15 de noviembre de 1560, en un consistorio secreto, anuncia solemnemente la nueva apertura del concilio [10], y rápidamente procede a la redacción de la bula convocatoria, *Ad Ecclesiae regimen,* que a continuación es publicada oficialmente en el consistorio del 29 de noviembre [11], y nuncios especiales comunican, con muy variado éxito, tan importante noticia a los diversos territorios católicos. El resultado en conjunto es favorable.

Por lo que a España se refiere, Pío IV, por medio de un breve especial fechado el 30 de noviembre, comunicó a Felipe II la esperada noticia, al mismo tiempo que suplicaba al rey su activa colaboración en tan importante empresa, sobre todo enviando una nutrida selección de pre-

---

[8] Sobre el embajador *Francisco de Vargas Messía* véase, sobre todo, el art. de C. GUTIÉRREZ en DiHiEclEsp IV 2713s (Ma 1975); ID., *Españoles en Trento* 478-93; ID., *Memorial de Fco. de Vargas sobre reforma* (1945); ID., *Reformata reformanda,* en *Festgabe H. Jedin* I 531-76 (Münster 1965).

[9] *Archivo Histórico Nacional* VI 67-68.

[10] CT VIII 100.

[11] Puede verse el texto de la bula en CT VIII 104s y TEJADA Y RAMIRO, *Colección de cánones. Conc. de Trento* 190s. Véanse, asimismo, sobre todo este punto: JEDIN, o.c., IV 1 (ed. alemana) 37s; PASTOR, o.c., XV 215s.

lados y teólogos, como lo había hecho su padre Carlos V en las dos etapas anteriores.

Pero el examen detenido del texto dio lugar a intensas discusiones al observar que la bula no expresaba claramente si se trataba de la continuación del concilio de Trento o bien de otro enteramente nuevo. De ahí se seguía una duda fundamental, que no podían admitir, sobre la validez de las definiciones y decretos ya publicados. Así, pues, en torno a estas cuestiones siguieron una serie de importantes y acalorados debates.

Felipe II, por su parte, celebró diversas reuniones con sus consejeros y teólogos, y, teniendo presente la línea recta que deseaba seguir en todos los asuntos sobre la fe cristiana, quiso informarse ampliamente sobre todo este problema, y, conforme a los resultados de estas consultas, envió diversas cartas a Roma [12]. En ellas suplicaba a Pío IV le dieran una clara respuesta a este punto: si el concilio que iba a celebrarse era o no continuación legítima del anterior de Trento. Pues, si no lo era, no prestaría su colaboración.

Pues bien, Felipe II solamente prestó su más decidida ayuda cuando recibió del mismo romano pontífice la seguridad de que se trataba de una continuación del mismo concilio, y, por consiguiente, de la completa validez de los decretos de las dos etapas anteriores. También por su parte, el papa Pío IV había realizado diversas consultas en torno a las dos cuestiones propuestas, y las soluciones de los más eminentes teólogos confirmaron la validez de todos los decretos [13].

Los pasos siguientes fueron: el nombramiento de secretario general y, sobre todo, la importante designación de los legados conciliares. Por lo que se refiere al primero, el mismo Angelo Massarelli anota en las actas oficiales del concilio:

«Por tercera vez [2 de febrero de 1561] he sido elegido secretario del santo y general concilio» [14].

Dos días después, el mismo Massarelli añade la noticia del nombramiento de los legados conciliares, que fueron

---

[12] Es particularmente célebre y sumamente expresiva la instrucción secreta que Felipe II dio a don Juan de Ayala, a quien envió a Roma para hablar con el romano pontífice sobre algunos puntos particulares del concilio y, sobre todo, para poner bien en claro su firme deseo de que el concilio que se iba a reanudar fuese de hecho continuación del anterior. He aquí algunos puntos de dicha instrucción secreta:
«El punto de la continuación del concilio de Trento es tan grave, que, como es cosa que toca a la religión y a la quiete y estado de toda la cristiandad, la tenemos por la más principal cabsa de vuestra ida. Y por la consideración que queremos tener a la abtoridad de su Santidad..., será bien que en el modo de tratar este negocio... tengáis mucha cuenta de dicha abtoridad y reputación de su Santidad... Mas, con todo esto..., por ser el punto de tan gran momento y en que va tanto, habéis de insistir de manera que su Santidad entienda muy bien cuánto sentimos esto y en cuánto lo estimamos» (*Doc. inéd.* IX p.931, Ma 1846).
[13] Véase CERECEDA, o.c., II 79s. Las respuestas de Laínez y de Soto no pudieron ser más claras y decisivas en favor de la continuación del concilio y de la validez de todos los decretos anteriores. Véanse los textos ibid.
[14] CT II 351.

«los ilustrísimos señores *Hércules Gonzaga,* cardenal-presbítero de Santa María Nuova y príncipe de Mantua, y *Santiago Puteus,* cardenal-presbítero del título Santa María in Via. Tanto el primero, que está ausente de la ciudad, como el segundo, que está presente en ella, son hombres muy eruditos y muy expertos en las cuestiones que debían citarse».

A estos dos legados se añadieron luego (el 10 de mayo) otros tres: los cardenales *Seripando, Hosius* y *Simonetta.* Por otro lado, sólo muy lentamente se fueron presentando los prelados y teólogos conciliares, por lo cual el papa se vio obligado a dar severas órdenes a los italianos para que acudieran a Trento. Pero finalmente pudo celebrarse la apertura del concilio en su tercera etapa. Añadamos que el cardenal Santiago Púteo fue sustituido por el sobrino de Pío IV *cardenal Altaemps* (Marco Sittich Altaemps), obispo de Constanza, cuya actuación tuvo escaso influjo.

2. Masiva participación española. Primeras sesiones protocolarias

Así, pues, el *18 de enero de 1562,* con la acostumbrada solemnidad, se celebró la *primera sesión de esta etapa tercera,* que fue la *sesión XVII* de todo el concilio [15]. Tomaron parte en ella cuatro legados, un cardenal, tres patriarcas, once arzobispos, 90 obispos, cuatro abades y cuatro generales de órdenes religiosas. Entre los obispos existía una enorme mayoría de italianos. Seguían, en número muy considerable, los españoles, y luego, con más escasa representación, otras nacionalidades. Con los numerosos prelados y teólogos españoles presentes en el concilio, sobre todo si se tiene presente que, además, muchos de los italianos estaban de su parte, disponía España de una fuerza considerable en el concilio, por lo cual se ha podido afirmar, particularmente de esta tercera etapa, que este concilio fue «tan español como ecuménico», según dijimos en otro lugar [16].

a) Gran significación de la representación diplomática española

Para apreciar debidamente la verdadera significación de la representación española en esta tercera etapa del concilio Tridentino, notemos que tanto de parte del episcopado español, como principalmente de parte de Felipe II, se tuvo sumo empeño en la selección de los hombres enviados al concilio. Incluso podemos añadir que este empeño fue en esta ocasión todavía mayor que en las dos etapas anteriores, pues todos estaban convencidos de que la tercera etapa iba a alcanzar mayor transcendencia que las dos precedentes. El resultado fue que la representación

---

[15] Véase, ante todo, CT VIII 289-303. Asimismo: Pastor, o.c., 257s; Richard, o.c., IX 604s; y particularmente Jedin, o.c., IV,1 92s; Cristiani, o.c., XIX 220s.
[16] Así lo afirma Menéndez Pelayo, *Hist. de los heterodoxos esp.* ed. BAC II 334 (Ma 1956). Véanse en confirmación de esto los datos de C. Gutiérrez, o.c. (Ma 1951).

española, tanto en número, como en calidad, superó, sin duda, a las dos primeras etapas.

Porque, aunque es un hecho que ya se habían determinado algunos puntos fundamentales del dogma católico en contraposición a las doctrinas de los innovadores, particularmente el problema de la justificación, sin embargo, quedaban todavía otros de capital importancia, como los de la eucaristía, de la santa misa, del orden sacerdotal, y, sobre todo, quedaba por resolver el problema más vidrioso, pero juntamente más vital de todos; el de la *auténtica reforma eclesiástica,* es decir, del manifiesto aseglaramiento y de los abusos de la administración en las altas esferas eclesiásticas, sin excluir a los cardenales, a la curia pontificia y al mismo romano pontífice.

Ante todo, pues, Felipe II, con idéntico celo al de su padre Carlos V, envió al concilio una representación diplomática que fuese capaz de colaborar digna y eficazmente en la defensa de la fe y de los derechos de la Iglesia. Como embajador del rey de España en el concilio presentó sus credenciales el marqués de Pescara, *don Fernando d'Avalos,* que era juntamente gobernador de Milán. Así se realizó en una congregación general del concilio del 16 de marzo de 1562, siendo apadrinado por *don Pedro González de Mendoza,* perteneciente a la alta nobleza española. Posteriormente tuvo que ser ayudado en diversas ocasiones y luego sustituido por otra gran figura de la diplomacia española del tiempo: el *conde de Luna, don Claudio Fernández Quiñones,* embajador entonces de España en la corte de Viena, quien permaneció en Trento hasta la clausura del concilio.

Entre tanto, el embajador español ante la Santa Sede, *don Francisco de Vargas,* bien conocido y acreditado en las etapas anteriores del concilio, representó y defendió en Roma, con gran competencia, los intereses de España en sus relaciones con el concilio de Trento. Su gran competencia y la intensidad de su actuación aparecen claramente reflejadas en numerosos documentos que se nos han conservado y son de gran utilidad para nuestro relato [17].

b) **El episcopado español y los obispos**
   súbditos de España

Mayor significación todavía tuvo lo que podemos designar como verdadera floración del episcopado español en Trento, que, si ya en su número era muy considerable, sobresalía de un modo muy especial por su profunda formación teológica, bien reconocida por todos, y no menos por sus virtudes morales. Y notemos de un modo especial que fue el mismo rey Felipe II quien dio las más estrictas disposiciones para que todos los prelados que no pudieran justificar su ausencia, acudieran a Trento [18].

[17] Pueden verse, p.ej., los numerosos documentos de don Francisco de Vargas relacionados con el concilio de Trento, contenidos en las colecciones de I. DÖLLINGER, *Beiträge...* I-III; *Documentos inéditos...* vol.9.98, etc., y en *Archivo Histórico Español* t.1.6 y otros.
[18] Poseemos buen número de cartas dirigidas al rey Felipe II por diversos obispos, en

Nombremos en primer lugar al que podemos considerar como el portavoz de los conciliares españoles de esta etapa: al arzobispo de Granada, *Pedro Guerrero* [19], gran apóstol en su diócesis y gran luchador por la fe católica en el concilio, quien en las grandes discusiones aparece siempre en primera línea. Al lado de Guerrero podemos colocar, por su profunda formación y amplios conocimientos teológicos, a *Andrés Cuesta*, obispo de León, insigne maestro de Alcalá y rector de su célebre colegio de San Ildefonso. De él se refiere que Carlos V llegó a decir que era «tan grande obispo, como doctor y maestro», y de quien nos dejaron expresivos elogios sus discípulos *Arias Montano* y *Cardillo de Villalpando* [20].

Asimismo, queremos nombrar a *Francisco Blanco*, obispo de Orense y posteriormente arzobispo de Santiago de Compostela, cuyo prestigio por su santidad y ciencia teológica fue tan grande, que Felipe II lo había escogido como teólogo y consejero suyo; pero él, con su eximia humildad, se excusó de ello. Durante su actuación en Trento descolló siempre entre los más significados teólogos del concilio. Pero a quien deseamos ponderar de un modo especial es al gran canonista, obispo entonces de Lérida y posteriormente arzobispo de Tarragona, *Antonio Agustín*, cuyos méritos fuera y dentro del concilio son bien conocidos de todos. Insigne humanista y consumado latinista, gran bibliófilo y, por encima de todo, consumado conocedor del derecho canónico, como tal se dio a conocer en Trento, donde brilló de un modo muy particular [21].

Como insigne representante de España, a la que ya había representado anteriormente en Trento como obispo de Guadix, debemos añadir aquí a *don Martín Pérez de Ayala*, quien acudió a Trento en esta tercera etapa como obispo de Segovia, destacando de un modo especial en la cuestión sobre la comunión bajo las dos especies, en el debate sobre el derecho divino del episcopado y en otras discusiones. La fama que con todo esto alcanzó entre los conciliares fue muy grande [22].

las que detallaban los motivos por los cuales no podían acudir a Trento o bien le comunicaban su inmediata partida para la ciudad del concilio. Más aún: en algunos casos se conserva la correspondencia de parte del rey, en la que no se admitían como válidas las excusas de no asistencia. Puede verse, sobre todo, *Archivo Histórico Nacional* I 27s. Un caso típico de excusa bien justificada y reconocida es el del entonces arzobispo de Valencia, *Santo Tomás de Villanueva*. Véase para esto L. FULLANA, *Por qué Santo Tomás de Villanueva no asistió al concilio de Trento:* VyV 9 (1945) 217s.

[19] Véase, ante todo, la ya citada investigación: A. MARTÍN OCETE, *El arzobispo don Pedro Guerrero y la política conciliar española en el siglo XVI:* Mon. Hist. Ecl. (CSIC) 3,2 vols. (Ma 1970).

[20] Es interesante el dato siguiente, contenido en una relación sobre Trento conservada en el Archivo de Simancas. En ella se refiere que, cuando se hubo de elegir a los definidores del concilio, ya en la primera elección, *Andrés Cuesta* obtuvo 36 votos, mientras Mendoza de Salamanca obtuvo 14 y Covarrubias 11. Véase *Simancas,* Patron. real, leg.21 fol.191: *Relación de las nuevas que han venido de Trento.* Apud CERECEDA, o.c., II 83.

[21] Sobre el gran canonista *Antonio Agustín* pueden verse: L. SERRANO, art. en DiHiGéEccl I 1077-80; C. GUTIÉRREZ, art. en DiHiEclEsp I 16-17; ID., *España en Trento* 92-124 (Valladolid 1951); MAYANS Y SISCAR, *Vida de don Antonio Agustín...* (Ma 1798); LATASSA Y ORTIZ, *Bibl. Nueva de los escr. aragoneses...* (Pamplona 1798); VIÑAS MEY, *Una página para la historia del helenismo en España:* RArchBM (1921) 3-86. Son asimismo muy interesantes los estudios de R. SÁNCHEZ DEL ARCO y P. SAINZ RODRÍGUEZ sobre *Antonio Agustín.*

[22] Pueden verse: C. GUTIÉRREZ, o.c., 774-92; ID., art. en DHiEclEsp III (Ma 1973) 1963-65; ID., *Don M. Pérez de Ayala. Figura de vanguardia:* EstEcl 41 (1966) 427-62; E. OLMOS, *Los prelados valencianos* (Ma 1949).

Al lado de estas grandes figuras del episcopado español presentes en Trento debemos colocar a otros obispos dignos compañeros suyos, entre los cuales señalemos, ante todo, a otro gran canonista: *don Diego de Covarrubias y Leyva,* obispo de Ciudad Rodrigo, de origen toledano, alumno del colegio mayor de Oviedo, en Salamanca, y presidente después de Castilla. Fue uno de los que más contribuyeron con su labor personal en la redacción de los cánones de reforma, que constituyeron el canon disciplinar de la Iglesia hasta la reforma de 1917 [23].

Notemos, asimismo, a *Gaspar Cervantes,* quien, elegido obispo de Mesina, en Sicilia, el 19 de noviembre de 1561, llegó justamente a Trento al iniciarse esta tercera etapa, y se distinguió por el número y valor de sus intervenciones; al dominico *Martín de Córdoba,* obispo de Tortosa, quien se enfrentó diversas veces con el arzobispo de Granada y trabajó intensamente al lado de los legados conciliares; pero en todo caso dio grandes pruebas de sus profundos conocimientos teológicos; a *Arias Gallego,* obispo de Gerona, algunas de cuyas intervenciones conciliares, reproducidas íntegramente en las actas, demuestran la solidez de su formación teológica.

Pasando por alto algunos otros, solamente nombraremos todavía a *Antonio Corrionero,* obispo de Almería, cuya actuación fue una de las más destacadas, mereciendo cálidos elogios de todos; a *Melchor Alvarez de Vozmediano,* quien ya había intervenido en las dos primeras etapas como obispo de Guadix, y brilló ahora de nuevo como astro de primera magnitud; *Acisclo Moya de Contreras,* obispo de Vich y desde 1564 arzobispo de Valencia, dando excelentes pruebas de sus conocimientos teológicos y de sus dotes pastorales [24].

Respecto del gran esfuerzo realizado por todos estos prelados españoles y el grande aprecio que se hacía de ellos en Trento, podríamos traer aquí numerosos testimonios; pero nos limitaremos, por su especial significación, al del cardenal Carlos de Lorena, quien, aun siendo el más calificado prelado de Francia, y, como tal, contrario políticamente a España, reconocía el valor positivo del episcopado español en las discusiones de Trento. Por eso recomendaba a Pío IV tener más aprecio de los prelados españoles; pues, según él le escribe,

«aunque he oído algunas expresiones en ciertos votos de dos o tres prelados españoles que le han desagradado, con todo, Su Santidad, para su parecer, debe tener mucha cuenta de ellos. Porque, para hablar con verdad, son personas de valer y que en ellos sólo y en algún italiano aparece un caudal mayor de doctrina que en todos los otros» [25].

[23] Pueden verse: C. GUTIÉRREZ, *Españoles en Trento* 128-34; ID., art. en DHiEclEsp I (1972) 638-39; L. PEREÑA, *Diego de Covarrubias y Leyva, maestro de Derecho internacional* (Ma 1957).
[24] Sobre estos y otros prelados españoles y sobre sus intervenciones en Trento en su tercera etapa, véase particularmente el tantas veces citado CONSTANCIO GUTIÉRREZ, *Españoles en Trento,* en su lugar correspondiente. Sobre muchos de ellos consúltese, asimismo, el DHiEclEsp, 4 vols. (Ma 1972-1975).
[25] Véase CERECEDA, o.c., II 85, donde se cita a SUSTA, *Die römische Kurie und das Konzil von Trient* III 148.

c) Floración de teólogos y canonistas españoles en Trento

No menos significativa ni menos influyente fue la representación de teólogos y canonistas españoles en esta tercera etapa del concilio. No es necesario hablar de nuevo de los dos teólogos pontificios *Diego Laínez* y *Alfonso Salmerón*. Añadiremos solamente que, entre tanto, el P. Laínez, igualmente destacado por sus sólidas virtudes y por sus dotes de gobierno, había sido elegido en 1556 general de los jesuitas, como inmediato sucesor de su fundador, San Ignacio de Loyola. Así, pues, como general de la Compañía de Jesús y como teólogo pontificio, asistió esta vez al concilio.

A estos dos teólogos pontificios añadamos otros dos, asimismo teólogos pontificios y españoles. El primero, *Francisco de Torres*, discípulo de Alcalá, gran helenista y profesor de Sagrada Escritura en la *Sapienza*, de Roma. Distinguióse notablemente por su gran erudición y posteriormente ingresó en la Compañía de Jesús. Gozaba de íntima amistad con los legados pontificios Seripando y Hosio; nombrado teólogo pontificio, sobresalió por sus acertadas intervenciones y su intensa actividad en esta tercera etapa conciliar [26].

Con mayor razón todavía debemos citar aquí al cuarto teólogo pontificio; el dominico *Pedro de Soto,* émulo en sus extraordinarios conocimientos teológicos de su hermano en religión *Domingo de Soto* y digno continuador de sus actividades conciliares. Bien acreditado como profesor de la cátedra de prima de la Universidad de Salamanca y como confesor de Carlos V, dio las mejores pruebas de su talento cuando, nombrado teólogo pontificio por Pío IV, tomó parte muy activa en las discusiones del concilio. Pero duró poco esta actividad, porque, habiendo llegado a Trento el 9 de mayo de 1561, moría allí mismo el 20 de abril de 1562. Sin embargo, durante el año escaso que allí estuvo alcanzó gran fama por sus eximias virtudes religiosas y sus profundos conocimientos teológicos. De ello son excelentes pruebas sus intervenciones en las discusiones conciliares de esta etapa y las obras que escribió [27].

Añadamos todavía un quinto teólogo pontificio: *Antonio Solís,* asimismo español, de la provincia de Segovia, maestro de Alcalá, que había ya

[26] Puede verse la nutrida síntesis de C. GUTIÉRREZ, o.c., 446-73. Entre otros elogios, puede leerse el siguiente, del cardenal Hosio, sobre Francisco Torres: «Salutavit me per litteras tuis verbis Franciscus Torres, familiaris et necessarius meus, vir, ut ipse nosti, magna probitate et doctrina, sed rerum in primis divinarum studiosus atque, quod his temporibus omnium maximum requirendum est, pius et catholicus» (p.451). Son dignos, asimismo, de tenerse en cuenta los elogios que dedica Covarrubias a Francisco Torres informando a Felipe II poco después de terminar el concilio y sin tener noticia de su ingreso en la Compañía de Jesús. De él, en efecto, afirma que «era hombre muy docto en las lenguas latina y griega y en lectura de autores santos y antiguos sobre la Sagrada Escritura. Ha publicado algunos libros, que han contentado. Ha dado honra a su nación la... yo creo... que daría muy buena cuenta de su oficio y con mucha cristiandad». Apud CERECEDA, o.c., II 85. Véase también ibid., nt.44.

[27] Ante todo, recomendamos la amplia síntesis de C. GUTIÉRREZ, o.c., 1006; pero principalmente véanse: V. D. CARRO, *El maestro fray Pedro de Soto, O.P., y las controversias político-religiosas en el siglo XVI,* en *Bibl. Teól. Españ.* 1 y 15; 2 vols. (Salamanca 1931, 1950); ID., art. en DHiEclEsp IV (Ma 1975) 2508-2509.

asistido al concilio en la primera etapa como teólogo del obispo de Cádiz. En las actas oficiales se conservan síntesis de sus intervenciones y notables elogios de las mismas, particularmente sobre la justificación [28]. Asimismo, se manifestó ahora como insigne teólogo en sus intervenciones sobre la eucaristía, sobre la penitencia y sobre el orden sacerdotal.

Digamos para terminar este punto que no deja de constituir un elogio inestimable sobre la profunda formación teológica de los teólogos españoles de este tiempo el hecho que el mismo romano pontífice, aun teniendo a tantos teólogos italianos y de otras nacionalidades a su disposición, eligiera como teólogos suyos casi exclusivamente a teólogos españoles.

Fuera de éstos, nombremos todavía rápidamente a algunos otros teólogos o canonistas españoles que más sobresalieron en esta tercera etapa del concilio. Así, sabemos que el ya citado obispo de Segovia, Martín Pérez de Ayala, fue al concilio acompañado de su célebre teólogo *Benito Arias Montano,* uno de los hombres más eruditos de su tiempo y primera autoridad en estudios bíblicos [29]. Sabemos, asimismo, que *Gaspar Cardillo de Villalpando* fue al concilio en representación del obispo de Avila, don Alvaro de Mendoza. Era colegial de San Ildefonso, de Alcalá, y doctor de esta Universidad. De sus grandes conocimientos teológicos dio excelentes muestras a lo largo de esta tercera etapa del concilio, con lo que consiguió gran reputación [30]. Al obispo de Ciudad Rodrigo, *Diego de Covarrubias,* acompañaba su hermano *Antonio,* del Colegio Mayor de Oviedo, en Salamanca, consejero de Castilla y excelente jurista. Asimismo, como teólogos de los obispos o enviados por Felipe II acudieron a Trento hombres tan insignes como el internacionalista *Menchaca,* natural de Valladolid; el rector de Alcalá, *Sobaños;* los doctores *Frago, Fontidueñas, Trujillo, Hortolá, Fonseca, Zamora, Muñatones* y otros. Teniendo, pues, presente el gran número de participantes españoles en esta tercera etapa del concilio de Trento, sobre todo si a ello se añade el reconocido valor de su alta formación teológica y cultural, se comprende el gran influjo que podían ejercer y que de hecho ejercieron en el concilio.

---

[28] Véanse CT V 278s y, sobre todo, ibid., 576.857.858. Sobre su voto acerca de la justificación poseemos este elogio de MOANOCCHIO: «Summopere placuit declaratio doctoris Solís» (ibid., 286); y luego añade: «Optime deduxit... egregius doctor Solís». Véase, sobre todo, la amplia síntesis de GUTIÉRREZ, o.c., 146.

[29] Puede verse GUTIÉRREZ, o.c., 176-99, y asimismo el artículo en DHiEclEsp I (1972) 90-92. En este artículo puede verse la amplia bibliografía sobre lo mucho que se ha escrito en torno a la figura de ARIAS MONTANO, sobre todo acerca de sus trabajos bíblicos y la célebre *edición de la Biblia* que lleva su nombre (Biblia de Arias Montano). Sus principales intervenciones tuvieron lugar: sobre la comunión bajo las dos especies (el 19 de junio de 1562: CT VIII 604) y sobre el matrimonio (el 23 de febrero de 1563). También obtuvo muy favorable aceptación su voto sobre la eucaristía en general.

[30] Véase GUTIÉRREZ, o.c., 506-20 y el art. del mismo en DiHiEclEsp I (Ma 1972) 351-52. Asimismo J. DE COLMENARES, *Historia de Segovia* (Ma 1640) 736-40. Sobre *Diego de Covarrubias* pueden verse: C. GUTIÉRREZ, *Españoles en Trento* 238-46; ID., art. en DHi EclEsp I 638-39 (Ma 1972); L. PEREÑA, *Diego de Covarrubias y Leyva, maestro de Derecho internacional* (Ma 1957).

d) **Sesiones XVII-XX de la tercera etapa del concilio**

Ante todo, digamos que las cuatro primeras sesiones de la tercera etapa del concilio Tridentino tuvieron un *carácter puramente protocolario*. La verdadera importancia de esta tercera etapa tuvo comienzo en la sesión XXI (V de esta etapa). He aquí brevemente el desarrollo de estas primeras sesiones.

1) *Sesión XVII: 18 enero 1562.*—Después de las solemnidades acostumbradas, no se hizo otra cosa que publicar dos decretos: el primero era la solemne apertura del concilio en esta tercera etapa, con el levantamiento de la suspensión del mismo. Por el segundo se señalaba la celebración de la sesión siguiente para el *26 de febrero*.

Apenas terminada la primera sesión de esta etapa, se emprendieron los trabajos sobre diversos problemas. Uno de los que más preocupaban era el presentado por el emperador Fernando I, quien insistía en que se omitiera toda declaración, sobre si el concilio era continuación de las etapas anteriores. Asimismo, que se retrasara todo lo posible la discusión de los temas dogmáticos y se comenzara por los de reforma. Igualmente, se dio comienzo a las discusiones sobre el *Indice de libros prohibidos*. El publicado por Paulo IV era generalmente rechazado por ser excesivamente riguroso. En la congregación general del 24 de enero de 1562 se planteó esta cuestión, así como también la súplica de un salvoconducto para los protestantes alemanes.

2) *Sesión XVIII: 26 febrero 1562.*—Así, pues, como no era posible dar todavía ninguna solución definitiva a las cuestiones pendientes de discusión, se celebró el día designado la sesión XVIII, con la solemnidad acostumbrada, y tuvo, asimismo, un carácter protocolario [31]. En esta sesión tomaron parte los cinco legados, un cardenal, tres patriarcas, 16 arzobispos, 105 obispos, cuatro abades y cinco generales de órdenes religiosas, a quienes debemos añadir más de 50 teólogos [32].

Dos fueron los decretos que se publicaron. El primero se refería a una comisión que tenía como objetivo redactar un *Indice de libros prohibidos* y anunciaba la concesión de un salvoconducto para los protestantes, que de hecho se publicó el 8 de marzo. Por el segundo, como otras veces, se fijaba para la próxima sesión el 14 de mayo de 1562.

Durante los meses siguientes fueron llegando importantes personajes o embajadas. Entre las principales debemos enumerar la de Segismundo Baumgartner, consejero de Alberto V de Baviera, que tuvo lugar el 4 de marzo. Pero la que revistió más solemnidad fue la del 16 de marzo, del embajador de España, *Francisco d'Avalos, marqués de Pescara*, sobrino del vencedor de Pavía. Pero su cargo de embajador español era interino, hasta que el definitivo, conde de Luna, pudiese emprender su viaje a Trento.

Casi al mismo tiempo, el 11 de marzo, a propuesta de los legados

[31] Ante todo véanse las cartas en CT, o.c., VIII 355-68. Véanse asimismo: JEDIN, o.c., IV 1,104s; PASTOR, o.c., XV 260s; CRISTIANI, o.c., XIX 221s; MARÍN OCETE, o.c., II 557s.
[32] La lista de los asistentes puede verse en CT VIII 364s. Asimismo en PALLAVICINI, o.c., 15.21s.

conciliares, se dio comienzo a la deliberación de doce artículos de reforma, encabezados por el de la *residencia de los obispos*. Como base de toda la discusión se presentaba el problema sobre si la obligación de residencia era de derecho divino o humano, y bien pronto se acaloraron considerablemente los ánimos. El 20 de abril se llegó a una votación decisiva. En ella 60 Padres se manifestaron favorables y 38 contrarios a una definición, mientras 33 no se decidieron. Entre los decididos defensores de la definición se hallaban el primer legado pontificio, Gonzaga, gran parte de los españoles, dirigidos por Guerrero, y un buen número de italianos [33].

3) *Sesión XIX: 14 mayo 1562.*—En esta forma se llegó al *14 de mayo de 1562*, día designado para la *sesión XIX,* que se celebró en la forma y solemnidad acostumbradas. En ella tomaron parte los cinco legados, un cardenal, tres patriarcas, 18 arzobispos, 131 obispos, dos abades y cuatro generales de órdenes religiosas [34].

El número de conciliares aumentaba rápidamente, mostrando con ello el creciente interés del mundo católico por el concilio. Este crecimiento se advertía de un modo especial entre las huestes acaudilladas por el arzobispo de Granada, Pedro Guerrero, decididas partidarias de la más profunda reforma eclesiástica, ya que precisamente la falta de ella era lo que más desacreditaba a la Iglesia. En este sentido es donde mejor se manifestó la significación e influjo de España en el concilio de Trento. En realidad, esta sesión fue meramente protocolaria.

Pero la situación se fue complicando cada vez más. Por una parte, el 18 de mayo de 1562 llegaba un primer grupo de conciliares franceses, y en la congregación general del 26 se manifestaban decididamente contrarios a la idea de considerar el concilio como continuación del anterior. Por otra, el 25 de mayo se iniciaba la discusión de un proyecto de reforma, y el arzobispo Pedro Guerrero exigía previamente la decisión sobre la cuestión de la residencia. Más aún: como portavoz de los españoles, y haciéndose eco de los expresos deseos de Felipe II, ponía como condición que el concilio se presentase expresamente como continuación de las etapas anteriores. Frente a esta petición, los franceses comunicaron en un memorial que, si se aceptaba esta propuesta, retirarían al punto sus representantes.

En tan delicada situación es mérito personal de *Pedro de Soto* el haber convencido a los españoles de que era preferible suspender aquella contienda, así como también la decisión sobre el problema de la residencia, que podría resolverse al tratar sobre el sacramento del orden. Por otra parte, llegaba el 3 de junio a Trento la orden de Pío IV de proclamar el concilio, en atención a Felipe II, como continuación de las dos etapas anteriores. Sin embargo, en atención a las circunstancias, el

---

[33] Véase, ante todo, CT III,1 127. *Paleotti* pondera ibid., 291s, el apasionamiento de algunas de estas discusiones. Sobre todo recomendamos a JEDIN, o.c., IV,1 109s; CRISTIANI, o.c., XIX 221s; MARÍN OCETE, o.c., donde se pondera de un modo especial el importante papel desempeñado por el arzobispo de Granada, Pedro Guerrero, en estos debates.
[34] Ante todo, recomendamos a CT VIII 488s. Asimismo, a PALLAVICINI, 16.3.13; RICHARD, o.c., IX 619s; CRISTIANI, o.c., XIX 222s; pero, sobre todo, JEDIN, o.c., IV,1 141s.

mismo papa dejó a los legados conciliares la solución definitiva de este litigio [35].

4) *Sesión XX: 4 junio 1562.*—Así, pues, en la fecha señalada se celebró la *sesión XX.* Todo se realizó en la forma y con la solemnidad acostumbradas, con la asistencia de cuatro legados, un cardenal, dos patriarcas, 18 arzobispos, 137 obispos, dos abades y cuatro generales de órdenes religiosas [36]. El único decreto en ella publicado fue señalar el 16 de julio para la próxima sesión, que, según todos los cálculos, revestiría gran importancia, pues en ella podrían ya publicarse algunos decretos dogmáticos y de reforma.

3. SESIÓN XXI: 16 JULIO 1562. COMUNIÓN, REFORMA

Después de la sesión XX entró el concilio de Trento en el período más transcendental de su historia. Se inició la última discusión de los decretos ya medio preparados para su publicación. El dogmático se ocupaba de aquellos artículos acerca de la comunión que habían sido eliminados en las sesiones XIII y XIV en atención a los protestantes. La cuestión de reforma se refería a las sagradas órdenes.

Por otro lado, gran parte del episcopado, a cuyo frente se encontraban el rey de España Felipe II y casi todos los prelados y teólogos españoles, propugnaba la necesidad de intensificar ampliamente la reforma eclesiástica, particularmente en las altas esferas, y juntamente aspiraban a robustecer la autoridad episcopal, por lo que todos los obispos eran decididos defensores del derecho divino del episcopado. Por el contrario, el romano pontífice y los legados conciliares, apoyados por la mayor parte de los obispos italianos, luchaban con toda decisión contra este principio con la convicción de que con él se socavaban los derechos pontificios. Incluso la insistencia en la reforma de las altas esferas eclesiásticas atentaba, según ellos, contra uno de los privilegios fundamentales del papa, que era disponer de gran número de prebendas en los diversos territorios cristianos.

En realidad, aunque en la posición contraria existía el peligro de ponderar excesivamente el poder episcopal, llegando a una especie de episcopalismo, condenado por los concilios, era mayor el peligro real de querer mantener la costumbre de acumular multitud de diócesis, que impedía la residencia de los obispos y constituía una de las causas principales de la corrupción reinante en las altas esferas eclesiásticas. Por esto, aunque ciertamente se propasaban muchas veces en sus pretensiones Felipe II, el episcopado español y los que defendían los derechos

---

[35] Antes de llegar a esta última solución del papa, ya habían decidido los legados no ejecutar la orden anterior, pues ello hubiera traído necesariamente la disolución del concilio. De hecho, se encontraban en uno de los momentos más críticos. Puede verse PASTOR, o.c., XV 274s.

[36] Para esta sesión XX pueden verse ante todo: CT VIII 518s; RAYNALDI, a.1562 n.47-48; PASTOR, o.c., XV 275s; RICHARD, o.c., IX 667s; CRISTIANI, o.c., XIX 222s; sobre todo, JEDIN, o.c., 150s.

episcopales y la reforma de la Iglesia, debemos confesar que su intención era recta, ya que de hecho aspiraban a una auténtica reforma eclesiástica. Por el contrario, debe admitirse que los defensores de los derechos pontificios no tenían tanto en cuenta esta reforma eclesiástica real y efectiva.

Tengamos presentes estas posiciones, que determinan con toda exactitud la verdadera significación de la constante intervención de Felipe II y de los conciliares españoles. Gracias a ella, aunque algunas veces fuera excesivamente rigurosa y aun opuesta a la misma jerarquía eclesiástica, el concilio obtuvo los excelentes resultados que alcanzó [37].

Sobre esta base, el 6 de junio de 1562 fueron presentados al examen de los teólogos cinco puntos referentes al uso de la comunión que ya anteriormente habían sido muy discutidos. A ellos pertenecía la tan repetida cuestión sobre la comunión bajo las dos especies. Ante todo, pues, se discutió sobre si «los fieles están obligados a recibir la sagrada comunión bajo las dos especies de pan y vino». Casi por unanimidad se decidió negativamente. Asimismo, se siguió debatiendo desde el 10 de junio a razón de dos sesiones diarias. De este modo se llegaron a celebrar hasta 27 sesiones, cuyo resultado se condensó en cuatro capítulos y cuatro cánones [38].

Entre las numerosas intervenciones que tuvieron lugar durante estos debates, notemos particularmente, como síntesis de las opiniones españolas, las de los siguientes teólogos franciscanos españoles: el día 12 de junio, apenas iniciada la discusión, *Juan Ramírez;* el día 15, *Francisco Orantes;* el 19, el bien conocido *Benito Arias Montano,* y el 30, *Antonio de San Miguel* [39].

Por otro lado, se deliberó acerca del correspondiente *decreto de reforma* sobre las *órdenes sagradas.* Después de largas discusiones, se condensaron en nueve cánones las condiciones requeridas para conferirlas por parte de los obispos, y otros puntos sobre la disciplina del clero. Uno de los objetivos principales que se trató de obtener es el hacer desaparecer, en lo posible, todo vestigio de codicia o de simonía en materias tan expuestas a ello, y en las que tantos abusos se habían cometido y se cometían [40].

Pero precisamente el mismo día 6 de junio, en que se daba comienzo a las discusiones dogmáticas, los embajadores de Fernando I entregaron en Trento el célebre *Memorial de reforma* del emperador, que tanto revuelo ocasionó en el ulterior desarrollo del concilio [41]. En este *Memo-*

[37] En varios pasajes de nuestro trabajo hemos citado abundantes testimonios nacionales y extranjeros en los que se encomiaba de un modo muy particular la obra de los españoles en el concilio de Trento.

[38] Véase el texto completo en latín y traducción castellana: TEJADA Y RAMIRO, o.c., 197-200; en latín y francés: MICHEL, o.c., X 384s. Asimismo puede verse JEDIN, o.c., IV,1 172s y nt.43.

[39] Véase para estas intervenciones el trabajo de B. OROMÍ, *Los franciscanos en el concilio de Trento:* VyV 4 (1946), diversas entregas. La intervención de *Ramírez* véase en CT VIII 549; la de *Orantes,* ibid., 558; la de *Arias Montano,* ibid., 664; la de *San Miguel,* ibid., 514.

[40] Puede verse el texto en TEJADA Y RAMIRO, o.c., 201s; MICHEL, o.c., 420s; sobre todo en latín: ALBERIGO, o.c., 704s.

[41] Sobre este *Memorial* de Fernando I, así como de toda la intervención del mismo en

rial, que proponía en quince capítulos un plan de reforma en la cabeza y en los miembros, se pedía, entre otras cosas, la concesión del cáliz al pueblo cristiano (la comunión bajo las dos especies) y el matrimonio para los sacerdotes. Indudablemente, la intención del emperador era excelente, es decir, conseguir con ello la unión. Sin embargo, encontró marcada oposición en los legados conciliares, sobre todo acerca de la oportunidad y eficacia de estas concesiones. Después de algunos debates, se obtuvo que se retirara la petición del cáliz, que los legados prometieron recomendar al romano pontífice.

Resueltas, pues, estas dificultades, el *16 de julio de 1562,* según estaba anunciado, se pudo celebrar la sesión XXI (V de la etapa tercera) del concilio [42]. A ella asistieron los cinco legados conciliares, un cardenal, tres patriarcas, 19 arzobispos, 148 obispos, cuatro abades y seis generales de órdenes religiosas.

Ante todo, fue proclamado el decreto en el que se declaraba que no es de derecho divino la *comunión bajo las dos especies.* En cambio, la Iglesia posee la facultad general en la administración de los sacramentos. Así, pues, prescribió la comunión bajo una especie por justas razones, costumbre que no puede cambiarse sin la autoridad de la Iglesia. Por otra parte, proclama el concilio que bajo cada especie se recibe a todo Cristo y todo el sacramento. En el correspondiente *decreto de reforma* se reproducen los nueve cánones a los que anteriormente nos referimos. En ellos se dan diversas disposiciones sumamente eficaces para la reforma del clero.

4. SESIÓN XXII: 17 SEPTIEMBRE 1562. SANTA MISA, REFORMA

Los excelentes resultados de la sesión XXI contribuyeron eficazmente a crear un relativo optimismo tanto en Trento como en Roma y en el resto de la cristiandad, particularmente en España. Esto llegó en Roma hasta tal punto, que surgió la idea de que pudiera terminar pronto el concilio [43]. Por otro lado, es un hecho que Felipe II inició un período de amplia condescendencia con el papa y el concilio. Así, en la cuestión, tan intensamente discutida, de que el presente concilio fuese expresamente declarado continuación del anterior, manifestó que le bastaba el hecho de que el concilio continuaba los trabajos interrumpidos en 1552.

el concilio de Trento, véanse además de las obras generales: J. KRÖFT, *Ferdinand I und seine Reformvorschläge auf dem Konzil von Trient:* ZkathTh (1903) 455s.621s; J. B. KASSOWITZ, *Die Reformvorschläge K. Ferdinand I auf dem Konzil von Trient* (1906); G. EDER, *Die Reformvorschläge...* (1911). En particular véanse: PASTOR, o.c., XV 276s; RICHARD, o.c., IX 688s; JEDIN, o.c., IV,1 159s y, sobre todo, CT VIII 528s.

[42] Sobre la sesión XXI véanse: ante todo, CT VIII 696s; ALBERIGO, o.c. 702s; PASTOR, o.c., XV 280s; PALLAVICINI, 17-11; MICHEL, o.c., X 411s. Pueden verse en particular: A. SEGOVIA, *Cristo íntegro... recibido bajo cada especie eucarística...:* ArchThGran 26 (1963) 5-95; JEDIN, o.c., IV,1, 172s; CRISTIANI, o.c., XIX 224s.

[43] Así, p.ej., el secretario de Estado del papa, Carlos Borromeo, dio a entender que el concilio podría terminar dentro de pocas semanas. Por su parte, el mismo Pío IV, en medio de la favorable situación alcanzada, llegó a rogar a los legados: «fate per terminar presto». Véase JEDIN, o.c., IV,1 174 nt.1.

En este sentido hizo escribir a los prelados españoles de Trento. Por otro lado, procuró eficazmente que se dieran al concilio las mayores facilidades, ya que había entrado en la corriente de una amplia discusión sobre los temas fundamentales de la Iglesia. Sobre el otro punto al que tanta importancia se atribuía, el relativo al derecho divino de la residencia de los obispos, el rey católico Felipe II dirigió el 6 de julio de 1562 una carta a los Padres conciliares en la que les daba a entender que no insistieran de momento en este problema [44].

a) **Grandes discusiones sobre la santa misa y reforma**

Entre tanto se continuaron, con gran provecho del concilio y de la Iglesia, los debates iniciados. Ya el 19 de julio se propuso a los teólogos en trece capítulos la materia sobre el santo *sacrificio de la misa,* cuya importancia fue justamente comparada por Seripando con el decreto de la justificación. Por este motivo la sesión XXII pertenece a las más transcendentales del concilio de Trento [45]. Un primer grupo de teólogos disertó sobre los artículos 1 al 7 ante un auditorio de 187 Padres conciliares, casi un centenar de teólogos y gran número de otros oyentes, exponiendo la significación de la misa como centro de la liturgia cristiana y ponderando particularmente su carácter de sacrificio. Entre los votos de los teólogos, vale la pena resaltar, ante todo, a dos de los pontificios.

En primer lugar, al primero en el uso de la palabra, *Alfonso Salmerón,* quien partió de la base de que la última cena era la culminación de los sacrificios del Antiguo Testamento. La orden de Cristo: «Haced esto en mi memoria», significa una orden de sacrificio que transforma a los apóstoles en sacerdotes oferentes. Por otra parte, insiste Salmerón, porque la misa sea memorial, no deja de ser un sacrificio. En relación con el de la cruz, éste es cruento, y la misa incruento [46].

Notemos de un modo especial la intervención de otro gran teólogo pontificio: el dominico *Pedro de Soto,* quien dio a entender que no existía ningún texto convincente en la Sagrada Escritura como prueba del carácter de sacrificio de la misa. Solamente por la tradición queda éste bien probado. En cambio, como algún otro disertante se esforzó por confirmar este carácter sacrificial por otras pruebas, añadió Soto que casi todos los teólogos sostienen la opinión de que la oblación de la misa debe ser el cumplimiento y realización de la «figura» del Antiguo Testamento. Por otra parte, continúa Soto,

> «¿No dice la epístola a los Hebreos que esto se cumplió en la cruz? Todos están conformes en que el sacrificio de la misa no es nada inferior al de la cruz; pero no lo están de ningún modo sobre la manera de expresar la relación de uno con otro».

[44] Ibid., nt.2.
[45] Puede verse una buena exposición sobre estas discusiones en MICHEL, o.c., X 425s y, sobre todo, JEDIN, o.c., IV,1 179s. Véase, igualmente, J. RIVIÈRE, art. *Messe:* DThC X,1 1085-1142; LEPIN, *L'idée du sacrifice de la Messe* (Pa 1926); DE LA TAILLE, *Mysterium fidei* (Pa ³1931).
[46] JEDIN, o.c., IV,1 180s. Sobre todo véase CT VIII 722-24.

El segundo grupo de teólogos encargado de la discusión de los artículos 8 al 13 inició sus trabajos el 29 de julio y los continuó con renovada intensidad. Juzgamos dignas de notarse como auténticas directrices de la teología española, las intervenciones de los siguientes teólogos. En primer lugar, al bien conocido *Gaspar Cardillo de Villalpando*, gran teólogo, de palabra elocuente y sustituto del obispo de Avila, quien disertó sobre el santo sacrificio de la misa el mismo día 29 de julio, en que se inició esta nueva serie de discusiones [47]. Señalemos, en segundo lugar, al no menos insigne obispo de Orense, *Francisco Blanco*, uno de los más estimados teólogos del concilio, quien presentó, igualmente un interesante voto sobre la misa como sacrificio [48]. Asimismo nombremos en particular al agustino, obispo de Segorbe, *Juan de Muñatones*, de cuya intervención poseemos interesantes referencias en las actas [49].

El debate continuó intensificándose cada vez más. El 6 de agosto, una diputación de teólogos presentó un texto doctrinal sobre toda esta materia en cuatro capítulos y doce cánones, sobre el cual se debatió en dieciséis congregaciones hasta el 26, y al que podemos designar como *proyecto de agosto de 1562.* Tras largas y apasionadas luchas, el 27 de agosto puso fin a la discusión el *P. Diego Laínez* con una de sus más significativas intervenciones. Como no tenía una voz muy potente, según nos refieren las fuentes, los presidentes le hicieron subir a su estrado y hablar desde allí. Pero como ni aun así podían entenderle, un buen número de prelados comenzó a levantarse y a acercarse a él, y de este modo, sentados o de pie, lo escucharon hasta el fin. La situación era difícil y muy comprometida frente a las diversas opiniones y frente al problema teológico sobre si hubo en la última cena nuevo sacrificio, distinto del de la cruz [50].

Como Laínez ya había hablado sobre este tema en 1551, en la segunda etapa del concilio, se limitó ahora a hacer algunas indicaciones sobre la doble oblación realizada, insistiendo en el carácter sacrificial de ambas oblaciones en la última cena y en la cruz, pero notando el diverso efecto expiatorio de ambas. El eco y los resultados producidos por esta alocución del general de los jesuitas, Laínez, fueron sumamente favorables. De hecho, un testigo presencial habla de la

«muy grande y muy universal satisfacción que dejó en todo el auditorio tan numeroso de los prelados, embajadores, etc., de la doctrina tan fundada y clara y del espíritu». Y añade «que se quitaron de las cabezas de muchos las dificultades y confusiones producidas por la violenta polémica desencadenada; que se hallaron presentes los seis cardenales; que no faltó ningún obispo, y, aunque era grande la expectación que había, ha quedado superada por la misma realidad» [51].

[47] Ante todo véase CT VIII 739. Asimismo puede verse C. GUTIÉRREZ, o.c., 506-19.
[48] Véanse: CT VIII 774; C. GUTIÉRREZ, o.c., 382-95. En particular puede verse 385-86.
[49] Véase CT VIII 914 y 935. Asimismo, D. GUTIÉRREZ, *Los agustinos en el concilio de Trento:* CiDi 158 (1946) 443-46.
[50] Puede verse la amplia exposición sobre todo este punto y sobre el discurso de Laínez en su biógrafo F. CERECEDA, o.c., II 99s. Véase, asimismo, CT VIII 786s.
[51] MHSI, MonLain VII 383. Por desgracia, en las actas de CT, obra de Massarelli, no

b)   **Otros temas. Sesión XXII: septiembre 1562.**
     Misa, reforma

Al día siguiente, 28 de agosto, se dio principio al tema más escabro-
so: sobre la *comunión bajo las dos especies,* en que tanto insistía el emperador Fernando. Digamos solamente que también sobre este tema disertó
ampliamente el *P. Diego Laínez,* decidido adversario de esta concesión a
los laicos [52]. Al mismo tiempo, los días 3 y 4 de septiembre se pudo
ofrecer ya a los prelados conciliares el nuevo texto sobre la santa misa,
resultante de las discusiones anteriores, que es designado como *esquema
de septiembre* y resulta más conciso que el anterior *(esquema de agosto)* [53].
A sus nuevos breves capítulos responden nuevos cánones. Por otra parte, una comisión de ocho prelados, encargados de proponer los abusos
introducidos en la misa, presentó el 8 de agosto un largo memorial [54].

Mas, volviendo a lo primero, desde el 22 de agosto se concentró
gran parte de la actividad del concilio en el problema de la comunión
bajo las dos especies, cuya decisión había encargado el papa al concilio [55]. En la congregación del 27 de agosto se manifestaron opiniones
enteramente opuestas. El P. Diego Laínez, entre otros, ponderó las desagradables experiencias que se habían realizado en Basilea y en otras.
partes [56]. De 166 votos, sólo 41 eran favorables a la concesión. Por este
motivo se decidió al fin confiar al romano pontífice la decisión definitiva sobre tan delicado problema [57].

Así, pues, en la fecha determinada, el *17 de septiembre de 1562,* se celebró, con la solemnidad acostumbrada, la *sesión XXII,* a la cual asistieron los cinco legados, un cardenal, tres patriarcas, 22 arzobispos, 144
obispos, un abad y siete generales de órdenes religiosas [58]. Ante todo, se
publicó el decreto dogmático sobre la santa misa, que eleva a esta sesión
a uno de los momentos más importantes de todo el concilio de Trento.
En sus capítulos y cánones correspondientes se declara, ante todo, la
institución y el carácter de sacrificio de la misa. Se expone su aspecto como
sacrificio visible y propiciatorio para vivos y difuntos; se da la doctrina
sobre las misas en honor de los santos, sobre el canon y las ceremonias
de la misa, sobre la misa privada y algunas otras cuestiones.

---

hay más que un extracto, que no nos permite penetrar en el más íntimo contenido del
voto. Al juicio indicado en el texto, añadamos el de *Calino,* quien designa el voto de Laínez como «razonamiento docto», y el del obispo de Módena, quien escribe: «Ha ragionato
largamente y eruditamente» (CT VIII 788 nt.2).
    [52] Véase CERECEDA, o.c., II 103s.
    [53] El texto puede verse en CT VIII 9091. Asimismo, varias opiniones, ibid., 912s.
    [54] Véase CT VIII 916s, y más brevemente, ibid., 921s. Véase, asimismo, MICHEL, o.c.,
X 439s.
    [55] Puede verse CT VIII 786s.
    [56] El relato más completo es el de Mendoza, en CT II 649s. Del discurso de Laínez
afirma *Mussotti* que es el que puso término al debate. Puede verse el texto en CT VIII 879s.
Véanse además: PASTOR, o.c., XV 285s; GRISAR, *Laínez y la administración del cáliz a los
laicos:* ZkathTh 5 (1882) 39s; ID., *Disput. trid.* II 24s; CERECEDA, o.c., II 99s.
    [57] Sobre todo este asunto véase la importante exposición de JEDIN, o.c., IV,1 192s. La
entrega al papa de la decisión, ibid., 199s.
    [58] Pueden verse sobre la sesión XXII: ante todo, CT VIII 956s. Asimismo: PASTOR,
o.c., 286s; sobre todo, JEDIN, o.c., IV,1 205s; CRISTIANI, o.c., XIX 226s.

Como complemento de este decreto dogmático se añade otro, en el que se trata de corregir los abusos que se habían introducido en la celebración y uso de la misa [59].

De gran importancia fue el *decreto de reforma* sobre la *conducta de los clérigos*, que, tras largas polémicas, se fijó en once capítulos. En él se daban normas para elevar, en lo posible, la conducta de los clérigos, particularmente de los que sirven en las catedrales y en toda clase de fundaciones; se determinaban, asimismo, las condiciones para ciertas dignidades eclesiásticas y se añadían otras normas sobre las disposiciones testamentales, ejecución y administración de causas pías, etc. [60]

Finalmente, como *segundo decreto de reforma* se publicó el decreto sobre la *comunión bajo las dos especies*. En él se determinaba dejar todo este problema en manos del papa. De hecho, en 1564, Pío IV, cediendo a las instancias del emperador, concedió a algunos obispos alemanes la facultad de conceder la comunión bajo las dos especies donde se cumplieran las debidas condiciones. Pero fueron tales los inconvenientes que resultaron de esta concesión, que ya en 1571, en Baviera, y en 1584, en Austria, hubo de suprimirse [61].

En el quinto decreto se fijó la sesión XXIII para el 12 de noviembre de 1562; pero, prorrogada diversas veces por las circunstancias, no se celebró hasta el *15 de julio de 1563*.

5. SESIÓN XXIII: 15 JULIO 1563, MATRIMONIO, ORDEN, REFORMA

Apenas terminada la sesión XXII, se inició una interminable carrera de los mayores obstáculos que había atravesado el concilio. El primero fue la *reforma eclesiástica*, particularmente de las altas esferas del episcopado y de la curia pontificia, en la que estaban empeñados el arzobispo de Granada, don Pedro Guerrero, y todo el episcopado español, apoyados por Felipe II. Todos ellos insistían en que dicha reforma constituía la más urgente necesidad de la Iglesia frente a los innovadores.

Por todo esto, el debate fue tomando tales proporciones, que se transformó en una verdadera *crisis del concilio*. Sin embargo, transcurrida la crisis, que duró unos diez meses y gracias a algunos acontecimientos más o menos providenciales, la obra renovadora del concilio de Trento, apoyada por Felipe II, pudo llevarse a feliz término.

a) **Primeras discusiones. Derecho divino**
   y supremacía del episcopado

Ya el 18 de septiembre de 1562 se propuso a los Padres conciliares un esquema de siete puntos sobre el *sacramento del orden*, y como ante-

[59] El texto correspondiente puede verse, en primer lugar, en CT VIII 962s, en latín. Asimismo, en ALBERIGO, o.c., 708s. En latín y castellano, con aclaraciones: TEJADA Y RAMIRO, o.c., 261s. En latín y francés: MICHEL, o.c., X 456s.
[60] El texto latino se encuentra en CT VIII 965s; ALBERIGO, o.c., 713s. En latín y castellano: TEJADA Y RAMIRO, o.c., 261s. En latín y francés: MICHEL, o.c. X 460s.
[61] De hecho, se concedió a las diversas diócesis de Austria y Baviera, —a Maguncia, Tréveris, Braunschweig y Naumburg— a manera de prueba y con ciertas condiciones especiales.

riormente los legados habían prometido que, con ocasión de los debates sobre el orden sacerdotal, se trataría a fondo el problema sobre el *origen divino del episcopado,* se volvió a insistir sobre la necesidad de abordar conjuntamente este problema, tan fundamental para la reforma eclesiástica [62]. Así, pues, desde el 21 de septiembre al 2 de octubre de 1562 se discutió ampliamente sobre el sacramento del orden. De este modo, después de quince sesiones, se redactó un importante proyecto de decreto, que fue sometido a una comisión de ocho miembros [63].

Pero las grandes contiendas se desencadenaron durante las sesiones de los prelados, iniciadas el 2 de octubre, entrando de lleno en la cuestión sobre el origen divino del episcopado, ya varias veces debatida, pero nunca de una manera, por así decirlo, exhaustiva. Por otro lado, como en ella intervinieron particularmente los españoles, juzgamos oportuno ofrecer algunos detalles sobre este punto.

El gran debate comenzó el 13 de octubre de 1562, y quien lo inició fue el arzobispo de Granada, *don Pedro Guerrero,* ansioso de plantear de una vez y en toda su amplitud todo el problema [64]. Guerrero apremiaba a que se expresaran claramente estas dos cosas: el origen divino del episcopado y la superioridad de los obispos sobre los simples sacerdotes. Según lo expresan claramente los concilios ecuménicos y los Santos Padres, los obispos reciben sus poderes a través de su consagración y directamente de Dios. Como se expresa en los Hechos de los Apóstoles, el Espíritu Santo los ha elegido para dirigir a la Iglesia [65]. Así, pues, el concilio debe definir el origen divino de los obispos.

Rápidamente se pusieron al lado de Guerrero el obispo de Braga y el de Segovia, quien ponderaba de un modo especial que la consagración episcopal proporciona la plenitud del sacerdocio y en segundo lugar eleva al obispo por encima del simple sacerdote. En cambio, el uso de este poder sacerdotal de la jurisdicción depende de la aplicación a una iglesia designada por el romano pontífice.

El obispo *Cuesta, de León,* bien conocido por otras brillantes intervenciones, se manifestó igualmente convencido de que el obispo, según sus mismas palabras,

«recibe directamente de Dios, por medio de la consagración, una fuerza interna y una habilitación para realizar todas las acciones relacionadas con su cargo, a condición de que el papa le asigne su diócesis para su jurisdicción».

Según él, la consagración episcopal confiere al nuevo obispo no sola-

[62] Sobre todo este período de los grandes conflictos conciliares véase, ante todo, CT VIII 970s. Además recomendamos la amplia exposición de PASTOR, o.c., XV 287s. Asimismo: RICHARD, o.c., IX 733s; CRISTIANI, o.c., 231s; CERECEDA, o.c., II 175s; pero, sobre todo, la más reciente, completa y objetiva de JEDIN, o.c. IV 1,210s; ID., *Krisis und Wendepunkt des Trienter Konzils (1562-63)* (Fr 1941).
[63] Pueden verse los textos correspondientes en MICHEL, o.c., X 467s.
[64] Véase, ante todo, CT IX 43s. Asimismo: ibid., III,1 443s. El voto de Guerrero: CT IX 48s. El del obispo de Segovia, ibid., 73s. El del obispo de León, ibid., III,1 446s (muy sintetizado).
[65] ActAp 20.28.

mente la plenitud del sacerdocio, sino también la habilitación para el cargo pastoral, que él sólo puede ejercer si el papa le asigna la jurisdicción sobre una diócesis determinada. Más de cincuenta Padres conciliares, la mayor parte españoles, se pusieron al lado de los obispos de Granada y de León.

En estas circunstancias, y en medio de la mayor expectación, tuvo lugar, el 20 de octubre de 1562, el célebre discurso del *P. Diego Laínez,* que, por un lado, provocó en algunos una manifiesta indignación, pero ciertamente, por otro, contribuyó eficazmente a apaciguar los espíritus, sugiriendo, o, mejor dicho, puntualizando más, un principio de solución que en diversas formas ya había sido indicado. En realidad, la situación del general de los jesuitas y teólogo pontificio era en aquellos momentos sumamente difícil y comprometida. Se encontraba entre dos fuegos. Por un lado, el poderoso grupo de sus compaisanos, los obispos españoles, quienes, aun teniendo en gran estima y defendiendo la autoridad del papa, proclamaban el origen divino del episcopado [66]. Por otro, el romano pontífice, cuyos derechos, como teólogo pontificio, estaba él obligado a defender. La expectación era, en verdad, extraordinaria [67].

Como solución de tan intrincado dilema, el P. Laínez, aun defendiendo el derecho pontificio, estableció claramente la doble significación del poder recibido por el obispo. Su intento fue sumamente prudente y acertado. Afirmó, pues, con toda decisión, «con erudición y abundancia», como repiten algunos testigos, la tesis sobre el origen o *procedencia inmediata de Dios* del *orden episcopal,* y la *mediata o de jurisdicción, directamente del papa.* Era la mejor manera de cerrar el paso a los errores luteranos. Mas, por otro lado, era un medio eficaz para contener a los que se empeñaban en definir lo que no estaba suficientemente claro. Como fácilmente se comprende, ninguna de las dos partes extremas quedó enteramente satisfecha; pero en conjunto se puede decir que el discurso del P. Laínez produjo muy buena impresión, y de hecho, con su autoridad, se fue afianzando esta solución media, que constituyó la base de la definitiva.

De parte de los italianos, o más decididos partidarios de los derechos del papa, *Paleotto* califica de «copiosa y erudita» la disertación de Laínez, y tengamos presente, por el lado opuesto, que nuestro *Covarrubias* escribió a Felipe II que Laínez «era uno de los grandes letrados..., hombre de grande entendimiento y de mucha experiencia» [68]. Por su parte, el historiador SARPI, nada favorable a los jesuitas ni a Laínez, se ve forzado a afirmar que «había hablado no sólo eruditamente, sino muy acertadamente». Y PALLAVINI, el más equilibrado historiador antiguo del concilio de Trento, atestigua que con esta intervención «logró una fama cual ninguno».

Por lo que se refiere a las fuentes más próximas a Laínez, Salmerón,

[66] Notemos, además, que un buen número de aquellos prelados, entre los que sobresalía el arzobispo Guerrero, de Granada, eran íntimos amigos suyos y grandes bienhechores de la Compañía de Jesús.
[67] Véase la amplia exposición de F. CERECEDA, o.c., II 182s.
[68] MHSI, MonLain VIII 816.

Polanco y otros confirman plenamente el acierto de Laínez al establecer tan claramente la distinción entre el *poder del orden episcopal*, que el obispo recibe directamente de Dios, y el *poder de jurisdicción*, que recibe directamente del papa [69].

b) Los prelados franceses. Crisis del concilio

Cuando se estaban ultimando las discusiones sobre los decretos acerca del sacramento del orden y de los derechos del episcopado, el 13 de noviembre llegó el grupo de los prelados franceses, capitaneados por el cardenal Carlos de Guisa o cardenal de Lorena [70]. Lo componían 13 obispos, además del cardenal; tres abades y 18 teólogos, quienes fueron solemnemente recibidos en la congregación general del 23 de noviembre. Este hecho tuvo especial significación, ya que, además del número nada despreciable de los nuevos obispos y teólogos, el cardenal de Lorena era un hombre de grandes cualidades, con las que ejerció en adelante un influjo decisivo en el concilio.

Prosiguieron, pues, los debates con la misma intensidad, y bien pronto los ánimos se fueron acalorando, hasta llegar a escenas desagradables, y posteriormente se elaboraron hasta cinco diversas fórmulas del célebre canon 7, que no obtuvieron la aprobación definitiva. Mas, por encima de todas las dificultades y superada la más peligrosa crisis conciliar que sobrevino posteriormente, se llegó por fin a un consenso, y en el decreto final se dio una solución en la que se evitaba este punto de litigio. Pues *sea de origen divino, sea de origen pontificio* la jurisdicción episcopal, es evidente la superioridad episcopal dentro de la jerarquía eclesiástica y la extraordinaria importancia de *la residencia episcopal* para ejercer provechosamente su poder o jurisdicción.

Con todo esto fue necesario realizar diversas prórrogas de la sesión XXIII. Entre tanto, el cardenal Lorena, con todo el peso de su autoridad y con sus grandes dotes personales, se puso decididamente al lado de los defensores del derecho divino de los obispos. Más aún: contra lo que el mismo cardenal Guisa pretendía, algunos de los representantes franceses fueron imprimiendo a las discusiones un carácter episcopalista, tomando un giro peligroso y llegando a defender el conciliarismo de los concilios de Constanza y Basilea. En este sentido se expresaron, sobre todo, los embajadores franceses Lansac y Ferrier, llegados el 24 de febrero de 1563 [71].

A estos motivos de disensión y apasionados enfrentamientos entre los conciliares, se añadieron los procedentes de las cuestiones de refor-

---

[69] MHSI, MonSalm I 507. Véase, asimismo, CT III,1 451s.

[70] Ante todo, véanse los datos recogidos por JEDIN en su bien acreditada obra, p.223s. Sobre la llegada y actuación de los conciliares franceses, y en particular del cardenal Carlos de Lorena: LE PLAT, o.c., V 541s. Además: RICHARD, o.c., IX 769s; H. O. EVENNETT, *The cardinal of Lorraine and the Council of Trient* (1930). En particular sobre el célebre discurso pronunciado por el cardenal de Lorena, texto en CT IX 162s; PASTOR, o.c., XV 293s.

[71] Pueden verse: PASTOR, o.c., XV 293s; PALLAVICINI, o.c., 19,14; GRISAR, o.c., I 486s. Particularmente recomendamos: JEDIN, o.c., IV,1 225s.

ma, que es en lo que más continuaban insistiendo los príncipes católicos. Ya el 6 de abril de 1562 había enviado España un importante *plan de reforma*. El 6 de junio siguiente presentaron, asimismo, los imperiales el suyo, y poco después llegaron otros de Portugal y de Francia. En todos ellos, como de común acuerdo, se insistía, cada vez en términos más apremiantes, en una reforma de la *curia romana,* incluso del mismo *romano pontífice* [72].

Frente a una situación tan peligrosa, el papa se sentía como desarmado y sin encontrar la manera de contrarrestarla. Por otra parte, en Trento no se daba un paso adelante en las discusiones pendientes. En estas circunstancias, el 28 de enero de 1563 se presentó Commendone ante el emperador Fernando, comisionado por los legados pontificios, poniendo en juego su reconocida habilidad para conseguir su colaboración [73]. El resultado fue que, poco después, Fernando I, movido de las mejores intenciones, el 3 de marzo de 1563 dirigió a Pío IV dos cartas en las que mostraba su más intensa preocupación por la posible disolución del concilio y al mismo tiempo urgía la reforma de la curia pontificia.

En estos momentos, cuando la situación de los asuntos del concilio parecía más desesperada, un conjunto de acontecimientos inesperados trajo poco a poco la solución. El 2 de marzo de 1563 *moría santamente en Trento* el primer legado pontificio, el *cardenal Hércules Gonzaga,* a la edad de cincuenta y ocho años, asistido por el general de los jesuitas, Diego Laínez. Muy poco después, el 17 de marzo, entregaba igualmente su alma a Dios otro legado pontificio del concilio: el general de los agustinos, *cardenal Seripando,* uno de los más eminentes teólogos del concilio [74]. Asimismo, el insigne teólogo dominico *Pedro de Soto,* uno de los más egregios conciliares, había fallecido en Trento el 13 de marzo [75]. Entre tanto ocurrían en Francia trágicos sucesos, que debilitaron de un modo bien manifiesto la posición del cardenal de Lorena, Carlos de Guisa. El duque Francisco de Guisa era asesinado, con lo que la causa católica, frente a la oposición de los hugonotes, perdía en Francia su principal apoyo.

c) **El nuevo legado cardenal Morone.**
   Rápidos progresos

En tan crítica situación, podemos afirmar que el acto realizado por Pío IV con el nombramiento del *cardenal Morone* y el de *Navagero* como nuevos legados conciliares fue sumamente acertado, sobre todo por lo

---

[72] Sobre todas estas discusiones véanse particularmente: PASTOR, o.c., XV 294s; RICHARD, o.c., IX 799s.

[73] Véase sobre estos puntos y sobre la comisión de Commendone: JEDIN, IV,1 257s; PASTOR, o.c., XV 294s.

[74] Puede verse la última confesión de sus auténticos sentimientos religiosos en MHSI, EpistNat II 216s.

[75] Es interesante la lectura de la carta que dirigió al papa Pío IV poco antes de morir. Puede verse el texto íntegro en V. D. CARRO, *El maestro fray Pedro de Soto...* 2 vols. (Salamanca 1931, 1950), apénd.42 (p.376).

que se refiere a Morone, reconocido como el mejor diplomático que poseía entonces la Santa Sede. Ciertamente contribuyó rápidamente a comunicar al concilio el impulso que necesitaba para completar la ingente obra comenzada.

Los días 10 y 13 de abril de 1563 tuvo lugar su entrada solemne en Trento con una congregación general, celebrada en su honor con participación de todos los conciliares. A continuación, con clara visión de las cosas, Morone fue dando una serie de pasos que constituyen otros tantos aciertos, que contribuyeron eficazmente a cambiar por completo la situación. Ante todo, tuvo especial empeño en mejorar las relaciones con Felipe II y con los obispos españoles, reconociendo con ello la gran significación que tanto la colaboración del rey Católico como la de sus obispos y teólogos tenían para el concilio.

Para ello, teniendo presente la actuación de la mayor parte de los conciliares españoles, fue de capital importancia una serie de medidas que precisamente entonces había tomado Felipe II con el objeto de orientar debidamente el trabajo de los españoles en Trento. La primera fue ordenar que el conde de Luna, embajador de España en Viena, pero designado para el concilio, se presentara cuanto antes en Trento y se entregara de lleno a las tareas conciliares. De hecho, pues, el segundo día de Pascua realizó el conde de Luna su entrada en la ciudad de Trento, y con su presencia cambió por completo la situación [76].

Pero la prueba más convincente del sincero deseo que movía a Felipe II de buscar en toda su actuación conciliar el triunfo de la verdadera fe cristiana y el mayor bien de la Iglesia de Cristo son las diversas disposiciones que dio a continuación. El mismo, con el objeto de contribuir eficazmente a enderezar las apasionadas discusiones en defensa del derecho divino del episcopado, dio entonces un paso transcendental.

Por medio de diversas cartas, que conservamos, dirigidas al conde de Luna y a su embajador en Roma, Francisco de Vargas, ordenaba defender con toda decisión la autoridad del papa frente a los innovadores, y, por otra parte, reprendía con relativa severidad a los obispos que defendían con excesivo apasionamiento el derecho divino del episcopado [77]. Es cierto que esta conducta de Felipe II y algunas disposiciones

---

[76] Consta por muy diversos testimonios la gran satisfacción que causó a los obispos y demás españoles la llegada del conde de Luna a Trento. Con ello, como ellos afirmaban, terminaba lo que consideraban como su estado de inferioridad. Según se expresaba el arzobispo de Granada, al dar la bienvenida al mismo conde de Luna, «por no tener el favor de sus Majestades mediante sus embajadores..., los romanos no nos estiman ni se les da nada por nosotros, si no ven que tenemos el favor de los príncipes por tener para todo la mayor parte de los votos, como tienen siempre y tendrán. Mas, siendo las naciones conformes, aunque sean menor parte en número de votos, se alentarán, mayormente dos monarcas así conformes, los cuales pueden hacer que la Iglesia se reforme, y en manos de las dos Majestades está, con tal que de veras lo quieran. Donde se sigue la obligación que a ello tienen, pues, como digo, pueden». Apud CERECEDA, o.c., II 221. De Arch. Hist. Simancas, Estado, leg.892 fol.134, 30 octubre 1562.

[77] En prueba de esto véase lo que escribe Polanco: «A estos reverendísimos españoles les ha venido orden del rey católico que no traten de cosa que sea contra la autoridad de la Sede Apostólica, sino de los abusos, y creo que les ha sido *durum verbum*» (MHSI, EpistNat II 322). Prueba sumamente interesante de lo mismo es la carta que dirigieron desde Trento al rey de España exponiéndole la triste situación en que se encontraba el

que tomó disgustaron a buen número de prelados y teólogos españoles; pero bien pronto se fueron apaciguando los ánimos, y continuaron las discusiones con menos apasionamiento y más provecho positivo para la verdadera causa católica, en todo lo cual colaboró eficazmente el nuevo legado Morone.

Pero al mismo tiempo decidió Morone entenderse directamente con el emperador Fernando, para lo cual ya el 21 de abril se encontraba en Innsbruck ante el emperador, y con el profundo conocimiento que tenía de las costumbres germanas, consiguió ganarse la confianza de todos [78]. Así, pues, entre otras cosas que realizó, como sabía que la mayor preocupación de Fernando I en aquellos momentos era asegurar para su hijo Maximiliano la elección como rey de romanos, que equivalía a sucesor suyo en el imperio, se mostró Morone favorable a esta elección. El resultado fue que el 17 de mayo de 1563 pudo informar a Pío IV que había conseguido convencer al emperador sobre la buena intención del romano pontífice, y, por consiguiente, que Fernando I renunciaría a sus exigencias.

Por otro lado, como por este tiempo el cardenal Carlos de Guisa, y con él los prelados y teólogos franceses, se encontraban en buenas relaciones con el romano pontífice, todo el engranaje del concilio pudo funcionar con la mayor normalidad. De este modo, el concilio avanzó rápidamente en la discusión de los problemas que llevaba entre manos, siendo posible llegar relativamente pronto a la sesión XXIII.

d) **Sesión XXIII: 15 julio 1563**
   Orden sacerdotal, reforma

Bien aleccionados por las recomendaciones recibidas de Felipe II y siguiendo la orientación de su nuevo y activo embajador conciliar, conde de Luna, el arzobispo de Granada y los obispos españoles se limitaron a repetir sus aspiraciones sobre el origen divino del episcopado y su superioridad sobre los simples sacerdotes. En este ambiente, el 16 de junio de 1563, el *P. Laínez* pudo pronunciar otro discurso, que, aunque suscitó enconadas discusiones, tuvo el gran éxito de centrar definitivamente toda la cuestión sobre el origen divino del episcopado [79]. Laínez atacó digna y acertadamente a los que de un modo directo o indirecto minaban la autoridad del romano pontífice, particularmente en aquellos tiempos, en que tantos innovadores la negaban. Mas, por otra parte, insistía en la necesidad de reforma de la curia romana, si bien era ya un hecho que se estaba procediendo seriamente en la misma.

concilio. Puede verse su reproducción en CERECEDA, o.c., II 222s. Del Arch. Hist. Simancas, Estado, leg.893 fol.199: «De 11 obispos que están en el concilio». Sobre todo, es digna de notarse la petición, que, a raíz de estas disposiciones, hizo el arzobispo de Granada, don Pedro Guerrero, de abandonar Trento y volver a su diócesis.

[78] Sobre lo que Morone trató y obtuvo del emperador en esta visita, véase principalmente la obra G. CONSTANT, *La légation du cardinal Morone près l'empereur et le concile de Trente* (Pa 1922). Véase asimismo PALLAVICINI, o.c., 20,17.11.

[79] Pueden verse sobre esta intervención de Laínez: GRISAR, o.c., 777s; CT III 1, 665s. Sobre todo, CERECEDA, o.c., II 231s. Véase también H. OBERHOFER, *Die Ansicht des P. Laynez über die geheimen Ehen auf dem Konzil von Trient* (Merano 1952).

«Reformemos el episcopado y el sacerdocio —insistía Laínez—, y no vuelva a repetirse que, porque los papas han abusado de las dispensas, se les debe quitar esa facultad. El abuso puede darse en todo el que ejerce alguna autoridad» [80].

Cuando llevaba una hora entera de discurso, que era el tiempo reglamentario, cortando rápidamente, Laínez hizo ademán de querer terminar. Pero los legados le rogaron que continuara, y así llenó dos horas enteras. Aunque los comentarios fueron muy diversos, la impresión más general fue la que se refleja en este juicio de conjunto: «de haber agradado a la mayor parte».

Para completar los ventajosos resultados obtenidos por la acertada dirección de Morone y por la equilibrada intervención de Laínez, casi al mismo tiempo tuvo lugar un cambio fundamental en toda la actuación del cardenal de Lorena, cuyo resultado fue que se puso incondicionalmente a disposición del romano pontífice [81]. De este modo, a las apasionadas discusiones de los meses anteriores siguió una casi perfecta armonía, y el 9 de julio se llegó a la definitiva redacción del decreto dogmático, mientras se daba la última mano a los demás.

Con todo esto, después de repetidas prórrogas, el *15 de julio de 1563* se celebró, con la solemnidad acostumbrada, la sesión XXIII, que fue la más concurrida de todo el concilio. Tomaron parte en ella cuatro legados, dos cardenales, tres patriarcas, 25 arzobispos, 193 obispos, tres abades y siete generales de órdenes religiosas. En total, 237 con derecho a voto, a los que hay que añadir más de un centenar de teólogos [82].

En el *decreto dogmático* se proclamó la doctrina católica sobre el sacramento del *orden sacerdotal* en cuatro capítulos y cuatro cánones. Ante todo, pues, el origen divino del sacramento; número de las siete órdenes; su *carácter sacramental;* jerarquía eclesiástica. En este punto se resolvía definitivamente la tan debatida cuestión sobre el *origen divino del episcopado.* Para ello se declara simplemente: los obispos son *sucesores de los apóstoles,* quienes fueron ordenados por el Espíritu Santo para regir a la Iglesia, y que son superiores a los simples sacerdotes.

El *decreto de reforma* es, indudablemente, uno de los más importantes del concilio; por lo cual se ha podido afirmar (como se ha dicho sobre el decreto de la justificación) que por él solo se pueden dar por bien empleados todos los trabajos y sinsabores del concilio. Trata de la *debida formación de los clérigos* en dos disposiciones fundamentales. Contiene 18 cánones. En el primero se trata de la debatida cuestión sobre la *residencia de los obispos,* cuya *estricta obligación* se prescribe con todo rigor como precepto divino,

[80] Véase CT IX 587s; III,1 665.
[81] Sobre las causas más íntimas de esta evolución del cardenal de Lorena puede verse CT III,1 670s. *Mussotti* designa como un milagro esta nueva actitud del cardenal Guisa. Véase, asimismo, Susta IV 102s.121s.
[82] Los textos sobre la sesión XXIII y los correspondientes decretos pueden verse, ante todo, en CT IX 617-39. Asimismo, en latín: Alberigo, o.c., 718s; en latín y castellano: Tejada y Ramiro, o.c., 262s; en latín y francés: Michel, o.c., X 478s. Véanse, por otra parte: Pastor, o.c., XV 319s; Jedin, o.c., IV,1 77s; Cristiani, o.c., XIX 235s.

por la obligación de conocer a las ovejas encomendadas. En los cánones 2 al 17 se dan diversas disposiciones prácticas.

Finalmente, en el canon 18 se ordena la *erección de seminarios* diocesanos, estableciendo las condiciones para la debida formación de los clérigos. Este canon alcanzó extraordinaria importancia, y conforme al mismo se fueron fundando posteriormente los llamados *seminarios tridentinos*.

6. SESIÓN XXIV: 11 NOVIEMBRE 1563. MATRIMONIO, REFORMA

Rápidamente cambiaron de nuevo las cosas, y se entró *en una de las más graves crisis,* originada por la antigua lucha entre los contrarios ideales a que aspiraban, por un lado, el romano pontífice y la mayor parte de los obispos italianos, que constituían la mayoría, y por otro, Felipe II y los conciliares españoles y algunos otros.

Felipe II, por medio de sus embajadores en Roma y en Trento`y los más insignes prelados españoles, sobre todo el fogoso arzobispo de Granada, don Pedro Guerrero, continuó insistiendo en la necesidad de emprender con toda eficacia la auténtica reforma de la Iglesia, dándole, incluso, la preferencia a todo lo demás. En cambio, se veía claramente que, de parte de los legados pontificios y del mismo romano pontífice, se iba dando largas a los trabajos de reforma, mientras se insistía en las discusiones sobre los temas dogmáticos que quedaban por resolver.

Esta lucha se fue agudizando cada vez más, porque el romano pontífice y los legados conciliares deseaban decididamente terminar cuanto antes el concilio, para lo cual era necesario discutir los puntos dogmáticos y señalar lo que faltaba de la reforma. En cambio, los representantes españoles, que tanto influjo ejercían en el concilio, eran partidarios de que se discutieran todos los temas, tanto los dogmáticos como los de reforma, con la detención que cada uno requería. Felipe II urgía, sobre todo, la absoluta necesidad de tratar con el debido esmero los temas, aunque por ello se prolongara la duración del concilio [83].

a) Discusiones dogmáticas sobre el sacramento del matrimonio

Entretanto se iniciaron de nuevo los debates entre los teólogos sobre el sacramento del matrimonio, mientras al mismo tiempo se discutían importantes puntos de reforma eclesiástica. Como de hecho toda la materia del matrimonio había sido tratada anteriormente [84], la discusión fue ahora relativamente fácil. Los ocho artículos presentados el 3 de febrero de 1563 habían sido divididos en cuatro secciones, en las cuales se reunieron, como de costumbre, los pasajes de los dirigentes protestantes donde se impugnaba dicho sacramento, y se propusieron ampliamente las pruebas teológicas.

Sobre todo se discutió y probó detenidamente el artículo 1, sobre la sacramentalidad del matrimonio, impugnada por los protestantes. El ar-

---

[83] En este sentido se interpretó la propuesta que hizo entonces el embajador de España en nombre de Felipe II. Véase PALLAVICINI, 22,1; PASTOR, o.c., XV 121s.
[84] Véase CT III,1 693; IX 639. Aquí pueden verse los decretos y los cánones.

tículo 6, sobre el celibato eclesiástico, fue objeto de largas controversias tanto en su aspecto doctrinal y moral como en su aspecto jurídico. Las persistentes impugnaciones y razones teológicas y prácticas de los adversarios fueron examinadas y ponderadas debidamente y luego refutadas teológicamente. Sintetizando magistralmente la doctrina católica en esta materia, presentaron sus votos, con gran aceptación: el franciscano *Juan Ramírez,* el 20 de febrero de 1563 [85]; el gran teólogo y biblista *Arias Montano,* el 23 del mismo mes [86], y el fogoso y bien acreditado procurador del obispo de Avila, *Gaspar Cardillo de Villalpando,* el mismo día 23 de febrero [87].

Sobre esta base, teniendo ya la materia tan bien preparada, el 20 de julio se presentó a los Padres conciliares toda esta cuestión condensada en once cánones, a los que se añadió un decreto sobre los matrimonios clandestinos. Los debates sobre esta materia ante los Padres conciliares se prolongaron desde el 24 al 31 de julio en catorce congregaciones generales. Uno de los más apasionados se tuvo en torno al canon 3, sobre la validez de los matrimonios clandestinos o contraídos con sólo el consentimiento de las partes sin testigos [88]. Como en este y otros puntos se habían hecho multitud de observaciones, se tuvo que realizar una refundición completa del decreto, y, tras reiterados debates, se llegó a la fórmula final del 13 de octubre, que es la que se proclamó en la sesión XXIV.

Es particularmente interesante la conducta observada en esta discusión sobre los matrimonios clandestinos por el teólogo pontificio, entonces general de los jesuitas, P. Diego Laínez. La cuestión fundamental que se debatía en torno a los matrimonios celebrados sin testigos (matrimonios clandestinos) era si eran válidos por derecho natural y positivo o inválidos, y que por esto mismo conviniera anularlos o *irritarlos,* como se solía decir entonces. El mismo romano pontífice y gran parte de los obispos mantenían su invalidez. Pues bien, a esta opinión se opuso decididamente Laínez, quien presentó ampliamente la suya cuando el 31 de julio de 1563 tuvo su intervención.

Es cierto que el concilio se decidió por la declaración de la invalidez de dichos matrimonios, y, por consiguiente, que podían ser anulados. Mas, por eso mismo, es digno de notarse que, teniendo el P. Laínez la opinión contraria sobre su validez, mantuvo la independencia necesaria para manifestarla con toda claridad, aun sabiendo que el mismo papa y los reyes de España, Portugal y Francia se inclinaban por la invalidez de los mismos matrimonios clandestinos. Añadamos, sin embargo, que, aun sosteniendo esa opinión personal, aceptó rendidamente la decisión de la mayoría [89].

[85] Véase CT IX 416s; R. OROMÍ, o.c.: VyV 4 (1946) 478-86.
[86] Puede verse C. GUTIÉRREZ, o.c., 172-201.
[87] Ibid., 506-19.
[88] Pueden verse interesantes detalles en MICHEL, o.c., 526s. Asimismo RAYNALDI, a.1563 n.160.
[89] Según comenta el biógrafo de Laínez, F. CERECEDA, esta derrota de Laínez fue motivo de gran satisfacción para los partidarios de la anulación de los matrimonios clandesti-

b) **Discusiones sobre la reforma general.
Reforma de los príncipes**

La cuestión sobre la *reforma general de la Iglesia,* que se planteó en este tiempo, encendió en lo más vivo las pasiones. A ello contribuyó de un modo especialísimo el nuevo giro que el papa y los legados pontificios imprimieron al nuevo plan de reforma [90].

Efectivamente, en los planes de reforma que de una manera persistente habían ido enviando el emperador de Alemania Fernando I, el rey de España Felipe II, el rey de Portugal e incluso la regente de Francia, Catalina de Médicis, lo que más urgían era la reforma de la bien conocida y anatematizada corrupción de las altas esferas de la Iglesia, notando particularmente las graves deficiencias de un buen número de cardenales y de los mismos papas. De hecho, esta corrupción de la curia pontificia y de buen número de prelados de la Iglesia constituía el punto más vulnerable en los apasionados ataques contra ella de parte de Lutero, a quien coreaban los demás innovadores.

Frente a esta insistencia de parte de los príncipes católicos, que renovaba en lo más vivo la llaga más dolorosa y real de la Iglesia, Pío IV, en inteligencia con el cardenal Morone, concibió y realizó el plan de presentar todo el problema de la *reforma general de la Iglesia* bajo un aspecto enteramente nuevo. Admitiendo la absoluta necesidad de reforma de los eclesiásticos en general, propusieron asimismo la *reforma general* de toda la Iglesia. Pero, dando un paso adelante, concediendo, igualmente, que era particularmente necesaria la reforma de la curia pontificia y del mismo papa, pusieron, también, de relieve la absoluta necesidad de reforma de las altas esferas de los Estados católicos y *aun de los mismos príncipes.*

Era, en efecto, un hecho bien conocido que los príncipes cristianos y los altos dignatarios de las grandes potencias católicas cometían constantemente abusos por la usurpación de los bienes eclesiásticos y por sus intrusiones en la jurisdicción de la Iglesia, por no hablar de los atropellos cometidos contra el pueblo y otros abusos semejantes. Era, pues, necesario corregir tales desmanes emprendiendo una reforma fundamental de las injusticias cometidas por los príncipes cristianos y los altos dignatarios del Estado, al mismo tiempo que se emprendía la reforma de la Iglesia y de las altas esferas eclesiásticas.

Indudablemente, esta estrategia de Pío IV y el legado Morone significaba una nueva ofensiva, que de hecho obtuvo el resultado apetecido, de hacer desistir a los príncipes en sus ataques directos, exigiendo en una forma apremiante la reforma de los demás, mientras ellos no se

nos. Entre ellos, el cardenal Carlos de Lorena fue quien más abiertamente manifestó su alborozo. El autor termina ponderando la «irremisible libertad de espíritu de Lorena». Véase o.c., II 251.

[90] Sobre el verdadero fundamento de este cambio de táctica de la Santa Sede, que era la opresión constante de la Iglesia y las intromisiones y abusos de los príncipes católicos en asuntos eclesiásticos, pueden verse: PASTOR, o.c., XV 322s; RICHARD, o.c., IX 909s; CRISTIANI, o.c., XIX 243s, y, sobre todo JEDIN, o.c., IV,1 122s.

mostraban dispuestos a reformarse a sí mismos. Pero en todo caso conviene rechazar la idea, frecuentemente repetida por algunos historiadores en este lugar, como si ésta hubiese sido la única intención del romano pontífice y de Morone al iniciar esta nueva táctica. Como era necesaria la reforma general de la Iglesia y del pueblo cristiano, así también lo era la de la curia pontificia y la de los príncipes cristianos. La reforma debía ser general, que comprendiera a todos, sin exceptuar a nadie.

Por esto, a fines de julio de 1563 se presentó a los embajadores de los príncipes católicos el *plan general bien detallado de reforma* en 42 artículos, posteriormente reducidos a 35, concebido conforme a estas ideas [91]. Como los mismos embajadores habían sido invitados a presentar sus observaciones, ya el 31 de julio llegaron las del embajador de Francia; el 3 de agosto, las de Portugal; el 7, las de España. Todas coincidían en una indignada protesta contra lo que presentaban como un atrevimiento inaudito. El 27 de agosto se presentó el arzobispo de Praga y en nombre del emperador exigió que fuese retirado aquel proyecto. El Gobierno francés, por su parte, ordenó a sus obispos que se dispusieran a retirarse a Venecia si se continuaba en aquella disposición, y su embajador, Ferrier, declaró en la congregación general del 22 de septiembre, que aquel decreto general era contrario a las libertades de Francia [92].

Bien claramente se refleja en estas censuras y reclamaciones la *enorme crisis* que se desencadenó de nuevo, amenazando con entorpecer seriamente la marcha del concilio, que parecía acercarse a su fin. Pero en momentos tan delicados y aun críticos fue el cardenal de Lorena quien consiguió, primero, aplacar los ánimos exaltados hasta lo sumo y, posteriormente, dar una solución al conflicto. El 29 de septiembre se dirigió a Roma, donde fue recibido por Pío IV con toda clase de atenciones [93]. En su íntima conversación con el papa le aseguró que el Gobierno francés no había dado expreso encargo a su embajador para las violentas declaraciones que había hecho, y al fin se llegó a una completa inteligencia. Por otra parte, también Fernando I desistió de sus pretensiones y se avino a las propuestas pontificias con tal de obtener la aprobación y

[91] Sobre este plan de cuarenta y dos artículos del 28 de julio de 1563 pueden verse, ante todo, CT III,1 696s; C. CONSTANT, o.c., 33s; PALLAVICINI, o.c., 22,1,12. En estos mismos autores puede verse la violenta reacción producida en los príncipes. PASTOR (o.c., XV 325s) y otros rechazan decididamente la interpretación, que ya entonces dieron los historiadores más o menos políticos y la que dan todavía algunos en nuestros días, de que el único objetivo de la curia romana era hacer abandonar a los príncipes sus exigencias de reforma de los eclesiásticos en las altas esferas de los mismos. Pues, no admitiendo la propia reforma en lo que tanto se necesitaba, no insistirían en la de los demás. Sin embargo, de hecho, se obtuvo este resultado, y no puede dudarse de que la curia pontificia lo preveía e incluso lo pretendía; pero no como fin principal ni único.
[92] Véase, ante todo, CT III,1 725s. Asimismo: PASTOR, o.c., XV 330s y la bibliografía allí indicada. El texto del embajador Ferrier puede verse en LA PLAT, o.c., 233s.
[93] Sobre este viaje del cardenal Lorena a Roma, de tanta transcendencia y tan felices resultados en aquellas circunstancias, véanse, sobre todo, PASTOR, o.c., XV 331s; JEDIN, o.c., IV 1, 125s.

apoyo del papa para la elección de su hijo Maximiliano como rey de romanos [94].

Por su parte, el cardenal de Lorena volvía a Trento el 19 de octubre con la consigna de llegar a un fin pacífico del concilio. Fue célebre el discurso que pronunció el 8 de noviembre, en el que hizo grandes ponderaciones sobre el celo del romano pontífice por la reforma de la Iglesia y sobre los resultados positivos ya obtenidos [95]. El efecto de su intervención conciliar y de toda la actividad del cardenal Guisa fue decisivo.

c) Sesión XXIV: 11 noviembre 1563.
Matrimonio, reforma

De este modo, el día señalado, *11 de noviembre de 1563,* fiesta de San Martín de Tours, se celebró, con la solemnidad acostumbrada, la sesión XXIV del concilio (VIII de la tercera etapa). En ella tomaron parte los cuatro legados, dos cardenales, tres patriarcas, 25 arzobispos, 186 obispos, cinco abades y seis generales de órdenes religiosas. En total, 232 con derecho a voto [96]. Indudablemente, fue una sesión rica en contenido después de las gigantescas dificultades que el concilio había tenido que superar.

Ante todo, *desde el punto de vista dogmático,* se publicó el decreto sobre el *sacramento del matrimonio,* al que seguían los doce cánones correspondientes, y el célebre decreto *Tametsi,* sobre la *reforma del matrimonio,* en diez capítulos. Ante todo, se definía la doctrina fundamental, que el matrimonio es un *sacramento.* Luego se rechazaba la poligamia y la limitación de la facultad de la Iglesia para señalar otros impedimentos matrimoniales. Asimismo, se declaraba la *indisolubilidad del matrimonio* cristiano. Finalmente, se proclamaba la *excelencia de la virginidad* frente a la vida matrimonial.

Pero, indudablemente, fue de gran importancia el tan ponderado decreto *Tametsi,* en torno al cual se había discutido ampliamente en el concilio. Así, pues, en el primero y mas importante canon, se declara que los matrimonios *clandestinos* (contraídos privadamente y sin testigos) eran inválidos y podían ser anulados por la Santa Sede, y señala en lo sucesivo, como condición indispensable para la validez de los matrimonios cristianos, su celebración ante una sacerdote competente y dos testigos por lo menos.

Respecto de las dificultades que había ofrecido este canon, recuérdese que el mismo cardenal Morone negó su explícita aprobación, hacién-

---

[94] Parece bien probado que Pío IV aprovechó este punto de la elección de Maximiliano, hijo de Fernando I, para obtener del emperador su colaboración en lo referente al término del concilio.

[95] Puede verse una buena síntesis en RICHARD, o.c., 936s; PALLAVICINI, o.c., 23,7,9; JEDIN, o.c., IV,1 155s.

[96] Para el conjunto de esta sesión XXIV véanse: CT III,1 745s; IX 965s; PASTOR, o.c., XV 336s; JEDIN, o.c., IV,1 140s; CRISTIANI, o.c., XIX 244s; RICHARD, o.c., IX 962s. El texto en latín: ALBERIGO, 729s; en latín y castellano con aclaraciones: TEJADA Y RAMIRO, o.c., 361s; en latín y francés: MICHEL, o.c., X 546s.

dola depender de la aprobación pontificia [97]. En los capítulos siguientes se dan diversas prescripciones sobre la manera de contraer el matrimonio cristiano.

Por lo que se refiere al *decreto de reforma* propiamente tal [98], en sus 21 capítulos declaraba diversos puntos fundamentales. Uno de los más importantes era el primero, que señalaba las condiciones para la *creación de los obispos y cardenales*. El concilio grava la conciencia de los llamados a realizar esta elección, sobre la seria obligación de elegir a los más dignos. Luego señala la obligación de celebrar cada tres años sínodos provinciales, y anualmente sínodos diocesanos; prescribe la visita pastoral, la instrucción de la juventud, la visita de las parroquias y da otras disposiciones prácticas.

7. ULTIMOS GRANDES PROBLEMAS. HACIA LA CLAUSURA DEL
    CONCILIO

Ya hacía algún tiempo que, tanto el papa Pío IV como los legados conciliares y gran parte de los prelados y teólogos, deseaban e incluso planeaban el término del concilio. Por este motivo se enfrentaron de nuevo, en forma a las veces violenta, las dos tendencias existentes en Trento. Pues, frente a los planes de gran parte de los conciliares, del legado Morone y del mismo Pío IV, Felipe II y los que le seguían hicieron todo lo posible para que se prolongara el concilio hasta que se hubiesen resuelto convenientemente los temas que se le habían propuesto. Sin embargo, justo es reconocer que, cuando el rey católico se convenció de que no sólo el papa y gran parte de los prelados conciliares, sino también los demás príncipes católicos, eran decididos partidarios del rápido término del concilio, cedió definitivamente en sus aspiraciones y permitió que concluyera pacíficamente la asamblea conciliar.

a) **Forcejeo para terminar y trabajo
    intenso conciliar**

Apenas terminada la sesión XXIV, aparecen claramente estos dos puntos de intensa laboriosidad conciliar, ambos encaminados a poner término cuanto antes al concilio [99]. Por un lado, Morone propuso el plan de clausura definitiva después de terminar rápidamente la discu-

---

[97] Según interpretan algunos historiadores, como JEDIN (o.c., IV,1 161), parece obró de esta manera, primero, por complacer al papa, con quien estaba tan íntimamente unido, y, segundo, porque las razones contrarias a la facultad de invalidar los matrimonios clandestinos le habían impresionado notablemente. Esto mismo se observó en algunos otros prelados.

[98] El texto puede verse en latín: CT IX 978s; ALBERIGO, o.c., 731s; en latín y castellano: TEJADA Y RAMIRO, o.c., 327s; en latín y francés: MICHEL, o.c., X 565s.

[99] Para todos los problemas de esta última parte del concilio de Trento recomendamos, ante todo, CT III,1 750s. Asimismo: PASTOR, o.c., XV 338s; RICHARD, o.c., IX 971s; JEDIN, o.c., IV,1 164s; CRISTIANI, o.c., XIX 347s.

sión y publicación de los temas que faltaban, tanto dogmáticos como de reforma. Por otro, en consecuencia, se empezó a dar un giro rápido a las discusiones dogmáticas y de reforma con el objeto de poder poner término al concilio el 9 de diciembre.

Por lo que se refiere a la aceptación, de parte de los príncipes, del plan de clausura, ya el 12 de noviembre los representantes conciliares del emperador Fernando I y su hijo Maximiliano comunicaron a los legados pontificios del concilio su pleno consentimiento, así como también al rey de España y a sus embajadores tanto de Roma como de Trento [100]. El embajador del rey de Portugal, Mascarenyas; el de Venecia y otros se unieron igualmente a los planes de Morone y de Pío IV.

El conde de Luna por su parte, representante de Felipe II en Trento, pareció mostrar, igualmente, la mejor voluntad en este sentido, si bien insistió varias veces en que no tenía expresa autorización de su rey. Felipe II, en cambio, a quien se unían muchos prelados españoles y un buen número de italianos, no era, en principio, favorable a este plan. A ello le movía, sobre todo, la razón, ya indicada, de que el concilio no había realizado todavía el plan que se había propuesto y que era necesario para la Iglesia. Deseaba, pues, que se discutieran con la necesaria tranquilidad los temas que faltaban.

Al mismo tiempo que se manifestaban puntos de vista tan opuestos, se daban ya diversos pasos en orden al rápido término del concilio. Así, pues, se imprimió un giro rapidísimo a las discusiones doctrinales o dogmáticas y de reforma. Ya a la salida de la congregación general del 15 de noviembre se determinó que todos los teólogos concentraran su trabajo en la redacción de los puntos fundamentales sobre el *purgatorio,* las *indulgencias* y *el culto de los santos.* El 30 de noviembre estaba ya terminada esta labor.

Pero, en medio de este ingente trabajo, se dedicó una atención muy particular a las deliberaciones sobre el *decreto general de reforma.* Uno de los puntos más difíciles del mismo era la cuestión sobre la *reforma de los príncipes,* que tanto había exaltado los ánimos. Sin embargo, transcurrida la primera superexcitación pasional, se llegó a una inteligencia, dando una expresión más suave a la norma establecida para la reforma de los príncipes.

Esta, en efecto, se reducía, como lo expresa el historiador JEDIN, a una exhortación dirigida a los príncipes seculares a defender los derechos de la Iglesia y no permitir que se violara la inmunidad eclesiástica. Por otro lado se renovaban los antiguos cánones sobre la observancia de la libertad eclesiástica, sin añadir nuevas amenazas de penas canónicas.

---

[100] Es interesante a este propósito la carta del comendador mayor de Castilla dirigida desde Roma a Felipe II, en la que le manifiesta su esperanza de que Fernando I y su hijo Maximiliano no den esta conformidad al rápido cierre del concilio. «Aquí —dice— se pensó siempre que la Magestad del emperador y el serenísimo rey de romanos nunca se conformarán con el papa en que el concilio se acabase, porque desto había de resultar ser condenados los protestantes, así los que son sus súbditos como otros, sus servidores y aliados, y que deseaban más que con la dilación se viniese a disolver o a suspender...» (I. DÖLLINGER, *Beiträge...* I 438).

De gran importancia fueron, igualmente, las discusiones sobre otros puntos del decreto de reforma general. Según se expresaba Calini, se recibía la impresión de que «no sólo se apresuraban, sino que se precipitaban hacia el fin».

b) Complicaciones en torno al rápido fin del concilio

De este modo se puede afirmar que el principal resultado de todo este debate fue que a la propuesta y al plan de Morone y de Pío IV de terminar el concilio con la próxima sesión XXV, fijada para el 9 de diciembre, respondieron 130 votos con su decidida aprobación, es decir, una absoluta mayoría. Pero esto mismo dio origen a delicadas complicaciones, en las que se observaba la gran importancia que tenía en el concilio la intervención española, y en particular de Felipe II. Y, lo que es más significativo todavía, podemos afirmar que el monarca español en esta ocasión dio la más evidente prueba de la recta intención con que defendía sus puntos de vista en bien de la Iglesia y de la prudencia con que puso término a tan apasionante contienda.

Siguiendo su sincero parecer de que, en beneficio de la Iglesia, era preferible que el concilio no terminara con aquella rapidez, sino que discutiera normalmente los temas que todavía quedaban por resolver, Felipe II había dado las oportunas instrucciones en este sentido a su embajador, el conde de Luna, y éste manifestó ante los legados su disposición de presentar una protesta oficial contra el plan propuesto. De momento, el cardenal Morone, con su característica habilidad, obtuvo que se fuese retrasando la actuación del fogoso embajador. Pues, por encima de todo, se deseaba evitar una protesta formal del rey católico.

Las discusiones siguieron su curso, y, por otra parte, continuaron los esfuerzos del papa y de los cardenales legados por conseguir el apoyo de todos los príncipes católicos en la próxima clausura del concilio y la aceptación de sus decretos. Obtenida, pues, la aceptación general de parte del emperador Fernando I, del rey de Portugal y del cardenal de Lorena, como representante de Francia, Felipe II depuso su actitud intransigente, renunciando a lo que con tanta tenacidad había defendido. El resultado fue que comenzó a abrirse el horizonte de la esperanza de una sólida inteligencia en un punto tan transcendental para toda la cristiandad.

De hecho, desde fines de noviembre se insistía desde Roma en que se contara con la clausura definitiva del concilio en la fecha prefijada del 9 de diciembre, pues se tenía la seguridad de que Felipe II se mostraría favorable a ella o por lo menos dejaría hacer y no ofrecería ninguna oposición. En este sentido se había expresado el nuevo embajador de España en Roma, *don Luis de Requesens,* ante el romano pontífice.

Sin embargo, el conde de Luna, movido indudablemente del oficioso deseo de defender el honor y los derechos de su soberano Felipe II, manifestó todavía alguna resistencia. El 17 de noviembre había comunicado al rey católico la decisión de los legados conciliares y del romano pontífice sobre la clausura definitiva del concilio y al mismo tiempo anunció a los legados que esperaba recibir pronto la respuesta. En todo caso correspondía al honor debido al rey católico esperar su expresa aprobación. Desde luego, él no tenía ninguna intención de poner ninguna dificultad a la clausura del concilio [101].

Para asegurar más su posición, decididamente favorable a un cierre inmediato, Morone organizó dos importantes reuniones de los más insignes representantes del concilio: una, el 28, y la otra, el 29 de noviembre. En ambas se vio claramente que, teniendo presentes las circunstancias, la inmensa mayoría eran partidarios del cierre, a los cuales se añadía la unánime aceptación de las potencias católicas, con la única excepción de España, cuya aceptación todavía se esperaba. El mismo arzobispo de Granada, Pedro Guerrero, se mostraba inclinado a la solución propuesta por los legados y el romano pontífice. En una conversación, según se refiere en las actas, llegó a afirmar:

> «Estamos conformes en que el concilio se cierre después de Navidades, es decir, ... después de una fundamental discusión de los temas controvertidos, que todavía faltan por resolver, incluso el de las indulgencias».

A esta opinión de Guerrero se adhirieron varios obispos italianos [102].

c) Enfermedad del papa. Rápida clausura del concilio

En momentos tan críticos, a última hora del 30 de noviembre de 1563, llegó a Trento la fulminante noticia de que Pío IV se encontraba gravemente enfermo. Así lo comunicó un correo de la Embajada española de Roma de parte del embajador Requesens. Poco después, a media noche, la triste noticia era confirmada por otro correo enviado por el cardenal nepote, Carlos Borromeo, a los legados conciliares. El despacho de Borromeo, redactado el 27 de noviembre, precisaba que el papa había sufrido un desfallecimiento, seguido de una parálisis del brazo derecho. El resultado era que su vida se hallaba en grave peligro. Pero lo que era más serio, en caso de defunción, quedaban anuladas todas las facultades de los legados y del mismo concilio.

Prescindiendo, pues, de otras consecuencias que trajo esta noticia, Morone la aprovechó para tomar las últimas medidas con el objeto de terminar cuanto antes el concilio. Con ella, en efecto, desaparecían todos los obstáculos que a ello pudieran oponerse. El peligro de la muerte

---

[101] Véase JEDIN, o.c., IV 1, 175s. Puede verse en el mismo historiador JEDIN el ulterior desarrollo de estas discusiones con el conde de Luna y cómo un buen número de prelados españoles se unieron a su parecer. Sin embargo, eran muchos, particularmente el arzobispo de Granada, decididos partidarios del cierre, si no inmediato, ciertamente próximo, del concilio. Todo esto impulsados por el ansia de volver cuanto antes a sus respectivas diócesis.
[102] Véanse todos estos detalles en JEDIN, o.c., IV,1 177s.

del papa y las facultades que en su nombre les comunicaba su secretario, Carlos Borromeo, lo autorizaban, incluso, para adelantar la fecha de clausura. De este modo aprovechó la oportunidad, primero, para señalar el cierre del concilio para el día 3, en lugar del 9 de diciembre, y, segundo, para superar rápidamente todas las resistencias que a ello se opusieran.

Así, pues, ya el 1.º de diciembre, en una sesión del colegio de legados, reunió a los cardenales Guisa y Madruzzo y a los embajadores del emperador y del rey de España y les rogó su consentimiento para celebrar lo antes posible (el día 3) la clausura conciliar (*finire quanto prima il concilio*). Los embajadores imperiales y los dos cardenales lo dieron sin ninguna dificultad. Pero el conde de Luna declaró que no podía hacerlo sin la expresa orden de su rey Felipe II. Sin embargo, ante la presión de los acontecimientos, añadió que no se opondría a la clausura; pues tampoco tenía ninguna orden de hacerlo. Esto dio a los cardenales legados la esperada tranquilidad.

Según esto, el día 2, en las dos larguísimas congregaciones generales que se celebraron, se leyeron todos los decretos que debían presentarse en la sesión XXV, realizando múltiples correcciones y las acomodaciones que se juzgaron oportunas, y se dispuso todo para la tan anhelada sesión de clausura del concilio de Trento.

Se ha planteado la cuestión crítica o histórica sobre si esta enfermedad de Pío IV fue real y verdadera, hasta el punto que se pudiera temer por la vida del papa, o más bien se trató de una ligera indisposición en que fácilmente incurría Pío IV, cuya significación ponderaron de tal manera, que pareciera amenazar la vida del pontífice. Todo ello con el objeto de tener una sólida excusa para acelerar hasta lo sumo la sesión de clausura del concilio.

Pues bien, del detallado examen que se ha realizado sobre todo este problema, se deduce que ciertamente debió de tratarse de una enfermedad o ataque de relativa consideración del papa. Así se deduce de los detalles del boletín médico y del comunicado del cardenal Borromeo [103]. Pero asimismo se ha llegado a la conclusión de que el cardenal Morone, quien conocía perfectamente la propensión de Pío IV a estas recaídas y la facilidad con que las superaba, no pasó ningún momento de pánico (como se expresa el historiador JEDIN), y seguramente aprovechó la oportunidad para adelantar lo más posible la clausura del concilio en una forma exagerada [104].

---

[103] Para todo este problema véanse particularmente las amplias exposiciones de PASTOR, o.c., XV 341s (en particular p.342 nt.1); JEDIN, o.c., IV,1 179s.

[104] Esta precipitación es tan manifiesta, que el concienzudo historiador JEDIN, al dar cuenta del desarrollo de estas sesiones del 2 de diciembre, escribe: «El desarrollo de estas congregaciones confirmó que la oposición de los españoles y de sus secuaces contra tan precipitada discusión tenía buen fundamento». Y añade: «El tiempo no bastó ni siquiera para hacer llegar los textos a todos los Padres conciliares. El prosecretario Sirigo tuvo que leerlos en alta voz; lo cual ciertamente no era suficiente para muchos de ellos, para que se formaran un juicio sobre los textos. Se exigía más tiempo para la reflexión [así los obispos de Gerona y de Lugo]. Se protestaba contra la precipitación [obispo de Coria]. Aun algunos miembros de la comisión [como los obispos de Segovia, Orense y León] oponían di-

Esto puede afirmarse particularmente respecto del hecho de haber procurado, por encima de todo, mantener la fecha del 3 de diciembre para la clausura del concilio aun después de recibir durante la noche del 2 al 3 de diciembre la noticia de que el papa ya se encontraba bien. En todo caso, debe reconocerse que se había apoderado de todos, particularmente de Morone, una verdadera ansia de terminar cuanto antes. Con más o menos acierto, se había dado la última mano a los últimos decretos, y se juzgó mejor llevar adelante los dos días siguientes (3 y 4 de diciembre) la clausura definitiva del concilio de Trento.

8. Sesión XXV y última: 3-4 diciembre 1563. Diversos decretos

De este modo se llegó a la sesión XXV y última del concilio de Trento, que, por la multitud de temas que debían publicarse, tuvo que desarrollarse en dos fechas: los días 3 y 4 de diciembre de 1563.

a) **Parte primera, 3 diciembre: purgatorio, culto de los santos; reforma**

El día 3 de diciembre, después de la misa del Espíritu Santo [105], celebrada con la acostumbrada solemnidad por el obispo de Sulmona, Pompeo Zamberrari, y de la brillante homilía del obispo electo de Famagusta, se promulgaron, en primer lugar, dos breves decretos dogmáticos y a continuación otros dos amplios y detallados. En el *primer decreto dogmático* [106] se proclamó la doctrina sobre el *purgatorio,* de gran importancia frente a los protestantes. En él se afirmaba su existencia. Luego se expresaba la ayuda que los fieles pueden ofrecer a los difuntos con sus buenas obras y se precisaban otros puntos doctrinales.

El *segundo decreto* se refería a la invocación y *veneración de los santos,* su culto, etc. Juntamente se ordenaba que fueran desarraigados los abusos que en esto se habían introducido, procurando eliminar del culto de la Iglesia todo género de superstición.

El *tercer decreto* (primero de reforma) versaba sobre la *reforma monástica* o *religiosa,* y contenía 22 capítulos de gran transcendencia [107]. Indudablemente, la disciplina monástica, mirada en conjunto, era uno de los puntos que más exigían la reforma. Esta había empezado ya ciertamen-

---

versas dificultades al texto sobre el purgatorio: que echaban de menos las pruebas bíblicas; que era demasiado pobre y no contenía todo lo que hacía falta [obispo de Almería]» (o.c., IV,1 181).

[105] Sobre toda esta sesión XXV véase, ante todo, CT III,1 761s; IX 1076s. Asimismo pueden verse: Richard, o.c., IX 987s; Pastor, o.c., XV 342s; sobre todo, Jedin, o.c., IV,1 182s; Cristiani, o.c., 247s.

[106] Véanse los textos respectivos, ante todo, en latín: CT IX 1077s; Alberigo, o.c., 750s. En latín y castellano con aclaraciones: Tejada y Ramiro, o.c., 398s. En latín y francés con aclaraciones: Michel, o.c., 587.

[107] Texto en latín: CT IX 1079s; Alberigo, 752s; en latín y castellano: Tejada y Ramiro, o.c., 402s; Michel (en latín y francés), X 600s. Puede verse asimismo Jedin, *Zur Vorgeschichte der Regularen Reforma Trid. sess. XXV.*

te, dando ocasión a importantes creaciones, como la de los capuchinos y la Compañía de Jesús. Pero, en todo caso, fueron muy importantes los principios establecidos en este decreto tridentino sobre la obligación de la vida común, la prohibición de cualquier propiedad privada, clausura de las religiosas, elección de los superiores, etc.

El *cuarto decreto* (segundo de reforma) comprende en 21 capítulos amplias disposiciones sobre la *reforma general* [108]. Y en primer lugar lo referente a los cardenales y demás prelados de la Iglesia, que deben preceder a todos los fieles con su ejemplo. Por lo que se refiere a los *príncipes seculares,* ya se indicó anteriormente la forma definitiva, considerablemente más suave, que se dio a esta disposición conciliar.

b) Parte segunda, 4 diciembre: indulgencias, ayunos, etc.; reforma

Antes de iniciarse la segunda parte de la sesión XXV, durante la noche del 3 al 4 de diciembre, el cardenal Morone obtuvo, finalmente, del conde de Luna que renunciara de un modo definitivo a toda clase de protesta de parte de Felipe II y de España contra la clausura del concilio, que iba a realizarse. En definitiva, el embajador español se unió a todos los representantes de los príncipes católicos por considerar inútil toda oposición a esta clausura inminente.

Por consiguiente, el día 4 de diciembre se reunió por última vez el concilio de Trento, y, después de celebrada en la catedral de San Vigilio la misa del Espíritu Santo por el obispo Caracciolo, el mismo obispo celebrante leyó los decretos siguientes [109]:

Ante todo, se promulgó el *decreto dogmático* sobre las *indulgencias* [110]. En él se proclamaba el poder de la Iglesia para conceder indulgencias, así como también la utilidad que de ellas se deriva, mientras se ordenaba una debida moderación en su concesión y se condenaban todos los abusos que en cualquier forma se cometieran. Por lo demás, como acertadamente observa el tantas veces citado historiador JEDIN,

> «puede considerarse como una ironía de la historia el hecho de que sólo al fin del concilio se aprobó el decreto sobre las *indulgencias,* es decir, precisamente sobre la doctrina y la práctica eclesiástica en torno a la cual el año 1517 estalló la contienda sobre las indulgencias, y como consecuencia de la misma sobrevino la división religiosa de tantos territorios católicos» [111].

El *segundo decreto* propone algunas normas *sobre los ayunos y abstinencias,* la observancia de determinadas *fiestas,* y, en general, recomienda a

---

[108] Texto en latín: CT IX 1085s; ALBERIGO, o.c., 760s. En latín y castellano: TEJADA Y RAMIRO, o.c., 438s. En latín y francés: MICHEL, o.c., 610s.

[109] Sobre esta parte segunda de la sesión XXV véanse, ante todo, las obras citadas. Además: CT III,1 767s; IX 1105s; PASTOR, o.c., XV 344s; JEDIN, o.c., IV,1 185s; CRISTIANI, o.c., XIX 347s.

[110] Véase el texto en latín: CT IX 1105s; ALBERIGO, o.c., 772s. En latín y castellano: TEJADA Y RAMIRO, o.c., 484s. En latín y francés: MICHEL, o.c., X 626s.

[111] JEDIN, o.c., IV,1 185.

los obispos que induzcan a los fieles a la debida obediencia y sumisión a las disposiciones disciplinares de la Iglesia [112].

En el *tercer decreto* se expone que, habiéndose nombrado a algunos Padres conciliares para que se examinara lo que se había ordenado sobre las *censuras o libros prohibidos* y viendo que este trabajo no estaba todavía terminado, disponía el concilio que se entregaran al romano pontífice los trabajos realizados tal como se encontraban para que se terminaran conforme a su juicio y autoridad. El mismo encargo debía hacerse al romano pontífice respecto del trabajo encomendado a algunos Padres conciliares sobre la preparación de un *catecismo*, un *breviario* y un *misal* [113].

En el *cuarto decreto* se declaraba que, después de las apasionadas discusiones sobre los derechos de precedencia, a ningún Estado debía seguirse ninguna desventaja por el orden del lugar que se le había concedido en el concilio.

El *quinto* consistía en una exhortación, dirigida a los príncipes y a todos los cristianos, a aceptar y observar todos los decretos y decisiones del concilio Tridentino en sus tres etapas: bajo Paulo III, Julio III y Pío IV, para lo cual todos ellos debían leerse en esta sesión final. Para ello, pues, se leyeron en alta voz los decretos dogmáticos por entero, y los de reforma sólo en sus primeros párrafos.

Hecho esto, el legado pontificio, cardenal Morone, dirigió a los Padres conciliares la siguiente pregunta:

«¿Tenéis a bien que, a gloria de Dios omnipotente, se ponga fin a este sacrosanto y ecuménico concilio y que los legados... pidan... al pontífice romano su confirmación?»

A lo que todos unánimemente respondieron:

«Así lo queremos».

Entonces, lleno de emoción y con toda la solemnidad que tan sublime momento requería, el cardenal Morone, mientras daba la bendición a todos los presentes, exclamó:

«Después de dadas gracias a Dios, reverendísimos Padres, id en paz».

A lo que todos respondieron:

«Amén».

A continuación, el cardenal Lorena prorrumpió espontáneamente y lleno de la más solemne emoción, de la que participaban todos los presentes, en una serie de aclamaciones a Pío IV y a sus predecesores Paulo III y Julio III, al emperador Fernando I, a los príncipes católicos y al concilio, a las que todos respondieron con idéntico entusiasmo [114].

---

[112] Para este y los siguientes decretos pueden verse las obras ya citadas, particularmente CT IX 1105s.

[113] Como es sabido, la publicación del *Catecismo*, el *Breviario* y el *Misal tridentinos* fue obra del papa San Pío V (1566-72), sucesor inmediato de Pío IV.

[114] Texto de todo esto sobre las exclamaciones, etc., en CT IX 1109s; TEJADA Y RAMIRO, o.c., 487s.

Fácilmente se comprende la inmensa satisfacción y alegría que se apoderó de todos. Con lágrimas en los ojos se abrazaban los Padres conciliares, mientras el conde de Luna apretaba la mano de los embajadores imperiales.

Sin embargo, antes de despedirse definitivamente, el obispo de Catania comunicó a todos que no podían abandonar Trento sin acreditar, por medio de su firma, la aceptación de los decretos conciliares. Así, pues, en las cuatro listas dispuestas para ello fueron todos estampando sus rúbricas. Los cuatro legados pontificios, los cardenales de Lorena y Madruzzo, tres patriarcas, 25 arzobispos, 168 obispos, siete abades y siete generales de órdenes religiosas. La mayor parte lo hicieron con la fórmula:

«Ego, definiens, subscripsi» [115].

También añadieron sus respectivas firmas 19 procuradores de obispos ausentes. De hecho, consta que ninguno de los Padres negó su firma. De un modo semejante, se procuró que pusiesen sus correspondientes firmas los representantes de los príncipes seculares asistentes a la clausura del concilio, como garantía de su aceptación, si bien ésta debía ser posteriormente confirmada por los mismos jefes de Estado católicos.

9.   ACEPTACIÓN EN ESPAÑA DE LOS DECRETOS DE TRENTO

Puesto que en todo nuestro trabajo hemos procurado dar una idea de conjunto sobre la participación de España, con sus reyes, Carlos V y Felipe II, sus obispos y sus teólogos, en la gran obra del concilio de Trento, juzgamos oportuno en este lugar hacer unas ligeras indicaciones sobre la aceptación en España de los decretos tridentinos. Esto es tanto más conveniente y aun necesario cuanto que, de hecho, ha sido muy diverso el juicio formado por algunos insignes escritores sobre este problema.

a)   Aceptación general del concilio

En general, es conocido el hecho que en algunos territorios católicos, como Portugal, los Estados italianos, Polonia y otros, fueron admitidos inmediatamente y sin ninguna limitación los decretos del concilio de Trento. En cambio, en algunos otros, también católicos, se les opusieron serias dificultades. El caso típico en este concepto fue Francia, donde la regente Catalina de Médicis rechazó tenazmente dichos decretos tridentinos, en particular los dogmáticos, hasta que, tras largas luchas con los parlamentos, consiguió el episcopado en 1615 su definitiva aceptación [116].

---

[115] Véase CT IX 1110; JEDIN, o.c., IV,1 189s.
[116] Por lo que a Francia se refiere véase el trabajo de M. FRANÇOIS, *La aceptación del concilio y sus dificultades en Francia bajo el reinado de Enrique III;* B. LLORCA, *Aceptación en España de los decretos del concilio de Trento:* EstEcl 39 (1964) 241-60.

Pasando, pues, por alto lo relativo a otros territorios católicos, por lo que se refiere a España, observamos, ante todo, que la aceptación de parte de Felipe II, de todo el episcopado y de toda España fue rápida, absoluta y general. Y esto lo afirmamos aun teniendo presentes las diversas opiniones de los historiadores a quienes posteriormente nos referiremos. Efectivamente, es, ante todo, un hecho que, apenas aprobado solemnemente el concilio por el papa Pío IV [117] y promulgado oficialmente para toda la cristiandad, el rey de España Felipe II publicó su célebre *cédula del 12 de julio de 1564,* en la que aceptaba, con toda su amplitud y sin limitación ninguna, el concilio con todos sus decretos dogmáticos y disciplinares. Por ser de tanta importancia este documento de Felipe II, queremos reproducir aquí su principal contenido. Ante todo, se establece la obligación fundamental de los reyes de secundar las disposiciones del romano pontífice:

«Sabed —dice— que cierta y notoria es la obligación que los reyes y príncipes cristianos tienen a obedecer, guardar y cumplir, y que sus reynos, Estados y señoríos obedezcan, guarden y cumplan los decretos y mandamientos de la santa madre Iglesia, y asistir, y ayudar, y favorecer al efecto y execución y a la observancia de ellos, como hijos obedientes y protectores y defensores de ella; y la que ansimismo, por la misma causa, tienen al cumplimiento y execución de los concilios universales que legítima y canónicamente, con la autoridad de la Santa Sede Apostólica de Roma, han sido convocados y celebrados» [118].

Después de esta introducción, se expone cómo se celebró en tres etapas el concilio de Trento bajo la dirección del papa, y se concluye:

«Y agora, habiéndonos su Santidad enviado los decretos del dicho santo concilio impresos en forma auténtica, Nos, como rey obediente y verdadero hijo de la Iglesia, queriendo santificar y corresponder a la obligación en que somos, y siguiendo el exemplo de los reyes nuestros antepasados, de gloriosa memoria, habemos aceptado y recibido y aceptamos y recibimos el dicho sacrosanto concilio y queremos que en estos nuestros reynos sea guardado, cumplido y executado, y daremos y prestaremos para la dicha execución y cumplimiento y para la conservación y defensa de lo en él ordenado nuestra ayuda y favor...» [119]

A continuación se dan algunas disposiciones a todas las autoridades en orden a la admisión y puesta en práctica de los decretos tridentinos. De hecho, ésta fue la orden fundamental dada en este asunto por Felipe II. En ella aparece claramente que la aceptación del concilio Tridentino era en verdad rápida, general y absoluta. Es decir, en ella no se puso ninguna limitación, ni siquiera la general, que algunos suponen, de *salvos los derechos reales.*

[117] La aprobación verbal de los decretos tridentinos de parte del romano pontífice Pío IV tuvo lugar el 26 de enero de 1564. Su edición oficial apareció en marzo del mismo año. Pero la célebre bula *Benedictus Deus,* de aprobación del concilio, no apareció hasta el 30 de junio de 1564.
[118] Véase esta cédula reproducida íntegramente en TEJADA Y RAMIRO, o.c., t.4 p.1. Puede verse, asimismo, en V. DE LA FUENTE, t.3 apénd.3 p.544s.
[119] TEJADA Y RAMIRO, ibid.

Este mismo carácter general y sin limitaciones de la aceptación del concilio Tridentino aparece en todo lo que el mismo monarca español realizó para que se pusiesen en práctica los decretos tridentinos en la península Ibérica y en Ultramar. Pero de un modo especial aparece en los concilios provinciales y diocesanos celebrados durante los años 1564-66. De todos ellos podemos afirmar, ante todo, que uno de sus principales promotores fue el mismo monarca español Felipe II, y asimismo que su objeto principal era, por un lado, la admisión de los decretos tridentinos y, por otro, el dar cumplimiento a una de las principales prescripciones tridentinas, que era la frecuente celebración de tales concilios en orden a la debida reforma eclesiástica.

Mas, por lo que hace a nuestro objeto, consta con toda evidencia que todos estos concilios provinciales aceptaron, sin limitación ninguna, los decretos tridentinos. Más aún: si en algunas ocasiones se intentó poner alguna dificultad o alguna limitación, los mismos concilios, siempre impulsados y positivamente ayudados por Felipe II, la rechazaron decididamente, y, en definitiva, la aceptación del concilio fue en realidad inmediata, absoluta y sin limitación ninguna. En ninguno de dichos concilios provinciales se puso la limitación de *salvos los derechos reales* [120].

En confirmación de lo que acabamos de afirmar, presentamos los datos siguientes. Ante todo, del primero de dichos concilios provinciales, que fue el de Tarragona, de octubre de 1564, nos comunica VILLANUEVA en su *Viaje literario* [121] que

«se admitió todo el volumen del concilio».

Y, sintetizando posteriormente, añade:

«Habíase restituido acá nuestro prelado después de la conclusión del concilio de Trento, cuyos decretos mandó publicar en el coro de esta catedral, día 27 de agosto de 1564, y fijar sus carteles, uno en la puerta del coro y otro en la llamada dels *fillols*» [122].

Asimismo, podríamos aducir otros textos semejantes de los concilios provinciales o diocesanos de Valencia, Toledo, Salamanca, Zaragoza, Granada, etc., así como también de Méjico y Lima, en América. En todos ellos se proclama una aceptación general y absoluta; y, por otro lado, no se incluye ninguna clase de limitaciones. Nos circunscribiremos, pues, a aducir un par de ejemplos, uno de España y otro de His-

[120] Para los textos de los concilios celebrados en Toledo pueden verse: CARD. AGUIRRE, *Collectio maxima Conciliorum omnium Hispaniae et Novi Orbis*, ed. por J. CATALÁN, 6 vols. en fol. (Ro ²1753-55); J. D. MANSI, *Sacrorum Conciliorum nova et amplissima collectio*, 31 vols. (Florencia y Venecia 1759-98). Continuada hasta el t.53 por H. WELTER, H. MARTIN y L. PETIT. Sobre el concilio de Toledo (Concilium Toletanum): t.34 col.537-570. Para el concilio de *Cambrai*, sumamente importante en esta materia (Concilium Cameracense): t.33 col.1391-1486.
[121] *Viaje literario a las iglesias de España* t.17 p.63s (Ma 1851).
[122] Ibid., p.272-76.

panoamérica. Y ante todo, la declaración sacada de las actas del concilio provincial de Valencia, celebrado en 1565. He aquí sus palabras:

«Este concilio lo primero que hace es recibir pública e íntegramente y decretar que se observe con escrupulosidad cuanto definió y estableció el sacrosanto concilio de Trento. También promete, profesa y rinde verdadera obediencia al sumo pontífice y detesta y anatematiza públicamente todas las herejías condenadas por los sagrados cánones y concilios generales, y en especial por este santo de Trento» [123].

Véase, en segundo lugar, lo que dispone el concilio provincial de Méjico, celebrado asimismo en 1565, en el primero de sus 28 cánones:

«Primeramente, como hijos católicos y obedientes a la santa Iglesia romana, recibimos todo lo ordenado y mandado guardar por el santo concilio Tridentino, y en cumplimiento de ello lo mandamos guardar y cumplir en todas nuestras Iglesias y provincias. Y por la presente mandamos a todos los obispos y sus oficiales a este arzobispado sufragáneos, lo manden guardar y cumplir a todas sus iglesias, castigando y corrigiendo por todo rigor de derecho, si (lo que Dios no quiera) hubiese alguno que de palabra o hecho contradiga lo ordenado y establecido por el dicho santo concilio Tridentino» [124].

Pero no es menos interesante otra serie de documentos auténticos que se nos han trasmitido, en los que el mismo Felipe II urge directamente con diversos prelados la celebración de los concilios provinciales y la más decidida aceptación y defensa de los decretos tridentinos, sin que aparezca ninguna especie de limitación. He aquí, a manera de ejemplo, cómo Felipe II escribe en 1565 al arzobispo Pedro Guerrero y al concilio provincial de Granada:

«Habiendo nuestro muy santo Padre Pío IIII... continuado y acabado el concilio universal en la ciudad de Trento, Nos concurrimos... y prestamos nuestro favor y ayuda a la... buena dirección de dicho santo concilio, en el cual... se hicieron y ordenaron tan cristianos cánones... y saludables decretos... Y acabado dicho concilio y mandándose por su Santidad publicar y ejecutar, Nos, con la obediencia y reverencia que siempre habemos tenido a sus santos mandamientos, aceptamos y recibimos en nuestros reinos y señoríos el dicho santo concilio y decretos del, y prevenimos o ordenamos que en ellos se publicase y ejecutase...» [125]

Bien claramente aparece en estos documentos oficiales de Felipe II que no se pone ninguna limitación a la admisión de los decretos tridentinos en España y en todos los territorios unidos a ella, los Países Bajos y las diversas regiones de América. Lo mismo aparece en otras cédulas y en toda clase de documentos de carácter oficial emanados de Felipe II en orden a la introducción de los decretos tridentinos en sus Estados. Por esto podemos concluir que, en el estado presente de la investiga-

---

[123] Tejada y Ramiro, o.c., V p.264.
[124] Ibid., 208.
[125] Ibid., 367.

ción, debe admitirse que Felipe II admitió e introdujo en España y en todos sus dominios, con toda amplitud y sin limitaciones, los decretos tridentinos. No se presenta ningún documento oficial en que aparezca ninguna clase de limitación. Así, pues, la afirmación de que, al admitir Felipe II los decretos tridentinos, añadió la limitación de *salvos los derechos reales*, no se basa en prueba ninguna objetiva. A lo más, se trata de una deducción o interpretación de una serie de actos que realizó posteriormente *ad casum* el monarca español.

Si en realidad Felipe II hubiese querido poner aquella limitación, que, por otra parte, no desdice del carácter del mismo ni se opone a una admisión suficientemente amplia de los decretos tridentinos, creemos sinceramente que lo hubiese expresado en los documentos fundamentales de la aceptación del concilio, sobre todo en la *cédula del 12 de julio de 1564*.

b) **Razones en contra de estos hechos**

Sin embargo, es bien conocido el hecho de que algunos historiadores, generalmente extranjeros, afirman que Felipe II y el Estado español pusieron algunas trabas o limitaciones a la introducción de los decretos tridentinos en España y en los otros territorios unidos con ella. Por esto, al exponer cómo fue aceptado en España el concilio de Trento, lo expresan generalmente diciendo que fue aceptado *salvo los derechos reales* del *placet* o del *patronato*, indicando a continuación cómo, basándose en esos derechos de la Corona española, se retardó extraordinariamente y aun se impidió en algunos casos la aplicación de diversos decretos tridentinos.

Así, por ejemplo, el veterano historiador de la Iglesia CARDENAL J. HERGENRÖHTER afirma: «Felipe II de España lo hizo [la aceptación] con la fórmula *a reserva de los derechos reales*» [126]. De un modo semejante, el moderno historiador C. EDER escribe: «Felipe II aceptó para España los decretos tridentinos con la reserva *salvo los derechos reales*» [127]. Con idénticas expresiones exponen este delicado asunto BIHLMEYER-TÜCHLE, continuadores de FUNK [128] y A. BOULENGER [129].

Pero los que con más crudeza expresan esta idea sobre la actitud oposicionista de España y de Felipe II a los decretos tridentinos son dos historiadores, por otra parte, muy beneméritos de la historia eclesiástica de España y de la historia de los papas. Nos referimos, por un lado, al benedictino PÍO BONIFACIO GAMS, autor de una *Historia eclesiástica de España* [130], y, por otro, a LUDWIG VON PASTOR, universalmente conoci-

---

[126] *Historia de la Iglesia* t.5 396s, trad. al castellano por F. GARCÍA AYUSO (Ma 1888).
[127] *Die Geschichte der Kirche im Zeitalter des konfessionellen Absolutismus* (Viena) p.171.
[128] *Kirchengeschichte* t.3 (Paderborn [12]1956) p.113.
[129] *Histoire générale de l'Église* (Pa [7]1938) p.391.
[130] *Die Kirchengeschichte von Spanien*, 5 vols. (Gratz [2]1956). Es reproducción fotomecánica de la primera edición).

do como autor de su célebre *Historia de los papas* [131]. En efecto, P. B. G. dice:

> «Felipe II mantuvo el *placet* en la forma más rigurosa. Así, después de haber aceptado el 12 de julio de 1564... el concilio de Trento, del que él pretendía ser protector, lo hizo promulgar con la cláusula que tales decretos debían aplicarse en cuanto no perjudicasen a los derechos reales territoriales.»

A las inculpaciones o interpretaciones arbitrarias de P. B. G. añadió Pastor la acusación de *tardanza en publicar los decretos tridentinos* y otras importantes limitaciones, que contradicen nuestra afirmación sobre el apoyo decidido que Felipe II prestó a la aplicación de tales decretos en España y en todos los territorios de su vasto imperio. Pero su razonamiento nos parece completamente infundado. De hecho, terminado el concilio el 4 de diciembre de 1563 y habiendo Felipe II anunciado su aceptación el 12 de julio de 1564, la afirmación de Pastor parece tener algún fundamento. Pero la realidad es muy diversa. Porque, si examinamos los documentos oficiales sobre la aprobación definitiva del concilio Tridentino por el papa y los cardenales de Roma, veremos que la bula *Benedictus Deus*, por la que Pío IV da la aprobación absoluta y general a todo el concilio, aunque aprobada verbalmente a principios de 1564, no se publicó hasta junio del mismo año. En realidad, pues, no puede acusarse a Felipe II, según lo hace Pastor, de tardanza en su aceptación de los decretos tridentinos, dada el 12 de julio, es decir, un mes después.

Frente a esta exposición, en la que aparece claramente España, y en particular Felipe II, en oposición más o menos marcada contra los decretos del concilio de Trento, están todos los documentos anteriormente aducidos, de los que se deduce claramente que Felipe II con una relativa rapidez, más bien en contraste con su acostumbrada lentitud, por una parte, tomó una serie de importantes medidas para asegurar el cumplimiento de los decretos tridentinos en todos sus territorios, y, por otra, no consta en ninguna parte que estableciera ninguna limitación, particularmente la *reserva de los derechos reales*.

Por lo demás, así, entre otros historiadores de la Iglesia de España, el más moderno y competente de todos, LUIS FERNÁNDEZ, en su obra *España en tiempo de Felipe II*, dentro de la monumental *Historia de España*, dirigida por MENÉNDEZ PIDAL, sintetiza su punto de vista en esta forma:

> «Aceptó [Felipe II] en seguida los decretos tridentinos en España y los impuso luego en sus Estados. Felipe ordenó, hasta con rigor, que se implantasen las reformas tridentinas, y determinó que se celebrasen para ello concilios y sínodos provinciales en muchas diócesis, como Toledo, Santiago, Zaragoza, Valencia..., Lima, Méjico» [132].

En realidad, juzgamos que ésta es la posición más conforme con los hechos, que responden a los abundantes documentos que sobre todo

[132] *Historia de España*, dirigida por MENÉNDEZ PIDAL, vol.19,2 p.566.

este problema se nos han conservado. Tanto en la península Ibérica como en los Países Bajos y en la América española, es decir, en todos los territorios de Felipe II, fueron admitidos e implantados con toda su amplitud los decretos del concilio de Trento. Y juntamente consta que en ninguna ocasión se impuso ninguna clase de limitación para la admisión de dichos decretos.

Ahora bien, juntamente con todo esto constan multitud de hechos que presentan a los cabildos de diversas catedrales, a los abades de algunos monasterios y a otras jerarquías eclesiásticas oponiendo alguna y a veces obstinada resistencia a algunas prescripciones tridentinas contrarias a sus privilegios. Pues bien, consta que Felipe II por su parte empleó todo su influjo en vencer estas resistencias, procurando que todos se sometieran a los cánones tridentinos; pero al mismo tiempo trataba en multitud de casos de defender algunos derechos del *placet* o del *patronato* legítimamente obtenidos, como lo hacían todos los príncipes de su tiempo.

Pero esto no significaba que Felipe II se oponía a los decretos tridentinos ni que opusiera ninguna limitación en su implantación en España. De hecho, en el conjunto de su actuación estaba por encima de todo y servía como de norma de su conducta el favorecer en todo lo posible la perfecta implantación en España de los decretos tridentinos.

Estos hechos precisamente son los que, según nuestro modo de entender, han dado ocasión a la opinión expresada por algunos historiadores de que Felipe II, al admitir en sus Estados los decretos tridentinos, lo hizo con la limitación *salvos los derechos reales*. En realidad queda suficientemente probado que en ninguno de los numerosos documentos aducidos consta tal limitación. El presentarlo así es una simple suposición o deducción de las frecuentes controversias a que acabamos de aludir [133].

10. SÍNTESIS DE LA OBRA DEL CONCILIO DE TRENTO

Con la aprobación definitiva de los decretos tridentinos y su consiguiente implantación en los diversos territorios católicos, ciertamente no podemos afirmar que se habían resuelto todos los problemas doctrinales y se había realizado ya la tan deseada reforma eclesiástica. Pero podemos asegurar que se habían puesto las bases necesarias para ello e iniciado el camino que debía conducir a la necesaria renovación de la Iglesia de Cristo.

Ante todo, habían sido inmensos el número y la magnitud de las dificultades que fue necesario superar. Tal vez la más importante y difícil de todas fue la constante oposición entre los ideales de las dos fuerzas, llamadas a realizar la obra del concilio. Por un lado, el romano pontífice y los conciliares que más directamente lo apoyaban. Por otro, los

[133] Pueden verse diversos textos reproducidos en TEJADA Y RAMIRO, o.c., p.314s. 322s.323s.337s.

príncipes católicos, a cuyo frente estaban los reyes de España Carlos V y Felipe II, apoyados por las nutridas huestes de los conciliares españoles. Pues, aunque unos y otros aspiraban al mismo objetivo de defender a la Iglesia contra los peligros de los errores que la amenazaban e introducir en ella la profunda reforma que tanto necesitaba, sin embargo, no estaban de acuerdo en el modo de realizarlo e incluso, a las veces, se hacían mutuamente una guerra apasionada.

Esto no obstante, el hecho innegable de que unos y otros buscaban sinceramente la defensa de la verdadera fe, la auténtica unión de la Iglesia de Cristo y el mayor bien de la cristiandad, produjo el milagro de que, a trancas y barrancas, se fueran superando todas las dificultades, y al fin culminara su obra en la sesión XXV del concilio de Trento.

Con justa satisfacción, el cardenal Carlos de Lorena, al terminar dicha sesión XXV, y con ella todo el concilio, lleno de emoción, prorrumpió en aquellas sentidas proclamaciones:

«Esta es la fe de todos nosotros; ésta es la persuasión unánime de todos, y, en señal de nuestra aceptación, todos la suscribimos».

Y con idéntica emoción respondían los demás conciliares:

«Así lo cremos, así lo sentimos, así lo firmamos».

Aun historiadores protestantes como LEOPOLDO VON RANKE han formulado el juicio más favorable de la obra positiva del concilio de Trento.

«Con rejuvenecida fuerza —dice— se presentaba ahora el catolicismo frente al protestantismo».

Y de un modo semejante lo enjuicia el historiador católico PASTOR:

El concilio de Trento «echó los cimientos de una verdadera reforma y estableció de un modo comprensivo y sistemático la doctrina católica».

Por lo que se refiere a la misma obra realizada por el concilio Tridentino, en la que tan eficazmente colaboraron Carlos V y Felipe II con los obispos y teólogos españoles en unión con el romano pontífice y los demás conciliares, dos son los puntos fundamentales en que tantas veces hemos insistido a lo largo de esta exposición. Por un lado, el concilio expuso y proclamó, con la amplitud y precisión necesarias, los dogmas o doctrina de la Iglesia de Cristo. Por otro, señaló, con el indispensable detalle, los numerosos puntos en que debía realizarse una profunda reforma eclesiástica.

Efectivamente, frente al confusionismo doctrinal que, por efecto de las propagandas protestantes, amenazaba asfixiar y destruir el dogma católico, definió con toda precisión las *doctrinas fundamentales* de la Iglesia de Cristo. Tal es el primer capítulo de la obra positiva de Trento: aquel conjunto de *decretos dogmáticos* que definen con la mayor precisión el dogma católico en los puntos más controvertidos. En adelante, ya no podía existir confusión, y de hecho no existió, entre los auténticos dogmas católicos y las doctrinas típicas protestantes.

La segunda obra transcendental del concilio de Trento consiste en sus *decretos de reforma.* Esta era deseada ardientemente por los hombres mejor intencionados y se había iniciado ya en diversas formas y de una manera eficaz. Pero le faltaba una base jurídica suficientemente amplia. Tal fue, en realidad, la obra del concilio Tridentino. Reconociendo la necesidad de reforma en toda la Iglesia, incluso en las altas esferas del episcopado y de la Curia pontificia y aun de los mismos príncipes cristianos, dio con su máxima autoridad una serie de prescripciones reformadoras. De este modo, aplicando efectivamente las prescripciones disciplinares tridentinas, pudo empezar a realizarse la más completa renovación de la Iglesia de Cristo.

Así, pues, con los *decretos dogmáticos,* por una parte, y los *decretos de reforma,* por otra, realizó el concilio de Trento la obra que entonces se necesitaba. Ciertamente no pudo ya impedir que se rompiera la unidad de la Iglesia cristiana. Pero con sus decretos dogmáticos opuso un muro firmísimo e inexpugnable en defensa del dogma católico y con los decretos de reforma contribuyó eficazmente a la completa renovación de la Iglesia, la cual inicia, desde este momento, un incontenible avance y un progresivo movimiento de reconquista.

Pero de poco hubiera servido la ingente labor del concilio Tridentino si todos aquellos decretos dogmáticos y de reforma se hubiesen convertido en letra muerta sin la necesaria aplicación a la vida práctica. Por esto es justo ponderar en este lugar que su mejor complemento fue un doble hecho, que deseamos consignar al término de esta breve síntesis.

Por un lado, que muy pronto Portugal, España, Polonia y otros territorios, y poco a poco Francia, Alemania y los demás Estados católicos más lentamente, fueron aceptando todos estos decretos y convirtiéndolos en leyes nacionales, según la costumbre del tiempo.

Mas, por otro lado, notamos un segundo hecho que contribuyó poderosamente a la mayor eficacia de los decretos tridentinos. Nos referimos a un conjunto de papas y algunos hombres extraordinarios que se esforzaron maravillosamente en llevar a la práctica todas estas disposiciones del concilio de Trento. Entre los papas notemos particularmente los tres inmediatos sucesores de Pío IV, que fueron *San Pío V* (1566-72), quien, comenzando con el ejemplo de su santa vida y apoyándose en los decretos tridentinos, inició el cambio más profundo en la vida eclesiástica; *Gregorio XIII* (1572-85), el papa de las grandes empresas y de los Colegios Romano, Germánico (Universidad Gregoriana), Hungárico e Inglés, que tanto contribuyeron al resurgimiento católico frente al protestantismo; *Sixto V* (1585-90), el gran organizador de la curia romana, indomable en la ejecución de los decretos conciliares.

Y entre los hombres e instituciones que de un modo práctico contribuyeron a esta gran obra de renovación tridentina, designada como *Contrarreforma,* mencionemos particularmente a la *Compañía de Jesús* y a las reformas del tipo de los *capuchinos* y de *Santa Teresa de Jesús* y *San*

Juan de la Cruz. Y nótese en este punto, como en toda la obra del concilio de Trento, la intensa y decisiva colaboración de Carlos V, Felipe II y la España del siglo XVI.

De este modo, la gran obra del concilio de Trento se convirtió en una realidad, y no sólo se puso un dique a los avances de las doctrinas de los innovadores, sino que se purificó positivamente a la Iglesia católica, elevándola a un estado de florecimiento cultural y religioso que no había conocido desde hacía varias centurias. Todo esto se debía en gran parte a la obra del concilio de Trento y a la intensa y eficaz colaboración que en ella tuvieron los reyes de España Carlos V y Felipe II y los obispos y teólogos españoles.

APENDICE DOCUMENTAL

CARTA DE FRAY FRANCISCO DE VITORIA AL PRÍNCIPE DON FELIPE

(Arch. Simancas, Estado, leg.72 fol.60. Apud Arch. Hist. Nac., I 31)

Se excusa por no poder ir al concilio

Muy alto y muy poderoso Señor: Yo rescibí la cédula de V. Alteza con otra cédula de su Mag., el emperador Ntro. Sor., en que su Mag. me manda que yo vaya a esta santa convocación del concilio, que con la gracia de Dios se ha de tener en Trento. Demás del servicio que a su Mag. en este trabajo yo hiziera, que fuera grande buenaventura y consolación para mí, cierto yo deseara mucho hallarme en esta congregación, donde tanto servicio a Dios se espera que se haga y tanto remedio y provecho para toda la christiandad.

Pero, bendito sea Dios Ntro. Sor. por todo; yo estoy más para caminar para el otro mundo que para ninguna parte déste; que ha un año que no me puedo menear; sólo un paso y con gran trabajo me pueden mudar de un lugar a otro, y vengo de quince en quince días llegar a punto que por ningund arte me pueden mudar, y he estado seys meses como crucificado en una cama. Cierto yo no dejara esta jornada por respeto de ningund trabajo, si alguna forma se pudiera tomar en mi yda; pero no la hay. Su Mag. y V. Alteza serán servidos de acetar mi escusa y Ntro. Sor. la vida de V. Mag. y la de V. Alteza siempre prospere para bien de la christiandad con acrescentamiento de mayores estados a su servicio.

Besa los reales pies de V. Alt.—*Fray Francisco de Vitoria.*—(Autógrafo.)

CARTA DE FRAY DOMINGO DE SOTO AL EMPERADOR

(Arch. Simancas, Estado, leg.72 fol.72. Apud Arch. Hist. Nac., I 33)

Le notifica su inmediata partida para Trento

S.C.C.M. Qualquiera cosa que V. Mag. fuese servido mandarme, no devía yo ni podía dar otra respuesta sino tenerla a gran merced y cumplirlo como se me mandava, mayormente siendo cosa tan importante al servicio de Ntro. Sor. y de su sancta Iglesia, digo el concilio, que mi yda poco más puede montar que hazer lo que V. Mag. es servido mandarme. Yo respondo a su Alteza e que mi partida será luego que me lo embiare a mandar, y a mandármelo, luego procuraré ser en Trento para Pascua del Espíritu Sancto.

Ntro. Sor. la S.C.C. persona de V. Mag. guarde en su sancto servicio.—De Salamanca, XIX de Março de 1545.—Beso las manos de V. Mag.—*Fray Domingo de Soto.*—(Original.)

INSTRUCCIÓN QUE LLEVÓ VARGAS AL EMPERADOR: DIVERSOS PUNTOS

(Arch. Simancas, Estado leg.877 fol.218. Apud Arch. Hist. Nac., I 354s)

(Trento, 30 enero 1552)

Sobre diferentes puntos tratados o que deben tratarse en el concilio

Lo que el doctor Vargas, del Consejo de Su Mag. y su fiscal, le a de representar en las materias que aquí se trattan del concilio, aviéndole yo ordenado que vaya en mi nombre a hazer este officio, es lo siguiente:

Que en la materia de reformaçión se a hecho siempre, desde que se començó el concilio, todo el officio posible con el legado para persuadille se hiciese como convenía, usando unas vezes de medios blandos y otras apretándole más, representándole determinaçión de los prelados y los que diversas veces an estado determinados de hazer, si yo no huviera trabajado de templallos, como siempre se a scrito a Su Mag.

Que últimamente, aviendo yo recebido las cartas de Su Mag. de V y XVIII de enero, que tratavan particularmente de lo que avía de hazer en la reformaçión, representé de nuevo al legado la necessidad que auía della, tanto en el general de la christiandad quanto en el particular de Alemania, instándole y apretándole mucho porque se tratase esta materia como convenía, pidiéndole particularmente que para la sessión passada se tratase lo de los beneficios curados y lo de las exemptiones de los capítulos.

Que aviéndose hecho en esto el último officio que se podía hazer syn venir en rotura con el legado, él últimamente a declarado que el papa no verná jamás en lo de los benefiçios ni en perder un punto de la possesión que tiene de provellos, por lo qual no dará jamás oydos a que se trate de dexar la provisión dellos a los prelados, ni menos a que se hagan patrimoniales, lo qual aborresçe mucho más que lo primero, temiendo que esto sería más duradero que lo otro.

Que conforme a esto, dize, se a de proçeder en la reformación sin tocar en cosa que quite a Su Sdad. autoridad, que de tal vocablo usan para defender la possesión que el papa tiene en todo lo que haze. Que claramente me ha manifestado en el trato desta materia, aunque con mucho secreto, que no se podrá dar mayor ocasión a Su Sand. de apartarse de la buena inteligençia y concordia que al presente tiene con Su Mag., que apretalle aquí en la reformaçión, diziendo que avisava dello como servidor de Su Mag. porque savía la alteraçión con que el papa estava de lo que se tratava aquí en esta materia.

Que se sabe que ha avido plática y se a tratado de que, en caso que les aprieten por la reformaçión pidiendo que dexen provisión de benefiçios u otra cosa, que también se pida, por parte del papa, que los príncipes cristianos dexen lo que tienen de la Iglesia, y que en esta parte, demás del aviso particular que se tiene dello, se le a soltado alguna palabra al legado que insinuava algo dello.

Que, conforme a lo dicho todo, se acaba de entender que el papa totalmente está opuesto a la reformaçión, y que, siendo esto assí, aquí no puede aver esperança alguna de hazer cosa que ymporte en ella, y que asy todo officio que se hiziese con instancia grande en nombre de Su Mag. y toda opposición que los perlados hiziesen en esta materia no servirá a nada ni aprovechará a sacar cosa que ymportase, antes causaría fácilmente tanto escándalo en el papa, que bastasse a alteralle en las cosas de aquí, disturbándolas, y en las demás, que dize el legado.

Que al tiempo que se hazía la doctrina de los artículos propuestos para la sessión passada, el legado, aviéndose encargado de añadir las enmiendas votadas por la diputaçión, que casy la renovaban toda para tornársela a proponer y dalle la última mano, metió una cláusula en ella..., la qual, juzgándose que era en perjuyzio de la Iglesia universal y también de los príncipes cristianos, como el mismo fiscal Vargas diligentemente apuntó, advirténdome que venía en mucho perjuizio de Su Mag., fue contradicho en la diputaçión por orden mía, principalmente por el obispo de Saçar, que con mucha prudencia y osadía se opuso a ella, siguiéndole los otros perlados españoles, y entre ellos el de Orense, que hizo muy buen officio en esta parte.

Que, aviéndose impedido por aquel día que no se pusiese la dicha cláusula, se ordenó se pusiesen otras palabras en lugar della, y que trayéndolas el legado el día siguiente, que son las que van notadas en la misma doctrina, huuo nueva alteraçión, y mayor que la pasada en la diputaçión, paresciendo a los diputados que eran de mayor perjuizio para la Iglesia y concilio, y assí se opusieron a ella los mismos dichos con los quales y generalmente con toda la diputación el legado passó demasiadas palabras, quexándose mucho de que querían quitar al papa su autoridad y añadiendo que quien dudava de la superioridad del papa al concilio era herege, lo qual paresçió que havía dicho derechamente al obispo de Orense, porque acabava de dezir que él dudava mucho de la verdad de aquella opinión...

Que tras esto, aviéndose celebrado la sessión el mismo día, yntimó congregaçión general para examinar la doctrina y artículos con el fin de salir con el yntento que pretendía, y que, sabiendo yo esto, trabagé que desyntimase la congregaçión y que no se procediese en el examen de las materias prorrogadas tan presto, atento que los protestantes eran presentes y les paresciera que por forma se auía hecho la prorrogaçión y no por esperar sus theólogos; pues tan brevemente passavan adelante en la discusión dellas; y que asy por esto como también por no ser usança, tras una sessión tan brevemente, començar la discusión de las materias para otra, acabé con él que se suspendiese por algunos días, atento que para la sessión que biene no hay cosas de mucho travajo ny dilaçión; porque lo del sacramento del matrimonio dizen terná poca dificultad y lo demás que se prorrogó está casi terminado, lo qual procuré de encaminar por atajar la contençión en que veníamos si se ponían en plática las cláusulas de la doctrina y por tener tiempo de avisar a Su Mag. dello... [Se omiten varios puntos.]

Hecha en Trento, XXX de enero de 1552.—*Don Francisco de Toledo.*

INSTRUCCIÓN SECRETA DADA A DON JUAN DE AYALA PARA EL PAPA

(Arch. Simancas, Estado; *Docum. inéditos* 9,93s)

(Toledo, 13 de marzo 1561)

Informe sobre diversos puntos concernientes al concilio

Primeramente habéis de entender que, como quiera que el nombre y título de inviaros a Su Santidad haya de ser el negocio de lo de vuestra credencial de que lleváis aparte instrucción, porque en este negocio del concilio por la autoridad de Su Santidad, aquí, en cuanto nos fuere posible, queremos tener gran consideración, y por otros respectos que concurren no parece que conviene se publique, tenemos deferencia en él; pero, como podéis juzgar, éste es negocio de tan gan importancia y el punto de la continuación del concilio de Trento tan grave, que, como en cosa que toca a la religión y a la quiete y estado de la cristiandad, la tenemos por la más principal y de más substancia que se nos puede ofrescer, y ansí en el efecto ésta es la más principal capsa de vuestra ida y porque nos hemos movido a inviar vuestra persona.

Y por cuanto que, por la consideración que, como dicho es, queremos tener a la abtoridad de Su Santidad, lo cual podéis bien ver cuánto es especialmente en estos tiempos necesario, será bien que en el modo de tractar este negocio, ansí en el secreto y disimulación como en el respecto y templanza y decencia, tengáis mucha cuenta con dicha abtoridad y reputación de Su Santidad y dándole en esto contentamiento; mas con todo esto, en el efecto y substancia, por ser el punto de tan gran momento y en que va tanto, habéis de assistir y insistir de manera que Su Santidad entienda muy bien cuánto sentimos esto y en cuánto lo estimamos.

Y para que estéis advertido de lo que en este negocio ha pasado, habéis de entender que, no embargante que desde el principio que por Su Santidad y por el Rey Cristianísimo de Francia se movió y trató esto del concilio, nos ocurrieron, según el estado de la cristiandad y la disposición de las cosas, grandes dificultades en la convocación y celebración del concilio; en este tiempo todavía por la instrucción que Su Santidad nos hizo y la que de parte del rey de Francia se nos hizo y por evitar lo del concilio nacional que se trataba de hacer, venimos en ello; mas siempre fue con condición y debajo de presupuesto que había de ser por vía de continuación del concilio de Trento y no de nueva indicción; y entendiendo ser ésta misma la determinación de Su Santidad; y en esta conformidad se trató este negocio por nuestro embajador y secretario por Nos, e últimamente con el obispo de Ystria, de manera que ninguna razón había de decir ni de escusarse que no han sido de Nos advertidos ni de que hemos tenido dilación en representar y hacer saber nuestra resolución, pues desde el principio ha sido ésta y le ha sido de nuestra parte a Su Santidad dicho.

Y si después que entendimos la publicación y convocación del concilio hemos diferido responder a Su Santidad, esto ha sido porque, habiendo visto ser tan diferente de lo que Nos parecía y de Su Santidad teníamos entendido y habiéndose puesto el negocio en tal término, hemos querido que se mire y platique mucho lo que conviene y lo que se devía advertir y representar a Su Santidad, y que, siendo el negocio tan grave y que interviene tan gran dificultad, ha sido bien necesario. Y lo que de nuestra parte queremos se diga y represente a Su Santidad es lo que aquí se os dirá, lo cual se referirá y propondrá ansí puntualmente; y, después de haberle dicho y leído esto, podréis dar a Su Santidad la copia dello, queriéndola, para que, vístolo y considerándolo más, os dé la respuesta.

[Aquí se incluye lo del *Memorial* de lo que se debe decir a Su Santidad.]

Habiéndose propuesto a Su Santidad lo que dicho es y vista su respuesta, la cual es de creer no dará luego, pues lo querrá pensar y mirar; si Su Santidad respondiere con generalidad, sin querer venir a particular remedio, diciendo que nos debemos satisfacer con lo que a él y al colegio [de cardenales] con tanta deliberación les ha parecido y questo podemos seguir y que no conviene hacer otra más declaración y que basta lo que de su parte se nos ha dicho y escrito; o si Su Santidad quisiere todavía, como se ha de su parte apuntado, que esto se remita al concilio y que allí se determinará; en tal caso se ha de replicar e insistir en que en ninguna manera conviene lo uno ni lo otro, ni puede quedar el negocio así ni congregarse el concilio debajo desta tan gran dificultad y confusión y procurar de aducir a Su Santidad a que quiera venir a tratar del remedio y de los medios que para satisfacer a este punto serán necesarios.

Y, viniendo Su Santidad a querer tratar dellos, será más conveniente esperar los que de su parte se proponen, para colegir y entender más los que se deben de la nuestra proponer y por qué término. Y para este efecto lleváis en un memorial aparte de los que aquí ocurren, comenzando por los más dificultosos o tomando dellos lo que al embajador y a vos pareciere según lo que entendiéredes y el estado de los negocios os pareciere convenir. Y avisarnoshéis con gran diligencia de todo; porque, siendo el negocio tan grave, queremos particularmente entender lo que pasa para de acá se os dé la orden que debéis de tener en el proceder en él.

De Toledo, a XIII de marzo 1561.

Carta del arzobispo de Granada, Pedro Guerrero, a Felipe II

(Arch. Simancas, Estado; *Documentos inéditos* 9,113)

(Trento, 1.º abril de 1562)

Habla de ciertos encargos y de que la Iglesia necesita pronto remedio

C.R.M. Todo lo que me ha parecido digno de escribir, tengo escrito a V.M. hasta agora. Después de aquello y de lo que el marqués de Pescara habrá escrito, no hay cosa notable. El marqués nos comunicó la instrucción de V.M., que es se haga lo que más pareciere convenir al servicio de nuestro Señor Dios y a la necesidad que la Iglesia tiene, que es de remedio instante y con toda brevedad posible, así porque los que llaman protestantes verdaderamente herejes no han de venir ni tal pensamiento tienen, sino con palabras falsas y llenas de engaño dan a entender a la Majestad cesárea lo contrario para que en el concilio no se determine ni haga cosa alguna, sino que se disuelva sin se acabar, como lo han impedido o detenido diez y seis años con los mesmos engaños. Y ellos no pierden tiempo; mas con grandísima diligencia estienden su falsa doctrina y cada día engañan gente y confirman más la que ya tienen engañada.

Lo segundo, pueden suceder muchas cosas y causas porque el concilio se disuelva y no pueda proceder; y venir esto antes de se haber hecho lo para que se congregó y de que la Iglesia tiene estrema necesidad, que es la reformación, sería mayor daño y escándalo que se puede considerar. Lo tercero, estar tantos prelados absentes de sus iglesias y ovejas, es también daño tan grande, que no se puede reparar sino con el bien común de toda la Iglesia, que es la reformación della, que el mundo espera del concilio.

Lo que conviene es que el concilio con toda libertad sea juez de todo, y así también de si se irá despacio o de priesa; y lo que es necesario sumamente es lo que tengo escrito a V.M., que Su Santidad deje hacer libremente al concilio, y esto sólo V.M. es parte para alcanzar de su Santidad, porque los legados lo han dicho, no públicamente, sino a personas particulares. Y a V.M. que lo puede remediar, todo se le ha de decir. Y en lo que toca a la reforma, tiene atadas las manos, y para cada cosa, aunque no sea de mucho momento, se hace correo a

Roma. Ya esto saben los herejes, y en libros agora impresos lo publican y ponen por causa, con otras, del no venir al concilio. Si esto no se provee de la manera que tengo suplicado, torno a decir a V.M. que no se hará cosa alguna, y conviene que todos nos vamos y no se pierda más tiempo.

Congregaciones que V.M. manda se escusen en cuanto no sean necesarias, no se hacen más. Es cierto que son necesarias para convenir en los capítulos de reformación que se han de pedir por parte de los prelados de estos reinos, y los mismos legados los han pedido así, que los demos en nombre de todos, y obispos italianos particularmente las hacen para el mesmo efecto y siempre se hicieron. Y las pocas que se han hecho, y si alguna se hiciere, serán tales y con tal respecto y miramiento, que en presencia de su Santidad se podrían hacer y de sus legados; y lo mesmo que en ellas se trata y por las mesmas palabras, se dice en las congregaciones generales cuando se ofrece sazón para ello.

Conozco tan buen zelo en los prelados de esos reinos, que V.M. puede quietarse cuanto a esto con hacer el oficio de su Santidad que tengo suplicado y ellos también suplican a V.M., cuya muy católica y real persona guarde y prospere nuestro Señor para muy gran servicio suyo, en bien y aumento de la religión cristiana.

En Trento, 1.º de abril de 1562 años.—De V.C.R.M. capellán y criado, que sus reales manos besa.—*El arzobispo de Granada.*—(Original.)

CARTA DEL CONDE DE LUNA A SU MAJESTAD FELIPE II

(Arch. Simancas, Est., leg.652 fol.114; *Docum. inéditos* 98,467s)

(Trento, 24 julio 1563)

Informe sobre diversos puntos de lo ocurrido en el concilio

[Después de tocar otros puntos de diversa índole, continúa:]

A los 6 del presente [julio] recibí los despachos y cartas de V. M. de 9 de junio con las copias de las cartas que V. M. escribió al emperador y comendador mayor de Alcántara y embaxador Vargas e instrucción que Su Santidad dio en respuesta de los negocios que dicho comendador mayor truxo a cargo, a las cuales lo que se ofresce responder diré aquí.

Cuanto a lo que V. M. dice de la mudanza del concilio, no hay que temer; porque, aunque se tiene entendido que Su Santidad tenía gana de ello, como el emperador respondió resolutamente que no convenía, y se ha entendido que V. M. asimismo está en esto, ha cesado esta pretensión, y ahora se atiende a despachalle con brevedad, y para esto se hacen todas las diligencias posibles, sin respeto de que sea bien o mal, sino sólo de acabar, y esto va de manera que con dificultad se ha de poder estorbar conforme a este presupuesto que los legados tienen, y de Roma he entendido que se les ha ordenado el camino por que van.

Vea V. M. lo que es servido se haga, que yo con los mejores medios que puedo, sin perder ocasión de lo que veo, procuro entretener esa prisa con que comienzan a caminar, sin que parezca que lo hago por este fin. En lo que toca a la comunión *sub utraque*, no tengo que decir, porque es cosa que sin hacer negocio dello no se hará aquí, y asimismo creo que el emperador no tratará ya dello por vía de concilio, según lo que he entendido de sus embaxadores.

S. M. me dixo que vería el parecer que de aquí se envíe, y, comunicado, me avisaría de lo que parescía.

V. M. habrá entendido por la relación que le envié el estado en que estaban las cosas que se trataban de determinar en esta sesión, la cual se dexó de hacer el día que estuvo señalada por las dificultades y controversias que se atravesaron en los puntos de residencia e institución de los obispos y cómo sucedió después de la muerte de los legados, y los que quedaron hasta la venida del cardenal Morone sobreseyeron el tratar dello; se han pasado diez meses hasta agora, que en quince o veinte días se ha aprestado esta cosa, tomando estos señores legados una orden en el proceder de los negocios, que es muy a propósito del intento que ellos tienen de acabar presto y tener de su parte gran número de votos para las cosas que quisiesen pretender. El cual es hacer congregaciones particulares en su casa de prelados y doctores, sus confidentes, y después ir llamando los que les paresce, no porque tengan letras para tratar los negocios, sino para dalles autoridad con parescer que los llaman para tratar los negocios en aquellas congregaciones particulares y para que, platicando los otros de las cosas, se persuadan y queden prendados. Y a las últimas congregaciones llaman cuatro o cinco españoles y otros tantos franceses y treinta o cuarenta italianos. Allí vocean y gritan, y como el número es mucho mayor de los suyos, que concurren en un parescer, dicen que pocos de los nuestros quieren revolver las cosas y toman ocasión de quexarse dellos.

Y así lo han hecho agora últimamente en esta diferencia que tenían del sexto canon *de sacramento ordinis,* de que los españoles no estaban contentos, porque dicen que por él no se condena los hereges, que dicen no ser los obispos instituidos por Cristo, y cuando se votaron en congregación estos capítulos por los Padres, contradixeron este sexto canon los españoles y se llegaron a ellos algunos italianos de los que aquí están tenidos por más doctos y más libres en el votar, que en todos fueron cerca de sesenta votos, y en otros dos días que se estuvo sin hacer congregación, enmendando algunas de las otras cosas que allí habían mandado, se andaba ganando los votos destos italiano, y aun de los españoles, para dividirlos. Y yo, entendiendo esto y queriéndome satisfacer no sólo de los prelados, sino de los demás teólogos que V. M. tiene aquí, les hablé, y todos ellos me dixeron que tenían razón y que estaría mejor como los nuestros pedían, que se pusiesen aquellas palabras.

Y así, por esto como por haber entendido que los que votaban lo contrario confesaban que estaría mejor, aunque aquello se podía tomar por bien de paz, hablé a los legados, pidiéndoles que pues ésta era materia de dogma y que no era bien se determinase sin satisfacción de todos, procurasen que se hiciese así. Y ellos me dieron algunas quexas de los prelados españoles y yo les respondí como me paresció para satisfacellos, y junté a los prelados españoles para entender de ellos su parescer, y les dixe el día antes de la sesión que hubo congregación que cada uno votaría como le dictase su conciencia..., y hecha la congregación, en que se tornó a votar, de sesenta que fueron la otra vez, no quedaron sino treinta y tantos, porque, de los italianos, algunos mudaron de opinión, y otros, por no votar, no fueron a ella. Y, acabada la congregación, se vinieron conmigo a la posada y les hablé a todos juntos, diciéndoles que, atento que... al otro día se había de hacer la sesión y que quebraría mucho la autoridad della la contradicción de una nación tan principal como la nuestra, y visto que estaban resolutos de tener la sesión con contradicción o sin ella, y que asimismo en el canon no se contenía error ninguno, y que aquella declaración se podría hacer cuando se condenasen otras herejías que tienen los luteranos... para que en conformidad de todos se hiciese la sesión; y les paresció bien y se hizo así. Y la sesión se celebró a los 15 deste mes con gran contentamiento y satisfacción de todos...

Yo he hecho estas diligencias por dos cosas. La una, por tenerlos en conformidad y unión, que es lo que otras naciones no querrían que hubiese entre ellos, y lo otro, por mantenerlos en autoridad; que entiendo que por esta vía y las demás que pudiese... por tentar si pudiera hacer que se prorrogara la sesión para dar cuenta a V. M. de la prisa con que caminan en el concilio, para que, si a V. M. le paresce que conviene la dilación dél, se procure con Su Santidad. Porque por la de aquí, cuando se hagan todas las diligencias del mundo, no se podrá dilatar más que hasta Navidad, y esto será entendiendo que se procura dilación. Porque he sabido de buena parte que el papa ha enviado a mandar a los legados que despachen como pudieren y acaben; y los legados, ni más ni menos, lo desean; y de los prelados y embaxadores que aquí están no hay ninguno que no lo desee y procure...

En esta sessión venidera, que está señalada para los 16 de septiembre, querrían determinar todas las materias de dogmas, y así habían mandado a los teólogos estudiar en lo de indulgencias y purgatorio e imágenes. Yo previne a los embaxadores del emperador y hablé sobre ello a los legados, pidiéndoles que no se tratase otra materia de dogma, sino acabar lo de matrimonio, que no se pudo resolver en la pasada, y que lo demás fuese de reforma; porque tratar de tantas cosas juntas era inconveniente y embarazo para que se pudiese hacer bien. En fin se contentaron dello...

Dos cosas he entendido que piensan tratar en la reformación que tocan a V. M. La una es que se remedien algunos abusos que se han introducido en la monarchía de Sicilia. Y en aquesto, si son verdad las cosas que se han dicho y afirman por cierto, los prelados españoles que allí tienen iglesias paresce que tienen razón. Porque, entre otras cosas que dicen, es una haber... mandado a todos prelados... que no descomulguen a nadie sin pedir primero licencia para podello hacer... Veremos lo que será...

Una cosa hay necesidad: que V. M. considere y mande preveer en ella lo que convenga, y es la confirmación del concilio y cómo se llevan autorizados los autos dél y qué orden manda V. M. que se tenga presente para esto. Porque, pidiendo yo la copia desta sesión autorizada del secretario y notarios del concilio, me dixeron que no lo podían dar sin mandato de su Santidad o de los legados... Aquí paresce que convendría que todos estos autos y sesiones, así las que se hicieron las otras veces como las que se han hecho agora, se sacasen autorizadas y signadas, para que haya certidumbre de que lo que se imprime es conforme a lo que se ha determinado aquí...

Las quexas que a V. M. han dado de los prelados y otros que aquí están por orden de V. M., yo no sé si, después que aquí estoy, he visto cosa por donde con razón parezca que su Santidad la pueda tener dellos. Creo que la envidia que los tienen es una causa, y otra, que hay aquí muchos que, haciéndose protectores de la Sede Apostólica, por parecer que hacen algo, les acusan cada cosa que hacen y la encarecen y infieren della, que a estotros no les pasa por el pensamiento. Todavía sería necesario que V. M. mande enviar treinta o cuarenta cartas de creencia; no para hacer negociación..., sino para estorbar las que algunas veces se intentaren, que, cierto, conviene mucho para lo que aquí se trata del servicio de Dios y bien público...

De Trento, a 24 de julio de 1563.—S.C.R.M. Las reales manos de V. M. besa su criado.—*El conde de Luna.*—(Original.)

CARTA DE SU MAJESTAD FELIPE II AL CONDE DE LUNA

(Arch. Simancas, Estado, leg.652 fol.94; *Docum.* inéditos 98,486s)

(Madrid, 10 de agosto de 1563)

Sobre diversos puntos pendientes al fin del concilio de Trento

[Omitiendo algunos, que juzgamos menos importantes, luego continúa:]

En el punto de las palabras del decreto de la institución de los obispos y del poder de su Santidad, sobre que ha habido tanta contención y división por algunos avisos particulares que tenemos por la vía de Flandes, habemos entendido se había reducido a concordia, y holgaríamos mucho que fuese ansí; porque, cumpliéndose y satisfaciéndose con lo que se debe, cualquier medio para excusar estas contenciones y alteraciones es muy conveniente, principalmente habiéndose venido a tocar del artículo de la superioridad del papa y del concilio, en que en ninguna manera conviene entrar. Y así, cerca desto, hasta entender por vuestras cartas lo que habrá pasado, no habrá que decir; pues la sesión se habrá celebrado, y de una manera o de otra se habrá tomado resolución...

En lo que decís cerca del procederse en el concilio, que, presupuesto el estado de las cosas de Francia y el asiento que allí se ha tomado y que ya paresce cesar el fin que por nuestra parte se podría tener en el entretener el concilio y que se fuese despacio por el remedio de la religión en aquel reino, que así convendría, cesando esto por las consideraciones que apuntáis, se procediese y fuese con más brevedad. Y, aunque nos ha parecido bien lo que decís y representáis, todavía por agora guardaréis la orden que por la otra carta nuestra cerca de este punto se os ha dado, que es conforme a lo que también habemos escripto a su Santidad y al embaxador; y, visto lo que a esto se nos respondiere y lo que resulta y el estado y disposición de las cosas, miraremos si conviene tomar otra determinación y se os avisará.

En lo que toca a los prelados nuestros que ahí están, habemos visto lo que nos escribís cerca de lo que ha pasado y la ocasión y fundamento que se ha tenido para la relación que se había hecho de la división y discordia que entre ellos había y de la quexa que de parte de su Santidad y de sus ministros se representaba, y de otras cosas que por algunos particulares se han escripto; y como quiera que de todo esto hubo algunas relaciones, cartas y avisos, habemos tenido y tenemos tanto crédito y satisfacción de sus personas, letras y consciencia y de la devoción y respecto que a su Santidad y a aquella Santa Sede Apostólica tienen y la voluntad y deseo de servirnos, que siempre habemos tenido por cierto lo que vos agora escribís.

Y así lo podéis agora decir de mi parte que en esto tenemos entera satisfacción y que no habemos dado crédito a semejantes relaciones; y que tenemos el crédito y confianza de sus personas, que con razón se debe tener y que ellos en esta parte se deben aquietar y sosegar, tornándoles a encargar de nuevo, de nuestra parte, la unión, concordia y paz, pues ellos pueden ver lo que importa, demás de lo que a sus personas toca para el bien de los negocios. Advirtiendo asimismo de lo que Nos deseamos y en lo que estimamos, que en todo lo que se pudiese se tenga gran respeto y consideración a su Santidad y a sus ministros; y que, así en lo público y en los negocios como en las pláticas particulares, se entienda y conozca esto dellos. Lo cual, demás de lo que a su Santidad y aquella Santa Sede se debe y del servicio y contentamiento que a Nos se nos hará y dará para el progreso de los negocios y bien dellos, conviene proceder así.

Con ésta se os envían dos memoriales en lo de la reformación, en los cuales, como en ellos veréis, se han puesto algunos puntos en esta materia de reformación, así en lo que toca en general a la Iglesia como en lo particular destos reinos; advirtiendo de los artículos y cosas de que no conviene tratarse y de los en que se desea remedio y se podrían pedir. Veréis los dichos memoriales, juntando para este efecto los letrados que ahí están por Nos y los prelados que os pareciere, sin hacer juntas generales, que, como se ha advertido, se deben, en cuanto se pudiere, excusar, y platicarán y tratarán, vistos los dichos memoriales y puntos en ellos contenidos, lo que les parescerá, según el estado y disposición de las cosas que se deben proponer...

Por uno de los capítulos de vuestra carta se os advirtió de los inconvenientes que acá se representaban en el tratarse en el concilio del *Indice de los libros* en general, como se había determinado y hecho sobrello deputación; y que esto, demás de lo que tocaba a nuestras provincias, por lo que concernía a estos reinos, era muy peligroso y de ocasión para tocarse en cosas que no conviene. Y, aunque por algunas cartas particulares se tiene aquí aviso que en esto se ha pasado adelante y se ha tratado de aprobar algunos libros que acá por los ministros del Santo Oficio están vedados, por no tener carta vuestra dello, siendo punto de tan gran importancia y por no ser cosa verisímil, no se ha tenido por cierto. Mas, con todo eso, ha parecido con esta ocasión tornaros a advertir que éste es uno de los de mayor sustancia que se pueden ofrescer y de que podrían resultar mayores inconvenientes y en que queremos que estéis muy prevenido, y que hagáis todas las diligencias posibles para que no se proceda adelante y se desvíe e impida; y, si en esto hubiese alguna novedad, nos deis dello aviso con mucha diligencia.